조봉암평전

조봉암평전
잃어버린 진보의 꿈

이원규 지음

한길사

조봉암평전

잃어버린 진보의 꿈

지은이 이원규
펴낸이 김언호
펴낸곳 (주)도서출판 한길사

등록 1976년 12월 24일 제74호
주소 413-756 경기도 파주시 광인사길 37
홈페이지 www.hangilsa.co.kr
전자우편 hangilsa@hangilsa.co.kr
전화 031-955-2000~3   **팩스** 031-955-2005

부사장 박관순 **총괄이사** 김서영 **관리이사** 곽명호
영업이사 이경호 **경영이사** 김관영 **편집주간** 백은숙
편집 박희진 노유연 이한민 박홍민 배소현 임진영
관리 이주환 문주상 이희문 원선아 이진아 **마케팅** 정아린
디자인 창포 031-955-2097
인쇄 예림 **제책** 예림바인딩

제1판 제1쇄 2013년 3월 1일
제1판 제4쇄 2023년 12월 15일

값 28,000원
ISBN 978-89-356-6891-5 03990

이 도서의 국립중앙도서관 출판시도서목록(CIP)은
e-CIP홈페이지(http://www.nl.go.kr/ecip)에서 이용하실 수 있습니다.
(CIP제어번호 : CIP2013001061)

대한민국 초대 농림부 장관 죽산
농림부 장관이 된 조봉암은 농지개혁을 혁신적으로 단행했다.
그 결과 농민들에게 희망을 안겨줘 혁명을 포기하게 만들었고
한국전쟁 당시 나라 전체가 공산화되는 것을 막았다.
대부분 토지소유자가 된 농민들의 저력이 자녀 교육으로 집중됐고
이것은 지금 우리가 누리는 비약적인 경제성장의 동력이 되었다.

상하이에서 돌아온 직후의 김이옥과 딸 조호정
죽산은 첫사랑 김이옥과의 사랑을 버리지 못해 상하이에서 가정을 이루었다.
독립운동 동지인 첫 부인 김조이를 버린 일과 김이옥을 살리기 위해
모풀의 공금을 유용한 일은 두고두고 죽산의 정치적 발목을 잡았다.
김이옥은 죽산이 신의주감옥에 수감된 동안 폐결핵으로 외롭게 세상을 떠났다.

죽산의 처가 가족사진
죽산의 첫 부인 김조이는 죽산과 뜻을 함께하는 정치적 동지였다.
한국전쟁 당시 죽산이 국회문서를 피난시키느라 집안을 돌보지 못한 동안,
죽산의 아내라는 이유로 납북되었다. 사진은 1939년 두 사람이 다시 살림을 합친 뒤
친정을 방문해 찍은 사진이다. 뒷줄 오른쪽 끝이 죽산 부부다.

조봉암과 이승만
조봉암은 제2대, 제3대 대통령 선거에 출마했다. 죽산을 향한 국민들의
지지가 높아지자 이승만은 권력욕에 위기감을 느꼈고, 죽산을 정적으로 여겨
제거할 수밖에 없었다. 왼쪽부터 제2대 대통령선거 포스터와
제3대 대통령선거 정견발표 안내벽보. 아래는 이승만.

"우리가 못 한 일을 우리가 알지 못하는
후배들이 해나갈 것이네.
결국 어느 땐가 평화통일의 날이 올 것이고
국민이 고루 잘사는 날이 올 것이네.
나는 씨만 뿌리고 가네."

• 조봉암 옥중 유언

평화와 정의의 씨를 뿌리고 간 순교자

저자의 말

약산 김원봉과 김산(장지락)의 평전에 이어 죽산 조봉암 선생의 평전을 세상에 내놓게 되었다. 큰 산을 넘은 느낌이다.

1980년대와 1990년대에 소설을 쓰기 위해 여러 차례 중국과 러시아를 답사했다. 도도하게 흐르는 역사를 앞장서 이끌고 간 혁명가들의 삶을 알게 되었고, 그 뒤 자료를 찾고 발자취를 더듬어 밟게 되었다. 그러나 픽션인 소설로는 감히 쓸 수 없었고 오랜 시간을 보낸 뒤 평전 형식을 택하게 되었다. 이 책은 그렇게 시작한 평전 작업의 매듭이나 다름없다. 마지막 평전으로 죽산을 쓸 것이라고 다짐했고 더 이상 책을 쓸 수 없을 정도로 모든 힘을 여기 쏟았기 때문이다.

우리 현대사에서 죽산만큼 억울한 대접을 받는 인물은 없다. 그는 독립운동을 하다가 긴 세월 투옥되었고, 광복 후 초대 농림부 장관으로서 농지개혁을 입안해 이 나라가 신속히 세계 최고 수준의 토지 균등성을 갖게 한 건국 공로자였다. 국회부의장을 지내고 대통령선거에서 두 번 차점 낙선을 한 거물 정치인이었다. 그러나 젊은 날 조국 독립을 위한 최선의 방편으로 선택했던 공산주의가 전향한 뒤에도 원죄처럼 그를 따라 다녔고, 이승만 정권의 북진통일 정책에 맞서 평화통일을 주장한 것이 빌미가 되어 국가변란과 간첩죄의 누명을 쓰고 억울하게 죽었다.

1959년, 그에게 내려진 사형선고가 정권에 위협이 되는 야당 지도자를 암살하는 정치공작인 줄 알면서도 수많은 여당 의원들 중 양심선언을 하며 뛰쳐나온 사람은 하나도 없었다. 야당 의원들도 유감을 표하는 발언을 한 사람이 없었다. 지성과 양심을 대표하는 교수와 지도자 들도 그랬다. 독재정권의 철퇴가 두려워 입을 닫은 것이다. 참으로 부끄러운 일이다.

죽산은 어두운 시대에 햇불을 높이 쳐들고 광야로 달려 나간 선구자였으며 평화와 정의의 씨를 뿌리고 간 순교자였다. 그가 꺾인 것은 연구가들의 해석처럼 분단모순의 상황에서 시대를 앞서 갔기 때문이다. 한반도는 소련과 미국으로 대표되는 동서냉전의 전초기지였으며 반공주의라는 절대적인 상징질서 속에 놓여 있었다. 제3세계를 지향하는 죽산의 존재는 이단자처럼 용납될 수 없었다. 그러나 그렇게 그냥 덮어둘 수는 없다. 역사는 현재의 거울이요 미래의 교훈이기 때문이다.

2011년 초 대법원이 53년 만에 재심을 열어 무죄를 선고한 것은 부끄럽게 덮어두었던 국가 양심의 회복을 의미한다. 이제 죽산 조봉암은 올바르게 평가되어야 한다. 그의 정치적 이상은 책임정치, 수탈 없는 정의로운 경제, 평화통일, 세 가지였는데 그게 오늘날 더욱 유효해졌다.

내가 죽산 선생의 평전에 매달린 것은 선생의 삶에는 한국 근·현대사의 명암이 고스란히 담겨 있다는 생각, 우리 사회에 평등과 정의의 회복이 중요하다는 생각이 나를 끊임없이 일깨웠기 때문이다.

나는 죽산 선생이 억울하게 죽던 날 비탄에 잠기셨던 아버지의 얼굴을 기억한다. 어려서부터 죽산과 관련한 강화와 인천의 이야기들을 무수히 들었으며, 그를 기억하는 많은 원로들을 알고 있었다. 약산과 김산의 평전을 쓴 터라 한국 독립운동사와 공산당사, 러시아와 중국 공산당사의 맥락을 파악하고 있었고 많은 죽산 관련 자료와 20여 차례의 중국·러시아 답

조봉암 선생의 장녀 조호정 여사와 인터뷰 중인 저자 이원규.
조호정 여사의 자택.

사 노트를 갖고 있었다.

그러나 집필은 쉽지 않아 탈고까지 3년이 걸렸다. 광복 후 공산주의를 버리고 전향하는 과정과 정치가로서의 활동과 위상, 그리고 미국과의 관계 등은 일개 소설쟁이로서 넘기 어려운 고비였다. 나는 자기도취의 열광으로 산처럼 쌓인 자료 속을 헤쳐나갔다. 죽산과 심리적 동일시를 이룩해 그가 기뻐할 때는 기뻐하고 분노할 때 분노했으며 비범한 연설로 청중을 사로잡을 때는 두 팔에 전율이 일었다. 사랑에 빠진 순간을 그릴 때는 청년처럼 가슴이 설렜다. 죽산의 생애를 판화처럼 복원하자. 그의 내면도 속속들이 그려내자. 그렇게 다짐하며 밀고 나갔다.

연구가들의 탁월한 저술들이 없었다면 이 책을 쓰지 못했을 것이다. 박태균 교수와 서중석 교수의 저술은 내게 죽산 선생의 생애를 통찰하고 균형 잡힌 시각을 갖게 해주었다. 박명림 교수와 임경석 교수의 연구물은 죽산과 미국·소련의 관계를 파악하게 해주었다. 정태영·권대복·오유석 세 분이 낸 『전집』 여섯 권, 윤길중·이영석 선생의 저술, 임홍빈 선생의 글, 그밖에 많은 분들의 글을 열심히 읽고 참고했다. 죽산이 어둠 속에 누워 있던 시기에 묵묵히 죽산 연구를 하신 분들에게 경의를 표한다.

조호정 여사를 비롯한 유족들은 선생의 생애에 관한 모든 진실을 증언해주셨다. 선생의 명예에 흠결이 가는 질문에도 숨김없이 대답해주셨다. 깊은 감사와 송구스러움을 담은 정중한 인사를 보낸다. 조병선·김영순·이재윤·김제영 선생을 비롯한 죽산 선생의 측근이었던 분들도 도와주셨다. 덕분에 죽산 선생을 보다 생동감 있게 그려갈 수 있었다.

이 책에는 많은 인물들이 등장하며 상상력에 의한 소설적 시퀀스들이 부분적으로 들어 있다. 모든 인물이 실존인물이며, 기록과 증언에 충실하기를 절대 우선으로 삼았고, 허용될 수 있는 한도에서만 상상력을 덧붙였음을 밝혀둔다.

이 책은 평생 리얼리즘 소설을 써온 작가로서 그의 생애를 치장하지 않고 사실 그대로 써나간 결과물이다. 이 책이 많은 독자들 앞에 가고 죽산 선생의 진정했던 삶의 역정을 세상에 올바르게 알리는 역할을 하기를 소망한다.

귀중한 사진 자료를 선뜻 내준 연구가들과 독립기념관, 한국일보사, 임경석 교수, 조우성 형, 생생한 증언을 주신 죽산의 가문 어르신들, 죽산조봉암선생기념사업중앙회의 어르신들, 인천과 강화의 후배, 친구, 선배, 원로님들, 그리고 변변치 않은 원고를 좋은 책으로 만들어준 한길사에 감사드린다.

2013년 2월
이원규

조봉암평전
잃어버린 진보의 꿈

서 밀려나 | 김이옥, 병든 몸으로 찾아오다 | 밀정에 쫓겨 김이옥과 한 몸이 되다

제3부 해방된 조국에서

제1부 출생과 성장, 그리고 죽음

출생과 청년시절, 그리고 죽음

어느 날, 대선배가 되는 홍명희가 김찬에게 말했다.
"박철환 동지 말이야. 뛰어난 좌담 장악능력을 갖고 있더군.
잘 모르는 주제를 놓고 좌담을 하는데도 어느새
좌중의 중심이 돼 있거든. 모스크바공산대학에서 배운 건가?"
김찬은 웃으며 고개를 저었다.
"선생님, 그건 그 친구가 가진 타고난 재능입니다.
책을 후딱 읽어치우고 요점을 머릿속에 담는 능력도 탁월합니다.
다만 걱정인 것은 결핵입니다. 그걸 이겨야 할 텐데요."

1 죽음 앞에 의연한 거인

나는 씨를 뿌리고 간다

1959년 2월 27일 늦은 오후, 서울 서대문구 현저동에 있는 서울형무소의 2사金 상上15 감방에서 백발이 희끗희끗한 늙은 재소자가 반가부좌를 하고 반듯이 앉아 회색 벽을 바라보고 있었다. 나이가 예순한 살이지만 어깨와 허리를 꼿꼿이 편데다가 눈빛이 형형하고 머리칼 한 올 흐트러진 것이 없었다. 긴 인생의 역정에서 무수한 고난과 위험을 지혜롭게 이기고 높은 경륜과 지위를 얻은 사람에게서 느낄 수 있는 의연한 기품이 흘렀다.

그는 이날 오전 대법원에서 사형선고를 받은 진보당 당수 죽산竹山 조봉암曺奉岩이었다. 법정에서 냉철하고 당당한 언변으로 무죄를 주장했던 그였지만 어쩔 수 없는 한 인간이어서 분노와 절망을 면벽面壁 묵상을 통해 가라앉히고 있는 것이었다.

죽산은 젊은 날 목숨 걸고 독립운동을 하여 긴 세월 감옥살이를 했고, 초대 농림부 장관으로서 농지개혁을 입안해 이 나라가 신속히 세계 최고 수준의 토지 균등성을 갖게 한 건국 공로자였다. 국회부의장을 지내고 대통령선거에서 두 번 차점 낙선을 한 거물 정치인이었다. 그러나 국가변란죄와 간첩죄로 구속되어 재판을 받았다. 그와 진보당이 내세운 평화통일론이 북한 괴뢰가 쓰는 용어이고, 유엔 감시하의 남북 총선거 주장이 무력에 의한 북진통일이라는 국시와 다르므로 국가보안법 위반이라는 것이었다.

간첩죄는 상하이上海 망명 투쟁 시절 가까웠던 후배 동지 양이섭梁利涉이 북한에서 가져온 공작금을 그가 받았다는 것이었다. 양이섭의 진술이 진정성이 약해 보여 1심 재판은 그것을 인정하지 않았다. 2심에서 양이섭은, 고문이 두려워서 시키는 대로 말한 것이라며 1심 진술을 번복했다. 그러나 서울고등법원의 판관判官들은 자기들의 심리 과정에서 드러난 진실을 외면하고 1심 진술을 인정하는 과오를 범했다. 대법원은 하급법원이 적용한 법률이 정당한가 판단하는 법률심을 하게 마련인데 스스로 재판하는 '파기자판'破棄自判을 감행했다.

그는 누명을 쓰고 죽음의 길목으로 몰려 있었다. 그것이 영구 집권을 꿈꾸는 권력자들이 만든 치밀한 정치공작의 결과라는 것을 알 만한 사람은 다 알고 있었다.

죽산은 길게 심호흡을 했다.

'하늘을 우러러 나는 죄가 없다. 조국을 찾기 위해 싸웠고 분단된 조국을 평화적으로 통일하자고 외치며 대통령선거에 나갔던 것이다. 그리고 내가 주장했던 사회민주주의는 이 나라가 가야 할 최상의 이념이다.'

얼마나 지났을까. 마음이 명경지수처럼 고요해졌다. 자신을 죽음의 길로 몰고 가는 이승만 박사나, 정적을 죽이는 정치재판인 줄 알면서도 마치 그것이 애국의 길인 양 위장하고 논고를 하고 선고를 내린 판관들에 대한 원망도 사라졌다.

'아무 생각도 하지 말자. 나는 신념을 실천하려 했지만 패자가 됐으니 운명으로 받아들이자. 분노도 잊어버리고 절망도 잊어버리자. 억울함도 잊고 과거의 찬란했던 영광도 잊자. 그리고 나 자신의 존재마저 잊자.'

법정의 죽산.
간첩이라는 억울한 누명을 쓰고
재판을 받는 모습이다.
『한국일보』제공.

나라를 위해 옳은 일 하다 죽으니 행복

해가 기우는지 감방 안이 조금 어둑해지고 목덜미에 느껴지는 공기가 차가워졌다. 그가 서울시경에 자진출두 전화를 하고 시경으로 가다가 노상에서 체포된 것은 지난해 1월 13일, 이 감방에 갇힌 것은 아흐레 뒤인 1월 22일이었다. 지난 1년 동안 그는 감방생활에 익숙해져 있었다. 하긴 독립운동을 하다가 여러 번 감옥을 들락거렸고 이곳은 스물한 살 때 3·1운동을 한 죄로 1년을 갇혔었으니 몸이 그때를 기억하고 금방 적응했을 터다.

옥사獄舍에 무슨 일이 있는지 간수들의 가죽 편성화 소리가 통통통 울렸다. 그리고 잠시 후 누군가의 발소리가 그의 감방 앞에 와서 섰다. 시찰구*가 철커덕 열리더니 귀에 익은 음성이 들려왔다.

---

* 시찰구(視察口): 감방 안을 교도관이 감시할 수 있게 만든 구멍.

"선생님, 저 권대복權大福입니다."

죽산은 반가부좌를 풀고 일어섰다. 무죄 선고를 받은 동지들이 풀려나는 모양이었다.* 권대복은 진보당 산하의 대학생 조직 여명회黎明會의 회장이며 나이 28세로 진보당 사건 구속자들 중 가장 젊었다. 가까운 상 5 감방에 있어서 아침 운동을 하는 시간에 스쳐가며 안부를 묻고, 복도를 지나다가 간수들이 못 본 체해주는 순간에 시찰구를 열어 말을 나누곤 했었다.

죽산은 조금 전 번거롭게 가슴과 머릿속을 채웠던 생각들을 썻어버리고 초연해졌다.

"권 군, 지금 나가는가."

그는 시찰구로 얼굴을 확인하고 손을 내밀었다. 청년의 부드러우면서도 힘있는 손이 그의 손을 잡았다. 권대복은 흑흑 흐느끼면서 동상凍傷 후유증과 일제의 고문으로 끝마디가 잘려나간 그의 손을 어루만졌다.

"선생님, 부디 무사하시고 옥체 보존하십시오."

죽산은 부드러운 음성으로 말했다.

"나가면 몸조리 잘하게. 고기는 적게 먹고 채소를 많이 먹게. 별안간 고기를 많이 먹으면 큰 탈이 날 수도 있네."

복도 저 끝에서 여러 명의 발소리가 들려왔다. 아, 무죄선고를 받은 동지들이 복도 한복판 십자로에 짐을 들고 모이는구나. 감옥살이에 이골이 난 죽산은 바깥 상황을 상상했다.

그때 누군가가 발소리를 크게 내며 그의 감방 쪽으로 달려왔다. 간수의

---

* 1958년 1월 구속된 진보당 간부들은 1959년 2월 27일 대법원 선고 공판에서 조봉암이 사형, 이상두와 전세룡이 징역 2년을 선고받았고, 이들을 제외한 사람들은 무죄를 선고받아 이날 저녁 석방되었다.

편성화 소리가 아니라 수인들이 신는 고무신 소리였다. 발소리가 큰데 빠르지 못하고 성급하게 달려오는 사람, 젊은 동지는 아니고 다혈질에 감정이 풍부한 김달호金達鎬 부위원장일 것 같았다. 십자로에 집결하다가 시찰구를 통해 대화하는 권대복을 간수가 제지하지 않는 걸 보고 달려온 나이든 사람, 예상대로 김달호 부위원장이었다. 잠시 후 뒤따라 달리는 여러 발소리들이 들려왔다.

"선생님, 이승만 도당이 선생님을 모살하려고 합니다."

김달호 부위원장이 시찰구에 얼굴을 들이밀고 말했다.

죽산은 비장감이 물결처럼 가슴으로 밀려왔으나 김 부위원장의 손을 잡고 차분하게 말했다.

"김 선생님, 뭘 그렇게 노여워하십니까. 정치란 한 사람이 잘되기 위해서는 반드시 한 사람은 죽어야 합니다. 이승만 박사 그 사람이 절대로 나를 살려두지 않습니다. 그러니 나를 위해서 구명운동 따위는 하지 마십시오. 동지들에게 누가 될지 모릅니다."

죽산은 잠시 말을 끊었다가 다시 입을 열었다.

"올해 내 나이 환갑입니다. 어떤 이는 환갑 전에 죽고 어떤 이는 병상에서 처참하게 환갑을 맞습니다. 나는 값지게 환갑을 맞으니 얼마나 복된 일입니까. 더구나 나라와 민족을 위해 옳은 일을 하다가 옳게 죽을 수 있게 됐으니 얼마나 행복합니까. 그러니 동지들은 일체 내 걱정은 하지 마시오. 나는 마지막 순간까지 동지들의 건강과 필승만을 기원하겠소."

젊은 동지들이 소리 내어 울었다. 간수들이 이제 더 놓아둘 수 없었던지 달려와 끌고 갔다. 죽산은 시찰 구멍으로 손을 내밀어 연상 흔들었다. 진보당 간부들은 끌려가면서 외쳤다.

"죽산 조봉암 선생 만세!"

석방되는 동지들의 외침과 발소리가 메아리지며 복도를 울리다가 서서

서대문형무소 감방. 죽산은 젊은 날 독립운동을 하여 이곳 감방에 갇혔고
40년 뒤에는 사형선고를 받은 수인이 되어 갇혀 지냈다.

히 멀어지더니 조용해졌다.*

죽산은 흔들던 손을 시찰구에서 빼고 잠시 우두커니 서 있었다. 그는 속
으로 중얼거렸다.

'모두 석방되어 가족에게 돌아가니 다행이야. 내가 죄가 없듯이 그들도
죄가 없으니 당연한 일이지. 한 해 동안 억울하게 옥살이를 하지 않았는
가. 나 하나 죽고 동지들이 살면 됐지.'

진보당의 젊은 동지들과 함께 펼치려 했던 정치적 이상은 책임정치와
수탈 없는 경제체제 확립과 평화통일이었다. 그걸 실현할 희망이 송두리
째 무너졌다는 허망감이 밀려왔다.

---

* 죽산이 석방되는 진보당원들과 마지막으로 상면한 이날의 정황은 권대복 선생의
  글에 있다(권대복, 「죽산단상」, 『죽산 조봉암 전집』[세명서관, 1999: 이하 『전
  집』] 제6권, 312쪽).

죽산은 웅크렸던 어깨를 폈다.

'내가 죽으면 내 자취가 남겠지. 뒤에 누군가가 내 자취를 밟고 내가 가지 못한 길을 열어가겠지. 내 죽음은 헛되지 않아.'

이렇게 생각하며 다시 정좌하여 면벽 묵상으로 들어갔다.

사형수의 마음

문득 어린 아들 규호圭豪의 얼굴이 떠올랐다. 도정궁都正宮의 잔디밭에서 공놀이를 하다가 함께 뒹굴던 기억과 함께였다. 첫 번째 대통령선거 출마 후 이승만 정권의 탄압으로 3대 국회의원 선거에 입후보 등록조차 하지 못하고 야인으로 있던 그때, 패망한 왕조의 궁가宮家인 도정궁에 살았다. 눈 코 뜰 새 없이 바쁘게 살다가 한가롭게 보낸 시절이었다.

가장 소중한 보물 내 아들, 세상 전부와 바꿔도 아깝지 않은 내 아들. 죽산은 자신도 모르게 아, 하고 탄식했다. 불쑥 눈물이 나와 뺨을 타고 흘러내렸다. 내가 형장에서 생명이 끊어지면 이제 겨우 열한 살인 아들이 어떻게 세상을 살아간단 말인가. 옛날처럼 삼족을 멸하지 않으니 다행이지만 반역자이자 간첩인 조 아무개의 아들이라는 굴레를 쓰고 살아야 할 것 아닌가. 큰누나가 서른 살이 넘었으니 잘 보살피긴 하겠지만 그 어린것이 어떻게 산단 말인가. 그는 옛날 3·1만세운동을 하다가 체포당해 고문당할 때처럼 몸을 휘어감는 아픔에 몸을 떨었다.

어린 두 딸 임정林晶과 의정義晶도 눈에 밟혀왔다. 죽산에게는 4남매의 자녀가 있었다. 그가 상하이에서 망명투쟁을 할 때 태어난 큰딸 호정滬晶은 서른두 살, 명문대학을 나왔고 이미 결혼해 능력 있는 남편이 곁에 있었다. 그러나 외아들 규호도 어리지만 둘째딸 임정과 셋째딸 의정도 이제 겨우 열두 살, 열 살이었다.

죽산은 이날 어린것들에 대한 걱정 때문에 거의 불면으로 밤을 보냈다.

다음 날 오전, 큰딸 호정과 사위 이봉래李奉來, 그리고 조카 규진圭鎭이 면회를 왔다. 호정은 소리 죽여 울고 규진이 입을 열었다.

"김달호 변호사님이 석방돼 나오셨으니 내일 변호인단과 당 간부들이 모일 거예요. 대책을 세우고 재심 신청을 해야지요. 그러나 마음 단단히 잡숫고 지내세요."

"재심 신청은 좋으나 구차하게는 하지 마라. 이 박사가 나를 살려두겠느냐?"

죽산은 그렇게 말하고 호정을 바라보았다.

"법이 그런 모양이니 별수 있느냐. 길 가던 사람이 차에 치여 죽기도 하고 밤에 자다가 아무도 모르게 죽는 사람도 있는데, 나이 예순 먹은 나를 처단하겠다니 별수 있겠느냐."

"규호를 한번 데려올까요?" 하고 규진이 물었다.

죽산은 고개를 저었다.

"데려오지 마라. 아비가 겪은 일에 대해 어른이 될 때까지 말하지 말고, 세상 사람들이 그애가 내 아들인 줄 모르게 키워라."

세상에서 제일 보고 싶은 것이 아들이었다. 그러나 그는 그리움을 억누르며 그렇게 말했다.

면회를 끝내고 감방에 돌아와 점심을 먹는데 비둘기 한 마리가 날아와 감방 창살 사이에 앉았다. 창턱에 외발로 서서 꾸르르 꾸르르 소리를 내어 우는데 마치 그의 마음을 위로하는 듯했다. 몸이 가늘고 날렵한 것이 집비둘기가 아니라 산비둘기였다.

문득 첫사랑 김이옥*의 모습이 떠올랐다. 상하이 프랑스공원에서 새를

* 김이옥(金以玉, 1905-33): 강화에서 지주의 딸로 출생. 경성여고보 재학시 죽산과 3·1운동에 참가하면서 사랑하게 됐으나 집안의 반대로 헤어졌다. 이화학당

보기를 좋아했고, 죽어서 새가 되고 싶다고 한 말도 떠올랐다. 죽은 이옥의 정령이 찾아온 것일까. 그는 그렇게 생각하며 관식官食밥에서 콩을 두어 개 골라 창턱에 놓아주었다. 비둘기는 날아가지 않고 그대로 앉아 그것을 콩콩 쪼아 먹었다.

비둘기는 그렇게 놀다 가더니 다음 날도 그다음 날도 찾아왔다. 아예 감방 안을 날아 돌다가 나가기도 했다. 이곳 형무소에 감방이 수백 개인데 아무 창이든 가서 앉으면 콩을 줄 게 아닌가. 이곳저곳 다니며 얻어먹는 새인가, 나한테만 오는 새인가.

그는 간수에게 물었다.

"좀처럼 없는 일이지요. 그러니 위안으로 삼으십시오" 하고 간수가 대답했다.

며칠 후, 김달호 부위원장이 면회를 왔다.

"석방된 진보당 간부들이 모인 대책회의에서 이런 의견이 있었습니다. 선생님을 우선 살려놓고 봐야 한다고 말입니다. 스스로 간첩죄가 있음을 시인하고 용서를 비는 성명을 내면 정치적 생명은 끝나지만 이 박사가 용서할지 모른다고 말입니다."

죽산은 머리를 저었다.

"김 선생님, 그러지 마십시오. 굴복을 하느니 차라리 사형을 택하겠습니다."

그는 불의에 굴종하는 것이 죽음보다도 더한 치욕이라고 생각했다. 차라리 의연하게 죽는 것이 더 명예로운 것이고, 그게 이 나라의 장래를 위

음악과 재학 중 폐결핵에 걸려 병이 깊어졌다. 그 후 중국 상하이에서 독립투쟁을 하던 죽산을 찾아가 동거에 들어갔고 딸 호정을 낳았다. 죽산이 신의주형무소에 갇혀 있는 동안 강화 친정에서 사망했다.

해서도 좋다고 생각했다.

"아버님의 목숨을 제발 살려주십시오"

죽산의 딸 호정은 보통의 평범한 여성이 아니었다. 아버지가 당하고 있는 불행의 전말을 속속들이 알고 있었다. 그녀의 생모 김이옥 여사가 죽은 뒤 아버지와 재결합했던 아버지의 전 아내 김조이 여사는 한국동란 중 납북당했다. 호정은 그 뒤 아버지의 딸이자 아내 노릇을 했고 부산 임시수도 시절에는 국회부의장이던 아버지의 공식 비서 노릇을 하기도 했다. 그래서 이 나라 정치의 생리와 정치가들의 인맥을 잘 알고 있었다.

진보당 간부들의 대책회의와 아버지의 거절 사실을 전해들은 그녀는 지금 상황이 이럴 수도 저럴 수도 없는 한계상황이라고 생각했다. 그래서 자신이 그 일을 맡기로 결심했다. 그것은 이승만 대통령에게 호소하는 간곡한 편지를 쓰는 일이었다.

이승만 대통령 각하

어려운 나랏일을 보시기에 얼마나 수고가 많으십니까. 날씨도 화창하여 모든 것이 새로이 소생하고 희망에 부풀어 있을 이즈음 춘래불사춘春來不似春이란 말이 너무나 어울리는 사람이 있습니다. 저는 간첩죄로 사형이 확정된 조봉암 씨의 장녀 조호정입니다. 이 얼마나 암담하고 기가 막힌 일입니까.

저는 아버님이 중국에 망명하셨을 때 상해에서 태어났습니다. 어느 부자 사이도 다 정답겠습니다만 저희 부녀 사이는 더할 나위 없이 정답고 파란도 많았습니다. 아버님이 일경日警에 잡히게 되어 병든 어머님과 저는 일가 할아버님의 도움으로 강화에 와 닿았습니다. 아버님의 일로 충격이 크셨는지 자리에서 일어나지 못하고 끝내 한 많은 세상을 뜨셨습니다.

그때 제 나이 여섯 살이었습니다. 글을 모르는 저는 할아버님이 초 잡아

李承晩大統領閣下

이승만 대통령에게 쓴
조호정의 「탄원서」.
죽산의 장녀 조호정은
부친의 사형이 확정된 뒤
이승만 대통령,
영부인 프란체스카 여사,
이기붕 국회의장에게
「탄원서」를 썼으나
무위에 그쳤다.
조호정 여사 제공.

주시는 편지를 열심히 그려서 신의주형무소에 계신 아버님께 띄웠습니다.

(중략)

박사님, 저의 애끊는 심정을 살피시와 아버님에 대한 사형을 면하게 하여
주실 수 없겠습니까. 저의 아버님은 꼭 사형을 받아야만 되는 큰 죄를 지었
다고 생각하십니까. 박사님, 하해 같은 넓으신 마음으로 아버님의 목숨을 제
발 살려주십시오. 목숨만 부지해주신다면 결초보은하는 마음으로 제가 할
수 있는 일은 무엇이든지 다하겠습니다.*

* 1959년 봄에 쓴 조호정 여사의 육필 「탄원서」. 편지용지에 쓴 여섯 장 중 첫 장과
다섯째 장의 일부다. 조호정 여사 제공.

형무소에 면회를 가서 「탄원서」를 읽어드리자 아버지는 고개를 저었다.

"그러지 마라. 이 박사가 네 호소를 들어줄 것 같으냐? 괜히 구차해진다."

"그러시면 어떡해요? 아버지가 돌아가시면 저도 죽어요!"

그녀가 그렇게 말하자 아버지는 뚜렷뚜렷한 눈으로 바라보았다.

"너는 오래 살아야 한다. 아버지가 누명을 벗는 날까지 말이다."

"……네, 아버지."

호정은 그 말밖에 할 말이 없었다.

죽산이 그렇게 타협을 거부하는 가운데 5월 2일 대검찰청이 법무부장관에게 죽산과 양이섭의 사형집행을 구신具申했다는 보도가 나왔다. 5월 5일, 죽산 측은 신태악辛泰嶽·윤길중尹吉重·김달호 변호사 등을 통해 대법원에 재심을 신청했다. 양이섭을 고문하여 만든 「허위조서」를 채택했으므로 잘못된 심판이었다고 이유를 들었다.

5월 9일, 호정은 아버지의 뜻을 거역하기로 결심했다. 초봄에 써놓고 보내지 못한 「탄원서」를 다시 꺼내 들어 네 통을 만들었다. 이승만 대통령과 부인 프란체스카, 이기붕 부통령, 그리고 홍진기 법무부장관에게 보내기 위해서였다.

그러나 네 통 모두 전달되지 못했다. 이 대통령과 그 부인에게는 자유당 간부, 영화감독 등을 통해 전달하려 했으나 뜻을 이루지 못했다. 홍 법무장관에게는 창랑滄浪 장택상張澤相 씨가 전했다. 이기붕 의장에게는 부인인 박마리아 여사를 통하여 조호정 여사가 직접 전달하려 했다.*

5월 18일, 일본 도쿄 발 『동양통신』은 죽산의 구명을 요구하는 8,000명 이상의 재일동포들이 서명한 「호소장」이 이날 이승만 대통령에게 전달될

---

* 임홍빈, 「죽산 조봉암의 죽음」, 『신동아』, 1965년 8월호, 329-430쪽(『전집』 제4권, 438-439쪽).

것이라고 타전했다. 그러자 오제도吳制道 검사는 '조총련 계통의 좌익분자들의 책동이며 조봉암의 농림부 장관시절 비서인 이영근이 주동한 것'이라고 기자들에게 말했다.

재일동포들의 「호소장」 때문에 이승만 대통령이 진노했으며 재심이 기각되고 처형당할 것이라는 소문이 흉흉하게 돌았다.

이것이 정권에 위협이 되는 야당 지도자를 제거하려는 음모인 줄 알면서도 수많은 자유당 의원 중 양심선언을 하고 뛰쳐나오는 사람은 없었다. 민주당 의원들도 유감을 표하거나, 그 비슷한 발언을 하는 사람조차 없었다. 안됐지만 그는 이 나라의 지배 이데올로기에 어긋나는 불편한 존재이니 사라져주는 게 좋겠다는 묵시적인 동조 같은 것이었다. 또는 이승만 정권의 철퇴가 두려워 입을 바늘로 꿰맨 자들처럼 입을 닫은 것이었다. 지성과 양심을 대표하는 지도자들도 그랬다. 모두 말이 없었다.

5월 21일, 진보당 부위원장인 김달호 변호사는 조용순趙容淳 대법원장을 만났다.

"규정상 1심 판사가 2심을, 2심 판사가 3심을 맡지 못하게 되어 있으니 그 정신을 살려 3심 판사가 재심을 맡지 않게 해주시오."

그는 김갑수金甲洙 대법관도 찾아갔다.

"나는 조봉암 선생을 구하고 당신 입장도 구하고 싶소. 재심에서는 당신이 손을 떼시오."*

그러나 요청은 받아들여지지 않았고 김갑수 대법관이 재심의 주심을 맡았다.

---

* 이영석, 『죽산 조봉암』(원음출판사, 1983), 273쪽.

초대 대통령 이승만(왼쪽)과 이승만 정권의 2인자 이기붕(오른쪽).
죽산을 위협적인 정적으로 느껴 법살당하게 했다. 독립기념관 제공.

애타는 구명운동에도 불구하고

죽산이 처형당할 것이라는 소문이 분분한데 시간은 자꾸 흘러갔다. 5월 하순, 진보당 간부들 중 가장 통이 큰 이명하李明河 조직부 간사는, 자신을 구명하기 위해 이승만 대통령과 자유당 정권에 굴복하지 말라는 죽산의 당부가 있었음에도 그를 살리기 위해 그쪽과 타협하기로 결심했다.

국회의장 이기붕과 내무부 차관 장경근張暻根이 이승만 대통령에 대한 과잉충성으로 죽산의 처형을 서두를 것이라는 소문이 정계에 퍼지고 있었다. 그는 두 사람을 만나 담판하기로 결심하고 연락할 방법을 골똘히 생각하고 있었다.

그때 죽산의 도쿄 유학 시절 친구들 김찬金燦 · 유찬식劉燦植 · 홍순복洪淳福 · 이성구李性求가 찾아왔다. 죽산에 경도되어 그가 약수동에 살던 시절 그의 집 앞으로 이사하기까지 했던 이명하는 그들을 잘 알고 있었다. 김찬은 유학시절 죽산을 공산주의 사상으로 이끌었던 인물이다. 유찬식은 죽산의 어린 시절 친구로서 그를 일본 유학으로 인도했던 인물이다. 평생 교육자로 일하다가 은퇴한 상태였다. 이성구도 교육자로 평생을 보냈다. 홍순복은 그들과 더불어 교단에 섰으나 사직하고 매일신보사 일을 했고 반민특위에 걸려 기소된 적이 있었다. 김찬과 홍순복은 죽산이 농림부 장관을 할 때 농림신보사 사장과 대한농회 부회장으로 임명되는 은혜를 입기도 했다.

이명하는 그들과 더불어 생사의 갈림길에 선 죽산의 구명을 의논했다. 교육자 출신 세 사람이 이기붕 국회의장의 비서실장인 한갑수 박사 이야기를 꺼냈다. 그들이 함께 전북 고창고보 교사로 일할 때 가르친 제자라는 것이었다.

"우리가 한 박사에게 이 선생을 한번 만나달라고 부탁하리다."

한갑수 실장과 사제간 유대가 가장 깊다는 유찬식 교장이 말했다.

"제발 그렇게 해주십시오."

이명하는 큰 소리로 말했다.

그는 며칠 후 그들의 주선으로 한갑수 비서실장을 만났다. 수인사를 나눈 뒤 간곡한 음성으로 말했다.

"한 실장님, 이기붕 의장님께서 죽산 선생이 사형을 면하도록 노력하겠다고 공개적으로 약속해주시면 저희 진보당은 다음 정부통령 선거에서 이승만·이기붕 러닝메이트의 당선을 위해 총력을 기울이겠습니다."

한 실장은 정색하고 대답했다.

"말씀하신 내용을 의장님뿐 아니라 자유당 간부들에게도 전하겠습니다."

그러나 그 후 아무런 변화가 없었다.

윤길중 변호사도 한갑수 실장을 만나 이기붕 의장과 면담을 하게 해달라고 부탁했다. 매일 아침 찾아갔으나 이 핑계 저 핑계를 대며 만나주지 않았다.*

　미국은 이렇게 움직였다. 국무부는 6월 20일 서울로 발송한 「긴급전문」
에서 '조봉암에 대한 사형선고는 공산주의자에게 훌륭한 선전거리를 제
공하여, 중립 국가의 관점에서뿐 아니라 다른 자유국가의 관점에서 볼 때
우리가 한국의 정치 안정과 성숙을 이루는 데 기여했던 모든 성공을 완전
히 무효화시키는 것'이라고 우려를 표명했다. 그리고 주한미대사관은 '국
무부가 가지고 있는 우려와 원인에 대해 부각시키고 영향력이 있다고 판
단되는 관료들로 하여금 조봉암이 사형되거나 추방당할 가능성을 없앨 수
있게 하라'는 지시를 본국으로부터 받았다. 6월 23일 다울링 미국 대사가
이기붕을 찾아가 국무부의 우려를 전했고 이기붕은 사형을 막겠다고 약속
했다.**

　그것은 별로 강력하지 못한 조치였다. 그리고 1956년 11월, 죽산이 진보
당을 창당했을 때 '가장 중요한 문제는 조봉암이 공산주의와 정말로 절연
했는가 하는 것과, 그가 평화통일을 위해 공산주의자들과 협상을 맺을 것

---

* 이명하 간사와 한갑수(韓甲洙, 1913-2004) 실장이 만난 정황은 이영석 선생 글
  에 있다(이영석, 같은 책, 273쪽). 한 실장이 말을 전하자 이기붕 의장은 "나 혼자
  힘으로 되는 건가" 하고 대답했다고 한다. 이기붕을 직접 만나려 한 정황은 윤길
  중 선생 글에 있다(윤길중, 『이 시대를 앓고 있는 사람들을 위하여』[호암출판사,
  1991], 191쪽). 뒷날 한글학자로 더 알려진 한갑수 박사와 서정주 시인 등 고창
  고보 동창들은 그들이 존경한 세 스승에 관한 회고를 신문에 실었다(「군민이 세
  운 민족사학 고창고」, 『동아일보』, 1982년 5월 20일자). 한갑수 박사는 은사 유찬
  식에 대한 회고를 다른 글에서도 썼다(「나의 청춘시절」, 『매일경제』, 1989년 10
  월 20일자).
** 1959년 6월 23일, 미 대사관 서울 발신 전문 915호, 진실·화해를 위한 과거사정
  리위원회(이하 진실화해위원회), 「진보당 조봉암 사건」, 『2007년 하반기 조사보
  고서』, 1098쪽 재인용.

인가의 여부다'*라고 우려를 담아 기록한 것과 일치하지 않는다. 매카시즘에 빠져 있던 미국이 한반도에 강력한 반공국가가 서 있기를 희망했을 것이라는 상식적인 추측과도 일치하지 않는다.

최고의 반공검사로 명성을 떨치고 대검찰청 정보부장으로서 죽산의 재판에 관여한 오제도는 죽산에 대한 대법원 판결이 끝난 직후 미국으로 연수를 떠났다. 그때 CIA 책임자를 만났는데 '진보당 사건을 적시에 적발하지 않았더라면 대한민국에서 일대정변이 일어나 공산화될 위기에 있었다'면서 그를 치하했다고 그는 증언했다.**

이 말이 사실이라면 미국은 이중 플레이를 한 셈이다. 미국의 그런 태도는 강원용姜元龍 목사가 박태균 교수와 나눈 대담에서 한 말에도 엿보인다. "미국은 어디 가서 뭘 하든 양다리를 걸쳐놓습니다. 이쪽도 저쪽도 다 자기편인 것처럼 믿게 하죠. 그렇게 저울질을 하면서 자기 이해관계를 따지는 겁니다."***

아무튼 미국은 이의를 제기하는 수준, 혹은 죽산을 처벌하는 것은 묵인하되 처형만은 막으려 했다는 추측을 하게 한다. 죽산은 그것을 알고 있었기 때문에 자신에게 유난히 호의적이던 미국대사나 주한미군사령관에 구명을 요청하지 않았던 것이다.

공적인 배신이자 사적인 배신

시간이 흐를수록 초조해지는 것은 딸 호정이었다. 이대로 가면 아버지

---

* 「Inaugural Convention of the Progressive Party」, Internal Affairs, 765B.00/12-1156 (박태균, 『조봉암 연구』[창작과비평사, 1995], 386쪽 재인용).

** 오연호, 「조봉암 처형 전야의 미국 공작원들」, 월간 『말』, 1993년 8월호, 152쪽.

*** 박태균 대담, 강원용 목사의 체험한국현대사 2, 「이승만 조봉암 사이에서 양다리 걸친 미국」, 『신동아』, 2004년 1월호, 517쪽.

는 죽는다고 생각한 그녀는 아버지를 제거하는 데 앞장서고 있는 이기붕 국회의장의 아내이자 이화여대 은사인 박마리아 교수를 서대문 저택으로 찾아갔다. 5월에 써놓은 이기붕 의장에게 보내는 「탄원서」를 들고 갔다. 그러나 문전 추방을 당했다.

다음 날 학교로 찾아가서 간신히 박마리아 교수를 만났다.

"선생님, 이 의장님께 잘 말씀드려서 이 「탄원서」를 전달해주시고 아버지 목숨만은 살려주십시오."

호정은 간절히 호소했다.

문과 과장으로 호정의 재학 시절에 친절했던 박마리아 교수는 한 마디 위로도 없이 냉랭했다. 「탄원서」는 쳐다보지도 않았다.

"내가 남자들 하는 일을 어찌하느냐? 정부에서 하는 일이니 방법이 없어. ……두고 가. 전해는 주지."

호정은 눈물을 흘리며 교수실을 나왔다.

어느 날, 인천 도원동 집의 이웃집 사람이 연락을 해왔다. 도원동 12번지, 본적이 그 집으로 되어 있는데 호적을 처분한다는 것이었다. 호정은 아버지를 미리 사망 처리하려고 그러나 하여 놀라서 가슴이 덜컥 내려앉았다. 이것저것 생각할 것 없이 수표동에 있는 창랑 장택상 선생 집으로 달려가서 울먹이며 호소했다. 이야기를 듣고 창랑은 당장 법무장관을 만날 거라고 하면서 모자를 들고 일어섰다.*

장택상은 1965년 3월 23일, 동아방송의 '정계야화' 프로그램에서 그때 일을 이렇게 회고했다.

"그날 법무장관을 찾아가서 왜 사형 집행을 급히 하려 하느냐 질책했지

---

* 2011년 5월 24일, 서울 종로구 부암동 자택에서 조호정 여사 인터뷰.

죽산과 끝까지 신의를 지켰던
창랑 장택상.
죽산과 깊은 우의를 나누던
1952년 당시의 사진이다.
장병혜, 『상록의 자유혼』에서 인용.

요. 장관이 말하기를 그러잖아도 그 문제로 대통령 각하를 뵙고 오는 길이라
고 했어요. 대통령은 이렇게 말했대요. '그건 장관의 일이지 대통령의 일이
아니지 않느냐?' 하고. 장관은 그래서 자기 마음대로 할 수 있다고 하더군요.
그럼 사형집행을 연장할 수 없느냐 물었지요. '조건부로 하지요. 교환조건
으로 하면 될 수 있지요' 하고 대답하더라구요. 내가 '그게 뭐냐?' 했더니 지
나간 일이지만 3월 26일 대통령 생신에 감옥에서 죄수들에게 과자를 돌렸
는데 죽산은 그걸 거부했대요. '그게 괘씸하다. 그리고 자기가 공산당 아니
라는 성명을 한 마디도 안 했다. 오늘이라도 성명을 발표하고 공산당 아니라
고 하면 내년 대통령선거까지는 집행을 연장시키겠다' 했어요. '좋다. 그건
내가 책임진다' 했어요. 조호정에게 윤길중을 불러와라 해서 내가 부르고 윤
길중이 받아써서 「성명서」를 만들었어요. 그걸 감옥에 보냈다가 죽산에게

꾸지람만 들었어요. 죽산이 '이걸 누가 썼느냐?' 해서 '창랑이 썼다' 했대요. 죽산이 '그럼 됐다' 해서 7월 17일에 발표했지요. 그러나 2주일 후에 처형 집행했어요. 이건 공적인 배신이요 사적인 배신이에요."

그렇게 만들어져 죽산의 이름으로 발표된 「성명서」, 국민에게 보내는 그의 유언이 되고 만 장문의 글은 전부는 전하지 않고 요지만 이영석 선생의 『죽산 조봉암』에 실려 있다.

국법에 의하여 죽음의 재결을 받은 나는 제헌절에 임하여 국민과 동지들에게 한 말을 올리고 싶어합니다. 나는 비록 법 앞에 죽음의 몸이 되었다 하여도 나의 조국 대한민국에 대한 충성은 의심할 수 없다는 것을 밝힙니다. 조국에 대한 충성만은 생사를 초월한 나의 신조이고 또 어느 애국자를 막론하고 다 같은 심경일 것입니다. 특히 과거의 우리 동지들은 현실의 포로가 되지 말고 더욱 조국번영과 우리의 이념을 살리기 위하여 최후까지 노력하시기 바랍니다.*

윤길중 변호사는 죽산이 제헌의원 시절부터 소중하게 생각한 후배였다. 진보당 중앙당 간사장이기도 했으며 개인적으로는 죽산의 처제김조이의 동생인 김영애金永愛와 재혼하여 동서간이기도 했다. 그가 장택상과 함께 만든 「성명서」를 들고 형무소에 갔을 때 죽산이 말했다.

"너무 성급히 생각하지 말게. 우리가 못한 일을 먼 훗날 우리가 알지 못하는 후배들이 해나갈 것이네. 그러면 결국 어느 땐가 평화통일의 날이 올 것이고 국민이 고루 잘사는 날이 올 것이네. 씨를 뿌린 자가 거둔다고 생

* 이영석, 앞의 책, 274쪽.

각하면 안 되지. 나는 씨만 뿌리고 가네."*

민중을 위하여 고난을 무릅쓰고 새로운 역사의 길을 열다가 쓰러진 사람답게 비장한 목소리로 말했다.

재심 신청 기각, 사형이 확정되다

1959년 7월 29일 아침, 호정은 서울 성동구 충현동 산 4의 5번지 친정집으로 갔다. 사촌오라버니인 규진 씨와 함께 아버지 면회를 가기 위해서였다. 충현동 집은 아버지가 중형을 선고받은 뒤 이사한 곳이었다. 규진 씨는 아버지 집이라고 말하지만 규진 씨 집이나 다름없었다. 아버지가 구속되면서 후원금도 끊어졌고 재판 때문에 빚을 진 상태였다. 장차 아버지가 정치 활동을 활발하게 하기 어려울 것이라고 판단해 규진 씨가 자기 집과 숙부인 죽산의 신당동 집 전세를 빼서 빚을 갚고 작은 집으로 이사한 것이었다. 규진 씨 내외는 여기서 자신의 2남 2녀, 그리고 죽산의 혈육인 규호와 더불어 살고 있었다.

두 사람은 전차 정거장을 향해 걸었다. 호정은 몸이 야윌 대로 야윈데다가 강렬한 여름 햇빛 때문에 현기증이 났다. 아버지에게 운명의 시간이 다가오고 있다는 불길한 예감이 머릿속을 떠나지 않아 정신을 꼿꼿이 세우고 걸었다. 규진 오라버니는 서른일곱 살이지만 인천의 명문 인천고의 야구부, 회사의 축구부에서 선수로 뛴 사람답게 허리가 곧고 몸이 꼿꼿했다. 두 사람은 내일 인천에서 있게 될 고종사촌 누이죽산의 누나 경암慶岩 씨의 딸 결혼식에 누가 갈 것인가 의논했다.

호정은 형무소에 도착해 접견실에서 아버지를 만났다. 가슴에 수인번호 2310을 단 아버지는 여전히 평온해 보였다. 감방 창으로 찾아오는 산비둘

---

* 윤길중, 앞의 책, 194쪽.

기 이야기를 하셨다.

"인왕산이 가까우니까 거기서 날아온 새지요. 위로해드리려고 내려왔나보네요."

규진의 말에 죽산은

"나도 그렇게 생각한다."

하고 말하고 잠시 묵묵하더니 딸을 향해 입을 열었다.

"너무 억울하게 생각하지 마라. 뜻을 이루진 못했지만 열심히 살았고 내 정신을 모두 조국에 바쳤는데 이제 몸까지 바치고 가게 됐지."

표정이 마치 순교자와도 같았다.

호정은 머리를 내저었다.

"재심, 재심이 남았어요."

아버지를 그렇게 위로했지만 희망이 없다는 것을 호정은 알고 있었다. 대법원 판결을 한 사람이 다시 주심을 맡았고 합의부 구성 판사들도 절반이 그대로여서 자기들이 잘못 판결했다고 재심에서 뒤집을 가능성이 없기 때문이었다. 재심을 맡은 재판부는 재판장에 백한성 대법관, 주심에 김갑수 대법관, 그리고 배정현裵廷鉉 · 고재호高在鎬 · 변옥주卞沃柱 대법관이었다. 배정현 · 고재호 두 사람만 새로울 뿐이었다. 변옥주 대법관도 2심 때 고등법원장 자리에 있었다.

7월 30일, 호정은 남편 이봉래와 함께 인천 결혼식에 갔다. 남동생 규호를 데리고 갔다. 아버지의 동기간 3남매 중 큰아버지 수암 씨는 돌아가시고 숙부 용암 씨는 독립운동 중 소식이 끊어졌고 누님 경암 씨만 남아 있었다. 축하하러 가서 고모 집안 사람들에게 위로만 받고 식이 끝나자마자 곧바로 경인선 열차에 몸을 실었다. 규호는 고모 댁에 며칠 있으라고 했다.

친정집으로 갔다. 규진 오라버니에게서 이날 아버지 면회 다녀온 이야기를 듣고 인천 결혼식 이야기를 했다. 오후 5시 반경, 신태악 변호사에게서 전화가 왔다.

"「재심 기각 결정문」이 송달돼 왔어요."

"안 돼요!"

호정은 송수화기를 든 채 털썩 주저앉았다.

"오늘 변호인단 전부와 진보당 간부들이 모여 「재재심청구서」를 작성할게요. 아직 희망을 버리지 말아요."

신 변호사가 전화선 저쪽에서 말했다.

그날 밤을 거의 뜬눈으로 새운 호정은 새벽에 잠깐 눈을 붙였는데 꿈을 꾸었다. 아버지가 양이섭과 함께 산을 오르는데, 아버지를 부르려 해도 부를 수가 없었다.

"선생님, 가시지요. 집행입니다"

다음 날인 7월 31일 아침, 규진 오라버니와 함께 면회를 갔다. 그러나 면회를 하지 못했다. 그 슬픈 날의 기억을 조호정 여사는 이렇게 회고했다.

"그날 면회 신청을 하고 기다리고 있는데 간수부장이 나와서 말했어요. '오늘은 몸이 불편해서 면회를 못 하시겠답니다' 하고 말입니다. 아무리 불편하시더라도 가족이 걱정할까봐 한 번도 거절한 적이 없는데 왜 그러실까. 이상한 생각이 들어서 면회실을 나와 수표동 창랑 선생 댁으로 뛰어갔습니다. 창랑을 뵙고 면회 못 하고 온 사정을 말씀드렸더니 너무 염려 말라 하시며 법무부장관과 약속한 일이 있으니 소홀히는 취급하지 않을 것이라고 하셨습니다.

거기서 더 지체할 수가 없어서 김춘봉金春鳳 변호사 사무실로 한걸음에 달려가서 일이 어떻게 돌아가는지 알아봐달라고 울며 매달렸습니다. 김 변호사가 여러 곳으로 전화를 거는 것을 애태우며 지켜보았어요. 오후 3시 30

분경, 법무부에 전화하시던 김 변호사의 안색이 파랗게 질리는 것을 보고 '아! 일은 끝났구나' 하는 느낌이었어요. 김 변호사가 힘없이 수화기를 내려놓으며 말했어요. '돌아가셨어요'라고."*

서울형무소에 간 호정과 사촌오빠 규진이 면회를 하지 못하고 불길한 예감으로 돌아서던 오전 11시경 죽산은 죽음의 문턱에 서 있었다.

그날, 죽산은 아침부터 반가부좌를 하고 앉아 독서를 했다. 마음의 평정을 찾는 길은 밀도가 깊은 철학서적에 푹 빠지는 것이 제일이었다. 아침에 창가로 와서 관식에 있는 콩알 몇 개를 얻어먹고 날아갔던 산비둘기가 이내 다시 돌아와 감방 안을 들여다보며 울었다.

오전 10시 30분, 간수부장과 간수 한 사람이 와서 감방 문을 열었다. 그들의 딱딱하게 굳어진 얼굴을 보고 죽산은 처형이구나 생각했다. 그 순간 간수부장이 말했다.

"선생님, 가시지요. 집행입니다."

죽산은 머리를 끄덕이며 일어섰다. 막 태어났을 때의 인간처럼 머릿속이 순수하게 깨끗해지며 '내가 착하게 살았는가' 하는 생각이 스쳐 갔다. 한 번도 안 입고 아껴두었던 새 모시옷으로 갈아입고 머리를 산뜻하게 빗어 넘기고 하얀색 새 고무신을 신었다. 그러고는 두 손을 내밀어 형무관이 내미는 수갑과 포승을 받았다. 곧바로 옥사를 빠져나와 교수형을 집행하는 사형장을 향해 걸었다. 한여름 땡볕이 내리쬐는데 통행로 옆에 들꽃이 피어 있었다. 그는 꽃들을 내려다보며 중얼거렸다.

"여기도 꽃이 피는군. 그런데 향기가 없어."

15평쯤 되는 목조 가옥이 눈에 들어왔다. 한 번도 와보지 않은 곳, 그러

---

* 같은 날, 조호정 여사 인터뷰.

서대문형무소 사형장 외부 및 내부.
죽산은 1959년 7월 31일 오전 10시 30분, 이곳을 걸어 형장으로 들어갔다.
서대문형무소 사형장 내부에는 옛날 시설 그대로 보존되어 있다.

나 그곳이 죽을 곳임을 알 수 있었다. 커다란 미루나무 한 그루가 우뚝 서 있었다. 그 곁을 지나는 순간 죽산은 자신에게 남은 시간이 60년 평생을 돌아보기에도 부족할 만큼 짧다는 생각이 들었다. 곧 죽을 것을 알았는데도 왜 그걸 안 했을까. 국회 본회의 사회를 보던 순간, 대학생 교복을 입은 채 엿보따리를 들고 엿을 팔러 다니던 도쿄 거리, 고향 강화 염하의 칙칙한 바닷물, 농지개혁법을 기초하는 부하직원들을 격려하는 순간 들이 마치 환등기 사진이 바뀌듯 바뀌어갔다. 왜 추억은 순서 없이 떠오르는 것인가. 그런 생각을 하는데 환하게 웃는 큰딸 호정, 그리고 어린 세 자식의 모습이 떠올랐다. 잘 있어라, 아들딸들아. 형무관이 가볍게 등을 밀어 그는 목조 건물로 들어섰다.

닫아놓은 커튼 사이로 올가미가 보이는데 반대편에는 10여 개의 의자들이 놓여 있고 검사, 형무소장, 보안과장, 목사, 형무관 들이 앉아 있었다.

인정신문이 시작되었다.

"본적 인천시 도원동 12번지, 현주소 서울특별시 충현동 산 4의 5번지, 성명 조봉암, 나이 61세, 맞습니까."

"네. 맞습니다."

다음은 인상人相조사였다. 신장, 체중, 얼굴빛, 머리숱, 전체적 체형 등을 확인하는 절차, 형무관은 가장 분명한 인상인 마디가 잘라져 없는 손가락을 들여다보며 확인했다.

임석검사가 집행을 선언하자 집행관이 다가와 물었다.

"마지막으로 할 말 있습니까?"

죽산은 곧 숨이 끊어질 사람답지 않게 담담하게 말했다.

"나는 공산당도 아니고 간첩도 아니오. 그저 이승만과의 선거에서 져서 정치적 이유로 죽는 것이오. 나는 이렇게 사라지지만 앞으로 이런 비극은 없어야 할 것이오. 이 세상에서 골고루 잘살려고 한 일인데 결과적으로 죄를 짓고 가니 미안할 뿐이오. 가족들은 알아서 잘 살기를 바랍니다."

그렇게 말하고 술 한 잔과 담배 한 대 피울 수 있느냐 물었으나 거부되었다. 그는 곧바로 교수대로 옮겨졌다. 당당한 걸음걸이, 흔들림 없는 눈빛, 몸 전체에 기품과 위엄이 흘렀다.

죽산은 임석한 목사에게 설교와 기도를 부탁했다.

목사는 성경을 펴 들고 「누가복음」 23장을 읽었다.

"빌라도가 세 번째 말하되 이 사람이 무슨 악한 일을 하였느냐. 나는 그 죽일 죄를 찾지 못하였나니 때려서 놓으리라 한대 저희가 큰 소리로 재촉하여 십자가에 못 박기를 구하니 저희의 소리가 이긴지라."

마침내 마지막 순간이 다가왔다.

집행관 중의 하나였던 고중렬高重烈 교도관은 2005년 2월 『신동아』 인터뷰에서 그 순간을 이렇게 회상했다.

이윽고 두 손과 무릎, 두 발이 포승줄에 묶인 조봉암 선생의 머리에 흰 주머니가 씌워졌다. 한 교도관이 그의 목에 밧줄을 건 뒤 나무판자를 두드리자 다른 교도관이 마루청과 연결된 '포인트'를 잡아당겼다.

'쿵!' 밧줄에 매달린 몸이 아래로 떨어졌다. 곧 숨이 끊어졌지만 30분도 넘게 매달아뒀다. 민족지도자로 추앙받던 죽산 조봉암은 간첩 누명을 쓰고 이렇듯 하루아침에 형장의 이슬로 사라졌다.

이 나라 헌정사상 첫 사법살인은 그렇게 이루어졌다.

이재승 교수는 죽산이 반공주의라는 상징질서 속에서 이단자로 몰려 희생된 것이라고 해석했다.

조봉암의 처형은 여러 가지 측면에서 제3세력 정치인의 운명이라고 여겨진다. 그는 한국사회에서 공산주의와 자본주의를 거부하는 사회민주주의자로서 이승만(자유당)과 민주당의 지배블록에 맞선 이단자이고, 동시에 국제적인 냉전질서의 시각에서는 최일선에서 진영을 흔드는 불온한 자였다. 당시 지배세력들은 반공주의라는 상징질서 속에서 조봉암을 희생자로 삼기를 원했고, 대한민국의 사법부는 바로 충직하고 자발적인 처형자가 되었다.

냉전질서하의 정치사법, 즉 냉전사법은 항상 어떤 희생양을 찾아 벌이는 상징적인 투쟁이므로 희생자의 실상이나 내면이 큰 의미를 갖지 못한다. 희생자는 공산주의자, 변란음모자, 간첩이어야 하는 것who should이지, 공산주의자, 변란음모자, 간첩이기 때문who really에 희생된 것이 아니다. 냉전사법은 이미지의 정치를 한다. 바로 거기에 냉전사법은 상징조작이다.*

"무슨 죄를 졌다고 이러나요!"

오후 3시경, 서대문형무소 밖에 수많은 군중들이 몰려왔다. 신문사와 통신사 들이 죽산의 처형이라는 긴급뉴스를 벽보로 써 붙인 것을 읽고 온 것이었다. 군중 속에서 여럿이 카메라와 수첩을 들고 달려온 기자들에게 삿대질을 하며 소리쳤다.

"당신네들은 기자 노릇 하면서 뭘 했소? 권력에 눈이 어두워, 자기와 맞섰던 인물을 이렇게 죽이게 왜 내버려뒀소?"

"죽산 선생을 죽인 자들, 하늘이 천벌을 내릴 거요."

호정이 이모 김영애 여사와 함께 도착한 것은 그때였다. 수백 명의 인파 가운데 누군가 알아보고 비켜섰다. 그러자 기자들이 카메라를 들고 몰려

---

* 이재승, 「죽산 재심 판결의 역사적 의미」, 죽산 조봉암 선생 명예회복 범민족추진위원회, '죽산 조봉암 선생의 사상 및 업적 재조명을 위한 심포지움'(2011년 7월 15일, 한국프레스센터), 자료집 77~95쪽.

들었다.

"아버지! 아버지!"

호정은 붉은 벽돌담에 뺨을 대고 흐느꼈다. 영애 이모가 눈물을 흘리며 호정을 부축했다.

형무소는 48시간 뒤 인도하는 게 규칙이라며 유해를 넘겨주지 않았다. 그러나 무슨 생각인지 다음 날 오전 넘겨주었다. 유해를 받은 것은 유족이 아니라 죽산의 최측근이었던 이명하 조직부 간사였다.

형무소 측은 상부 지시라며 세 가지 조건을 지키겠다는 「각서」를 쓰라고 했다. 인수 하루 만에 매장하고, 조문받지 않고, 묘비 세우지 않는다는 조건이었다.

"그런 법이 어디 있소?" 하고 따지자 형무소 측은 유해 인계를 거부했다. 그러면서 국법에 따라 처형된 형사자刑死者이므로 조선총독부령 제120호를 적용한다는 것이었다.

"세상에! 이분은 왜놈들에 맞서 독립운동을 하신 분인데 왜놈들 탄압규정을 들이대는 법이 어디 있소?"

이명하가 따지자 형무소 측은 자기들은 상부의 지시를 따를 뿐이라고 했다.

이명하는 어쩔 수 없이 「각서」를 썼다. 영구차를 부를 수 없어 죽산의 유해를 관에도 담지 못하고 담요로 둘둘 말아 싼 채 트럭에 실었다.

"죄송해요, 영구차로 모시지도 못하고 이렇게 모셔가서."

운전석 옆자리에 타지 않고 적재함에 주저앉아 죽산의 차가운 몸을 붙잡은 채 울면서 갔다.

인천에 머물고 있던 죽산의 외아들 규호는 급히 서울로 올라와 있었다.

"고모와 고모부가 신문을 보셨는지 혹은 고종사촌 시원 형이 신문을 보셨는지 모르겠어요. 고모가 대성통곡을 했어요. 저는 시원 형님 손을 잡고 부랴부랴 서울 집으로 갔어요. 집으로 가는 골목에 30명쯤 되는 경찰이 배치되어 출입을 막고 있었어요. 얼마 후 아버지가 트럭에 실려 도착했고 사람들이 대성통곡을 하며 맞아들였습니다. 여인네들이 부지런히 베옷을 만들었어요. 지금 생각해보니 아버님 수의였어요.

얼마 후, 사촌형수님이 제 손목을 잡고 안방으로 데려갔어요. 지금 안 보면 아버지를 다시는 볼 수 없다고 하시면서. 아버지는 베옷을 입고 잠들듯이 누워 계셨어요. 얼굴 윗부분은 햇볕에 익은 듯이 빨갛고 귀밑은 하얀데 목에 빨간 밧줄 자국이 선명했어요. 저는 어른들이 시키는 대로 울면서 절을 했습니다."*

죽산의 셋째 딸 의정은 열 살로 국민학교 3학년이었다. 이날 임정 언니와 함께 경남 진해에 사는 이모 댁에 가 있었다. 형부가 언제 죽음을 당할지 모르는 판이라 아이들 이모가 진해에서 인천으로 올라왔다가, 아이들 엄마가 거의 종일 성당에 머물며 기도하느라 정신이 없으니 조카 자매를 데리고 내려간 것이었다.

이모와 이모부는 매일 신문을 구해 읽고 라디오가 있는 집에 가서 뉴스를 듣고 왔다. 그날 저녁 이모부가 숨을 헐떡이며 급히 집으로 와서 이모에게 뭔가 말했고 곧이어 이모가 임정 의정 두 조카를 끌어안고 울먹였다.

"불쌍한 것들, 너희들 아버지가 돌아가셨다."

의정은 아버지가 나라에 큰 죄를 지었으나 사실이 아니고 누명을 쓴 것이라고 어머니에게 여러 번 들었으므로 울음을 터뜨렸다. 두 자매는 다음

---

* 2012년 8월 27일, 평택에서 조규호 선생 인터뷰.

날 새벽까지 울다가 쓰러져 잠들었다.*

조문도 받지 말고 묘비도 세우지 말라니

장례식을 준비하던 유족들에게 경찰서장이 와서 조선총독부령 제120호를 다시 들이댔다. 일제가 순국한 독립투사의 공개 장례를 금지하고 묘비조차 세우지 못하게 했던 규정인데 그대로 적용하겠다는 것이었다. 유족들은 5일장을 하려고 했지만 내일 매장하라 하고, 조문을 받지 말고, 묘비도 세우지 말라는 것이었다. 그리고 정복과 사복 경찰을 빈소로 향하는 길목에 배치해 조문객들의 출입을 막았다.

"마지막 길을 가는 분한테 너무하잖아요?"

호정이 울면서 항의했으나 소용없었다.

사촌오빠 규진 씨가 경찰서장과 담판을 해서 출입증 40매를 얻어냈다. 40매도 사회에 영향을 주는 중요인사는 사용할 수 없어 정계의 거두인 창랑 장택상도 장충단 앞에서 저지당해 조문을 하지 못했다.

신문들은 죽산이 처형된 직후의 형무소 정경과 장례식이 2일 오후에 열린다는 기사를 내보냈다. 그러자 이강학 치안국장은 언론사에 보도관제 서한을 보냈다. 죽산이 반국가적 반민족적 법증에 의하여 처단되었고 그의 행적과 그 외의 모든 기사는 민심을 자극할 우려가 있으므로 일절 보도하지 말라는 것이었다. 그 근거 역시 조선총독부령 제120호였다.

설상가상으로 장례비가 없었다. 사위 이봉래가, 빈소를 지키며 유족들을 꼼짝 못하게 감시하는 경찰관들에게 말했다.

"돈이 없어 장례를 치를 수가 없어요."

그러자 경찰 간부가 딱한 표정으로 말했다.

"우리가 구해볼까요?"

이봉래는 머리를 저었다.

"나를 내보내주면 나가서 구해올게요."

그러자 경찰은 그를 내보내주었다. 그는 지인들을 찾아가서 돈을 빌려와 장례준비를 했다.*

윤길중 변호사는 장택상을 찾아가서 장례비를 부탁했다. 장택상은 애석해하면서 장례비 10만 환을 마련해주었다. 윤길중은 풍수지리를 좀 아는 편이어서 망우리忘憂里 공동묘지에서 좋은 자리를 골랐다.**

8월 2일 오후 2시, 무장 경찰과 사복 경찰이 엄중하게 경계하는 가운데 충현동 집에서 장례식이 열렸다. 경찰이 신분증을 요구하며 출입을 막는데도 조문객은 200여 명이나 왔다. 진보당원들은 깊은 밤 지붕과 담을 타고 넘어온 사람들도 있었고 한 번 나가면 다시 올 수 없다며 골목에 앉아 밤을 새운 사람들도 많았다.

호정은 더 이상 눈물도 나오지 않았다. 지난 이틀 한숨도 자지 못했다. 그러나 악에 받친 사람처럼 비틀거리지도 않았다. 어린 동생과 친척 들의 울음소리를 들으며 이를 악물었다. '내가 오래 살아 아버지를 죽인 사람들이 어떻게 사나 지켜보겠다'고.

호정의 남편 이봉래가 「조시」弔詩를 낭독하는데 경찰이 장례식을 빨리 끝내라고 재촉해댔다.

"거기 부모님이 생때같은 목숨을 잃었는데 빨리 하라면 그 말을 듣겠어요?"

호정은 그렇게 쏘아붙였다. 그러자 경찰은 그녀를 피해 윤길중 변호사

---

* 같은 날, 조호정 여사 인터뷰.
** 윤길중, 앞의 책, 197쪽.

를 닦달했다.

오후 3시경, 조봉암의 관이 영구차에 실렸다. 가족이 탄 버스 한대와 경찰 지프 여러 대가 그 뒤를 따랐다.

30~40분 후 망우리 묘역에 도착했다. 늦은 오후인데도 날씨는 무섭게 더웠다. 운구를 하기도 전에 경찰은 빨리 하라고 재촉했다. 가족들이 들은 척도 안 하자 산역꾼들에게 "당신, 왜 느리게 하는 거야? 이름이 뭐야?" 하고 수첩을 꺼내 적으려 했다. 산역꾼들은 제 발등을 찍는지도 모르고 허둥지둥 삽질을 해댔다.

호정은 남편 이봉래의 부축을 받고 서서 마른하늘을 올려다보았다.

"무슨 죄를 졌다고 이러나요! 개가 죽어도 이렇게 하지 않아요! 왜 벼락이 안 쳐요? 여름에 벼락도 많이 치는데, 이 기가 막힌 날 왜 벼락도 안 치는지요? 나한텐 하늘도 없어요!"

그것이 끝이었다. 서해의 강화 섬에서 태어나 조국의 운명을 등에 지고 분투했던 죽산 조봉암, 책임정치와 수탈 없는 경제체제 확립과 평화통일을 주창했던 거인은, 죽어서 시름을 잊는다는 망우리의 한 자락 땅에 순교자처럼 묻혔다.

죽산이 떠난 서울형무소의 2사 상15 감방에 산비둘기가 매일 날아와 슬프게 울었다. 옆 감방, 옆 옥사까지 날아다니며 몇 날을 애타게 울었다. 그가 감방에서 새에게 모이를 주고 새와 대화한다는 소문은 이미 모든 감방에 퍼져 있었으므로 수인들은 그 새를 죽산조竹山鳥라고 불렀으며 그 후 그것은 전설이 되었다.

2 출생과 성장

19세기 마지막 해에 강화 섬에서 태어나

죽산 조봉암은 1899년 9월 25일, 서해 강화 섬에서 농부 조창규^{曺昌圭}와 청주유씨^{淸州劉氏} 사이에서 태어났다. 손위로 아홉 살 위인 형 수암과 열세 살 위인 누나 경암이 있었다.*

출생한 동리는 분명하지 않다. 그의 자전적 기록인 「내가 걸어온 길」에는 "나는 강화도 남쪽 원면이라는 촌에서 나서 강화읍에서 자랐다"고 되어 있다. 그러나 원면이라는 촌락은 강화의 여러 지지^{地誌}는 물론 지명유래를 연구한 향토사가들의 글에도 없다. 죽산은 「내가 걸어온 길」에 무슨 생각인지 '선원면'이라고만 썼고 그 글을 실은 잡지**가 실수로 한 글자를 탈자^{脫字}했을 가능성이 크다.

---

* 죽산의 부친 조창규의 「제적등본」. 부친은 1863년생, 모친은 1861년생으로, 조부 이름은 조상원(曺相元)으로 기록되어 있다. 형 수암(壽岩)은 1886년생, 동생 용암은 1903년생, 누나는 이름이 도담(道淡), 1893년생으로 실려 있다. 조호정 여사는 고모가 '경암'(慶岩)이라는 이름으로 불렸다고 말했다(같은 날, 조호정 여사 인터뷰).
** 『희망』, 1957년 2월호.

강화 섬이 배출한 불세출의 독립투사, 건국 후 초대 농림부 장관과 국회 부의장을 지내고 두 번이나 대통령후보로 나갔던 인물, 독재체제에 맞서 온 나라를 흔들고 억울하게 희생된 걸출한 인물의 출생지가 왜 망각 속에 묻혀버린 것일까. 그가 어린 시절에 강화읍으로 이사한 뒤로는 거기 가지 않았고 주변에 말하지도 않았기 때문이다. 올해 86세가 된 조봉암의 장녀 조호정 여사도 들어본 적이 없다고 말한다. 죽산의 농림부 장관 시절 비서 관을 지낸 강화 출신 조병선趙炳璿 선생은 올해 94세로, 죽산의 죽마고우 조광원趙光元, 1897~1972 성공회 사제의 아들이다. 하지만 이분도 죽산의 출생지에 대해서는 듣지 못했다고 한다.

선원면 지산리와 금월리는 지난날 창녕조씨의 집성촌이었다. 그러나 그 가 국가변란죄와 간첩죄의 누명을 쓴 채 사법살인을 당하고 반세기 동안 그의 이름을 말하는 것조차 금기시되어 모든 기억이 매몰되어버렸다. 그 를 기억하던 분들은 침묵한 채 세상을 떠난 것이다.

선원면 현지에는 조봉암의 출생지와 관련한 여러 가지 이야기가 전설처 럼 돌고 있는데 가장 신뢰가 가는 것은 선원면 금월리 남산대 출생설과 가 지마을 촌락 출생설이다. 팔만대장경을 만든 선원면 지산리 선원사지에서 정면을 바라보면 바로 앞에 도로가 지나간다. 그 아래 경작지가 펼쳐지는 데 거기 앉은 작은 촌락이 금월리 대문촌이고 우전방(북서쪽) 700미터쯤 에 앉은 작은 촌락이 가지마을이다. 대문촌과 가지마을 너머 가로로 길게 뻗친 구릉이 남산대다. 지산리에서 태어나 대문촌으로 이사해 80평생을 살아온 조봉암의 먼 친척 조준범曺俊範, 87세 선생은 남산대가 조봉암 선생 의 출생지라고 어린 시절에 분명히 들었다고 말한다.

"소학교 4학년 때 집안 형님뻘인 준택俊澤 씨가 말씀하셨어요. '너희들이 기 억하고 있다가 후손들에게 알려줘라. 봉암이라는 우리 집안 사람이 있다. 남산

출생지로 추정되는 가지마을(위)과 남산대(아래) 전경.
죽산의 출생지는 강화군 선원면 금월리 가지마을로 추정된다.
선원사지에서 우전방 들판에 보이는 소규모 취락이다.
죽산생가발굴조사위원회는 2012년 11월 인천에서 열린 공개 심포지엄에서
이곳 여섯 개 대지 중 하나가 죽산의 생가 터일 것이라고 결론을 내렸다.
가지마을에서 가까운 남산대에서 태어났다는 증언도 있다.

대에서 태어나 강화 성내城內소학교를 다녔는데 대문고개를 넘으며 책을 읽었다. 그러다 강화읍 남문 안 비탈에 있는 오막살이로 이사 갔다'고 하셨습니다."[*]

조준범 씨가 가리킨 남산대 구릉은 가르마처럼 길 하나가 나 있다. 선운사지 쪽에서 바라보아 가르마 길 왼쪽은 지산리이고 오른쪽은 금월리인데, 북향이긴 하지만 양쪽에 집이 들어섰을 만한 장소들이 있다. 증언 속의 시간은 1936년이고 죽산은 신의주형무소 복역 중이었다. 문제는 이런 주장을 하는 분이 조준범 씨 혼자라는 것이다.

그런가 하면 같은 마을 출신 친척인 전직 교장 조규성曺圭星, 77세 선생은 자신이 1957년 강화초등학교 교사로 부임한 직후 출생지가 '선원면 가지마을'로 표시된 죽산의 「생활기록부」를 봤다고 한다.[**] 죽산이 1956년의 제3대 대통령선거에서 216만 표를 얻어 명성을 떨치고 있던 터라 당직을 하는 일요일에 조용히 혼자 본 것이라 한다. 문제는 학적부의 다른 기록 내용은 기억 못 한다는 점이다.

죽산의 가문 족보인 『창녕조씨찬성공파보』를 보면 직계 조상들의 묘소가 대부분 금월리로 기록돼 있다. 출생지가 금월리 대문촌과 가지마을 주변임은 거의 확실하다. 지형상 가지마을 촌락일 가능성이 크나, 100미터쯤 떨어진 남산대일 개연성도 있다.[***]

---

* 2012년 10월 12일 오후 강화 자택에서 증언.
** 2012년 11월 15일 조규성 선생 전화 인터뷰. 조규성 선생은 1936년생으로, 죽산의 생가가 남산대라고 한 조준택 씨(1901년생)의 조카이기도 하다. 1957년 초임교사로 강화국민학교에 부임했으며 평생 교단에 서고 교장으로 정년퇴임해서 대문촌에 살고 있다. 강화보통학교 생활기록부는 1983년 화재로 소실되었다. 대문촌은 옛날 선원사 대문이 있어서 붙여진 지명이고 가지마을은 고려 말 선원사 가지밭이었기 때문에 붙여졌다는 지명고사가 구전되고 있다.
*** 죽산의 출생지를 지정하기 위해 죽산조봉암선생기념사업중앙회는 2012년 9월

가지마을 대지 지적도.
죽산이 출생한 곳으로 추정되는
가지마을 집 여섯 채의 대지 지적도.
가장 심증이 많이 가는 집터는 가운데
아래쪽 작은 땅 '26-3대'다.
다른 집들은 대대로 누가 살아왔는지
내력이 알려져 있는데
그곳만 알 수 없다.
『죽산 선생 생가터 발굴조사보고서』

봉암을 낳은 날, 중년의 농부 조창규는 먹여야 할 입이 하나 더 늘어 어깨가 무거워지는 느낌이 들었으나 다시 아들을 얻었다는 행복감이 더 컸다. 문득 아내의 태몽이 생각나서 고려산 쪽을 바라보았다. 아내는 날개가 큰 봉황이 휘휘 고려산 쪽으로 날아가는 꿈을 꾸고 나서 그에게 이야기했고 그는 아들 낳을 태몽이 틀림없다고 말했던 것이다. 그는 아기 이름을 봉암鳳岩으로 짓기로 결심했다.

항렬자는 '환'煥이지만 그것을 따를 생각은 없었다. 일찌감치 아들 둘을 낳아 항렬자를 넣어 작명했으나 죽어버린 터라 세 번째로 낳은 아들에게 목숨 수壽 자에 바위 암岩을 붙여 '수암'이라는 이름을 붙여주었다. 그래서 네 번째로 낳은 딸아이에게도 그랬고, 다섯 번째로 아내 몸에서 나온 이번 아들도 그렇게 바위 암 자를 넣어 지어준 것이었다. 그는 3대 독자였다. 어떻게든 아들들을 튼튼하게 키워 대를 이어야 할 몸이었다.

잠시 후, 늙은 어머니가 바가지에 담아주는 태를 받아 들고 대문을 나가 뒷산 기슭에 묻었다. 그는 아내의 태몽처럼 아기가 출중한 인물이 되기를

조사위원회를 구성해 치밀한 조사에 나섰고 조사 성과를 토대로 심포지엄 (2012년 11월 20일 인천종합문화예술회관)을 열었다. 이날 토론에서 가지마을 이 죽산의 출생지로 거의 확실하다는 결론이 내려졌다.

바라지는 않았다. 더구나 조국 독립을 위한 투쟁에 한 몸을 던지고 분열된 조국의 통일을 위해 진력하다가 비운의 생을 마감하리라고는 꿈에도 생각하지 못했다. 세상을 뒤흔드는 풍운아가 되리라고는 상상조차 하지 못했다. 소싯적에 착실하게 서당에 다니고 강화향교에도 나가, 사서삼경은 몰라도 『소학』이나 『명심보감』쯤은 막히지 않고 척척 읽는 그였으나 아들에 대한 꿈은 크지 못했다. 그냥 조금 유식한 농투성이일 뿐이었다.

조봉암이 태어난 1899년은 간지로 기해년, 왕조 연호로 광무 3년으로 불리던 해였다. 19세기가 막을 내리고 새 세기가 다가오는 시기였지만 나라 형편은 먹구름이 밀려오듯 어둡고 불안했다.

민생은 도탄에 빠져 여러 지방에서 민란이 일어났으며, 500년 조선 왕조는 일본과 러시아 등 열강의 침탈 야욕 앞에 바람 앞의 등불처럼 아슬아슬하게 명맥을 지키고 있었다. 시대를 휘감아오는 풍운, 그것은 세기말의 마지막 해에 태어난 아기의 몸으로도 밀려들고 있었다. 고향이 강화이기에 더욱 그러했다.

굽이굽이 600리를 흘러온 한강물이 바다와 만나는 곳, 염하鹽河라는 물살 빠른 해협으로 육지와 격리된 섬 강화는 나라에 변란이 있을 때마다 풍운에 휘말려온 땅이었다. 고려 왕조가 몽골군의 침입에 저항하며 왕도로 삼았던 곳이며, 청일전쟁 때도 조선 조정은 이 섬을 근거지로 삼아 항전하려고 했다.

300년 후에는 개항을 요구하는 제국주의 열강의 위협에 맞서 저항하는 장소가 되었다. 1866년의 병인양요, 1871년의 신미양요, 1875년 운요호雲揚號의 침략, 강화 섬이 맞은 세 가지 사건은 봉암이 태어나기 불과 20~30년 전의 일들이었다. 강화 사람들은 나라의 운명이 백성들 개인에게 얼마나 큰 영향을 미치는가를 왕도인 한성漢城 사람들보다 잘 알고 있었다.

강화 섬에 몰아닥친 풍운

어린 봉암은 병치레도 하지 않고 잘 컸다. 아버지 조창규는 그의 이름자 중 새 봉鳳 자를 받들 봉奉 자로 바꿨다. 얼마 전, 전등사에서 온 탁발승이 아이의 사주를 풀어보고는 그렇게 바꾸는 게 낫다고 말했기 때문이다.*

"봉황은 이 세상 360가지 새들의 우두머리 새입니다. 봉황이 한번 하늘을 날면 수많은 새들이 뒤따라 날며, 죽으면 이 세상 모든 새들이 슬피 운다고 합니다. 그렇게 좋은 뜻을 가졌는데 바꾸라고 말씀드리는 건 사주가 너무 드세서 해를 입을 수 있기 때문입니다. 이 아이는 장상將相이 될 운명을 타고났습니다. 이름에 그런 큰 글자를 넣지 않더라도 큰 인물이 될 겁니다."

조창규는 '장상'이 무엇을 뜻하는지는 알아들었으나 큰 인물이 되리라는 기대는 깃털만큼도 갖지 않았다. 세 살을 못 넘기고 시름시름하다가 죽어버린 아이들과 달리 튼튼하게만 자라주면 좋겠다고 생각했다.

1903년, 봉암은 다섯 살이 되었다. 이해에 봉암의 생애에 중요한 인연이 되는 한 사람이 강화 섬으로 건너왔다. 뒷날 '상하이上海과 고려공산당'의 우두머리, 그리고 대한민국임시정부의 국무총리가 된 이동휘李東輝, 1873~1935가 강화 진위대장으로 부임해 온 것이었다.

이동휘는 강화 사람들의 중망을 한 몸에 받기 시작했다. 마치 전설 같은 이야기가 강화 섬으로 건너와 소문으로 퍼진 때문이었다.

"함경도 단천 관아의 통인通引이었는데 군수가 딸 같은 어린 기생에게 추행을 저지르는 걸 보고는 격분해서 화로를 집어 들어 군수의 머리에 뒤

---

* 죽산의 부친 「제적등본」에는 죽산의 한자 이름 중 '鳳'을 '奉'으로 바꾼 시기가 19세 때인 1917년 9월 29일로 적혀 있다. 그러나 1912년 3월 졸업으로 기록된 강화보통학교 졸업대장은 이미 바꾼 이름으로 올라 있다. 유년기에 바꾸고 학적도 그렇게 적었다가 1917년에 호적을 정정한 것으로 보인다.

강화진위대 장교들. 죽산의 소년시절, 강화읍에 있는 견자산에 진위대 병영이 있었다.
강화진위대는 군대해산 명령에 불복해 의병봉기를 일으켰다. 독립기념관 제공.

집어씌우고 탈출했대. 그걸 전해 들은 이용익李容翊 대감이 거둬서 무관학
교에 넣어주었대."

이동휘는 무관학교를 졸업하고는 궁성수비대에 근무하다가 삼남지방
검사관으로 일약 발탁되었다. 지방 관리들의 부정부패를 척결하는 암행어
사와도 같은 특별임무였다. 무수히 많은 관장들을 파직시키고 원대로 복귀
했다가 정위正尉에서 참령參領*으로 승진해 강화로 온 것이었다.

이동휘는 소문 그대로였다. 진위대원들을 휘어잡아 엄하게 군기를 잡고
혹독하게 훈련시켰다. 그러면서 사재를 털어 좋은 급식을 하고 막사를 개
선한 터라 병사들은 충성심을 갖고 복종했다.

---

* 오늘날의 소령. 대한제국의 장교 계급은 참위(參尉)-부위(副尉)-정위(正尉), 참
령(參領)-부령(副領)-정령(正領), 참장(參將)-부장(副將)-대장(大將)순이었다.

1905년, 을사년이 오고 조봉암은 일곱 살이 되었다. 이해 봄 이동휘가 강화읍 관청리에 육영育英학교를 설립했다. 소학교 과정과 일어, 영어 과정을 두고, 돈이 없어 학교에 다니지 못하는 아이들과 병사들을 가르쳤다.

봉암의 형과 누나가 10리 먼 길을 걸어 육영학교에 다녔다. 여덟 살이 되던 해 봉암은 우마차를 얻어 타고 읍내에 갔다가 형을 만나 육영학교를 구경하고 견자산見子山의 진위대 병영 앞에도 가 보았다. 그때 백마를 타고 칼을 허리에 찬 이동휘 참령을 볼 수 있었다. 콧수염을 팔八 자로 기르고 늠름하게 말을 몰아 비탈길을 달려오는 이 참령을 보며 봉암은 가슴이 뛰었다.

이해 봄, 일곱 살짜리 소년인 봉암이 알 리가 없었지만 그의 생애에서 중요한 인연이 될 사람이 가까운 곳에서 태어났다. 뒷날 그를 사랑하는 일로 일생을 바치고 간 김이옥이 강화 읍내 신문리에서 출생한 것이었다.[*]

봉암의 집안에도 작은 경사가 생겼다. 아들이 또 하나 태어난 것이었다. 그의 아버지 조창규는 용이 날아오르는 태몽을 꾸었다 하여 아기 이름을 용암龍岩이라 지었다.

일본은 대한제국 정부를 압박해 진위대를 축소시켰다. 강화진위대도 분견대로 강등하고 700명이던 병력을 50명으로 줄여버렸다. 이동휘는 군복을 벗고 야인 신분이 되어 교육을 통한 구국활동에 전념했다. 이해 가을 제2차 한일협약, 이른바 을사보호조약이 체결되자 그는 영친왕의 지시에 따라 육영학교의 이름을 보창普昌학교로 바꾸고 기독교로 개종했다.

---

[*] 김이옥은 호적에는 김금옥(金今玉), 1905년생으로 기록되어 있다(친정조카이자 호주였던 김종세金鍾世의 「제적등본」). 죽산 가문의 족보인 『창녕조씨찬성공파보』에는 정식결혼을 한 김조이가 아닌 그녀가 배우자로 올라 있다. 김해김씨로, 출생일은 1902년생으로 기록돼 있어 두 기록의 출생년이 각각 다르다. 그러나 따님 조호정 여사가 모친이 부친과 여섯 살 차이였다고 기억하므로 호적이 맞다.

왕조의 패망이 눈앞에 다가오고 세상은 숨 가쁘게 돌아가고 있었지만 봉암은 행복한 유년기를 보냈다. 아버지 조창규는 순박한 무골호인인데다 무간섭 평화주의자여서 집에서도 큰소리 없고 남과 시비하는 일도 없었다. 아들에게 제대로 된 공부를 시킬 욕심도 없었다. 그래서 집안이 넉넉하지 않았으나 분위기는 평화스럽고 자유로웠다. 봉암은 구김살 없이 유년기를 보냈다.

다음 해인 1907년, 강화 섬은 의병항쟁의 격랑 속으로 휩쓸려 들어갔다. 항쟁의 시작은 군대 해산 명령에 대한 반발이었다. 강화진위대는 분견대로 급이 낮아져 있었고 대장이던 이동휘는 사임하고 떠났는데 그의 옛 부하들이 봉기하여 강화성을 점령한 것이었다.

강화 섬은 술렁거렸다. 이동휘 대장이 말을 타고 달려와 진위대 병사들을 지휘해 강화도를 통치할 것이라느니, 강화에서 힘을 모아 한성으로 진격할 것이라느니 하는 소문이 무성했다.

그러나 민중의 기원대로 되지는 않았다. 다음 날인 8월 10일 일본군 증원 병력이 달려왔고 강화 진위대 출신 의병들은 그들을 갑곶진에서 매복작전을 벌여 6명을 사살했다.

일본군은 밤새 더 증강되었고 그들은 다음 날인 8월 11일 강화성을 점령했다. 친일단체인 일진회원들을 앞세워 가택 수색에 나섰고 진위대원과 협조자 들을 체포해 처형했다. 봉암이 사는 마을에서도 진위대원 하나가 숨어들었다가 붙잡혀 포승에 묶인 채 총 개머리판으로 얻어맞아 피를 흘리며 끌려갔다.

1908년, 열 살이 된 봉암은 4년제 강화공립보통학교에 입학했다.* 집에

---

* 입학을 이때로 보는 것은 강제합병 직후 보통학교가 4년제였으며 죽산이 1912

서 학교까지는 10리가 넘었다. 학교에 다니기가 힘에 부쳤으나 그해 아버지 조창규는 가솔을 이끌고 읍내로 이사했다. 열다섯 마지기 논과 밭을 읍내에 있는 토지와 맞바꾸었고 팔촌형이 강화 쌀을 수집해 풍선風船에 실어 인천으로 보내는 일을 맡아달라고 요청한 때문이었다. 논농사를 지으면서 팔촌형의 미곡을 수집해 보내느라 늘 바빴고 봉암의 집은 예전보다 좀더 나은 살림을 할 수 있었다.

이사한 집은 강화의 내성內城 출입문 중 하나인 남문南門 안, 언덕 위에 있었다.** 봉암은 남산리 시절에는 이웃에 사는 조광원과 함께 학교에 다녔다. 조광원은 길상면 온수리에 살다가 읍내로 이사 왔는데 성공회 신자였다. 학교가 파하면 두 소년은 읍내를 쏘다니다가 집으로 왔다.

읍내에는 강화궁지와 성문 들이 있고, 산세가 아름다운 남산과 북산이 앞뒤에 자리 잡고 있었다. 학교가 있는 관청리는 군청이 있고 군청 뒤에 있는 작은 산 견자산에 옛 강화진위대 병영도 있었으며 거기 오르면 읍내가 한눈에 내려다보였다.

남산에서 흘러내린 동락천東洛川이라는 이름을 가진 시내가 군소재지 취락을 관통해 흘렀다. 관청리 쪽에서 몇 개의 널다리가 걸처진 동락천을 건너면 신문리였다. 이곳에 잠두蠶頭교회가 있었다. 북감리회 산하의 이 교회는 1900년, 인천 내리교회 존스G.H. Jones. 1867~1919 목사의 영향 아

___

년 3월에 졸업한 것으로 기록돼 있기 때문이다. 강화보통학교의 학적부는 화재로 소실되어 없고 이 학교의 후신인 강화초등학교가 일부가 불탄 졸업대장을 재작성해 보존하고 있다. 죽산은 '4회, 증서번호 41, 15세, 명치 45년 3월 25일 졸업'으로 기록돼 있다. 4회 졸업생 19명 중 순위는 열 번째다.

** 같은 날, 강화에서 조준범 선생 인터뷰 및 남문 현지에서 조병선 선생 인터뷰. 조병선 선생은 죽산의 죽마고우였던 선친 조광원 선생으로부터 이 무렵 죽산과 이웃집에 살았다는 말을 들었다고 회고했다. 당시 조 선생의 집은 남산리에 있었다.

죽산은 강화읍 관청리 550번지에서 소년시절의 대부분을 보냈다.
지금의 강화읍사무소 자리다. 『한국일보』 제공.

래 설립된 곳이었다. 가난한 집 아이들을 위해 잠두의숙蠶頭義塾을 열었다.
거기서 더 걸어가면 남산리였다. 두 소년은 책보를 맨 채 흥미로운 곳들을
구경하며 집으로 갔다.

그들은 1년 만에 헤어졌다. 봉암의 가족이 관청리 550번지로 이사했고* 광
원은 집안 사정 때문에 학교를 중단하고 온수리에 있는 할아버지 댁으로
간 것이었다.

말썽쟁이 소년 조봉암

관청리 집에서 학교까지는 1킬로미터도 채 되지 않았다. 봉암은 명석하

---

* 죽산의 부친 조창규의 「제적등본」에 기록된 최초의 거주지는 1916년 7월 1일 관
청리 550번지이며, 다음 해 관청리 957번지로 이거했다. 1919년 부친 조창규가
사망한 곳은 다시 550번지였다. 강화군청 소재지는 당시 강화읍이 아니라 부내
면(府內面)이었으며 1938년에야 강화읍으로 승격했다. 다만 군 소재지여서 관습
적으로 '읍내'라고 불렀다.

여 선생의 말을 한 번에 알아들었으나 공부는 열심히 하지 않는 학동이었다. 학교에서 돌아와 책보를 그냥 던져두었다가 다음 날 그냥 가져갈 정도였다. 봉암은 마을의 개구쟁이로 살았다. 날이 갈수록 극성스런 말썽쟁이가 되어갔다. 아버지가 호인인지라 어머니가 대신 매를 들었다.

학교의 유리창이 깨지면 먼저 조봉암을 부르고 어디서나 아이가 울고 있으면 조봉암을 불렀다. 형세가 이쯤 되고 보니 동리 아이들의 머리가 터져도 먼저 봉암이를 부르게 되고 동리 장독이 깨져도 먼저 봉암이를 찾게끔 되었다. (중략) 우리 어머니는 날마다 집집에 찾아다니며 사과를 하고 큰 것은 배상을 해주어야 되고 작은 것은 고쳐주어야 되었으니 역정이 안 나실 리가 없고 꾸지람이 아니 나실 리가 없으셨다.[*]

봉암의 어머니는 자식에게 깊은 사랑을 주는 분이었다. 봉암은 그것을 알고 있으므로 어머니의 매를 두려워하지 않았다. 야단을 치면 고개 숙이고 반성하는 듯이 듣고 회초리로 맞을 때는 엄살을 하다가 밖으로 달아나곤 했다. 시장거리도 구경하고 성곽도 구경하면서 마을을 어슬렁거리다가 해가 질 무렵에 집에 들어가면 어머니는 꼭 껴안고 회초리를 맞은 다리를 어루만져주시곤 했다.

그럴 때면 얌전하던 형 수암이 호랑이처럼 무섭게 변했다. 어머니가 아우 봉암 때문에 상심과 고생을 하는 것을 알고, 가끔은 매질을 하여 동생을 훈육했다.

말썽을 부리며 공부에 담을 쌓았던 봉암에게 보통학교 2학년 때 두 가

---

* 조봉암, 「내가 걸어온 길」, 『희망』, 1957년 2월호(『전집』 제1권, 327-328쪽에 수록).

지 변화의 계기가 생겼다. 하나는 누나 경암을 따라서 옆 마을인 신문리의 잠두교회에 나가기 시작한 것, 그리고 또 하나는 학급자치회에서 탁월한 발표력으로 주목받기 시작한 것이었다.

잠두교회는 마치 누에머리처럼 생겼다 하여 잠두라는 지명이 붙은 언덕에 자리 잡고 있었다. 1905년, 강화진위대장을 사직한 이동휘가 이 교회의 교인이 되면서 신앙을 통한 구국투쟁을 강조해 잠두교회 신도들의 애국정신은 매우 강했다. 1907년 여름 강화 진위대원들이 봉기했을 때 여러 신도들이 그들을 돕고 일본군에 처형당했다. 그런 배경을 가진 교회에 다님으로써 어린 조봉암은 어렴풋하게나마 민족애와 조국애 같은 것을 생각하게 되었다.

학급에서 가장 주목받는 아이들은 유찬식 · 조구원趙龜元 · 정경창鄭慶昌이었다. 늘 셋이 학급을 이끌어갔는데 2학년 처음 열린 자치회에서 봉암은 존재감을 두드러지게 나타냈다. 그가 일어서서 자기 생각을 말하면 모두가 공감했다.

교사가 말했다.

"발표력이 좋구나. 설득력을 타고났어."

그 교사의 집은 바로 봉암의 집 앞이었다. 하교 후 책보를 마루 끝에 집어던지고 다음 날 아침 다시 들고 학교 가는 걸 빤히 보고는 머리가 좋은 녀석이 공부 안 한다고 꾸짖었다.*

이때부터 아이들은 그의 주변으로 몰려들었다. 힘이 센 것도, 특별히 공부를 잘하는 것도 집이 부자인 것도 아니었으나 아이들은 그를 따랐다.

우등생 세 아이도 봉암을 인정하고 다가왔다. 뒷날 일본 유학으로 이끌어준 유찬식, 그는 강화 본섬의 서쪽에 있는 섬 석모도의 석포리 포구 마

* 같은 날, 조호정 여사 인터뷰.

강화보통학교 졸업대장의 죽산 조봉암.

을 출신이었다. 강화도의 서쪽 끝 외포리와 거기서 마주 보이는 석모도 석포리에는 청주유씨 집성촌이 있고 봉암의 외가는 외포리에 있었다.*

유찬식은 외가의 먼 친척이기도 했다. 어려서부터 신동 소리를 들으며 자란 소년으로 석모도에 학교가 없어서 관청리로 나온 것이었다. 관청리에 있는 가까운 친척 집에 기숙하며 학교에 다니고 있었는데 교과서를 달달 외울 정도로 공부를 열심히 했다.

교실에 들어오는 선생들은 말했다.

"유찬식은 꾸준히만 공부하면 이 나라 최고인 한성漢城고등학교**에 들

---

* 같은 날, 조호정 여사 인터뷰. 부친 조창규의 「제적등본」에 죽산의 외조부는 류지훈(劉志勳), 외조모는 김씨(金氏)로 실려 있다.

** 1900년 관립중학교라는 교명으로 개교, 1906년 관립한성고등학교로 교명을 변경했다. 1911년 경성고등보통학교로 바뀌었으며 이후 경성제일고등보통학교,

어갈 것이다. 강화 섬에서도 그 학교에 들어갈 수 있다는 걸 세상에 보여
줘라."

유찬식 다음으로 공부를 잘하는 아이가 신문리에 사는 조구원이었다.
집이 가난해 납부금이 없는 보창학교에 다니다가 전학 왔는데 머리가 영
민한 편이었다. 숙부가 인천에 살고 있다며 자신은 꼭 인천상업중학교에
갈 거라고 말했다. 정경창은 성적은 봉암과 비슷하나 체력이 건장했다. 유
찬식과 정경창은 동갑이었지만 조구원은 두 살이 위였다.

유찬식과 조구원이 봉암에게 지는 것이 있었다. 3학년 때 배우기 시작
한 주산珠算이었다. 그냥 재미있어서 열심히 해봤는데 계산만 하면 답이 맞
았다.

봉암은 어느 날 하교 길에 유찬식과 함께 교문을 나서게 되었다.

"공부하면서 가끔 밤도 새운다던데 정말이냐?"

봉암의 말에 유찬식은 싱긋 웃었다.

"꼬박 새운 적은 없고 새벽 서너 시까지 공부한 적은 있지. 한성고등학
교는 절반을 무시험 전형으로 뽑는데 우리 강화보통학교는 1등짜리가 가
도 붙여주지 않을 거야. 그래서 전국에서 모인 수재들과 10대 1쯤 경쟁을
해서 이겨야 해."

봉암은 가슴이 뭉클하는 충격을 받았다. 친구는 전국에서 모인 수재들
과 10대 1 경쟁시험에서 이기기 위해 새벽 서너 시까지 공부를 한다는데
나는 뭘 하는가.

유찬식이 잠시 말없이 걷더니 다시 그를 바라보았다.

"주산 잘하는 걸 보면 넌 머리가 좋지. 너도 공부를 해. 주판 잘 놓고 공
부 잘하면 농투성이를 면할 수 있어. 군청 서기나 면사무소 서기가 될 수

경성중학교로 변경됐다가 광복 후 경기고등학교가 되었다.

있단 말이야."

유찬식의 충고를 들은 뒤 봉암은 장난을 줄이고 공부에 많은 시간을 보냈다. 그러나 그것이 오래가지는 못했다. 유찬식과 정경창이 인천의 보통학교로 전학 간 때문이었다.

농업보습학교를 나와 군청 사환으로 일하다

1910년 봄 봉암은 4학년 졸업반이 되었다. 당시 보통학교는 수업연한이 4년이었다. 4월에 누나가 결혼했고* 유찬식과 정경창, 두 친구가 떠나간 뒤라 쓸쓸하고 허전하게 지냈다. 조구원과 가까이 지내려 했지만 두 친구처럼 우정이 깊지는 않았다. 구원이는 똑똑한 깍쟁이여서 그에게 마음을 열지 않았다.

그때 조광원이 학교로 돌아왔다. 봉암보다 두 살이 위인데 학년은 두 학년 아래가 되어버렸다. 봉암은 조구원보다는 마음이 착하고 다감한 조광원과 마음을 터놓고 우정을 쌓았다. 조광원을 따라 성공회 강화읍성당에도 자주 갔다. 거기서 동갑내기인 정수근鄭壽根을 만났다. 강화 송해면 출신으로 성공회 성당에 머물며 합일학교를 다니고 있었다. 조광원이 착하고 고지식한 데 비해 정수근은 눈치가 빠르고 수단이 좋았다.

성공회 성당에 두 친구가 있었지만 봉암은 개신교 교회인 잠두교회에 눈을 돌렸다. 조광원도 반대하지 않았다. 봉암은 몇 달 뒤 기독교 세례를 받았다.

1912년 3월, 조봉암은 공립보통학교를 졸업하고 2년제 농업보습학교에 입학했다. 말이 졸업과 입학이지 다니는 학교는 그대로였다. 1등으로 졸업

---

* 죽산의 부친 조창규의 「제적등본」에 경암은 강화군 부내면 박룡봉(朴龍鳳)과 이 해 4월 5일 결혼한 것으로 실려 있다.

한 조구원이 인천상업학교에 들어간 것이 부러웠지만 집이 가난하니 어쩔 도리가 없었다.*

실업보습학교는 생긴 지 1년 된 제도로서 정규 실업학교에 가지 못하는 학생들에게 실습 위주 교육을 하는 2년짜리 과정이었다. 대도시는 실업학교에 부설되어 있었지만 강화에는 실업학교가 없어서 그가 졸업한 공립보통학교에 부설한 것이었다.

봉암은 농업기술은 재미가 없어 주산을 열심히 했는데 졸업할 때쯤에는 6단위 숫자의 가감승제산을 빠르게 할 정도였다.

그가 보습학교에 다니는 동안 다섯 살 아래 아우인 용암이 보통학교에 입학했다. 용암은 공부를 썩 잘하지 못하는 대신 몸이 빠르고 달리기를 잘해 소문이 났다. 1학년 가을에 운동회가 열렸는데 전체 1등이었다. 학교 선생이 시험 삼아 3학년 1등짜리와 단둘이 뛰게 했는데 거기서도 이겼다.

봉암이 보통학교와 보습학교를 거쳐 6년의 정규학교 과정을 마친 것은 열여섯 살 때였다. 소년기는 이것이 끝이었다. 그의 소년기를 한 마디로 말하면 탁월한 주산 실력과 깨끗한 글씨와 일본말 독해 능력, 그리고 조광원·유찬식·정경창·조구원·정수근과의 우정이었다.

도시로 나간 친구들에 비하면 나는 얼마나 초라한가. 그는 친구들이 부러웠다. 경성京城**이나 인천으로 가서 학교를 다니고 싶었으나 아버지가 시름시름 앓아 자리에 눕게 되면서 집안은 더 가난해져 가망이 전혀 없었다.

그러다가 일급 10전을 받고 강화군청의 급사로 일하게 되었다. 허드렛

---

*「강화보통학교 졸업대장」 3쪽; 『인고동문명부』(인천고등학교 총동문회, 2008), 74쪽. 인천상업학교는 뒷날 인천고교로 교명이 변경되었다.
** 종래의 한성부(漢城府)를 일본이 강제합병 후 경성부(京城府)로 바꾸었다.

일이나 통지문을 전달하는 심부름꾼이었다. 서류를 전달하러 자전거를 타고 강화군 예하의 면사무소를 왕래하는 것도 그의 일이었다.

봄가을은 할 만했다. 그러나 자전거로 뙤약볕 속을 달려야 하는 여름이나 찬바람이 몰아치는 한겨울에는 고통스러운 일이었다. 첫 겨울에 손가락과 발가락에 동상이 걸렸다. 특히 손가락이 심해서 진물이 나오고 빨갛게 부풀어올랐다.

몹시 춥던 어느 날, 그는 자전거를 타고 얼어붙은 읍내 거리를 달리다가 낯익은 청년과 맞닥뜨렸다. 검정색 두루마기를 입고, 높을 고高 자의 교표가 달린 교모를 쓴 청년, 경성고보생 유찬식이었다.

"추운데 고생하는구나. 이걸 끼고 일해라."

유찬식은 손에 끼고 있던 털장갑을 벗어주었다.

두 사람은 길가의 호떡집으로 들어갔다. 유찬식은 겨울방학이라 고향집에 가는 길이라고 했다.

그들은 호떡을 먹으며 자신이 살아가는 형편에 대해 이야기했다. 둘 다 시간이 넉넉하지 않아 긴 이야기는 못 나누었다. 봉암은 일에 바빴고 유찬식은 날이 어둡기 전에 석모도로 가는 배를 타야 했던 것이다.

유찬식은 자리에서 일어서면서 옛날에 그랬던 것처럼 그의 마음을 흔들어놓았다.

"나는 네가 꿋꿋하게 앞길을 헤쳐나가기를 바라. 나는 도쿄東京 유학을 갈 거야. 가서 고학을 할 거야. 너도 경성으로 가서 물지게를 지면서라도 고학을 해."

유찬식을 만난 뒤 마음이 심란해졌지만 그는 움쩍도 할 수 없었다. 그냥 그 일이 숙명인 것처럼 사환일을 했다.

다음 해인 1916년 봄, 18세가 된 봉암에게 작은 기회가 찾아왔다. 월급 10원을 받는 고원雇員으로 군청에 채용된 것이었다. 토지조사사업 때문에 일손이 부족해서였다.

총독부가 추진하고 있는 토지조사 사업은 근대적 삼각측량으로 지적地
籍을 완성하고 토지에 대한 완벽한 통계와 식민농업정책의 기반을 구축하
여 식민지 지배의 기초를 확보하려는 것이었다.

강화군청은 토지대장을 만들며 숫자를 맞추고 통계를 내느라고 10여 명
을 동원하여 법석을 떨고 있었다. 둘 또는 세 사람이 주판을 놓아 합치된
결과가 나와야 하는데 같은 답이 나오지 않았다. 봉암은 발군의 실력을 발휘
했다. 다른 사람들보다 두세 배 빨랐고 두 번을 거듭 계산하면 늘 일치되는
답이 나왔다. 펜글씨를 잘 써서 서류 만드는 일도 하고 때로는 등사판 원지原
紙에 철필로 글씨를 쓴 뒤 등사판으로 복사하는 일도 했다.

조금 과장된 소문이 되어 강화 땅에 퍼졌다.

"임시직 고원으로 들어간 조봉암은 군 서기들보다도 일을 잘한다네."

아우 봉암을 늘 말썽쟁이로 여기며 낯을 찌푸렸던 형 수암도 크게 기뻐
하며 동생을 세상에 둘도 없이 아끼고 사랑했다.

어느 날 아침, 군청으로 출근하던 봉암은 천천히 달려오는 말발굽 소리
에 길가로 비켜섰다. 모직으로 된 푸른색의 멋진 승마복을 입은 신사가 말
에서 내렸다. 흰 무명옷 일색인 강화 섬에서 승마복을 입은 신사, 신문리
잠두언덕 아래 기와집에 사는 김인배金仁培 씨였다.

일본 유학을 하고 돌아와 조선은행에 다니다가 폐결핵에 걸려 고향 강
화에 와서 요양 중인 사람이었다. 봉암이 가볍게 고개 숙여 인사하자 미소
와 함께 손을 들어 보이며 앞장서 군청 안으로 들어갔다. 표정에 슬퍼 보
이는 기색이 없이 달관의 빛이 서려 있었다. 잠두교회에 나간다더니 신앙
으로 절망을 극복하고 있는 듯했다.

봉암은 군청에서 숫자 투성이 서류를 작성하고 주판을 놓아 통계를 맞
추던 일도 오래 하지 못했다. 재무계 주임은 그를 보물처럼 여겼으나 서무

주임은 괜히 트집을 잡았다. 통계기록 과정이 끝나가는데다가 서무 주임과 사사건건 충돌하는 것이 싫어서 그는 군청 일을 1년 만에 그만두었다.

그 무렵, 손가락에 이상이 생기기 시작했다. 지난겨울에 걸린 동상 때문에 손톱과 손가락 끝이 괴사하기 시작한 것이었다.

"주산 잘한다고 소문이 나더니 손가락이 썩는구나. 이제 주산도 글렀다."

어머니가 한숨을 쉬며 약을 발라주었다.

그해 여름, 조광원이 찾아왔다. 광원은 인천의 명문학교인 인상仁商: 인천상업중학 학생이 되어 있었다. 조구원이 3년 전 거기 입학했는데 조광원도 입학한 것이었다.

광원은 그를 따뜻한 눈으로 바라보았다.

"난 네 생각을 자주한다. 우리 인상에서 교과목 중 주산과 부기簿記가 제일 중요한데 넌 주산을 잘하잖아."

마음이 착한 친구는 그가 상처를 입을까봐 공부해야 한다고 윽박지르지 않았다. 그 마음을 아는 봉암은 가슴이 아팠다.

잠두교회에서 만난 운명의 소녀, 김이옥

다시 새해가 와서 1917년이 되고 조봉암은 어느새 19세가 되었다. 군청을 그만두고 할 일이 없어진 그는 열 살 때 세례를 받고 뜸하게 다니던 잠두교회에 열심히 나가기 시작했다.

그는 교회에 가면 손이 낫게 해달라고 간곡히 기도했다. 기도가 통했는지 어머니의 정성 때문인지 손가락들은 더이상 썩어들어가지 않고 아물었다.

봄부터 여름까지 그는 활발하게 교회에 속한 엡윗청년회* 일을 했다. 김광

---

* 엡윗청년회: 1899년 미국에서 조직된 감리교 청년봉사단체로 원명은 The Epworth League. 한국은 1897년 존스 목사의 지도로 서울 정동교회에서, 1907년

강화 잠두교회.
죽산은 소년시절 강화군 부내면
신문리에 있는 잠두교회
(현 강화중앙교회)에 나갔다.
죽산이 다닐 때의 교회 모습이다.
강화중앙교회 자료관 제공.

국金光國 목사와 전도사, 장로, 그리고 노인 신자 들은 그를 신뢰하고 소중히
여겨 권사라고 불렀다. 권사는 여럿이었다. 승마복에 말을 타고 다니는 김인
배 씨도 권사였는데 모습이 보이지 않았다. 금강산 유람을 떠났다고 했다.

　여름 어느 날, 신문리 김인배 권사의 외동누이 김이옥을 만났다. 봉암은
교회 사무실에서 김 목사와 함께 등사판 원지에 철필로 원고를 써서 「교회
주보」週報를 만들고 있었다. 그때 김이옥이 들어왔다.

　"이옥이 왔느냐? 이옥아, 우리 교회 청년회의 최고 일꾼인 조봉암 권사
에게 인사드려라."

　김광국 목사의 말에 여학생은 다시 단정하게 고개를 숙였다.

　"안녕하셔요?"

　봉암은 웃으며 고개를 끄덕이고 눈빛이 초롱초롱한 여학생을 바라보았
다. 지난봄에 강화 섬은 합일학교를 나온 김인배 씨 누이가 조선 땅 최고

　인천 내리교회에서 조직되어 전도와 애국계몽에 앞장섰다. 인천 내리교회와 밀
접히 교류하던 강화 잠두교회에서도 1910년대에 결성되었다.

명문 여학교인 경성여자고등보통학교 입시에 합격했다고 소문이 자자했었다. 바로 그 소녀였다. 저고리 앞가슴에 '경성'京城이라는 한자가 박힌 매화꽃 교표가 꽃송이처럼 달려 있었다.

봉암보다는 여섯 살 아래로 이해 열세 살이었다. 몸매가 가늘고 약해 보였지만 희고 깨끗한 피부와 예쁜 뺨에 초롱초롱하게 맑은 눈을 갖고 있었다. 목이 갸름하고 뒤로 땋아 내린 머리가 흰색 저고리와 좋은 조화를 이루고 있었다. 얼굴 전체에 타고난 귀티와 함께 총명함과 청순함이 함께 풍겨나왔다.

이옥은 지난주에 봉암이 만든 주보를 들여다보았다.

"제 필체하고 비슷해요. 물론 저보다는 훨씬 잘 쓰시지만요."

이옥은 펜을 잡더니 다른 종이에 그가 쓴 문장을 그대로 옮겨썼다.

김 목사가 종이 두 장을 나란히 들고 들여다보았다.

"정말 비슷하군. 참 놀라운 일이야. 조 권사는 두 해 동안 군청에서 토지대장 꾸미는 일을 했단다. 주판을 잘 놓고 경필 솜씨가 좋아서 열 사람 몫을 한다고 소문이 자자했지."

"아, 그러셨어요? 우리 학교 필경사들보다도 필체가 좋으셔요."

최고의 여학교 경성여고보, 거기서 등사 인쇄를 맡는 필경사들은 글씨체가 정말 좋을 텐데 저런 칭찬을 듣는군. 봉암은 소녀의 칭찬에 기분이 좋아졌다. 김이옥은 그렇게 교회에 두어 시간 머물다가 두 갈래로 땋 머리를 찰랑거리며 집을 향해 걸어갔다.

김이옥을 만난 일에 대한 특별한 느낌은 없었다. 열아홉 살 청년에게 열세 살 먹은 소녀란 이성적인 감정의 대상이 아니었다. 같은 교회에 다니는 신도라는 생각뿐이었다.*

---

* 신문리 잠두교회의 후신인 강화중앙교회에 보존돼 있는 「교적부」에 조봉암의 이

며칠 뒤 봉암이 교회 밖의 소나무 그늘에 놓인 나무의자에 잠시 앉아 있는데 이옥이 왔다. 교회가 있는 곳은 신문리의 드넓은 벌판이 한눈에 내려다보이는, 누에가 누워 있는 형상을 한 언덕이었다.

"푸른 벼포기들이 들판을 가득 덮고 있군. 올해는 풍년이겠어."

특별히 할 말이 없었던지라 봉암은 그렇게 말했다.

김이옥이 조금 슬퍼 보이는 얼굴을 하고 봉암을 바라보았다.

"군청에서 토지대장 꾸미는 일을 했다고 하셨지요? 그 일이 뭔지 생각해보신 적 있으셔요?"

틀리지 않게 계산하고 정확하게 기록을 해야 한다는 것밖에 다른 것은 한 번도 생각해본 적이 없는 지라 봉암은 고개를 갸우뚱했다.

"총독부가 조선 땅 전체를 과학적 측량으로 조사해 정확한 지도를 그리고 토지대장을 만들고 통계표를 작성했지요. 그건 우리 조선 사람들을 노예처럼 부리고 우리가 가진 걸 수탈하기 위한 식민통치의 가장 중요한 예비작업이었어요."

내가 한 일이 그런 일이었다니. 봉암은 정신이 번쩍 나는 느낌이었다.

"나는 아무 생각도 못 하고 일만 했던 거였어. 고맙다."

봉암은 어떻게든 자신도 공부를 해야 한다고 생각했다. 공부하지 않으면 세상을 바라보는 지혜를 갖지 못하며 자신이 어리석은지조차 모른다는 것 때문이었다.

봉암은 이옥과 함께 학교에 다니지 못해 한글과 일본어를 모르는 아이들을 위한 교재를 만들었다. 봉암은 이옥을 소중한 누이처럼 대했다. 이옥

름은 없고 김이옥만 1919년 세례를 받은 것으로 기록되어 있다. 권사라고 불렸던 (조봉암, 앞의 글, 앞의 책[『전집』 제1권, 329쪽에 수록]) 그가 「교적부」에 빠져 있는 이유는 알 수 없다.

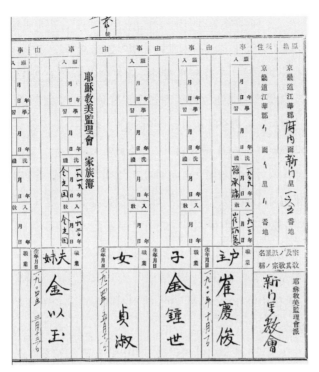

죽산의 첫사랑이자 두 번째 부인이었던 김이옥 여사의
「신문리 감리교회 교적부」. 이미 10년 전 교인이 된 올케 최경준의 영향으로
세례받은 것을 알 수 있다. 이 교회에서 권사로 불렸던 죽산의 기록은
「교적부」에 없다. 강화중앙교회 이은용 장로 제공.

도 늘 그의 곁으로 오고 싶어했으며 조용히 그의 일을 도왔다. 그리고 그
를 '오빠'라고 부르기 시작했다. 봉암은 누이동생이 없어선지 그 호칭이
좋았다.

어느 날 이옥이 소설책 한 권을 교회로 들고 왔다. 빅토르 위고의 『레 미
제라블』이었다. 봉암이 도대체 프랑스 소설은 어떤 것일까 궁금해하자 이
옥이 읽어보라고 권했다. 봉암은 책을 받아들었다. 이야기가 흥미로워서
하루 만에 읽어치웠다.

이틀 뒤 다시 만났을 때 책을 돌려주자 이옥이 주인공의 인간형에 대해 어떻게 생각하느냐고 물었다. 결국 독서토론이 벌어졌고, 이옥은 그가 정확히 소설의 핵심을 파악하고 조리 있게 말하는 것에 놀라는 모습이었다. 하긴 봉암 자신도 놀랄 일이었다. 섬에서 사는 무명한 촌놈이 세계명작의 감상을 말하고 경성여고보 학생의 공감을 얻어냈다는 것은 기분 좋은 일이었다. 그는 이리저리 좋은 책을 구해 읽기로 결심했다.

여름방학이 끝나 김이옥은 경성으로 돌아갔고, 봉암은 가을에 관청리 대서소 보조업자 일자리를 얻었다. 월급은 12원이었는데 쌀 한 말이 4원 50전에서 5원 사이였으므로 쌀 한 가마니도 사지 못할 돈이었다. 그는 경성이나 인천에 가서 공부하기 위해 한 푼도 쓰지 않고 모았다. 대서소 일이라는 것이 크게 힘든 일은 없었다. 그래서 이리저리 수소문해서 세계명작을 빌려 읽고, 인천에 나가는 사람들 편에 책을 사다 달라고 하여 일본어판 소설들을 읽었다.

이 무렵 아버지가 시름시름 앓더니 자리에 누워버렸다. 형 수암 씨가 부지런한 사람이긴 하지만 아버지가 앓아누웠으니 봉암이 도시에 나가 공부할 가능성은 점점 멀어졌다.

다시 겨울방학이 되어 이옥이 고향에 돌아왔다. 경성의 학교생활을 이야기하다가 미소를 지으며 그를 바라보았다.

"기독청년회가 운영하는 학관에 가서서 공부했으면 좋겠어요. 상동청년학원*이 좋았는데 강제로 문을 닫았어요. 기독청년회관에도 가봤는데, 정규학교는 아니지만 학비를 한 푼도 안 받으면서 정규학교 수준 이상의 교육과정을 가르쳐요. 월남月南 이상재李商在 선생과 윤치호尹致昊 선생이

---

* 경성 상동(尙洞)교회에서 만든 중학 과정으로 청년들에게 민족의식과 역사의식을 고취시켜 독립정신을 함양하는 교육을 펼쳤다. 1914년 강제폐교당했다.

중심이 되어 운영한대요."

봉암은 고개를 주억거렸다.

"공부를 할 생각으로 대서소 월급을 모으고 있었다. 강화는 인천으로 가기 쉬우니까 인상仁商을 생각하고 있었어. 조구원이라는 친구가 졸업했고 조광원이란 친구는 지금 다니고 있지. 기독청년회관은 나도 들어봤다."

그는 한숨을 쉬었다.

개학이 되어 경성으로 돌아갈 때까지 이옥은 다시 그 이야기를 꺼내진 않았지만 봉암은 내내 이때 나눈 대화를 잊지 않고 있었다. 그는 그의 집 가까운 곳에 살던 박길양朴吉陽, 1894~1928 선배를 생각했다. 보창학교를 우등생으로 졸업하고 경성으로 가서 상동청년학원을 나온 그는 강화에 와서 교원을 하고 있었다.

1918년 여름방학에 강화에 온 김이옥은 경성여고보 2학년생이 되어 있었다. 그러나 체구가 작고 귀여운 인상 때문인지 여전히 예쁘고 앳된 소녀로만 보였다.

다시 교회에서 만나 이런저런 대화를 나누는 중에 이옥이 말했다.

"제 소원이 뭔지 아세요? 학교를 마치고 고향에 여학교를 만드는 거예요. 강화에 보통학교와 합일학교가 있지만 여자는 거의 문맹자잖아요. 오라버니가 병이 나으면 도와주신다고 했어요. 이번 방학에 야학을 벌일 거예요."

봉암은 고개를 끄덕였다.

"잘됐으면 좋겠군. 야학은 합일학교 교실을 빌리면 되겠어."

"그럴 생각이에요."

이옥은 밝게 웃었다.

3 3·1만세운동과 두 번의 투옥

강화 섬을 휩쓴 3·1만세운동의 열기

1919년이 되고 조봉암은 스물한 살이 되었다. 강화보통학교와 농업보습학교를 같이 다닌 친구들은 대부분 나이가 두어 살씩 많았다. 그들 태반이 결혼을 한 터라 봉암은 종종 혼례식에도 불려 다녔다.

참한 규수를 고를 테니 금년 중에 결혼하라는 어머니의 당부에도 그는 완강하게 고개를 저었다. 결혼한다면 강화 땅에서 농투성이가 되거나 대서소 일이나 할 것이었다. 그는 자신의 미래를 그렇게 묻어버리고 싶지 않았다. 무엇이 될지는 아직 알 수 없으나 자신의 힘으로 앞길을 헤쳐나가고 싶었다.

나이를 먹어 성숙해진 것은 봉암만이 아니었다. 김이옥도 열다섯 살이 되고 한결 성숙해졌다. 갑자기 그녀가 성숙해진 터라 봉암은 거리를 두고 언행을 조심하려 애썼다. 시골 교회는 그랬다. 청춘 남녀가 조금만 다정해 보이면 금방 이상한 소문이 났다.

김이옥은 방학 직후 신문리 고향집에 머물며 잠깐 교회에 나왔다가 경성으로 올라갔다. 부산 출신 학교 친구와 함께 여행길에 올라 동래에서 온천을 하고 온다고 했다.

1919년 3월 초, 경성 탑골공원에서 일어난 독립선언과 만세시위 소식은 시시각각 강화로 전해졌다. 개성에서 3월 3일에서 7일까지 만세시위가 벌어졌으며 전국으로 확산되고 있다는 소식이 오자, 강화의 지역유지와 교회 지도자들은 만세 시위를 계획했다. 대표적 인물이 유봉진劉鳳鎭, 1886~1956이었다.

유봉진은 15세부터 18세까지, 이동휘가 지휘한 강화진위대에서 하사관으로 있었다. 군대가 강제로 해산되고 동료들이 봉기할 때 탄약고를 부숴 탄환을 나눠 준 다음 갑곶전투에 참가했다. 전투에서 살아남은 그는 체포를 면하고 교사로 일하다가 만세운동이 일어나자 분연히 일어선 것이었다. 그는 황도문黃道文 · 황유부黃有富 · 염성오廉成五 등과 손을 잡고 거사를 계획했다.*

유봉진의 거사계획을 알고 있던 신문리 잠두교회 신자들은 숨을 죽이고 때를 기다렸다. 이 교회 신자들은 애국심이 강했다. 이동휘는 강화 진위대장에서 물러나 이 교회에 나갔고 '강화의 바오로'라는 명성을 들으며 한동안 권사로 있었다. 그의 영향으로 이 교회 신도들이 의병봉기에 가담했었다.

3월 8일 토요일, 경성 탑골공원에서 「독립선언서」 낭독과 만세시위가 일어난 지 일주일째 되는 날이었다. 이날 오후 조봉암은 잠두교회에 가 있었다. 마침 토요일이라 대서소 일이 빨리 끝났고 만세시위 계획이 어찌 되는지 궁금해서였다. 그는 다른 주말처럼 내일 예배를 위한 주보를 만들었다.

그때 김이옥이 들어왔다. 경성에서 돌아와 집에도 들르지 않고 갑곶 부두에서 곧장 교회로 온 듯 가방을 들고 있었다.

---

* 경인일보특별취재팀, 「강화 3 · 1만세운동 숨겨진 주역」, 『인천의 인물 100인』(다인아트, 2009), 94-98쪽.

"너도 혹시 경성에서 만세시위를 봤어?"

그의 말에 이옥은 창을 통해 교회 바깥을 살피고는 음성을 낮춰 빠르게 말하기 시작했다.

"3월 1일에 탑골공원에서 만세시위를 벌인다는 말이 쉬쉬하는 가운데 돌고 있었어요. 그날 오전 수업을 끝내고 기숙사를 나와 종로 쪽으로 걸었지요. 종각 근처 담벼락에 몸을 바짝 붙였어요. 탑골공원에 갈 용기는 없었지만 근처에라도 있고 싶었거든요. 제가 시계를 보았으니까 정확히 2시 30분이었어요. '대한독립 만세!' 하고 벼락 치듯 함성이 들려왔어요. 잠시 후 태극기를 든 청년 군중이 종로통을 가득 메우고 마치 강화 섬 앞바다 밀물처럼 밀려가더군요. 남학생뿐만 아니라 여학생들도 많았어요.

친구와 저도 군중 속으로 섞여 들어가 목이 메어 만세를 불렀어요. 종로 전체가 들끓는 듯하고 만세시위 군중은 종로에서 경운궁 앞을 거쳐 진고개의 일본 사람들 거주 지역으로 몰려갔어요. 헌병과 경찰이 시위대로 파고들어 곤봉으로 닥치는 대로 때리며 붙잡기 시작했어요."

이옥은 시위하던 날의 감정이 되살아났는지 가볍게 어깨를 떨었다.

봉암이 물었다.

"강화에는 「독립선언서」가 아직 오지 않았어. 넌 그걸 읽어봤어?"

이옥은 머리를 끄덕이며 길게 한숨을 쉬었다.

"읽었지만 용기가 없어 가져오지는 못했어요. 그걸 몸에 숨기고 있다가 발각되어 붙잡혀간 사람들이 많아요. 「선언서」는 최남선崔南善이 썼대요. 장엄한 명문장으로 돼 있어요."

"집에서 가족들이 기다리실 테니 어서 집으로 가."

그는 이옥과 잠시라도 더 같이 있고 싶었지만 그렇게 그녀를 보냈다.

「기미독립선언서」는 김이옥과 같은 배를 타고 들어온 조종환趙鍾桓이라는 사람의 몸속에 숨겨져 이날 강화에 들어와 있었다. 강화의 애국지사 유봉진은 오후에 그가 살던 길상면 온수리 교회 이진형 목사 집에서 황유부·황도문 등과 밀의했다.

다음 날 그들은 경성에서 온 조종환으로부터 「독립선언서」를 받아 보고 탑골공원과 종로의 만세시위에 대해 들었다. 그리고 3월 18일 강화 장날을 거사일로 잡았다. 그 소식은 은밀히 신문리 잠두교회로 전해졌다. 잠두교회 신자들이 모두 장터의 만세시위 참가를 결심했고 그들 중에는 청년 조봉암도 끼여 있었다.

3월 16일 저녁, 봉암은 대서소 일을 마치고 집으로 가다가 길에서 친구인 정수근을 만났다. 조광원과 함께 성공회성당에 기숙하며 합일학교를 다녔던 정수근은 대처에 나가 고학으로 공부하다가 돌아와 결혼하고 강화읍에서 잡화상을 하고 있었다.

"잠두교회 청년회는 치밀하게 준비를 하고 있냐?"

정수근이 밑도 끝도 없이 그렇게 말했다.

봉암은 그게 만세운동을 말하는 것임을 알아차렸다.

"응, 그냥 잘해."

정수근은 천연스럽게 발을 옮겨 골목으로 들어가더니 "읽었냐?" 하며 품속에서 문서를 꺼내 슬쩍 보여주었다. 「독립선언서」와 「강화군민에게 고함」이라는 격문이었다.*

"읽었어. 네가 배포를 하는구나."

봉암의 말에 수근은 천천히 고개를 끄덕였다.

3월 18일, 봉암은 신자들과 더불어 장터로 나갔다. 휴교령이 내려져 강

---

* 정수근의 3·1만세운동 자료는 1919년 5월 9일 강화경찰서 피의자 신문조서로 남아 있다(「정수근 신문 조서」, 『한민족독립운동사자료집』 26, 삼일운동 16, 국편 DB).

화 집에 머무르고 있던 김이옥도 여자 신도들과 섞여 나갔다. 장터는 동락천을 중심으로 관청리와 신문리에 걸쳐 있었다. 모인 사람들은 6,000여 명. 정오가 다가올 무렵 봉암은 유봉진 선생이 백마를 타고 나타나는 것을 보았다. 선생은 종각*에 올라가 종을 치고 군중을 모았다. 시위대는 만세를 부르며 군청을 향해 진격했다.

그때 이웃집 소년이 와서 아버지가 위중하다고 전했다. 아침에 안색이 괜찮으셨는데 웬일인가. 봉암은 시위 대열을 떠나 집으로 달려갔다. 도착해 보니 이미 숨이 끊어진 뒤였다.**

봉암이 아버지 5일장을 치르는 동안 강화의 만세시위는 가라앉았다. 아버지가 돌아가신 그날 시위대는 경찰서를 포위하고 조선인 군수와 조선인 경무과장에게 만세를 부르게 했다. 강화 섬의 중심지역을 그렇게 점거했던 시위대는 그날 밤 11시가 넘어 해산했다.

다음 날 인천경찰서로부터 경찰병력과 군대병력이 증강되어 왔고 곧바로 검거바람이 불어닥쳤다. 43명이나 되는 지도자들이 체포당했다. 청년들도 붙잡혀갔다. 조봉암은 시위를 중단하고 아버지 장례를 치렀으므로 체포를 면했다.

체포, 그리고 고문

강화경찰서가 체포된 사람들한테 무자비한 고문을 한다는 소문이 들려왔다. 지도층 인사들이 거의 모두 체포된 강화는 다시는 시위를 벌이지 못할 정도로 타격을 입었다. 그러나 끈질긴 저항정신이 사람들의 몸에 배어

---

* 조선 숙종 때 만들어진 동종(銅鐘). 백성들에게 시간을 알려주던 것으로 병인양요 때 프랑스군에게 약탈당할 뻔한 문화재다. 1932년 보물 11호로 지정되었다.
** 부친 조창규의 「제적등본」에 이날 관청리 550번지에서 사망한 것으로 기록되어 있다.

있었다.

 며칠 잠잠하던 경찰이 서슬이 퍼런 얼굴을 하고 닥치는 대로 사람들을 잡아가기 시작했다. 누군가가 강화경찰서장과 군수에게 「경고문」을 발송했다는 것이었다. 결국 그 일을 한 사람들이 밝혀지고 조봉암의 보통학교 동창인 조구원과 고제몽高濟夢 · 오영섭吳永燮 등이 체포당했다. 인상仁商을 졸업하고 경상도 상주에서 하급관리 노릇을 하던 조구원은 동포들 위에 군림하는 것이 싫다고 사직을 한 뒤 고향에 와서 교원 노릇을 하고 있었는데 은밀히 그런 일을 꾸민 것이었다.

 조봉암과 구연준具然濬 · 김한영金翰永 · 김영희金永禧 · 주창일朱昌日 등 청년층 지도자들이 비밀리에 모였다.

 "지도자들이 붙잡혀갔으니 남은 사람들 몫이야. 강화 섬 전체에, 강화에 딸린 섬 전체에 만세 함성이 울리게 우리가 앞장서야 해."

 구연준이 비장하게 말했다.

 조봉암은 동의했다.

 "우리는 불쏘시개처럼 만세시위의 불길을 지펴놓아야 합니다."

 3월 하순, 봉암은 동지들과 함께 잠두교회에서 「독립선언서」와 여러 종류의 격문을 베껴 나눠 가진 뒤 각기 다른 장소로 흩어져 그것을 수십 장씩 베끼는 일을 했다. 경찰이 등사판을 압수했기 때문이다. 봉암은 대서소에서 그 일을 했다. 등잔 밑이 어둡다는 말처럼 경찰서가 코앞인데 설마 이곳을 의심하고 경찰이 찾아오랴 하는 배짱에서였다.

 이옥이 나타났다.

 봉암은 손사랫짓을 했다.

 "어서 돌아가. 가담한 게 알려지면 퇴학당할 거야. 그리고 무자비한 고문을 한다는데 어쩌려구 그래?"

 이옥은 완강하게 고개를 저었다.

"저도 조선의 딸이에요. 학교 친구들, 지금 곳곳에서 이런 일을 하고 있을 거예요."

그러고는 막무가내로 「독립선언서」를 베끼기 시작했다.

4월 초순에는 경성에서 애국청년들이 급히 만든 등사판 신문 『자유민보』가 강화로 들어왔다. 전국 만세시위의 상황이 고스란히 기록된 신문이었다. 봉암과 동지들은 그것을 베껴서 돌렸고 거기에 이옥도 끼어 있었다.

노력한 효과가 있어서 강화의 만세시위는 다시 일어났다. 본섬 구석구석 그리고 교동도, 석모도 등 부속 섬으로 퍼져 나갔다. 검거의 손길은 여지없이 뻗쳐왔다. 붙잡혀간 사람들이 손톱이 뽑히는 고문을 당했다는 소문이 돌았다.

그는 이옥에게 말했다.

"만약 잡혀가면 무조건 조봉암이 「격문」 쓰는 걸 지켜봤다고만 말해. 네가 쓴 걸 들이대면 무조건 아니라고, 조봉암이 쓴 거라고 해."

그가 여러 번 다짐을 하자 이옥은 겁먹은 얼굴을 하고 고개를 끄덕였다.

4월 중순, 조봉암은 대서소에서 일하다가 체포당했다. 경찰서 취조실로 끌려들어가자마자 그는 죽도竹刀로 사정없이 얻어맞았다.

"허위진술을 하면 하루에 열 번이라도 이렇게 얻어맞는다는 걸 알려주기 위해 때리는 것이다."

그는 10여 분 동안 몸을 못 가눌 정도로 얻어맞고 심문을 받았다. 책상에 두 뼘 높이로 쌓아놓은 서류철을 가리키면서 형사가 말했다.

"앞서 잡힌 놈들이 매를 못 이겨 다 불었다. 우리는 모든 걸 알고 있다. 너를 심문하는 건 확인하는 과정일 뿐이다. 우리를 시험하고 싶으면 한번 해봐라. 자, 첫 번째 질문이다. 구연준한테서 한 번 모이자는 말을 들은 건 언제 어디서였나?"

"3월 17일 저녁 무렵 시장통에서였습니다."

봉암은 사실대로 불지 않을 수 없었다. 정말 그랬다. 형사는 모든 것을 알고 있는 듯했다. 그는 어떻게든 하나라도 숨기려 했으나 열 번도 더 가죽 실내화로 얻어맞으면서 모두 털어놓지 않을 수 없었다.

세 시간 동안 심문을 받고 그는 거의 얼이 빠진 채 유치장으로 끌려갔다.

"봉암아, 너도 잡혔구나."

강화경찰서 등에 경고 문서를 발송한 보통학교 동창 조구원이 얻어맞아 퉁퉁 부은 입술로 말했다.

"응" 하고 대답하는데 귀에 익은 음성이 들려왔다.

"봉암아, 나도 여기 잡혀 와 있다."

정수근이었다.

유치장에는 그들 외에도 여럿이 갇혀 있었다. 봉암과 함께 「격문」을 배포한 동지들 외에, 조구원과 더불어 강화경찰서 등에 「경고 문서」를 발송한 사람들이었다.* 3월 18일 시위를 주도한 유봉진 선생 등은 이미 검사국에 송치되어서 갔다고 했다.

그날부터 20일 동안 지긋지긋한 심문이 계속되었다. 일본 경찰은 보통학교 때 가까운 친구가 누구였는가부터 시작해서 최근에 대서소에 다녀간 사람이 누구이며 무슨 일을 했는지까지 샅샅이 알려고 했다.

동지 중 누군가가 실토한 듯 경찰이 게다짝으로 정강이를 때리며 물었다.

"경성여고보생 김이옥도 「독립선언서」를 베끼고 돌렸지?"

"아닙니다. 학생 신분이라 가담하지 말라고 말렸습니다."

"그날 대서소에 들어가는 걸 본 사람이 있어."

끝까지 아니라고 버티자 경찰은 날카로운 대나무 바늘을 손톱 밑에 찔

---

* 「강화군에서 독립선전문을 인쇄 살포」, 『매일신보』, 1919년 5월 6일자; 『한국근현대인물자료』(국사편찬위원회 데이터베이스: 이하 국편 DB).

서대문형무소. 옛 서대문감옥. 죽산이 고향 강화의 3·1만세운동에 참가해
옥고를 치른 1920년대 초 서대문감옥 전경. 독립기념관 제공.

러 넣었다. 봉암은 등골을 훑어 내려가는 고통에 비명을 지르면서도 아니
라고 고개를 저었다. 경찰은 그를 눕혀놓고 배를 올라탄 뒤 한 손으로 코
를 틀어막고 물 주전자를 입속에 들이부었다. 그는 기절하면서도 고개를
저었다.

그는 알지 못했지만 김이옥은 여자유치장에 사흘 수감됐다가 풀려났다.

조봉암은 동지들과 함께 5월 4일에 경성검사국으로 송치되었다. 무사히
빠져나간 사람도 있었다. 눈치 빠르고 수단 좋은 정수근이었다.

서대문감옥에 수감되다

서대문감옥, 봉암이 들어간 감방은 이미 수인 여덟 명이 들어와 있었다.
흰색 칠을 한 묵직한 목제 출입문에는 검정색 쇠 빗장과 자물쇠가 달려 있
었다. 위쪽에 주석 뚜껑이 달린 시찰구가 있고 그 아래 식구통食口通이 있
었다. 감방 안에는 검은 이불이 쌓여 있고 벽에는 철근과 철사로 된 창이
높이 뚫려 있었다.

"젊은 사람이 감옥에 왔군. 만세운동 때문인가?"

여덟 명 중 나이가 가장 많아 보이는, 호랑이 상을 한 재소자가 우렁우
렁한 목소리로 말했다.

이가순. 원산의 3·1만세시위를 주도하고
구속되어 서대문감옥에서 청년 조봉암에게
애국정신과 독립정신을 일깨워주었다.
이원숙, 『너의 꿈을 펼쳐라』에서 인용.

"네, 강화에서 온 조봉암입니다."

봉암은 공손하게 대답했다.

"우리들도 모두 같네. 나는 함경도 원산에서 온 이가순*이야."

선참 재소자들은 앉은 순서대로 자기소개를 했다. 절도, 사기 등 잡범은
없고 모두가 만세운동 때문에 구속된 사람들이었다.

강화경찰서의 「조서」가 넘어왔는데도 검사국은 다시 지긋지긋하게 심
문을 시작했다. 여차하면 거꾸로 매달려 얻어맞는 것도 같았다.

감방에서 일본인 간수가 결가부좌하듯 꼿꼿하게 허리를 펴고 앉으라고
윽박질렀기 때문에 마주 보며 말하기는 어려웠지만 재소자들은 서로를 감

---

* 이가순(李可順, 1867-1943): 황해도 해주 출생. 원산 3·1만세 시위를 주도, 2년 6
   개월을 복역했다. 신간회 간부였으며 1929년 안변폭탄사건으로 다시 구속되었
   다. 뒷날 경기도 고양으로 이주, 을축년(1925) 대홍수 직전 한강 제방을 쌓아 피
   해를 예방한 일로 공덕비가 세워졌다. 음악인 정명화·정경화·정명훈의 외조부
   이기도 하다.

싸고 걱정해주었다.

봉암은 가장 큰어른인 이가순 선생으로부터 많은 감화를 받았다. 선생은 일본인 간수에게 반말로 대답하고, 법정에서 재판장에게도 그렇게 했다. 고향 원산에서 '원산의 호랑이'라는 별명으로 명성이 높던 선생은 같은 감방의 젊은이들에게 훈시를 했다.

"강제합병 10년 동안에 무슨 일이 일어났는가 생각해봐. 무단통치로 목줄을 조이고 우리 민족을 짐승처럼 차별해왔지. 우리는 노예나 다름없어. 어서 굴레를 벗어나야 해."

그런 말을 들을 때마다 봉암은 피상적으로만 느껴오던 민족의식, 애국심, 독립정신 같은 것이 생명처럼 중요하다는 것을 실감하게 되었다.

감방에서는 절대침묵과 함께 옆 감방과 연락하는 것을 금하고 있었다. 그러나 재소자들은 벽을 두드리는 신호를 교환해 간수가 멀리 있다는 것을 확인하고는 재빨라 소곤거리는 말로 대화를 나누었다. 그것을 '통방'通房이라고 했다. 봉암은 젊고 눈치가 빨라 통방꾼 노릇을 했다.

때로는 전체 감방에서 한꺼번에 만세를 부르기도 했다.

"만세! 조선독립 만세! 침략자 일본은 물러가라!"

느닷없이 모든 감방에서 일제히 만세를 불러대면 몽둥이를 든 간수들이 호루라기를 불며 뛰어다니고, 만세 부르는 행동이 목격되는 사람을 찍어내 끌고 가서는 매질이나 고문을 가했다. 조봉암도 몇 차례 붙잡혀 나가 매질을 당했다.

1957년에 쓴 「내가 걸어온 길」에 이런 글이 있다.

나도 그 사건에 가끔 걸려들어서 매여달리기도 하고 두들겨 맞기도 했었다. 하루는 또 고함을 치고 만세를 부르고 문짝을 발길로 차고 날뛰다가 또 붙잡혀 나갔다. 나는 붙잡혀 나가면서도 기를 쓰고 만세를 불렀다. 놈들이 가죽 띠로 마구 갈기면 갈길수록 악을 써가며 만세를 불렀다. 그러니까 놈들은 독사같이 약이 바싹 올라가지고 발길로 차고 혁대로 갈기면서 "이놈의 자식, 만세 한 번에 혁대 한 번씩 해보자. 어느 편이 이기나 보자" 했다. 그래서 나는 몹시 빨리 만세! 만세! 만세! 하고 한 30, 40번을 연해 불러댔더니 놈들은 기가 막혔던지 "참 알 수 없는 자식이로군" 하고는 때리는 경쟁은 그만두었으나 나는 온몸이 피투성이가 되어서 기절한 채로 콘크리트 바닥에서 하룻밤을 새운 일이 있었다.*

강화에서 어머니와 형이 접견을 왔다. 감옥 입구 첫 방이 접견소였다. 죄수에게 허용된 공간은 몸 하나 겨우 들어가게 비좁았고 천장도 허리를 굽혀야 할 정도로 낮았다. 접견 온 사람이 들어가는 곳도 천장이 낮기는 마찬가지여서 양쪽에서 허리를 숙인 채 철망을 사이에 놓고 말해야 했다.

"몸은 다치지 않았느냐?"

늙은 어머니의 눈물 어린 물음에 그는 웃으며 대답했다.

"괜찮아요. 밥도 먹을 만해요."

사나이는 어떤 일이 있어도 어머니 가슴을 아프게 하지 말아야 한다고 한 이가순 선생의 당부를 생각해서 한 말이었다.

어머니와 형을 안심시키고 감방으로 돌아갈 때 그는 아픈 다리를 절룩거리며 걸었다. 눈물이 쉬지 않고 흘러내렸다.

가족이 다녀가고 며칠 뒤 김이옥이 면회를 왔다. 어머니와 형이 그런 것처럼 눈물을 흘리며 다친 데가 없느냐, 제발 무사히 나오기 바란다는 말만 했다.

이옥은 여학생 신분으로서 접견을 오기가 어려울 텐데도 열흘에 한 번

---

*『전집』 제1권, 331-332쪽.

꼴로 와서 사식을 넣고 털로 짠 장갑이나 양말을 넣어주었다.

어느 날은 눈물이 글썽거리는 얼굴을 하고 말했다.

"걱정 때문에 잠이 안 와요. 오빠가 얼마나 소중한 분인지 깨닫고 있어요."

강화경찰서에서 극심한 고문을 당하면서도 자신을 지켜준 것을 암시하는 말이었다. 감시경찰이 대화 요지를 일일이 기록하고 있어서 그런 것이었다.

봉암이 할 말이 없어 무연하게 그냥 바라보는데 이옥이 울먹이며 다시 말했다.

"오빠한테도 내가 소중해요?"

봉암은 대답하지 않았다. 이옥의 행복을 위해서는 자신이 비켜서야 한다는 것을 알기 때문이었다.

"바보! 오빠가 말 안 해도 나는 다 알아요."

그는 손수건을 꺼내 이옥의 눈물을 닦아주었다.

조광원이 정수근과 함께 접견을 왔다. 조광원은 봄에 인상을 졸업하고 일본계 야스다安田은행 경성지점에 취직해 있었다. 정수근은 인천에서 큰 상점 점원으로 일하며 통신강의로 공부한다고 했다.

"절망하지 마라. 나는 네가 그대로 주저앉을 나약한 존재라고는 생각하지 않는다. 힘을 내라."

은행원으로 출세한 조광원은 그렇게 격려했다.

어려서부터 영리했던 정수근도 한 마디 했다.

"지금 겪는 고난이 장래 발전의 바탕이 된다는 걸 잊지 마라."

두 친구는 사식을 넣어주고 돌아갔다.*

---

* 죽산은 그 후 20여 년 동안 두 친구를 만나지 못했다. 조광원은 1923년 은행을 그만두고 하와이 유학길에 올랐다. 한국인 최초의 성공회 사제가 되어 8·15광복

김이옥, 조봉암에게 사랑을 느끼다

1920년 1월 어느 날 아침, 김이옥은 하룻밤 신세를 진 친구의 집을 나섰다. 어제 접견 갔다가 봉암이 오늘 출옥한다는 말을 들어 다시 감옥으로 가는 것이었다.

경성여고보 교복은 계절에 따라 두껍고 얇은 옷감으로 달라질 뿐 언제나 흰 저고리에 검정 치마였다. 그녀는 그 위에 두툼한 모직 외투를 입고 있었다. 안에 입은 교복을 가리기에 좋고, 이날 석방되는 봉암과 연락선을 타고 겨울 바닷바람을 맞으며 인천을 거쳐 강화까지 가야 하기 때문이었다.

종로 저잣거리로 들어선 그녀는 어제 오후 외투 가게에 맡겨놓았던 보따리를 찾아들었다. 어제 서대문감옥 접견을 가서 내일 석방된다는 말을 듣고 돌아오는 길에 저자에 들러 두툼한 남자용 외투와 가죽 구두를 샀다. 감옥에서 나오면 외투를 입히고 구두를 신게 해야 좋겠다는 생각이었다.

그녀는 보따리를 든 채 전신국으로 가서 강화 조봉암의 집으로 전보를 쳤다.

전차를 타고 서대문 쪽으로 가는데 문득 어제 강화 집을 나설 때 본 오빠의 퀭한 눈이 떠올랐다.

"학교 소집일이라 경성에 간단 말이지?"

오빠는 쫓아 나오며 미심쩍은 눈빛을 하고 말했다.

"네, 얼른 다녀와서 모레부터는 야학을 해야 해요."

이옥은 그렇게 오빠를 안심시켰다.

방학 중 부인야학을 벌이던 그녀가 핑계 대고 떠나는 것은 사실 봉암의

직후 미군의 군종신부로 귀국했다. 정수근은 1920년대에 강화에서 운수업을 일으켜 성공하고 인천에 진출해 거상이 되었다(『朝鮮銀行會社組合要錄』 1939년판 외, 국편 DB).

면회를 위해서였다.

김이옥의 집안은 어른들이 병약해 일찍 쓰러졌다. 젊은 나이에 많은 토지를 마련했던 아버지 김현주金顯周 씨는 마흔을 넘기지 못하고 세상을 떠났고 어머니도 그랬다. 동기간이라고는 하나밖에 없는 오빠 김인배 씨도 폐결핵에 발목을 잡혀 경성 세브란스병원에서 치료를 받아보고 온갖 약을 다 써보았지만 악화되어가기만 했다.

김인배 씨는 아버지 없는 집의 가장으로 여학교에 다니는 누이를 끔찍이 사랑했다. 그런데 지난해 3월 경성과 고향 강화의 만세 시위에 참가하고 아슬아슬하게 구속을 면한 사실, 만세시위로 수감된 조봉암을 접견하러 서대문감옥에 여러 차례 다녀온 사실 때문에 제 병도 잊어버리고 누이를 걱정하고 있었다.

'오빠, 미안해요.'

그녀는 가슴속의 오빠를 향해 중얼거렸다.

영천 종점에서 전차를 내렸다. 무악재 쪽으로부터 바람이 세차게 밀려왔다. 회중시계를 꺼내 보니 봉암이 나온다는 9시까지는 한 시간이 채 안남은 시각이었다. 열 번도 더 와서 익숙해진, 어른 키로 두 길이 넘을 감옥의 담장부터 전차 종점까지는 텅 빈 광장이었다.

광장 끝 밋밋한 언덕에 수십 채의 판잣집이 있었다. 두부와 국밥을 파는 집, 그리고 점집과 무당집들이었다. 접견 온 사람들이 끼니를 때우고, 감옥 안의 아들이나 지아비가 언제 석방되는지 예언을 얻으려는 사람들을 위해 무허가로 지은 집들이었다.

그녀는 추위를 피하려고 국밥집으로 들어갔다. 장작난로가 있어서 훈훈했다.

"이따가 오라버니가 출감하면 이리 데려와 두부를 먹일 거예요. 잠깐 앉아 있어도 되지요?"

감옥에서 나오자마자 두부를 먹으면 다시는 감옥에 들어가지 않는다는 속설쯤이야 그녀도 알고 있었다. 인심이 좋아 보이는 여주인이 고개를 끄덕이며 나무 의자를 내주었다.

3년 전 잠두교회에서 봉암을 처음 만나던 날이 떠올랐다. 같은 교회의 신자인데다 목사님과 장로님의 신임을 받고 있어서 친절히 대했는데 번뜩이는 통찰력을 가진 것이 눈에 띄었다. 그것도 대단하게는 여기지 않았다. 그런데 대하면 대할수록 사람을 끌어당기는 구석이 있었다.

그러다 3·1만세를 겪었다. 그가 그녀를 지키기 위해 죽음보다 더 고통스러운 고문을 당하면서도 비밀을 지킨 것이 그녀의 마음을 사로잡았다. 그가 얼마나 자신을 아끼는가를 그녀는 알 수 있었다.

옥바라지를 하면서 감정은 더 깊어졌다. 맛있는 음식을 먹을 때는 감옥에서 굶주리는 그가 생각나 목이 메었으며, 잘생긴 의학전문학교 학생이나 법학전문학교 학생을 보면 아, 봉암 오빠도 저런 학교에 다니면 얼마나 좋을까 하는 생각뿐이었다.

내가 그를 사랑하는 것일까. 그렇게 혼자 자문하고 고개를 끄덕였다.

어젯밤 잠자리 신세를 진 학교 친구는 부산 출신 명희였다. 아버지가 부자라 경성에도 집이 있었다.

"모진 고문을 당하며 너를 지켜준 사람이니 어찌 네가 빠지지 않겠니? 세상에 그런 남자는 없다. 하지만 일생의 반려를 결정하는 일은 신중히 생각해야 한다."

명희는 그렇게 말했다. 오빠 명규를 염두에 두고 하는 말이었다. 부산에서 일본과 무역을 하며 거부가 된 명희 부친은 이옥의 아버지처럼 남매를 두었다. 아들 명규는 일본 유학길에 올라 게이오慶應대학 상과에 다니고 있었다. 두 해 전 이옥이 명희의 부산 집에 갔을 때 명규는 방학이라 부산 집에 와 있었다. 이옥이 마음에 드는지 많은 대화를 나누고 싶어했다. 명희의 부모 또한 참하게 보고 며느리로 삼고 싶다고, 원한다면 우선 약혼시켜 일본에 유학도 보낼 수 있을 것이라고 딸에게 말하기도 했다. 명희 오빠 명규를 선택한다면 편안하고 윤택한 삶이 보장될 것이었다. 그러나 알 수 없는 것이 사람의 마음이었다. 그녀 가슴속에는 오로지 봉암뿐이었다.

불안한 김이옥의 사랑

국밥집 뒷문이 열리고 머리에 낡은 조바위*를 쓴 중년여인이 들어왔다.

"어느 댁 따님인지 예쁘고 참하게 생겼군. 아버지나 오라버니 때문에 왔으면 점 한 번 보지 그래, 복채 싸게 받을 테니."

이옥은 미안해하는 표정으로 말했다.

"저는 기독교 신자라서 무속은 가까이 안 합니다."

국밥집 여자가 여인을 위해 한 마디 했다.

"저이는 무당이 아니야. 사주 관상에 영험이 있어서 남자 사주쟁이들도 무시하지 못해."

이옥은 미안한 미소를 지으며 두 여인을 향해 고개를 저었다.

"사랑에 애태우고 있는데, 그게 이뤄지긴 하겠지만 둘 다 운명이 심상치 않아."

찬찬히 그녀의 얼굴을 들여다보던 사주쟁이 여인이 한 마디를 툭 던지고 다시 뒷문으로 나갔다.

"빨리 사주를 봐주세요."

이옥은 자신도 모르게 그녀를 따라 나가며 봉암과 자신의 생년월일을 읊어댔다.

재빠르게 책을 펴들고 사주를 본 여인이 눈을 크게 떴다.

* 조바위: 여성용 전통 복장이었던 방한모.

"이렇게 좋은 남정네 사주를 본 적이 없어. ……잘 들어. 복채는 안 받을 거야."

이옥은 어서 말하라는 뜻으로 고개를 끄덕였다.

"기운찬 황소가 큰 마차를 끌듯이 나라와 백성을 끌고 고개를 올라갈 사주야. 곡절이 많겠지만 천생연분이라서 결국 합할 거야."

9시가 가까워오고 있는데다 사람들이 감옥 정문으로 몰려가는 기척이 들렸으므로 이옥은 복채 50전을 놓고 일어섰다.

무쇠로 된 감옥 쪽문이 열리고 출옥자들이 걸어 나왔다. 여남은 명 중 봉암은 가운데쯤에 끼여 있었다. 어제 접견실에서 얼굴을 봤는데도 가슴이 설레고 눈물이 나왔다.

"정말 다친 곳 없지요?"

그녀는 그의 얼굴도 만져보고, 팔도 만져보고 등을 쓸어보기도 했다. 사람들이 쳐다보건 말건 그러지 않고는 견딜 수가 없었다.

"저 국밥집으로 두부 먹으러 가요."

그녀의 말에 그는 순종하듯 고개를 끄덕이고 그녀를 따라 걸었다. 국밥집 판자문을 들어서기 전 길게 심호흡을 하며 겨울 하늘을 휘휘 둘러보았다. 눈 덮인 인왕산 봉우리도 한번 바라보았다.

앞장서 들어간 그녀는 국밥집 여주인에게서 두부 한 모가 담긴 놋주발을 받아들었다.

"어서 두부 드셔요. 다시는 여기 오지 말아야지요."

봉암은 두부 한 모를 먹어치웠다. 소 내장을 넣은 국밥도 한 그릇 시켜주었더니 그것도 맛있게 퍼먹었다.

"강화 집으로는 내가 아까 전보를 쳤어요. 오늘 석방되어 귀가한다고."

"응."

봉암은 한 마디로 대답하고 국밥을 먹었다.

이옥은 보따리를 풀어 외투를 꺼내 그의 어깨에 덮어주었다. 구두도 꺼내 발치에 내려놓자 그의 눈에 눈물이 그렁그렁해졌다.

"나는 이옥이에게 아무것도 해준 게 없는데⋯⋯."

"그런 말씀 하지 마세요. 나를 감옥에 안 가게 지켜주시고서⋯⋯."

국밥집을 나와 남대문역으로 가서 인천행 기차를 탔다. 승객이 적어 두 사람은 좌석에 나란히 앉았다. 이옥은 봉암의 손을 끌어당겼다. 동상에 걸려 상했던 손톱이 퉁퉁 부어 있었다.

"김이옥이 가담했냐고 몰아대면서 강화 경찰 놈들이 여기를 바늘로 찌른 거지요?"

그녀의 물음에 봉암은 묵묵히 고개를 끄덕였다.

기차가 출발하자 창 쪽에 앉은 그녀는 그의 팔을 꼈다. 그는 깜짝 놀라며 물러서려 했지만 그녀가 놓지 않았다. 그녀는 감옥 밖에서 사주를 본 이야기를 하려다 그만두었다.

연락선이 강화 갑곶 부두에 닿은 것은 겨울해가 뉘엿뉘엿 기울고 있는 오후였다. 읍내에서 가까운 부두라 아는 얼굴이 많은 곳이었다. 소문을 피하기 위해 서로 모른 체해야 했다.

봉암이 앞서 내리고 그녀는 먼발치에서 뒤따라 내렸다. 출영객들 중에 봉암의 모친과 형이 보였다. 그녀가 봉암의 이름으로 보낸 전보를 받고 나온 것이었다.

집까지는 3킬로미터쯤 걸어야 했다. 소화물을 실어가려고 소달구지들이 와 있었는데 그중에는 오빠가 보낸 것도 있었다. 행랑아범 아저씨가 반색하며 맞았다. 이옥은 달구지에 걸터앉았다. 바닷바람을 피하기 위해 외투 깃을 올리고 머플러로 머리를 싸맸다.

다음 날 오전, 군청거리 한의원에 다녀온 오빠가 이옥을 불러 세웠다.

"밖에 소문이 자자하다, 봉암이가 석방되어 너와 같은 배를 타고 돌아왔다고. 그게 사실이냐?"

이옥은 눈을 깜짝이며 오라버니를 바라보았다.

"거짓말을 하면 더 큰 죄지요. 맞아요. 어제 면회 가서 봉암오빠가 출옥한다는 걸 알고 오늘 아침 마중 나가서 두부를 사 먹이고 같이 왔어요."

"무슨 경솔한 행동이냐?"

그녀는 오빠 앞에 무릎을 꿇었다.

"저는 그 사람을 좋아해요. 집이 가난해서 공부를 못 했을 뿐이지 비범한 사람이에요. 큰일을 할 사람이니 오빠가 학비를 대주세요."

"뭐라고?" 하며 김인배 씨는 안석安席 위로 털썩 주저앉았다.

한참 동안 흥분을 삭이지 못해 숨을 몰아쉬다가 밭은기침을 했다.

"그애가 비범하다는 건 알고 있었다. 너하고 연관이 없다면 도울 수 있겠지만 이제는 그럴 수 없다."

그는 그렇게 말하고 안석에 누웠다.

다음 날 그녀를 속박하는 명령이 떨어졌다. 야학을 위한 외출만 허용하고 그것도 올케가 동행한다는 것이었다. 4월 개학에 맞춰 경성에 가는 것은 그때까지 행동을 보아서 결정한다는 것이었다.

창살 없는 감옥에 갇힌 꼴이 된 이옥은 자신이 성급하지 않았나 후회했다. 그러나 한편으로는 언제고 터질 일이니 잘한 일이라는 생각도 들었다.

경성 YMCA에서의 생활

1920년 3월 초, 조봉암은 공부를 하기 위해 강화를 떠나 경성으로 갔다. 오빠의 엄명으로 집에 갇혀 지내는 김이옥의 염원과 시집간 누나의 당부를 받아들인 것이기도 했다.

종로의 중앙기독청년회관을 찾아가 간단한 시취試取평가를 받은 후 중

옛 서울 YMCA회관. 죽산은 서대문감옥에서 나온 뒤
이곳에 개설된 중학부에 다녔다. 독립기념관 제공.

학부 입학을 허가받았다. 교과목은 한국역사지지, 만국역사지지, 수학, 물
리, 화학, 생리학, 경제학, 성경, 일본어, 영어, 상업, 주산 등이었다. 며칠 강
의를 들어보니 내용도 알차고 학생들의 태도도 진지했다.

　교사들 중 학생들의 존경을 한 몸에 받고 있는 사람은 교장 격인 월남
이상재 선생이었다. 30대 초반 신사유람단 일원으로 일본을 시찰하고 대
한제국 말기에 외교관도 지냈다. 서재필徐載弼 · 남궁억南宮憶 · 윤치호 등과
독립협회를 조직한 경력이 있었으며 나라가 망한 뒤에는 YMCA를 중심
으로 청년들을 이끌면서 이 시대의 가장 존경받는 지도자로 떠올라 있었
다. 그리고 3 · 1운동의 배후 인물로 지목되어 구속되었다가 풀려나 기독
청년회 고문으로 있으면서 학관 운영을 맡고 있었다.

　월남은 그해 연세가 70세였으나 목소리는 카랑카랑하고 힘찼다.

　"범에 물려가도 정신만 차리면 산다는 말이 있지 않느냐. 우리 신세가
지금 범에게 물린 신세나 다름없다. 두 눈을 부릅뜨고 공부해라."

월남 이상재. 죽산은 강화 3·1만세 참가 후
정규학교에 가지 못하고 YMCA 중학부에 다녔다.
이상재 선생으로부터 많은 감화를 받았다.
『한국일보』 제공.

이상재 다음으로 학생들에게 영향이 큰 지도자는 젊은 교사 신흥우中興
雨였다. 배재학당과 한성외국어학교 덕어과德語科: 독일어과를 거쳐 미국 남
가주대학에 유학한 그는 배재학당 교장을 지냈고, 기독교를 통한 농촌개
조의 사회운동과 민족구제의 독립운동에 앞장서고 있었다. 특히 기독교
신앙에 사회주의의 이상을 접목한 기독교 사회주의를 신념으로 갖고 이를
전파하려 애쓰고 있었다.

어느 날 뜻밖의 손님이 찾아왔다. 이옥의 오라버니인 김인배 씨였다.

"세브란스병원에 왔다가 자네를 만나러 왔네."

오랜만에 보는 모습인데 김인배 씨는 병색이 짙어 보였다.

"네" 하고 봉암은 정중하게 고개를 숙여 인사했다.

김인배 씨는 그를 중국요릿집 태화관泰和館으로 데리고 갔다. 지난해 3
월 1일에 민족대표 33인이 모였던 그 요릿집이었다.

"나는 언제 죽을지 모르네. 그래서 간절히 부탁하네. 더 이상 이옥이를
만나지도 말고 연락하지도 말게. 스물두 살이면 그게 이옥이를 위한 길인
줄 알 게 아닌가. 자네가 그런다고 약속하면 이옥이를 이화학당에 보내 공

부를 계속 시킬 거고, 약속하지 않으면 서둘러 출가시킬 거네."

그렇게 말하면서 두툼한 돈 봉투를 꺼내 놓았다.

"학비에 보태 쓰게."

봉암은 두 눈을 똑바로 뜨고 김인배 씨를 바라보았다.

"돈은 받을 수 없습니다. ……늘 그런 생각을 갖고 있었습니다. 이옥이의 행복을 위해 제가 비켜서야 한다고 말입니다. 약속합니다. 이옥이가 연락을 해와도 외면하겠습니다. 이옥이를 이화학당에 보내주십시오."

김인배 씨의 얼굴에 안도의 빛으로 바뀌었다.

"고맙네. 자네 약속을 믿겠네."

"알겠습니다."

도무지 그 말밖에 폐결핵 말기 환자 앞에서 할 말이 없었다.

"음식을 시켰으니 들고 가게."

봉암은 그것마저 거절할 수는 없었다. 인간적 신의와도 같은 것이기 때문이었다.

김인배 씨와 식사를 마치고 태화관을 나온 그는 무작정 걸었다. 한참을 걸은 뒤 푸르른 수양버들이 늘어선 강둑을 보고 한강까지 걸었음을 알았다. 그는 강둑에 앉아 흐르는 강물을 바라보며 거기 이옥에 대한 자신의 감정을 흘려보내려 애썼다.

봉암은 이옥을 잊기 위하여 이를 악물고 공부했다. 학과 성적에서 두드러졌고 주산 실력이 탁월했다. 기독청년학관에서는 정규수업 외에 강연과 토론이 자주 열렸는데 그는 정연한 논리로 좌중을 장악하곤 했다. 그리하여 금방 교사와 학생 들의 주목을 받기 시작했다.

동급생들 중에 그를 친형처럼 정겹게 따르는 청년이 있었다. 인천 출신인 박남칠朴南七이었다. 조봉암은 그가 신흥우 선생의 수업 시간에 맨 앞에 앉아 기독교 사회주의에 대해 열심히 질문을 던지는 것을 보고 괜찮은 녀석이라고 여겨온 터였다.

박남칠은 어느 날 기독청년회관 뒤편 피맛골 국밥집으로 그를 이끌고 갔다.

"어떻게 하면 형처럼 주판을 잘 놓을 수 있어요?"

늘 굶주리며 지내던 차라 봉암은 국밥을 맛있게 먹었다.

"항상 주판을 머릿속에 그려 넣고 주판알 만지는 연습을 해. 그럼 돌대가리가 아닌 다음에야 주판을 잘 놓을 수 있지. 왜 주산에 관심이 많지?"

"저는 인천의 미곡상 아들이에요."

남칠은 그렇게 말하고 씨익 웃었다. 그러고는 자기 집안 이야기를 했다.

박남칠은 조봉암보다 세 살 아래였으며 독실한 기독교 신자였다. 인천에서 크게 미곡상을 하는 박삼홍朴三弘의 아들로 태어났으며, 내리교회에 다니는 부모님을 따라 신앙생활을 했다. 박삼홍은 1890년대 말부터 미곡상으로 부를 축적한 입지전적인 사람이었다. 또한 인천엡윗청년회를 이끌어 애국심을 고취하고 문맹퇴치 사업과 지역사회 운동에 힘을 기울이는 지역 유지였다. 박남칠은 아버지의 가업을 물려받고 교육전도 사업도 물려받을 생각으로 지금 엡윗청년회를 이끌고 있었다.*

인천 내리교회는 조봉암이 열심히 다녔던 강화 잠두교회와 같은 감리회 파로서 뿌리가 같았다.

"내리교회 박삼홍 장로님 성함이나 엡윗청년회에 대해서는 내가 강화 잠두교회에 다닐 때 들은 적이 있지. 나도 강화에서 한때 엡윗청년회 일을 했어. 아무튼 반갑다."

---

* 이성진, 「해방기 인천 좌익운동가 박남칠 자료연구」, 『인천학연구』 제7집(인천대학교 인천학연구원, 2007), 293-298쪽.

조봉암은 자신에게 호의적인 세 살 아래 동급생에게 말했다.

어느 토요일, 봉암은 어머니가 편찮으시다는 말을 듣고 강화로 가는 길에 박남칠과 인천까지 동행하고 축현역에서 가까운 그의 집에 잠깐 들러 박삼홍 장로에게 인사를 올렸다.

그러나 박남칠과의 교유는 오래 지속되지 못했다. 갑자기 불거진 사건 때문이었다.

대동단사건으로 다시 취조당하다

5월 26일, 종로경찰서에서 물어볼 것이 있으니 들러달라는 연락이 왔다. 아무 트집 잡힐 일을 한 게 없는데 왜 그러나. 그는 조금 불안한 채로 경찰서로 갔다.

그를 맞은 것은 평안남도 경찰부에서 온 형사들이었다.

"너를 보안법 위반으로 체포한다."

형사가 포승으로 묶으려는 순간 봉암은 큰소리로 부정했다.

"보안법이라니요? 나는 지난겨울 출옥한 뒤에 그림자처럼 살았어요."

"대동단*에 속해 폭발물을 제조 저장하고 봉기하려고 했잖아?"

그는 펄쩍 뛰었다.

"대동단은 처음 들어봐요."

"조사하면 밝혀질 것이다."

그는 영문을 모른 채 속절없이 평양으로 끌려갈 수밖에 없었다. 경의선 열차에 오르면서 그는 김이옥에게 연락하지 못함이 안타까웠다.

---

* 조선민족대동단(朝鮮民族大同團): 1919년 3월 전협(全協)·최익환(崔益煥) 등이 조직한 독립운동단체. 1919년 11월 의친왕(義親王) 이강(李堈)을 망명시켜 임정 지도자로 추대하려다가 압록강 건너 안동(安東: 현재의 단둥丹東)에서 일경에 발각되었다.

평양에 도착해 조사를 받아보니 그가 평소에 존경해온 기독청년회관의 학감 격인 최경희崔慶喜 교육부 간사와 유도사범인 박재영朴在英·강낙원姜樂遠 등이 얽혀 있는 사건이었다. 누군가가 고문을 못 이겨 경찰이 짐작해 윽박지르는 대로 그렇다고 대답해 벌어진 일이었다.

뒷날 죽산은 「내가 걸어온 길」에서 그때의 일을 이렇게 회고했다.

나는 평소에 그분들을 존경했고 친히 지냈을 뿐이지 무슨 일을 구체적으로 의논해본 일은 없었다. 그런데 잡혀가던 날부터 가지각색의 고문을 당하면서 듣고 보니 우리들이 폭발물을 많이 만들어서 어디다 감추어두었고 ○월 ○일에 YMCA를 중심해서 거사를 하려고 했다는 것이었다. 나는 정말 모르니까 그저 모른다고만 했다. 그때 평안도에서 제일간다는 형사 나카무라中村라는 놈이 담당이 되어 날마다 밤마다 고문을 하는데 "이 새끼, 여기가 어딘 줄 아니. 평양경찰서다. 대동강 돌멩이도 여기 들어오면 바들바들해진다. 취조받다가 뒈진 새끼가 얼만지 아니? 이 새끼!" 욕지거리도 어찌 그리 많은지, 한국인인 나도 모를 욕이 수두룩했다. 비행기를 태운다고 해서 두 팔을 뒤로 묶어서 그 묶은 두 손목을 끈으로 매어서 천장으로 끌어올렸다 내렸다 하는 것이, 옛날 말로는 주릿대 방망이에 학춤을 춘다는 것이고, 또 둥근 의자에 눕혀놓고 혁대 혹은 검도용 죽도로 마구 두들겨 패고 벌거벗겨진 궁둥이를 담뱃불로 바싹바싹 지지기도 했다. 견디다 못해서 기절을 하면 냉수를 이마로부터 뒤집어쓰고, 그러면 사오 분 뒤에는 소생했다. 기절했다가 냉수를 뒤집어쓰고, 다시 제정신이 돌아설 때처럼 서글픈 일은 없다. 웬만한 사람이면 그때는 눈물짓지 않는 이가 없었다고 한다.*

---

*『전집』 제1권, 334쪽.

조봉암은 억울하게 취조를 당하고 20일 만에 석방되었다. 고문당한 후유증이 컸다. 온몸이 아프고 손가락도 움직일 수 없을 정도로 힘이 빠져 있었다. 기독청년회관도 나갈 수 없었다.

그러나 정신은 더 날카로워져 있었다. 가슴에는 불이 솟구치듯 일제에 대한 반항심과 독립투쟁에 대한 욕구가 커지고 있었다. 서대문감옥에서 이가순 선생에게서 들은 그대로 조선인은 일본의 노예나 다름없다는 것을 다시 체포되어 가서 뼈저리게 실감한 때문이었다.

그는 인천 출신 후배 박남칠이 얻은 조그만 셋방에서 고문으로 상한 몸을 추슬렀다. 박남칠이 설렁탕을 사들고 와서 말했다.

"강화에서 편지가 왔어요."

박남칠이 건네 준 편지는 이옥이 보낸 것이었다. 석방기사가 신문에 났기 때문에 그간의 사정을 알게 된 그녀가 기독청년회관을 주소로 잡아 편지를 보낸 것이었다.* 편지는 두 번째 투옥으로 다친 곳은 없는가 묻고, 오라버니 김인배 씨가 세상을 떠났다는 슬픈 소식을 담고 있었다.

봉암은 그녀에게 간단한 위로편지를 썼다. 꿋꿋하게 세상을 살라는 당부와 함께 생전에 김인배 씨와 약속한 이야기도 썼다. 그리고 일본에 저항하고 독립투쟁을 하려면 일신의 행복은 덮어둬야 한다는 생각과, 이옥의 행복을 위해 모두 잊기로 했다는 결심도 밝혔다.

그는 기독청년회관에 다시는 가지 않았다. 일본을 이기려면 일본을 알아야 한다는 판단, 호랑이를 잡으러 호랑이굴에 들어간다는 생각으로 일본유학을 결심했다.

어릴 적 친구 유찬식이 도쿄에서 고학으로 공부하고 있다는 것을 생각해냈다. 그의 경성고보 동창들을 수소문해 주소를 손에 넣었다. 자신에게

---

* 조봉암 석방기사는 『동아일보』 1920년 6월 18일자에 실려 있다.

유학갈 수 있는 길을 안내해달라고 간곡한 편지를 썼다.

　유찬식은 신의를 저버리지 않았다. 자신도 세 친구와 함께 값이 싼 셋방을 얻어 자취하며 닥치는 대로 돈을 벌어 도쿄물리학교라는 야간대학에 다니고 있다고 했다. 봉암은 결심을 굳히고 유학 준비에 들어갔다.

4 일본 유학과 사상적 성장

일본 유학을 떠나다

조봉암이 일본 유학길에 오른 것은 23세 때인 1921년 7월 초였다. 경성 남대문역으로 형과 아우가 배웅을 나왔다. 봉암은 아우의 손을 잡고 말했다.

"내가 다닌 기독청년회관 중학부에 들어가라. 거기 운동부도 있으니까 공부도 하고 운동도 할 수 있다. 가거든 인천 출신 박남칠을 찾아서 내 아우라고 말해라."

몸이 민첩하고 눈치가 빨라 '물 찬 제비'라는 별명을 갖고 있는 아우는 눈을 빛내며 고개를 끄덕였다.

형제와 헤어져 경부선 열차를 탄 봉암은 부산까지 가서 관부關釜연락선에 승선했다. 최종 목적지인 도쿄 시내 신바시 역新橋驛에 도착한 것은 경성 출발 닷새 만이었다.

친구 유찬식이 마중 나왔다. 그는 두 명의 경성고보 동창과 자취하고 있었다. 이름은 홍순복과 이성구, 도쿄물리학교 동급생이라고 했다. 원래는 이들보다 너덧 살 많은 김찬이라는 주오中央대학 법과생 선배가 우두머리 격이었는데, 북간도와 연해주를 돌아본다며 여름방학이 되자마자 북쪽으로 떠났다고 했다.

"김찬 형이 떠난 덕분에 좁은 방에 빈자리가 생겼어."

유찬식이 숙소로 전차를 타고 가면서 설명해주었다.

처음에 함경북도 명천 출신 선후배인 김찬과 이성구가 함께 6조 다다미 방을 얻어 자취에 들어갔고, 이성구의 동급생인 유찬식과 홍순복이 합류했으며, 김찬이 빠져나가 빈자리에 조봉암이 끼어들게 된 것이었다.

봉암은 숙소에 도착해 홍순복·이성구와 악수를 나누었다. 둘 다 봉암보다 한 살 위인 1898년생이었는데 경성고보 출신다운 재사형才士型의 풍모를 갖고 있었다. 홍순복은 충북 진천 출생이며 3·1만세운동 때문에 구속된 전력이 있었다. 경성고보 학생들을 탑골공원에 동원하는 역할과 「독립선언서」 배포를 감행하여 구속된 것이었다. 이성구도 역시 경성고보 재학 중 만세운동에 뛰어들어 봉암처럼 몇 달 구속된 이력이 있었다.

3인의 동숙자들이 다니는 도쿄물리학교는 가난한 고학생들을 위한 야간 전문대학에 해당하는 2년제 대학이었다. 그러나 주로 도쿄제국대학교 물리학과 교수들이 강사로 출강하고 엄격한 정예교육이 이루어진다고 했다.

이리저리 이야기하다보니 홍순복이나 이성구나 서대문감옥에 한동안 수감됐던 이력이 같았다. 봉암은 동지를 만난 듯 반가웠다.

유찬식과 두 사람의 동숙자들은 진지하게 조봉암의 앞길에 대해 토론을 벌였다. 그들이 내린 결론은 세이소쿠영어학교였다. 이 학교는 일본 초기 영어교육의 선구자인 사이토 히데사부로齋藤秀三郞가 1897년에 설립했으며 도쿄의 서북방 치요다구千代田區에 있었다. 말뜻 그대로 영어를 주로 가르치지만 예비학교 성격이 강해 전문학교나 대학에 가기 위한 예비수업을 하며 실력을 검정하고 장차 갈 곳을 판단하게 해주는 학교이기도 했다.

조봉암은 그들의 권유를 받아들였다. 그들이 구해다 주는 수험서를 한

세이소쿠영어학교. 1921년 일본에 유학 간 죽산이 가장 먼저 입학했던
도쿄 세이소쿠영어학교. 윤보선 전 대통령, 독립투사 조만식, 신익희,
애국가의 작곡가 안익태 등이 이 학교를 거쳤다.

달 이상 들여다보며 달달 외웠다. 그리하여 입학평가를 치르고 가을학기
에 예정대로 세이소쿠영어학교*에 입학했다.

　집중력 강한 빠른 독서는 조봉암이 타고난 재능이었다. 그 덕분에 그는
2학년 2학기에 편입했으면서도 어렵지 않게 학교 진도를 따라갔다. 오히
려 시간이 남아 그는 닥치는 대로 책을 읽었다. 당시 일본 대학생 중 의식
이 깨어난 자들은 아나키즘과 사회주의 서적을 탐독하고 있었다. 조선인
대학생에게도 그것은 새로운 풍조로 자리 잡고 있었다. 경성에 있을 때도

---

* 세이소쿠(正則)영어학교: 일제강점기 유학생 가운데는 이 학교 출신이 많다. 독
　립투사 박열(朴烈) · 조만식(曺晩植), 문인 이기영(李箕永) · 박영희(朴英熙) · 홍
　효민(洪曉民), 교육자인 김성수(金性洙) · 장이욱(張利郁), 전 대통령 윤보선(尹
　潽善), 독립운동가이자 정치가였던 신익희(申翼熙), 「애국가」 작곡자 안익태(安
　益泰), 뒷날 죽산과 더불어 조선공산당 창당의 주역이 된 임원근(林元根) · 김단
　야(金丹冶) 등이 이 학교를 거쳤다.

들어본 이론이긴 했으나 아무도 제대로 가르쳐주는 사람이 없었다. 도쿄는 달랐다. 얼마든지 책을 구할 수 있었다. 그는 틈나는 대로 아나키즘과 사회주의 서적을 읽었다.

강화 섬이 낳은 최고의 수재라는 말을 들었던 유찬식은 그가 읽는 책을 보고는 고개를 끄덕였다.

"사회주의 서적이군. 김찬 형이 오면 잘 가르쳐줄 거야. 그 방면에 이골이 난 사람이니까."

"그 선배는 어떤 사람이야?"

"아버지가 여러 고을의 군수를 지냈고 일진회원이었대. 그 사람은 우리 같은 보통 사람 열 명을 합해도 못 따라갈 수완가야. 그러니까 마적 떼와 일본군 경비가 삼엄한 북방을 제 집 드나들듯 돌아다니지."

두 사람의 대화를 지켜보던 홍순복과 이성구가 봉암을 향해 자기들도 동의한다는 듯 머리를 끄덕였다.

한편 봉암은 세 사람의 동숙자들처럼 돈을 벌어야 했다. 봉암이 선택한 것은 엿장수였다. 뒷날 조봉암은 「내가 걸어온 길」에서 당시의 일을 이렇게 회고했다.

나는 이 네 분 선각자들로부터 동경에서 고학을 하는 비결을 배웠다. 많은 방법 가운데서 밑천 없이 손쉽게 할 수 있는 일은 엿장수였다. 고향식으로 엿을 만들어서 10전짜리로 갈래를 지어서 팔게 된 것인데, 그 엿에 인삼을 넣었는지 안 넣었는지 모르지만 고려 인삼엿이라고 하면서 팔게 되었다. 재일在日 우리 동포들 중에는 그 엿을 목판에 담아서 길에다 놓고 심지를 뽑는 내기를 해가면서 팔기도 했다. 그러나 우리 고학생들은 깨끗한 상자에다가 맵시 있게 넣어가지고 보자기에 싸서 들고 다니며, 공장, 학교, 혹은 가정에 들어가서 팔게 마련이었다.

세 친구들은 하루 장사를 하면 일주일 동안은 장사 안 하고도 공부할 수가 있어서, 매주 토요일 하루만을 장사하는 날로 정했다는데 나는 그 상재商才나마 없어서, 그 친구들의 예정대로는 되어본 적이 한 번도 없었다.*

평생의 동지, 김찬과의 첫 만남

당시 일본에는 중국과 조선에서 온 유학생들이 많았다. 조선인 유학생은 1,500명 정도였으며 그 대부분이 도쿄에서 전문학교나 대학에 다녔다. 그들 태반이 고학생이었다. 일본인 고학생도 많고 중국인 유학생 중에도 고학생이 많았지만, 그들은 대개 집에서 보내주는 돈으로 일부를 해결하고 일부만 스스로 벌어서 마련했다. 조선인 고학생들이 가장 빈곤했다. 빈털터리이면서도 악착같이 공부하려고 버티는 학생이 많기 때문이었다.

일본에 온 지 거의 반년이 지난 11월 어느 날, 어머니가 돌아가셨다는 전보가 왔다. 그는 전보를 손에 든 채 엎드려 통곡했다.

유학생들은 부모가 돌아가셔도 귀향하지 못하는 것을 당연히 여겼다. 봉암의 경우처럼 고향이 경기도일 경우 닷새는 족히 걸려야 겨우 도착할 수 있었고 여비를 감당하기도 어려워서였다.

유찬식과 동숙자들은 이런 경우 유학생들이 하는 관례에 따라 숙소에 빈소를 만들고 '先妣江陵劉氏神位'선비강릉유씨신위 지방紙榜을 써 붙였다. 봉암은 거기 술잔을 올리고 "아이고, 아이고!" 곡哭을 하며 친구들의 문상을 받았다.

한 달쯤 뒤, 북방으로 먼 길을 떠났다던 동숙자가 돌아왔다. 세 동숙자들로부터 무수히 많은 이야기를 들은 바 있는 김찬이었다.

"떠나기 전에 찬식이한테서 당신이 올 거라고 들었지. 따뜻한 마음으로

---

*『전집』 제1권, 306쪽.

환영하네."

김찬은 굵은 눈썹을 꿈틀하며 투박한 함경도 억양으로 말하고 이두박근이 탄탄한 팔로 끌어안아 봉암을 포옹했다. 키가 작았으나 체구가 다부지고, 말투와 행동에 산전수전 다 겪은 투사 같은 느낌이 드러났다.

김찬은 메고 온 륙색을 열어 투박한 술병을 하나 꺼냈다.

"너희들한테 주려고 2천 리 먼 곳에서 가져왔지. 로서아 술 보드카라는 거야. 첫 잔은 새 친구에게 줘야지. 더구나 어머니가 돌아가셨다 하니."

봉암은 김찬이 부어주는 투명한 술을 받아마셨다. 술은 벌침처럼 날카롭게 목젖을 쏘고 식도를 타고 넘어갔다. 목구멍과 식도가 불에 활활 타는 느낌을 주는 독한 술이었다.

김찬은 봉암을 포함하여 네 사람의 후배들을 압도하는 카리스마를 갖고 있었다. 게다가 그가 들려주는 파란만장한 노정은 상상을 뛰어넘는 것이었다. 평범한 사람이 아니라는 것을 세 친구에게서 무수히 들어온 터이지만 봉암은 만난 지 한나절도 안 되어 그에게 마음을 송두리째 빼앗겼다.

김찬은 감옥과 유치장에 두 번이나 다녀오고 세상일을 겪을 대로 겪은 조봉암의 마음을 단번에 사로잡았다. 그러나 이 순간 봉암은 김찬이 평생 동지로서 자신의 생애에 가장 큰 영향을 주는 존재가 되리라고는 전혀 예감하지 못했다.

김찬은 1894년생으로 조봉암보다 다섯 살이 많고 본명이 김낙준金洛俊이었다. 함경북도 명천에서 친일단체인 일진회 회원이자 경원慶源과 경성鏡城과 종성鍾城 등지의 군수를 지낸 관료의 아들로 태어났다. 경성의전京城醫專의 전신인 경성의학강습소를 다니다 중퇴하고 도쿄로 와서 메이지明治대학 전문부 법과를 다녔다. 아버지가 군수를 그만둔 뒤 송금이 중단되자 고학의 길로 들어섰다.

메이지대학을 중퇴하고 북간도로 가서 한동안 머물렀으며 다시 도쿄로 와서 공장 노동자 생활을 하면서 착취당하는 노동자계급의 현실을 경험하고 사회주의 운동에 물들게 되었다. 재작년1919 여름방학에 러시아 블라디보스토크로 가서 동포 독립운동가들을 만나고 돌아왔다.

그는 늘 돌아다니며 사람 만나기를 좋아하는 성격을 갖고 있었다. 지난해 1월 도쿄조선인고학생동우회*를 조직한 일도 있었다. 여러 학교를 다니다 그만두었고 지난해부터 주오대학 전문부 정치경제학과 야학부에 적을 두었으나 학업에 전념하지는 않았다. 그러나 자신이 신봉하는 유물사관, 자본론 해설 등 공산주의 경제학 서적을 정독한 사람이었다.

그는 이해 6월에는 일본인 사회주의자 동지인 모기 규헤이茂木久平와 함께 러시아 혁명 현장을 시찰하러 떠났다. 두 사람은 극동 시베리아의 중심 도시 이르쿠츠크에서 코민테른 동양비서부에 출두했다.

코민테른이란 '공산주의 인터내셔널'Communist International의 약칭이었다. 전 세계 노동자들의 국제적 조직으로 '제3인터내셔널'이라고도 불렀다. 레닌의 지도하에 1919년 창립됐으며 각국의 공산당에 지부를 두어 혁명운동을 지도하고 지원하고 있었다.**

김찬은 비록 상대가 초면의 외국인일지라도 마음을 사로잡을 수 있는 호협豪俠한 풍모가 있고 무엇이든지 돌파하는 수완이 좋아서 모기 규헤이와 더불어 코민테른이 열려고 하는 극동민족대회의 일본인 대표 출석문제를 위임받고 돌아온 것이었다. 그러니까 막 싹이 트고 있는 일본 공산주의

* 1920년 1월 김찬·홍승로(洪承魯)·이기동(李起東)·한윤동(韓潤東)·유진걸(柳辰杰)·김약수(金若水)·박열·정태성(鄭泰成)·송봉우(宋奉瑀)·박일병(朴一秉) 등이 도쿄 유학생과 노동자 사회의 상부상조를 목적으로 창립한 단체.
** 제1인터내셔널은 1864년 '국제노동자연합'이라는 이름으로 유럽에서 창립됐으며 통일된 노동운동을 전개했다. 제2인터내셔널은 19세기 마지막 10년부터 제2차 세계대전까지 유럽 노동운동을 이끌어간 사회주의 정당과 노동자의 동맹이었다.

의 핵심 존재로서 인정받고 온 것이었다.

유찬식이, 그동안 봉암이 아나키즘과 사회주의 서적을 탐독했다고 말하자 김찬은 미소를 머금었다.

"어때? 거기 피압박 민족에게 희망을 주는 빛이 보이던가?"

"아직 뭔가 모르지만 아나키즘에 그게 있는 것 같습니다."

봉암은 솔직하게 대답했다.

김찬은 친형처럼 그의 어깨에 손을 얹었다.

"그대가 아나키즘에 빠져드는 건 일본에 대한 저항심과, 3·1운동 실패의 좌절에 따른 돌파구를 찾기 위해서지. 그대가 참가했던 3·1운동은 종래의 민족주의 운동만으로는 우리 민족의 해방이 불가능하다는 교훈을 줬어. 또 하나, 아나키즘이 국가를 넘어서는 유대감을 강조하고, 그 밑에 자기 자신의 고통을 인내하고 남을 위해 희생한다는 인간애를 담고 있기 때문이기도 해. 인간애보다 더 소중한 게 어디 있나? 공산주의를 어떻게 생각하나?"

"인류가 나아갈 이상인 것 같기는 한데 아직 잘 모르겠어요."

김찬은 찬찬한 시선으로 그를 바라보았다.

"내가 차차 알게 해주지. 공산주의는 부르주아지 계급에 대한 단순한 질투나 증오가 아니라 프롤레타리아 계급에 대한 연민과 애정에서 출발한 것이야."

"선배님은 우리 민족이 나아갈 최선의 방편이 마르크스주의라고 생각하시나요?"

김찬은 머리를 끄덕였다.

"일본은 사회주의에서 말하는 타도 대상이야. 후발 자본주의 국가로서 제국주의 열강을 흉내내서, 제놈들 독점자본의 활로를 찾으려고 우리를 침략했어. 그리고 제국주의 열강은 절대로 우리 편에 서지 않아. 오로지 공산주의만이 우리 편이야. 그래서 나는 우리가 선택할 길이 공산주의라고 생각해. 전 세계가 공산주의 사회가 되면 우리한테 저절로 독립의 길이 열릴 거야. 그리고 실제로 지원해 온 것도 그래. 영·불·미 서구 열강은 동전 한 닢 준 적 없고 모스크바 당국만이 우리한테 독립운동 자금을 지원했어. 비록 옆으로 새나갔지만 말이야."

"그랬어요? 얼마나 많은 돈을 지원했는데요?"

"60만 루블이래. 어마어마하게 큰 돈이지. 하지만 제기랄, 그 돈 때문에 분열되고 더 복잡해졌지. 국내에서 만세운동으로 붙잡혀 들어간 사람들이 고문당하고 죽어가는 동안 나라 밖에선 그런 일도 있었지."

김찬은 그렇게 말하고 중국, 조선반도, 일본열도와 러시아가 그려진 지도를 들여다보았다.

"세상은 넓어. 자네도 큰 눈으로 세상을 바라봐야 해."

"네" 하고 대답하면서 봉암은 김찬의 마음이 광대한 대륙에 가 있음을 짐작할 수 있었다. 김찬은 한두 학기쯤 대학을 다니더라도 언제고 다시 떠날 사람 같았다.

김찬의 영향으로 사회주의 사상에 젖어들다

조봉암은 김찬의 등장으로 어머니를 여읜 슬픔을 잊어갔다. 김찬은 봉암을 조선인고학생동우회 모임에 데리고 나갔다. 봉암은 거기서 김판권 1900~?·원종린1898~?·박열1902~74·김약수1892~1964 등을 처음 만났다.

김판권은 지난해 12월 일본 사회주의동맹 창립대회에 유일한 조선인으로 참석했던 인물이다. 원종린은 사상단체인 신인연맹新人聯盟을 이끌고 있었으며, 박열과 김약수는 오스기 사카에*, 이와사 사쿠타로岩佐作太郎 등

---

* 오스기 사카에(大杉榮, 1885-1923): 나고야(名古屋) 육군유년학교 중퇴, 도쿄외

과 교유하며 아나키즘 운동을 전개하고 있었다.

봉암은 자신과 비슷한 세계관을 가졌고 독서 폭이 넓고 토론에 강하다는 공통점을 가진 그들과 동지로서 금방 의기투합했다.

한 허름한 술집에서 벌어진 모임에서 과학자 다윈의 진화론과 아나키스트인 크로포트킨의 상호부조론相互扶助論에 대한 토론을 벌였다.

"다윈의 진화론은 사회발전론에도 영향을 주었지요. 그 결과 강한 민족이 열등한 민족을 지배하는 걸 자연의 법칙처럼 여기게 됐지요. 이걸 우리 조국의 문제와 어떻게 연결할 수 있을까요? 오늘 처음 오신 조봉암 형이 말씀해보시지요."

멤버들 중 매우 총명한 인상을 주는 김약수가 이렇게 말하며 봉암에게 다음 발언을 요청했다.

봉암은 주저하지 않았다. 책에서 읽은 내용을 정리하면 될 것이었다.

"제국주의자들은 다윈의 생존경쟁 이론을 식민지 지배의 명분으로 사용했어요. 그런데 크로포트킨은 인류가 진화한 원인을 상호부조 때문이라고 본 거지요. 이 이론을 우리 조선의 해방을 위한 방안으로 발전시켜야 합니다. 크로포트킨의 상호부조론은 사회다윈주의 때문에 조선인 인텔리겐치아들이 갖고 있는 열패감을 극복할 수 있는 이론으로 발전시킬 수 있습니다."

멤버들은 그의 발언에 찬사를 아끼지 않았다. 그는 자연스럽게 민족주의가 아닌 새로운 방안으로 조국의 해방과 독립을 불러와야 한다고 믿는 이들 진보적 청년인텔리겐치아들 속에 끼어들며 중요한 논객으로 자리 잡

국어학교 프랑스어과에서 아나키스트들과 사귀며 사회주의자가 되고 여러 차례 투옥되었다. 사회주의 진영의 논객으로 활동, 조선인 유학생들의 흑도회 창립을 지도했다. 1923년 간토(關東)대지진 때 헌병대위 아마카스 마사히코(甘粕正彦)에게 살해되었다.

게 되었다.

어느 날, 김약수가 자신이 본명인 김두전金枓全을 버리고 가명을 본명처럼 사용하게 된 경위를 말했다.

"지금 의열단을 이끌며 일본 놈들 간담을 서늘하게 하고 있는 김원봉金元鳳과 이명건李明鍵하고 중국 남경南京의 금릉金綾대학에 같이 유학했지요."

"아, 그랬어요?" 하고 봉암은 눈을 크게 떴다. 김원봉은 스무 살 어린 나이에 13명의 동지들과 함께 의열단을 조직해 암살 파괴공작을 감행해 명성을 떨치고 있었다. 폭탄을 국내로 들여가다 발각되어 실패했는데도 의열단원들은 기어이 부산경찰서, 밀양경찰서, 조선총독부를 폭파했던 것이다.

"김원봉과 이명건이 나보다 나이가 훨씬 어리지만 나는 두 녀석을 평생 동지로 여겼어요. 우리는 그때 왜놈 경찰이나 밀정 놈들에게 혼란을 주게 가명을 만들자고 합의했지요. 같을 약若 자를 돌림자로 쓰기로 했는데 나는 물과 같다는 뜻으로 약수로 하고, 김원봉은 산과 같다는 뜻으로 약산若山으로 하고, 이명건이는 별과 같다는 뜻으로 하되 작명이 사주와 안 맞아서 같을 여如 자를 넣어 여성如星이라 했지요."

봉암이 그것 참 좋은 발상이었다고 말하며 고개를 끄덕이는데 김찬이 한 마디 했다.

"봉암이, 너도 가명을 하나 만들어. 혁명운동을 하려면 그래야 돼. 나도 그러고 있잖아."

그러고 보니 김찬도 본명이 김낙준이었다. 돌아보니 다른 멤버들도 동의한다는 눈빛을 하고 있었다.

"나는 성姓을 조 씨보다 흔한 박 씨로 바꾸고 '마지막 남은 탄환'이라는 뜻으로 박철환朴鐵丸이 좋겠어요."

그것은 김약수의 발언에서 따온 것이었다. 김약수는 며칠 전 토론에서 "우리들은 이미 조국 해방을 위한 전선에 나선 전사입니다. 탄환이 한 발밖에 없다고 해서 안 쏠 수는 없습니다. 이제 우리들은 그 한 발을 쏘아야 합니다"라고 말했던 것이다. 비록 마지막 총탄이 남았을지라도 투쟁한다는 것을 상징하는 의미였다.*

김약수가 재빨리 알아차리고 웃으며 머리를 끄덕였다.

이날부터 봉암은 동지들에게 박철환이라는 가명으로 불리기 시작했다.

11월 29일 저녁, 그는 김약수를 따라 이와사 사쿠타로의 집에 갔다. 이와사 사쿠타로는 1879년생으로 법학원法學院대학을 졸업하고 미국에 유학하던 중 천황의 생일인 천장절天長節에 천황에게 보내는 공개장을 통해 천황제 이데올로기에 대한 저항을 감행한 인물이었다. 당국의 집중적인 감시를 받으며 조용히 움직이다가 두 해 전부터 아나키즘 운동에 뛰어들어 있었다.

그를 포함한 고학생동우회 멤버 20여 명은 만국 공통어인 에스페란토어 공부를 명분으로 내걸고 모임을 열면서 조선인 아나키스트 단체인 흑도회黑濤會를 조직했다.**

그러나 흑도회는 오래가지 못했다. 아나키즘을 주장하는 그룹과 반정부주의적 공산주의를 주장하는 그룹이 융화되지 못하고 분열한 것이었다. 비록 단체는 해산했으나 봉암의 세계관은 커지고 교유의 폭도 넓어졌다.

이해 말 봉암은 입학시험을 치르고 주오대학 전문부 정치경제과에 입학했다. 주오대학을 선택한 이유는 단순했다. 김찬이 적을 두고 있는 대학인데다 이와사 사쿠타로가 다닌 도쿄법학원대학의 후신이기 때문이었다. 이

---

* 조봉암은 한자 훈(訓)을 바꿔 '朴哲煥'으로도 쓰고, 박철한(朴鐵漢), 정환균(鄭桓均), 김준(金駿) 등의 가명도 썼다.

** 김판권(金判權)·권희국(權熙國)·원종린(元鍾麟)·김약수·박열·박택용(朴澤龍)·김사국(金思國)·정태성(鄭泰成)·장귀수(張貴壽)·조봉암 등이 조직원이었다(김준엽·김창순, 『한국공산주의운동사』[청계연구소 1987] 제2권, 31쪽).

박열은 죽산과 더불어
도쿄 유학시절 최초의 한국인
사회주의 그룹인 흑도회를 결성했다.
가네코 후미코, 『무엇이 나를 이렇게
만들었는가』에서 인용.

대학은 도쿄 시내 간다구神田区에 있었다. 대학과정은 5년제이지만 그가
들어간 곳은 3년제 전문학교 과정이었다.

그는 엿장수를 하여 학비를 벌며 1분 1초를 아껴 공부했다. 대학수업료
가 워낙 비싸서 한 학기 학비가 군청 고원 노릇을 하며 받았던 1년치 월급
과 비슷했다. 식료품과 방세도 비싸서 다섯 명이 6조 다다미방에서 칼잠
을 자며 먹는 것을 줄여도 늘 돈이 부족했다.*

어느 날 김찬이 책 한 권을 건네주었다. 니콜라이 이바노비치 부하린이
쓴 『공산주의의 ABC』라는 책의 일본어판이었다. 그리고 책 속에는 등사
판으로 인쇄한 「사회주의란 무엇인가」라는 제목의 자료가 있었다.

"부하린은 철학자이면서 선동가이며 화가야. 공산당 기관지 『프라우다』
의 편집장을 거친 인물이기도 하지. 소박하고 선량한 성격을 가진 휴머니

---

* 당시 주오대학과 같은 수준의 도쿄 게이오의숙(慶應義塾) 문과계 1년 수업료는
100원, 와세다대(早稻田大)는 110원이었고, 쌀 한 말 값이 3원 4전이었다(『値段
史年表 明治・大正・昭和 週刊朝日編』[朝日新聞社, 1987]).

스트이기도 해. 한때는 시베리아 유형도 다녀왔고 독일과 미국에 망명하기도 했지. 레닌과 논쟁한 일이 유명한데 지금은 크게 신임을 받아 레닌 정권의 실력자로서 코민테른 책임자 자리에 있어.『공산주의 ABC』는 어려운 공산주의 경제이론을 쉽게 풀어놓은 거고 등사판 「사회주의란 무엇인가」는 미국인들을 상대로 쓴 건데 최근에 번역돼 나왔어."

봉암은 등사판 자료부터 읽었다. 사회주의는 사회적 생산을 우선시하고, 모든 생산수단을 사회적으로 소유하며, 사람들 사이의 불평등을 폐지하고 계급을 철폐하는 것에 목표를 두는 이념이라고 설명하고 있었다. 이해하기 쉬운 문장으로 구체적 예를 들어 설명한 좋은 자료였다.

『공산주의 ABC』도 그랬다. 봉암은 그 책을 손에 잡는 순간 식사도 거르고 끝까지 읽어나갔다. 철학과 경제학 이론을 바닥에 깔고 있는 딱딱한 공산주의 이론을 알기 쉽게 풀어놓은 책이었다.

그 책을 통해 공산주의 이론의 기초를 다진 뒤에는 김찬이 추천하는 전문적인 사상서들을 독파해나갔다. 처음 읽은 것은 마르크스와 엥겔스의 『공산당 선언』으로, 마르크스와 엥겔스가 각각 30세와 28세이던 1847년 겨울에 '공산주의자동맹'의 이론적 실천강령으로 쓴 글이었다. 30~40쪽짜리 짧은 책이지만 마르크스주의를 쉬운 말로 압축해 담고 있었다.

그 책에 대한 독후감을 김찬이 물었을 때 그는 이렇게 대답했다.

"자본가 계급이 100년도 안 되는 기간에, 과거의 모든 세대들을 합친 것보다 더 많고 더 거대한 생산력들을 창조했으면서도 왜 멸망할 수밖에 없는지 금방 알 수 있었어요."

김찬은 만족스러운 듯 그의 어깨를 토닥거렸다.

"제대로 읽고 있군."

봉암은 그 후 레닌의 『국가와 혁명』과 『사회발전사』 등을 정독하는 일을 반복해나갔다. 그러면서 서서히 낭만적 이상주의 색채가 짙은 아나키

주오대학 옛 정문인 백문. 1921년 말 죽산은 주오대학
전문부 정치경제학과에 입학했다. 엿장수 고학을 했으며 아나키즘과
공산주의 서적을 많이 읽었다. 일본 주오대학 홈페이지.

즘을 버리고 공산주의 쪽으로 돌아섰다.

곧 겨울방학이 왔다. 봉암은 사회주의 서적 외에 일반적인 철학서와 역
사 서적 읽기에도 열중하며 토론회에 나갔다.

김찬과 그의 동지들은 빠른 독해력과 토론력을 가진 봉암이 사회주의
이상을 조국의 대중에게 설득하는 전위가 될 중요한 인물이 될 것으로 판
단하고 소중히 대했다. 독서와 토론의 깊이와 폭은 더 넓어졌고 봉암은 점
차 탁월한 진보 논객으로 변해갔다.

"조국의 현실 속으로 뛰어들 때가 됐어!"

1922년 봄이 오고 새 학기가 다가왔다. 24세의 대학생 조봉암은 엿장
수로 돈 벌기와 대학공부, 사회주의 서적 독서, 그리고 동지들과 토론으로

이어지는 일상에 익숙해졌다. 당시 대학생들은 교복을 입었다. 봉암은 '중앙'中央이라는 금속 모표가 달린 검정색 모직 4각 교모를 삐딱하게 쓰고 학교를 오가는 전차에서 책을 읽었다.

어느 날 그는 학교 강의실로 찾아온 손님을 보고 눈을 휘둥그렇게 떴다. 강화 잠두교회의 김광국 목사였다.

"목사님이 어쩐 일입니까? 꿈인지 생시인지 한번 제 팔을 꼬집어봐야겠습니다."

김 목사는 싱글벙글 웃었다.

"넬모레가 나이 마흔이지만 나도 공부하러 왔지."

마침 점심때였으므로 봉암은 김 목사를 대학 뒤 우동집으로 데리고 갔다. 김 목사는 도쿄의 기독교계 대학인 아오야마가쿠인靑山學院대학에 신학을 공부하러 왔다고 했다. 그가 참석하지 못한 어머니 장례를 비롯한 가족소식, 고향과 교회소식을 들려주었다.

"자네 아우 용암이는 인천 엡윗청년회 박남칠 군하고 동숙하며 신문배달로 돈을 벌어 기독청년회관 중학부에 다니고 있지. 한 번은 박남칠 군이 강화에 따라왔는데 내가 박 군 아버님 박삼홍 선생도 잘 아는 사이라 반가웠지. 그리고 참, 용암이는 고학하는 처지에 틈틈이 정구庭球를 배워 선수처럼 잘한다네. 강화에 정구를 보급하려 애쓰고 있지. 보통학교에 정구장을 만들었고, 또 엡윗청년회 일도 열심히 하고 있어."

"아, 그렇습니까. 어려서부터 운동 능력은 타고난 녀석이에요."

웃으며 미소를 짓던 김 목사 표정이 진지해졌다.

"하도 간곡히 부탁해서 가져왔네. 김이옥 양 편지야."

김 목사는 양복 안주머니에서 수첩을 꺼내 거기 끼워둔 편지를 뽑아 건넸다.

"이화학당에 잘 다니고 있지. 내가 떠나기 며칠 전, 그러니까 3월 20일이던가, 합일학교 교실을 빌려 3년 만에 다시 여자야학을 열었네."*

봉암은 가슴 뭉클한 그리움을 억누르며 그것을 받아 읽었다.

    그리운 봉암 오빠에게

    망설이다가 김 목사님 떠나기 직전에야 결심하고 급히 몇 자 적습니다. 동경에서 고학하는 일이 몹시 힘들다는데 잘 지내시는지요. 몇 달 준비해서 주오대학에 입학하신 소식을 듣고 봉암 오빠니까 그럴 수 있다고 생각했고 눈물이 났습니다.

    저는 잘 있습니다. 이화학당 대학부 예과에 적을 두고 있습니다. 지난 방학에 강화에서 여자야학을 열었습니다. 3년 전에는 혼자 하려 한데다가 방학 때만 열어 지속성이 없었지만 이제는 다음 학기 휴학을 하더라도 계속하려 합니다.

    부디 건강에 유념하시며 학업을 마치시고 하시고자 하는 거룩한 일을 하실 수 있기를 매일 기도하겠습니다. 부디 안녕히.

    3월 25일 이옥 올림

"아, 잘했군요. 고향에서 아이들을 가르치는 게 꿈이라고 했어요."

봉암이 젖어오는 눈을 감추지 못해 손수건을 꺼내 닦았다.

"내가 무사 도착을 알리는 편지를 교회로 보낼 건데, 자네 답장도 동봉할 수 있네."

봉암은 고개를 저었다.

"돌아가신 김인배 씨와 생전에 약속한 바 있어 그러지 못합니다. 그냥

---

* 김광국 목사 유학은 『동아일보』 1922년 3월 30일자에, 김이옥의 3월 20일 개설 야학 소식은 같은 신문 4월 13일자에 실렸다.

조봉암도 잘 있다고 쓰시면 저절로 알게 되겠지요."

김 목사는 그의 마음을 알겠다는 듯이 머리를 끄덕였다.

유학생활이 본격화된 1922년 1학기를 봉암은 유감없이 알차게 보냈다. 늘 배가 고팠고 옷이라고는 대학의 교복 한 벌뿐이었지만 깊어지는 지식 때문에 정신적으로는 배가 불렀다. 이렇게 공부하는 것이 꿈만 같았다. 고향 강화 섬에서 군청 사환과 고원 노릇을 하고 우물 안 개구리처럼 살았던 세월이 꿈속의 일처럼 느껴졌다.

그러나 그런 행복한 시간은 더 이상 허여되지 않았다. 초여름에 김찬이 조국 해방투쟁의 실천적 참여를 선언했던 것이다.

"3·1운동 이후 국내 지식층은 급격히 사회주의로 기울고 있어. 우리의 공부가 충분한 건 아니지만 더 기다릴 수가 없어. 이제 조국의 현실 속으로 뛰어들 때가 됐어! 또 지금 레닌 정부로부터 대표성을 인정받기 위해 해외의 두 한인 공산당 그룹 이르쿠츠크파와 상하이파가 피 터지는 싸움을 하고 있어."

러시아 혁명이 성공하자 1918년 1월 시베리아 이르쿠츠크에서 러시아 국적을 가진 남만춘南滿春·김철훈金哲勳·오하묵吳夏黙 등이 공산당 한인지부를 만들었다. 이들이 이른바 이르쿠츠크파 고려공산당이다. 몇 달 뒤인 1918년 6월 이동휘 등 강제합방 전후 망명한 지사들이 동시베리아 하바로프스크에서 한인사회당을 조직했다. 이동휘가 임시정부 초대 총리가 되어 중국 상하이로 가자 중심멤버들도 이동했다. 이들은 상하이파 고려공산당으로 불렸다.

두 파는 청산리 대첩 후 연해주로 이동한 독립군단의 행로를 놓고 다퉈 결국 독립군단이 궤멸당하는 자유시참변을 초래했다. 그리고 레닌이 지원한 40만 루블을 놓고 격렬하게 대립했다.

김찬은 그런 상황을 설명하고 덧붙였다.

"나는 두 그룹을 파악하고 코민테른국제공산당하고 손잡는 일을 맡을 테니까 자네들은 귀국해서 국내 상황을 장악하도록 해."

조봉암을 비롯한 후배들은 김찬의 제안에 동의하여 유학 중단과 현실참여에 합의했다. 김찬은 만주로 떠났다. 마침 여름방학인지라 조봉암과 동지들도 속속 귀국길에 올랐다.

국내 공산주의자들과의 만남

1922년 8월 하순, 조봉암은 고국 땅을 밟았다. 지난해 7월 초순에 일본행에 올랐으니 꼭 1년간 유학생활을 한 셈이었다. 세이소쿠영어학교 4개월, 그리고 주오대학 8개월. 유학으로서는 짧은 기간이었다. 그러나 워낙 정신없이 바쁘게 보낸 터라 10년이 지난 것처럼 길게 느껴졌다.

부산에 도착해 열차를 탔다. 그는 차창 밖으로 스쳐 지나가는 풍경을 바라보았다. 숲이 무성한 일본과 달리 헐벗어 붉은 모습을 드러내는 야산들, 그리고 열차가 마을 곁을 달릴 때마다 보이는 조그만 초가지붕과 흰옷을 입은 사람들, 신발도 신지 못해 맨발로 서서 손을 흔드는 가난한 아이들. 이것이 사랑하는 내 조국이지. 지난 1년은 조국의 해방을 위해 나의 힘과 정신을 예비하는 시간이었어. 봉암은 가슴 뭉클한 감회에 젖어들었다.

문득 유찬식이 홍순복·이성구와 함께 이별주를 권하며 한 말이 떠올랐다.

"너는 열두 살 어린 나이에 내가 주목했던 유일한 친구지. 내가 너를 일본으로 부른 건 참 잘한 일이었어. 너는 지난 1년간 네가 가진 능력의 한계를 뛰어넘어 공부에 열중했고 웬만한 유학생들이 2~3년 걸려야 얻을 수 있는 지성을 획득했으니까."

홍순복과 이성구도 비슷한 말을 했다.

"너는 참 대단했어. 경성고보를 나온 나도 학비 벌고 공부하느라 쩔쩔

맺는데 넌 초인적인 노력으로 그걸 넘어섰어."

"내 생각도 그래. 부디 좁은 자취방에서 칼잠을 자던 우정을 잊지 말자."

봉암은 세 친구를 하나씩 포옹했다.

"너희들을 영원히 잊지 않을 거야."

경성에 도착한 봉암은 고향 강화로 가지 않았다. 곧장 종로로 가서 YMCA 회관에 사람을 보내 회관 건너편 종각 뒤편으로 아우 용암을 불러냈다.

"형!" 용암은 달려와 그의 팔을 잡고 매달렸다.

"한 시간 전에 경성에 도착했다. 잘 있었냐?"

그는 눈물이 글썽해지는 아우의 어깨를 다독거렸다.

용암은 박남칠과 셋방에서 자취를 했으나 금년 봄 남칠이 졸업한 뒤 혼자 더 작고 허름한 셋방을 얻어 신문배달을 하며 공부한다고 했다.

형제는 그 방으로 갔다. 책상 하나에 겨우 두 사람이 누울 수 있는 쪽방이었다.

"집주인에게는 강화에서 사촌형이 왔다고 해라!"

그는 아우에게 그렇게 말하고 자신이 유학 전 두 차례 구속된 전력이 있는데다 아나키즘과 공산주의운동을 한 터라 조심할 필요가 있다고 말했다.

"형이 그런 공부, 그런 활동을 했군요. 나도 그쪽에 관심이 있어요."

아우의 말을 듣고 봉암은 고개를 저었다.

"우리집에서 독립운동은 나 하나면 됐다. 너는 쉽게 사는 길을 찾아라."

그는 셋방 벽에 걸린 정구 라켓을 발견하고 다시 말했다.

"정구는 많이 늘었느냐?"

"잘 친다는 말은 듣지만 겨우 1년 배운 걸요."

"엡윗청년회는 어떠냐?"

아우는 대답 대신 불쑥 책갈피에서 신문 스크랩을 꺼내 내밀었다. 김이옥의 야학과 강연, 그리고 용암의 토론 기사들이었다. 그 첫 번째 것은 김 광국 목사로부터 일본에서 들은 소식이었다.

강화엡윗여자청년야학회는 3년 전에 설립하여 오현명吳賢明 · 김이옥金以 玉 양이 열심 교수敎授하였던바 그간 부득이한 사정으로 인하여 중지한 지 가 거의 1년이 되매 이를 유감으로 생각하여 김이옥 양은 다시 당지當地 합 일학교의 교실 일부를 빌려 지난달 20일에 개학하고 매주 3일간 오후 7시부 터 10시까지 열심 교수하는바 교수과목은 조한문朝漢文 · 산술算術 · 아동심 리학 등이요, 현재 회원이 40여 명이라 하며 매일 입회 지원자가 늘고 있다 한다.(강화)*

봉암은 아우의 셋방에 짐을 풀고 국내 공산주의자들을 만났다. 경성의 공산주의자들은 민족주의와 사회주의의 구별이 애매한 상태였고 조직도 어수선했다. 그러나 상황은 급박했다. 조선청년연합회에서 주도적인 역할 을 하던 서울청년회 그룹이 탈퇴하면서 계파끼리 대립하고 있었고, 코민 테른이 두 개의 해외 한인 공산당 그룹 중 어느 편 손을 들어줄 것인가, 국 내파들은 어느 편을 지지해야 하느냐, 상하이 국민대표회의 결렬에 실망 한 코민테른이 소비에트 연방 영토 내에서 연합대회를 열어준다고 하는데 국내파도 초청되느냐, 하는 것 때문에 촉각을 곤두세우고 있었다.

봉암은 김사국1892~1926 · 이영李英, 1889~? 등이 이끄는 서울청년회 그 룹과 김한金翰, 1888~? · 원우관元友觀, 1888~? 등이 이끄는 무산자동맹이 함

---

*『동아일보』, 1922년 4월 13일자. 이 신문은 김이옥의 야학과 계몽강연 활동을 같 은 해 5월 4일, 5월 22일, 12월 1일자에도 실었다. 조용암의 강연 관련 단신도 동 년 4월 24일과 6월 4일자에 실었다.

께 모이는 자리에 처음으로 참석해 인사를 했다. 모두가 일곱 살에서 열 살 이상 나이가 많은 쟁쟁한 선배들이었다. 양쪽이 모두 그를 환영했지만 김 찬과 친한 무산자동맹이 그를 더 반겼다.

김사국은 봉암과 함께 흑도회 조직에 참여했던 사람이라 구면이었다. 봉암보다 일곱 살 위였다. 충남 연산 출생으로 금강산 유점사에서 한학을 공부하고 보성학교에 다녔다. 1910년부터 만주와 러시아에서 독립운동을 했고, 1919년 국민대회 사건으로 구속된 바 있었다. 1921년 서울청년회 조직에 참여했으며 조선청년연합회 집행위원을 지냈다. 일본으로 건너가 활동하며 흑도회 조직에 참여했는데 봉암보다 한발 앞서 귀국해 있었다.

그는 봉암을 만나자마자 두 팔을 크게 벌려 끌어안았다.

"박철환 동지를 여기서 다시 만나는군. 우리가 일본 땅에서 만들었던 흑 도회는 단명하고 말았지만 동지로서의 정리는 잊지 맙시다."

봉암은 일본에서나 국내에서나 가명을 쓰는지라 김사국도 가명을 부른 것이었다.

봉암은 그를 힘차게 끌어안고 등을 두드렸다.

"물론입니다, 김 선배님. 저는 김 선배님과의 인연을 소중하게 생각하고 있었습니다."

이영은 초면이었다. 1889년 함남 북청 출생으로 경성에서 오성학교를 마친 뒤 중국 난징에서 공부하다가 신흥무관학교를 나왔으며 그 뒤 만주 에서 교사를 지내다 경성으로 와서 1921년 1월 서울청년회에 참여한 사 람이었다.

이영은 "반갑슴둥" 하고 함경도 사투리로 무뚝뚝하게 말하며 악수를 청 했다. 봉암은 큰절을 하듯 무릎을 꿇고 엎드리며 그의 손을 잡았다. 손에 서 따뜻한 마음이 느껴지는 사람이었다.

"선배님이 우리 민족의 자존심인 신흥무관학교 출신이라 들었습니다.

잘 부탁드립니다."

"내가 후배님에게 잘 부탁드려요."

이영은 그의 등을 토닥거렸다.

김한도 나이가 많고 경력도 화려했다. 김사국이 투사형인 데 비해 그는 책사형策士型이었다. 경성 출신으로 대한제국의 통신원과 탁지부 주사를 지냈으며 1905년부터 일본 호세이法政대학에서 공부했다. 1912년부터 중국 상하이, 톈진天津, 펑톈奉天 등지에서 반일운동에 참가했으며, 1919년에는 대한민국임시정부에 참여하여 사법부장을 지낸 사람이었다.[*]

"반갑소, 박철환 동지. 나는 박 동지가 공산주의 이론에 해박하고 친화력을 가진 분이라고 들었소. 장차 큰일을 해줄 것으로 기대하오."

대선배인 김한이 그렇게 말하는 순간 봉암은 아까처럼 무릎을 꿇고 엎드리며 그의 손을 잡았다.

"과찬의 말씀이십니다. 존함은 익히 들어왔습니다. 잘 부탁합니다."

원우관도 1888년생이었다. 함남 함흥 출신으로 경성고보 부속 교원양성소를 나와 교사를 했으며 일본에서 와세다 대학 상과를 다녔다. 3·1만세운동을 전후하여 중국 상하이로 가서 임시정부의 법무부 차장을 지냈다.

"반갑소. 나는 김찬을 탁월한 논객이라 여겨왔는데 김찬이 박 동지를 자기를 넘어서는 논객이라고 칭찬했다는 말을 들었소. 기대가 크오."

원우관이 미소 지으며 말했다.

"과찬의 말씀에 부끄럽습니다. 김찬 형은 저에게 많은 것을 가르쳐주신 분입니다. 잘 부탁합니다."

봉암은 원우관이 김찬에게도 함경도의 대선배가 되는지라 한껏 몸을 낮췄다.

---

[*] 강만길·성대경, 『한국사회주의인명사전』(창작과비평사, 1996), 147쪽.

수인사가 모두 끝났을 때 김사국은 물론 초면의 선배 세 사람은 그의 공손한 태도 때문인지 흐뭇한 표정을 하고 있었다. 봉암은 속으로, 이만하면 이 사람들에게 호감을 주는 데 성공했다고 생각했다.

그러나 긴장은 풀지 않았다. 그들이 논리와 지성을 시험하려고 들 것이라는 예감 때문이었다. 왜냐하면 숱한 일들을 겪은 이들 30대 투사들이 막 시작되려고 하는 국내 공산당 활동에서 자기 계파가 주도권을 잡는 것에, 그리고 각자 자신이 중심 리더로 자리 잡는 것에 혼신의 노력을 다할 것이기 때문이었다.

국내 공산주의 이론가로 급부상하다

이날 참석자들은 레닌이 2차로 보낸 자금 중 국내로 들여온 8만 루블을 장덕수와 최팔용이 엉뚱하게 사용한 것을 '위공산당사건'偽共産黨事件이라 부르고 그것을 규탄하며 목소리를 합하고 있었다.

김한이 봉암에게 의견을 물었다.

봉암은 침착하게 발언했다.

"이 사건은 이 이상 확대시키지 말고 대중적 선전과 대중조직에 힘을 쏟아야 합니다. 사건을 더 확대시키면 왜놈들을 기쁘게 하고 민족적인 손실이 올 것이고 또 그대로 흐지부지 내버려두면 지금까지 싸워오던 동지들의 투쟁의식을 상실케 할 것입니다."

김한이 다시 말했다.

"우리가 그렇게 공산주의를 대중조직으로 밀고나가려면 공산주의의 우위성에 대한 논리를 앞세울 뿐만 아니라 그 구체적 증거를 설명해야지요. 혁명에 성공한 소련의 레닌이 우리 측에 자꾸 거금을 보내는 건 억압받는 식민지 종속국을 해방시키려는 강한 의지의 표현이지요. 레닌의 어록에 그것과 관련된 말이 있는데 박철환 동지는 알고 있소?"

조봉암은 대단한 관록을 가진 김한이 자신의 지식을 시험하려 한다는 것을 알아차렸다. 그는 일본에서 읽은 수많은 책들의 내용을 더듬었다.

"그건 3·1만세운동 나던 해 열린 제2회 전 러시아대회에서 '동방 제 민족의 공산주의 조직을 어떻게 할 것인가'에서 언급한 말 중에 있습니다. '사회주의 혁명은 국내적인 혁명으로 한정되는 것이 아니라 제국주의에게 억압받고 있는 모든 식민지, 모든 종속국이 세계제국주의에 대해 감행하는 투쟁이 될 것이다. 우리는 그것을 도울 것이다.' 아마 그런 표현일 겁니다. 레닌의 지원금은 그런 의미로 받아들여야 합니다."

그러자 원우관이 나섰다.

"박철환 동지는 역시 이론에 해박하군. 나도 하나 묻겠소. 엥겔스가 『가족 국가 사유재산의 기원』에서 문명과 계급에 대해 말한 내용이 궁금한데 말해줄 수 있소? 기분 나빠 하지 마시오. 우리는 박 동지를 매우 탁월한 이론가로 환영하고 있고 모두 기뻐하고 있소이다."

봉암은 웃으며 고개를 저어 보였다.

"괜찮습니다. 여러 선배님들 마음을 압니다. 엥겔스는 그 책에서 이렇게 말했습니다. '문명은 한쪽 계급에만 모든 권력을 부여하고 다른 한쪽 계급에는 모든 의무를 부과했다. 그 결과 양자의 구별과 대립은 아무리 우둔한 자라도 분명히 알 수 있다. 그런데도 지배계급은 그렇지 않다고 말한다. 지배계급에 이로운 것은 온 사회를 위해서도 좋은 것이라고 말한다. 지배계급은 전 사회를 자기와 동일시한다.' 아마 그런 내용일 것입니다."

"훌륭하오, 박철환 동지!"

원우관은 큰 소리가 나게 박수를 쳤다.

다른 참석자들도 박수를 쳤다. 예고 없이 물어본 질문에 이 정도 대답한다면 할 말이 없다는 듯한 표정이었다.

봉암은 몇 차례 더 양쪽의 비밀모임과 토론에 참가하여 자기 생각을 말했다. 그는 공산주의 이론에 거의 통달해 있었으며 탁월하게 논리를 펼쳐 사람들의 마음을 사로잡는 능력이 있었다.

봉암은 김찬이 야심차게 키워놓은 논객이었다. 김찬이 기대한 대로 봉암은 귀국하자마자 국내 공산주의자들을 대표하는 이론가 중 하나로 떠올랐다. 그리하여 마침내 10월 소비에트 연방 부리야트 몽골자치공화국의 수도인 베르흐네우딘스크에서 열리는 한인 공산주의자 통합을 위한 연합대회에 갈 국내대표로 지명되었다. 함께 참석하는 사람은 윤자영尹滋瑛, 1894~?과 정재달鄭在達, 1895~?과 정태신鄭泰信, 1892~1923이었다.

서울청년회 쪽에서 뽑힌 윤자영은 조봉암보다 다섯 살이 위였다. 경북 청송 출신으로 경성법학전문학교 재학 중 3·1운동에 참가하고 체포되어 징역 1년을 선고받고 서대문감옥에서 복역한 적이 있었다. 그는 봉암을 처음 만났을 때 서대문감옥 동기라고 하면서 곧장 동지라고 부르기 시작했다.

무산자동맹 쪽의 대표인 정재달은 봉암보다 네 살 위였다. 충청북도 진천 출신으로 3·1운동에 참가하고 일본으로 건너가 고학을 하며 니혼日本대학을 다녔다. 봉암은 흑도회가 조직될 무렵 잠깐 수인사를 나눈 적이 있었다. 역시 봉암을 소중한 동지로 여기고 있었다.

봉암은 출발하기 위해 짐을 꾸리며 감회에 젖었다.

'두 해 전만 해도 강화 촌놈이었던 내가 조선을 대표하여 국제회의에 참석하다니.'

저녁에 숙소에서 아우 용암에게 말했다.

"나는 내일 중요한 임무를 갖고 먼 길을 떠난다. 여비는 주최하는 곳에서 대준다. 그리 알아라."

"어디로 가시는지는 알아야지요. 큰형에게도 말하지 않고, 목숨 걸고 비밀을 지킬게요."

용암이 간곡한 얼굴로 말했다.

"지금 두 개의 한인 공산당이 알력하고 있다는 걸 아느냐?"

"네, 상하이파와 이르쿠츠크파가 서로 소비에트의 신임을 얻으려고 헐뜯고 있지요. 그래서 자유시사변이 일어났고 두 달 전 상하이에서 열린 국민대표회의*도 깨져버렸지요."

"제대로 아는구나. 두 파가 코민테른의 명령으로 소비에트 영토 안에서 연합대회를 여는데 내가 국내 대표로 지명됐다."

"알았어요, 형. 거기까지만 알고 있을게요."

형제는 대화를 끝내고 서로 끌어안고 잤다.

다음 날, 조봉암은 장사꾼 차림을 하고 북방으로 가는 먼 여정에 올랐다. 베르흐네우딘스크는 몽골 족이 사는 시베리아 지역으로 소비에트 연방에 들어 있는 고비사막의 고원이었다.

그곳을 회의장소로 결정한 것은 안전 때문이라고 했다. 당시 러시아에는 볼셰비키 혁명을 방해하려고 영국·미국·이탈리아·일본 등으로 구성된 국제간섭군이 출병해 극동의 블라디보스토크에서 시베리아 철도를 따라 북진, 서진해서 옴스크까지 진출해 있었다. 소비에트 정부는 치타에 완충지대를 만들어 국제간섭군과의 절충사무를 보게 했다. 그래서 치타 바로 위에 있고 옴스크 아래에 있는 베르흐네우딘스크가 안전하다는 것이었다. 그러나 치타 주변에서 끊임없이 접전이 일어나고 있어 완전한 안전이 보장된 곳은 아니었다.

---

* 국민대표회의: 1923년 대한민국임시정부를 개편하고 독립운동의 방략을 논의하기 위해 70여 개 단체, 100여 명이 중국 상하이에서 개최한 모임. 임정을 개조하자는 개조파와 해체하고 다시 만들자는 창조파로 갈려 결렬되었다.

5 공산당의 심장부 모스크바에 가다

러시아 국경을 넘는 국제열차

1922년 10월, 조봉암은 경의선 열차를 타고 급히 경성을 떠났다. 한 달 안에 시베리아의 도시 베르흐네우딘스크까지 가야 하는데 워낙 먼 길인데다 국내파 대표로 뽑힌 정재달과 정태신과 셋이서 동행하지 않고 각자 출발하기로 한 터라 위험을 감수해야 했다.

그는 1년 동안 다녔던 주오대학 교복을 입고 압록강으로 가는 경의선 열차를 탔다. 여비로 받은 돈과 소비에트 국경을 통과할 때 관헌에게 보이기 위한 신임장을 갖고 있었다. 여비는 레닌의 2차 지원금 중 조선 땅으로 들어온 일부였다. 신임장은 백지 상태였는데 특수 잉크로 기록되어 필요한 때 열을 가하면 글자가 나타나게 돼 있었다. 그는 그것들을 통가죽 허리띠 속에 감추고 있었다.

경의선 열차를 탄 그는 승객들을 살펴보았다. 세 살쯤 된 어린애를 데리고 있는 젊은 일본 여인이 눈에 띄었고 앞자리가 마침 비어 있었다. 조봉암은 천천히 그쪽으로 걸어갔다. 그리고 빈자리에 앉으며 아이와 여인을 바라보았다.

"아이가 매우 총명해 보입니다."

그는 유창한 일본어로 말했다.

스물두어 살로 보이는 젊은 여인은 아들이 똑똑하다는 말에 기쁨이 가득 찬 눈을 하고 그의 교모에 달린 주오대학 모표를 바라보았다.

"고맙습니다. 얘도 커서 주오대학에 들어갔으면 좋겠어요."

봉암은 여인이 행색으로 보건대 고등교육을 받지는 않았다는 것을 알아차렸다. 지적인 오만감이라든가 자신감 같은 것이 없고 그의 대학생 교복을 한없이 선망하고 조금은 부끄러워하는 표정이었던 것이다.

"어디까지 갑니까?"

그의 물음에 여자가 대답했다.

"펑톈까지 갑니다. 남편이 거기 계셔서요."

"아기와 함께 참으로 머나먼 여정을 가는군요."

이렇게 대화를 시작한 그는 여인과 친숙해져서 음식도 나눠 먹고 가정형편도 이야기했다. 아이도 낯을 가리지 않아 여인 대신 아이를 데리고 변소에 가서 소변을 누이고 왔다. 그러는 사이에 기차는 압록강 국경에 이르렀다.

객차 안으로 권총과 칼을 찬 순사와 헌병 들이 들어왔다. 날카로운 눈으로 승객들을 두리번거리며 행색이 조선 사람 같으면 찍어내 꼬치꼬치 캐묻고 짐을 풀라 하여 샅샅이 검사했다.

그들은 일본 여인과 나란히 앉아 아이를 안고 있는 봉암을 그냥 지나쳐버렸다. 아내와 아이를 데리고 여행하는 일본의 대학생으로 보였던 것이다.

압록강 국경도시 안둥安東: 현재의 단둥丹東에서 일본인 아기 엄마와 함께 기차표를 사서 펑톈까지 올라간 뒤 헤어졌다. 가까운 저자로 가서 질 좋은 모직 천으로 만든 창파오*를 사 입었다. 혹시 있을지도 모르는 밀정을 따

---

* 창파오(長袍): 만주족 전통의상인 치파오(旗袍)에서 유래한 중국인들의 남자용

안중근 의사가
이토 히로부미를 사살한
북만주 하얼빈 역.
죽산은 모스크바로
가는 길에 이곳에 들렀다.
독립기념관 제공.

돌리기 위해 중국인 청년처럼 위장한 것이었다. 다시 기차를 타고 하루 반을 걸려 하얼빈哈爾濱까지 간 그는 내리는 눈을 맞으며 서양식 건물이 즐비한 거리를 걸어 저자를 찾았다. 거기서 러시아식 방한복인 루바시카**와 가죽장화를 샀다. 도쿄 시절 김찬이 들려준 이야기를 기억했다가 그대로 따라 하고 있는 것이었다.

하얼빈 역으로 다시 가서 안중근 의사가 이토 히로부미를 사살한 플랫폼에 서보았다. 러시아군 의장대원들 틈으로 의연히 걸어들어가, 막 기차에서 내리는 조국 침략의 원흉을 향해 저격하는 안중근. 그는 그 순간의 광경을 상상하는데 '아, 나도 조국독립을 위해 싸워야지' 하는 생각과 함께 온몸에 전율이 일어났다.

대합실에서 기차를 기다리는 동안 승객들을 유심히 살폈다. 이때 처음으로 백계 러시아인을 보았다. 얼굴이 백랍처럼 하얗고 파란 눈과 노랑머리를 가진 사람들이 여남은 명 있었다. 그는 자기 나이 또래의 동포 하나

의상.
** 루바시카(Rubashika): 러시아 남자들의 전통의상으로 마직(麻織), 면직(綿織), 모직(毛織) 등을 사용해 만든다. 직선으로 재단한 통옷이며 허리를 굵은 벨트로 묶어 입는다.

를 발견하고 유심히 관찰했다. 그처럼 루바시카를 입고 있었으며 이따금 러시아인들과 러시아말로 대화를 나누고 있었다.

일부러 그의 근처 자리에서 만두를 사 먹는데 그 사람의 눈길이 이쪽을 향했다. 봉암은 웃으며 말을 걸었다.

"조선 동포이시지요? 와서 같이 드시지요."

그렇게 사람을 사귄 그는 용건을 말했다.

"내가 러시아 말을 한 마디도 못 해요. 통역과 말벗을 해주면 기차비를 내주고 도중 간식도 사드리리다."

동포 사내는 당연히 좋다고 했다.

봉암은 사내와 함께 기차에 올랐다. 하얼빈에서 출발하여 북만주를 관통하고 러시아 국경을 넘는 이 국제열차에는 붙박이 나무 의자들이 듬성듬성 놓여진 객차들이 달려 있었다. 그가 탄 객차의 나무 의자는 반나마 비어 있었고, 난로의 온기로 제법 훈훈했다. 차창 밖으로는 하염없이 눈이 내렸다.

백계 러시아인들이 난롯가에 모여 있었다. 만주 땅에서 청국인한테 구박을 당해서 그러는 건지, 아니면 난롯가를 차지하려고 그러는 것인지 절반이 넘는 청국인과 조선인 들에게 눈을 부라리며 알아듣지 못할 말을 씨부렁거렸다.

동포 사내의 통역은 "까마귀같이 더러운 중국인과 조선인들!"이라고 했다.

객차에 탄 조선인은 그들 말고도 대여섯 명이 더 있었다.

열차는 몇 번 길게 기적을 울리더니 증기 뿜는 소리를 요란하게 울리며 움직이기 시작했다.

한동안 달린 열차는 쿵당쿵당 소리를 요란하게 냈다. 봉암이 놀라 두리번거리자 동포 사내가 어깨를 으쓱하며 입을 열었다.

"목단강 철다리를 건너는 겝메다. 앞으로 목릉하穆稜河라구 부르는 강을 건너구, 또 수분하綏分河라는 강을 건너구, 우수리 강 다리를 건너야 아라사 땅입메다."

열차는 10여 개의 역을 거치며 한참씩 머물다가 떠났다. 덜커덩거리며 눈 덮인 평원과 강변을 끼고 달렸다.

베르흐네우딘스크에서 여운형을 만나다

하루 낮이 거의 기울 무렵 열차가 쑤이펀綏分이라는 이름의 국경 역에 이르렀다. 갑자기 총을 멘 러시아 군인들이 차에 오르더니 큰 소리로 외쳤다.

"비쩨기! 비쩨기!"

문가에 앉았던 청국인과 조선인이 다른 군인에게 덜미를 잡혀 발길에 채이며 끌려 나갔다.

동포 사내가 재빨리 설명해주었다.

"비쩨기라는 거는 증명서입메다. 갖고 있슴둥?"

봉암은 미리 성냥불을 쏘여 글자들이 드러난 신임장을 내밀었다. 그것을 본 군인은 허리를 꼿꼿이 펴고 부동자세로 서더니 거수경례를 하고 뭐라고 큰소리로 말했다. 동포 사내가 번역해주는 말은 "방문을 환영합니다. 우수리스크 역에서 역장을 만나면 특별대우를 해줄 것입니다"였다.

우수리스크 역장은 1등 침대칸을 내주고 특별 호위를 붙여주었다. 그래서 그때부터는 마음 편히 여행을 즐겼다. 차창으로는 눈 덮인 시베리아 타이거 숲의 자작나무들이 그림처럼 스쳐 지나갔다. 이르쿠츠크를 거쳐 얼어붙은 바이칼 호수를 바라보며 베르흐네우딘스크에 도착한 것은 경성을 출발한 지 보름 만이었다.

연합대회를 위해 이 도시의 시당市黨위원회에 파견되어 있던 코민테른 직원은 그에게 숙소를 배정해주며 말했다.

"회의가 열릴 때까지 열이틀이 남았는데 동지는 빨리 도착하셨군요. 그때까지 쉬시지요."

베르호네우딘스크*는 하마르다반 산맥과 차간다반 산맥 가운데 위치한 계곡 가운데 셀렝가 강과 우다 강이 만나는 곳에 자리 잡은 도시였다. 11월 초순인데도 영하 10도 이하로 내려가 코가 시리도록 추웠다. 산간도시라 눈이 많이 내려 거리는 온통 얼음판이었다. 루블의 10분의 1인 1코페이카를 내면 한나절 말이 끄는 썰매를 불러 탈 수 있었다.

이 도시에는 몽골의 한 부족인 부리야트 족이 사는데 거리 모습은 하얼빈처럼 러시아풍이었다. 그러나 사람들 얼굴이 마치 고국 조선의 이웃마을 사람들과 똑같아서 봉암은 몇 번이나 동포로 착각하고 조선말로 물어보는 실수를 범했다.

봉암은 날씨가 조금 포근한 어느 날, 시내를 벗어나 티베트 라마교 사원을 구경했다. 그리고 남은 열흘은 러시아어를 열심히 배웠다.

국내, 국외에서 150명의 동포 공산주의 동지들이 도착했다. 이름과 나이, 경력이 표시된 명단이 벽에 붙었다. 들여다보니 대부분 익히 이름을 들어온 쟁쟁한 투사들이었다.

몽양夢陽 여운형呂運亨, 1886~1947이 가장 큰 거물이었다. 이해 35세였는데 카이젤 수염을 기르고 있었으며 멋쟁이처럼 옷을 잘 차려입고 있었다.

봉암은 경성에서 YMCA 중학부에 다닐 때부터 여운형에 대해 많은 이야기를 들은 터였다. 경기도 양평 출신으로 13세 때 부친이 별세하자 노비문서를 불지르고 노비들을 해방시켰으며 중국으로 가서 난징 진링金陵대학을 다녔다고 했다. 상하이에서 신한청년단을 만들었으며, 장덕수를 국내로 보내 독립운동자금을 마련하게 하고 이광수를 도쿄로 보내 유학생

---

* 베르호네우딘스크: 도시명이 1934년 울란우데로 바뀌었으며 지금도 부리야트 공화국의 수도다.

들의 2·8독립선언을 유도했다고 했다. 상하이에서 임시정부가 조직될 때 외교문제를 담당하는 외부外部 차장을 맡았으며 그해 개인 자격으로 일본을 방문해 여러 대신과 당당하게 토론을 하여 무색하게 만들었다고 했다. 그리고 어려서 술 담배를 배운 대주가大酒家였는데 합병 직전 국채보상운동을 하면서, 조선이 독립할 때까지 금주·금연할 것이라고 선언했다는 이야기도 있었다.

봉암은 고국에서 같이 파견된 윤자영의 소개로 여운형과 인사했다. 열세 살이나 나이가 많은 대선배에게 공손히 허리를 숙였다.

"조봉암입니다. 존함은 익히 들어왔고 뵈올 날을 기다리고 있었습니다. 잘 부탁드립니다."

여운형은 멋들어지게 맨 나비넥타이를 드러내 보이며 그와 악수했다.

"독립운동으로 두 번이나 옥살이를 했고, 타고난 논객이며 사회주의 이론에 능통하다고 들었소이다. 우리 조국독립을 위해 노력합시다."

여운형 옆에는 중국 상하이에서 같이 활동하다 왔다는 경상도 대구 출신 현정건玄鼎健, 1887~1932이 서 있었다. 그는 나라의 운명이 풍전등화와 같았던 대한제국 말기에 황제의 밀명을 받아 프랑스·영국·러시아에 밀사로 갔던 현상건玄尚健의 사촌동생이며, 육군 참장參將을 지낸 친일 고관 현영운玄暎運의 조카이자, 젊은 소설가 현진건玄鎭健을 아우로 두고 있는 명문가 출신이었다. 나이는 35세였다.

현정건이 그에게 먼저 손을 내밀었다.

"반갑소. 나는 현정건이라 하오."

"저도 반갑습니다. 잘 부탁합니다." 봉암은 다시 고개를 숙였다.

이르쿠츠크파에서는 한명서韓明瑞와 김만겸·장건상張建相 등이 왔는데 '상하이 트로이카' 혹은 '상하이의 삼인당三人黨'으로 불리는 젊은 투사들, 박헌영朴憲永·임원근·김단야가 안 온 것이 아쉬웠다.

이동휘. 죽산의 유년기에
강화진위대장으로 있었다. 망명투쟁에 나서
한인사회당을 조직하고 대한민국임시정부
국무총리를 지냈다. 죽산과는 노선이 달라
함께 활동하지 못했다. 독립기념관 제공.

베르흐네우딘스크 연합대회의 파행

개회식 전날, 그는 이동휘를 만났다. 강화에서 보낸 철없던 유년시절 그
가 박수를 치며 환호했던 인물, 그 옛날 백마를 타고 강화진위대를 지휘했
던 이 전설 같은 인물은 옛날처럼 카이젤 수염을 기르고 있었다. 그러나
머리에 백발이 희끗희끗했다.

"동지를 환영하오."

대한민국임시정부의 초대 국무총리를 지낸 중로中老의 독립투사와 악
수를 하는 순간, 봉암은 청년들처럼 형형한 눈빛 속에서 불타는 듯한 열
망을 읽었다. 그것은 조국 독립의 비원이 아니라 지배자가 되고 싶은 야망
같은 느낌이었다.

"국내 대표로 온 조봉암입니다."

봉암은 첫인사 때부터 상대 마음을 사로잡는 것에 자신감이 있었으나, 눈
빛에서 읽은 느낌, 그리고 이 거물 투사에게 악수를 하려고 줄줄이 밀려 있던
사람들이 밀어대는 바람에 그는 자신이 강화 출신이라는 말을 하지 못했다.

참석자 150여 명은 알고 보니 그 3분의 2가 상하이파였다. 이동휘가 치밀한 사전작업을 한 결과였다. 다수결에 의해 의사결정이 이뤄질 것을 계산해 자기 계열 사람들을 마구 집어넣어 대표로 만들었던 것이다.

회의가 시작되자 이동휘의 야망은 더 크게 드러났다. 이르쿠츠크파를 무조건 깔아뭉개고 자기 뜻대로 하려는 욕망을 주먹처럼 마구 휘둘렀다.

"아아, 통합하자고 애써 모인 건데 저분이 고집을 부리는군. 조금만 양보해도 될 텐데."

이 계파도 저 계파도 아닌, 봉암처럼 중립에 선 대표들이 탄식했다.

이동휘에 대한 유년시절부터의 존경심은 조봉암의 가슴속에서 사라졌다. 그는 중립을 지키면서도 마음은 이르쿠츠크파에 기울었다.

하루하루가 지날수록 이동휘의 아집은 더 커졌다. 이르쿠츠크파가 가만히 있을 리가 없었다. 이동휘가 레닌의 정치자금을 모두 자기 파의 것으로 만들기 위해 온갖 술수를 썼다고, 이 대회에 대비하여 이르쿠츠크 맹원을 빼가는 등 갖가지 행동을 했다고 폭로했다. 그러는 가운데 회의는 일주일이 지나도록 겉돌았고 끝내는 결렬되고 말았다.

상하이파와 이르쿠츠크파는 각각 자기들 주장을 합리화하고 상대를 헐뜯는 보고서를 코민테른에 보냈다. 그러자 코민테른은 상하이파의 이동휘와 윤자영, 이르쿠츠크파의 한명서와 김만겸, 그리고 무소속으로 정재달과 정태신과 조봉암을 모스크바로 출두하라고 통보했다.

한명서는 러시아 국적을 가진 러시아 공산당원이었다. 1885년 연해주 두만강 국경 포시에트에서 출생해 러시아학교를 다니고 러일전쟁 때는 통역으로 복무하다가 볼셰비키 혁명이 일어나자 공산당원이 되었다. 김만겸도 러시아 국적을 가진 러시아 공산당원이었다. 1886년 블라디보스토크 근교 조선인 유민 마을에서 태어나 러시아학교에서 공부하고 블라디보스토크 한인 마을인 신한촌新韓村 소학교에서 교원으로 일했다. 그 후 조국의 독립운동에 뛰어들었으며 3·1운동 때는 「독립선언서」를 러시아어로 번역해 배포하기도 했다.

한명서와 김만겸 두 사람은 1921년 5월 이르쿠츠크파 고려공산당 창당대회에 참가해 중앙위원이 되었다. 베르흐네우딘스크에서는 이동휘의 상하이파와 격렬하게 충돌하다가 이르쿠츠크파 대표들과 함께 퇴장하기도 했다.

정태신은 이해 여름부터 가을까지 러시아에 머물렀고 코민테른 측과 접촉한 인물이었다. 본명보다 정우암鄭友岩이라는 가명을 더 많이 썼는데 봉암보다 7년이 위였다. 1892년 경북 안동 출신으로 보성전문학교를 다니고 일본과 중국 상하이에서 이런저런 활동을 하고 사회주의 운동에 젖어들었다. 1921년 도쿄에서 고학생동우회에 가입해 활동한 경력이 있었다.

조봉암은 경력이 쟁쟁한 인물들과 함께 뜻밖에 소비에트의 수도 모스크바까지 가게 되었다.

부하린과 모스크바공산대학

1922년 12월, 코민테른으로부터 지명호출을 받은 7명의 조선인 공산당원 대표들은 베르흐네우딘스크에서 모스크바로 가는 열차를 탔다. 임시정부 국무총리를 지낸 거물 망명객 이동휘를 포함하여 좀처럼 누구도 반대파와 대화를 하려 하지 않았다.

조국이 일본의 압제에 신음하고 있는 오늘, 공산주의만이 조국 해방을 가능하게 한다는 신념을 가진 사람들이었으나 불구대천의 원수들처럼 등을 돌리고 있었다. 조봉암을 비롯한 국내파 세 사람이 어떻게든 중재해보려 했지만 소용이 없었다.

열차는 8일 뒤에야 모스크바에 도착한다고 했다. 바깥 기온은 영하 30도가 넘지만 침대열차 안은 루바시카를 벗어도 좋을 정도로 훈훈했다. 봉암은 이따금 무료함을 피하려고 차창에 서린 김을 닦고 밖을 내다보았다.

낮보다 밤이 길었다. 오전 10시가 되어서야 환해지고 오후 4시면 어두워지기 시작했다. 짧은 낮 동안에도 맹추위에 얼어붙은 드넓은 시베리아 벌판이 눈에 들어올 뿐이었다. 어느 날은 산 하나 없이 하늘과 땅이 맞닿은 듯한 지평선 끝만 보이기도 했다.

그러다보면 대자적對自的으로 자기를 바라볼 수 있었다. 조봉암, 너는 누구인가. 너는 무엇을 위해 살고 있는가. 식민지 조선, 그 가운데서도 한미한 농촌인 강화 섬에서 태어난 촌놈이지. 그러나 독서력과 토론력을 타고났고 조국의 해방을 위해 투쟁하는 숙명을 가진 조선의 청년 인텔리겐치아이기도 하지. 너는 너 자신을 욕심 많은 아집쟁이 이동휘처럼 자신의 영달을 위해서가 아니라 사심 없이 조국의 제단에 바칠 수 있는가. 나는 바칠 수 있어. 그게 내 인생의 성취이니까. 그러다가 혼자 고개를 젓기도 했다. 마음속에 있는 또 다른 그가 대답했다. 아니야. 나도 이동휘처럼 야망이 있어. 그는 그런 식으로 자문자답하기도 했다.

길고 긴 밤에 열차는 요람처럼 흔들리는데 잠이 오지 않았다. 차창을 보면 어둑어둑한 가운데 희끗희끗 자작나무들이 스쳐 갔다. 마치 그 자신이 엿보기 힘든 본연의 그 자신처럼. 그러다 문득 그 속에서 그리운 얼굴을 보았다. 김이옥이었다. 아, 이옥아. 나의 성취욕망은 모두 너에게서 나오는 건지도 몰라. 그는 그런 생각을 하기도 했다.

광대한 동토凍土의 평원이 끝나자 우랄 산맥이 다가왔다. 기관차가 앞뒤에 붙어 밀고 끌면서 이틀 동안 느릿느릿 가파른 고원지대를 올라갔다. 다시 하루 고원지대를 내려가자 차창 밖 풍경은 유럽의 분위기로 바뀌었다.

마침내 모스크바에 도착했을 때 눈을 끄는 것은 크고 높은 흰 벽과 붉은색과 초록색 지붕의 건물들, 그리고 웅장하게 서 있는 러시아정교회 회당이었다. 동양적 특징을 어느 정도 갖고 있던 우수리스크나 베르흐네우딘스크와 달리 서양적인 분위기가 이국정취를 자아내고 있었다.

조선인 공산주의자 대표들의 숙소는 차르 시대 러시아정교회 신학교의 기숙사였다는 외빈用賓 초대소였다. 거기 짐을 풀어 하루를 쉬고 코민테른 본부로 안내되었다. 그들을 만난 사람은 코민테른 대표 대리인 부하린이 었다. 봉암은 일본 유학시절 그의 저술을 읽고 공산주의에 경도된 터라 처음 악수를 나눌 때 감회가 컸다.

　"동무를 환영하오" 하며 부하린이 손을 잡았을 때 그는 감동과 진정성이 가득한 표정을 하고 말했다.

　"뵙게 되어 영광입니다. 저는 일본 유학시절 동지의 저술을 읽고 공산주의자가 됐습니다."

　미리 준비해 수십 번 발음을 연습한 러시아어였다.

　"어떤 문장이 좋았소?"

　"「사회주의란 무엇인가」에서 사회주의는 인류사회를 평등하고 자유로운 세계로 전환시키는 최선의 이념이라고 설명한 게 그렇습니다."

　부하린은 함박웃음을 웃으며 그의 어깨를 끌어안고 자기 뺨으로 그의 뺨을 비벼댔다.

　"우리는 뜻이 같은 동지이군요."

　두 사람의 대화는 부하린 곁에 있던 보좌관에 의해 그대로 기록되었다.

　곧 부하린이 배석한 가운데 연석회의가 열렸다. 그 석상에서 두 파는 각기 자기네 그룹만이 진정한 공산주의자의 집단이며 참된 조직을 가지고 또 공산주의적인 활동을 했노라고 떠들어댔다. 모든 보고를 다 듣고 난 부하린은 이렇게 결론을 내렸다.

　"동무들이 각기 자기네 그룹만이 공산주의를 잘 안다고 말하지만 내가 보기에는 같소. 무조건 합쳐서 일본 제국주의와 싸우시오."

　그래서 즉시 각 파의 조직을 해체하고 오르그 뷰로조직 총국를 조직하라고 지시했다.

소련공산당의 이론가이자
철학자였던 부하린. 1920년대 죽산이
조공의 밀사로서 모스크바에 갈 무렵
코민테른을 이끌었다.
두산백과사전에서 인용.

　　코민테른 당국은 각 대표의 보고를 듣고 판단한 결과, 조선공산당은 조선
안에서 그 민중이 지지하는 바에 따라 조직되어야 한다고 지적했다. 해외에
있는 사람들이 제각기 공산당을 조직하여 서로 세력다툼을 벌이는 것은 아
무런 의의가 없으므로 양 파가 가지고 있는 조직은 즉시 해산할 것을 지시
함과 아울러 장차 블라디보스토크에 고려부高麗部를 설치할 터이니 그 부의
부원은 조선에 들어가서 조선공산당을 조직해야 한다는 지령을 내렸다.[*]

　　조선인 공산당의 대연합에 실패한 7명의 대표들은 속절없이 모스크바
를 떠나게 되었다. 조봉암은 패망한 조선 왕조의 당파 싸움처럼 화합을 거
부하며 분열하는 것에 환멸을 느꼈다.
　　뜻밖의 행운이 기다리고 있었다. 그가 다른 대표들처럼 우울하게 짐을
꾸리는데 코민테른의 연락관이 그를 밖으로 불러냈다.

***

*「여운형 조서」, 59-60쪽(김준엽 · 김창순, 앞의 책, 제1권, 399쪽에서 재인용).

"우리는 동무의 열정에 주목하고 결정을 내렸습니다. 동무가 원한다면 동무를 코민테른 극동부 위원으로 임명하거나 동방노력자공산대학에 입학시키기로 말입니다."

그는 대학 입학 쪽으로 마음이 기울었다. 내게 좋은 기회가 열리는구나, 하는 생각에 가슴이 두근거렸다. 베르흐네우딘스크에 모였던 150여 명의 조선인 공산주의자들 중에 공산대학 출신은 없었다. 자신이 그 대학에서 공부하면 장차 국제관계에서 중요한 역할을 할 것이었다.

그는 선뜻 대답했다.

"공부하고 싶습니다. 열심히 공부해서 내 조국을 해방시키는 데 심신을 다하겠습니다."

공산대학은 여비, 기숙사비, 식비, 의복비, 서적 및 학용품비 등 일체가 제공되며 약간의 용돈까지 지급하고 있었다. 기숙사 생활은 비교적 자유로웠으며 당시의 일반 생활자보다 낫다고 할 수 있었다. 수업연한이 본과本科는 4년, 별과別科는 3년이며, 러시아인은 본과에, 외국인은 별과에 입학했다. 1학년 때는 러시아어, 산술, 자연과학을 배우고, 2학년에서는 경제학, 러시아혁명사, 러시아공산당사를 배우며, 3학년 때는 유물철학, 레닌주의 등을 배우게 돼 있었다. 수업은 러시아어로 진행하되 1학년 때는 상급학년 학생들의 통역으로 진행하며, 2학년부터는 통역 없이 진행하게 돼 있었다.*

혼자 남은 조봉암은 짐을 꾸려 공산대학 기숙사로 들어갔다. 첫 학기에는 러시아어 공부와 러시아혁명사를 공부했다. 그는 밤을 새워 공부했다. 반년 만에 사상서를 읽고 토론회에 참석할 정도가 되었다. 워낙 출중해서

---

* 梶村秀樹·姜德相 編, 『現代史資料』二十九卷,(みすず書房, 1972), 250~251쪽. (박태균, 앞의 책, 29쪽 재인용).

모스크바공산대학
조선학부 건물.
죽산은 한인 공산주의자들의
결속을 위한 베르흐네우딘스크
연합대회에 국내 대표로 갔다가
모스크바로 갔으며
그때 이 대학에 입학했다.
임경석 교수 제공.

교수와 동급생들이 놀랄 정도였다. 왜 그렇게 열심히 하냐고 물으면 대답
했다. 이것이 내 조국을 되찾는 길이기 때문이라고. 그리고 속으로 자신에
게 말했다. 나는 공산주의를 위한 공산주의자가 되지 않을 것이며 그걸 조
국 해방의 방편으로 삼을 것이라고.

　재학 중 재미있는 일도 많아 심심하지는 않았다. 죽산은 뒷날 「내가 걸
어온 길」에서 이렇게 회고했다.

　그 학교에는 50여 종족이 모여 있어서 복데기질을 치니까 학교라기보다
는 인종전람회 같았다. 가지각색의 언어, 의상, 풍속, 습관과 서로서로의 흥
미 있고 기이하게 보이는 모습으로 인해서 언제나 서로 다감하게 호의적으
로 새 맛이 있어서 싫증이 나지 않았다. 그중 몽골 족과 뿌럇트 족은 모든 면

에 있어서 우리네와 근사하고, 대체로 동양적이지마는 그밖의 민족들은 모두가 동양적이 아니고 그렇다고 서양적이냐 하면 그렇지도 않은 중간치기여서 깊이 이해하기가 어려웠다. 길기쓰 족과 퉁구스 족은 외모는 확실히 동양인인데 사고방식과 행동은 아프리카 토인과 똑같고, 딸라르 족과 터키土耳其족은 생김생김은 분명히 서양적인데 행동과 감정은 다분히 동양적이었다.

많은 종족 가운데서 그중 가장 활발하고 명랑한 것은 카프카즈高可索 족이었다. 그들의 대부분은 길을 걸을 때도 입으로 노래 곡조를 중얼대고 걸음걸이도 항상 리드미컬하게 걷는다. 저네들이 자기네 방에 모여서(한 방에 20~30명씩 합숙했다) 공부할 때에, 우리네 장난꾼들이 일부러 놀러가서 가만히 자기네가 좋아하는 노래 곡조를 부르면 반드시 몇몇이 역시 조용조용히 그 곡을 따라 부르고 그 수효가 하나하나 늘으면 점점 목청이 굵어지다가 나중에는 그 전부가 제법 목청을 뽑아서 '나이 나나 나이나' 하고 합창을 하게 되며 그 합창이 한 10분 동안 계속되면 모든 사람이 책을 걷어치우고 일어서서 손뼉을 딱딱치며 그 독특한 발놀림으로 발장단을 치며 카프카즈 춤을 추기 시작한다.*

"죽어도 내 나라로 돌아가 싸우다 죽어야지"

일본 유학시절 대학을 끝까지 다니지 못하고 귀국했던 그는 이번에는 3년을 모두 마쳐 졸업장을 받고 싶었다. 그러나 이번에도 그러지 못했다. 덜컥 병이 난 것이었다.

미열이 나고 입맛이 없는 것이 이상해서 학교 전속의사에게 진찰을 받았더니 폐결핵이라는 진단을 내렸다. 절망감에 가슴이 덜컥 내려앉았다. 결핵은 거의 치료가 불가능한 병이었다. 또다시 공부를 중단해야 한단 말

---

*『전집』제1권, 349쪽.

인가. 그리고 공산주의 지도자가 되어 조국을 해방시키려는 내 꿈도 묻어야 하나. 억울하다는 생각뿐이었다.

러시아에는 결핵 환자가 많았다. 봉암은 그것이 기후 때문이라고 생각했다. 겨울이 길고, 9월 하순에서 다음 해 5월까지는 늘 흐리고 눈이 내려 맑은 하늘은 구경하기가 힘들었다. 6월부터 8월까지는 여름인데 이때는 백야白夜가 계속되어 밤 열 시가 넘어서야 어두워졌다. 그러나 한 시부터 자정이 지나도록 으스름달밤처럼 조금 어둑어둑할 뿐 도무지 밤 같지가 않았다. 기후가 이러니까 모스크바 시민의 태반이 폐결핵 환자이고 학교에도 학생의 절반 정도가 결핵선고를 받은 상태였다.

"크리미아 반도나 카프카즈 산록*에 있는 요양소로 보낼 테니 요양을 하시오."

이것이 병원에서 내린 명령이었다. 결핵은 치료약이 없기 때문이었다.

그는 모스크바에서 지낸 1년 동안 보고 들은 것이 있었다. 그렇게 카프카즈에 가서 좋은 기후에서 지내며 말젖을 먹고 편안히 지내면 살이 오르고 결핵 증세도 사라진다. 다 나았다고 생각해 모스크바로 돌아오면 2~3개월 만에 다시 병이 도지고, 그러면 다시 요양을 가고 그러다가 결국은 각혈을 하며 죽을 때를 기다리게 되는 것이었다.

'내가 조선 놈으로 태어나서 조국 해방을 위해 일생을 바치겠다고 여기까지 왔는데 죽어서 이국땅에서 귀신이 되어 떠돌면 고깃값도 못 하는 거지. 죽어도 내 나라로 돌아가서 싸우다가 죽어야지.'

그는 이를 악물고 그렇게 결심했다.

---

* 크리미아 반도는 우크라이나 남쪽 휴양지로 유명하다. 카프카즈 산록은 터키의 북서쪽 흑해와 카스피 해 사이에 해발 3,000-5,000미터 산맥의 기슭으로 역시 휴양지로 유명하다. 두 곳은 소비에트 연방에 속해 있었다.

그리하여 그는 1923년 7월 학교를 중퇴하고 귀국길에 올랐다. 시베리아 횡단열차를 타고 보름 동안 달려 철도가 끝나는 동쪽의 끝 블라디보스토크로 갔다. 고국과 가까운 곳인데다 거기 김찬이 머물고 있고 꼬르뷰로가 설치되어 있기 때문이었다.

꼬르뷰로란 코민테른 민족부 극동총국 소속의 조선문제 전담기구인 고려부高麗部를 말하는 것이었다. 부하린이 조선인 대표들을 만난 자리에서 지시한 바에 따라 만든 것이었다. 극동총국은 일본과 조선과 중국의 문제를 관할하는 부서로서 모스크바에 있었고 블라디보스토크에 지부를 두고 있었는데 꼬르뷰로는 여기 속해 있었다. 코민테른은 장차 꼬르뷰로를 통해 조선반도 안의 공산주의운동을 지원하고 장차 조선공산당을 창당하려 노력하고 있었다.

블라디보스토크에 도착해보니 김찬은 없었다. 코민테른 꼬르뷰로의 명령으로 고국에 잠입해 있었다. 그는 김찬 대신 국제공산청년동맹 위원이자 그 조선 대표인 조훈*을 만났다.

"박철환 동지에 대해서는 김찬 동지한테서 많은 이야기를 들었습니다. 저는 최근 경성에 두 차례 다녀왔는데 국내 공산당 조직을 결성하려는 노력은 좋은 성과를 거두고 있습니다. 그 중심에 김찬 동지가 있습니다. 박동지가 경성으로 가신다면 국내 동지들의 노력에 큰 힘을 보태게 될 것입니다. 저는 박 동지가 김찬 동지 곁으로 가시되 공산청년회 일에 주력해주시기를 부탁드립니다."

조훈의 말은 청년회를 공산당 조직만큼이나 중시하는 코민테른의 지령

---

* 조훈(趙勳, 1897-?): 전북 전주 출생. 1915년 항일 비밀결사 광복단에 참가했으며 북간도와 러시아에서 투쟁했다. 1920년 러시아 공산당 이르쿠츠크 위원회 고려부 결성에 참여하고 이후 고려공산청년연맹 창립을 위한 전권대표를 맡았다 (강만길·성대경, 앞의 책, 466쪽).

이나 다름없었다.

봉암은 그러겠노라 대답하고 나서 질문을 했다.

"공산청년회 일은 박헌영·김단야·임원근 동지가 상하이 시절부터 이끌고 오지 않았나요?"

"그렇지요. 그걸 바탕으로 삼아 국내조직을 만들려고 했어요. 하지만 그 동지들은 지난 4월 국내에 잠입하자마자 체포당해 지금 신의주형무소에 갇혀 있어요."

"그렇군요. 알았습니다."

봉암은 그렇게 대답하고 귀국길에 올랐다.

블라디보스토크에서 상하이로 가는 기선을 탔다. 상하이에서는 일본행 배를 탔다. 하필 그때 간토대지진이 났다. 나가사키長崎에서 배를 내려 모지門司로 갔는데 사람들이 신문 호외를 들고 웅성거리고 있었다. 호외꾼으로부터 신문 하나를 받아 읽으니 도쿄를 비롯한 간토 지역이 초토화되고 계엄령이 선포되었으며 조선인들이 불을 지르고 우물에 독을 넣고 요인을 암살하려 한다는 것이었다.

그는 애시당초 계획이 도쿄에 들렀다가 고국으로 가려는 것이었으므로 배를 타고 나고야名古屋로 갔다. 배를 탄 건 세토나이카이* 구경도 할 겸 그 근방에서 장사를 하고 있었다는 구실을 만들려 한 것이었다.

나고야 항에 내리자 형사가 나꿔채듯 붙잡았다.

"도쿄에서 고학하는 학생입니다. 세토나이카이에서 행상을 해서 학자금을 마련하고 도쿄로 돌아가는 중입니다."

형사는 머리를 저었다.

---

* 세토나이카이(瀬戸内海): 혼슈(本州) 서부와 규슈(九州), 시코쿠(四国)에 에워싸인 내해. 일본의 다도해라 불리는 명승지다.

"공부도 좋지만 조선인이 지금 도쿄로 가는 건 위험하다. 바로 귀국하는
게 상책이다."

그러면서 표를 끊어주고 차까지 태워주었다. 그래서 부득이 간토대지진
때문에 귀국하는 입장이 되었고 국내 활동의 합법성을 갖게 되었다.

신사상연구회와 김찬

1923년 7월 중순, 식민지 조선의 경성 낙원동 173번지의 2층 건물에 붓
으로 '신사상연구회'新思想硏究會라고 쓴 한문 간판이 붙어 있었다. 이 간판
이 걸린 것은 일주일 전인 7월 7일이었다. '홍수와 같이 팽배하게 밀려오
는 신사상을 연구하여 조리 있는 가치를 찾아보자는 목적'을 표방하며 사
회주의 청년 인텔리겐치아의 한 그룹이 만든 것이었다. 그들의 실체는 비
밀 단체인 코민테른 극동총국 산하 꼬르뷰로 국내부의 맹원들이었다. 사
회주의 조직을 탄압하는 총독부 경찰의 눈을 피해 꼬르뷰로 국내부가 합
법적이며 공개적으로 만든 조직이었다.

직사각형 테이블과 의자 여남은 개가 있는 사무실. 거기서 마흔 살 안
팎으로 보이는 키가 작은 사내가 의자 하나를 차지하고 앉아 지나간 신문
들을 묶은 신문철을 들춰 보고 있었다. 김찬이었다. 오전에 회원들이 모여
긴 시간 토론을 하고, 국수집으로 가서 그럭저럭 요기를 하고 흩어진 뒤였
다. 신사상연구회는 두 개의 당면과제를 놓고 자주 토론을 벌였다. 하나는
조직을 탄탄하게 만들고 무수히 많은 국내의 청년 단체들을 끌어들이는
것, 그리고 같은 사회주의 계열 단체로서 우뚝 서 있는 서울청년회 그룹과
주도권 경쟁에서 이기는 것이었다.

김찬은 집으로 가보았자 특별히 할 일도 없고 해서 회원들이 국수집에
서 뿔뿔이 흩어진 뒤 혼자 다시 사무실로 온 것이었다. 아내와 아이들이
있는 집보다는 이곳이 당면과제에 골몰하기에 좋았다.

그가 코민테른의 지령을 받고 블라디보스토크에서 귀국한 것은 지난 4월이었다. 국내 상황은 부르주아 민족주의보다는 사회주의 쪽이 유리하게 여러 조건들이 무르익어가고 있었다. 경험 많은 최고의 수완가라는 말을 듣는 그는 경찰과 밀정 들이 눈치채지 못하게 차근차근 한 단계씩 일을 진척시켰다. 우선 지난달에 비밀결사인 꼬르뷰로 국내부를 조직했고 청년뷰로 국내부도 결성하는 데 성공했다. 이어서 합법적 단체인 신사상연구회 간판도 내걸었다.

그에게 신문은 중요한 정보 수단이었다. 3·1운동 이후 조선총독부가 문화정치를 펴고 탄압의 고삐를 어느 정도 풀어놓아 문화운동과 사상운동이 허용되면서 수많은 단체가 만들어지고 있었다. 특히 청년단체들은 경성에서, 그리고 지방에서 우후죽순처럼 만들어지고 있었다. 그들의 움직임을 파악할 수 있는 가장 좋은 수단이 신문이었다.

삐꺽삐꺽 2층으로 오르는 나무계단이 소리를 내고 인기척이 났다. 그리고 톡톡 문을 두드리는 노크 소리가 들렸다. 집으로 가려던 회원 하나가 사무실로 오나보다 생각하고 그는 "네!" 하고 길게 대답했다.

문이 열리고 누가 들어왔다. 그쪽을 바라본 김찬은 들고 있던 신문철을 바닥에 떨어뜨렸다.

조봉암이 "형, 저 왔어요" 하고 말할 때까지도 그는 자기 눈을 의심했다. 봉암이 베르흐네우딘스크 연합대회와 모스크바 대표회의를 거쳐 공산대학에 입학했으므로 여기 나타날 수 없기 때문이었다.

그러나 김찬은 보통사람들이 이런 때 하는 말처럼 '네가 웬일이냐?' 하고 묻지 않았다. 그 자신이 다니는 학교마다 중퇴하고 역마살 긴 놈처럼 돌아다닌 때문이었다.

"그래, 박철환. 한 번 안아보자!"

그는 달려가서 러시아 남자들이 그러는 것처럼 봉암을 덥석 끌어안고 한쪽 뺨을 비벼댔다.

　한참을 그런 다음 봉암을 테이블 앞의 의자에 앉혔다.

　"제기랄! 모스크바에서 재미있게 지내고 있었는데 티비TB: 결핵에 걸렸어요. 카프카즈나 크리미아로 가서 요양하라고, 요양비도 대 준다고 했는데 다 싫다 하고 왔어요."

　봉암은 모스크바를 떠난 뒤 거쳐 온 경로를 설명했다.

　김찬은 조금 측은한 마음으로 봉암을 바라보다가 이내 고개를 저었다. 구석의 물통으로 가서 냉수를 한 잔 떠서 권했다.

　"결핵에 걸리면 과로와 수면부족은 피해야 해. 메주콩이나 청국장이 살균효과가 있으니 그걸 많이 먹어. 그리고 물을 자주 마셔. 굳어진 폐분비물이 녹아서 기침이 수월해지니까."

　"결핵을 앓아보지도 않은 형이 어떻게 그걸 알아요?"

　봉암은 목이 마른지 벌컥벌컥 물을 마셨다.

　"내가 경성의전 중퇴자라는 걸 잊었냐? 결핵도 잘 다스리면 되니까 실망하지는 마라."

　김찬은 위안 삼아 그렇게 말했지만 마음은 몹시 슬펐다. 봉암은 그가 가장 기대하고 있는 후배이기 때문이었다.

　"며칠 전에 간판을 걸었는데 어떻게 알고 찾아왔어?"

　"내 아우 용암이가 신사상연구회를 열었다는 신문기사를 보여줬지요. 걔가 신문 배달을 하잖아요."

　봉암은 어제 저녁 경성에 도착했다고 했다. 곧장 YMCA 중학부 졸업반인 아우의 셋방을 찾아가서 하룻밤을 보냈고 여독이 있어서 오전을 푹 쉬고 찾아온 것이라 했다.

　봉암이 물었다.

　"경성 사정은 어때요? 북성회北星會와 서울청년회 쪽이 여전히 따로 노는 중인가요?"

김찬은 낯을 찡그리며 말했다.

"그래. 북성회는 유대감을 갖고 있지만 서울청년회가 문제야. 우리 측과 세력다툼을 하고 있지. 그래서 아주 골치가 아파."

북성회는 도쿄유학 시절 조봉암이 참가해서 조직한 아나키스트 그룹 흑도회에서 사회주의 신봉자들이 분리되어 나온 조직이었다. 국내로 들어와 사회주의 운동을 전파하는 데 주력하고 있었다.

김찬은 조봉암이 국내에 없는 동안 일어난 일들을 이야기하기 시작했다. 조봉암으로 하여금 빨리 상황을 파악하게 해야겠다는 판단 때문이었다.

공산주의자들의 주도권 싸움

조봉암이 모스크바공산대학에서 공부하는 동안 사정이 바뀌어 있었다. 모스크바에서 부하린이, 조선인이 해외에서 조직한 두 개의 공산당 조직, 즉 상하이파 고려공산당과 이르쿠츠크파 고려공산당에게 해산하라는 최후통첩을 해서 당은 사라졌지만 파벌은 여전히 남아 있었다.

코민테른은 조선 땅 안에 실질적 기구인 조선공산당을 조직하기 위한 작업에 착수했다. 그 첫 번째가 공작요원의 잠입이었다. 1923년 3월, 김찬을 사전준비를 위해 파견하고, 그 뒤 신철*과 김재봉**을 파견했다.

---

* 신철(辛鐵, 1901-?): 본명은 신용기(辛容箕). 경남 통영 출생. 도쿄 메이지대학 등에서 공부했다. 1922년 이르쿠츠크 고려공산당에 입당하고 이르쿠츠크군정학교를 졸업했다. 1923년 3월 꼬르뷰로 국내공작원으로 입국, 고려공청 책임비서가 됐으며 꼬르뷰로 국내부를 결성했다. 1924년 2월 신흥청년동맹 결성에 참여했고 1925년 4월 조선공산당에 입당했다(강만길·성대경, 앞의 책, 78쪽).
** 김재봉(金在鳳, 1890-1944): 경북 안동 출생. 경성공업전습소 졸업. 3·1운동에 참여하고『만주일보』(滿洲日報) 경성지사 기자를 지냈다. 1921년 조선독립단 문서전달 혐의로 6개월 복역하고 소련으로 망명, 1922년 1월 극동인민대회, 같은

그들은 두 개의 조직을 만드는 사명을 갖고 있었다. 당과 청년조직이었다. 해외에서 조직했다가 해산된 두 공산당 조직이 '고려'라는 명칭을 쓴 것과 차별하려고 당명黨名에는 '조선'을 붙이고, 청년조직은 '고려'라는 명칭을 붙이기로 코민테른과 합의하고 있었다. 청년조직은 지금 신의주 형무소에 갇혀 있는 이르쿠츠크파 계열의 박헌영·김단야·임원근 등이 1921년 상하이에서 고려공산청년동맹을 조직한 바 있으므로 그것을 계승하면 된다는 판단 때문이었다.

김찬은 사회주의 항일운동가라는 신분을 감춘 채 일본인들과도 교유해 온 터인데다, 두 해 전 세 번째 러시아 여행길에서는 경성에서 사이토 마코토齋藤實 총독을 만난 적도 있었다. 그래서 그는 합법적으로 표면에 나섰고 김재봉과 신철은 지하에 숨어 그를 지원했다.

김찬은 국내의 젊은 오피니언 리더들을 두 사람과 접선시켰다. 그리하여 꼬르뷰로 국내부와 청년뷰로를 조직했다. 이름의 뜻 그대로 코민테른의 국내조직이었다. 많은 사회주의 단체들이 두 조직에 참여했다.

그리고 김찬은 김재봉과 더불어 구연흠具然欽, 1883~1937·홍명희洪命憙, 1888~1968·홍증식洪增植, 1895~?·박일병朴一秉, 1893~? 등과 손을 잡고 청년 인텔리겐치아의 전위前衛 조직인 신사상연구회를 결성했다. 순수 국내 파로서 국내에서 활동해온 서울청년회 회원들은 사회주의 운동의 주도권을 국외에서 파견되어 온 요원들에게 넘겨주기가 싫어서 꼬르뷰로 국내부에도, 신사상연구회에도 참여하지 않고 있었다. 신사상연구회와 다른 많은 단체들이 대개 일본 유학 출신자들에 의해 주도된 반면, 서울청년회는

해 11월 베르흐네우딘스크 고려공산당 연합대회에 참가했으며 다음 해 꼬르뷰로 국내부 책임비서가 되었다. 1925년 4월 조선공산당 초대 책임비서로 선임되었고, 12월 '제1차조공검거사건'으로 구속되어 복역했다(같은 책, 115-116쪽).

초기부터 국내에 근거를 둔 국내파가 중심이었다. 그들은 당연히 자기들이 주도권을 잡아야 한다고 주장하고 있었다. 대표적 인물은 이영과 김사국이었다.

설명을 끝낸 김찬은 사무실 열쇠를 집어들었다.

"오랜만에 만났으니 한 잔 하며 회포를 풀어야지. 우리집으로 가자. 열두 해만에 처자식들하고 같이 살게 됐어. 경운동에 집을 하나 얻었지."

두 사람은 운현궁 방향으로 걷기 시작했다. 큰길가에 지게를 받쳐놓고 잘 익은 참외를 파는 참외장수를 향해 봉암이 다가갔다.

"뭘 사려고 그래? 모스크바에서 준 여비가 남았으면 결핵약이라도 사 먹어야지." 김찬이 만류했으나 봉암이 기어이 주머니에서 돈을 꺼내 참외한 보따리를 샀다.

김찬이 가족을 위해 마련한 집은 경운동 71번지 운현궁 근처 큰길에서 깊숙이 안으로 들어간 곳에 있는 작은 기와집이었다. 김찬의 아내는 그의 고향 함경도 출신 여자였다.

"나하고 동경 유학 때 같은 방을 쓴 박철환 군이야."

그가 그렇게 소개를 하자 아내는 초면의 형수와 시동생이 그렇게 하듯 맞절을 했다. 그러고는 그가 술상을 보아달라는 말을 하지 않았는데도 곧장 주전자를 들고 대문 밖으로 나갔고 곧 술을 사 들고 들어왔다. 두 사람은 낮술을 마시며 회포를 풀었다.

그러면서 대화도 많이 나누었다. 김찬은 조봉암이 참석했던 베르흐네우딘스크 연합대회와, 모스크바에 가서 부하린을 만나 열었던 대표회의에서 상하이파 고려공산당과 이르쿠츠크파 고려공산당이 끝내 파탄으로 달려간 과정을 참석자들의 말을 전해 듣고 대강 알고 있었다. 하지만 자신이 아우처럼 신뢰하는 봉암을 통해 보다 정확하게 알고 싶었다. 그래야 모든 공산주의자들의 생각을 알고 장차 그들을 조절하고 장악할 수 있기 때문이었다.

조봉암은 그의 의중을 알고 시간과 장소, 분위기는 물론 참석자들의 대화와 표정을 마치 보고하듯이 상세하게 이야기했다. 이야기를 모두 듣는데 한 시간이 넘게 걸렸다. 도중에 김찬이 여러 차례 질문을 던져 확인하려 했기 때문에 시간이 더 걸렸다.

그리하여 김찬은 봉암이 지난 한 해 동안 소비에트 땅에서 대표로 회의에 참석하고 공산대학에 다니면서 세상을 보는 안목이 얼마나 넓어졌으며 사상무장은 어느 정도 돼 있는가를 알 수 있었다. 그가 예상한 만큼 봉암은 큰 나무로 자라 있었다.

봉암이 그가 부어주는 술잔을 받으며 말했다.

"아까 형님이 신사상연구회 사무실에서 해준 설명을 생각하면 짐작되는 게 있는데요. 그게 맞는 건지……. 모스크바 당국이나 코민테른이 형님을 파견한 데 이어 이르쿠츠크군정학교 출신인 신철 동지를 보내고, 이르쿠츠크파로서 베르흐네우딘스크 회의에 참석했던 김재봉 동지를 파견한 건 장차 이르쿠츠크파를 중심 혈통으로 하는 조선공산당을 만들고 싶어하는 거지요?"

"보는 눈이 예리하군. 아마 그렇게 될 거야. 상하이파한테도 동지로서 온정적인 유대감을 보여주긴 하지만 실질적으로는 이르쿠츠크 계열을 앞장세우려 할 것이야."

"그럼 대표는 누가 맡을까요? 형님인가요?"

김찬은 고개를 저었다.

"아니야. 난 숨어 있을 거야. 아마 김재봉 동지가 맡게 되겠지."

그는 그렇게 말하고 다시 봉암을 바라보았다.

"핵심적인 운영을 하게 될 젊은 맴버들은 누구일까 생각해봐."

조봉암은 고개를 갸우뚱했다.

김찬은 손가락으로 그를 가리켰다.

"너하고, 지금 신의주감옥에 있는 세 사람이야."

"박헌영·임원근·김단야인가요?"

"맞아. 셋이 중국 상하이 시절부터 똘똘 뭉쳐 있어서 '상하이의 트로이카' 혹은 '상하이의 삼인당'이라 불리는 건 너도 알겠지. 내년 1월에 만기출옥이야. 그때부터 너는 그 녀석들과 동지이자 경쟁자로 뛰게 될 거야. 세 사람한테 밀리지 않으려면 단단히 준비해봐."

"알았어요."

봉암이 말했다.

다음 날부터 김찬은 조봉암을 꼬르뷰로 국내부와 청년뷰로 쪽에 참여시켰다. 조선총독부는 단순한 문화 계몽운동은 묵인하고 사회주의 운동은 단속하고 있었다. 꼬르뷰로 국내부와 청년뷰로는 비합법적인 단체로서 단속대상이었다. 그래서 비밀리에 지하운동으로 펼쳐가고 있었다. 그는 조봉암에게 합법적인 단체인 신사상연구회와 비합법적인 단체인 청년뷰로에서 구성원들과 안면을 넓혀가며 서서히 영향력을 확대하라고 지시했다. 봉암은 그가 기대한 이상으로 일을 추진해나갔다.

어느 날, 대선배가 되는 홍명희가 김찬에게 말했다.

"박철환 동지 말이야. 뛰어난 좌담 장악능력을 갖고 있더군. 그 사람이 잘 모르는 주제를 놓고 좌담을 하는데도 진행하다보면 어느 새 좌중의 중심이 돼 있거든. 모스크바공산대학에서 배운 건가?"

김찬은 웃으며 고개를 저었다.

"선생님, 그건 그 친구가 가진 타고난 재능입니다. 그리고 한 가지 재능이 더 있지요. 책을 후딱 읽어치우고 요점을 머릿속에 담는 능력이 탁월합니다. 다만 걱정인 것은 결핵입니다. 그걸 이겨야 할 텐데요."

"그 얘긴 나도 들었소. 김 동지가 잘 보살펴주시오."

홍명희가 말했다.

상하이 트로이카

해가 바뀌어 1924년이 왔다. 새해 벽두에 박헌영·임원근·김단야가 신의주형무소에서 해방되어 경성으로 왔다. 김찬은 세 사람을 환영하는 자리를 마련했다. 행사 전날, 김찬은 조봉암과 저녁식사를 같이 했다.

"자네는 국내파 공산주의 청년투사 삼인당과 어깨를 겨뤄야 해."

그가 그렇게 말하자 조봉암은 걱정 말라는 듯 웃으며 머리를 끄덕였다. 그러고는 미리 준비한 듯 세 사람의 이력을 줄줄이 외웠다.

"임원근과 김단야는 저와 동갑이고 박헌영은 한 살 아래더군요. 박헌영은 충남 예산 출생이고, 경성고보 재학 중 3·1만세운동에 참가하고 일본으로 밀항해 공부하려다 밀항자라는 격겸 사유 때문에 대학에 가지 못하고 중국 상하이로 갔어요. 거기서 사회주의 활동을 하던 중 임원근과 김단야를 만나 깊은 우정을 쌓았지요.

재작년 1월 모스크바에서 열린 극동인민대표회의*에 참석했고, 재作상하이고려공산당 결성에 참여했고, 또 고려공산청년연맹을 조직하고 책임비서가 됐더군요. 그리고 그해 4월에 국내에서 사회주의 운동을 펼치기 위해 임원근·김단야와 함께 입국하려다 만주 안동의 음식점에서 체포당해서 국내로 끌려와 함께 형무소에 갇혔다가 함께 만기 출옥한 거지요.

임원근은 경기도 개성 출신이더군요. 경성에서 선린상업학교를 나오고

---

* 1922년 1월 극동의 피압박민족 문제를 다루기 위해 모스크바에서 코민테른 주최로 열린 국제회의. 이동휘·여운형·장건상·박헌영·임원근·김단야·김규식(金奎植)·김시현(金始顯) 등이 참가했다.

일본으로 가서 제가 공부했던 세이소쿠영어학교를 거쳐 게이오의숙慶應義塾에서 공부했지요. 3·1만세 다음 해에 상하이로 건너갔고 박헌영을 만나 교유하며 고려공산청년연맹의 주요인물로 활동하면서 함께 모스크바에서 열린 극동인민대회에 참가했지요.

　김단야는 본명이 김태연金泰淵이고 경북 김천 출신이더군요. 대구에서 계성啓聖학교를 다니다가 동맹휴학을 주도한 일로 제적당하고 일본으로 건너가서 세이소쿠영어학교를 다녔어요. 아, 참, 국내로 들어와 배재학당도 다녔어요. 3·1만세 때는 고향에서 시위를 주도하고 태형 90대를 선고받아 그 많은 매를 맞고 반쯤 죽었다가 살아났지요. 그 후 상하이로 망명했고, 거기서 박헌영이와 임원근을 만나 교유하며 함께 고려공산청년단, 이르쿠츠크파 고려공산당에 참여하고 1922년 모스크바에서 열린 극동인민대회에 참가했지요."

　조봉암다운 치밀한 준비였다. 그만하면 됐다는 생각에 김찬은 박수를 쳤다.

　"셋 중 박헌영이 가장 걸출하지. 키가 자네보다 한 뼘은 작지만 눈빛이 형형하고 도량이 넓어 언뜻 작은 거인 같은 인상을 준단 말이야. 자네하고 좋은 동지, 한편으로는 경쟁하는 동지가 될 거야."

　알고 있다는 듯 봉암은 씽긋 웃었다. 그 미소에 자신감이 넘쳐 보였다.

　김찬은 슬쩍 화제를 돌렸다.

　"내일 이 사무실에서 환영행사를 하고 피맛골로 가서 술 한 잔 곁들여 저녁을 먹을 거야. 그때 세 사람의 애인들이 올 거야."

　조봉암은 다시 씽긋 웃었다.

　"김단야는 아직 애인이 없고 박헌영의 애인 주세죽朱世竹과 임원근의 애인 허정자許貞子*가 오겠지요. 박헌영과 임원근은 상하이 YMCA회관에서

* 몇년 후 이름을 허정숙(許貞淑)으로 바꾸었다.

영어를 배울 때 허정자를 만났지요. 임원근이 허정자를 도와주면서 사랑이 싹텄고 열렬하게 연애하는 관계로 돌입했대요. 그러다가 허정자가 피아노를 배우고 있던 주세죽을 박헌영에게 소개해서 두 쌍의 연애가 성립됐다고 하더군요.

허정자는 스물세 살이니까 임원근보다 두 살 아래지요. 함북 명천에서 태어났고 아버지는 유명한 허헌* 변호사지요. 배화培花여고보를 나와 일본 유학길에 올라 고베神戸신학교를 다녔는데 자유분방한 성격 때문에 적응하지 못하고 귀국했다지요. 중국 상하이로 가서 영어를 배우다가 임원근을 만났고, 애인의 감옥살이 때문에 늦어진 결혼식을 올해엔 올리려 하고 있대요. 허헌 변호사가 동아일보사 사장 직무대행을 하고 있으니 임원근이 기자로 갈 거라는 소문도 파다해요. 허정자는 결혼 후에 역시 여성운동에 나설 거구요.

주세죽은 스물네 살, 함남 함흥 출신으로 영생여학교를 나와 교원을 하다가 3·1운동에 참가해 한 달간 구속됐었지요. 그 뒤 중국 상하이로 가서 안정晏摩여학교에 다니며 영어와 피아노를 배웠지요. 그러다가 친구인 허정자의 소개로 박헌영을 만나 사랑에 빠졌지요. 역시 박헌영이 귀국 길에 구속되어 복역한 터라 이해가 가기 전에 결혼식을 올릴 예정이지요."

김찬은 기가 막혀 눈을 크게 떴다. 봉암이 이리저리 물어서 들은 이야기일 텐데 매우 정확했던 것이다. 도대체 가장 가까운 나에게 묻지 않고 누구누구에게 물었을까. 그리고 어떻게 소문이 나지 않았을까. 그는 그것이 조봉암이 갖고 있는 천부적인 대인관계의 친화력 때문임을 알면서도 놀라

---

* 허헌(許憲, 1884-1951): 함북 명천 출생. 일본 메이지대학을 나와 변호사시험에 합격했다. 3·1운동 때 민족대표 47인의 변호인단으로 활동했고 보성전문 교장, 동아일보 사장 직무대행을 지냈다. 해방 후 건국준비위원회 부위원장, 민전 중앙위원을 지내고 월북, 김일성대 총장을 지냈다(강만길·성대경, 앞의 책, 541쪽).

지 않을 수 없었다.

다음 날 행사 시작 20, 30분을 앞두고 '상하이 트로이카'가 함께 나타났다. 김찬은 옥고를 치르느라 몸이 야윈 세 후배들을 하나씩 포옹했다. 그리고 그들에게 봉암을 소개했다.

"인사들 나누시게. 모스크바에서 온 조봉암 동지일세."

세 사람이 반갑다는 표정을 짓는데 조봉암이 먼저 박헌영을 얼싸안듯 왼손으로 어깨를 감고 오른손으로 그의 손을 잡고 있었다.

"동지의 출옥을 축하하며 따뜻한 마음으로 환영합니다. 벌써부터 만나고 싶었는데 이제 얼굴을 보는군요."

그러자 박헌영은 조금은 수줍어하는 미소를 지으며 봉암의 손을 잡았다.

"모스크바공산대학에 유학하셨다고 들었습니다. 앞으로 많이 이끌어주십시오."

"천만에요. 박 동지가 나를 이끌어줘야지요. ……그리고 참, 홍순복하고 이성구가 경성고보 동창이시지요? 나하고 도쿄에서 같이 자취했습니다. 나는 주오대학이고 그 친구들은 물리학교였지만."

봉암의 자연스러우면서도 호감을 보이는 화술에 박헌영이 끌려들고 있었다.

"아, 그러시군요. 좋은 친구들이지요. 3·1만세 때 같이 시위를 준비했습니다."

"세상이 좁아요. 한 다리 걸치면 친척의 친척, 친구의 친구가 되지요. 우리는 조국독립을 위해 한 몸을 던지려는 신념도 같고 사회주의라는 방법론도 같으니 같이 투쟁합시다."

봉암은 다감한 눈빛으로 박헌영의 얼굴을 바라보며 말했다.

"좋습니다."

박헌영이 아까보다 한결 편해진 눈빛으로 그를 바라보며 웃었다. 여러 세월 교유하며 의기투합한 사람들이 나누는 그런 미소였다.

봉암은 임원근과 김단야와도 그런 식으로 대화를 텄다. 김찬은 이제 됐다 하는 흐뭇한 마음으로 그 자리를 떠나 다른 동지들에게로 갔다. 잠시 후에 돌아보니 조봉암은 감옥에서 나온 세 사람과 다른 여러 사람들에게 둘러싸여 열심히 뭔가 말하고 있었다.

신흥청년동맹을 조직하다

피맛골 식당에 가니 두 여인이 이미 와 있었다. 박헌영의 애인인 주세죽은 출중한 미인이었다. 얼굴선이 달걀처럼 부드러우며 빼어나게 예쁜데다가 몸매도 매혹적으로 아름다웠다. 임원근의 애인인 허정자는 이목구비가 선명하고 잘생긴 여인이었다.

참석자들은 두 쌍의 남녀를 칭송하느라 모든 수사修辭를 다 동원했다. 그 또래의 진보적 인텔리겐치아들은 같은 일을 하는 동지를 애인이나 아내로 두는 것을 최고의 이상으로 여기고 있었다. 김찬은 조봉암도 그러기를 바랐다.

김찬은 봉암에게 슬쩍 물었다.

"자네 생각은 어떤가? 일본과 러시아에 유학한 몸이니 인습에 얽매인 남녀 교제와 결혼에 불만이 크지 않은가? 그래서 자유연애로써 아름답고 활달한 애인을 갖게 된 박헌영과 임원근이 부럽지 않은가?"

봉암은 정색을 하고 대답했다.

"저도 그런 연애, 그런 결혼을 원합니다."

그렇게 말하고는 길게 한숨을 쉬었다.

김찬은 봉암의 표정에 서린 아쉬운 빛을 읽었다.

"김이옥 양과는 연락이 이어지고 있나?"

"아니에요. 이러저리 소식은 듣지만 내가 연락은 안 해요. 이옥이 오빠와 사나이로서 약속을 한데다가, 우리는 도저히 어울릴 수 없는 사이이기 때문이지요."

"잘 생각했네. 그게 김이옥 양을 위해서도 좋은 일이지."

김찬은 그렇게 말했다.

감옥에서 나온 박헌영·임원근·김단야 삼인당은 비합법단체인 꼬르뷰로와 합법단체인 신사상연구회 일에 본격적으로 뛰어들었다. 국내에 조선공산당을 창당하는 일이나 청년조직을 만드는 일이 희망적으로 보이기 시작했다. 김찬은 조봉암으로 하여금 그들과 호흡을 맞추게 했다.

네 사람은 잘 어울렸다. 임원근과 김단야도 따지고 보면 봉암과 3·1만세운동으로 체포된 경력, 세이소쿠영어학교에 다닌 경력이 있어서 동지이자 선후배였다. 봉암은 그들 두 사람과도 쉽게 의기투합하는 것 같았다. 그리고 세 사람이 돌아온 뒤 눈코 뜰새없이 바쁘게 뛰고 있었다.

어느 날 김찬은 봉암에게 말했다.

"거 참 이상하군. 자네의 폐결핵 말이야. 그동안 약 한 첩 제대로 안 먹고 요양도 안 했는데 보통 사람들보다 더 맹렬히 뛰고 있지 않은가."

봉암은 영문을 모르겠다는 듯 두 어깨를 으쓱 들어올리며 두 팔을 벌려 보였다.

"그러게 말이에요. 지금쯤 각혈하고 쓰러져야 하는데 아무렇지도 않거든요. 내가 결핵 환자란 걸 잊어먹었듯이 병균 녀석도 자기 존재를 잊어먹었나봐요."

두 사람의 대화를 듣고 있던 동지들은 허리를 잡고 웃어댔다.

1924년 2월 11일 김찬은 동지들과 더불어 신흥청년동맹을 조직했다. 사실상 청년뷰로의 합법적인 공개조직이라 할 수 있었다. 그리고 3월 말, 조봉암을 박헌영·임원근·김단야와 함께 청년뷰로의 간부로 임명했다. 봉암이 보여준 역량은 충분했다.

김찬과 수뇌부는 다음 단계인 대중적인 지지기반 확보를 위해 지금까지의 비합법적인 비밀활동의 한계를 벗어나 합법적인 활동에 나서기로 결정했다. 당국이 승인한 청년단체, 여성단체, 노동단체에 들어가 실질적인 영향력과 주도권을 잡기 위해 힘을 기울였다.

신흥청년동맹은 조직 한 달쯤 후 전국 순회강연을 계획했다. 서조선대西朝鮮隊와 남조선대南朝鮮隊로 나누었는데 황해도와 평안도를 순회하는 서조선대는 박일병과 조봉암이 연사로 나서기로, 경상도를 순회하는 남조선대는 김찬과 신철과 박헌영이 연사로 나서기로 결정했다. 김찬이 조봉암을 지명하려 무리하게 애쓸 필요는 없었다. 봉암 자신이 가장 탁월한 논객으로 존재감을 드러내고 있어 당연한 일처럼 결정되었다.

출발 사흘을 앞두고 순회강연 멤버들은 경성여자고학생상조회 회원들을 만났다. 여자고학생상조회는 재작년1922 4월 정종명鄭鍾鳴, 1896~?이 발의하여 조직한 단체였다. 광화문에 온돌 2칸 마루 2칸을 마련하고 독지가의 후원으로 미싱 두 대를 구해서 회원 30여 명이 가내수공업으로 여아용 모자, 운동복, 간호부복, 천막 등을 만들어 팔아 학자금을 버는 일을 하고 있었다.

회장인 정종명은 29세의 미망인 여성투사였다. 배화여자학당에 다니다가 학자금 부족으로 학교를 중단하고 결혼했고 남편과 사별한 뒤 다시 간호부 수업을 받았다. 이때는 조산소助産所를 운영하고 있었다. 3·1만세운동 때는 이갑성李甲成의 부탁으로 기밀문서를 보관한 일로 체포된 적이 있었다. 자신이 고생하며 공부한 일을 생각해 후배들을 위해 여자고학생상조회를 열었다. 그리고 신철과 연인처럼 가깝게 지내고 있었다.

여자고학생상조회도 여성해방과 계몽을 위한 지방순회 강연회를 계획하고 있었고 신흥청년동맹의 행사와 겹치는 도시가 있어서 한두 군데에서 연합강연회를 하자고 찾아온 것이었다.

두 순회반의 대표연사인 김찬과 박일병은 조심스럽게 이것저것 물어 확인한 뒤 연합강연에 동의했다.

박일병이 말했다.

"참 잘된 일입니다. 연합강연회는 효과를 극대화할 수 있을 테니까요."

정종명의 곁에는 그녀가 데리고 나온 젊은 여성이 있었다.

"동덕여학교를 나온 김조이金㭶伊 양입니다. 순회강연 실무를 맡고 한두 차례 강연도 할 겁니다."

정종명이 소개하자 김조이는 자리에서 일어서 고개 숙여 인사했다.

"김조이입니다. 존경하는 선생님들을 뵙게 되어 영광입니다."

말과 행동이 시원시원했다. 키는 163센티미터로 조금 큰 편이고 몸이 가늘고 얼굴이 갸름했다. 그러나 속이 꽉 차보여 연약한 느낌은 주지 않았다. 당찬 구석이 있어 보였다. 저러니까 자기 힘으로 공부한다고 상경해 재봉틀을 돌리며 고학해 여학교를 나온 거지, 그런 느낌이 들었다.

누군가가 그녀에게 정종명 여사 곁에 앉지 말고 남자들 곁으로 섞여 앉는 게 어떠냐고 농담 삼아 말했는데, 그녀는 부끄러운 듯 잠시 고개를 숙였으나 선뜻 자리에서 일어섰다.

김찬은 조봉암의 옆자리를 손으로 가리켰다.

"박철환 동지 옆자리로 가시오. 이왕이면 미혼인 선남선녀가 같이 앉는 게 좋지요."

봉암도 멋쩍은지 조금 난처한 표정을 했지만 모두 박수를 쳐대자 고개를 끄덕였다.

김조이는 귓불을 붉힌 채 봉암의 곁으로 와서 단정하게 반무릎앉기 자세로 앉았다.

참석자들은 두 사람이 잘 해보라고 환호를 올리며 박수를 쳤다.

김찬은 두 사람이 잘 어울린다고 생각했다. 그리고 이 자리가 인연이 되어 둘이 가까워지기를 기원했다.

第一次共產黨幹部

曹奉岩昨日被逮

◇上海의 公園에서 散步하다가

一時間 格鬪를 演出

제2부
조국 해방의 탄환이 되다

모진 고문에 못 이겨 기절하면 순사들은
그를 질질 끌어다 감방에 넣었다.
깨어나도 몇 시간 동안 축 늘어져 있어야 했다.
정신이 가물가물한 가운데 감방의 누군가가
탄식하며 하는 말소리가 들렸다.
"젊어서 폐결핵을 앓았다고 했잖소.
어서 다 불어버리고 몸을 지키슈."
그럴 때면 그는 이대로 죽지 못하는 것이 슬펐다.
내게 조국이 무엇인가, 조국이 무엇을 해주었기에
내가 이런 고초를 겪는가 생각했다.
그러다가 잠깐 잠이 들면 꿈에서 이옥을 보고
어린 딸 호정을 보았다.

6 조선공산당 창당에 참여하다

신흥청년동맹의 순회강연

1924년 3월 16일 아침, 조봉암은 신흥청년동맹의 순회강연을 위하여 경의선 열차를 타고 경성을 떠났다. 그가 속한 서조선대의 첫 강연지는 황해도 해주海州였다.

봉암은 오후 8시 해주청년회관에서 연단에 섰다. 첫 강연 제목은 박일병의 '암흑과 광명', 두 번째 강연은 그의 '첫소리'였다. 박일병의 강연도 호응이 좋았지만, 수백 명의 청년 군중은 조봉암의 강연을 들으며 울고 웃었다. 밤 11시 강연이 끝나고 해산하면서 청중들은 "조봉암! 조봉암!" 하고 외쳤다.

다음 날인 3월 17일, 두 번째 강연회가 같은 장소에서 열렸다. 조봉암이 먼저 연사로 나서 '윤리의 두 가지 좋은 모습'이라는 제목으로 강연하고, 박일병은 '모든 미신의 초탈超脫'이라는 제목으로 강연했다. 어제 강연회가 좋았다는 소문이 나서 청중은 두 배가 넘었다. 경찰은 삼엄한 경계를 폈다. 강연 내용을 기록하면서 조금 위험하다 싶으면 "연사 주의!" 하고 책상을 치며 경고를 했다. 이날 강연은 11시 반에야 끝났다.

3월 18일 서조선대는 재령으로 갔다. 그날 저녁 재령성경학원에서 열린 강연회에서 조봉암은 '청년의 임무'라는 제목으로 강연했다. 3월 19일에는 안악으로 가서 안악천도교장에서 강연회를 열었고 조봉암은 '최후의 활로'라는 제목으로 강연했다. 21일에는 사리원에서 '생명의 약동'이라는 주제로 강연했다.

3월 22일에는 황주에서 경성여자고학생상조회의 순회강연단과 만났다. 경성에서 강연을 계획하는 사전협의를 할 때 곁에 앉았던 김조이가 일행 속에 들어 있었다. 아직 강연 경험이 적은 탓으로 연단에 서지는 않고 진행 실무를 맡고 있다고 했다.

3월이라지만 바람이 차서 봉암은 한기를 느끼고 있었는데 그녀를 보자 몸이 훈훈해졌다. 그녀를 처음 만나던 날도 그랬던 일이 생각나 그는 갑자기 행복해졌다.

"조봉암 선생님, 성공적인 순회강연을 축하드립니다. 가는 곳마다 청중을 울고 웃게 만드신다고 들었습니다. 비결이 무엇입니까?"

그녀가 진지한 표정을 하고 물었다.

"비결이 따로 있는 건 아니고 첫째는 청중과 정신적 유대감을 만들어야지요. 그리고 둘째는 내가 하는 말과 내가 가진 지식, ……감정, 신념, 뭐 그런 것들을 일치시켜야지요. 그러면 진정성이 얼굴과 목소리에 드러나게 마련이고 청중을 사로잡기 쉽습니다."

봉암은 친절하게 말해주었다.

김조이는 환하게 웃었다.

"잘 배웠습니다. 명심하겠습니다."

이날 강연의 첫 연사는 여자고학생상조회의 구옥선其玉仙, 두 번째는 박일병, 마지막 연사는 조봉암이었다. 봉암은 무대 옆 대기실에서 원고를 읽으며 감정이입에 열중했다. 박일병 선배의 강연이 거의 끝나가 심호흡을 하고 있는데 김조이가 사기그릇을 들고 왔다. 받아보니 풀어놓은 날달걀

이 담겨 있었다.

"강연 잘하시라고요."

그는 그걸 후루룩 들이마시고 무대로 나갔다. 강연제목은 '청년의 사명'이었다. 김조이가 준 날달걀 때문인지 감정이입이 잘 되고 목소리도 좋았으며 제스처도 잘 연결되어 나왔다. 그는 열정을 다해 강연했고 한번은 스스로 감정을 이기지 못하는 사람처럼 손수건을 꺼내 눈물을 닦았다. 청중석을 바라보니 태반이 눈물을 흘리고 있었다.

'아, 오늘 강연은 최고의 성공이구나.'

그는 그렇게 생각하며 남은 시간 열정적인 목소리로 강연했다. 강연을 끝내고 고개 숙여 인사하자 청중들이 기립하여 환호와 함께 박수를 치기 시작했다. 임석 경찰관이 호루라기를 불며 어서 돌아가라고 소리쳐도 자리를 뜨려고 하지 않았다.

온몸이 땀으로 젖은 채 단상을 내려오자 남녀순회강연단 멤버들 모두가 박수를 쳤다. 그때 문득 '1등'이라는 단어가 떠올랐다. '나도 세상의 제1인자가 될 수 있다'는 자신감에 가슴이 벅찼다.

단상 아래서 김조이가 울먹이고 있었다. 청중의 박수와 환호 때문에 들리지 않았으나 입술을 보니 이렇게 말하는 것 같았다.

"이렇게 감동적인 강연은 처음이에요."

강연회를 마치고 황주역 앞 여관에서 잠을 잔 일행은 다음 날 아침 열차를 타고 평양으로 떠났다. 두 강연반이 다음 날인 3월 24일 평양에서도 함께 하기로 약속하고 광고를 냈기 때문이었다.

일행은 한곳에 연속된 좌석에 앉지 못하고 여기저기 빈자리를 찾아 앉았다. 봉암은 박일병과 함께 앉아 있었다.

"자네가 워낙 강연을 잘 해줘서 기대 이상의 성공을 거두고 있어. 내가 운이 좋아."

박일병은 어제 잠자기 전 결산회의를 할 때 잔뜩 칭찬을 했으면서도 그렇게 말했다.

"선배님이 잘 이끌어주신 덕분입니다."

봉암은 고개를 숙이며 말했다.

그는 박일병을 일본 유학시절에 처음 만났다. 김찬을 따라 모임에 나갔던 조선인고학생동우회에서였다. 그보다 여섯 살이 위였다. 그가 깍듯이 선배로 모시는 김찬보다도 한 살이 많았다. 함경북도 온성 출신으로 오성五星학교와 보성전문학교를 나오고 와세다대학에서 일본 역사와 철학을 공부한 사람이었다. 동아일보 논설반 기자를 지냈고 청년뷰로의 합법적 공개조직인 신사상연구회 설립을 주도했으며 순회강연 주체인 신흥청년동맹의 집행위원장이기도 했다. 워낙 지식이 풍부하고 연설도 잘해 경성 최고의 논객 중 하나로 꼽혀왔는데 조봉암의 강연실력을 인정하고 있는 것이었다.

김조이와의 사랑

박일병이 모스크바공산대학에 대해서 물어 이런저런 이야기를 하고 있는데 정종명 여사가 그들 좌석으로 왔다.

"내가 박일병 선생님하고 할 이야기가 있으니 바꿔 앉읍시다."

그렇게 말하며 박일병과 눈을 찡긋하는 신호를 교환하는데, 의논할 것이 있어서라기보다는 그녀 자리로 가서 김조이와 같이 앉게 하자는 뜻 같았다.

그가 그녀 자리로 가니 김조이는 반색을 하며 맞았다.

"어서 오세요."

그녀 옆자리에 앉으니 다시 가슴이 훈훈해졌다.

"궁금하니 김 동지에 대해 얘기해봐요, 고향이 어디고 장래 꿈이 뭔지."

김조이는 순순히 고개를 끄덕였다.

"지금 스물두 살이고요. 고향은 경상남도 창원군 웅천면 성내리예요. 진해에서 가깝지요. 임진왜란 때 왜놈들을 물리치기 위해 우리 편이 쌓은 성과, 왜놈들이 쌓은 성, 이렇게 성곽이 둘 있는 마을이에요. 성황당도 있고 맑은 물이 흐르는 골짜기도 있고, ……그리고 저를 사랑하는 엄마가 계시고요. 아버지도 남동생들도 여동생들도 있고요."

"집이 가난했어요?"

봉암의 말에 그녀는 천천히 고개를 저었다.

"아니에요. 할아버지가 군수를 지내셨어요."

김조이의 조부는 패망한 왕조의 마지막 창원 군수를 지낸 김재형金載亨이었다. 500석은 거두는 부자였다. 그는 첫 아내를 잃고 재혼하여 아들을 여럿 낳았다. 그래서 김조이의 부친인 장남은 재산을 많이 물려받지는 못했다. 그냥 먹고살 만했다. 김조이는 창원의 선각자인 문석윤文錫胤, 1879~1919이 설립한 계광啓光학교를 다녔다. 공부를 더 하고 싶었으나 사대부 집안이라 워낙 완고해서 여자는 공부해선 안 된다고 했다. 그래서 그녀는 "군수네 손녀가 감히 머리를 자른다" 외치고는 단발斷髮을 하고 가출해 경성으로 올라왔다. 그 뒤 고학하며 한 해 돈 벌어 한 해를 다니고 휴학하고 다시 벌어 다니고, 그렇게 해서 4년짜리 동덕여학교를 7년 동안 다녔다.*

봉암은 김조이의 이야기를 감동적으로 들었다. 그리고 그녀가 궁금을

---

* 김조이의 부친 김종태(金鍾泰)의 「제적등본」 및 2011년 6월 1일 경남 창원시 진해구 소사동 자택에서 김영순(金永淳) 선생 인터뷰. 김영순 선생은 김조이의 남동생으로 1920년에 출생했다. 일본 교토(京都)중학교를 나와 죽산이 경영한 비강업조합일을 거들다가 그 뒤 회사원으로도 지냈다. 8·15광복 후 매형 조봉암이 정치에 투신하자 근접 수행원으로 일했다.

겪으면서도 비굴하지 않고 의연한 모습을 보여온 것, 언행과 옷차림에 흐트러짐이 없는 것이 사대부 집안의 교육 때문임을 알아차렸다.

"장해요. 마치 운명을 헤치고 전진하는 투사 같아요."

봉암은 그렇게 자신의 감동을 표현했다.

기차가 가볍게 흔들리고 있었다. 졸음이 밀려왔다. 밤늦게까지 강연을 하고, 강연회를 열어준 현지 청년단체와 총화회의를 하고 나면 자정이 넘곤 했다. 숙소에 누우면 몸은 지쳤는데 잠은 안 오고, 동숙하는 일행들도 부스럭거렸다. 그러면 그는 다음 강연 원고를 작성하곤 했다. 늘 수면부족이었지만 긴장해서 지냈는데 이날은 웬일인지 긴장이 풀리고 잠이 쏟아지는 것이었다.

한참 만에 깨어보니 김조이의 어깨에 머리를 괴고 있었다. 머리를 들자 그녀가 무슨 일을 잘못한 사람처럼 놀라고 미안한 표정을 했다. 그가 깰까 봐 꼼짝 않고 있었음을 알 수 있었다.

봉암은 손으로 제 머리를 툭 쳤다.

"미안해요."

"아녜요. 저는 행복했어요."

그녀가 귓불을 붉히며 말했다. 표정에는 정말 행복감이 담겨 있었다.

그는 손을 옆으로 뻗어 그녀의 손을 잡았다. 가볍게 떨리는 듯하던 그녀의 손이 그보다 더 세게 그의 손을 잡았다.

그녀는 봉암의 마음속에 자리 잡고 있던 김이옥과 풍모가 달랐다. 김이옥은 부잣집 외동딸로 자란 탓으로 순진무구한 귀여움을 가진 꽃송이 같은 여자였다. 폭풍우를 만난다면 단박에 쓰러지고 말 연약함이 있었다. 김조이는 몸이 가늘지만 강단이 있었다. 사대부 가문 출신이면서 고학을 해서인지 생명력이 강한 여자였다. 아무리 강한 폭풍우가 몰아쳐도 견뎌낼 만한 자신감이 있어 보였다.

평양에 도착한 일행은 숙소와 강연장소를 확인하고 이 도시의 명승지인 대동강변을 거닐었다. 조봉암의 옆에는 그림자처럼 김조이가 따라다녔다. 을밀대와 부벽루를 돌아보며 두 사람은 많은 대화를 나누었다.

그날 저녁, 예정대로 합동 강연회가 열렸다. 조봉암은 '소위 부인 문제의 거취'라는 제목으로 강연했다. 첫 연사 조봉암부터 시작해 두 번째 연사인 고학생상조회장 정종명이 임석 경찰로부터 몇 차례씩 경고를 받은 뒤 마지막 연사인 박일병은 끝내 중지선언을 받아 강연을 중단해야 했다.

다음 날 봉암은 김조이와 헤어졌다. 고학생상조회 순회반은 경성으로 돌아가고 신흥청년동맹 서조선대는 안주安州와 박천博川 강연이 남아 있기 때문이었다.

"잘 가요. 경성에 가면 다시 만나고 싶소."

그의 말에 김조이는 고개를 여러 차례 끄덕여 보였다.

3월 29일 안주 강연회는 비가 내리는데도 청중이 500여 명이나 모여 앉을 자리가 없어서 일부는 복도에서 서서 들었다. 조봉암의 강연 제목은 '생자生者의 절규'였는데 몇 차례 주의를 받다가 끝내 중지선언을 받아 단상을 그냥 내려와야 했다.

3월 30일에는 평안북도 박천에서 강연했다. 이번에도 조봉암 강연이 중단 선언을 받았다.

보름에 걸쳐 순회강연을 펼친 신흥청년동맹의 두 강연대는 4월 초순 경성으로 돌아와 자체 평가모임을 가졌다.

"우리의 순회강연은 기대치의 다섯 배가 넘는 대성공이었습니다. 신문마다 기사가 올랐고 신사상연구회와 신흥청년동맹은 삼척동자도 알게 됐습니다. 그리고 연사들도 유명인사가 됐습니다. 특히 박철환 동지는 선풍적인 인기를 갖게 됐습니다."

평가 토론이 끝난 뒤 박일병이 그렇게 선언했다.

이날 모임은 그간의 성과를 총결산하는 강연회를 인천에서 열기로 결정했다. 지방순회 강연에 나섰던 연사들 외에 몇 사람을 추가해 총 8명이 나서는 대강연회였다.

결산강연회를 경성에서 열지 않고 인천으로 가는 것은 세 가지 이유 때문이었다. 첫째는 장차 경성에서 몇 차례 강연을 계획하고 있고, 둘째는 인천이 경성의 문호와도 같은 항구도시라 중요한데다 공장 노동자들이 많아, 장차 조선공산당을 창당할 때 중요한 거점이 될 것이기 때문이었다. 셋째는 조봉암과의 인연을 소중히 여기는 인천엡윗청년회 회장 박남칠이 대규모 청중 동원을 약속했기 때문이다.

강연으로 사람들의 마음을 사로잡다

신흥청년동맹이 순회강연을 결산하는 행사이지만 부분적으로 여자고학생회와 연합강연도 했으니 여성연사를 끼워 넣자는 의견이 나왔다. 당연히 정종명 회장을 포함하게 됐는데 조봉암으로부터 미리 요청을 받은 김찬이 한 사람 더 넣자는 제의를 하며 덧붙였다.

"젊은 여자 청중들을 부르기 위해 젊은 여성연사가 하나 더 나가는 게 낫습니다. 김조이 양을 추천합니다. 강연의 자기 연출 부분에 미숙한 점이 보이지만 그게 더 매력일 수 있지요. 박철환 동지가 도와주리라 믿습니다."

신흥청년동맹의 실질적 주도자인 김찬이 그렇게 천거하니 반대할 사람이 없었다. 연사가 8명이나 되어 시간이 길어지는 것이 문제였으나 개인당 발표시간을 20~30분으로 줄이면 될 일이었다.

그리하여 봉암은 김조이의 강연원고를 점검하고 연습을 지도하게 되었다. 두 사람은 강연준비를 핑계로 신사상연구회 사무실에서 여러 번 만났다. 그러면서 빠른 속도로 서로에게 빠져들었다.

인천 강연회를 앞두고 신문에 여러 차례 기사가 나갔다. 연사명단에 김

인천공회당. 죽산은 1924년대 탁월한 논객으로 전국 순회강연을 했다.
그해 4월 19일 인천공회당에서 순회강연을 결산하는 마지막 강연을 했다.
뒷날 그와 결혼한 김조이도 연단에 섰다.『인천일보』 조우성 주필 제공.

조이는 김은곡金隱谷이라는 가명으로 실렸다.

경성 신흥청년동맹에서는 내일 19일 오후 8시부터 시내 산수정山手町 공
회당公會堂에서 강연을 개최한다 함은 이미 보도한 바 있거니와 부내府內 각
신문사와 각 단체의 후원으로 예정과 같이 열 터이라는데 연사와 연제는 다
음과 같다 하며 장내를 정리하고자 입장료는 10전을 받는다는데 일반의 내
청을 환영한다고.

행정行程: 앞길에 있는 의심을 깨뜨리고-신철神鐵
미정未定-김은곡金隱谷
수능어지誰能御之: 누가 능히 대적할 수 있는가-김찬
미래는 민중의 것이다-박일병

신사상대염매新思想大廉賣-조봉암

수평선상에서 본 여성상-정종명

자본주의 사회에 대한 나의 견해-김장현金章鉉

현대여성의 고통-배혁수裵赫秀*

4월 19일 인천 강연은 남조선대와 서조선대의 순회강연이 워낙 큰 성공을 거둬서인지 공회당에 입추의 여지도 없이 청중이 들어찼고 반응도 좋았다. 연사들은 신명이 나서 열변을 토했고 청중은 박수로 화답했다. 조봉암은 '대중을 본위로 삼는 민중운동이 조선인의 유일한 살길이며 따라서 이러한 신사상을 널리 판매하겠다'고 말해 청중을 사로잡았다.

그의 강연은 가장 두드러져서 그는 고향에서 가까운 이 항구도시의 시민들에게 자신의 이름을 확실하게 각인시키는 데 성공했다. 김은곡이라는 가명을 사용한 김조이의 강연도 무난한 성공이었다.

강연회가 끝난 뒤 그는 인천 강연을 도와준 강화 출신 박길양 선배와 어릴 적 친구인 정경창에게 감사의 인사를 했다. 한때 강화에서 교편을 잡았고 시대일보 강화지국을 운영한 바 있었던 박길양은 지난달 강화중앙청년회를 조직하고 대표가 되었으며 동아일보 강화 주재기자를 하고 있었다. 정경창은 박길양을 도와 청년회를 이끌고 있었다.

형 수암과 아우 용암도 만났다. 인천이 강화 갑곶나루에서 연락선을 타면 서너 시간 만에 올 수 있는 곳이어서 형제와 잠두교회 교인들, 그리고 엡윗청년회 회원들이 하룻밤 여관에서 잘 요량으로 강연을 들으러 온 것이었다.

---

*『동아일보』, 1924년 4월 18일자. 인천 신수정은 오늘날 인천 중구 송학동이며 공회당은 현 인성여고 자리에 있었다.

그는 모스크바에서 돌아오고 7개월이 지났는데 한 번도 집에 가지 못했다. 자신의 신분에 이상한 낌새가 보이면 경찰이 형과 식구들을 연행해놓고 고문을 해댈 것이기 때문이었다.

나이보다 열 살은 더 늙어 보이는 형이 말했다.

"네가 자랑스럽구나. 몸은 괜찮으냐?"

"네, 바쁘게 살았더니 폐병이 놀래서 떨어져 나갔나봐요."

수암 형은 웃지 않고 한숨을 쉬었다.

"그랬으면 오죽 좋겠느냐. 그리고 말이다. 순사들이 찾아와서 너에 대해 묻곤 하는데 그때마다 가슴이 덜컥한다. 오늘 청중 속에서 들으니 경찰이 신흥청년동맹을 여차하면 잡아들일 생각으로 눈에 불을 켜고 있다더라. 그러니 몸조심해라."

"걱정 마셔요, 형님."

아우 용암이, 잠두교회 교인들과 엡윗청년회원들이 반대편 복도에 모여 있다고 말해 그는 그쪽으로 걸어갔다. 용암은 이 봄에 YMCA 중학부를 졸업하고 고향 강화로 돌아가 엡윗청년회 간사로 일하고 있었다. 그동안 정구를 강화에 보급했으며 강화군 대표팀으로 인천 대표팀과 싸우고, 전국대회에도 출전했다는 것을 그는 알고 있었다.

반대편 복도로 가는 길에 YMCA 중학부 동창인 박남칠을 만났다.

"네가 준비를 잘해줘서 강연회가 성황이 됐어. 고맙다."

그는 박남칠을 포옹하고, 박남칠이 소개하는 김용규金容奎 · 이보운李寶云 · 이승엽李承燁 · 유두희劉斗熙 · 권평근權平根 등 인천의 청년지도자들과 인사를 했다. 이날 강연에 청중이 넘치도록 많이 오게 만든 사람들이었는데 그중 김용규 · 유두희 · 권평근이 강화 출신이었다.

조봉암은 장차 사회운동이 청년 중심으로 갈 것임을 누구보다도 잘 알고 있었으며, 초면의 사람들을 마음으로 사로잡는 데 탁월했다. 그들과 일

일이 악수하고 등을 어루만지며 출신지역과 출신학교, 그리고 지금 속해 있는 청년단체에 관해 물었고 그것들을 머릿속에 저장했다. 가장 나이 어리고 영민해 보이는 이승엽에 특히 관심이 갔는데 인상仁商 재학 중 3·1 만세운동을 주도해 퇴학당했고, 도쿄에서 세이소쿠영어학교를 다녔으며 보성법률학교도 다니다 중퇴했다고 했다.

강화 사람들은 인천 내리교회 엡윗청년회원들과 함께 모여 있었다. 거기 김이옥도 있었다.

그는 이옥에게 다가갔다.

"그동안 잘 있었지? 야학을 한다는 소식은 신문에서 읽었어."

"건강이 안 좋으시다는 말을 들었어요. 몸조심하세요."

그녀는 눈이 젖어 있었다.

그녀와는 그렇게 한 마디씩 나눈 것이 전부였다. 수백 명의 청중이 지켜보고 있는데다가 신문기자들이 질문하려고 기다리고 있기 때문이었다. 그리고 무엇보다도 그의 마음은 이미 자신이 한때 사랑했던 고향 처녀에게서 멀어져 있었다.

수암 형이 강연장에서 가까운 만국공원 아래 여관으로 가고 강화교인들과 청년회원들이 인천 내리교회에 임시로 마련된 숙소로 갔는데 그는 두 곳에 가지 못했다. 강연회가 자정이 임박한 시각에 끝난데다가 청년동맹 수뇌부가 이날 행사를 평가 점검하는 총화회의를 열었기 때문이다.

다음 날 아침에도 짬이 나지 않기는 마찬가지였다. 그다음 날인 4월 21일에 전국 223개 단체가 참가하는 조선청년총동맹 창립대회가 예정돼 있어서 인천역 앞 식당에서 국밥을 한 그릇씩 먹고 부랴부랴 상경열차를 타야 했기 때문이었다.

4월 21일부터 사흘 동안 종로 중앙청년회관에서 223개 단체 170명 대표가 참석하여 조선청년총동맹을 창립했다. 서울청년회 계열이 화요회火

曜會 계열인 신흥청년동맹의 창립에 자극받아 준비한 행사였다.

"불필요한 파벌투쟁을 야기할지도 모르니 전략을 세웁시다. 우리가 거기 참가해 장악하는 길을 찾읍시다."

봉암은 동지들에게 책사策士처럼 말했다. 그리고 신흥청년동맹을 대표해 거기 참가해서 중앙집행위원 25명에 선임되었다. 그 뒤 조선청년총동맹은 날이 갈수록 조봉암과 박헌영·김단야·박원근 등이 우위를 차지하게 되었고 결국 전체를 장악해버렸다.*

김조이와의 결혼, 그리고 기자생활

조봉암은 1924년 봄을 찬란한 광휘 속에서 보낸 셈이었다. 7년 전 일당 10전을 받고 군청 사환 노릇을 한 세월을 생각하면, 그리고 3년 전 신의주 경찰서에 지독한 고문을 당하고 나와 이를 악물고 일본 유학을 떠난 순간을 생각하면 눈부신 인생의 성취를 하고 있는 셈이었다.

모든 일이 순조롭게 돌아가고 있었다. 사회주의 운동의 주도권은 김찬과 그가 속한 신사상연구회와 신흥청년동맹 쪽으로 기울어 있었고 조직 안에서 봉암의 위상도 훨씬 커져 있었다. 그는 서울청년회를 포함한 거의 모든 청년단체가 가입하여 결성한 조선청년총동맹의 상무집행위원이었다.

그리고 김조이 양과의 사랑도 하루만 얼굴을 안 보아도 그리워 못 견딜 정도로 깊어지고 있었다. 어느 날은 그녀의 간청을 받아들여 병원에 가서 진찰을 받았는데 폐결핵 증상도 거의 사라지고 있었다.

그는 많은 시간을 또래의 동지들과 교유하며 보냈다. 박헌영·임원근·김단야였다. 그들 세 사람도 빛나는 인생의 성취를 하고 있었다. 조봉암처

---

* 김준엽·김창순, 앞의 책, 제2권, 144쪽, 155쪽.

럼 시대를 앞서는 논객으로 유명했으며 결혼과 연애에 바빴다.

　박헌영은 주세죽과, 임원근은 허정자와 결혼했다. 김단야는 조산원학교를 나온 고명자*와 사랑에 빠져들고 있었다. 고명자는 가문이 좋고 대단한 미인이이서 무수히 많은 중매가 들어왔는데 혁명가가 아니면 사랑할 수 없다 선언하고는 김단야의 구애를 받아들였다고 한다. 그런 분위기 때문에, 그리고 혁명가는 같은 길을 가는 여성동지를 아내로 두어야 한다는 신념을 지닌 동지들의 성화를 이기지 못해 조봉암은 김조이 양에게 청혼했다.

　"나와 결혼해줘. 너와 함께 암흑에 빠진 조국과 민족을 구하고 사회주의를 실현시켜 모두가 잘사는 세상을 만들고 싶어."

　그는 인천 월미도에서 황혼의 바다를 바라보며 그렇게 말했다.

　"가슴이 벅차서 두근거려요. 청혼을 기다리고 있었어요. 당신을 도와 당신이 훨훨 날아오르도록 도울게요."

　김조이 양은 얼굴과 가슴에 붉은 노을을 황홀하게 안은 채 떨리는 음성으로 대답했다.

　두 사람은 6월 30일 김조이의 고향집에서 결혼식을 올렸다. 조봉암이 유명인사였으므로 결혼 소식은 신문에 단신으로 실렸다.

　　조선청년총동맹 상무집행위원의 한 사람인 조봉암(24) 군은 여자고학생 상조회에서 고생을 무릅쓰고 분투하는 김조이(21) 양과 작昨 30일에 그의 처가 되는 경남 창원군昌原郡 웅천면雄川面 성내리城內里에서 화촉의 성전을

---

* 고명자(高明子, 1904-?): 충남 부여 출생. 대구진명여학교와 총독부 조산부(助産婦) 양성소 졸업. 경성여자청년동맹, 고려공산청년회 멤버로 활동하고 모스크바 동방노력자공산대학에 유학했다. 1929년 조공조직준비위에 참여하고 복역했으며 해방 후 조선부녀총동맹 서울지부 부위원장을 지냈다(강만길·성대경, 앞의 책, 23쪽).

거행하였다고.*

조봉암과 결혼하면서 김조이의 위상도 덩달아 높아져서 그녀는 서울청
년회 김사국의 아내 박원희**, 그녀를 이끌어준 여자고학생상조회장 정종
명, 신철의 아내인 정칠성***, 박헌영의 아내인 주세죽, 임원근의 아내로서
이 무렵 이름을 허정숙許貞淑으로 바꾼 허정자 등을 따라다니며 여성 지도
자로서 이름을 알리기 시작했다. 그들과 더불어 조선여성동우회를 조직하
고 활동했다.

결혼 후에도 조봉암은 승승장구했고 1924년 9월 조선일보 기자가 되었
다. 신사상연구회 멤버였던 홍증식의 천거에 따른 것이었다.

그 무렵 송병준宋秉畯이 경영하던 조선일보는 경영난에 빠져 동아東亞 영
업국장으로 있던 홍증식이 신석우申錫雨의 부친인 신태휴申泰休를 설득해
85,000원으로 회사를 인수했다. 그리고 이상재李商在를 사장으로 추대했다.
막대한 경영자금을 끌어들인 홍증식이란 사람은 충남 당진 출신으로 수완
이 보통이 아니었다. 홍은 조선일보에 자금을 끌어낸 대신 영업국장 자리에
앉아 상당한 실력을 갖게 됐다. 동아에서 박춘금朴春琴 사건을 계기로 옮겨
온 김동성金東成·이상협李相協과 함께 신문사를 인수하다시피 했다.

* 『동아일보』, 1924년 7월 1일자.
** 박원희(朴元熙, 1899-1928) 경성여고보를 나와 교사로 근무하다가 김사국과
   결혼, 도쿄로 가서 노동자로 일하면서 공부했다. 1924년 조선여성동우회 결성
   에 참여했다(강만길·성대경, 앞의 책, 203쪽).
*** 정칠성(丁七星, 1908-?) 경북 칠곡 출생으로 상경하여 남도 기생들이 모인 한
    남권번의 기생이 되었다. 1922년 도쿄영어강습소에서 수학하고 1923년 귀국.
    물산장려운동에 참여했다. 대구여자청년회를 결성했으며 1924년 조선여성동
    우회 결성에 참여했다(같은 책, 442쪽).

박헌영이 조선일보 기자로 자리를 옮긴 것은 바로 홍증식의 추천에 의해서였다. 홍을 통해 당시 조선일보에는 사회주의 물이 든 기자들이 대거 입사했다.

그때 편집국 사회부에는 박헌영과 함께 김단야·임원근·조봉암, 지방부에는 홍남표洪南杓가 들어갔고, 논설반에는 김준연金俊淵·신일용辛日鎔이 들어갔다.*

조봉암은 자기 생각을 글로 표현하는 기자생활보다 청중 앞에서 직접 설파하는 강연을 더 좋아했다. 그는 기자생활 중에도 강연에 나섰다.

9월 7일 만국무산청년기념일을 맞아 인천에서 무대에 섰으며, 며칠 뒤 산아제한 토론회에도 나갔다. 10월 13일은 옛 기독청년회관에서 이름이 바뀐 중앙청년회관에서 '청년운동의 3대 표어'라는 주제를 들고 무대에 섰다. 그리고 12월 13일은 역시 중앙청년회관에서 '과거 1년간의 사회주의 운동'이라는 제목을 들고 강연했다.

가장 보람이 컸던 것은 10월 13일 강연이었다. 김찬·박헌영 등과 함께 나간 강연에서 그가 등단하자 사회자가 '바로 이곳 YMCA 중학부에서 공부한 분'이라고 소개했고 청중석의 후배들은 함성을 올리며 박수를 쳐서 환영했던 것이다.

그 순간 그는 '아, 내가 바로 이 회관에서 중학공부를 했지' 하는 생각이 떠올라 저절로 자기열광에 빠져들어 강연을 했고, 좌석을 메우고 통로까지 들어찬 청중들로부터 기립박수를 받았다.

강연회와 토론회 말고도 다른 많은 행사들이 그를 기다렸다. 9월 14일 오후 2시, 그는 경성 수표정水標町: 현재의 중구 수표동에 있는 교육협회 회관

---

* 박갑동,『박헌영』(도서출판 인간, 1983), 43쪽.

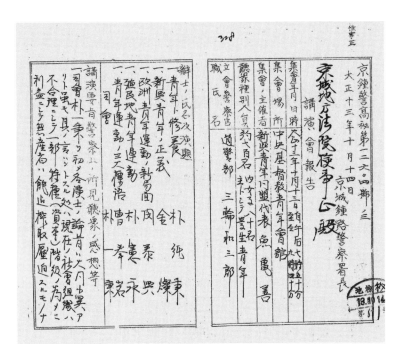

신흥청년동맹 강연보고. 1924년 10월 14일 종로경찰서장의 「기밀 보고서」.
죽산이 박순병·김찬·민태흥·박헌영·박일병 등과 전날 YMCA 회관에서
강연했음을 보고했다. 국사편찬위원회 DB.

에서 열린 신흥청년동맹 제1회 정기총회에서 회장이 되어 회의를 진행하
고 김찬·박헌영·김단야 등과 함께 아홉 명의 집행위원으로 선정되었다.
나머지 집행위원 다섯 명 중에는 그의 강화 출신 친구 정경창*도 들어 있었
다. 11월 26일은 학생단체인 혁청단革靑團의 위원으로 선정되었다. 이 단

* 정경창(鄭慶昌, 1899-?): 경기도 강화 출생. 강화중앙청년회에서 활동했으며, 신
  흥청년동맹 집행위원으로 선출되었다. 1925년 4월 조선공산당과 고려공청에 가
  입했다. 1925년 모스크바동방노력자공산대학에 입학했으나 중퇴하고 모스크바
  에서 공장 종업원을 지냈다. 1930년 '조공재조직준비위원회 사건'으로 수배되었
  으나 소재불명으로 기소중지되었다(강만길·성대경, 앞의 책 428쪽).

체는 원래 계몽단체였으나 조봉암 등 신사상연구회 멤버들이 참여해 탈바꿈시킨 것이었다.

"공산당 창당을 위하여! 조국 해방을 위하여!

조봉암은 신혼의 단꿈에 빠져 지낼 시간이 없었다. 몸이 셋이라 해도 모자랄 지경이었다. 경쟁관계에 있는 서울청년회보다 앞서기 위해 그가 속한 그룹의 리더인 김찬은 더 강하게 밀어붙이고 있었다.

신사상연구회는 11월 19일, 명칭을 화요회로 바꾸고 종래의 연구중심 활동에서 행동중심 단체로 체질을 개선하기로 의결했다. 화요회라는 명칭은 마르크스의 생일이 화요일인 것에 착안하여 그렇게 고친 것이었다.*

그러는 가운데 1924년 세모歲暮가 눈앞에 다가왔다. 12월 27일, 그는 조선청년총동맹 집행위원의 자격으로 『동아일보』 신년특집호에 기고할 짧은 원고를 썼다. 지난해의 성공과 실패를 돌아보며 신년 벽두에 포부를 밝히는 명사들의 기고였다.

그가 펜을 놓는 순간, 아내가 찻잔을 들고 왔다.

"『동아일보』 신년 특집호에 이 시대 최고 명사들과 함께 당신 글이 실리다니요. 당신이 자랑스러워요."

"화요회도 신흥청년동맹도 김찬 동지가 우두머리지. 글이야 박헌영·임원근·김단야 동지 글이 좋은데 최근 내가 새로 떠오르니까 나한테 쓰라는 거지."

그는 차를 마시면서 마지막 문장에 마침표를 찍었다.

"올해가 며칠 안 남았지만 잊지 못할 한 해가 될 거야. 당신과 결혼했고

---

* 이 단체는 1925년 제1차 조선공산당 창당을 주도하는 등 한국공산주의운동의 중심에 섰으며, 조봉암은 큰 역할을 수행했다.

조선일보 기자가 됐고, 강연도 많이 했고 그야말로 알차게 보낸 셈이지. 초고니까 당신이 한 번 읽어봐."

그는 차를 마시고 아내 김조이는 원고를 읽었다.

"이 부분이 마음에 걸려요. 총독부에서 검열할 건데 말이에요. '합법적인 우리 운동이 당국의 간섭이나 압박을 받는 건 모순입니다.' 이 부분을 완곡하게 고치세요."

"음, 그러지."

봉암은 만년필을 들어 원고지의 수정공간에 고쳐 넣었다.

다시 읽은 김조이가 새 원고지에 깨끗하고 정확한 글자로 정서하기 시작했다.

1924년의 마지막 날 오후, 조봉암은 화요회의 핵심 멤버인 김찬과 박헌영·임원근·김단야 등과 가회동 김찬의 집에서 간단한 송년회를 했다.

작년까지만 해도 조선반도 안의 사회주의 진영은 김사국이 이끄는 서울청년회, 김약수가 이끄는 북풍회, 그리고 김찬이 이끄는 신사상연구회가 마치 가마솥의 세 발처럼 정립鼎立하고 있었다. 그런데 조봉암이 모스크바에서 돌아오고 박헌영·임원근·김단야가 출옥해 합류한 뒤 급격하게 중심이 김찬 등에게로 기울고 있었다. 김찬이 수완이 좋아 행동과 추진력에는 탁월하나 성격이 급하고 지성이 모자라는 아쉬움이 있었다. 그러나 이들 탁월한 젊은 후배들이 참모역할을 하면서 신흥청년동맹을 이끌고, 신사상연구회를 화요회로 명칭을 바꾸면서 다른 그룹을 압도하게 된 것이었다.

"조금만 더 조직을 강화하자. 그리고 새해에는 기필코 조선공산당을 우리가 중심이 되어 만들자. 그리하여 조국을 왜놈들의 굴레로부터 해방시키자!"

김찬이 건배를 제의했고 네 명의 젊은 동지들은 잔을 부딪쳐 건배했다.

"공산당 창당을 위하여! 조국 해방을 위하여!"

술과 안주는 풍성했다. 그들은 가난하지 않았다. 김찬은 결코 일제에 타협하지 않으면서도 수단이 좋아 처자에게 따뜻한 집과 먹을거리를 마련해 주고 있었다. 그래서 아내가 좋은 술과 안주를 마련했고, 참석한 네 사람의 젊은 동지들도 신문기자로서 월급을 받는 터라 술과 고기, 과일 따위를 사들고 온 때문이었다.

술을 마시면서도 그들은 많은 시간 긴요한 대화를 나누었다. 조선공산당 창당을 목표로 하는 꼬르뷰로 국내부가 새해 벽두에 중요한 행사를 열려고 하기 때문이었다. 그들이 속한 화요회와, 그들과 유대감이 강한 북풍회를 중심축에 놓고, 조선노동당을 참여시켜 재경사회운동자간친회懇親會를 열기로 한 것이었다. 신년 교례를 위한 모임을 표방하겠지만 조선공산당 창당을 향해 한 발 더 다가가는 단계라고 볼 수 있었다.

조봉암과 동지들이 속한 화요회는 이 모임을 성공적으로 이끌면서 주도권을 잡아야 하는 과제를 갖고 있었다. 사회운동을 용인해온 총독부가 감시와 사찰을 강화하려는 움직임을 보이고 있어서 조심할 필요가 있었다. 그러나 모든 것이 희망적이었다.

"잘 될 거야. 모든 게 우리 뜻대로 돼가고 있어. 희망찬 내년을 위해 건배하자."

김찬의 건배 제안에 조봉암과 세 사람의 젊은 동지들은 잔을 높이 들어 올렸다.

조선공산당 창당에 참여하고 다시 모스크바로

1925년 새해가 오고 조봉암은 27세가 되었다. 1월 1일 아침, 그는 기차를 타고 인천으로 갔다. 인천노동총동맹 간친회에 조선청년총동맹 대표로 참석해 인천과 고향 강화의 노동자와 청년회원들을 격려하고 조직 확대를 위한 방안을 제시하기 위해서였다.

이날 신문에 그가 기고한 글이 실린 터라 인천과 강화의 사회운동가들은 그를 거물로 바라보고 있었다. 늘 그랬듯이 그는 모든 참석자들의 마음을 사로잡아버렸다.

모임이 끝난 뒤 그는 아우 용암과 박남칠을 만났다.

"형은 이제 조선팔도에 모르는 사람이 없을 정도로 유명해졌어요."

박남칠의 말에 용암도 그렇다는 뜻으로 머리를 끄덕였다.

"자네들 두 사람은 각각 고향 인천과 강화를 지키고 있으니 그것도 큰 몫이야."

그는 두 사람에게 말했다.

1월 3일, 예정대로 경성 돈의동에 있는 중화요릿집 열빈루悅賓樓에서 150명이 참석한 가운데 재경사회운동자간친회가 열렸다. 김찬이 사회를 본 이 모임에서 조봉암은 지난해 1년간의 청년운동을 돌아보는 보고 발언을 했다.

간친회가 어느 정도 성공을 거둬서 한숨 돌리는데 신년특집호에 그의 기고를 실은 『동아일보』가 다시 원고 청탁을 해왔다. '사회운동과 민족운동의 차이가 무엇인가'라는 제목이었다. 부르주아 민족주의를 밀어내고 사회주의가 강세로 자리 잡고 있는 지금 두 방향의 운동 성격을 청년 지식층이 어떻게 바라보아야 하는가를 깨닫게 하기 위해 기획된 글이었다. 그는 총독부의 검열을 의식하며 차분하게 원고를 썼다.

우리가 말하는 사회운동이라는 것은 한 국가사회에 있어서도 유산계급과 무산계급이 대립한 경우에는 계급투쟁을 전제로 하여 철저히 사회를 개선하려는 것입니다. 그런 까닭에 서로 이해利害가 충돌되는 양대계급을 혼동하여 같은 민족이라는 막연한 관념 아래서 부르짖는 민족운동과는 본질상으로 차이가 되는 것이올시다. 그 실례를 들어 쉽게 말한다면 우선 무엇보다도 먼저 민족적으로 독립이 되어 있는 영국이나 불란서나 독일 같은 나라에서도 가장 맹렬히 사회운동이 일어나는 것만 보아도 족히 알 수 있는 것이며 또한 그 반면에는 민족운동이라 할 만한 반동세력이 그 나라의 사회운동과 대립하여 한 가지 운동이 되어 있는 것도 우리가 알 수 있는 것이올시다. 파시스트나 일본의 적화방지단 같은 것이 이러한 종류의 민족운동이라고 볼 수 있는 것입니다.*

신문을 읽은 김찬이 말했다.

"요새는 신문마다 조봉암이군. 강연에서 명성을 날리니 그 기사가 나가고, 거기다가 인터뷰는 물론 기고까지 하니 말이야."

"모두가 형님이 이끌어주신 덕분입니다."

봉암은 깍듯이 고개를 숙이며 말했다.

"허허, 그건 네가 노력한 결과야. 그리고 너의 탁월한 설득력과 언변, 한 번도 실수를 하지 않는 치밀하고도 냉정한 계산은 장차 더 큰 빛을 발할 것이야."

일경의 관심을 따돌리고

2월에 들어 조봉암과 화요회 동지들은 김재봉의 집에 모여 조선공산당 창당을 위한 주도면밀한 계획을 세웠다. 조선기자대회와 전조선민중운동자대회를 거의 동시에 열어 조선총독부의 관심을 그쪽으로 돌리고 빈틈을 이용해 창당을 하자는 것이었다.

---

* 조봉암, 「사회운동과 민족운동의 차이점과 일치점」의 앞부분, 『동아일보』, 1925년 1월 7일자.

화요회 멤버들은 행동에 들어갔다. 전국의 민중운동자 70여 명을 망라해 대회 준비위원회를 조직하고 『동아일보』와 『조선일보』에 대회 취지 및 준비위원 명단을 발표했다. 거기에는 조봉암·김조이 부부, 박헌영·주세죽 부부, 임원근·허정숙 부부와 김단야·김찬·박일병 등이 포함되어 있었다.

북풍회 측의 이의 제기와 서울청년회 측의 적극적인 반대가 있어 엎치락뒤치락하는 가운데 일이 추진되었다. 봉암과 동지들은 초조해하지 않았다. 진짜 목적은 총독부 경찰의 관심을 온통 이쪽으로 돌리는 데 있기 때문이었다. 경찰은 이 대회를 불허할 태도를 보이며 긴장하고 있었다.

조봉암과 화요회 멤버들은 다음 단계 작업을 밀어붙였다. 조선기자대회였다. 4월 15일부터 종로의 중앙기독청년회관에서 691명의 신문 잡지 기자가 참석하는 큰 대회였다. 『동아일보』는 크게 이 대회를 보도했다. 제목과 줄줄이 달려 있는 부제만 보아도 거창했다.

> 곧 군용軍容을 정비한 조선의 필진
> 억압된 언론계에 활약의 제1보
> 죽어가는 조선을 붓으로 그려보자!
> 거듭나는 조선을 붓으로 채질하자!
> 이리하기에 걸음을 같이하려고 모인
> 개막된 조선기자대회*

조선인 기자 700여 명이 억압을 뚫고 일어서겠다는 것이라 총독부 경찰은 긴장하여 여기에 온 정신을 쏟았다. 경찰의 사냥개 노릇을 하는 경성

---

* 『동아일보』, 1925년 4월 15일자.

1925년 4월 17일 조선공산당이 조직된 서울 황금정(현 을지로)의
중국 음식점 아서원(사진 중앙 아래 흰색 2층 건물). 지금의 소공동 롯데호텔 자리다.
죽산은 조선공산당 결성에 주도적으로 참여했다. 『한국일보』 제공.

시내의 수많은 밀정들도 이 대회장소로 몰려갔다.

기자대회 마지막 날인 4월 17일 오후, 참석자들은 동대문 밖에 있는 상
춘원*에 모여 야유회를 가졌다. 그러나 그 시간 시내 중심가인 황금정黃金
町: 현재의 을지로의 중국 요릿집 아서원雅敍苑 2층에 조봉암을 비롯한 20여
명의 공산주의운동자들이 굳은 표정을 하고 모여 있었다.

먼저 김재봉이 '오늘 모임은 공산당 조직을 논의하려는 것'이라고 개회
선언을 했다. 사회자로 지명된 김약수는 공산당 결성의 필요성을 재차 강

---

* 상춘원(常春園): 현재의 동대문구 창신동 195번지에 있었던 손병희(孫秉熙)의
별장. 1918년 12월 손병희·권동진(權東鎭)·오세창(吳世昌)·최린(崔麟) 등이
회동하여 3·1운동의 방향을 설정한 곳이다.

조한 뒤 일동의 의견을 물었다. 전원 찬성을 표시하매 비밀결사인 '조선공산당'이 창당되었다.

이어서 조직과 간부 선출에 들어갔는데 김찬·조동우趙東祐, 1892~1954·조봉암 세 사람을 간부 선출의 전권을 행사하는 전형위원으로 선임했다. 조봉암을 제외한 두 사람은 나이도 훨씬 많고 그야말로 쟁쟁한 경력을 가진 투사들이라 조봉암이 가진 경력은 보잘것없어 보였다. 김찬은 사회운동을 하며 일본과 러시아의 거물들을 만나고 산전수전을 다 겪다 코민테른 꼬르뷰로의 지령을 받아 파견된 터였고 조동우도 역시 대단한 투쟁경력의 소유자였다.

조봉암은 두 선배와 함께 중앙집행위원 일곱 명과 중앙검사위원 세 명을 뽑았다. 그리고 그 자신은 윤덕병尹德炳·송봉우와 함께 중앙검사위원으로 뽑혔다.

중앙집행위원회에서 책임비서로 뽑힌 김재봉은 조선공산당의 주의, 강령, 선언 등은 후일 기회를 보아 설정하자고 선언했다. 참석자 전원이 목숨을 걸고 비밀을 지킬 것을 서약하는 것을 끝으로 창당 작업이 끝났다. 곧바로 주연酒宴으로 이어졌고 오후 4시경 산회하였다. 이날 결성된 조선공산당은 북풍회의 김약수와 정운해鄭雲海, 상하이파 고려공산당의 주종건朱鍾建이 참여해 표면적으로는 서울청년회를 제외한 국내외 공산주의 그룹들이 연합된 형태를 취했으나 실제로는 김찬·조봉암·김재봉 등 화요회가 당 조직을 주도한 것이었다.* 박헌영·임원근·김단야가 끼이지 않은 것은 기자대회에서 자리를 지켜 경찰이 낌새를 차리지 못하게 하고, 그들이 당의 결성만큼이나 중요한 공산청년회 조직의 핵심이 될 것이기 때문이었다.

---

* 박태균, 앞의 책, 53쪽.

죽산 조봉암과 함께 사회주의에 입각한
독립운동을 이끌며 조선공산당 창당을 주도했던 인사들.
왼쪽부터 이른바 '상하이 트로이카'로 불린 박헌영·김단야·임원근.

비록 짧은 시간에 단순하고 형식적인 수준에서 진행되고 제대로 틀을
갖추지 못했지만 조선공산당 결성은 역사적인 사건이었다. 1년을 넘기지
못하고 멤버들이 대부분 구속되고 조직이 와해되어 다른 그룹에 의해 제2
차, 제3차 결성이 이루어진 터라 이날 결성된 조직은 뒷날 '제1차 공산당'
혹은 김재봉이 총비서를 맡았다 하여 '김재봉당'이라고 불렸다. 26세의
청년 공산주의자 조봉암은 이 '제1차 조선공산당'의 핵심 멤버로서 참여
한 것이었다.

바로 그다음 날인 4월 18일 오전, 조봉암은 전날 끝난 조선기자대회 뒷
정리를 위한 모임에 갔다가 시대일보 강화 주재 기자인 박길양 선배를 만
났다. 지난해 봄 인천 강연회에서 만나고 1년 만에 보는 것이었다.

"형님, 강화로 가시기 전 함께 점심이라도 들어야지요" 하며 소매를 붙
잡았다.

박길양은 그가 명사로 이름을 드날리고 있는 것을 늘 대견하게 여기고
있었다.

가까운 중국 요릿집으로 들어갔다. 박길양 기자는 강화 소식을 들려주

조선공산당 초대 당
책임비서를 지낸 김재봉.
『한국일보』제공.

었다. 강화 사정을 손바닥 펴고 손금 들여다보듯 환히 알고 있었다. 고개
를 끄덕이며 관심을 기울이던 봉암은 준비했던 이야기를 꺼냈다.

"형님, 저와 박헌영·김단야·임원근 등 젊은 동지들은 형님을 사회운동
의 든든한 선배로 생각해오고 있었습니다. 공산주의 비밀결사를 만든다면
거기 중요한 간부로 모셔야 한다고 생각하고 있었습니다. 강화청년회 대
표이시니까요."

신문기자라 세상 돌아가는 흐름을 읽기 때문인지 박길양의 눈이 번쩍
빛났다.

"혹시 공산당 창당을 준비하는가?"

봉암은 긍정도 부정도 하지 않고 잠시 침묵하다가 입을 열었다.

"오늘 중요한 이야기를 하려고 여럿이 만납니다. 일신의 위험을 감수해
야 하는 일인데 같이 가시겠습니까?"

박길양은 눈치를 챈 듯 머리를 끄덕였다.

"같이 가겠네."

두 사람은 음식점을 나와 훈정동 박헌영의 집을 향해 걸었다. 대문 앞에
이르러 봉암은 비밀을 털어놓았다.

"사실은 어제 조선공산당을 창당했습니다. 오늘은 가장 중요한 산하조직인 고려공산청년회를 결성하는 날입니다."

박길양은 천천히 고개를 끄덕였다. 공산청년회 결성에 참여하겠다는 뜻이었다.

박헌영의 집에는 10여 명이 모여 있었다. 사전 계획에 따라 조봉암은 사회를 맡았다. 그는 먼저 박헌영에게 개회사를 부탁했다.

"각지에서 다수가 집회한 이 기회를 이용하여 공산주의의 연구 교양을 목적으로 하는 청년회를 조직하기로 합시다."

박헌영이 그렇게 개회사를 하자 조봉암은 그것을 부연하여 공산청년회 조직의 필요성을 강조해 찬성과 동의를 얻어냈다.

"그럼 우리들의 결사結社 명칭을 고려공산청년회로 정하기를 제안합니다."

일동은 다시 동의를 했다.

조봉암은 김단야에게 미리 준비한 강령과 규약을 낭독하게 하여 만장일치로 통과시켰다.

간부선출을 위한 전형위원을 뽑는데 그는 전날 조선공산당 결성식에서처럼 전형위원이 되었다. 박헌영·김단야·홍증식·신철수와 함께였다. 이들 전형위원들은 즉시 숙의에 들어갔다. 중앙집행위원으로 임원근·권오설權五卨·김단야·김찬·홍증식·조봉암·박헌영을 선출하고, 검사위원으로 임형관林亨寬·조이환趙利煥·김동명金東明을 선출했다. 이어서 업무분담에 들어갔는데 조봉암의 역할은 국제부 책임자였다.*

경찰의 시선을 따돌리고 이틀 동안 신속하고도 주도면밀하게 결성된 두 단체에서 조봉암은 조선공산당의 검사위원, 고려공산청년회의 국제부 책

---

* 김준엽·김창순, 앞의 책, 제2권, 320-328쪽.

임자가 됨으로써 핵심 속으로 들어간 셈이었다.

이날 모임을 끝내고 집으로 가자 아내 김조이가 초조한 빛으로 방 안을 서성거리고 있었다.

"무사히 끝났나요?"

봉암은 웃옷을 벗으며 머리를 끄덕였다.

"응, 오늘도 일사천리로 해치웠지. 나는 국제부 담당 중앙집행위원이야."

그는 더 이상은 말하지 않았다. 혹시 아내에게 경찰의 촉수가 뻗쳐 올지도 모르기 때문이었다.

"나는 걱정이 돼서 가슴이 떨려요."

아내가 저녁상을 차리며 말했다.

"신념을 가져. 공산주의는 우리나라가 왜놈들의 굴레를 벗을 수 있는 유일한 희망이야."

그는 아내의 손을 잡고 그렇게 말했다.

민중운동자대회 불허에 맞서 반대집회를 지휘

이틀 뒤인 4월 20일부터 민중운동자대회가 열리게 되어 있었다. 대회 준비위원인 조봉암은 그 준비 때문에 정신없이 바빴다. 전국에서 425개 단체 508명의 대표가 모여들고 있었기 때문이었다. 조선공산당 결성을 감추기 위해 전력을 다해 준비한 대회이지만 대회 자체의 의의도 자못 컸다.

4월 19일, 조봉암은 갑자기 종로경찰서로부터 소환 통보를 받았다.

경찰서로 가니 담당 간부가 말했다.

"내일 아침에 개최될 대회는 상부의 명령으로 금지할 수밖에 없소."

"아니, 집회를 허가하고 승인하지 않았습니까?"

조봉암은 차분하게 따지고 들었다.

"당신이 제출한 대회 토의사항 안건이 순전히 공산주의 운동을 목적으로 한 것이라고 판단했기 때문이오. 공산주의 운동은 어림도 없소.”

담당 간부는 완강하게 고개를 저었다.

조봉암은, 혹시 경찰이 무슨 냄새를 맡은 게 아닌가 하는 의구심을 가진 채 경찰서를 나왔다. 동지들이 기다리고 있는 술집으로 갔다. 표면상으로는 사회운동을 하는 동지들의 모임이었지만 막 창립된 조선공산당의 중앙집행위원회였다.

그와 동지들은 경찰의 탄압에 즉각 대항하고 아래로부터 올라오는 민중의 열기를 당이 수용하여 시위운동을 감행하기로 결정했다. 그리고 이 운동의 지휘는 조봉암이 담당하기로 했다.

다음 날 아침 10시, 대회 금지 조치가 내려진 사실을 모르고 대회장인 곡천정谷川町: 현재의 소공동 공회당에 집결한 300여 명의 대의원은 대회가 원천봉쇄되었다는 사실을 전해 듣고 낙원동에 있는 화요회 회관으로 몰려갔다. 여기서 당국의 조치를 비난하며, 대회 개최 보장을 요구했다. 종로경찰서가 해산을 명하였으나 대의원들은 듣지 않았다.

조봉암은 차분하게 호소했다.

“여러분! 감정적이고 무분별한 흥분으로 탄압의 빌미를 만들지 않도록 자제해주십시오.”

그리고 이날 오후 파고다공원에 모여 대책을 논의하기로 했다.

그러나 그곳에서도 경찰은 해산을 명했다. 대의원들은 꺾이지 않았다. 밤 9시경부터 단성사와 우미관 앞 등 두 곳에서 시위행진을 벌였다.

조봉암은 단성사 앞에서 대의원과 시민들로 구성된 시위대를 이끌고 우미관 쪽으로 나아갔다.

우미관 쪽에서는 신철수 등 200여 명이 “무리한 경관의 압박에 반항하자”“전조선민중운동자대회 만세”“무산자 만세” 등 구호가 적힌 붉은 깃발을 앞세우고 단성사 쪽으로 행진했고 수천 명의 군중이 가세했다.

경찰 진압 병력이 몰려와 닥치는 대로 연행하기 시작했다. 조봉암은 재빨리 계산을 했다. 이제 겨우 조선공산당이 조직되고 고려공산청년회가 결성됐는데 자신이 체포당하면 조직에 심각한 타격을 줄 것이라는 판단이 앞섰다. 그는 시위대서 빠져나와 몸을 피했다.*

그는 안전한 곳에 이르러 후배 동지들의 보고를 받았다. 연행된 사람이 수십 명인데 거기 아내 김조이가 들어 있다는 것이었다. 대열의 가운데 있었는데 갑자기 경찰 병력이 삼각날개 대형으로 쪼개며 들어왔고 그때 연행된 것이었다.

그는 가슴이 덜컥 내려앉았다. 경찰에 불려 가면 짐승처럼 얻어맞고 고통을 당한다는 것을 누구보다도 잘 알기 때문이었다. 아내는 몸이 가늘고 체력도 약한 편이라 걱정이 더 컸다. 그는 그날 밤을 꼬박 새웠다. 다음 날 오전, 아내는 훈방되어 나왔다.

체포된 사람들을 심문한 경찰이 '적기赤旗사건'이라고 규정한 그 시위의 주모자로 조봉암을 지목했다는 정보가 있는지라 그는 숨어서 지냈다.

자신이 체포당하면 안 된다는 그의 판단은 옳은 것이었다. 그에게는 매우 중요한 사명이 기다리고 있었던 것이다. 며칠 뒤 김찬의 집에서 중앙집행위원회가 열렸는데 레닌 정부와 코민테른 본부에 조선공산당의 승인을 얻기 위해 밀사를 파견하기로 하고 조동우를 대표로, 그를 부대표로 지명한 것이었다. 그리고 박헌영의 집에서 열린 고려공산청년회도 그를 정식 대표로 파견하기로 결정한 것이었다. 조동우와 조봉암, 두 사람 모두 모스크바 사정에 능통한 터라 뽑힌 것이었다.

조봉암의 정확한 직책은 조선공산당 전권대표 조동우의 보좌역이자 고려공청의 전권대표였다.

---

* 박태균, 앞의 책, 56-57쪽.

조동우는 조봉암보다 일곱 살이 위였다. 충북 옥천에서 출생해 중국 난징의 진링대학을 나오고 상하이에서 망명투사들의 조직인 동제사(同濟社)에 가입했으며, 대한민국임시정부의 충청도 위원을 지냈다. 1920년 중국 상하이에서 이르쿠츠크파 고려공산당 상하이지회 책임비서를 지냈고 1922년 모스크바에서 열린 극동민족대회에 참가했다. 그리고 1924년부터 동아일보 기자 겸 논설위원을 지내고 있었다.

모스크바까지 수만 리 그 멀고 위험한 길을 다시 갈 생각을 하니 아득한 느낌만 들었지만 그는 담담하게 말했다.

"조직이 명령하니 가야지요."

김재봉이 엄숙하게 말했다.

"조동우 동지나 조봉암 동지나 소련까지 가는 노정에 익숙하고 레닌 정부 당국이 호감을 가질 충분한 경력이 있어서 특사의 영광을 안게 된 것이오. 짐작하겠지만 만약에 대비해 두 동지는 동행하지 않고 다른 경로로 가야 하오."

조봉암에게 제시된 것은 4월 중에 신의주를 거쳐 압록강을 건넌 뒤 기차를 타고 상하이까지 가서 코민테른 연락부를 거쳐 육로로 모스크바로 향하라는 것이었다. 그가 3년 전인 1922년 10월 베르흐네우딘스크로 가기 위해 떠났던 길과는 전혀 다른 경로였다.

김찬은 조봉암에게 세부 지시사항을 말했다.

"상하이로 도착하면 보이틴스키를 만나게 될 거야. 코민테른 극동총국 재(在)상하이 부장이야."

출발까지는 일주일이 남아 있었다. 그는 경찰의 눈을 피해 아내와 함께 숨어 살았다. 언제 다시 아내와 함께 잠을 자고 밥을 먹게 될지 기약할 수 없다는 사실이 그에게 한없는 애착을 갖게 했다.

출발하는 날 아침, 아내 김조이는 눈물을 보이지 않았다.

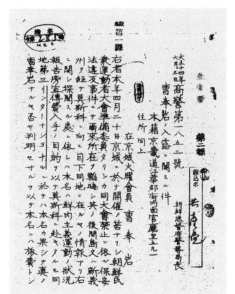

죽산의 러시아 입국 관련 보고.
1925년 6월초 조선총독부
경무국장이 내무대신에게 보고한
서류. 죽산의 모스크바행을
파악했으나 조선공산당 창당
승인을 받기 위해 밀사로 가는
것은 물론 조선공산당 창당
사실을 알지 못한 채 대처하는
모습이 드러난다.
국사편찬위원회 DB.

"당신은 조국의 해방을 위해 한 몸을 바친 사람이지요. 무사히 임무를
마치고 내 곁으로 돌아와줘요."

"그럴게. 다시 만날 때까지 당신도 몸조심해."

그는 머리를 끄덕이며 아내를 힘차게 안아주었다.

조봉암은 경의선 열차를 타고 신의주까지 갔다. 비단 천에 깨알처럼 글
씨를 쓰고 영문타자를 친 2종의 기밀서류를 속옷에 차고 있었다. 한글로
된 '조선공산당 전권대표 보좌역 위임장'과 영문으로 타자된 '고려공청
전권대표 증명서'였다.* 3년 전 처음 모스크바로 갈 때는 베르흐네우딘스

---

* 임경석, 「조봉암의 모스크바 외교」, 『역사비평』, 2011년 여름호, 94-123쪽. 이
  글에서 임경석은 코민테른 문서보관소에서 찾은 조공 중앙위원회 발행 조공 전

죽산이 1925년 창당된 조선공산당의 승인을 얻기 위하여
모스크바에 밀사로 파견되며 소지했던 조선공산당 전권대표 보좌역 「신임장」.
조공 책임비서 김재봉과 중앙집행위원들의 서명이 들어 있다.
최근 성균관대 임경석 교수가 모스크바에서 발굴했다. 임경석 교수 제공.

크를 거쳐 코민테른 요원의 안내를 받으며 단체로 여행했지만 이번에는
혼자 가는 것이라 이런저런 절차가 필요했다.

　그는 신의주에 있는 국경 연락책을 만나 국경을 넘었다. 3년 전처럼 기
차로 철교를 건너지 않고 소금 밀매상들과 함께 그믐날 캄캄한 밤에 강을
건넜다. 저자에서 중국 옷 창파오로 갈아입은 그는 열차를 타고 펑톈奉天
으로 간 다음 다시 경봉선京奉線 열차로 갈아타고 베이징北京으로 갔다. 거
기서 항구도시 톈진天津으로 내려가 기선을 타고 상하이로 향했다.**

　권대표 보좌역 위임장, 죽산의 친필서명, 결정서 초안노트 등 중요자료를 소개
　했다.
** 기밀자료에 따르면 당시 총독부 경찰은 죽산의 북행을 파악했으나 조선공산당
　창당 사실은 알지 못하고 있었다. 그들은 조봉암이 국내 사회주의 운동 상황을
　보고하고 선전비를 받기 위해 모스크바로 가는 것으로 알고 있었다(경종경고
　비警鍾警高秘 제5995의 1호, 「曺奉岩 對 共産黨에 關한 件」, 1925년 5월 29일,
　종로경찰서장이 경성지방법원 검사정에게 보낸 보고, 국편 DB; 고경高警 제

'상하이의 조선인' 여운형과의 재회

상하이에는 대한제국 말기 인천처럼 외국의 조계가 있었다. 처음에
는 영국, 미국, 프랑스가 각각 설정했고 그 후 영미 열강의 조계를 정리한
'공동조계'와 프랑스의 '프랑스 조계'로 재편됐다. 조계에서는 행정권과
치외법권이 인정돼 공동조계에는 공부국工部局, Municipal Conceil이, 프랑스
조계에는 공동국公董局, Conceil Municipal이 설치돼 공부국과 공동국은 도로,
수도 등 인프라의 건설과 관리, 경찰, 소방 등의 행정 자치권을 행사하고
있었다.***

프랑스 조계지에 도착해 코민테른 상하이 연락부에 갔으나 보이틴스키
는 일시 귀국하고 없었다. 그래서 여운형의 집을 찾아갔다.

'상하이의 조선인' 하면 몽양 여운형이었다. 난징의 진링대학 영문과를
나온 그는 곧장 상하이로 와서 협화서국協和書局이라는 여권과 여행을 알
선하는 외국계 회사에서 일하며 동포 청년들의 미국 파송을 도왔고 김규
식을 파리강화회의에 보냈으며, 임시정부 외무차장을 지내기도 했다. 모
스크바에서 열린 극동인민대회에 참가했으며 임정의 개편을 위한 국민대
표회의를 개최하는 주역을 맡기도 했다. 이 무렵에는 상하이의 둥팡東方대
학에서 영어를 강의하며 소련 영사와도 친분을 유지하고 있었다.

여운형은 두 팔을 벌려 그를 얼싸안았다.

"이게 얼마 만인가!"

"1922년 초겨울 베르흐네우딘스크 연합대회에서 만났으니 세 해 만입
니다, 선생님."

1852호, 「曹奉岩 入露에 關한 件」, 1925년 6월 3일 조선총독부 경무국장이 내무
대신 등에게 보낸 보고, 국편 DB).
*** 프랑스 조계지의 행정청은 공식 한자 명칭이 '공동국'이었음에도 공동조계 행
정청과 같은 '공부국'으로 더 많이 불렸다.

조봉암은 그렇게 대답하고 조선공산당 결성 소식과 자신의 임무에 대해 말했다.

다 듣고 나서 여운형은 머리를 끄덕였다.

"마침내 조선공산당이 결성됐군. 화요회와 서울청년회가 사이좋게 손잡고 연합했으면 더 좋았겠지만 일단 창당을 했으니 됐소."

그러고는 곧장 소련 부영사 웰덴에게 소개하여 여권과 비자를 만들어주었다.

"이제 블라디보스토크로 가는 러시아 선박을 타시오. 전권대표 위임장이 있으므로 뱃삯도 안 내도 되고 모스크바까지 경비를 한 푼도 안 쓰고 갈 수 있소. 보이틴스키가 북경에 가 있는데, 돌아오면 코민테른에 비밀전문電文을 보내 동지의 임무를 알리고 승인요청을 하게 하리다."*

여운형의 배려에 그는 허리가 90도가 되도록 절을 했다.

"선생님, 경성에 있는 공산당 동지들 모두를 대신해 감사드립니다."

그가 모스크바로 떠났다. 선편으로 동해를 스쳐 올라가 블라디보스토크까지 간 뒤 시베리아 횡단열차를 타는 기나긴 여정이었다.

6월 17일 바이칼 호수에 인접한 도시 이르쿠츠크에서 내렸다. 시당위원회를 방문하고, 전신국으로 가서 코민테른에 자신의 임무를 미리 알리는 전보를 쳤다.**

---

* 「여운형 조서」, 경성지방법원검사국, 1930, 141-146쪽(김준엽·김창순, 앞의 책, 제2권, 320-328쪽에서 재인용). 한편 당시 베이징에서 활동한 김성숙(金星淑)은 조봉암이 상하이로 가기 전 베이징에 들렀으며 그가 자신의 노력으로 보이틴스키의 도움을 받아 러시아로 갔다고 회고했다(이정식 면담·김학준 해설, 『혁명가들의 항일회상』[민음사, 2006], 81-82쪽). 그러나 「내가 걸어온 길」 등 조봉암의 회고에는 베이징에서 김성숙의 도움을 받은 기록이 없다.

** 임경석, 앞의 책, 94-123쪽 수록 전보 사진. 이르쿠츠크 전신국에서 보낸 이 전보는 이날 조봉암이 바이칼 호수 인접한 이르쿠츠크를 통과했음과, 여운형의 짐작

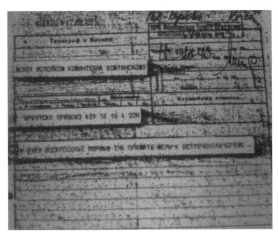

죽산이 이르쿠츠크에서 보낸 전보. 죽산은 시베리아 횡단열차를 타고
모스크바에 밀사로 가는 길에 이르쿠츠크에 들러 자신의 파견을
모스크바 코민테른에 전보로 알렸다. 임경석 교수 제공.

　모스크바에 도착한 것은 6월 하순이었다. 1923년 7월 폐결핵 때문에 동
방노력자공산대학을 중퇴하고 귀국길에 올랐으니 2년 만에 다시 온 것이
었다. 그는 코민테른 본부에 조선공산당 결성과 고려공산청년회의 결성을
보고했다. 그리고 간단한 확인절차를 거친 뒤 승인할 것이라는 내락을 받
아냈다.

　그는 두 달 동안 모스크바에 머물렀다. 코민테른 당국은 먼 곳에서 온
밀사에게 숙식과 약간의 용돈을 제공하는 호의를 베풀었다. 그는 모교인
동방노력자공산대학과 모스크바대학 도서관에 드나들면서 러시아어와
공산주의 이론을 공부하며 시간을 보냈다.

　어느 날은 두 해 전 그를 폐결핵으로 진단했던 대학병원의 전문의를 찾
아가 진찰을 받았다.

과 달리 보이틴스키가 모스크바에 가 있었음을 알게 한다.

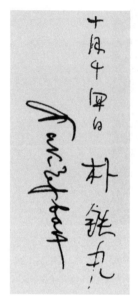

죽산이 코민테른에 가서 서류에 남긴 서명.
박철환(朴鐵丸)은 그의 가명이었다.
임경석 교수 제공.

"동지는 운이 좋군. 그 무서운 병이 자연치유가 됐소."

은발銀髮의 긴 턱수염을 가진 의사가 악수를 청하며 말했다.

"그건 나의 조국의 기후가 쾌적하기 때문입니다."

그는 기쁨에 차서 말했다.

일찍이 대문호 톨스토이가 '러시아인은 누구든지 모스크바를 어머니로 느낀다'고 말했던 거대한 도시 모스크바는 막 여름철에 접어들며 백야가 시작되고 있었다. 결핵이 치유되어서인지, 임무를 무난하게 수행해서인지, 두 해 전 늘 흐리멍덩한 기분에 들게 하고 육체를 나른하게 만들었던 그 백야가 오히려 활력을 주었다.

그는 코민테른 담당자들을 만나 조선공산당과 고려공산청년회를 지원해달라고 요청했다. 비록 국적과 언어가 다를지라도 그는 상대의 마음을 사로잡는 천부적인 특장을 가진 사람이었다.

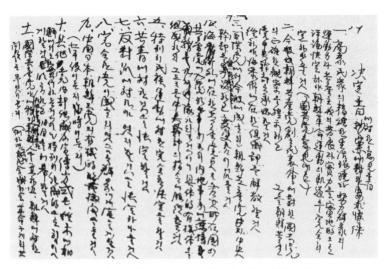

「코민테른 결정서」 초안. 죽산이 코민테른 당국과 조선공산당 지원문제를
협의한 뒤 작성한 「결정서」 초안이다. 진보당 사건 당시 모든 자료를 압수당하고
유일하게 남아 있는 친필이다. 임경석 교수 제공.

　그가 요청한 것들 중 하나는 장차 고려공산청년회에서 추천하는 유학생
을 받아달라는 것이었다. 20명의 입학 내락을 받은 그는 즉시 상하이 코민
테른 연락부에 비밀편지를 써서, 그 소식을 고국의 조직으로 전해 유학생
을 선발해 보내게 해달라고 요청했다. 그리고 유학생들의 여비 등 파견 공
작금도 받아 송금했다.

　나중에 안 일이지만 상하이에 도착한 그의 편지와 공작금은 여운형을
거쳐 국내 조직의 연락원인 권오직*이 압록강 국경도시 안동까지 운반했

---

* 권오직(權五稷, 1906-?): 경북 안동 출생. 1924년 신흥청년동맹, 이듬해 고려공
  산청년회 가입. 모스크바동방노력자공산대학을 나와 1929년 조선공산당 재건에
  주력했으며 1931년에 징역 6년, 1940년에 징역 8년을 선고받고 복역했다. 광복
  후 월북, 최고인민회의 대의원, 중국 주재 대사를 지냈으나 1953년 이후 숙청되
  었다(강만길 · 성대경, 앞의 책, 35쪽).

고, 며칠 뒤 무사히 박헌영에게 전달되었다.

　고국의 동지들은 유학생들을 선발하는 작업에 들어갔다. 우선 50명을 대상자로 뽑아 본인도 모르게 엄격한 심사를 해나갔다. 그들 가운데는 조봉암의 아내 김조이와 아우 조용암, 그리고 어릴 적 친구인 정경창도 들어 있었다.*

---

* 죽산의 측근 3인이 포함된 것은, 입학허가라는 뜻밖의 성과를 얻어낸 조봉암에게 박헌영이 일정 지분을 준 것으로 보인다. 관련기록은 찾을 수 없다.

7 모스크바와 상하이

경찰의 눈 피해 정구 선수가 된 아우

1925년 9월 20일, 강화 섬의 하늘은 높고 푸르렀다. 조봉암의 아우 조용암은 아침에 정구 라켓을 든 채 관청리의 집을 나와 강화보통학교 쪽으로 걸었다. 이날은 우천으로 순연됐던 '제2회 강화 개인 정구대회'가 열리는 날이었다. 그가 YMCA 중학부에 다니며 연식정구를 배운 것은 4년 전이었다. 재작년부터 친목경기에 나가기 시작했고 전국대회에도 출전했으며 고향 강화에 보급하기 시작했다. 강화에서 정구를 하는 사람이 20여 명으로 늘어나서, 지난해부터는 강화지역대회를 열게 된 것이었다.

정구가 원래 영국에서 테니스라고 부르는 귀족운동이고, 일본에서 공과 라켓을 변용시킨 것인데 무슨 호사豪奢 취미냐고 말하는 친구가 있었다. 그는 그냥 좋아서 정구를 한다고 대답했지만 다른 목적이 더 컸다. 그는 독립운동을 하며 두 번이나 구속된 적이 있는, 그리고 사회주의 운동가로서 전국적인 명성을 가진 조봉암의 아우였으며 형이 집행위원으로 있는 조선청년총동맹의 맹원이었다. 늘 사복경찰과 밀정의 주목을 받는 처지였다. 정구를 하면 경찰과 밀정의 눈을 흐리게 할 수 있었다. 오늘 대회도 선수로 출전하지만 우승이 목적이 아니라 조봉암의 아우인 조용암은 이렇게 순응하면서 산다는 일종의 위장僞裝이었다.

계획대로 경기가 진행되었고 그는 5개 복식조가 참가한 청년부에서 작년에 이어 우승을 차지했다.* 22세의 한창 힘이 좋은 나이인데다 선천적으로 몸이 빠르고 기량도 월등한 때문이었다.

박길양 선배가 다가와 우승 소감을 묻고는 재빨리 경기 전적을 수첩에 적고 본사에 타전하기 위해 정구장을 떠났다. 박길양 선배는 한동안 시대일보 강화지국을 운영했는데 이해부터는 동아일보 주재기자로 활동하고 있었다. 작은형이 주도한 전조선민중자대회의 준비위원을 지냈고 강화의 사회운동에 큰 영향을 미치고 있었다.

시상식이 끝난 것은 해가 뉘엿뉘엿 기울어질 무렵이었다. 대회 임원들과 선수들은 소 내장을 넣은 국밥을 먹으러 식당으로 걸어갔다.

그때 강화경찰서 정보원 노릇을 하는 김 가金哥가 어슬렁어슬렁 걸어오더니 곁으로 달라붙었다.

"아까 잠깐 구경해보니 정구 치는 솜씨가 군계일학이더군. 형처럼 사상운동을 해서 일신의 위험을 자처하는 거보단 그게 훨씬 더 좋지."

김가가 눈에 흰자위를 크게 드러내면서 말했다.

조용암은 대꾸하지 않고 발을 옮겼다.

"형한테서 연락 온 거 없나?"

용암은 낯을 찌푸리며 고개를 저었다.

"지금 경성에 있는 건가, 혹은 다시 외국으로 나간 건가?"

"몰라요. 나도 궁금하니 알게 되면 말해줘요."

김가는 눈을 가늘게 뜨고 그를 바라보다가 그에게서 떨어져 나가 골목

---

* 강화정구대회와 조용암의 우승 소식은 『동아일보』 1925년 9월 24일자에 실려 있다. 전국대회 출전 기사는 1924년 8월 8일자와 9월 25일자에 실려 있다.

으로 들어갔다. 그자의 모습이 사라지자 용암의 앞뒤에서 걷던 정구 멤버들이 먼지가 일어나는 땅바닥에 일제히 침을 뱉었다. "더러운 밀정 놈!"

작은형 봉암의 소식이 궁금하다고 한 건 솔직한 대답이었다. 형은 다섯 달 전 경성에서 민중운동자대회를 주도하며 야간 시위를 감행하고는 종적을 감추었다. 예전에는 어떻게든 아우인 그에게 직접 연락하거나 간접적으로 슬쩍 소식을 전하곤 했다. 둘만이 아는 암호도 있었다. 편지에 적으면 아무도 눈치 채지 못할 표시였다. 형의 동지가 접근해 그것을 암호로 말하거나 그것을 사용해 편지를 보낼 수도 있었다. 그러나 이번에는 소리 없이 사라졌다. 그래서 그는 형이 중요한 임무를 갖고 비밀리에 출국한 것으로 짐작하고 있었다.

회식이 끝났을 때 그는 곧장 집으로 가지 않고 잠두교회로 발을 옮겼다. 자신이 회장으로 있는 엡웟청년회 회원들이 열심히 응원을 해주었고 저녁 예배가 끝난 뒤 청년회 주례 모임이 있기 때문이었다.

남자들이 참여하는 엡웟청년회, 여자들로 구성된 엡웟여자청년회였는데 낮에 정구장에 와서 응원을 하고 돌아갔었다. 이들은 대개 함께 모여 회의를 열곤 했는데 이날도 마찬가지였다. 회원들 중에 그와 동갑인 김이옥도 들어 있었다.

회의를 열기 전 정구대회를 화제로 대화를 나누었다. 그는 김이옥과도 이야기를 했다.

"아까 참 잘했어요. 공과 정구 라켓이 한 몸인 것처럼 움직이더군요."

"좋게 봐줘서 그렇지요, 뭐."

그는 꾸벅 고개를 숙였다.

다른 사람들은 그녀가 자태가 아름답고 합일학교의 교원으로 일하기 때문에 그녀에게 '선생'이라는 호칭을 쓰며 친해지려고 했다. 그녀는 합일학교 출신이고 그는 강화보통학교 출신이어서 동창은 아니지만 나이가 동갑이었다. 다른 동갑내기들은 그녀에게 반말을 하면서 친하게 대화를 나눴지만 그는 조금 서먹했다. 그녀도 마찬가지인 듯했다.

그녀가 봉암 형을 좋아해 옥바라지를 했고 결혼하려고 결심했다가 가장인 오라버니의 반대로 좌절된 사실은 강화 땅에, 특히 잠두교회 교인들이나 청년회원들에게는 잘 알려진 사실이었다. 형이 그녀에게 등을 돌린 것은 그녀의 오빠가 병든 몸으로 찾아가 간곡히 부탁했기 때문이 아니라 진정으로 사랑했기 때문이라고, 그녀의 행복을 위해 그런 것이라고 그럴듯하게 꾸민 이야기까지 돌았다. 그러나 형이 지난해 여름 사회운동을 하는 여자 후배와 결혼했으니 다 지나간 일이었다.

지난해 6월, 봉암 형은 갑자기 강화 집으로 편지를 보내 김조이 양과 결혼할 것이라고 알렸다. 큰형 수암은 그곳이 이틀이나 걸리는 먼 곳이라는 사실이 불만인 것처럼 툴툴거렸다.

"처갓집이나 측간은 멀수록 좋다는 말이 있지만 이건 너무 멀지 않느냐."

용암은 큰형이 사실은 신문리의 대부호인 김인배 씨의 누이 김이옥을 제수弟嫂로 잡지 못해 그러는 것임을 알아차렸다.

서운한 것으로 따진다면 큰형보다는 용암이 몇 배 더 컸다. 이옥의 행복을 위해서라지만 어떻게 그렇게 마음을 금방 돌린단 말인가. 그는 이해할 수 없었다. 두 달 전 신흥청년동맹이 전국 순회강연의 대단원을 맺으며 인천에서 강연회를 열었을 때 그는 김조이 양을 처음 보았다. 이옥처럼 미인은 아니더라도 역시 똑똑하고 사회주의 운동에 대한 확실한 신념을 가진 여성 인텔리겐치아인 것은 분명했다. 그러나 그는 마음이 여전히 이옥에게 가 있었다.

형의 혼례 며칠 전 저녁, 그는 합일학교의 야학이 끝나는 시각에 이옥을 찾아가 만났다.

"늦은 시각에 웬일이에요?"

그녀가 분필이 묻은 손을 툭툭 털면서 말했다.

"교실 문도 닫아드리고 집까지 모셔다 드리려고요."

"우리 집이 엎어지면 코가 닿을 덴데 무슨……."

그랬다. 그녀의 집은 합일학교 바로 앞이었다. 교문 앞에서 큰길을 타고 걸어 민가 두 채를 지나가면 나지막한 언덕 위에 있었다.

그가 칠판을 지우고 교실 문을 닫았고 함께 운동장을 지나 반달이 빛을 희미하게 빛을 뿌리는 길을 걸었다.

"아무래도 알려드려야 할 것 같아서요. ……형이 이달 말일에 결혼해요."

김이옥은 발걸음이 흐트러지지 않은 채 걸었다.

"……그렇군요. 신부는 누구예요?"

희미한 달빛 때문에 표정은 볼 수 없었다. 목소리는 담담했다.

"이름은 김조이이고, 김은곡이라는 가명을 쓰기도 해요. 동덕여학교를 나온 분인데 여자고학생상조회 소속으로 여성운동을 하는 사람이에요."

"작년 봄에 인천 산수정 공회당에서 봉암 오빠와 같이 강연한 사람이군요."

"맞아요."

"봉암 오빠에게 결혼을 축하하고 행복을 빈다고 전해줘요."

김이옥은 마치 사촌오빠의 결혼소식을 듣는 누이처럼 하얀 치아를 드러내며 밝은 목소리로 말했다.

"네" 하고 대답하면서 용암은 문득 웃음 너머에 슬픔이 자리 잡고 있다는 것을 느꼈다.

수암 형과 함께 연락선 강화환江華丸을 타고 인천으로 나가 경인선 기차를 타고 경성으로 간 다음 용산역에서 경부선을 타고 부산까지 가는데 이틀이 걸렸다. 부산에서 창원군의 웅천까지 가는 데 또 하루가 걸렸다. 그래서 사돈 집안의 친척 집에서 하룻밤을 묵었다.

사돈네는 강화 김이옥 양의 가문을 뛰어넘는 사대부 가문이었다. 조부가 창원 군수를 지낸 분으로 조상 중에 벼슬을 한 분이 많다고 했고 60칸이나 되는 기와집에서 살고 있었다. 그리고 멀리서 온 사돈 형제에게 온갖 정성을 다하는 것에서 사대부 가문의 품위가 엿보였다.

창원에서 혼례식을 보고 강화로 돌아온 다음 날, 신문에 봉암 형의 결혼을 알리는 기사가 실렸다.

그 뒤 김이옥은 더 열심히 야학에 매달려 정신을 쏟는 듯했다. 2학기에 합일학교 여자 교원 하나가 결혼 때문에 사직을 하자 임시교사로 들어가 교단에 섰다. 그래서 예전보다 훨씬 더 바쁘게 지내고 있었다. 조선은행에 다니는 신랑감이 청혼해 왔는데 혼자 살 것이라며 거절했다는 소문이 돌았다. 다른 사람들은 그녀가 봉암 형을 사랑했다는 것마저 잊어가고 있었지만 용암은 그녀의 속마음을 알고 있었다. 그녀는 안색이 창백해지고 야위고 있었다. 그는 그것이 형 때문이라고 믿고 있었다.

아우 조용암, 모스크바 유학길에 오르다

청년회 모임이 끝난 뒤 용암은 밤길을 걸어 집으로 향했다. 자다가 깨어 대문을 열어준 큰형이 하품을 하며 말했다.

"경성에서 엽서가 와서 네 책상 위에 놓았다."

자기 방으로 간 그는 등잔에 불을 켜고 큰형이 말한 엽서를 집어 들었다. YMCA 중학부의 동창으로 정구를 함께 배운 친구가 보낸 것이었다. 정구 공 한 다스를 구했으니 경성에 올 일이 있으면 들르라는 내용이었다. 그러나 그는 엽서가 친구가 보낸 것이 아님을 이내 알아차렸다. 글씨체가 달랐고 엽서 아래 빈자리에 소나무 세 그루와 둥근 달이 그려져 있었다. 형의 동지인 김찬의 암호였다. 급한 용건이 있으니 장충단의 바위 밑 무인포스트에 가보라는 뜻이 숨겨져 있었다.

용암은 다음 날 경성으로 갔다. 곧장 장충단으로 가서 쪽지를 찾았다. 거기 적힌 지시대로 약속된 시각에 사직동의 한 허름한 민가를 찾아갔다. 형을 만나며 얼굴을 익힌 김단야가 기다리고 있었다.

김단야는 단도직입적으로 말했다.

"동지의 형 박철환 동지와 우리는 지난 4월 비밀결사인 조선공산당과, 산하조직인 고려공산청년회를 결성했소. 박철환 동지는 두 단체의 승인을 받으러 모스크바로 떠났고 훌륭히 임무를 완수했소. 그리고 뜻밖의 선물을 보냈소. 공산주의를 통한 조국해방을 신념으로 갖고 있는 청년들을 모스크바공산대학에 유학시키기로 말이오. 수업연한은 3년이고 학비와 기숙사비를 레닌 정부가 책임지고 용돈까지 줘요. 박 동지는 아직 모스크바에 머물고 있소. 물론 자기 동생을 보내달라는 부탁은 하지 않았소. 우리는 엄격히 심사해서 결정했소. 어떻소, 조용암 동지? 형이 다닌 모스크바공산대학에 가겠소?"

이야기 내용으로 보아 당장 대답해야 할 것 같았으므로 용암은 "네" 하고 목소리에 힘을 주어 대답했다.

그가 고려공산청년회 입회원서를 작성하는 동안 김단야 수하의 젊은 당원이 엄숙하게 말했다. 가족에게도 숨길 것이며 비밀이 누설되면 비록 박철환의 아우일지라도 공산당 동지들에게 목숨을 잃을 것이라고.

조용암은 강화로 돌아가지 못했다. 곧장 고려공산청년회의 지령에 따라 변장을 하고 경기도 일산에 있는 비밀 아지트로 옮겼다. 거기에는 뜻밖에도 봉암 형의 소년시절 친구로서 인천에서 활동했던 정경창 선배가 김응기·장도명과 함께 와 있었다.* 그는 세 사람과 함께 경의선 열차를 타고

---

* 김응기(金應基, 1900-?): 경북 예천 출생. 신흥청년동맹에서 활동하고 1925년

신의주로 갔다. 그리고 9월 25일 그곳 안내원의 지시를 받아 압록강 국경을 넘었다. 강화 정구대회를 우승하고 닷새 만의 일이었다.

그 길로 상하이로 갔고, 며칠 기다리자 다른 입학생들이 집결해 모두 16명이 되었다. 세 번째로 도착한 그룹에 또 한 명 뜻밖의 인물이 들어 있었다. 형수인 김조이였다. 일행은 곧 여운형을 면담했고 다시 며칠을 보낸 뒤 상하이발 블라디보스토크행 기선에 올랐다.

시베리아를 횡단해 모스크바에 도착했다. 카잔스키라는 이름을 가진 기차역에 내렸을 때 날씨는 한겨울처럼 추웠다. 고국에서 가을 옷을 입고 출발한 일행은 덜덜 떨면서 플랫폼에 내렸다.

그때 러시아인들이 루바시카라고 부르는 방한복을 입고 샤프카라는 털모자를 푹 눌러쓴 사람이 곧장 걸어오는데 걷는 모습이 낯익었다. 그리운 형 봉암이었다.

"형!" 하고 그는 목멘 소리로 외쳤다.

"그래, 내 동생 용암아!"

봉암 형은 달려와 그의 어깨를 끌어안았다. 이내 그의 뒤에 서 있던 아내 김조이를 발견하고는 달려가 루바시카를 벗어 입혀주었다. 그러고는 그녀를 힘차게 포옹했다. 10여 일 동안 러시아를 여행하는 동안 백계 러시

모스크바동방노력자공산대학에 입학, 1927년 퇴학당했다. 1929년 입국, 고려공청 재조직을 위해 노력했고 1930년 체포당해 4년간 복역했다. 8·15광복 후 월북, 제1기 최고인민회의 대의원을 지냈으며 1957년 노동상을 지냈다(강만길·성대경, 앞의 책, 106쪽).

장도명(張道明, 1904-?): 함남 원산 출생. 장순명(張順明)의 아우. 회령 보흥(普興)학교를 졸업하고 1920년 독립운동에 참가해 징역 4월을 복역했고 인천에서 노동운동을 하다가 1925년 고려공산청년회에 가입했다. 모스크바동방노력자공산대학을 졸업했으며 1930년 조선공산당 재건 임무를 갖고 귀국해 활동했다(같은 책, 409쪽).

모스크바의 붉은 광장. 볼셰비키 혁명과 10월혁명의 현장이며 전 세계 공산주의의 중심이 되는 광장이다. 죽산은 코민테른이 신뢰한 가장 대표적인 조선인 투사였다.

아인 남녀의 포옹이나 키스 장면을 무수히 보았기 때문에 일행은 아무도 고개를 돌리지 않았다. 열심히 박수를 쳐서 독립투사이자 혁명가인 부부의 해후를 축하해주었다.

봉암 형은 소년시절 친구인 정경창과 악수를 나누었다. 그러고는 일행을 향해 입김을 뿜으며 큰 소리로 말했다.

"여러 동지들, 먼 길 오느라 노고가 컸습니다. 이제 걱정 마십시오. 소비에트는 모든 것을 책임지는 나라입니다."

그러고는 안내자와 능숙한 러시아어로 대화를 나누면서 일행을 이끌고 역사驛舍를 빠져나갔다.

국내 조선공산당, 대규모 검거로 와해 위기

한 달이 지난 1925년 11월, 조봉암은 아내 김조이와 아우 조용암을 포함한 21명을 동방노력자공산대학에 입학시키고 한숨을 돌렸다.

입학 전 코민테른 당국이 배려해준 셋집에서 아내와 함께 지낸 것은 한 달쯤이었다. 입학생들 중 아내 김조이 말고 두 명의 여자가 더 있었다. 김단야의 애인인 고명자와 김명시金命時, 1907~?였다. 고명자는 알고 있었지만 김명시는 초면이었다. 나이가 어렸으나 이목구비가 뚜렷하고 당차 보였다.

이야기를 시켜보니 그녀는 겨우 19세였다. 경남 마산 출생으로 조선공산당과 고려공청의 마산 조직을 이끌고 있는 김형선金炯善의 누이였다. 경성의 배화여학교를 다니고 고려공청에 가입한 열성 멤버였다. 마산과 창원이 이웃이라 김조이를 언니라고 부르며 따랐다. 그는 아내의 부탁대로 러시아 여인들의 속옷을 사다가 그들에게 입게 했다.

이제 아내도 기숙사로 들어갔고, 아우 용암과 소년시절부터 친구인 정경창을 아내와 함께 불러내 식당에서 대접을 하는 일도 할 만큼 했으니 내 공부를 좀더 하자는 생각으로 대학도서관을 들락거렸다.

12월이 되자 영하 25도의 매서운 추위가 몰아치고 모스크바 거리는 눈얼음으로 뒤덮였다. 오후 4시면 해가 지고 다음 날 아침 9시가 되어야 떠올랐다. 공산대학에 있는 사람들 걱정은 할 필요가 없었으므로 조봉암은 옷을 두툼하게 입고 아침에 코민테른이나 국제공청 본부에 들렀다가 모스크바대학으로 가곤 했다.

그는 봄까지 모스크바에 머물며 고국의 당 조직과 상하이 조직, 블라디보스토크의 조직과 연락 포스트 역할을 하며 그걸 핑계로 아내 근처에 있으려고 생각하고 있었다. 그러나 일은 그의 희망대로 되지 않았다.

어느 날 아침, 코민테른 본부에 간 그는 중국 상하이 연락부와 블라디보스토크 꼬르뷰로에서 온 긴급 전문들을 읽었다. 고국에서 조선공산당 조직에 대한 대규모 검거사태가 일어나고 있다는 충격적인 내용이었다.

12월 4일자 신문기사를 인용한 피체자 명단에는 임원근·박헌영·주세죽, 그리고 강화의 박길양 선배 이름이 들어 있었다. 전문의 맨 끝 문장은 모든 조직원들이 체포되고 조직 자체가 와해될 절망적인 위기라고 전망하고 있었다.

그는 코민테른과 협의할 여지도 없이 짐을 꾸렸다. 조선공산당 조직이 붕괴될 위기에 처한 터라 어서 고국 땅으로 가야 한다는 생각 때문이었다.

출발 전날, 그는 공산대학에 가서 일과가 끝나기를 기다려 재학생들을 집합시켰다.

"동지 여러분, 나쁜 소식입니다. 우리 고국의 조선공산당 조직이 발각되어 대규모 검거사태가 일어나고 있다고 합니다. 조직이 붕괴되면 우리 조국의 해방은 더 멀어지고 여러분의 사명이 커질 것입니다. 부디 열심히 공부하여 조국을 되찾는 창과 칼이 되시기를 바랍니다. 저는 고국으로 잠입하기 위해 내일 떠납니다. 동지 여러분과 조국 해방 투쟁의 현장에서 재회할 날을 기다리겠습니다."

그는 인사말을 하고 21명의 학생들과 악수를 했다. 그러고는 아내와 아우 용암을 데리고 고급스런 식당으로 가서 이별의 만찬을 함께 했다.

식사가 끝난 뒤 아우를 학교로 보내고 아내 김조이와 숙소로 가서 밤을 같이 지새웠다. 다음 날 아침, 부부는 펑펑 내리는 함박눈을 맞으며 공산대학 정문까지 갔다.

아내는 거기서도 그의 손을 놓지 못했다.

"여보, 무사하셔야 해요."

"그래, 당신도 무사해야 해. 우리에게도 좋은 시절이 올 거야. 희망을 갖고 그때를 기다리자."

그는 아내를 한 번 힘차게 포옹하고는 어서 들어가라고 손짓을 했다.

코민테른은 국내로 즉시 잠입하기보다는 블라디보스토크까지 가서 관망하며 다음 지시를 기다리라는 명령과 함께 '극동총국 위원'이라는 직책을 주었다. 그는 혼자 혹한 속에 10여 일 동안 기차를 타고 시베리아를 횡단해 동쪽 끝 블라디보스토크로 떠났다.

온갖 정성을 들여 만든 공산당 조직이 붕괴된 터라 그는 동지들의 안위가 궁금하고 우울했다. 더구나 차창 밖 얼어붙은 시베리아 동토에는 계속 폭설이 내려 그의 마음을 더 침울하게 만들었다.

혼자 여행하는데다 차창은 늘 성에가 끼어 있고, 어쩌다 역에 기차가 서면 플랫폼에 내려 팔다리 운동을 해봐도 눈이 내려 해를 볼 수 없었다. 그러다보니 언제 해가 지고 아침이 오는지 알 수 없고, 졸리면 자고 배고프면 먹고 그렇게 지내다보니 밤낮의 구별이 없어지고 결국은 생체 리듬이 끊어져버렸다.

그는 흐리멍덩한 정신 속에 세 해 전 모스크바로 갈 때처럼 다시 대자적으로 자신을 들여다보았다. 나는 무엇인가. 조국의 해방을 위해 한 몸을 던질 수 있는가. 그는 하루에도 열 번쯤 자다 깨다를 반복하면서 같은 질문을 던졌다. 혼자 여행하면서 대자적으로 바라보면 정의감이나 이타심利他心보다는 나 자신이 제일 중요하다는 이기심이 생기기 쉬울 것 같은데 그렇지 않았다. 그래서 조국 해방을 위해 한 몸을 던지겠다는 의지는 점점 더 강해졌다.

자다 깨다를 반복하는 중에 무수히 많은 꿈을 꾸었다. 일본 경찰의 총탄을 피해 벼랑을 뛰어내리는 꿈, 조국이 해방되는 날 아내 김조이의 손을 잡고 경성 거리를 걷는 꿈도 있었다. 아니, 꿈에 나타난 여인은 아내만이 아니었다. 이화학당 교복을 입은 김이옥이 눈물을 흘리며 손을 내미는 꿈을 꾸었다. 그 뒤 거의 매일 그녀 꿈을 꾸었다. 꿈은 자신도 알지 못하는 속마음을 암시하고, 예지叡智와도 같은 것이라는데 이옥에게 무슨 일이 생긴 걸까. 그는 그녀를 마음에서 떨치기 위해 고개를 저었다. 아니야. 아무 일 없겠지. 부자인데다 착하고 예쁘고 학벌도 좋으니까 참한 남자를 만나서 잘 살겠지. 잘 살아야지. 봉암은 흐린 의식 속에서도 그녀의 행복을 기원했다.

고국에서 가까운 도시 블라디보스토크에는 극동총국 꼬르뷰로가 간판을 내리고 오르그뷰로조직국이라는 명칭으로 바뀌어 있었다. 이 도시의 오르그뷰로 사무실에서 고국의 당 조직이 붕괴된 원인을 분석한 「보고서」를 읽을 수 있었다.

11월 22일 밤, 신의주의 경성식당 2층에서 신만新滿청년회원들이 음주가무를 하고 있었다. 아래층에서는 조선인 변호사와 일본인 순사가 낀 일행이 회식을 하고 있었는데, 그들 중 일부가 2층으로 올라가 음주가무가 불법이므로 중지해달라고 요구하면서 충돌하고 청년회 일행이 변호사·순사 일행을 집단 구타하는 사태로 발전했다.

경찰은 신만청년회에 대한 수사를 시작했고, 한 회원의 집에서 고려공산청년회 중앙집행위원회 회원자격 사표査表와 「통신문」 들을 발견, 집중 추궁 끝에 그것이 박헌영이 작성한 것임을 밝혀낸 것이었다. 그리고 조선공산당을 창당한 사실도 들통나고 말았다.

봉암은 자신의 존재도 여지없이 노출됐다고 판단했다. 자신과 박헌영 사이에 오가는 비밀문서들이 경찰 손에 넘어간 것으로 보이기 때문이었다.

"아아, 지방조직에 있는 자들이 술 취해 만용을 부리다가 돌이킬 수 없는 일을 저질렀구나."

그는 탄식하며 발을 굴렀다.

다른 한 「보고서」는 총독부가 치안유지법을 만들어 사상운동을 억누르며 작은 강연회마저 금하고 있다는 내용을 담고 있었다.

그는 결국 고국 땅으로 잠입해 공산당 조직을 재건하려던 계획을 버릴 수밖에 없었다. 코민테른도 그런 판단 아래 그에게 상하이로 가서 극동총국 위원으로서의 임무를 수행하라는 전문을 보내 왔다. 그는 상하이로 떠났다.

상하이에서의 활동

상하이에 도착한 그는 지난봄 모스크바로 갈 때 기숙했던 여운형의 집에 염치불구하고 다시 머물렀다. 코민테른 극동총국의 상하이 파견위원으로서 러시아 영사관 측 요원들과 고국의 사태를 협의하면서 하루하루를 보냈다.

그러던 어느 날 고국에서 경찰에 체포된 걸로 믿었던 김단야가 나타났다.

"아슬아슬한 고비를 네 번이나 넘기고 조선 땅을 벗어났어."

김단야는 길게 한숨을 쉬었다.

"우리 조직은 거덜이 났어. 나는 마침 고향에 일이 있어서 김천으로 간 덕분에 체포를 면했어. 고향에서는 내 존재를 본명인 김태연으로만 알지. 지금쯤 붙잡힌 사람들 문초를 해서 김단야가 김태연이란 걸 알고 우리 고향집을 덮쳤겠지."

"김찬 형은 어찌 됐을까?"

봉암의 말에 김단야는 "몰라" 하며 고개를 젓다가 다시 입을 열었다.

"김찬 동지는 안 잡혔을 거야. 보통 사람이 아니잖아. 홍길동처럼 둔갑술을 써서라도 피했을 거야."

"자네처럼 거짓말같이 우리 앞에 나타났으면 좋겠어."

봉암은 정말 그러기를 빌었다.

며칠 후에는 권오설이 탈출해 왔다. 그는 26세로 조봉암·김단야와 동갑이었다. 경북 안동 출신으로 조봉암과 고려공산청년회 창립에 참여하고 책임비서를 지낸 인물이었다.

"나는 장사꾼으로 변장하고 일본으로 건너갔다가 상하이로 왔어. 김찬 동지 소식은 몰라."

조봉암과 김단야는 제대로 먹지 못해 몸이 야윈 권오설에게 만두를 실컷 먹을 만큼 사주었다.

1926년 새해를 조봉암은 우울하게 맞았다.

우선 겨울 기후가 그를 우울하게 했다. 상하이는 위도상 조선반도의 제주도와 일본의 규슈九州보다 남쪽이어서 온도는 높아 온돌이나 난로 같은 난방을 하지 않았다. 그러나 습도가 높아서 냉기가 살 속으로 파고들었다. 그래서 오히려 경성보다 더 춥게 느껴졌다.

벌써 27세가 된 봉암은 비록 신분이 안전한 상하이의 프랑스 조계에 머물고 있고 코민테른 극동총국의 상하이 파견위원 직함을 갖고 있지만, 행동반경은 작년 이맘때보다 훨씬 좁아져 있었다. 게다가 여운형 선배의 집에 식객으로 얹혀사는 처지였다.

그런데 1월 초순이 끝나갈 무렵 기적 같은 일이 일어났다. 김찬이 상하이에 나타난 것이었다.

김찬은 눈물을 뚝뚝 흘리는 봉암의 배를 툭 치며 어깨를 으쓱했다.

"우리 집 들창문을 발로 차면 떨어져 나가게 해뒀었거든. 한밤중 개 짖는 소리를 듣고 눈치를 챘지. 경찰 놈들이 대문을 두드리는 순간 들창을 부수고 지붕으로 올라가 옆집 지붕으로 건너뛰었지."

김찬은 자신이 해놓고 온 후속조치에 대해서도 설명했다. 신의주에서 사건이 터진 얼마 후 김재봉 총비서의 잠복 장소인 돈의동에 강달영姜達永·홍남표洪南杓·이봉수李鳳洙·김철수金錣洙·이준태李準泰 등을 불렀다는 것, 강달영을 지목하고 나머지 사람들에게 그를 중심으로 후계당을 맡아달라고 일임했다는 것이었다.

"비밀회동을 갖기 전 처음 후계자로 주목한 건 홍남표였어. 사람이 가벼워서 맘이 놓이지 않기에 조선일보 진주지국장 강달영으로 바꿨어. 의지가 굳고 계략에 강하며 경제관념이 분명한 사람이라는 평가 때문이었지. 우리 지위에 대해서는 걱정 말아. 그날 비록 우리가 해외로 망명하나 당 간부로서의 자격은 유지하며 제때에 적당한 지휘를 할 거라고 못 박고 왔어."

"잘하셨어요. 우리 조직은 무너졌지만 그렇게라도 조선공산당 조직은 명맥을 이어야지요."

봉암이 말했다.

화요회 중심 멤버이자 제1차 조선공산당의 핵심 멤버이기도 한 김찬·조봉암·김단야는 고국의 재건된 조선공산당 조직과 비밀연락을 교환해 조선공산당 해외부를 만들었다. 해외부라지만 상하이에서의 일이 대부분이라 '상하이부'라고도 불렸다.

역시 수단 좋은 김찬이었다. 그는 조봉암과 김단야를 식객으로 여운형의 집에 남겨두고 혼자 방을 얻어 나갔다. 두 사람도 따라가 붙고 싶었지만 사람 좋은 여운형이 말리는데다가 김찬도 그러기를 원해서 여운형의 집에 눌러앉았다.

카리스마가 강한 김찬은 고국의 새로운 당 조직을 장악하려고 했다. '우리는 해외에 있으면서도 조선공산당 간부임에는 조금도 틀림이 없다. 그러니 해외의 일은 일체 우리에게 맡기고. 조선 안의 운동은 당분간 위험하니까 얼마 동안 수세를 취하면서 서서히 발전책을 강구할 것'이라고 통고한 것이었다.

그 뒤 할 일이 생긴 봉암도 조금은 바빠졌다. 그래도 시간은 많았다. 그는 아무래도 자신이 장기체류하게 될 것으로 보이는 상하이라는 도시에 관심을 돌렸다. 동양 최대의 도시라는 상하이. 지난해에도 며칠 머문 곳이고 모스크바에서 두 차례나 체류했던 그에게 크게 신기할 바는 아니지만, 본격적으로 체류하게 되니 이 도시에서의 생활은 새로 열리는 세계 같았다. 영어, 프랑스어, 중국어, 포르투갈어, 안남어, 일본어, 조선어 등 수많은 언어들이 사용되는 곳, 관현악단과 무도회와 포도주로 대표되는 제국주의의 문명과 썩은 고목처럼 주저앉은 중국 문명이 뒤섞인 곳, 서구 열강의 풍요로움과 약소국가의 비참함이 어우러진 곳, 아편장수와 고급 창녀와

상하이 조계지도. 죽산이 머물던 1920년대 후반 상하이에는 영·미 열강의
조계를 정리한 '공동조계'와 '프랑스 조계'(지도 속 '法界' 부분)가 있었다.
많은 애국지사들이 상하이 프랑스 조계에서 독립운동을 했다.

싸구려 창녀들의 매음굴이 있는 곳. 조봉암은 인구수가 200만이 넘는다는
이 거대한 도시의 일원이 되어갔다.

상하이는 일종의 인종 전시장이었다. 일본인이 가장 많아 1만 명이 넘
고, 영국인과 미국인, 백계 러시아인이 각각 3,000여 명, 포르투갈인이
1,300여 명, 프랑스인이 800여 명, 인도인이 1,000여 명, 필리핀인이 500
여 명, 베트남 인이 500여 명, 그리고 조선인이 900명가량이었다.

상하이는 도시 구성이 3개 지역으로 구분되어 있었다. 공동조계와 이에
인접한 프랑스 조계, 그리고 중국인이 사는 지역으로 구분되어 있었다. 공
동조계와 프랑스 조계는 북쪽에 있어서 베이시北市라고 부르고 중국인 지
역은 남쪽에 있어서 난시南市라고 불렸다. 지난날 영국 조계였던 곳은 공
동조계에 들어 있었다. 그곳에는 거대한 마천루들이 줄지어 있었다. 프랑

스 조계는 주로 주택가였다. 조선인 독립운동가들은 프랑스 조계를 거점으로 삼았고 대한민국임시정부도 거기서 조직되었다.

프랑스는 자유 평등을 이상으로 표방하는 국가이기 때문에 조계 내에서 분위기가 자유분방하고 중립적이었다. 독립운동가들은 이 국제적 관계를 이용하고 일본의 주권이 미치지 않는 프랑스 조계에서 주로 활동했다. 하지만 완전히 마음을 놓을 수 있는 곳은 아니었다. 특히 공산주의운동가들한테는 그러했다. 자본주의 열강인 프랑스는 공산주의를 백안시하고 있었다. 언제든지 프랑스가 딴마음을 먹고 일본영사관 경찰과 공조라도 한다면 죽은 목숨이나 다름없는 곳이었다.

만주 땅에 공산주의 씨를 뿌리다

1926년 봄이 되자 조봉암은 김찬·김단야·권오설과 더불어 새로운 계획을 세웠다. 고국 땅에서 붕괴됐던 조직이 다시 살아났으니 투쟁의 계속성을 유지하고 확대하는 길을 찾는 것이었다. 그중 하나가 조선공산당 만주총국과 고려공산청년회 만주부를 만드는 일이었다.

만주에는 조선인 동포들이 많고 지난날 청산리 전투 등 항일투쟁을 해온 저력이 있으나 공산주의 사상은 이제 싹이 트고 있었다. 동포들을 단합시키고 있는 것은 민족주의 세력이었다. 압록강 바로 북쪽 지안현集安縣 일대는 참의부參義府라는 세력이, 펑톈과 지린성吉林省 남부 남만주 일대는 정의부正義府가, 북만주는 신민부新民府라는 단체가 동포들을 결속시킨 가운데 활약하고 있었다. 조봉암과 동지들은 조선공산당 만주총국을 결성함으로써 만주지역 동포들의 항일투쟁을 공산주의 기치 아래 모이게 하는 기초를 만들 욕심을 갖고 있었다.

당시 만주의 조선인들은 중국인 지주, 마적, 동북 군벌, 그리고 일제까지 4중의 착취와 압제 속에 시달리고 있었다. 일본은 1920년 이후 동북 군벌과 결탁하여 만주에 23개의 총영사관과 분관을 설치하고 영사재판권을 이용하여 조선인에 대한 통치를 강화하고 있었다. 1925년에는 미쓰야三矢가 장쬒린張作霖 군벌과 협정을 맺고 '선인鮮人취체방법시행세칙'을 제정하여 조선인의 목줄을 더 조이기 시작했다. 그 내용은 '중·일 양국은 조선인의 독립운동을 막는다, 중국 당국은 조선인 독립운동가를 체포해 인도한다, 일본은 인수 즉시 대가를 지불하며 중국 당국은 그 일부를 공을 세운 관리에게 준다' 등이었다. 미쓰야 협정 후로는 군벌의 가렴주구도 커지고 소작료도 늘어나 삶의 조건이 더 혹독해졌다. 나라도 없고 기댈 언덕도 없는 조선인은 최악의 수렁으로 빠져들고 있었다.

그런 사정을 가장 잘 아는 사람이 김찬이었다. 역마살 낀 사람처럼 만주 지역을 여러 차례 돌아다닌 경험이 있고 이곳저곳에 있는 공산주의를 신봉하는 청년 지도자들과 인맥이 형성되어 있었다. 그래서 만주총국 설치는 김찬이 직접 만주로 잠입해 주도하는 걸로 계획하고 있었는데 고국에서 순종 황제의 붕어 소식이 들려왔다.

김찬이 말했다.

"3·1만세 때처럼 6월 10일에 인산을 치르겠지. 그날을 기해 다시 만세 부르며 일어나는 거야. 3·1만세 때는 33인이 시작했지만 이번에는 조선공산당이 하는 거야."

조봉암과 김단야는 무릎을 치며 동의했다.

일을 나눠 맡을 수밖에 없었다. 고국의 부활된 공산당 조직을 원격 지휘하여 6월 10일에 새로운 만세시위를 일으키는 것은 김찬과 김단야가 맡고, 국내 잠입은 권오설이 맡으며, 만주총국은 토론과 설득력에 강한 조봉암이 책임지기로 했다.

그런데 약간 신경을 쓰게 하는 일이 고국에서 일어났다. 고국의 2차당 간부들이 고분고분하지 않는 것이었다. 김찬이 김재봉과 더불어 지명한 후임 간부들 중 김철수와 이봉수는 옛 상하이파 고려공산당에 뿌리를 두고 있었는데 그들이 딴지를 걸었다. 특히 조봉암을 만주총국 조직책임자로 지명하는 데 반대했다.

수완 좋은 김찬은 암호편지를 보내 그들을 누르는 데 성공했다.

조봉암은 4월 하순 만주로 가는 먼 여정에 올랐다. 국내에서 고려공산청년회를 재건하고 상하이에 도착한 김동명과 조선공산당 일본부 책임자로서 막 상하이에 도착한 최원택이 동행했다.*

세 사람은 기차를 타고 베이징을 거쳐 만주 펑텐에 도착했다. 거기서 다시 기차를 바꿔 타고 동북쪽으로 올라가 창춘長春을 거친 뒤 하얼빈까지 가고 동쪽으로 달려 무단강牧丹江 역에 내렸다. 그리고 거기서 웨이샤현葦沙縣으로 이동했다.

김찬이 파악한 만주 동포들의 사정은 정확했다. 그런 조건이야말로 공산주의 씨앗을 뿌리는 절호의 기회였다. 조봉암은 만주에서 만난 진보적 청년 지도자들이 호소하는 고통스런 현실에 같이 격분하고 눈물을 흘렸다. 그는 청년 지도자들을 가슴으로 끌어안음으로써 공산주의 혁명의 길이 곧 조국독립을 위한 최선의 길임을 강조하는 토론에 많은 시간을 사용

---

* 김동명(金東明, 1895-?): 함남 북청 출생. 모스크바공산대학을 졸업하고 신흥청년동맹 핵심으로 활동, 1925년 고려공청 중앙검사위원을 지냈다. 일제검거로 타격을 입은 고려공청을 1926년 1월 재건하고, 조봉암과 함께 만주로 가서 고려공청 만주국을 조직했다. 1927년 10월 투옥, 5년을 복역했다(같은 책, 59쪽).
  최원택(崔元澤, 1895-1973): 대구 출생. 1924년 신흥청년동맹에서 활동했다. 1925년 조선공산당 창립대회에 참가했다. '적기 시위사건'으로 쫓겨 일본으로 탈출, 조선공산당 일본부 책임자를 지냈다. 1926년 조봉암과 더불어 만주총국 결성에 참여하고 체포당해 6년을 복역했다. 광복 후 북한 최고인민회의 상임위원을 지냈다(같은 책, 499쪽).

했다. 그리고 비밀조직을 시작하고 확대하는 방법, 비밀 연락 방법, 변장술, 선동술 등을 가르치는 일에도 열중했다.

그리고 동포 사회에 깊숙이 파고들어가 그들의 애환을 몸으로 겪어보고 비밀조직을 만드는 것을 지도했다.

동포들의 삶은 참혹했다. 소작료를 내지 못해 아내와 딸을 빼앗기고, 몸을 다쳐 소작 토지를 얻지 못해 굶어죽었다.

동포들은 그의 손을 잡고 힘없이 말했다.

"우리는 짐승만도 못하게 삽니다."

조봉암은 그들에게 맹세했다. 사람답게 사는 세상을 만들고 조국해방을 앞당기겠다고.

"만주는 지난날 우리 조상의 나라 고구려가 경영하던 땅입니다. 그런데 만주의 동포들은 일본 놈들과 군벌, 지주 반동세력 밑에서 비참하게 짓눌려 있습니다. 공산주의 혁명이 필요합니다. 일본은 아마 만주나 중국을 삼키기 위해 침략전쟁을 일으키고야 말 겁니다. 그때는 중국 인민과 우리 동포가 동지가 되어 공동의 적인 일본과 싸우게 될 겁니다."

동포 청년 하나가 걱정했다.

"조심해야 합니다. 만주는 군벌부대, 마적, 일본영사관 놈들이 권력을 휘두르고 우리 편은 아무도 없습니다. 왜놈들은 온갖 잔꾀를 부리고 있어요. 조선인의 자치를 실현한다는 명목으로 여러 단체를 만들어 상호감시를 하고 있단 말이에요. 게다가 비밀감시를 하는 조선 놈 밀정이 마을마다 서너 놈은 있어요. 낯선 사람이 마을에 들어가면 여지없이 지목합니다."

그러나 그는 위험을 두려워하지 않고 순회지도를 계속했다.

6월 하순, 그는 고국에서 막 도착한 지도자로부터 6월 10일 경성에서 만세시위가 일어난 소식을 들었다. 6월 6일에 만세시위 계획이 경찰에 포착되어 권오설을 비롯한 주도자들이 체포됐으나 만세시위는 곳곳에서 들불

처럼 퍼지고 있다는 것이었다. 그리고 한 달 뒤인 7월 말, 6·10만세운동을
조선공산당이 주도한 것이 드러나 강달영을 비롯한 100여 명의 당원들이
검거됐다는 소식을 다시 들었다.

'아, 1차 조직이 무너지고 간신히 2차 조직을 만들어 명맥을 이었는데 다
시 대규모 검거 사태가 일어나다니. 공산주의 동지들은 씨가 마르겠구나.'

그렇게 탄식하면서도 그는 하던 일을 계속했다. 조직을 단단히 하고 비
밀리에 마을마다 세포들을 심어 확대하는 일이었다.

그러는 가운데 골치 아픈 일도 일어났다. 집회를 마친 청년 지도자들이
각자 자신이 사는 곳으로 흩어져 조직을 강화해가는 데 새로운 장애가 나
타났다. 그것은 민족주의자 항일운동 조직인 신민부 사람들이었다.

신민부는 1년 반 전인 1925년 3월 10일에 북만주에서 조직된 군정부였
다. 지난날 청산리 대첩을 일으킨 김좌진金佐鎭 계열인 대한독립군단의 북
로군정서가 중심 세력이었다. 대부분이 대종교大倧敎 신자였다. 독립군 양
성을 위하여 둔전을 만들었으며 사관학교도 설치했다. 북만주에 거주하는
친일 조선인 암살을 비롯하여 국내에 사람을 보내 조선총독 암살을 계획
하는 등 활발히 활동했다. 그들은 작은 정부와도 같았다. 학교를 설립했고
자기들 힘으로 교과서도 만들어 아이들을 가르쳤으며 경찰조직과 사법조
직도 갖고 있었다.

신민부 사람들이 항의하러 찾아왔을 때, 조봉암은 부드러운 표정으로
말했다.

"걱정을 시켜드려 미안합니다. 신민부 조직을 약화시킬 생각은 없으니
마음 놓으십시오. 추구하는 이념이 다르지만 우리는 공통의 적인 일본과
싸우는 공동운명체입니다. 혹시 위급한 일이 생기면 우리 조직을 이용하
십시오. 언제든지 도우러 달려갈 겁니다."

딱딱하게 굳어진 얼굴을 하고 찾아왔던 신민부 사람들은 진정성 어린

그의 화술에 고개를 끄덕이며 돌아갔다. 조봉암은 그들을 자극하지 않으려 애쓰면서 은밀히 공작을 진행해갔다.

10월이 되자 어느 정도 조직이 이뤄졌다는 판단이 섰다. 그는 뒷일을 김동명과 최원택 두 동지에게 맡기고 상하이로 돌아가는 먼 여정에 올랐다.

만주총국 세웠지만 3차 공산당서 밀려나

1926년 10월 조봉암이 상하이로 돌아왔을 때 김찬과 김단야는 그 도시에 없었다. 김찬은 붕괴된 2차 조선공산당을 재건하는 공작임무를 갖고 연해주 블라디보스토크로 갔고, 김단야는 레닌대학에 입학이 결정되어 모스크바로 떠난 것이었다.

그를 반겨준 것은 여운형과 현정건, 두 선배였다. 두 사람은 그에게서 만주 사정을 듣고 싶다며 요릿집으로 이끌고 갔다. 여운형은 둥팡대학에 출강하는 것 외에, 소련 타스통신사 상하이 책임자를 겸임하고 있던 웰덴 부영사의 촉탁원이 되어 소련영사관에 출근해서 중국 신문을 스크랩해 영어로 번역해주는 일을 하고 있었다.* 그래서 주머니 사정이 전보다 더 넉넉했다. 현정건은 프랑스 파견 특명전권공사였던 사촌형 현상건이 상하이 주재 프랑스 회사에서 일을 하고 있어서 형의 일을 도우며 수입을 얻고 있었다.

봉암의 만주 사정 보고를 듣고 여운형과 현정건은 감격한 얼굴을 했다.

"큰일을 했어, 박철환 동지. 머지않아 그 효과가 나타날 것이야."

"그렇군. 박 동지가 만들어놓은 조직을 바탕으로 파르티잔 투쟁이 일어나기를 바랄 뿐이야."

---

* 「여운형신문조서」, 1929년 7월 20일 진술(이정식, 『여운형』[서울대학교출판부, 2008], 363쪽 재인용).

조봉암은 다시 염치불구하고 여운형 집의 식객이 되었다.

사실 고국이나 만주, 블라디보스토크 혹은 모스크바에서 오는 연락은 거의 여운형의 집으로 오게 마련이니 사무실이 따로 없는 사회주의자들은 이곳을 본부로 삼고 있었다. 다만 선생이 가족들과 함께 살고 있어서 발소리 내는 일도 조심해야 했다.

여운형의 집에는 6·10만세운동을 주도하고 고국에서 탈출해온 홍남표가 묵고 있었다. 나이는 그보다 열한 살이 위로 신사상연구회와 화요회의 멤버였다. 봉암이 조선일보에 몸담았을 때는 시대일보에서 일하고 있었지만 앞서 조선일보 기자로 일했던 선배이기도 했다. 얼굴이 희고 콧날이 날카로운 사람이었는데 의지가 약해 보여, 제2차 조선공산당을 만들 때 대표로 지목했다가 강달영으로 바뀐 일이 있었음을 봉암은 알고 있었다.

"동지가 만주총국을 만든 건 참 대단한 성과이외다. 앞으로 나를 잘 이끌어주시오."

홍남표는 고개를 숙이며 말했다.

"천만의 말씀입니다. 선배님이 저를 이끌어주셔야지요."

그가 손사랫짓을 하며 말했으나 홍남표는 정색을 했다.

"동지가 서열이 위이니까 나는 그걸 지킬 것이외다."

조봉암은 먼 여행의 피로에다 긴장이 풀려서 며칠을 자고 또 잤다. 그렇게 쉬는 사이에 그의 이야기는 여운형과 현정건을 통해 사회주의 계열 동지들에게 비밀스럽게 알려져서 그의 존재감은 상하이 독립투사들 가운데서 한껏 커졌다. 국내의 2차 공산당 그룹이 그에게 만주총국 일을 전담시키면서도 달가워하지 않았던 터라 그의 성공은 더욱 돋보였다.

그러나 고국 땅에서는 그가 원하지 않는 상황이 이어지고 있었다. 조선공산당에서 그의 위상에 변화가 생긴 것이었다.

그동안 고국 땅에서는 6·10만세사건으로 붕괴된 2차 조선공산당을 이어갈 3차 조직이 결성되었다. 조봉암이 속한 화요회와 경쟁 상대였던 서울청년회 그룹이 김철수를 내세워 재건한 것이었다. 블라디보스토크에 가 있던 김찬은 그들 3차당이 자신과 김단야와 조봉암 등 선배를 무시하고 독단으로 행동하는 것을 억눌러 지배하려고 애썼지만 무위에 그쳤다. 김찬은 코민테른의 승인을 받으려는 김철수와 동행하여 모스크바로 갔으나 코민테른은 3차당을 승인하고 김찬과 조봉암이 속했던 조선공산당 해외부를 해체하라는 지령을 내렸다.

대신 조봉암에게 코민테른 극동부 대표라는 직함을 내려 보냈다. 중국과 일본과 조선의 공산당을 지원하는 일을 하게 됐지만, 서울청년회와 옛 상하이파 고려공산당 그룹이 차지한 고국의 조직에 대한 영향력은 줄어든 셈이었다.

조선공산당은 김철수가 모스크바로 떠나면서 대표 자리를 안광천安光泉, 1897~?이 맡았고, 김준연 · 한위건韓偉健, 1896~1937 등이 주요 간부 자리를 맡고 있었다.* 김준연은 조선일보 기자를 같이 했고 한위건은 동아일보 기자를 한 터라 안면이 있었지만 의기투합했던 동지들은 아니었다. 조선공산당의 중요한 산하조직으로 그가 온 힘을 다해 결성했던 고려공산청년회도 김철金哲과 김강金剛 등에게로 넘어가 있었다. 한 마디로 말해서 그는 3차 공산당 조직에서 밀려난 것이었다.

조봉암은 국내로 잠입하고 싶었다. 자신이 직접 들어가면 재결성하고 몇 달이 못 가 붕괴되곤 하는 조선공산당 조직을 단단히 다지고 당원들을 장악할 자신이 있었다. 정말 좀더 지켜보다가 도저히 안 되겠다 싶으면 잠입할 결심을 하고 있었다.

---

* 김준엽 · 김창순, 앞의 책, 제3권, 198쪽.

김이옥, 병든 몸으로 찾아오다

그러던 어느 날이었다. 그는 상하이에 있는 사회주의 계열 지도자들을 만나 저녁을 먹으며 만주 이야기를 들려주고 숙소인 여운형의 집으로 갔다. 가능하면 밖에서 저녁을 먹고, 선생과 가족들이 자기 전에 들어가는 것이 식객이 지켜야 할 최소한의 예의였다.

현관문을 열어준 선생의 부인이 말했다.

"고국에서 여자 손님이 찾아왔어요."

늘 웃으며 맞아주던 부인의 표정이 심각해 보였다.

봉암은 사회주의 운동을 하는 어떤 여성 운동가가 망명해 온 것으로 짐작하고 "네" 하고 대답하며 신발을 벗었다. 그때 거실 소파에서 여운형과 어떤 여성이 차를 마시다가 동시에 일어섰다. 그 여성을 주목하는 순간 그는 깜짝 놀라 발이 그 자리에 붙어버렸다. 김이옥이었다.

"저 이옥이에요. 허락도 받지 않고 왔어요. 그럴 수밖에 없었어요."

이옥은 두 눈에 눈물이 핑 돌고 있었으나 또박또박 말했다.

표정과 목소리에 마치 운명을 좌우하는 가장 중요한 결정을 한 사람처럼 비장함이 깃들어 있었고 여운형 내외도 이미 어떤 설명을 들은 듯 비장해 보였다.

그녀는 소파 위에 벗어 놓았던 외투를 집어들었다.

"몽양 선생님 댁에 오면 계신 데를 알 거 같아서 무작정 왔어요."

이옥은 그렇게 말하고 선생 내외를 향해 고개를 숙였다.

"죄송스럽고 감사합니다."

그때 여운형 내외가 동시에 손사랫짓을 했다.

"몸 아픈 사람이 밤바람 쐬어서 좋을 게 없어요. 먼 길을 와서 여독도 클 테니 오늘 밤은 우리 집에서 자도록 해요."

여운형이 수심 가득한 얼굴을 하고 말했다.

봉암은 자신이 쓰고 있던 방문을 열었다. 여 선생 내외는 고개를 끄덕여 보이고 돌아섰다.

이옥을 데리고 들어가 방 안의 전등 스위치를 올렸다. 조금은 창백한, 그러면서도 뺨과 입술이 선명하게 붉은 이옥의 얼굴이 드러났다. 봉암은 언뜻 스치는 생각이 있어 이옥의 양 어깨를 움켜잡았다.

"몸이 아프다면 혹시 티비TB에……?"

"네" 하고 대답한 이옥은 콜록콜록 깊은 기침을 했다. 기침은 발작적으로 이어졌고 어지럼증이 생기는지 이옥은 비틀거렸다. 전형적인 폐결핵 환자의 증상이었다.

그는 부축했다. 그 순간 그녀는 그의 팔에 체중 전부를 실으며 축 늘어졌다.

"죽기 전에 보고 싶어서 왔어요."

그는 이옥을 그대로 껴안아 침상에 눕혔다. 그녀는 안심하는 표정으로 그를 올려다보다가 눈을 감았다. 몸이 까부라질 정도로 기진했는데 여운형 선생의 앞이라 의지로 버틴 모양이었다.

한동안 누워 있다가 눈을 뜬 그녀는 몸을 일으켜 침대에 걸터앉았다. 그러고는 차근차근 말하기 시작했다.

김이옥은 조봉암이 오빠 김인배 씨의 간곡한 부탁을 받고 그녀에게서 멀어져 간 뒤 허탈감을 이기지 못해 방황했다. 폐병이 깊어져가는 오빠에게 반항도 했다. 정신을 차린 것은 오빠가 죽은 뒤였다. 도대체 잔소리할 어른이 없어진 것이었다. 강화 집에는 여덟 살 된 여자 조카와 다섯 살 된 남자 조카, 홀아비인 오빠와 결혼하고 1년 만에 과부가 된 젊은 올케 최경준崔慶俊이 있었다.

올케는 잠두교회 최의순崔義淳 장로의 딸이었다. 이화학당을 나온 신여성으로서 교회에서 여자 아동반을 맡아, 이옥이 어린 시절에 선생님이라고 부르던 마음씨가 착한 여자였다. 그런데 폐결핵을 앓는데다 열 살 이상나이가 많고 아이가 둘이나 딸린 김인배 씨를 사랑하여 재취로 들어오는결혼을 선택했다.

오빠를 강화 남산 선영에 묻고 돌아오면서 올케는 그녀의 손을 잡고 말했다.

"내가 선택한 사람이었고 다 하나님의 뜻인 걸 어쩌겠어? 오빠는 떠났지만 우리 서로 의지하고 살아."

그 뒤 올케는 억척스럽게 살림을 이끌고 나갔다. 한 해 벼 500석을 수확하는 토지가 있었는데 소작료를 3할로 낮춰주는 대신 철저하게 감독을 했다. 이화학당의 학비와 기숙사비는 물론 용돈도 오빠 생전보다 후하게 주었다.

조봉암이 김조이라는 사회운동의 후배와 결혼한 뒤 이옥의 마음을 잡아준 것도 올케였다. 이옥이 그녀의 가슴에 얼굴을 묻고 한참 동안 펑펑 울었는데 가벼이 그녀의 등을 어루만졌다.

"다 하나님의 뜻이야. 봉암 씨를 잊게 해달라고, 그 사람을 행복하게 해달라고 기도해."

착한 올케의 말에 따라 그렇게 기도했다. 그리고 마음을 다잡고 공부에만 매달렸다. 강화에서 방학마다 야학을 열었고 강연도 했다. 청혼해오는남자들이 여럿 있었지만 아무도 눈에 들어오지 않았다.

지난해 이화학당 대학부 예과를 졸업하고 본과에 올라가서는 음악을공부하기 시작했다. 그런데 금년 봄 감기 몸살을 심하게 앓은 뒤 통 낫지를 않고 미열이 계속되었다. 기침이 가슴 깊은 곳에서 나고 가래에 피가섞여 나왔다. 오빠도 폐결핵으로 죽었고 학교 친구들 중에도 폐결핵 환자가 여럿 있는지라 혹시나 해서 대학병원에 가서 진찰해보니 폐결핵이라고 했다. 이화학당을 휴학하고 집으로 돌아와 요양에 들어갔다. 올케 언니는 뱀이든 개고기든 아기 태반胎盤이든 결핵에 좋다는 것은 모두 구해 먹게 했다.

병이 좀 나아지는 듯해 그녀는 강화에 유치원을 세우자는 운동에 동참했다.* 그러나 가을이 되자 급격하게 악화되기 시작했다. 봉암은 모스크바에서 결핵에 걸려, 죽더라도 내 나라 땅에서 죽자는 생각으로 돌아와서 자연치유가 돼버렸다는데 나는 왜 그러지 못하는가. 그런 생각을 하며 희망을 가져보려 했으나 소용이 없었다. 경성 세브란스병원에 입원했으나 더 나빠질 뿐이었다. 의사들의 표정에서 자신의 병이 회복 불능의 절망의 단계로 접어들었음을 깨달은 순간 그녀는 살고 싶다는 욕망 대신 마지막 결심을 가슴에 품기 시작했다. 사랑하면서도 더 가까이 가지 못했던 봉암을 한 번만 보고 죽자는 생각이었다.

지난봄 강화에 있을 때 봉암의 누나 경암 씨를 갑곶 부두에서 만난 적이 있었다. 그때 봉암이 이리저리 돌아다니며 독립운동을 하지만 상하이 프랑스 조계 여운형의 집을 근거지로 삼고 있다는 말을 들었다.

그 후 6·10만세사건을 보도한 신문을 읽었다. '최고 참모는 상해上海서'라는 제목을 달고 있는 그 기사는 만세사건을 주도한 사람이 권오설이라고 밝혔다. 권오설은 신의주사건으로 제1차 공산당 조직을 검거할 때 상하이로 탈출했고 거기서 조봉암·김찬 등과 이 사건을 모의하고 다시 국내로 잠입했다는 내용도 담고 있었다.** 봉암이 중국 상하이에서 활동하고 있음을 명확히 알 수 있었다. 경암 씨의 말이 맞은 것이었다.

---

* 김이옥의 강화유치원 설립 운동 기사는 『시대일보』, 1926년 1월 29일자와 5월 6일자에 실려 있다.
** 『시대일보』, 1926년 6월 19일자.

11월 초 어느 날, 김이옥은 병상 시트 속에 넣어두었던 은행 통장을 꺼내들었다. 올케가 준 용돈을 거의 쓰지 않고 모은 돈, 결핵에 걸린 뒤에는 약을 사고 음식을 잘 먹고 섭생을 잘해야 한다며 올케가 준 돈, 중간 계산을 할 병원비, 그리고 새 학기 등록금으로 낼 돈이 모두 들어 있었다. 모두 합해 거의 1천 원이 되었다. 통장의 숫자를 들여다보며 그녀는 자신이 무의식적으로 저금을 해온 것이 언제든지 봉암에게 갈 수 있는 조건을 만들기 위해서라고 생각했다. 이제라도 그를 찾아가는 것은 운명이라는 생각이 들었다. 갑자기 갖게 된 생각인데도 오랫동안 품어온 확신처럼 굳어졌다. 그에겐 아내가 있지. 나는 결혼 같은 건 안 해도 좋아. 그냥 그를 바라보고 살다가 죽어도 좋아. 그런 생각이 그녀의 마음을 지배했다.

11월 11일 아침, 그녀는 올케에게 쓴 편지를 병실에 남기고 조용히 세브란스병원을 빠져 나와 은행 예금을 모두 찾았다. 다시 잠깐 병원에 들러 병원비를 정산하고는 큰길을 건너 경성역으로 갔다. 역이 바로 병원 건너편이라 그녀가 행동을 실천하는 데 30분도 걸리지 않았다. 곧장 경부선 기차표를 샀고 부산으로 향했다.

조선인들은 부산항 여객부두에 있는 경찰관 파출소에서 도항증渡航證을 끊어야 국제선 선표를 살 수 있었고 도항증을 끊기 위해서는 신청서를 작성해야 했다. 그런데 중국 상하이는 조선인 독립운동의 근거지여서인지 부산에서 곧장 상하이로 가는 배는 신청서에 제한 사항이 많아 불가능해 보였다.

어떤 신사가 일본으로 가면 상하이행이 가능하다고 일러주었다. 그녀는 나가사키長崎로 가는 「도항신청서」를 냈다. 그러나 경찰이 도항증 발급을 거부했다. 얼굴이 창백해 병색이 짙은 터라 발급할 수 없다는 것이었다.

"그렇습니다. 나는 깊은 병에 걸렸습니다. 사랑하는 사람이 중국 상하이에 있어서 마지막으로 얼굴이나 한번 보고 죽으려고 떠나는 겁니다."

그녀의 솔직한 말에 일본인 순사는 흠칫 놀랐다. 그는 그녀의 주소지인 강화경찰서로 긴급전문을 보냈다. 다섯 시간 만에 도착한 회신은 '김이옥의 부모는 사망하고 없다. 올케인 최경준은 소원대로 보내주라고 대답했다'는 내용이었다. 경찰관은 연민하는 눈으로 그녀를 바라보다가 도항증에 스탬프를 찍었다.

그녀는 항해하는 동안 지독한 멀미에 시달렸다. 그래서 나가사키에 내려 사흘을 묵으며 힘을 회복했다. 집을 떠난 지 열흘 만에 상하이에 도착했고, 중국인들과 필담을 하여 프랑스 조계로 왔고, 인력거를 타고 이리저리 물어 여운형의 집에 찾아왔고 선생 내외에게 자초지종을 털어놓았다. 여운형 내외는 결핵이 치유 불능한 몹쓸 전염병이고 집에 한창 자라는 자녀들이 있는데도 그녀를 따뜻이 대하며 봉암을 기다리게 했다.

김이옥의 이야기를 다 듣고 봉암은 눈시울을 적셨다.

"그렇다고 여기까지 왔어? 더구나 나 같은 가난한 망명자를 찾아서?"

이옥은 흐느끼기 시작했다.

"잠두교회에서 주보週報를 만들 때부터 오빠를 사랑했단 말이에요. 단 하루도 보고 싶지 않은 날이 없었어요."

봉암은 그녀의 눈물을 닦아주었다.

"보름쯤 머물다가 돌아가도록 해."

그의 말에 이옥은 아무 대답도 하지 않았다. 그리고 그의 손을 잡은 채 잠이 들었다.

그는 밖에 나가서 자고 아침 일찍 들어와 그녀를 데리고 나갈 생각으로 발소리를 죽이고 거실로 나갔다.

여운형 내외가 걱정스런 얼굴을 하고 거실 소파에 앉아 있었다.

봉암은 고개를 숙였다.

"송구스럽습니다. 한 보름쯤 머물다가 돌아가라고 했습니다. 오늘 밤만 재우고 내일은 저 사람이 묵을 곳을 마련하겠습니다."

여운형은 그냥 한숨을 쉬었다. 부인 역시 아무 말도 하지 않았다.

여운형 내외는 그의 아내 김조이에 대해 큰 호감을 갖고 있었다. 21명의 공산대학 유학생이 상하이에 집결했을 때 여자들은 아무 데나 재울 수 없다 하여 김조이를 비롯한 여자들만은 내외가 살던 집에 묵게 했었다. 집에 묵는 10여 일 동안 김조이가 보여준 언행이 워낙 검소하면서도 깔끔해서 과연 군수 집안의 따님답다고 부부가 칭찬을 한 일이 있었다. 그런데 그 방을 봉암이 사용했고 지금 이옥이 누워 있는 것이었다.

밀정에 쫓겨 김이옥과 한 몸이 되다

다음 날 봉암은 프랑스 조계의 조선인 집거촌인 사페이로霞飛路에 셋집을 얻었다. 큰 건물들이 즐비하게 선 큰길 뒷골목에 있는 농탕弄堂 가옥의 2층으로서 간단한 부엌과 방 한 칸이 달린 곳이었다.* 가난한 망명자인 그는 코민테른 극동부 대표로서 국내와 연결하는 공작을 위한 자금을 갖고 있었으나 그 돈에 손을 댈 수는 없었다. 결국 이옥이 속옷 속에 달아 차고 온 돈을 쓸 수밖에 없었다.

우선 이옥의 거처를 마련한 뒤 병세가 어느 정도인가 알아보기로 했다. 영국 조계 지역에 공제公濟병원이라는 큰 병원이 있었다.

진찰을 한 영국인 의사가 말했다.

"폐의 손상이 상당히 진척된 상태입니다. 좋은 공기, 적당한 영양에 유의하고 햇빛을 많이 쪼이십시오."

---

* 농탕 가옥은 당대 상하이에 있던 독특한 건축물로서 골목 안에 1, 2층 주택을 벽을 붙여 짓고 복도 어구에 공용의 대문을 단 다세대 가옥이었다.

약을 받아 들고 병원에서 돌아오는 전차 안에서 이옥은 그의 손을 꼭 잡았다.

"어떻게든 병을 이길게요. 그래야 오래 얼굴 보며 살지요. 그런데 상하이가 경성보다 더 추운 거 같아요. 냉기에 뼛속이 저려와요."

"폐결핵 환자한테는 안 좋은 곳이야. 그러니 고국으로 돌아가 요양하도록 해."

그는 한숨을 쉬며 말했다.

그러나 보름이 지나도록 이옥은 돌아갈 마음을 먹지 않는 듯했다. 그는 항상 감정보다는 의지의 지배를 받는 사람이었지만 이옥과의 일은 의지대로 되지 않았다. 한 달 뒤, 두 사람이 운명적으로 얽히는 결정적인 일이 일어났다.

오후 늦게 공제병원에 가서 결핵약을 받아 돌아오고 있었다. 과일장수가 수레를 끌고 오다가 허리를 굽실거리며 사과를 싸게 판다고 했다. 사과는 신선해 보였고 값을 물어보니 반값이었다. 저걸 사다가 이옥에게 주면 좋겠다는 생각을 했으나 주머니에 단 한 개를 살 돈도 없었다. 그가 약봉지를 들어 보이며 돈이 없다고 머리를 내젓는데 담뱃불을 빌려달라고 했다. 느낌이 이상했다. 허술한 옷차림에 비해 손톱이 깨끗했고 눈빛이 긴장돼 보였다.

불길한 예감이 뒷머리를 스쳤다. 상자형의 포드 자동차 한 대가 어떤 집 앞에 머리를 길 쪽으로 두고 정차해 있는 것이 보였다. 양쪽 골목에서 단장短杖을 든 사내 둘이 걸어 나오고 있었다. 손잡이를 잡아당기면 칼이 쑥 뽑혀져 나오는 단장을 본 적이 있는데 비슷했다.

아, 나를 해치려는 자들이구나. 그는 웃으면서 성냥을 꺼내들다가 채소장수 놈을 수레 위로 확 밀어 자빠뜨리고 전력을 다해 자동차를 향해 달렸다. 골목에서 나온 자들이 단장에서 시퍼런 칼을 뽑아 치켜든 채 쫓아왔다. 단검 두 개가 어깨와 머리 위를 스칠 듯 날아가 석회를 바른 벽에 부딪쳤다.

그는 달리던 탄력으로 자동차 엔진 뚜껑 위로 뛰어오르고 운전석 지붕 위로 올라간 다음 농탕 가옥의 지붕 위로 올라섰다. 잇달아 지어진 지붕들 위를 허둥지둥 기어가고 내달리고 하다보니 한 놈은 그렇게 뛰어올라 뒤를 따르고 두 놈은 골목을 달리고 있었다.

'내가 잡히면 이옥이는 어떡하나!'

그런 생각이 스쳐가자 그는 얼음처럼 냉철해졌다. 지붕 위에 웅크렸다가 양손에 기왓장을 잡고는 느닷없이 몸을 일으켜 추격자의 얼굴을 향해 던졌다. 그것을 얻어맞은 놈이 억 소리를 내며 아래로 떨어졌다.

매일 해질 녘에 이옥에게 가서 머물다가 저녁을 먹고 여운형의 집으로 자러 가곤 하던 그는 이날은 밤늦은 시간에야 그녀에게 갔다. 혹시 뒤따를지 모르는 자객들을 피해 어둠 속에 두 시간이나 납작 엎드린 때문이었다.

턱과 정강이에서 피가 흐르고 발목뼈를 겹질려 절뚝거리며, 옷이 찢어졌음을 안 것은 그녀의 셋방에 도착한 뒤였다.

"누구에게 쫓기셨군요."

이옥이 울먹이며 깨끗한 수건으로 피를 닦아주었다.

"왜놈 밀정들이었어."

그는 주머니에서 결핵약을 꺼내놓으며 자신이 당한 일을 가감 없이 들려준 뒤 덧붙였다.

"위험이 다가왔다는 걸 몰랐다면 죽었겠지. 육감 같은 거였어. 어디서 그렇게 힘이 났는지 몰라. 내가 붙잡히면 이옥이는 이 상하이 바닥에서 어떻게 하나 하는 생각이 스쳤어. 그래서 힘이 났나봐."

"독립운동 하는 사람들은 그런 일을 겪겠지요?"

"그렇지. 여운형 선생만 해도 두 번을 겪었대. 한번은 중국 톈진에서 배정자裵貞子의 함정에 빠졌대. 밀정들이 달라붙는 걸 알고 달리는 전차에서 뛰어내렸대. 또 한번은 점심시간에 경찰들이 달려들었는데 2층에 올라갔다 내려온다고 안심시켜놓고 창문으로 내리뛰어 다른 집 지붕들을 타고 넘어 탈출했대.”

조봉암은 밤이 더 깊어지기 전에 돌아가려고 일어섰다. 그러자 이옥이 목을 껴안고 매달렸다.

“가지 마셔요! 오늘 밤만이라도 제 곁에 있어줘요. 이옥이는 폐병이 악화돼 언제 죽을지 모르고 봉암 오빠도 앞날을 모르잖아요.”

봉암은 그녀의 애절한 호소에 가슴이 녹아내렸다. 그렇다. 언제 체포당할지 모르고, 조선공산당 창당과 6·10만세운동을 조종한 혐의까지 받으면 10년 이상 감옥에 갇힐 게 아닌가. 나야 결핵이 자연 치유됐지만 이옥은 오빠 김인배 씨가 죽은 걸 보면 언제 악화될지 모르는 게 아닌가. 그런 절박한 생각들이 그가 지켜온 자제의 끈을 놓아버리게 했다. 그리고 무엇보다도 그녀에 대한 연민과 사랑이 더 이상 채울 수 없을 정도로 그의 가슴을 메우고 있었다.

그가 엉거주춤하고 있는 사이 그녀는 침상에 개어 있던 이불을 폈다. 그러고는 입고 있던 치파오의 단추를 풀었다.

두 사람은 이날 한 몸이 되었다. 그리고 동거에 들어갔다.

8 세 번째 투옥

시련 속의 외로운 투쟁

1927년 새해가 오고 조봉암은 29세가 되었다. 김이옥과의 동거는 조선 공산당을 재건하고 조직을 장악하기 위해 국내로 잠입하려던 조봉암의 결심을 흔들리게 하고 그를 난처한 상황에 빠지게 만들었다.

상하이는 애국지사들이 모여들어 망명 근거지로 삼아온 곳이었다. 인구 200만 명 중 조선인은 1,000명 정도였지만 독특한 공동체를 형성하고 있었다. 노동자도 있고 창녀와 아편장수도 있었지만 조선인 공동체의 중심은 망명투사들이었다. 비록 민족주의와 사회주의로 나뉘어 있었으나 그들은 일신의 안일보다는 조국 광복을 위해 가족마저 저버리고 분투한다는 거룩한 사명감을 공통으로 갖고 있었다. 조봉암이 속한 사회주의 진영 독립투사들은 민족주의 진영보다도 가난했으며 자기희생의 정신이 더 강했다.

나쁜 소문은 더 빨리 퍼지게 마련이었다. 상하이에 있는 공산주의 진영의 동지들도 그를 대하는 눈빛이 바뀌었으며, 민족주의 진영에서는 '조봉암이 동지였던 아내를 버리고 애인을 불러들여 살림을 차렸다'고 성토했다.

그를 너그럽게 대하며 위로의 말을 해준 사람은 현정건이었다.

"잘못했지만 잘한 거야. 인생은 유한한 거고 우리 같은 혁명가의 인생은 더욱 그렇지."

현정건은 그의 어깨를 툭 치며 그렇게 말했다.

현정건의 말에는 동병상련의 마음이 들어 있었다. 그는 자유분방한 세계관을 가진 투사였다. 숙부인 현영운은 친일 관료로서 조국에 온갖 해악을 끼쳐 요화妖花라 불리는 배정자와 살았고, 큰형 홍건鴻健은 러시아사관학교를 나와 러시아공사관의 통역 노릇을 하고 있었다. 둘째 형 석건奭健은 황실유학생으로 일본에 가서 법학을 공부해 판사가 됐고, 아우인 진건은 소설가로 명성을 날리고 있었다. 그 자신은 중국에서 공부하고 임시정부 임시의정원 경상도의원을 지내다 사회주의 진영으로 돌아섰다. 조혼으로 맞은 아내가 있었으나 조선 땅 최고의 미인이라는 기생 현계옥玄桂玉과 사랑에 빠진 뒤 상하이로 불러와 동거하고 있었다. 현계옥이 기생 신분을 청산하고 독립투쟁에 뛰어들어 의열단원으로서 폭탄제조와 운반을 맡았던 일은 널리 알려진 사실이었다.

조봉암이 김이옥과 동거한다는 소문은 지구 반 바퀴를 돌아 모스크바까지 날아갔다. 아내 김조이한테서는 원망과 탄식으로 가득 찬 편지가 오고 아우 용암한테서도 질책하는 편지가 왔다. 아우의 편지에는 형수 김조이가 얼마나 슬퍼하고 절망하고 있는가 하는 내용도 들어 있었다.

그는 아내 김조이에게 미안하다고, 병든 몸으로 목숨을 걸고 찾아온 이옥을 외면할 수 없었다고, 하늘이 어떤 벌을 내리더라도 달게 받겠다는 내용의 답장을 써 보냈다.

이 무렵 국내 당 조직인 조선공산당은 조봉암이 이끌었던 지난날의 '상하이부'를 '상하이 야체이카'로 격하시켰다. 야체이카는 조직의 최소단위인 '세포'를 나타내는 러시아 말이었다. 제1차 조선공산당 창당의 주역이었던 그가 평당원 신분이 된 것이었다.

그는 김이옥의 폐결핵 극복에 정성을 기울였다. 그러나 아직 특효약이 개발되지 않아서 가래를 삭이게 하고 기침과 각혈咯血을 막는 대증對症요법의 약을 쓸 뿐이었다.

결핵에 걸리면 네 가지를 유의해야 했다. 첫째는 병균을 이기는 체력을 갖추기 위해 충분한 영양을 섭취해야 하고, 둘째는 음침한 곳을 피하고 채광이 좋은 곳에서 지내며 햇빛을 많이 쐬야 하고, 셋째는 기온 변화를 피해야 했다. 그래서 침대를 햇빛이 들어오는 창 쪽에 옮겼다. 음습한 상하이의 겨울 날씨가 이옥에게 나쁜지라 방 안을 건조하게 만들려고 아침에는 난로를 피웠으며, 쇠고기는 못 먹이더라도 계란 하나라도 먹이려 애썼다.

그런데도 이옥은 증상이 나빠져 두 번이나 병원에 갔다. 다행히 그녀가 가져온 돈이 남아 있어서 치료비를 내고 약을 살 수 있었다. 겨울이 끝날 무렵 약이 떨어졌다. 슬프게도 그는 더 약을 사오지 못했다. 그녀가 가져온 돈이 거의 바닥이 나고 있기 때문이었다. 그에게는 모풀*에서 보내온 2,000원이 있었지만 차마 손을 댈 수는 없었다. 공금이란 마치 지조와도 같은 것이어서 사적으로 사용하여 한번 무너지면 걷잡을 수 없게 된다는 것을 그는 알고 있었다.

고맙게도 식품비는 크게 걱정되지 않았다. 매끼 고기를 먹지 않는 한 상하이에서는 식료품 값은 많이 들지 않았다. 다만 결핵을 치료할 약값이 문제였다.

상하이에서 오래 생활했던 민족주의 계열 여성 독립투사 정정화鄭靖和, 1900~91는 한인의 의식생활에 대해 이렇게 회고했다.

─────────

* 모풀(MOPR): 국제혁명운동희생자구원회의 러시아어 이니셜. 1924년 독일에서 조직된 적색구원회가 국제적인 조직으로 발전한 것으로서 혁명운동을 하다가 투옥된 사람, 또는 사망한 사람의 유족을 돕는 일을 했다. 당시 한인 멤버들은 '모풀'이라고 불렀다.

식생활이라고 해야 가까스로 주먹덩이 밥을 면할 정도였고 반찬은 그저 밥 넘어가게끔 최소한의 한두 가지였다. 상해에는 국내보다 푸성귀가 풍부했다. 미역이나 김 따위는 드물었으나, 배추 종류는 다양해서 여러 가지 반찬을 해먹을 수 있었다. 사실 배추로 만드는 반찬이 제일 값이 쌌기 때문에 늘 소금에 고춧가루하고 범벅을 해서 절여놨다가 꺼내 먹곤 했다. 한 가지 특이한 것은 상해에는 잡곡밥이 없고 대부분 쌀밥이었다. 그래서 가난한 사람도 살 수 있고 부자도 살 수 있는 곳이 바로 상해라는 말이 있기도 했다. 동전 한 닢만 가지면 시장에 나가서 국수 튀기고 남은 찌꺼기라도 한 대접씩 받아먹을 수 있었으니 가난한 사람도 살게 마련이었고, 사실은 우리가 그런 축이었다.

상하이에 있는 동안은 한복은 입지 않고 줄곧 쨍산長衫이라는 중국옷을 입고 지냈는데 임정의 어른들이건 아녀자들이건 모두 그 쨍산을 입었다. 그것도 아주 헐값에 천을 사서 만들어 입었는데, 내가 본국에 드나들 때도 신의주까지는 그 중국옷을 입고, 싸 가지고 갔던 한복으로 바꿔 입고 들어오곤 했다.

식생활이나 의생활의 사정이 그러했으니, 신발이라고 해서 구두나 운동화 따위의 가죽 고무 제품은 엄두도 내지 못할 실정이었고, 고작해야 헌 헝겊 조각을 모아 몇 겹씩 겹쳐서 발 모양을 내고 송곳으로 구멍을 내서, 마麻라는 단단한 실로 촘촘하고 단단하게 바닥을 누벼서 신고 다녔다. 그나마도 집안 살림을 꾸리는 사람이 꽤 바지런하다는 소리를 듣는 집 식구들이나 얻어 신고 다닐 정도고, 그 외에는 짚세기를 끌고 다니는 사람이 대다수였다.*

---

* 정정화, 『녹두꽃』(미완, 1987), 71-72쪽.

김이옥을 살리기 위해 모풀 공금에 손대다

봉암은 그녀에게 달걀 하나라도 더 먹이려 애쓰면서 식품비를 최대한 아꼈다. 외출하면 한 푼이라도 아끼려고 노점상에서 형편없는 국수 찌꺼기를 사 먹었으며 때로는 굶기도 했다. 집에 들어가서는 점심을 아무개 동지와 같이 먹었다고 둘러대었다.

12월 말 어느 날 이옥이 감기 증세가 있어 누웠는데 밤에 갑자기 체온이 오르며 각혈을 하고 쓰러져 의식을 잃었다.

"이옥이, 정신 차려! 죽으면 안 돼!"

봉암은 그녀를 업고 병원으로 달려갔다.

공제병원 의사가 딱한 표정을 하고 말했다.

"충분한 영양과 섭생을 해야 한다고 했잖아요. 입원시키세요"

빈털터리인 그는 이옥을 살리기 위해 모풀 공급에 손을 댈 수밖에 없었다. 그는 속으로 다짐했다.

'아, 지금 이 돈을 쓰지만 무슨 짓을 해서라도 꼭 채워놓고 말 거야.'

이옥의 생명은 꺼질 듯 꺼질 듯하다가 회복세로 돌아섰다. 그리고 봄이 오면서 호전되기 시작했다. 그가 모풀의 공급을 쓴 걸 알고 이옥이 그를 껴안고 울었다. 모두 자기 때문이라고 하며 목놓아 울었다.

겨울이 가고 봄이 왔다. 피부를 스치는 바람이 부드러워지고 공기가 쾌적해졌다.

이옥은 프랑스 조계 안에 있는 프랑스 공원*을 산책하는 일을 좋아했다. 거기 가면 우거진 숲길이 쾌적하고 꽃과 새들이 많기 때문이었다.

---

* 청나라 말기 구(顧) 씨 성을 지닌 가문에서 만든 화원. 이 화원은 아편전쟁 후 상하이가 영국에 제공되고 여러 조계지로 분할된 뒤 프랑스가 재건립했다. 그 뒤 1909년 대외적으로 개방했고 그 이름을 '구지아짜이(顧家宅) 공원' 또는 '프랑스 공원'이라 했다. 현재는 푸싱(福興) 공원으로 이름이 바뀌어 있다.

이옥은 특히 새를 좋아했다. 이유를 묻자 이렇게 말했다..

"나는 죽으면 새가 될 거예요. 언제든지 당신 곁으로 날아갈 수 있으니까요."

그는 이옥을 자주 프랑스 공원으로 데리고 나갔다. 공원 이름이 프랑스 공원인데 백계 러시아 처녀들도 많았다. 그리고 가끔은 예쁘게 차려입은 프랑스와 영국의 처녀들, 그들과 키스를 나누며 걷는 청년들도 볼 수 있었다. 서양 처녀들이 그렇게 행동하니 중국 청년과 처녀 들도 따라서 했다.

이옥은 그의 가슴에 반쯤 안긴 채, 거의 한 몸이 되어 걸었다.

"마치 꿈만 같아요. 비록 티비 때문에 기회가 왔지만 죽어도 한이 없어요."

이옥의 행복한 미소를 지어 보였다. 치렁치렁한 머리칼이 바람에 살랑거리고 결핵균에 대한 저항력이 커지는지 얼굴에서도 윤기가 나고 있었다.

조봉암이 사적으로 쓴 모풀의 기금은 뒷날 아우 용암이 모스크바에서 와서 전차 감독으로 취직해 돈을 벌었으므로 갚았을 가능성이 크다. 그러나 기금이 얼마인지, 그걸 모두 채워 넣었는지는 기록이 없다. 모풀의 돈을 쓴 일은, 갚았는가 여부를 떠나 그에게 치명적인 약점이 되어 광복 후까지 그의 투쟁에 어두운 그림자를 드리웠다.

이념과 사상 초월한 민족유일당운동에 나서

조봉암에게는 코민테른 극동부 대표라는 직책이 남아 있었다. 그는 그 임무에 충실했다. 중국, 일본, 그리고 고국 조선의 공산당 조직에 코민테른의 지령을 암호문으로 바꿔 내려보내고 비밀자금을 보내거나, 코민테른 본부로 올리는 「보고서」를 번역하는 일도 했다.

서류를 만드는 사무적인 능력보다는 사람들을 설득해 자신의 생각을 따르게 하고 단체를 조직하는 데 탁월한 재능을 발휘해온 그로서는 조금 갑갑한 일이었다. 마침 이옥의 병세가 호전된 터라 그는 단체를 조직하고 조절하는 것에 눈을 돌렸다. 그가 매달린 일이 민족유일당운동民族唯一黨運動이었다.

이념과 사상을 초월해 하나로 연합해서 제국주의 일본에 저항하는 것은 모든 독립투사들의 오랜 숙원이었다. 중국의 국민당과 공산당이 국공합작을 이뤄 공동으로 일제에 투쟁하기 시작한 것을 보고 독립투사들은 유일당운동에 나섰다.

1926년 말부터 베이징·상하이·광둥廣東·우한武漢·난징 등 5개 지역에 한국유일독립당을 위한 촉성회가 조직되었다. 특히 상하이는 그 중심이 되고 있었다. 상하이에 대한민국임시정부가 있었고 또한 공산주의 진영의 많은 유력인물들이 상하이에서 활동하고 있었기 때문이다. 당시 상하이의 프랑스 조계지는 일본영사관 경찰의 손이 미치지 않는 안전지대였기 때문에 많은 망명자와 독립운동가 들의 은신처였고 새로운 활동을 위한 충전지였다. 국공합작은 1927년 봄 장제스蔣介石의 쿠데타로 결렬됐지만 조선인 독립투사들의 노력은 중단되지 않았다.

조봉암은 민족주의 진영의 요청을 받고 그 일에 참여했다. 공산주의나 민족주의나 조국독립을 위한 공통의 목표를 갖는 방편이라는 신념 때문에 결정한 일이었다.

조봉암은 홍남표로 하여금 이 작업을 착수하게 하였고 민족주의 계열에서는 임시정부 측의 홍진洪震이 나섰다. 운동전선의 통일이라는 기본원칙에 이미 공감하고 있던 양 진영은 1927년 4월 10일 홍진·홍남표 두 사람 명의로 전 민족적 독립당결성 선언문을 발표하였다. 이어 다음 날인 11일에는 상해 프랑스 조계 3·1예배당에서 한국유일독립당 상해촉성회 창립대회가 열렸다.

1920년대의 상하이 거리. 상하이 프랑스 조계는 일본의 손이 미치지 않아
망명자와 독립운동가 들의 은신처이자 새로운 활동을 위한 충전지였다.

대회에서는 한국유일당의 조직을 촉성할 것, 한국 민족의 독립적 영향을
집중하는 데 노력할 것 등을 강령으로 채택하고, 민족·공산 양 진영의 대표
적 인물들을 포함하는 집행위원을 선출하였다. 이날 조봉암은 홍진·이동녕
李東寧·조상섭趙相燮·홍남표·정백鄭栢·황훈黃勳·강경선姜景善·이민달李
民達·나창헌羅昌憲·최석순崔錫淳·최창식崔昌植·송병조宋秉祚·김규식金奎
植·현정건 등과 함께 집행위원에 선임되었다.*

한편 이 무렵 고국의 고려공산청년회가, 무너진 조직을 재건하기 위해
지도자를 보내달라고 코민테른에 요청해왔다. 조봉암은 모스크바공산
대학을 막 졸업하고 온 안병진安秉珍을 파견했다. 그때 국내당 조직이 모

---

* 박태균, 앞의 책, 76-77쪽.

풀 기금을 보내달라 했으므로 일부는 나중에 송금한다는 단서를 붙여서 1,400원만 고국으로 가는 안병진 편에 보냈다. 겨울에 이옥의 병원비로 쓴 것 외에 일부를 더 남겼는데 그것은 국내당이 그에게 조선공산당을 대표하여 한커우漢口*에서 열리는 범태평양노동자대회에 참석하라는 지시를 내리며 여비를 보내지 않은 때문이었다. 그를 포함해 3명이 가는 데 천 리가 넘는 길을 걸어갈 수도, 굶을 수도 없어 최소한의 비용으로 남긴 것이었다.

5월 중순, 그는 만난 지 반년 만에 처음 이옥의 곁을 비웠다. 창강을 거슬러 올라가는 기선을 타고 한커우에 가서 노동자대회에 참석했다. 여비가 부족해 하루 한 끼만 먹고 농가의 움막에서 자는 고행이었다.

상하이로 돌아오니 코민테른이 내린 명령이 기다리고 있었다. 일국일당주의一國一黨主義 원칙에 따라 중국 내의 조선인 공산주의자들은 중국공산당에 가입하라는 것이었다. 각국에 코민테른 지부로서 공산당은 오직 1개 외에는 있을 수 없다는 원칙과, 거주지를 변경한 공산주의자는 이주한 국가의 지부에 가입할 의무가 있다는 원칙을 적용한 것이었다. 결국 그는 이해 가을에 상하이 체류 동지들과 함께 중국공산당 장쑤성江蘇省위원회 산하에 한인지부를 조직하고 거기 속하게 되었다.

어느 날 중국공산당의 실력자인 취추바이**가 상하이에 왔다. 눈빛이 날카로운 20대 후반의 지도자였다. 장쑤성 출신의 수재였으나 집안이 가난해 베이징대학에 가지 못하고 노어露語전문대학을 나왔으며 신문사의 모

---

* 중국 후베이성(湖北省) 동쪽 창강(長江)을 끼고 있는 도시로서 인접한 우창(武昌), 한양(漢陽)과 합해져 우한(武漢)이 되었다.

** 취추바이(瞿秋白, 1899-1935)는 뒷날 중국공산당 총서기가 되어 광저우(廣州) 봉기를 일으켰으나 실패하여 모스크바로 소환되었다. 1935년 국민당군에 체포되었고 옥중에서 유명한 「多餘的話」(다여적화)를 집필하고 처형당했다.

스크바 특파원을 지냈다. 저명한 이론가인 천두슈*가 농민은 보수적 경향
으로 흐르기 쉽다고 말한 것과 달리, 취추바이는 중국 농민이야말로 혁명
의 중심세력으로 조직할 수 있다고 주장하고 있었다. 적극적 행동주의자
였으며 예리한 필력을 갖고 있었다.

"프랑스의 소설가 로맹 롤랑의 글에 이런 말이 있소. '혁명은 그들을 위
해서도 우리를 위해서도 아니다. 그것은 하루의 문제가 아니라 다음 세대,
즉 후손들을 위한 것이다'라고. 동지도 조국의 미래를 위해 투쟁하시오."

취추바이는 그렇게 말하면서 독한 중국 고량주를 그에게 안겼다.

이방의 도시 상하이에 가을이 왔다. 고국의 신문 『동아일보』가 비밀 조
직이 보낸 소포에 묻혀 상하이까지 왔다.** 신문 한 면에 제1차 및 제2차 조
선공산당의 조직체계표와 간부들의 사진이 가득 실려 있었다. 봉암의 사
진은 조선일보 기자시절에 조선 두루마기를 입고 찍은 것이 실려 있었다.
총독부 경찰이 이제 완전히 조선공산당에 대한 모든 것을 파악했다는 신
호였다.

상하이에 있는 공산주의 동지들은 입을 모아 말했다.

"가명과 본명, 사진까지 파악하고 있으니 이제 정말 조심해야겠군."

봉암은 이옥의 건강에 각별히 신경을 쓰면서 중국공산당 조직 안에서
자신의 존재를 뚜렷하게 하기 위해 열심히 뛰어다녔다. 프랑스 조계 지역
이 아닌 중국인 지역에 들어갈 때가 자주 있었다. 그는 단추를 누르면 끝

---

* 천두슈(陳獨秀, 1879-1942): 안후이성(安徽省) 출생으로 도쿄 고등사범학교를
  졸업했다. 상하이에서 잡지 『新靑年』(신청년)을 창간, 공산주의를 선전하고 1920
  년 공산주의 소조를 조직했다. 다음 해 중국공산당이 창립되면서 총서기가 되었
  으나 1927년 제명당했으며 사상적 전환을 해서 반공산주의운동에 앞장섰다.
** 『동아일보』, 1927년 9월 13일자.

에서 한 뼘쯤 되는 칼날이 튀어나오는 단장을 들고 다녔다.

10월 하순, 그는 자신이 지난해 만들어놓고 내려온 조선공산당 만주총국의 대대적인 검거 소식을 비밀연락망으로 보고받았다. 그를 따라 만주로 갔다가 현지에 남아 조직을 이끌어온 최원택과 김동명을 비롯한 100여 명의 당원이 체포된 것이었다.

가난하고 위태로운 망명투사의 삶

1928년이 되고 조봉암은 서른 살 고개에 올라섰다. 폐결핵 환자에게 가장 힘들다는 겨울을 김이옥은 아슬아슬하게 견디고 넘어갔다. 봄이 왔을 때 이옥은 그에게 속삭이듯 말했다. "아기를 가진 것 같아요"라고.

기쁨의 눈물을 흘리는 이옥을 껴안고 머리를 쓰다듬으면서 놀라움과 기쁨과 걱정이 동시에 머릿속을 스치고 지나갔다. 서른 살 나이에 마침내 아버지가 된다는 기쁨, 병약한 이옥이 무사히 임신기간을 보내고 출산을 할 수 있을까 하는 걱정이었다. 그리고 자신이 무사하지 못하면 이옥과 아기를 보호할 수 없다는 걱정도 있었다.

"당신은 건강을 조심하고 나는 왜놈들에게 붙잡히지 않게 조심을 해야지."

그렇게 말하면서 그는 몹시 슬펐다. 저녁밥을 지을 쌀이 떨어진 것을 알기 때문이었다.

그는 다음 날 거리로 나가 회중시계를 팔았다. 비밀요원과 접선하고 비밀 모임에 맞춰 가기 위해서는 꼭 필요하고 신발보다 중요하게 여겨지는 것이 시계였는데 처분한 것이었다.

며칠 뒤, 식량이 떨어지는 것보다 더 무서운 일이 그의 주변에서 일어났다. 그의 선배로서 상하이한인청년동맹을 이끌어온 현정건이 백주에 프랑스 조계에서 체포된 것이었다.

조봉암은 소식을 듣고 탄식했다.

"아, 프랑스도 더 이상 우리를 보호하지 않는 건가!"

정황으로 보면 프랑스 조계 공동국이 현정건 체포에 협력해달라는 일본 영사관 경찰의 요청에 응한 것이었다. 그동안 현정건은 방심한 측면이 많았다. 왕조 말기에 고종황제의 밀서를 품고 특명전권공사로서 프랑스에 갔던 그의 사촌형 현상건이 상하이 주재 프랑스 회사에서 일하면서 사촌 아우인 그까지 완벽한 보호를 받았었다. 그런데 현상건이 지난해 죽자 보호막이 사라진 것이었다.

조봉암은 몸을 움츠리고 조심조심 살았다. 아기를 가진 이옥의 배는 점점 불러가고, 그는 임무를 수행하면서 중국공산당으로부터 풀죽을 쑬 만한 식량을 얻어 왔다.

9월 30일 이옥이 무사히 딸을 낳았다. 그는 아기에게 '호정'이라는 이름을 붙여주었다. '상하이에서 얻은 수정 같은 보물'이라는 뜻으로 상하이를 나타내는 호滬 자를 넣고 수정 정晶 자를 넣은 것이었다.

그해 겨울, 모스크바동방노력자공산대학에 유학 갔던 아우 용암이 상하이로 왔다. 개교 초기 속성반에 들어 겨우 8개월을 공부하고 폐결핵 때문에 중퇴한 그와 달리 정규과정을 끝내고 온 것이었다.

용암은 동갑인 이옥에게 깍듯이 형수님이라는 호칭을 사용했다. 그리고 도착 며칠 만에 상하이 시내의 전차 감독으로 취직이 됐는데 형네 살림을 돕는다고 그의 집에 들어와 살았다.

집이라고 해봐야 문을 열고 들어오면 부엌 겸 거실로 쓰는 공간과 침실이 전부였는데, 그 공간에 나무로 된 평상을 만들어다 놓고 거기서 잠을 잤다. 그러면서 전차회사에서 받은 첫 월급을 내놓았다.

봉암은 아우에게 모풀의 돈을 쓴 사실을 털어놓았다.

용암은 깜짝 놀라며 눈을 크게 떴다.

"그 돈부터 갚아야지요. 모풀 기금은 고난에 빠진 혁명가들을 돕는 거니까 반드시 채워놔야 해요."

용암의 첫 월급은 고스란히 그렇게 사용되었다. 두 달 뒤부터 용암의 월급이 살림으로 돌아오고 네 식구가 겨우 먹고살 만해졌다.

용암은 형과는 달리 다감한 성격이어서 조카를 안아 재우는 일도 잘했다. 일상이 불안하고 고단하기만 한 형 부부에게 위안을 주는 것이 또 있었다. 용암은 모스크바 유학 중에 하모니카를 배워 일류 악사만큼이나 잘 불었다. 대학에서 준 용돈을 모아 사왔다는 하모니카도 꽤 고급에 속하는 독일제였는데 소리가 아름다웠다.*

저녁이 되면 꼭 하모니카를 불었다. 이화학당 대학부의 음악과에 진학했던 형수 이옥에게는 노래를 부탁했다. 이옥은 아기를 재우고 시동생의 하모니카 반주에 맞춰 노래를 불렀다. 「봉선화」 「고향의 봄」 「오빠생각」 등 향수를 달래기에 좋은 곡들이었다. 가끔은 눈물을 흘리거나 목이 메어 젖은 음성으로 부르기도 했다.

1929년 여름, 여운형이 체포당하는 일이 일어났다. 프랑스 조계를 벗어나 공동조계의 경마장에서 열린 야구경기를 보러 갔다가 체포된 것이었다. 현정건 체포 때보다 더 놀란 조봉암은 동지들과 함께 원인을 분석했다.

여운형은 상하이의 푸단復旦대학 축구팀을 이끌고 동남아 국가들을 찾아가 순회경기를 하고 최근 돌아왔는데, 영국 식민지 싱가포르와 미국 식민지 필리핀 마닐라에서 제국주의를 비난하는 발언을 했다. 그것이 상하이 신문에 크게 보도되었고 영국이 자기네 관할인 공동조계에서 여운형이 일본 영사관 경찰에 체포되는 것을 묵인한 것이었다.

---

* 같은 날, 조호정 여사 인터뷰. 조 여사는 숙부인 용암 씨가 음악적 소질이 풍부했고 하모니카를 잘 불었다고 회고했다.

"모두가 망국민의 설움이지."

조봉암과 동지들은 그렇게 탄식했다.

여운형 같은 거물도 영국과 프랑스가 눈만 감아주면 체포당해 끌려가는데 나라고 온전하겠는가. 조봉암과 동지들은 각별히 조심하기로 했다. 늘 미행이 붙었나 확인하고, 집에도 비상 탈출구를 마련해두기로 했다.

그가 사는 농탕 가옥은 뒤쪽으로 들창이 하나 뚫려 있었다. 원래 농탕 2층의 전면은 앞이 열려 있고 뒤는 옹벽인 것이 보통인데 이 집은 전통가옥의 틀을 깨고 만든 집이었다. 집에 돌아온 그는 들창의 문틀과 벽 사이를 끌로 쪼아내는 작업을 했다.

농탕 가옥은 여러 집이 대문을 같이 사용하므로 비교적 안전했다. 누가 체포하러 오면 옆집 사람들도 알게 마련이고, 치안권을 가진 프랑스 조계 공동국 경찰이라면 모를까, 일본 영사관 경찰이 와서 연행해가기는 쉽지 않은 곳이었다. 그래도 안심할 수는 없었다. 그래서 위험이 닥쳤을 때 힘껏 발로 걷어차면 문틀이 떨어져 나가고, 거기 몸을 던져 옆집 농탕의 아래층 뒷마당으로 뛰어내릴 수 있게 만들었다. 1차 공산당 검거 때 탈출한 김찬의 방법을 생각한 것이었다.

"내가 탈출하면 가족에까지 손을 대진 않을 거야. 프랑스 조계 공동국이 왜놈 편을 들어 독립운동자들을 체포하는 걸 방조하긴 해도 가족에 위해를 끼치는 건 용납하지 않겠지."

그의 말에 이옥은 이미 각오하고 있다는 듯 고개를 끄덕였다.

후배 동지 양이섭과의 인연

위험이 풀숲에 숨은 뱀처럼 도사리고 있었지만 조봉암은 활발히 움직였다. 사람들을 설득해 단체를 결성하고, 다른 단체들과 연합하고 힘을 집중하는 것은 역시 그가 가진 천부적인 특장特長이었다. 여러 해 전 고국 땅에서, 그리고 만주 땅에서 했던 일도 그런 것이었다.

비록 조선공산당에서는 자리를 잃어버렸지만 재 중국 한인들의 사회주의 계열의 단체 결성에 눈을 돌렸다. 지난해인 1928년 말에 코민테른이 조선공산당에 관한 '12월 테제'를 통해 발표한 조치를 따른 것이었다. 코민테른은 기존의 조선공산당 조직을 해체하고 새로운 조직을 만들되, 중국 공산당 조직이나 일본공산당 조직에 들어가라고 통고했다. 그리고 민족혁명운동에 계급성을 부여하고 공장노동자와 빈농을 당으로 끌어들이는 데 최선을 다하라고 권고했다.

그는 일본인 공산주의 이론가 사노 마나부의 『무신론』을 읽었다. 책 자체보다는 저자에 대한 관심 때문이었다. 사노 마나부가 조선에 대해 국적을 넘어서 깊은 애정을 갖고 있으면서도 코민테른에 파견되어 '조선농민 및 노동자의 임무에 관한 결의'라는 12월 테제를 기초하여 그 후 조선공산당을 해체시키는 역할을 한 사람이기 때문이었다.*

봉암은 조선공산당 조직을 단단히 다져야 할 때라고 생각했다. 조직하면 붕괴되고, 다시 조직하면 또 붕괴되고 그렇게 진행돼온 것이 조선공산당이었다. 이제 그것을 뛰어넘을 때라고 생각했다. 그 방법을 찾는 일에 몰두하며 국제관계를 다져나갔다.

1929년 6월 17일 동방피압박민족반제동맹준비회라는 단체를 결성한 뒤 중국과 타이완臺灣의 단체들과 손을 잡았다. 그리하여 상하이청년반제동맹, 재중국한인청년동맹 상하이 지부, 한국유일독립당 상하이촉성회, 상하이한인여자구락부 등을 연대連帶시키는 데 성공했다.

---

* 그러나 사노 마나부(佐野学)는 5년 뒤 일본 공산당 위원장을 지낼 때 돌연 전향하여 천황제적 제국주의를 옹호했으며 그 뒤 중일전쟁과 태평양전쟁이 동아시아 해방을 위한 불가피한 선택임을 주장했다.

앞서 만들었던 한국유일독립당촉성회가 중국국민당과 중국공산당의 제1차 국공합작 붕괴 영향을 받아 해체된 것을 많은 지도자들이 아쉬워하고 있었다. 그는 반제동맹에 참가했던 한인단체들을 이끌고 1929년 10월 26일 유호한국독립운동자동맹을 결성했다.* 조국 독립을 위해서라면 모든 동포 단체가 연합해야 한다는 신념을 관철시킨 것이었다.

현정건이 체포된 뒤 그는 늘 긴장하며 살았다. 어느 날 저녁, 딸 호정을 무릎에 앉히고 이옥과 함께 저녁식사를 하고 있었다. 전차 감독으로 일하는 아우 용암은 야간근무라 집에 없었다. 누군가가 출입문을 두드렸다. 두 번, 네 번, 두 번 두드리는 것이 식구들의 암호였는데 그것이 아니었다.

방문자는 문 밖에서 중국어로 등기우편을 배달하러 온 우체부라고 소리쳤다. 이옥이 발송자 이름을 말하라고 대답하는 순간, 출입문 자물쇠를 부수는 소리가 나고 이어서 문이 떨어져나갔다. 그때 그는 이미 들창의 문틀을 발로 걷어차고 아래로 뛰어내리고 있었다.

딸 호정이 놀라서 울었다. 침입자들은 '집을 잘못 찾아온 것 같다'는 말을 하며 수리비를 물어주고 돌아갔다. 이옥이 눈여겨본 그자들의 인상은 우체부가 아니었고, 중국인이 아니라 일본인 같았다.

며칠 후 조봉암은 집을 옮겼다. 더 복잡한 구조로 된 농탕 가옥이었다.** 역시 2층으로서 간단한 부엌과 방 한 칸이 달린 집이었다.***

---

* '유호'(留滬)란 상하이에 거류함을 의미한다. '호'(滬)는 고대에 이곳에 살던 사람들이 사용한 대나무 낚싯대에서 유래한 말로 상하이의 약칭으로 사용되어왔다.

** 위치는 사페이로 646호였으며 농탕의 명칭은 샹순리(興順里)였다(『조선중앙일보』, 1933년 3월 5일자 및 경고비京高秘 제4555호, 경기도 경찰부장, 1930년 6월 11일, 「재상해 불온행동자 최창식 등 취조상황에 관한 건」 26쪽, 국편 DB). 샹순리는 촌락 이름이 아니라 농탕 복합체별로 붙여진 명칭이었다.

*** 같은 날, 조호정 여사 인터뷰. 조호정 여사는 1928년 죽산과 김이옥 여사 사이에서 출생, 1933년 모친과 함께 귀국할 때까지 이곳에서 살았다.

그의 수하 당원 하나가 거기서 가까운 농탕에서 살고 있었다. 상하이한 인청년동맹과 유호한국독립운동자동맹의 멤버인 양이섭이었다. 김동호金東浩라는 가명을 쓰고 있었다. 독립운동가들은 누구도 서로를 본명으로 부르지 않았다. 망명자들에게 본명은 중요하지 않았고 신상을 깊이 알려고 하지도 않았다.

양이섭은 철도에 화물을 싣고 도시를 옮겨가 팔아서 이익을 얻는 사업 일꾼이었다. 처음에는 임시정부 측 소속이었으나 지금은 공산당 그룹에 속해 있었다. 상하이의 독립운동가들 사이에는 그가 부잣집 아들로서 큰돈을 들고 가출했으며 그 돈을 밑천으로 장사를 해서 돈을 버는 것으로 알려져 있었다. 동지들에게 자신의 본명이나 확실한 신분에 대해 말하지 않는 것은 관행이었다. 조봉암도 그를 부잣집 출신 장사꾼으로만 알고 있었다.

양이섭은 1906년생으로 평북 희천 출신이었다. 희천공립보통학교를 나와 경성으로 가서 배재고보에 입학했으나 학비곤란으로 중퇴하고 신의주 우체국 집배원으로 들어갔다. 19세이던 1925년 9월, 신의주 상반정常盤町 우체국의 집배원으로 일하던 중 우편행랑을 열었다. 행랑에는 일본인 소유의 압록강 지역 벌목회사 채목공사採木公司의 공금인 대양표* 3만 5,000원과 서류 23통이 들어 있었다. 그는 그 돈과 서류를 탈취했다. 당시 일본 돈으로 환산하면 2만 5,000원에 달하는 거액이었다.

그 후, 군자금 모집차 국내에 잠입해 있던 이영을 만나 함께 압록강을 건너 펑톈, 베이징을 거친 뒤 톈진으로 갔다. 톈진의 난카이南開중학 2학년에 편입했다가 독립운동을 하러 상하이로 갔다.

---

* 대양표(大洋票)는 1920년대 광둥에 있던 중화민국 정부가 제정한 화폐제도에 따라 발행된 지폐로 쑨원(孫文) 정부가 있던 광둥성은행 외에 군벌이 장악했던 다른 지역은행에서도 발행했다.

상하이에서는 임시정부 쪽으로 가서, 임정 산하 인성仁成학교와 『독립신문』에 운영자금을 기부했다. 그 뒤 공산주의를 통한 항일운동으로 방향을 바꿔 고려공산청년회 상하이지부에 가입하면서 대양표 400원과, 모젤권총과 실탄을 기부했다. 모스크바공산대학 입학을 희망했으나 실현되지 못했다.

운동을 좋아해서 상하이한인체육회를 이끌고 있던 여운형과 같이 운동을 하곤 했는데, 거기서 막 모스크바에서 돌아온 조봉암을 만났던 것이다. 양이섭은 투쟁경력이 화려한 조봉암을 존경하며 따랐다. 봉암의 아우인 용암과 동갑이라 친구처럼 지내며 이웃으로 이사를 오기까지 했다.

조봉암은 그가 상재商材에 뛰어나다고 판단해 장사에만 전념할 것을 권유했다. 그는 명목상으로는 공산당에서 탈퇴했지만 당원이나 다름없었으며 사업 이윤을 공산당 조직에 내놓았다. 몇 달씩 모습이 보이지 않아 장사하러 갔구나 생각했는데, 난카이중학교 졸업장을 들고 왔다.

그는 눈이 서글서글하고 잘생긴데다가 마음도 여리고 착했다. 그래서 한창 말을 하기 시작한 어린 호정이 "아저씨, 아저씨!" 하며 따랐다.

그가 조봉암의 살림이 매우 궁핍하다는 것을 모를 리가 없었다. 그래서 한 번은 살림에 보태 쓰라고 돈을 내놓았다.

봉암이 받을 리가 없었다.

"고맙지만 받을 수 없네. 당 조직도 자금이 없어 쩔쩔매는 형편이 아닌가?"

그 뒤부터 알게 모르게 밀가루 포대나 쌀자루를 메고 왔다.

1930년, 3·1절과 6·10기념일 맞아 시위 벌여

조봉암은 유호한국독립운동자동맹을 이끌면서 이해 12월 한글로 된 기관지 『앞으로』를 발행했다. 고국의 광주학생 의거를 지지·응원하기 위한 상하이각단체연합회를 조직했으며, 학생의거와 단체연합회에 관해 아시아 각국 혁명가들에게 알리는 노력을 했다. 그리고 다음 해인 1930년 3·1절, 6·10만세기념일, 8월 29일의 경술국치일을 맞아 전단을 뿌리고 시위를 벌였다. 표면적인 지도자는 구연흠이었지만 실력자는 조봉암이었다. 몇 해 동안 표면에 나서지 않고 막후에서 조종했다.

그의 투쟁에는 많은 등사판 유인물과 서류 작성이 필요했다. 그 일을 아기엄마인 김이옥이 꼼꼼하게 맡아서 처리했다.

"당신하고 같이 「교회주보」를 만들던 일이 생각나요."

이옥의 말에 조봉암은 천천히 머리를 끄덕였다.

"그때 당신은 겨우 열세 살이었는데 10년 뒤 이런 인연이 될 줄은 꿈에도 생각 못 했지."

9월에 구연흠이 체포당해 국내로 압송되었다. 자신의 왼팔이나 다름없던 동지를 잃은 것이었다.

그리고 가슴 아픈 일이 또 하나 생겼다. 가까운 동지였던 김단야가 국내에 잠입하여 맹렬한 활동을 하고 상하이로 왔으나 연락을 하지 않은 것이었다. 열흘이 지나서야 알고 만나자는 연락을 보냈으나 그럴 필요가 없다는 대답이 왔다. 동지였던 김조이를 배반하고 김이옥과 동거하는 것, 국내로 잠입하지 않고 상하이에서 중국 공산당원으로 활동하는 것 등에 거부감을 느끼는 것이 분명했다.

'아, 정말 나는 오랜 동지들로부터 소외되는가!'

조봉암은 혼자 술을 마셨다.

그는 다음 해인 1931년 1월 중국공산당 상하이지부 서기가 되었다. 중국공산당의 핵심멤버가 된 것이었으나 그는 상하이의 조선인 조직 확장에 더 주력했다. 다음 달인 2월에 중국혁명호제회 상하이 한인분회를 만들었다. 코민테른 극동부원 시절부터 관여해 온 모풀의 중국지부였다. 그는 한

인분회 대표 자리를 자신의 아우인 용암에게 맡겼다. 용암도 모스크바공산대학 정규과정을 졸업하고 온 투사이기 때문이었다.

그와 아우 용암은 기관지『革命之友』혁명의 벗를 발행하기 시작했는데 김이옥이 편집과 등사판 인쇄를 맡아서 했다. 아기를 재워놓고 책상을 겸해서 쓰는 작은 밥상에 엎드려 일하는 그녀에게 좀 쉬면서 하라고 말하면 그녀는 웃으며 고개를 저었다.

"나도 조선의 딸인 걸요. 조국 해방을 위해 일해야지요."

그러면 이때까지 김단야는 어떤 활동은 해왔기에 조봉암의 활동에 실망하고 그를 외면했는가. 당시 조봉암은 부분적으로만 파악하고 있었지만 김단야의 투쟁은 눈부신 것이었다. 조봉암이 국내에 잠입하지 못하고 상하이에서 중국공산당 조직을 붙잡고 주춤거린 것과 달리 김단야는 목숨을 걸고 고군분투하고 있었다.

1926년 10월 조봉암이 조선공산당 만주총국을 결성하고 돌아오기 직전 모스크바로 가서 레닌대학에 들어간 그는 학교를 졸업한 뒤 1929년 6월 국내로 잠입했다. 경찰의 추적을 따돌리면서 노력한 끝에 그해 11월 조선공산당조직준비위원회를 만들었다. 지난날 화요회 멤버로 활동했으나 체포당하지 않은 동지들, 그리고 모스크바공산대학을 최근에 졸업한 후배들을 섞어 만든 것이었다. 그리고 10여 명의 모스크바공산대학 입학생들을 물색, 선발하여 출국시키는 데도 성공했다.

김준엽과 김창순은『한국공산주의운동사』에서 김단야의 투쟁을 이렇게 기술했다.

그의 당 재건운동은 불과 5개월의 짧은 기간이었으나 그동안에 조선공산당 재건설준비위원회의 당기관을 결성했고, 특히 10여 명에 이르는 공산대

학 입학생을 물색하여 무사히 출국시킨 것은 역시 그가 아니고서는 해낼 수 없었던 큰일이었다.[*]

그러면 또 다른 동지들인 임원근과 박헌영은 무엇을 하고 있었던가. 임원근은 조선공산당 결성 후 국내에 남아 있다가 박헌영과 함께 1925년 11월 구속되어 복역하고 1926년 1월 출옥한 상태였다.

박헌영은 구속된 후 실성한 행동을 보였다. 함께 종로경찰서에 수감됐던 후배 동지 박순병朴純秉이 유치장에서 죽자 재판정에서 "우리 동지 박순병 어디 갔느냐" 하고 야단하며 대성통곡하고 안경을 벗어 재판장에게 던지는 등 정신 이상 증세를 보였다. 그리하여 병보석으로 출옥한 뒤 입원 치료를 받고 처가가 있는 함흥에서 정양하다가 1928년 8월 블라디보스토크로 탈출했다. 거기서 모풀의 지원으로 병세를 회복하고 1929년 5월 아내 주세죽과 함께 모스크바로 가서 모스크바동방노력자공산대학에 입학했다. 그러나 곧 중퇴하고는 다시 블라디보스토크로 가서 조선인학교의 교사로 일하고 있었다.

상하이에 온 김단야는 두 달이 지나도록 조봉암을 찾지 않았다. 잡지 『코뮤니스트』를 발간하며 활동했으나 끝내 그와는 담을 쌓고 지냈다. 게다가 조봉암의 가까운 후배 동지였던 김형선과 그의 누이 김명시 등에게 그와의 관계를 끊게 했다.

"미안하지만 나는 김단야 동지에게 가야겠어요. 김 동지가 더 투철하기 때문이에요."

딱 부러지는 성격을 가진 김명시, 조봉암이 얻어낸 입학 실링에 포함되어 김조이와 함께 모스크바공산대학을 다닌 그녀는 그 말을 남기고 돌아

* 김준엽·김창순, 앞의 책, 제5권, 366쪽.

섰다. 그리고 얼마 후 국내 조직을 위해 잠입했다는 소식이 들렸다.

4월 23일, 다시 놀랍고 슬픈 소식이 들려 왔다. 조직의 재정적 후원자이면서 가난한 살림을 도와준 양이섭이 프랑스 조계에서 일본영사관 경찰에 체포된 것이었다.*

지난해 구연흠에 이어 이제 양이섭까지 체포되니 조봉암은 신변의 위험을 점점 더 크게 느끼기 시작했다. 그가 집으로 가서 양이섭의 피체 소식을 전하자 이옥은 눈물을 흘렸다.

"그 착한 사람이 붙잡혀 갔군요. 그 사람이 고문을 못 이겨 우리 집이 어디라고 불면 당신도 위험해져요. 오늘은 딴 데서 주무세요."

"나도 그럴 생각이야."

봉암은 그렇게 대답하고 간단히 가방을 꾸렸다.

그가 찾아간 곳은 미혼의 수하당원 다섯 명이 합숙하고 있는 프랑스 조계 푸시로蒲石路 622호에 있는 농탕 가옥이었다.

예상한 대로 이틀 뒤 그의 집에 또 한 번 영사관 경찰이 습격해 왔다. 그 뒤 가끔 주변을 살펴 집으로 가는 형편이 되어버렸다.**

아내 김조이와의 뜻밖의 만남

그렇게 1931년 여름이 가고 가을이 왔다. 9월 18일 만주사변이 일어났다. 일본은 1928년 펑톈 근교에서 군벌 장쭤린을 폭사시킨 바 있었다. 권

---

* 『동아일보』, 1931년 4월 24일자.
** 이 무렵 일본 측은 죽산의 거처와 사정을 파악하고 있었다. 한 기밀자료는 그가 프랑스 조계에서 전차감독인 아우 조용암과, 아내 김조이가 아닌 성명 미상의 정부(情婦)와 살고 있으며 자식을 낳은 뒤 생계가 곤란한 처지에 있다고 기록했다 (경고비京高秘 제4555호, 경기도 경찰부장, 1930년 6월 11일, 「재상하이 불온행동자 최창식 등 취조상황에 관한 건」, 26쪽, 국편 DB).

력을 물려받은 그의 아들 장쉐량張學良이 국민당과 손을 잡고 일본에 저항하려 하고 소련이 혁명에 성공하자 더 늦으면 안 된다고 판단해 만주 대륙 장악에 나선 것이었다. 그리하여 관동군*이 펑톈 근교 류타오거우柳條溝의 만주철도를 스스로 폭파하고 그것을 장쉐량 군대의 짓이라고 뒤집어씌우면서 군사행동을 개시한 것이었다. 빠른 시간에 만주 대륙은 일본군의 수중에 들어갔다.

일본의 정책도 공산주의를 더욱 적대시하는 것으로 바뀌었다. 만주 점령이 아무르 강을 사이에 두고 소련과 대치하는 상황을 불러온데다 공산주의를 억눌러야 치안질서를 안정시킬 수 있다고 판단한 때문이었다. 그리하여 공산주의운동은 단호히 소탕할 것이라는 취체 방침을 발표하고 조선반도에서 치안유지법을 더욱 강력하게 적용하기 시작했다.

그는 자신을 따르는 후배당원들에게 말했다.

"이건 일본의 제국주의적 음모요. 이제 단순한 반일운동이 아니라 반제운동의 국제적 연대를 맺을 때요."

11월 말, 그는 홍남표·장태준·강문석姜文錫·김명시·한용 등 상하이에 체류하는 공산주의자들 30여 명을 모아 상하이한인반제동맹을 창립했다. 일제의 만주침략을 반대하고 소련의 진공도 반대하며, 세계제국주의 분할을 반대하는 등 중국을 응원하는 투쟁을 벌여나갔다.

당시 상하이에는 일본군이 주둔하고 있었는데 부대 주변에 전단을 뿌리고 팸플릿과 포스터를 붙여 일본군을 대상으로 심리전을 전개했다.

---

* 관동군(關東軍): 1906~45년 중국 동북지방을 강점 지배했던 일본 육군 부대. 러일전쟁에서 승리한 일본이 러시아 조차지였던 랴오둥(遼東) 반도를 인수해 관동주(關東州)라 하고 남만철도와 관동주 경비를 위해 군대를 주둔시킨 것이 관동군의 시작이었다. 중국지역이어서 '간토군'이라는 일본식 발음보다 '관동군'이라는 발음이 일반화되어 있다.

조봉암을 따르는 젊은 동지들이 많지 않았다. 어느 날 그들이 시키지 않은 일을 저질렀다. 그들은 활동자금은커녕 신발이 닳아 떨어져 외출을 못할 정도로 없어서 곤경에 처해 있었다. 상하이 해관海關: 세관에서 일하는 정윤교鄭允敎라는 동포가 돈이 넉넉해 보이는지라 독립운동 자금을 좀 달라고 요청했다. 그가 거부하자 집으로 찾아가서 거의 협박조로 요구하다가 현금과 귀금속 등 3,000원을 들고 나왔다. 정윤교는 민족주의 진영과 가까웠던지라 그쪽에 호소했고, 민족주의 진영은 이것이 조봉암이 사주한 것이라고 노발대발했다. 프랑스 조계 공동국 소속의 조선인 형사 엄항섭嚴恒燮이 검거하려고 나서고 있었다.*

조봉암은 수하 당원들을 꾸짖었다.

"자발적으로 내놓지 않으면 포기해야지 이게 뭔가? 아무리 궁하더라도 지킬 건 지켜야지!"

이 문제는 그가 비공식적으로 민족주의 진영에 사과하며 양해를 구해 무사히 넘어갔다.

동지들이 체포되는 것에 늘 불안을 느껴온 이옥이 어느 날 반제동맹의 유인물을 만들다가 고개를 갸우뚱했다.

"반일이 아니라 반제라면 제국주의에 반대한다는 뜻인데 프랑스 조계 공동국 쪽을 자극하는 게 아닐까요? 여운형 선생도 마닐라에서 제국주의를 반대하는 발언을 하고 상하이로 와서 체포됐잖아요?"

조봉암은 정윤교의 돈을 반강제로 받아온 것이 떠오르며 조금 불안해졌지만 고개를 저었다.

"우리가 독립하려고 그런다는 걸 공동국 사람들도 알고 있으니 별일 없

---

*「시국에 관한 재호(在滬) 불령선인(不逞鮮人) 등의 활동에 관한 건」, 소화 6년(1931) 11월 15일부, 재상하이 무라이(村井) 영사가 외무대신에게 올린 보고, 국편 DB.

을 거야."

사실 생각해보면 국내에서 활동할 때나, 러시아로 만주로 중요한 사명을 갖고 뛰어다닐 때나, 망명 후 상하이에 머물 때나 그 정도의 위험은 늘 그에게 따라다니던 것이었다.

어느 날, 조봉암은 사페이로의 숙소를 나와 프랑스 조계 거리를 걷다가 누군가의 시선이 자신에게 꽂혀오는 것을 느껴 그쪽으로 몸을 돌렸다. 아내 김조이였다.

"잘 지내시지요?" 하고 그녀가 다가오며 입을 열었다.

그는 몇 번 고개를 끄덕인 뒤 할 말을 찾아냈다.

"미안하다는 말밖에 할 말이 없어. 나보다 더 좋은 사람을 만나 행복하게 살아."

김조이는 쓸쓸한 미소를 지었다.

"미안해하지 말아요. 나도 다른 남자를 사랑하면서 당신을 잊었으니까요."

두 사람은 그러기로 약속한 사람들처럼 어깨를 나란히 하고 걸어서 프랑스공원으로 갔다.

"당신의 새 여자 이옥 씨의 건강은 어때요?"

"그저 그래. 악화되지 않을 뿐이지 낫지는 않았어."

그는 자신에 대해 거의 모든 것을 알고 있는 듯한 얼굴을 하고 있는 김조이에게 말했다.

"딸이 네 살인가요?"

"응."

"남자들은 왜 그러는지……. 내 할아버지와 아버지도 첩실을 뒀었잖아요."

그녀는 쓸쓸히 웃었다.

"상하이에 오래 머물 건가?"

김조이는 천천히 고개를 저었다.

"그동안 만주에서 공작했어요. 곧 국내로 잠입할 거예요. 대중 속으로 파고들어 혁명과업을 펼치는 게 우리 사명이니까요. 당신이 지금처럼 동지들하고 동떨어진 채 활동하는 건 옳지 않아요. 설 자리를 잃을 수도 있어요."

그녀는 그를 찾아온 것이 따끔한 충고를 하기 위해서라는 듯 그렇게 말했다.

"충고 명심할게."

"꼭 그러시기를 빌어요. 프랑스 조계도 안심할 곳이 못 된다 하니 부디 몸조심하세요."

김조이는 동지 사이에 그러듯이 불쑥 손을 내밀었다.

그는 한때 사랑하는 아내였던 그녀의 손을 잡았다.

"그래도 여기보다 국내가 더 위험하지. 당신이 더 조심해야지."

남녀 간의 만남과 헤어짐을 대수롭지 않게 여기는 러시아에서 오래 지냈기 때문인지, 5년의 세월이 지나선지 두 사람은 그렇게 애틋한 대화를 나누고 헤어졌다. 돌아서 가는 그녀의 등을 바라보며 봉암은 속으로 중얼거렸다.

'착하고 의지가 강한 당신, 부디 무사해야 해.'

이듬해인 1932년 1월 하순에 터진 상하이사변 때문에 조봉암은 알지 못했지만 김조이는 1932년 2월 국내로 무사히 침투했다. 『동아일보』는 「모종某種 사명 띠고 김조이金祚伊 잠입」이라는 제목으로 그녀의 국내 잠입을 크게 보도했다. 그 기사에는 그의 이름도 들어 있었다.

김조이 국내 잠입.
김조이 여사의 국내잠입을 보도한
『동아일보』, 1932년 2월 3일자 기사.

얼마 전에 모종 중대 사명을 띠고 조선 안으로 들어온 묘령의 여성이 있다 하여 경향의 경찰들은 눈에 불을 켜고 그의 행방을 염탐 중이라 한다. 동 묘령 여성은 경남 창원 출생으로 일찍이 상경하여 동덕여학교를 다니다가 사회운동에 투신하여 경성여자청년회와 기타 사상단체에 관계하고 제1차 공산당관계자 조봉암과 결혼한 후 상해 방면으로 망명하였던 김조이라는 30 전후의 여성이라 한다. 그는 해외로 망명한 후 이리저리 다니면서 공산운동을 하다가 수 년 전에 '모스코바'공산대학도 졸업하였다 하며 최근 모처에서 그의 동지들이 밀의를 하고 보통 향촌 부인 모양으로 변장하고 침입한 것이라 전한다. 이 까닭에 경찰 측에서는 동 여성을 붙들기만 하면 의외의 모종 중대 사실이 발각되리라 하여 기어코 검거하고자 활동 중이라 한다.*

*『동아일보』, 1932년 2월 3일자.

동지들의 거센 비난

1932년 새해가 오고 조봉암은 34세의 장년이 되었다. 28세의 아기 엄마 이옥은 폐결핵 환자에게 위험한 겨울을 또 한 번 아슬아슬하게 넘기고 있었고 딸 호정은 다섯 살이 되어 엄마에게 한글과 한문을 배우고 있었다. 새해 첫날 떠오르는 태양을 보며 조봉암은 그저 올해도 이옥이 무사히 넘기고 어린 딸이 건강하게 커가기를 소원했다.

1월 초순, 그에 대한 일부 공산주의자들의 비난과 험담이 더 커졌다. 그 이유를 알아보니 박헌영이 상하이에 온 것이었다. 그에게는 연락조차 않고 김단야와 손을 잡고『코뮤니스트』발간에 힘을 쏟고 있었다.

그쪽 분위기를 알아본 아우 용암이 말했다.

"그 사람들이 형을 고립시키려 하는 거예요. 홍남표 동지를 비롯한 형님 쪽 사람을 빼돌리고 그 사람들 중 홍남표를 앞장세워 형을 공격하고 있어요. '반조운동'反曹運動이라고 이름을 짓고 작심하고 나선 거지요."

봉암은 할 말이 없어 한숨을 쉬며 고개를 끄덕였다.

용암은 형에 대한 험담과 비난을 들은 대로 말했다. 첫째는 자기들이 국내나 만주에 잠입해서 투쟁하는 동안 위험이 없는 상하이 프랑스 조계에서 편안히 앉아 있었다는 것이었다. 그리고 그 이유가 김조라는 당원 아내를 버리고 부르주아 출신 비당원 여자를 데려다 살고 있다는 것이었다. 둘째는 모풀의 돈을 유용했다는 것이었다. 셋째는 자기 마음대로 수하 당원들을 이끌어가는 종파주의자라는 것이었다.

트집 잡힐 일이 있긴 하지만 그것은 생각보다 위상이 커진 조봉암에 대한 경쟁 심리였다. 비록 창당과정을 같이한 동지이지만 박헌영·김단야·임원근 세 사람과 조봉암은 뿌리가 다른 사람이었다. 그를 제외한 세 사람은 일찍부터 '상하이 트로이카'로 불리며 의기투합했던 동지들이다.

그리고 전략의 차이도 있었다. 조봉암은 코민테른이 내린 일국일당주의 명령에 따라 중국공산당에 가입해서 활동했고, 조선공산당 중앙조직이 고국에서 없어진 지금 그것이 실질을 추구하는 길이라고 판단했다. 그러나 김단야와 박헌영은 오로지 조국의 공산당 조직을 재건하려는 투쟁만 하고 있었다.

당시 조선인 공산주의자들은 세 가지 길을 가고 있었다. 첫째는 국내에서 당 재건을 위해 바위에 계란 던지듯 희생을 치르며 투쟁하는 그룹, 둘째는 코민테른의 속지주의를 인정하고 중국공산당에 가입해 중국공산당과 함께 항일투쟁을 하는 그룹, 셋째는 만주에서 항일파르티잔 투쟁을 하는 그룹이었다. 조봉암이 선택한 길은 두 번째였고 비난자들은 첫 번째 방법을 선택한 그룹이었다.

그는 김단야와 박헌영에게 따지러 가야겠다고 결심했다. 그러던 중 상하이는 폭풍과도 같은 전쟁에 휩싸여버렸다. 만주사변을 일으켜 만주 일대를 손에 넣고 괴뢰 만주국을 세워나가고 있던 일본이 중국 대륙의 심장부나 다름없는 상하이를 공격한 것이었다.

경위는 이러했다. 1932년 1월 18일, 일본인 승려들이 일본에 매수된 중국인들에게 구타를 당했다. 이 일로 충돌이 생겨 중국인 경찰관 1명이 죽고, 여러 명이 다쳤다. 상하이의 중국인은 일본을 규탄하는 시위에 들어갔다. 상하이 공동조계에는 이미 일본 해군 육전대 1,000명이 주둔하고 있었는데, 병력 7,000명, 군함 40척, 항공기 45대를 거주민을 보호한다는 명분으로 상하이로 집결시켰다. 그리고 1월 28일 밤 항공모함 함재기를 동원하여 총공격에 나섰다. 중국군은 결사적으로 항전했고 시가전이 벌어졌다. 상하이 시내의 작은 구역인 프랑스 조계에 있는 조선인 독립투사들은 폭풍에 휘말린 조각배처럼 위태하게 흔들렸다.

전쟁은 4월에 가서 일본군의 주둔 승인 등 중국이 굴욕적인 조건을 받아들이는 것으로 끝났다.

그러나 끝이 아니었다. 4월 29일, 거대한 도시 상하이 전체를 뒤흔드는 엄청난 일이 일어났다. 윤봉길尹奉吉의 의거였다.

일본은 상하이 훙커우虹口 공원에서 상하이 주둔군 사령관을 비롯한 지휘부와 거류민들이 함께 모여 천황의 생일인 천장절을 기념하고 전승을 축하하는 행사를 열었다. 그 식장에 한인 애국단의 윤봉길이 폭탄을 던졌다. 상하이 전투를 지휘한 요시노리 시라카와白川義則 대장이 죽고, 일본인 거류민단장 가와바타河端貞次 등 여러 명의 장군, 고위 외교관이 중상을 입었다.

악에 받친 일본 측은 상하이의 조선인들을 닥치는 대로 탄압하기 시작했다. 5월 1일, 도산島山 안창호安昌浩를 프랑스 조계에서 체포했고 곳곳에서 독립운동가들을 체포했다. 백범 김구를 비롯한 임정요인들은 관내의 다른 지역으로 뿔뿔이 흩어졌다. 공산주의자들도 태반이 상하이를 떠났다. 대부분 동포들이 공산주의 기치 아래 항일파르티잔 투쟁을 전개하고 있는 만주로 갔다.

8월 어느 날, 조봉암은 김조이가 함경남도 함흥에서 체포된 소식을 들었다. 국내의 공산당 조직과 선이 끊어져 있어서 직접 보고를 받지는 못했다. 김단야가 끊임없이 국내 조직을 부활하려고 노력하던 중이라 비밀연락선을 통해 받은 보고를 다른 동지가 알려준 것이었다.

"김복만*이라는 동지와 부부가 되어 공청共靑 조직을 만들려는 공작을 하다가 체포됐다고 합니다. 구속된 사람은 100명이 넘는다고 합니다."

일본 경찰이 항일투사나 공산주의자들은 가장 악독하게 취조를 한다

---

* 김복만(金福萬, 1907-?): 연해주 니콜라예프스크 출생. 북간도 용정에서 사상투쟁을 시작했으며 1928년 조선공산당 만주총국 위원 겸 고려공청 비서를 지냈다. 그 후 모스크바공산대학을 나와 김조이와 결혼, 1934년 '함남공청사건'으로 징역 6년을 선고받았다(강만길·성대경, 앞의 책, 76쪽).

는 것을 아는 그는 그저 그녀가 몸을 다치지 않고 감옥살이를 하기를 기원했다.

조봉암으로서는 먼 훗날 알게 된 사실이지만 그 정보는 정확한 것이었다. 김조이는 모스크바공산대학 후배인 두 살 아래 동지 김복만과 재혼하고 함께 함흥에서 공산청년회 조직을 만들다가 체포된 것이었다.*

조봉암은 병든 아내와 어린 딸 때문에 그러기도 어려웠지만 상하이를 떠나지 않았다. 집에서 가까운 곳에서 다섯 명의 젊은 동지들과 숨어 지내면서 제국주의에 반대하는 활동을 계속했다. 반제동맹 이름으로『赤旗』적기라는 기관지를 발행하여 일본 영사관 경찰과 프랑스 조계 공동국 경찰이 안창호를 체포한 것을 비난하고 중국인들을 상대로 공산주의 세포 조직을 확대해나갔다.

상하이 프랑스 조계에서 체포당하다

일본 영사관 경찰은 조봉암을 체포하기 위해 집 주변에 대한 감시를 집중하고 있었지만 용케도 그들의 촉수에 걸려들지 않았다. 그러나 9월 28일 일본 영사관 경찰이 판 함정에 빠져 체포되고 말았다.

그때의 일을 조봉암은 뒷날「내가 걸어온 길」에서 이렇게 기록했다.

그날 우리 몇몇 동지가 불란서공원에서 만나기로 약속이 되었기 때문에 나는 일부러 중국 의복을 입고 약속한 정각에 공원 동북편 길가 벤치로 갔다. 거기에는 이미 서○○ 군이 와서 앉아 있었고 서 군의 말에 의하면 정모鄭某는 벌써 왔다가 지금 잠시 볼일이 있어서 공원 밖으로 나갔으니, 곧 돌아올 것이라는 것이었다. 나는 서 군과 같이 벤치에 앉아서 담배를 피우

---

*『조선중앙일보』, 1934년 5월 18일자 및 8월 21일자.

고 있으려니까 나이 30 남짓해 보이는 중국복 입은 청년이 내 앞으로 다가서며 중국어로 담뱃불을 빌려달라 하기에 나는 아무 말 없이 담배불을 내주었더니 그는 담뱃불을 붙이는 체하면서 내 손을 슬금슬금 훔쳐본다. 좀 기분이 나빴지만 그냥 무심히 담배를 피우고 있었다.

그러자 난데없이 일본말로 "고꼬다요" 하는 소리가 들려서 정신이 번쩍 들어서 사면을 둘러보니 벌써 일본 놈 서넛이 내 앞에 서 있었고 전후좌우에 양복 입고, 사진기를 어깨에 둘러멘 놈들이 내 편을 향해서 모여들고 있지 않은가.

일이 잘못된 것을 직감한 나는 사면을 다시 훑어보고 즉시 행동을 취할 것을 생각하는 판에 공원 밖으로 나갔었다는 정모가 내 앞을 가로막고, "박철환 동무 잠깐 앉으시죠."(위에서도 말했지마는 나는 해외에서는 박철환이라는 이름으로 행세했었다) 하자 나는 벌써 수십 명 왜놈 가운데 둘러싸여 있었고, 불란서인 형사 한 명이 내 손목을 잡고 있었다. 불란서인 형사와 문답이 시작됐다. 중국인 형사가 중국어로 통역한다.

"성명은?"

"정상태다."

"어느 나라 사람이냐?"

"중국인이다."

"무엇하러 공원에 왔더냐?"

"놀러 왔었다."

"너 무기를 가졌느냐?"

"없다."

이런 문답이 진행되자 일본인 중 한 자가(나중에 알고 보니 총지휘자인 아카오赤尾라는 자였다) 앞으로 나서면서 영어로 주워섬기는데 "이자의 대답은 전연 거짓이오. 이자의 본명은 조봉암이고, 별명은 박철환이고, 공산당

조봉암 체포 보도.
죽산이 상하이에서 체포된
사실을 보도한 『동아일보』,
1932년 10월 1일자 기사.

수괴고 불란서 조계 안에서 반제국주의 운동의 총지휘자이고, 중국공산당
과도 관련을 가진 자로서 당신들에게 미리 제시한 바와 같이(나를 힐끔힐끔
보면서) 신장은 5척 5촌, 얼굴은 검고, 눈이 크고, 귀가 두텁고, 이마가 넓고,
모발이 검은 것이 조금도 틀림없는 본인입니다"라고 했다.

전 공원 안의 사람들이 몰려들어서 벌써 인산인해를 이루었다. 여기저기
서 왜놈, 왜놈 하며 불란서 놈에 대한 욕설이 들린다. 아카오의 말을 다 듣고
난 불란서인 형사는 내 얼굴을 쳐다보았다. 나는 빙그레 웃으며 중국어로,
"저 사람이 말하는 것은 무슨 소린지 전연 모르겠다"고 했다. 일인과 불란서
인이 한참 숙의한 끝에 어쨌든지 일단 연행하자고 해서 불란서인이 나를 공
동국으로 가자고 했다. 나는 거절했다. 까닭 없이 연행한다는 것은 부당하다
고 따져들었다. 많은 중국인들이 성원해주었다. 그러나 그야말로 강약이 부
동이어서 나는 일본인 30명과 불란서 공무국 형사대 10여 명, 도합 40여 명
이 앞에서 끌고 뒤에서 밀어서 자동차에 실리워졌다.

불란서 공무국에서는 경찰 책임자인 불인이 즉시 심문을 시작했고 그 문

답 내용은 대개는 공원 안에서 불란서 형사와의 그것과 같은 것이며, 나는 중국인 정상태라는 것과 공원에 산책 갔었는데 까닭 없이 불법연행을 당했으니 즉시 석방하라고 요구했다.

일인 아카오와 공원까지 왔던 불인 형사는 내 진술은 허위라는 것과 아카오가 말하던 모든 것을 되풀이하면서 일본 영사관으로 넘겨달라고 주장했다. 그러나 불란서인 책임자와는 그렇게까지는 양해가 못 되었던지 그 책임자는 말하기를, "이 사람이 중국인이라 하는데 중국인이 아니라는 증거가 없고, 또 당신들은 이 사람이 조선 사람이고 박철환이라고 하나 그 역시 우리로서는 증거할 것이 없으니 지금 넘겨 보낼 수는 없소. 자세히 조사한 뒤에 좌우간 결정짓겠소"라고 했다. 그래서 일본형사들은 뒤통수를 치고 돌아가고 나는 불란서 공무국에 잡힌 몸이 되었다.

그러나 어찌하랴. 불란서 공무국에는 한인 형사가 두 사람이나 현직으로 있었고, 일본놈들은 중국인 정상태라는 것이 한인 조봉암·박철환과 동일인이라는 증거 서류를 수백 매 만들어서 불란서 경찰에 제시했던 것이다. 그래서 할 수 없이 중국에 입적했다고 주장해보았으나 그 증거 서류도 제출할수가 없었다.

열하루 만에 중국 상하이주재 불란서 영사와 만나서 자유의 심볼인 불란서와 그 영지에서 우리에 대한 정치적 처우가 만부당하다는 것을 지적해서 공격도 하고, 중국인으로 대우함이 당연하다는 주장도 했었다. 그러나 불란서 영사는 최후로 이렇게 권고했다. "당신이 중국에 입적했다는 증거도 없고 또 설혹 입적한 증거가 있다 하더라도 1916년 일본 제국의 동의 없이는 그 효력을 발생할 수 없게 되었고 또 만일 지금 당신을 중국인으로 인증한다면 장개석 정부가 당신을 인수하겠다 하니 중국에 인도되는 경우면 생명이 보장되지 않습니다. 그런즉 좀 불만 있더라도 일본으로 가시는 것이 좋소." 그리고 그 즉석에서 판결을 내려서 일본으로 인도하라 했다.

그래서 불란서공원 안에서 체포된 지 열이틀 만에 일본 경찰로 다 인도되었고 상하이 주재 일본 영사관 경찰에서 20여 일간 갖은 곤경을 겪은 뒤에 평안북도 경찰부로 옮겨서 다시 30여 일을 시달렸고, 또 예심에 걸려서 1년을 허비한 끝에 징역 7년 형의 선고를 받고 불복공소도 하지 않고 복역해버렸다.*

조봉암이 프랑스 조계 공동국 경찰에서 일본 영사관 경찰로 넘겨진 것은 10월 10일이었다. 그가 프랑스 공동국에 억류돼 있는 열이틀 동안 그의 아우 조용암과 강문석 등 후배 동지들은 그의 체포에 항의하는 전단을 만들어 뿌리려 했으나 저지당했다. 강문석·이종숭李鍾崇·염용섭·김승락金承洛·장동선張東宣·이무성 등 그동안 그와 함께 기거하며 투쟁해온 후배 동지들은 일본과 프랑스의 합동 검거작전에 쫓기다가 끝내 체포당하고 말았다. 그의 아우 조용암은 증거 서류를 챙겨들고 아슬아슬하게 몸을 피했다.

------

*『전집』제1권, 359-362쪽. 내용 중 서○○은 서병송이다. 죽산 피체 당시 상하이 프랑스 조계 공동국 경찰서에 근무한 한인형사는 엄항섭과 옥성빈이었다. '고꼬다요'는 '여기야'라는 뜻의 일본어다.

서병송(徐丙松, 1910-?)은 경북 대구 출생으로 상하이에서 항일운동을 했다. 1933년 상하이에서 피체, 조봉암과 함께 치안법 위반으로 재판에 회부되어 징역 2년을 복역했다.

엄항섭(1898-1962)은 경기도 여주 출생. 보성학교를 나와 3·1운동에 참가하고 중국에 망명, 항저우(杭州)의 지장(芝江)대학을 졸업했다. 백범 김구의 측근으로 임정 선전부장을 지냈으며 프랑스 조계 공동국에서 일했다. 광복 후 정치활동을 하다가 한국전쟁 때 납북되었다.

옥성빈(玉成彬)은 민족주의 계열 항일투사로 임정에 관여했다. 프랑스 조계 공동국 경찰로 일했으며 1933년 조봉암 등 공산주의 계열 인사들의 체포 후 엄순봉·이규호 등 한인청년동맹원들에게 암살당했다.

상하이 프랑스 조계 행정청인 공동국.
죽산은 1932년 체포되어 이곳에 끌려가 심문을 받고 일본영사관으로 넘겨졌다.

일본 영사관 경찰로 넘겨진 조봉암과 그의 동지들은 그해 11월 26일까지 혹독한 심문을 받았다. 아우 용암은 체포를 면한 다른 동지들과 함께 격렬한 저항을 담은 「전단」을 살포했으나 그물처럼 조여오는 검거망을 피해 이리저리 도주하지 않으면 안 되었다.

김이옥과의 동거로 공산주의 투쟁 중심서 밀려

조봉암이 체포된 이후 상하이 지역의 공산주의 계열 민족해방 투쟁은 극히 부진하여 소규모 활동만 전개되었다. 그를 비난한 김단야와 박헌영은 국내 조직의 부활에 전념했지만 결국 좌절됐다. 박헌영은 다시 체포됐으며 김단야는 조봉암이 했던 사업으로 방향을 바꾸었으나 성과는 없었다.

스칼라피노·이정식의 『한국공산주의운동사』는 이렇게 기술했다.

상해는 한인 공산주의자들에게 더 이상 활동이 가능한 도시가 아니었으며, 광동廣東과 함께 추억의 도시가 되어버리고 말았다. (중략) 그럼에도 불구하고 몇몇 인물들은 활동을 계속했다. 체포를 모면하고 공산주의 운동의 중심인물로 부상한 김단야를 통해 코민테른과 중국공산당은 몇몇 사람들에게 자금과 활동지침을 전달하면서 국내로 돌아가 사회주의 조직에 종사하라는 지령을 내렸다. 이들이 바로 김형선金炯善과 박헌영이었다. 그러나 다른 지하 운동가들과 마찬가지로 김형선과 박헌영은 곧 체포되었고, 상해와 국내와의 연락은 끊어지고 말았다. 1933년 김단야는 중국공산당으로부터 상해 한인지부를 재조직하라는 지령을 받았다. 김단야의 과제는 한인반제동맹과 호제회의 재건 및 만주 유격단체의 인원보충에 집중되었다. 일제의 집중적인 감시로 인해 기대만큼의 성과를 거두지 못한 채, 1934년 1월 김단야가 의문 속에 사라져버리자 운동은 다시금 붕괴되고 말았다.*

조봉암은 김이옥을 고국으로 돌려보내지 못하고 동거에 들어가 결과적으로 공산주의 투쟁의 주류에서 밀려나는 결과를 만들고 말았다. 허여된 조건에서 온갖 노력을 집중해 투쟁했지만 그 성과는 빛을 잃었다. 그를 비난하며 그의 투쟁의 한계를 넘어서려 한 김단야와 박헌영도 큰 성과는 거두지 못했지만 뒷날 연구가들에게 좋은 평가를 받았다.

한편 조봉암에 대한 후대의 평가는 냉정했다. 대표적인 죽산 연구가인 박태균 교수는 그의 투쟁의 의미를 이렇게 평가했다.

---

* 스칼라피노·이정식, 한홍구 역, 『한국공산주의운동사 I』(돌베개, 1986), 236-237쪽. 박헌영은 1933년 7월 5일 아침 상하이 공동조계에서 그의 가명인 이두수(李斗秀)를 김단야로 잘못 알고 매복 중인 일본영사관 경찰과 공동조계 공부국 경찰에 체포당했다(임경석, 『이정 박헌영 일대기』[역사비평사, 2004], 183쪽). 김단야는 1934년 모스크바로 가서 동방노력자공산대학 조선민족부 책임자가 되었다(강만길·성대경, 앞의 책, 55쪽).

이상과 같이 조봉암은 1927년 이후 중국공산당에 입당하여 활발한 활동을 전개했다. 특히 그는 상해에서 부르주아 민족주의를 기초로 항일운동을 하던 인사들과의 연합, 상해에 있던 공산주의운동가들의 결집 등을 위해 활동했다. 그러나 이러한 활동은 대중에 기반을 둔 운동이라기보다는 상층 명망가들을 대상으로 한 것이었다. 그러므로 상해에서의 그의 활동은 많은 비판을 받았고 급기야 해방 이후에 반조운동으로 연결되었다.

1928년 12월 테제 이후 코민테른은 조선공산당을 해체할 것을 명령했고 더 대중에 기초를 둔 공산당을 재건할 것을 요구했다. 이에 따라 조선공산당에 관여하던 공산주의자들은 대부분 국내에서의 당 재건운동에 몰두했다. 반면에 만주에서는 중국공산당 군대와 연합하여 항일무장투쟁이 활발하게 전개되었다. 이들은 1931년 이후 중국공산당에 대해 독자성을 가지면서 국내에 진공하기도 했다. 이러한 흐름은 해방 이후 38선 이남에서의 조선공산당 재건과 38선 이북에서의 북조선공산당, 북조선노동당 조직으로 이어졌다.

조봉암은 상해에서 활발한 활동을 전개했지만, 그러한 활동은 1930년대의 주류운동과는 동떨어진 것이었고, 오히려 사회주의 운동의 주변부로 점점 떨어져나가는 상황이었다.*

* 박태균, 앞의 책, 87쪽.

9 다시 감옥으로

신의주형무소로 끌려가다

1932년 11월 27일, 조봉암은 일곱 명의 동지들과 함께 포승에 묶인 채 고국으로 가는 연락선에 실렸고 12월 3일 인천항에 도착했다. 그가 한때 기자로 일했던 『조선일보』는 다음 날 사실의 객관적 전달이라는 보도문의 일반적 성격과 사뭇 다른 비감한 문장으로 보도했다.

이미 보도한 상해 불조계佛租界 공원에서 검거되어 이래 한 달 동안을 그곳 일본 영사관 경찰에서 대략의 취조를 마치고 조선으로 보내게 된 조선공산당의 중진인 조봉암은 지난 3일에 인천에 입항한 조선유선회사 기선인 경안환*으로 압송되어 왔다.

이른 아침 자욱한 안개는 바야흐로 새는 동편 하늘의 서광을 가리고 안개

---

* 경안환(慶安丸, 게이안마루): 1925년 하리마(播磨) 조선소에서 건조한 2,091톤짜리 선박. 조선우선(朝鮮郵船) 소속으로 상하이-부산-인천 항로에 취항했다. 태평양전쟁에 징발, 1944년 미군기 공격으로 침몰했다(『近代艦船事典』, 인터넷 구글재팬 웹사이트). 안창호·여운형·조봉암 등 많은 독립투사들이 상하이에서 이 배로 압송되었다.

속에 잠긴 해안의 전등 빛은 희미하게 쇠잔하려 하는 오전 6시 반경에 인천 입항의 신호를 보내는 경안환의 기적소리가 소월미도小月尾島 밖으로부터 들리자 인천경찰서로부터 파송된 정사복 경관은 인천수상경찰서 앞 부근 일대를 경계하여 잡인의 통행까지 검사하는 자못 엄밀한 가운데에 조봉암은 오전 8시 반경에 경관의 호위에 싸여 인천부두에 상륙되자 미리부터 등대하고 있던 자동차에 호송되어 그의 고향인 강화도를 뒤에 두고 풍우風雨같이 돌리어 경성으로 향하여 갔다.

조봉암은 12월 4일 아침 인천 도착 즉시 신의주경찰서에서 출장 나온 경찰관들에게 신병이 인계되어 자동차로 경성까지 갔고, 곧장 경의선 열차에 실려 그날 오전 11시 40분경 신의주에 도착했다.

그가 신의주로 끌려간 것은 그곳 경찰과 검찰, 재판소가 만주와 중국 관내 지역의 한인들을 관할하고 있기 때문이기도 했지만 그해 4월부터 8월까지 25명의 공산주의 투사들을 전국 각지에서 검거해 7명을 기소한 상태이기 때문이었다. 기소된 사람들 가운데는 상하이에서 조봉암과 같은 노선을 가며 투쟁했던 여성투사 김명시가 있었다.

상하이 지역 공산주의 투쟁의 우두머리인 조봉암에 대한 신의주 경찰과 검찰의 혹독한 고문취조가 시작되었다. 대동단 사건으로 억울하게 끌려가 평양경찰서에서 당한 것보다 더 심한 고문이 시작되었다. 두 팔을 뒤로 묶어 매달아 올리기, 혁대로 때리기 등 그가 경험한 것 말고 새로운 물고문이 있었다.

바닥에 붙은 네 개의 문고리형 둥글쇠에 팔목과 발목을 걸었다. 머리를 고정형 목침 위에 올리고 가죽 띠로 묶었다. 그런 다음 코와 입에 가는 고무 호스를 집어넣고 끝에 깔때기를 끼우고 물을 부었다. 그러면 배가 터질 듯 물을 마시지 않을 수 없었다. 그러는 동안에도 순사 하나는 윽박질렀다.

"이놈아, 모든 걸 다 털어놔!"

온몸이 비틀리는 듯한 고통, 머릿속이 하얗게 비는 듯한 아찔함을 느끼면서도 그는 침묵으로 처절하게 소리쳤다.

"나를 죽여라!"

그러다 그가 기절하면 순사들은 질질 끌어다 감방에 넣었다. 의사가 들어와 응급처치를 해서 정신을 차리지만 몇 시간 동안 축 늘어져 있어야 했다. 정신이 가물가물한 가운데 감방의 누군가가 탄식하며 하는 말소리가 들렸다.

"젊어서 폐결핵을 앓았다고 했잖소. 물이 폐에 들어가면 폐종양이나 폐기종에 걸리기 쉬워요. 어서 다 불어버리고 몸을 지키슈."

그럴 때면 그는 이대로 죽지 못하는 것이 슬펐다. 그리고 내게 조국이 무엇인가, 조국이 무엇을 해주었기에 내가 이런 고초를 겪는가 생각했다. 그러다가 잠깐 잠이 들면 꿈에서 이옥을 보고 어린 딸 호정을 보았다.

그렇게 고문취조를 당하고 생사의 고비를 넘나들면서 그는 1933년 새해를 맞았다. 재판은 쉽게 열리지 않았다. 일제강점기 사법제도에 예비심리라는 것이 있었다. 원래는 정식재판에 넘기기 전 경찰이나 검찰의 조사 과정에서 작성된 혐의사실과 관련 증거 들을 심사하여 억울한 피의자를 구제하기 위한 것이었다. 그러나 이것은 재판 지연의 수단으로 사용되었다. 재판 없이 피의자를 장기간 구금할 수 있도록 법적인 장치를 악용한 것이었다.

조봉암은 이듬해인 1933년 2월 23일에 가서야 비로소 예심을 받게 되었다. 그 사이에 상하이에서 용케 체포를 면하고 있던 홍남표가 체포당해 신의주로 끌려왔다.*

---

* 홍남표는 1932년 12월 16일 프랑스 조계에서 공동조계로 넘어가다가 체포당했

김명시 등 앞서 구속된 사람들은 이미 예비심리를 받고 있었는데 그중 상하이에서 활동한 여섯 명을 조봉암·홍남표 등과 엮어 병합심리를 하다 보니 사건이 방대해지고 시간이 많이 걸렸다. 그러는 사이에 젊은 동지 김 승락은 고문취조를 이기지 못하고 옥사했다.

어느 날, 예비심리를 받기 위해 재판소로 끌려가기 전 조봉암은 홍남표를 만났다. 상하이에서 그의 지휘를 받으며 투쟁하다가 박헌영·김단야 쪽으로 가서 반조투쟁에 앞장섰던 홍남표는 고문을 많이 당한 듯 얼굴이 반쪽이 되고 다리를 절고 있었다.

"홍 동지, 5년 이상 감옥살이를 해야 할 테니 몸을 잘 지키시오. 그래야 또 투쟁하지요."

그의 말에 홍남표는 머리를 끄덕였다.

"조 동지도 몸조심하시오."

두 사람은 포승을 들고 다가서는 간수에게 몸을 내밀었고 다른 동지들 과 생선두름처럼 줄줄이 묶인 채로 얼굴에 용수**를 썼다.

조봉암과 동지들의 예심이 끝난 것은 5월 31일이었다. 그때부터 시간을 끌고 제1회 첫 공판이 열린 것은 9월 25일이었다. 상하이 프랑스 공원에서 체포당하고 3일이 모자라는 1년 만에 재판정에 나간 것이었다.

그해 12월 27일까지 진행된 재판에서 조봉암은 형벌을 가볍게 해달라고 애걸하지 않았다. 오히려 재판과정을 조국 해방과 공산주의 선전에 이용하려 애썼다. 예심과정에서 작성된 조서가 고문에 의한 조작이므로 피고회의를 열어 대표 3명을 뽑게 해달라고 당당히 맞섰다. 결국 그는 선고

으며 상하이 일본 영사관 경찰의 조사를 받고 1933년 1월 압송되어 신의주에 도착했다(『동아일보』, 1932년 12월 18일자; 1933년 1월 11일자).

** 용수: 죄수의 얼굴을 보지 못하도록 머리에 씌우는 둥근 통 같은 기구. 싸리나무 나 대오리로 만들었다.

공판에서 징역 7년, 홍남표와 김명시는 징역 6년을 선고받았다.

그는 항소를 포기했다. 그리고 살아서 감옥 문을 나올 수 있을지 기약할 수 없는 7년간의 긴 수형생활에 들어갔다.

김이옥의 죽음

조봉암의 아내 김이옥은 남편이 고국으로 압송된 뒤 며칠 동안 침식을 끊고 지냈다. 곧장 몸에서 신호가 왔다. 침식을 제대로 안 하고 절망감 속에서 지내서인지 한동안 잠복했던 폐결핵 증상이 악화되기 시작했다. 몇 해 만에 다시 각혈을 한 그녀는 어린 딸을 보며 정신을 차렸다. 내가 쓰러지면 저 어린것을 어떻게 하나. 그런 생각을 하며 의지를 꼿꼿이 세워올렸다.

더 이상 상하이에 있을 이유가 없었다. 시동생인 용암이 있었으나 프랑스 조계 공동국 경찰과 손잡고 수십 명의 밀정을 동원해 뒤를 쫓는 일본 영사관 경찰의 손아귀를 피하느라 정신이 없었다. 형수와 어린 조카에게 신경을 쓰느라 위험만 커질 뿐이었다. 모녀의 주변에 늘 밀정이 서성대고 있었다. 그러나 그녀가 쇠약해진 몸으로 겨울에 먼 길을 가기는 무리였다.

그녀는 어느 날 꿈에서 고향 마을 잠두교회의 십자가 첨탑을 보았다. 잠에서 깬 그녀는 가방 속 깊은 곳에 묻어두었던 십자가를 꺼냈다.

"아버지 하나님, 그이와 함께 7년을 살았으니 과분한 세월이었습니다. 고국에 돌아갈 수 있게 마지막 힘을 주십시오."

겨울을 버텨내고 4월이 왔을 때 몸이 조금 나아지기 시작했다.

그녀가 귀국 결심을 말하자 용암이 돈을 내놓았다.

"저는 만주로 가겠어요. 거기서는 형님이 뿌려놓은 씨가 커져서 항일 무장투쟁이 산불처럼 일어나고 있습니다."

그는 연신 밖을 살피다가 조카 호정을 한 번 더 힘껏 안아주고 밖으로 나갔다.

한편 고국에 있는 조봉암의 친척들은 상하이에 남은 그의 처자를 걱정
했다. 봉암의 부친 창규 씨가 외아들이라 사촌은 없고 조부도 외아들이라
육촌도 없었다. 가장 가까운 이는 병창秉昌 씨로 인천에 살고 있었는데 봉
암에게 칠촌 재당숙이었다. 정의감과 책임감이 강했던 그가 문중을 대표
해 나섰다.

"독립투사인 봉암 조카의 처자를 상하이에 놔둘 순 없지. 더구나 질부姪
婦가 폐결핵에 걸렸고 친정에 남자들이 없다는데."

병창 씨는 모녀를 데려오기 위해 상하이로 갔다.

1933년 4월 29일, 김이옥은 병창 씨를 따라 딸 호정과 함께 고국으로 가
는 연락선에 올랐다. 인천에 도착한 것은 5월 4일, 그녀는 하선하자마자
인천경찰서로 연행되었다. 끌려간 인천경찰서는 조봉암이 젊은 시절 명성
을 날리며 강연을 한 산수정 공회당에서 마주 보이는 언덕 기슭에 있었다.
인천 경찰은 그녀가 병약한 것을 알면서도 고등계 형사가 세 명이나 달라
붙어 마라톤 심문을 벌였다. 심문기간이 길어지자 인천의 조 씨들은 강화
이옥의 친정으로 연락했다. 사흘 뒤 친정조카들이 접견을 왔다. 그녀가 상
하이로 떠나기 전 11세였던 종세鍾世와 14세였던 정숙貞淑이 성장하여 찾
아온 것이었다. 그녀는 호정을 조카들에게 맡겼다.

조봉암 처자의 귀국은 조선 땅의 큰 관심거리였다. 신문들은 앞다투어
크게 보도했다.

상해에 망명한 부군 조봉암을 따라 이제로부터 7년 전 11월 11일 강화군
부내면 신문리江華郡 府內面 新門里에 있는 자기 집을 떠나 상해 법계 하비로
上海法界 霞飛路 716호를 찾아갔던 김이옥 여사는 작년에 상해 영사관 경찰
의 손에 조봉암이 피검되어 조선으로 돌아온 이후 오랫동안 애녀 호정(5)과

죽산의 두 번째 부인인 김이옥과 딸
조호정. 경성여고보 시절부터 죽산을
사랑하며 강화 3·1만세운동에 함께
뛰어들었던 김이옥은 뒷날 폐결핵에
걸린 절망적 상황에서 중국 상하이로
죽산을 찾아가 결합하고 딸을 낳았다.
죽산이 신의주형무소에 갇혀 있을 때
외롭게 사망했다. 조호정 여사 제공.

더불어 쓸쓸한 타국에서 살다가 지난 4월 29일 상해발 경안환에 몸을 싣고
청도青島를 거치어 6일 만에 인천항에 입항 중 돌연 인천서 고등계원의 손에
피검되어 애녀 호정과 같이 취조를 받고 있다는데 강화 그의 집으로서는 조
카 되는 종세 군과 정숙 양이 인천서로 그리운 아주머니를 찾아 면회한 후
호정만을 데리고 돌아왔다는데 취조원인은 불명이나 수이 돌아오게 되리라
한다.*

김이옥이 인천경찰서에서 풀려난 것은 귀국한 지 보름이 지난 5월 20일
이었다.** 그녀는 조카 정숙의 보살핌을 받으며 강화로 가는 배를 탔다. 인
천 경찰이 자신을 보름간이나 취조한 것은 신의주 검사국에서 남편의 예
심이 진행되기 때문에 관련 정보를 더 얻으려는 목적 때문이었을 것으로
그녀는 생각했다.

강화 친정집은 그녀가 출생했던 신문리 139번지에서 165번지로 이사해
있었다. 결혼한 지 1년 만에 청상과부가 된 올케 최경준 여사는 살림을 줄

*『동아일보』, 1933년 5월 12일자.
**『조선중앙일보』, 1933년 5월 23일자.

이기 위해 80칸이 넘는 집을 팔고 30칸짜리 단출한 기와집으로 이사한 것이었다.

같은 마을 출신으로 열 살쯤 많은 똑똑한 언니였으며, 잠두교회에서 엡윗여자청년회를 같이 이끌었던 선배였고, 강화 섬에서는 유일한 이화학당 선배였던 올케 최경준은 그녀와 호정을 끌어안고 눈물을 흘렸다.

"안심해. 내가 보살펴줄게."

집안은 식구가 적어 허전했다. 오빠가 남긴 혈육으로 그녀를 인천경찰서로 만나러 왔던 조카들은 집을 떠나 있었다. 정숙은 인천에서 교원 노릇을 하고 있었으며 종세는 고보高普 졸업반이라 집을 떠나 살고 있었다. 그리고 슬픈 일이 또 있었다. 종세가 이미 폐결핵에 걸린 것이었다.

기와를 얹은 본채와 작은 별채 하나를 돌각담이 둘러친 집이었다. 이옥은 풍족하게 영양을 섭취하면서 예배가 없어 비어 있는 시간에 잠두교회에 나가 하나님에게 기도했다.

6월 1일부터 사흘 동안 『동아일보』는 조봉암과 동지들의 예심종결과 혐의내용을 알리는 기사를 크게 실었다. 신문사 강화 지국에서 가져다 주어 그녀는 그것을 받아 읽었다.

신문에 실린 사진을 보며 그녀는 편지를 썼다.

　호정 아버지. 저는 재당숙 어른의 도움으로 상해를 떠나 5월초 강화 집에 와 있습니다. 저도 호정이도 잘 지내니 걱정하지 마십시오. 신의주는 춥다는데 부디 옥중에서 몸조심하세요. 제가 몸이 좋아지면 접견하러 갈게요. 옛날 서대문감옥에 계실 때처럼 자주 가진 못해도 한 번은 가야지요.

　이옥 올림

편지를 부치고 보름이 지나자 강화 땅에 와 있다니 이제 안심된다는 남편의 답장을 받았다. 하지만 신의주형무소로 접견을 가겠다는 약속을 이옥은 지키지 못했다. 산 좋고 물 좋은 고향 강화 땅에 와 있는데도 결핵이 악화되고 있었던 것이다. 올케 최경준은 전처 소생의 아들 종세와 시누이의 결핵 치료에 모든 힘을 기울였다. 치료비와 여비가 많이 드는데도 돈을 아끼지 않고 경성의 세브란스병원에 보냈다. 그러나 소용이 없었다.

병이 절망적으로 깊어지자 이옥은 세브란스병원에 입원하라는 올케의 말을 거부했다. 종말이 눈앞에 보이고, 조카 종세의 치료에 또 많은 돈이 들어 재산이 탕진될 것이기 때문이었다. 그녀는 입원 대신 스스로 격리하기 위해 작은 집을 얻어 나갔다. 다음 해인 1934년 10월 26일 거기서 30세의 나이로 숨을 거두었다.*

친정 조카인 종세가 그녀를 남산 선영에 장사 지내고 나서 신의주형무소에 갇혀 있는 고모부 조봉암에게 편지를 써서 알렸다.

김이옥 친정의 불행은 거기서 그치지 않았다. 반년 후인 1935년 5월, 종세가 스무 살의 나이로 죽었다. 여조카인 김정숙은 동아일보 기자 김약한金約漢과 결혼한 뒤였으므로 집에 남은 것은 최경준 여사와 어린 호정뿐이었다.

김이옥의 오빠 김인배 씨의 재취로 결혼해 들어와 1년 만에 과부가 됐던 최경준은 시누이 김이옥의 혈육인 호정을 키우려 했다. 그러나 어느 날 인천의 조 씨 문중에서 조준묵曺俊默이라는 사람이 찾아와 자신이 호정을 맡겠다고 했다.

"내가 먼 친척이긴 하지만 얘는 조 씨 집안 아이 아닙니까. 마침 내가 아들만 넷이고 딸이 없으니 내 딸처럼 가르치고 키우겠습니다."

---

* 조카 김종세의 「제적등본」에 미혼의 숙모(叔母)로, 김종세의 집인 신문리 165번지가 아닌 216번지에서 이날 사망한 것으로 기록돼 있다.

뒷줄 오른쪽 양복에 넥타이 맨 사람이 죽산이다.
1944년 팔촌동생 성환 씨가 징병 나가게 되어 찍은 사진이다.
앞줄 흰 두루마기 할아버지가 김이옥과 조호정을 상하이에서 데려온 조병창 씨이고,
그 오른쪽이 김이옥 사망 뒤 호정을 데려다 키운 조준묵 씨다. 인천 조씨 문중 제공.

그리하여 조봉암과 김이옥의 딸 호정은 할아버지뻘인 조준묵 씨를 따라
인천 부도정敷島町: 현재의 중구 선화동으로 가서 살았다. 조 씨는 약속대로 친
딸처럼 깊은 사랑으로 호정을 키웠다.

그는 아버지가 나라를 구하려고 애쓰다가 감옥에 갔으므로 자랑스러운
일이라고 호정에게 설명했으며 편지를 쓰게 했다. 아직 한글을 쓰지 못하
므로 큰 글씨로 초를 잡아주고 그대로 그리게 했다. '보고 싶은 아버지 저
는 잘 지내고 있습니다.' 호정은 영민하여 그대로 보고 그리는데도 깨끗하
게 편지를 완성했다. 그러다가 저절로 한글을 깨쳐버렸다.

다음 해인 1936년 호정이 학교에 갈 나이가 됐으나 호적이 없어 공립보
통학교나 영화永化학교 같은 정규학교는 보내지 못하고 개신교 교회가 설

립한 영신永信학교에 넣었다.*

길고 긴 감옥생활

조봉암이 아내 김이옥이 죽었다는 처조카 종세 군의 편지를 받은 것은
11월 중순이었다. 그때 그는 독방에서 추위와 싸우며 악전고투하고 있었
다. 신의주형무소는 매우 춥고 특히 독방은 바깥보다 더 추웠다. 밤이 되
면 낡은 마룻바닥 틈으로 냉기가 스며 오르는데, 그 위에 얇은 거적을 깔
고 이불 한쪽을 덮고 누우면 밤새 몸이 덜덜 떨렸다. 떨다가 잠이 오는데
깊은 잠을 잘 수가 없었다. 수인들은 추위에 무방비 상태였다. 한겨울이
되면 그러다가 얼어 죽기 십상이었다.

낮에는 마룻바닥에 웅크리고 앉아 떨면서 바늘을 들고 걸레를 깁는 노
역을 했다. 젊은 시절 동상에 걸려 손가락 여러 개가 썩어 끝이 잘려나간
터라 그 손가락으로 바느질을 한다는 것은 여간 어렵지 않았다. 손이 시려
워 도무지 바늘을 잡을 수가 없고 동상이 재발해 손가락 끝에서는 진물이
흐르기 시작했다.

신의주형무소는 추위 말고도 모든 조건이 최악이었다. 사상범이 많아
간수들의 태도가 악랄하기 짝이 없는 생지옥 같은 곳이었다. 그는 7년이라
는 아득한 세월을 수모를 참으며 견뎌낼 것인가, 아니면 적에게 저항하다
가 죽을 것인가 갈등했다. 3·1만세운동으로 서대문감옥에 갇혔을 때 감방
에서 만났던 이가순 선생처럼 의연하게 자존심을 지키며 지낼 것인가, 혹
은 숙명으로 받아들이면서 적당히 순응하고 살 것인가 하는 것이었다.

---

* 같은 날, 조호정 여사 인터뷰. 영신학교는 1930년대 문을 연 인천 송현교회에서
  개설했으며 현재의 인천 동구 송현동 154번지 솔빛마을아파트 자리에 있었다.
  조호정 여사는 부친이 출감한 후 박문보통학교로 옮겼다.

그는 미결수로 있는 동안 많은 것을 보고 들었다. 어떤 독립운동가는 10년 징역을 다한 뒤 만기 출옥하기 하루 전날 옥사했고, 어떤 수인은 제 성질을 못 이겨 팔팔 뛰다가 수명을 단축해 죽어버렸다는 이야기 따위였다.

감옥 생활을 실컷 해주고 옥사라도 한다면 분하고 원통할 것 같았다. 그럴 바에야 하루라도 빨리 죽어버리는 게 낫지 않을까. 우리 민족에게 독립을 달라고 외치면서 단식이라도 한다면, 그리고 재소자들을 선동하는 소리를 질러대고 형벌을 받게 되면 수명이 단축될 것이 뻔했다. 예심 과정에서 미결수로 있는 동안 박헌영이 형무소에서 미친 것처럼 행동하여 병보석으로 석방됐다는 소문을 들었지만 그럴 자신은 없었다.

그러다가 처조카의 편지를 읽는 순간, 그는 털썩 주저앉았다. 몇 달 전 첫 편지를 받을 때만 해도 이옥이 형편이 넉넉한 친정집에 와 있으니 안심이 됐던 것이다. 경성여고보와 이화학당에 입학해 시선을 한 몸에 받았던 처녀가 시집도 안 간 몸으로 아이를 낳아 친정으로 오고 남자는 감옥에 있으니 또 한 번 강화 섬에 소문이 자자할 것이었다. 하지만 떳떳하진 않더라도, 안전하고 의식주를 해결할 수 있으니 상하이 시절보다는 낫다는 생각에 안도하고 있었던 것이다.

그런데 죽었다니 모두 나를 사랑한 때문이지. 조봉암은 상하이 프랑스 공원에서 체포당해 끌려갈 때보다 더 큰 절망에 휩싸였다. 바닥에 눕혀져 손목과 발목에 고리를 걸고 머리를 묶인 채 물고문을 당할 때보다 더 큰 아픔이 몸을 휘감았다.

"당신을 지켜주지 못한 나를 용서해."

그는 넋이 나간 사람처럼 우두커니 앉아 중얼거렸다.

그렇게 미친 사람처럼 며칠을 보내고 밤에 꿈을 꾸었다. 아니, 꿈이 아니었다. 차가운 바닥에 누워 앞니를 부딪어 떨면서 절망과 회한 속에 잠겨 있었는데 이옥이 앞에 나타나 말하는 것이었다.

"사랑하는 당신, 이러지 마셔요. 나는 당신을 사랑한 걸 후회하지 않아요. 우리 사랑의 증표인 우리 딸 호정이가 있잖아요. 무사히 형기를 마치고 출옥해서 그애를 지켜주세요. 빼앗긴 나라를 되찾아 호정이 손을 잡고 늠름한 모습으로 경성 거리를 걸어주세요."

그렇게 말하고는 새처럼 사뿐히 날아올라 철창이 막힌 들창을 통해 스르르 빠져 나가는 것이었다. 꿈에서 보는 행동과 말이란 게 얼토당토않은 상황 속에 짐작하기 어려운 것이기 마련인데 이것은 모든 것이 분명하고 확실했다. 그는 이옥의 영혼이 저승으로 가는 길에 감방에 들러 유언을 남기고 간 것이라고 생각했다.

그리고 며칠 후 어린 딸이 써 보낸 편지를 받았다. 동봉한 조준묵 씨의 편지에 의하면 그러서 쓴 것이라고 했다.

다음 날 그는 이를 악물고 일어섰다. 그렇게 죽어간 이옥의 유언대로 끝까지 살아남아 신의주 형무소 문을 나가겠다는 결심을 했다. 이옥이 남겨주고 간 딸을 위해 감옥생활의 고통을 꼭 이겨내리라 각오했다.

조봉암은 그때의 심경을 「내가 걸어온 길」에서 이렇게 글로 썼다.

독립운동을 하다가 투옥된 애국자, 선구자들 중에 10여 년 내지 20여 년 감옥살이를 하고 계신 분도 있고, 그렇게 감옥살이를 치르고 무사히 살아계신 분이 있으니 나도 무고하게 출옥하여 못다 한 투쟁을 다시 하자고 마음먹었다. 그리하여 살아서 나간다는 독한 마음을 먹고 독방생활을 하게 되었다.

인격이 무시되고 금수 같은 취급을 당하면 그자와 일 대 일로 사생결단을 짓는다. 무리한 욕설이나 따귀 한 대만 맞더라도 그놈을 죽여버릴 것이다. 감옥에는 견디기 어려운 규칙과 명령이 있다. 그 규칙, 명령을 규칙적으로 지켜주고 그 외의 무리에 대해서는 일보도 양보하지 않고 싸운다. (중략) 사람이 어떤 중요한 결심을 하고 그것을 굳게 실천하려 들면은 그 굳는 결의가 얼굴에까지 나타나는 것이고 그런 사람에게는 누구라도 섣불리 달겨들지 못한다는 것을 나는 체험에서 알고 있었다.*

그의 수형 태도가 긍정적으로 바뀐 것을 보고 전옥典獄이 동정인지 규칙인지 몰라도 선심을 썼다. 밤에는 독방에 있고 낮에는 공장에 나가 일하라는 것이었다.

그 작업이라는 것이 보철공補綴工이라는 것인데 역시 바늘을 가지고 걸레를 깁고 헌 털뱅이 수의복을 깁고 고치는 일이었다. 나는 전옥 면회를 청해 가지고 불복항의를 해보았다. "신체적 조건이 나 같은 사람에게 그런 작업만 시키는 것은 무슨 이유요?"라고 했더니 전옥은 싱글싱글 웃으면서 "그 공장은 사람도 많지 않고 조용하고 작업도 힘들지 않은 곳이니 휴양하는 셈 치고 나가 있어"라고 했다.

나중에 알고 보니 나 같은 불온사상을 가지고, 또 선전 선동력이 있는 수인을 젊은 수인이 많은 큰 공장에 보내는 것이 부당하다는 것이었다. 그래서 그런지 내가 나간 보철공이란 것은 늙은이, 병자, 유약자만 모이는 곳이고 일깨나 하고 제법 부려먹을 만한 놈은 한 놈도 보내는 일이 없었다. 그리하여 감옥에서의 생활 리듬이 바뀌게 되었다. 그러나 겨울에 추위와 싸우는 것은 정말 힘겨웠다.

새벽에 기상호령이 나면 입고 있던 감방의를 개켜놓고 아주 완전히 알몸뚱이로 조그만 수건 한 장으로 앞을 가리고 공장으로 향한다. 어떤 때는 눈이 산더미같이 쌓여 있어 살점을 여의고 뼛속을 얼어붙일 만한 찬바람이 사정없이 불어제친다.

---

*『전집』 제1권, 363쪽.

150미터 내지 500미터 되는 공장까지 뛰어가서 콘크리크 바닥에 개켜 놓았던 얼어붙은 소위 작업복을 입는 것이고 얼음이 버적하는 한 컵 물로 코끝에 칠하는 것으로 세수한 셈 치는 것이다. 사람의 육체적 조직은 어떠한 야생 동물보다도 완강하고 환경에 적응성이 강하다는 것을 나는 깊이 깨달았다. 스파르타의 교육원리도 여기에 기인한 것이 아닌가 생각되었다.*

독방을 떠나 여러 수인들이 함께 있는 감방으로 옮긴 적도 있었다. 한 칸 반 정도 되는 좁은 감방에 20명쯤 수용하면 모두 앉을 수는 있지만 자려고 누우려면 형편없이 비좁았다. 몸뚱이는 바닥에 붙이지만 팔다리는 다른 사람 몸 위에 올려 걸칠 수밖에 없었다. 안동 자반고등어 상자에 고등어 눕히듯이 열을 맞춰 옆으로 누워 칼잠을 잘 수는 있지만 그 자세가 끝까지 유지되지 않았다. 그래서 삼복 무더위에는 미쳐서 나가기도 하고 체력이 떨어져 죽는 사람들도 있었다. 그러나 겨울에는 다른 사람 체온으로 추위를 버틸 수 있기 때문에 차라리 비좁은 게 나았다.

그렇게 적응하고 순응하는 채로 몇 해가 지나갔다. 한 가지 노역만 했기 때문에 그는 형무소 안 보철공의 권위자가 되었다. 그래서 그런 일에 관해 형무소 직원들이 찾아와 상의하기까지 했다. 때로는 보철작업은 물론 세탁작업까지 챙기면서 늘 깨끗하게, 보기 좋게 하라고 참견까지 하게 되었다. 전체 보철공의 숫자와 작업능력을 헤아리고 재소자 수를 헤아려서 미리 작업을 하게 권고하여 그의 말을 들으면 아무 문제가 없이 돌아가게 되었다. 그래서 '수인전옥'이라는 별명이 붙었다.

그러다보니 형무소 측은 가장 중요한 사상범인 그에게 안심하게 되었다. 사상범은 경계해야 한다는 원칙을 깨고 그에 대한 규제가 약해져서 다

---

* 같은 책, 369쪽.

른 작업장에도 가고 창고에서 재료도 가져오는 등 행동반경이 커졌다.

일제, 사상범 전향 책략을 쓰기 시작

어느 날, 창고에서 뜻밖에 양이섭을 만났다. 중국에서 장사를 하여 이윤을 남겨 조봉암에게 많은 활동자금을 내놓고, 때로는 집에 쌀자루와 밀가루 포대를 짊어지고 왔던 마음 착한 후배 동지는 그의 손을 잡고 주르르 눈물을 흘렸다.

"박 선생님은 무사하셨어야죠. 다 잡히면 독립운동은 누가 합니까."

양이섭이 조봉암을 '박 선생'이라고 부른 것은 상하이 시절에 늘 그렇게 불렀기 때문이었다. 조봉암도 양이섭보다는 김동호라는 이름이 정겨웠다.

"김동호 사장, 부디 자중자애해서 살아나가게. 그대 같은 젊은 동지들이 할 일이 많아."

그는 양이섭의 등을 두드려주며 말했다.

"아닙니다. 저는 왜놈들과 적당히 타협한 터라 자격 없습니다."

양이섭은 한숨 쉬며 눈물을 흘렸다.

어느 날은 인천 출신이라는 김점권*이 인사를 했다.

"저는 이승엽 동지 수하에서 조공재건 투쟁을 했습니다. 옛날 선생님의 산수정 공회당 강연을 들었고 그때 감화를 받아서 사회운동에 나서게 됐습니다."

이승엽은 신흥청년회 시절 인천 산수정 강연에 많은 청년 군중을 동원

---

* 김점권(金點權, 1907-): 경기 고양 출생. 인천영화학교 졸업. 1928년 이승엽의 지도로 사회주의 운동에 투신, 인천청년동맹 집행위원을 지냈다. 1930년 조선공산당 재건운동에 참가하고 인천에서 적색노조를 조직했다. 1932년 검거되어 징역 5년을 복역했으며 광복 후 북한에서 부상(副相)을 지냈다(강만길·성대경, 앞의 책, 117쪽).

했던, 그래서 그가 주목했던 후배다.

　김점권의 이야기를 들어보니 김단야의 원격 지휘를 받아 이승엽과 함께 조선공산당 재건운동을 한 멤버였다. 그는 김점권의 등을 두드려주었다.

　"꾹꾹 참고 무사히 나가야 하네. 그래야 다시 싸울 수 있네."

　비록 한 달에 한 번, 혹은 몇 달 만에 한 번 얼굴을 보지만 공산주의 운동을 한 후배들과 그렇게 마주치는 경우가 있었다. 그러면 형제를 만나듯이 반가웠다.

　조봉암이 그렇게 감옥살이를 하는 동안 수많은 수인들이 견디지 못하고 죽어 나갔다. 그것을 보면서 형무소의 수인들은 생에 대한 강렬한 애착을 갖기도 하고 또는 절망의 나락으로 떨어져갔다.

　견딜 만하다 했더니 또 하나의 굴레가 다가왔다. 일제가 사상범들을 전향시키는 책략을 쓰기 시작했던 것이다. 지금까지는 사상범에 대해 검거 엄벌주의로 나갔으나 앞으로는 사상이 불철저한 자, 또는 사상 전향의 희망이 있는 자에 대해서는 가급적 관대한 태도를 취하여 엄숙한 감독과 지시로써 대신한다는 것이었다.

　사상범에 대한 전향정책은 일본 본토에서 먼저 시작되었다. 1930년대 초반, 일본은 좌익의 사회운동이 격화되어 우려할 만한 수준으로 치닫고 있었다. 만주사변 이래 대륙팽창을 계속하고 있던 일제로서는 팽창정책을 담보할 국민 통합이 가장 중요한 일이었다. 공산주의운동을 방관하면 내부 분열과 '적화'의 위협을 촉진할 우려가 컸다. 그리하여 1933년 4월, 일본 내각은 이를 제압하기로 결정하고 사상대책위원회를 설치해 강력하게 밀어붙였다.*

---

* 전상숙, 「전향, 사회주의자들의 현실적 선택」, '일제하 지식인의 파시즘체제 인식과 대응'(2004년 연세대 국학연구원 학술회의) 자료집, 157쪽.

효과는 컸다. 많은 공산주의자들이 전향했다. 젊은 시절의 조봉암에게 공산주의에 대한 확신을 갖게 한 인물로서 코민테른에서 1928년 12월 테제를 한국공산주의자를 위해 기초했다고 전해지는 사노 마나부가 가장 대표적인 전향자였다. 그는 일본에서 공산주의를 공공연히 비난하고, 한국인 공산주의자들에게 그의 선례에 따라서 공산주의를 비난하라는 편지를 보냈다.*

식민지 조선은 소련과 국경이 닿아 있고 공산주의 기치 아래 싸우는 애국지사들이 많아 본토보다 더 시급한 상황이었다. 그래서 본토보다 더 강한 정책이 추진되었다. 막 체포되어 수사를 받거나 기소 중인 사상범에게는 혹독한 고문과 회유, 가족을 데려다가 호소하게 하는 등 온갖 방법이 동원되었다. 복역 중인 재소자에게도 회유와 협박이 가해졌다.

많은 젊은 공산주의자들이 갈등에 빠졌다. 공산주의는 식민지 체제를 벗어나 독립된 국가를 구현할 이념이었으며, 공산사회는 식민사회의 대안이었고 조국이 독립되면 지향할 사회형태였다. 공산주의운동은 동포를 구하고 그들에게 주권을 되돌려 줄 '정치운동'이었다. 공산주의자들이 정치운동을 포기하고 전향을 선언하는 것은 민족운동을 포기하고 나아가 민족의 독립을 포기하는 것이었다.**

조봉암이 갇혀 있던 신의주형무소는 사상범이 많아 가장 중요한 목표가 되었다. 매일 한두 명씩 작업장에서 전옥에게 불려가 회유의 말을 들었다. 형무소에서 처우가 크게 달라지며, 가석방 또는 형 집행정지의 혜택이 돌아올 수도 있다는 사탕발림이 있었다.

신의주형무소에 갇힌 사상범은 50명 정도였다. 가장 큰 거물인 조봉암

---

* 서대숙, 현대사연구회 옮김, 『한국공산주의운동사 연구』(화다출판사, 1985), 194쪽.
** 전상숙, 앞의 글, 182쪽.

에게 형무소 간부는 물론 재소자들의 시선이 집중되었다. 그는 마음을 떠보는 일본인 전옥의 말에 단호히 거부 의사를 밝혔다. 설령 마음이 약해져 전향을 하고 싶다 치더라도 후배들에게 영향을 주니 절대로 할 수 없는 일이었다.

많은 후배들이 갈등하다가 그에게 고민을 털어놓았다. 그들 가운데는 이승엽의 수하였던 김점권도 있었다.

조봉암은 후배들에게 말했다.

"일본인 사상범들은 그냥 신념이 다를 뿐이라 전향을 해도 돌아갈 조국이 있지만 우리는 그렇게 되면 돌아갈 조국이 없어."

그는 전향 강요를 요리조리 피하며 고비를 넘겼다. 묵묵히 모범수로 복역했다. 헌 털뱅이 수인복 깁기 외에 서적정리도 맡아서 했다. 수인들에게 읽히기 위해서 준비해놓은 책자들을 매일 한 번씩 수인의 청구에 의해서 돌려볼 수 있도록 정리하는 일이었다. 책자를 만지게 되는 만치 다른 수인들에 비해서 좀더 독서할 기회를 가졌었고 따라서 감옥에서 준비한 책들을 대개는 읽을 수 있었다. 사서삼경이란 것을 통독해 보았고 한시漢詩의 작법이나, 한시가 어떤 것인가도 약간 읽을 기회가 있었다.

그렇게 모범수로 사는 동안 6년의 세월이 흘러갔다. 1939년 7월, 그는 마흔한 살이 되어 신의주형무소를 나왔다. 일본에서 황태자가 생겼다는 은사恩赦 조치로 1년이 감형된 것이지만 날짜를 따져보면 감형도 아니었다. 1932년 7월 상하이 프랑스 조계 프랑스공원에서 체포당하고 꼭 7년 만에 자유의 몸이 된 것이었다.

그는 다른 사람이 하기 어려운 몇 가지 기록을 냈다. 단 하루도 병감病監에 누워본 적이 없고 단 하루도 휴역休役: 중병은 아니나 일할 수 없는 수인에게 노역을 면해주는 조치을 한 일이 없으며 단 한 번도 처벌을 당한 일이 없었다. 기결수가 되어 붉은 수의복을 입은 날 체중이 57킬로그램이었는데 출옥하는 날은 56킬로그램이었다.

　기결수로 보내야 하는 7년에서 1년이 감형된 것을 어떻게 보아야 할까. 황태자의 탄생을 기념하여 모범수에 내린 가석방이이라는 시각이 있다. 전향자에게 내리는 사면이었을 것이라는 비판적 시각도 있다. 8·15광복 후 박헌영 등은 조봉암을 축출하기 위해 성토할 때 일제에 굴복해 전향하고 사면을 받았다고 극심한 비난을 쏟아부었다.

　일제의 기록에 따르면 조봉암이 출옥하기 직전인 1938년 말 전국 22개 형무소에 수감 중인 사상범은 1,298명이었다. 그중 중일전쟁 전 전향자가 349명, 사변 후 전향자가 427명으로 전향자는 총 776명이었다. 심경불명은 322명, 비전향은 200명이었다. 조봉암이 있던 신의주형무소는 수감 중인 사상범이 52명이었다. 사변 전 전향이 15명, 사변 후 전향이 23명으로 전향자는 총 38명, 심경불명은 14명이고, 비전향은 한 사람도 없었다.*

　이 기록에 따르면 조봉암은 심경불명으로 분류됐을 것으로 보인다. 전향은 아니지만 말썽을 일으키지 않는 모범수라 그렇게 판단해 서류에 기록했을 것으로 짐작할 수 있다. 가석방 조치도 그 때문이었을 걸로 보인다. 그의 과거 투쟁경력과 지도자로서의 위상으로 볼 때, 그리고 당시 일제가 추진한 전향정책의 목적으로 볼 때, 그가 신의주형무소에서 전향했다면 선전도구가 되어 신문지면을 대대적으로 장식했을 것이다. 박헌영 등의 성토는 유력한 경쟁자인 조봉암을 밀어내기 위한 책략이었을 것이다.

---

*　조선총독부 경무국,『最近に於ける朝鮮治安狀況』昭和 13年(1938) 調查, 19-20면(복각본, 東京: 嚴南堂書店, 1976).

일제강점기 인천 거리. 1939년 죽산이 신의주형무소에서 나와
인천에 자리 잡을 무렵 인천의 거리 모습. 『인천일보』 조우성 주필 제공.

출소 후 인천에 자리 잡다

1939년 7월, 7년 만에 자유의 몸이 된 조봉암은 갈 곳이 없었다. 그는 마
흔한 살로 불혹의 나이에 이르러 있었다. 고향 강화는 얼굴조차 잊은 먼
친척들만 있을 뿐이었다. 형 수암은 죽었고 조카들은 아직 어렸다.

조봉암은 인천으로 갔다. 딸이 인천에 사는 먼 친척 조준묵에게 맡겨져
있기 때문이었다. 그리고 인천에는 후배 박남칠이 있었다. YMCA 중학부
시절 그를 따랐던 박남칠은 일제의 회유를 물리치지 못해 전향을 했지만
인천 미곡상조합 조합장으로서 상공업계의 거물, 존경받는 지역유지로 성
장해 있었다. 박남칠의 곁에는 김용규·이보운·이승엽·유두희·권평근
등 그에게 우호적인 사회운동 경력자들이 있었다. 그리고 어릴 적 친구 정
수근이 여관업과 도매상을 하고 있다고 들은 적이 있었다.

그는 인천에 도착하자마자 부도정에 있는 조준묵을 찾아갔다. 몸을 의탁하기 위해서가 아니라 딸 호정을 맡아준 것에 감사하기 위해서였다. 10촌도 넘는 먼 아저씨뻘인 조준묵은 가난한 동네에서 가난하게 살고 있었으나 표정에 선량함이 엿보였다.

조봉암은 고개를 숙이고 말했다.

"제 딸을 거둬주셔서 고맙습니다. 은혜는 잊지 않겠습니다."

조준묵은 허허 웃으며 그의 어깨를 툭툭 쳤다.

"긴 옥살이를 하느라 애썼네. 거처가 정해질 때까지 우리 집을 자네 집으로 알고 지내게."

어언 열두 살이 된 딸 호정이 그에게 큰절을 올렸다.

"아버지, 제 절을 받으십시오."

아직도 딸이 출생신고가 안 된 사실을 알게 된 그는 서류를 갖춰 강화처가로 보냈다. 그리하여 호정은 외숙모 최경준 여사에 의해 출생신고가 이루어졌다.

조준묵 씨는 그가 석방되어 왔음을 박남칠에게 알렸다. 박남칠과 김용규, 그리고 그의 어릴 적 친구인 정수근이 득달같이 달려왔다.

박남칠이 눈물을 글썽거리며 그를 끌어안았다.

"뭐든지 말해요, 도와드릴 테니까."

정수근은 당장 자신이 경영하는 동일여관東一旅館으로 가자고 했다. 보따리를 들고 나가 여관에 맡기고 김용규가 이끄는 대로 최고급 요정인 팔판루八阪樓로 갔다.

"성공한 친구들이 맞아주니 안심이 되는군."

조봉암은 감격하여 음식을 들었다.

인천의 전통적 조선인 상업지구인 내리內里는 서경정西京町이라는 일본식 지명을 함께 쓰고 있었는데 그곳을 그들 세 사람이 판도를 장악하고 있었다.

박남칠은 인접한 일본인 거리 신정新町: 현재의 중구 신포동 67번지에서 곡물상을 하고 있었고, 김용규는 서경정 165번지에 자리 잡고 인천에서 가장 큰 물산도매업을 하고 있었다. 정수근은 서경정 203번지에서 동일여관을, 207번지에서 물상객주업을 하고 있었으며 조선여관업조합장도 맡고 있었다.*

그는 이해 말, 인천 소화정昭和町: 현재의 부평구 부평동 39번지에 집을 얻었다. 돈을 주고 구한 게 아니라 그를 존경하는 독지가가 얻어준 것이었다. 가게 터가 앞에 있고 뒤에 방 하나와 부엌이 붙은 작은 집이었다. 경인선 부평역에서 멀지 않은 마을로 근처에 미쓰비시三菱 조병창이 있어서 '미쓰비시'라고 불리는 곳이었다.**

그리고 김찬을 비롯한 옛 동지들의 권유로 첫 아내 김조이를 만나 재결합했다. 김조이는 1934년부터 함흥형무소에서 징역 3년을 복역하고 출감해 있었으며 그즈음 출옥한 김복만과는 헤어진 상태였다. 그녀는 호정 양을 친딸처럼 사랑으로 양육했다.

조봉암·김조이 부부는 재결합한 것이 숙명이라고 생각했다. 비록 그가 먼저 저지르긴 했지만 각각 김이옥, 김복만과 살다가 사별하거나 이별했고 숱한 생사의 고비를 넘었기 때문이다.

일단 생활의 안정을 찾은 조봉암은 박남칠의 배려로 지난날 인천에서

---

* 인천상공회의소, 『인천상공회의소 통계연보』 1939년판; 『인천상공인명록』 1936년판. 관련 연구자료로 양준호의 「식민지기 인천의 기업 및 기업가」(인천대학교 인천학연구원, 2009)가 있다.
** 일제 기밀자료에 따르면 죽산이 여기에 살았던 기록이 있다(「요시찰인의 언동에 관한 건」, 경고특비京高特秘 제1235호, 국편 DB). 조호정 여사는 부평 사람이 집을 마련해준 것으로만 기억하는데, 부평 토호로서 당시 제재소를 경영하던 심계택(沈桂澤)으로 추정된다. 그는 광복 전후 죽산에게 경제적 지원을 했고 그 일로 경찰의 사찰을 받은 것으로 인천에 알려져 있다. 또한 죽산과 김포 성광여중 설립이사로 참여한 적도 있다(『동아일보』, 1948년 11월 25일자).

청년활동을 하며 자신과 이어졌던 동지들을 만나 폭넓은 교유를 하기 시작했다. 유두희·김용규·이보운·권평근 등으로 15년 전 인천 강연 때 박남칠이 소개한 청년 지도자들이었다. 당시 조봉암을 우상으로 여겼던 그들은 지금은 장년의 나이가 되어 인천의 미곡상 및 정미업계와 사회운동 그룹을 이끌어가고 있었다. 모두「전향서」를 쓰고 일제와 적당한 선에서 타협을 했지만 인천 사회운동의 명맥을 은밀하게 이어가고 있었다.

소년시절 YMCA 중학부에 다니며 그를 따랐던 박남칠은 부친에게서 물려받은 미곡상을 크게 성장시켜 정미소와 곡물상사를 경영하면서 어려움을 겪는 사람들에게 적선활동을 많이 함으로써 인천 지역에서 존경과 신뢰를 받는 신진 사업가로 성장해 있었다. 인천상공회의소 조선인 평의원으로 활동했고 1938년 전향을 한 뒤 인천미곡상조합 조합장을 맡고 있었다.*

유두희는 1901년 강화 출생으로 인천영화학교 야학교사를 하다가 일본에 유학해 고학을 한 뒤 돌아와 인천소년회 창립대회를 주도한 인물이었다. 1925년 인천무산자청년동맹을 비롯해 노동조합, 농민조합을 조직했으며 공산청년연맹원으로 활약했다. 1927년에는 신간회 총무간사를 지냈고 1929년 2차 조선공산당 사건으로 구속된 전력이 있었다.** 역시 경찰의 압박을 못 이겨 표면상 전향했으나 저항정신은 강했다.

김용규는 강화 온수리 출신이었다. 배재고보를 나와 연희전문을 다녔으며 미곡상과 정미소, 객주업 등 다양한 사업을 벌여 부를 쌓은 인물이었다.*** 표면상 전향을 해서 사업을 지키고 사회운동의 명맥을 이어가기 위해 애쓰고 있었다.

---

 * 이성진, 앞의 글, 앞의 책, 309쪽.
 ** 경인일보특별취재팀,「행적 지워진 항일투쟁가」, 앞의 책, 111쪽.
 *** 이성진, 앞의 글, 앞의 책, 309쪽.

인천항에 가득 쌓인 미곡. 1939년 감옥에서 나온 죽산은
김용규·박남칠 등 미곡상, 정미업계 인물들과 교유하며 인천에 자리 잡았다.
『인천일보』조우성 주필 제공.

그들은 자신들의 우상이었던 조봉암이 인천에 정착해서 안정된 생활을
할 수 있도록 인천비강업批糠業조합을 설립해 넘겨주었다. 비강업이란 벼
를 찧을 때 먼저 나오는 왕겨를 모아 사료나 연료로 공급하는 업종이었다.
미곡상 사업의 일부라 미곡상조합에서 하던 일인데 순전히 조봉암에게 일
자리를 주기 위해 비강업조합을 급조한 것이었다.

사무실은 상인천역에서 용동 고개를 넘어 내리의 어물시장 근처에 있었
다. 강화의 어릴 적 친구 정수근이 자기 집 바깥채를 내준 것이었다.* 그는
10평 정도 되는 사무실에서 미곡상조합에서 뽑아 보내준 이재호李載浩라는
직원과 함께 일하면서 정미소에서 겨를 받아 필요한 곳에 중개하는 역할을
했다. 사무실에는 인천경찰서 고등계 형사가 상주하다시피 하며 감시했다.

---

* 같은 날, 김영순 선생 인터뷰.

죽산 처가 방문 사진. 1939년, 7년의 수감 생활 끝에 석방된 죽산은
첫 아내인 김조이 여사와 재결합한 뒤 경남 창원 처가를 방문했다.
뒷줄 오른쪽 두 사람이 조봉암·김조이 부부, 뒷줄 왼쪽 끝이 처남인
김영순 선생이고, 앞줄 검정 옷 입은 소녀가 조호정 여사다. 김영순 선생 제공.

1939년 가을, 부부는 딸 호정을 데리고 경남 창원 김조이의 친정을 찾아
갔다. 젊은 나이에 결혼했다 헤어져 각기 다른 여자, 다른 남자와 살고 감옥
에 가고 무수히 많은 풍파를 겪어 어른들 속을 썩여 들였는데 이제는 숙명
으로 여기고 잘 살겠다는 다짐을 하기 위해서였다. 15년 만에 다시 사위가
되어 찾아온 그를 장인 장모와 처가 식구들은 따뜻하게 맞았다. 김이옥의
소생인 호정에게도 친외조부모, 친외삼촌, 친이모처럼 사랑으로 대했다.*

조봉암은 이름 없는 필부처럼 살고 싶었으나 마음대로 되지 않았다. 경찰

---

* 같은 날, 김영순 선생 인터뷰.

은 그를 감시하며 여차하면 다시 신의주형무소로 보낼 것이라고 위협했다. 그는 당장 소련으로 탈출하거나 만주로 가서 투쟁하고 싶었으나 꾹 참았다. 기다리면 다시 기회가 올 것이라는 기대 때문이었다. 그것을 훤히 짐작하는 일본 경찰은 그를 걸핏하면 선전도구로 앞세우려 했다. 투쟁을 포기하고 적이 쳐놓은 울타리 안에서 타협하고 사는 혁명가가 안아야 할 숙명이었다.

『매일신보』에 국방헌금 냈다는 기사가 실려

1940년 새해 벽두에 조봉암의 가슴을 쓰리게 하는 일이 일어났다. 기업인들이 1월 5일 『매일신보』에 낸 '흥아신춘'興亞新春이라는 신년광고에 '인천부仁川府 본정本町 내외미곡직수입 성관사 조봉암 방원영'이라는 짧은 문구가 실린 것이었다.

'흥아'는 아시아의 부흥을 뜻한다. 지난 세기까지는 백인들의 백색 제국주의가 세계를 이끌었으나 이제 아시아가 중심이 돼야 하며 일본이 그것을 영도할 천부적 사명을 가졌다는 아시아 책략을 의미한다. 일본은 1937년 그런 논리로 중일전쟁을 일으켰으며, 이 무렵 충칭重慶-쿤밍昆明 선에서 장체스의 국부군 군대와, 시안西安-란저우蘭州 지역에서는 공산군인 홍군과 격전을 벌이고 있었다.

『매일신보』는 총독부의 기관지 역할을 하는 신문이었고, '흥아신춘' 광고는 관의 요구에 따라 기업들이 자발적 또는 반강제로 중일전쟁의 승리와 아시아 패권의 성공을 기원하는 광고에 동참한 것이었다. 거기 조봉암의 이름이 실린 것은 그를 옭아매려는 경찰의 공작이었다.*

---

* 성관사(誠寬社)는 인천의 일제강점기 상공관계 편람에 없고 인천의 원로들도 알지 못한다. 물론 당시 열네 살이던 따님 조호정 여사도 들어보지 못했다고 한다.

비전향 거물 사상범인 조봉암과 사상범을 담당하는 고등계 경찰 사이에
묵계가 있었던 것으로 보인다. 경찰은 전향을 강요하지 않을 테니 적당히
협조하며 조용히 지내달라고 요구했고, 조봉암은 묵묵히 지내긴 하되 협
조는 할 수 없다는 태도를 가졌던 것으로 짐작된다. 그러다 때로는 팽팽한
활시위처럼 긴장상태로 들어가기도 한 듯하다.

창씨개명에서 그게 드러난다. 일제는 동화정책의 하나로 창씨개명을 밀
어붙였고 가석방 상태에서 경찰의 주목을 받고 있던 그에게 창씨개명을
요구했을 것으로 짐작된다. 당시 그를 감시한 일제 고등경찰 자료에 '동일
량'東日亮이라는 창씨명을 쓴 기록들이 보인다. 1941년 1월과 5월의 경찰
기록이다.* 그러나 큰따님 조호정 여사는 아버지가 창씨하지 않았다고 회
고한다. 창씨했다면 자신의 호적상 성명도 바뀌었을 것인데 전혀 그렇지
않았다는 것이다. 당시 박문보통학교에 다녔는데 창씨명을 쓰지 않았고
학교에서도 그것을 용인하는 편이었다고 회고했다.** 그리고 경찰이 창씨
명을 기록한 그해 말, 조봉암이 국방성금을 냈다는 『매일신보』(1941년 12
월 23일자) 기사는 창씨명으로 쓰지 않았다.

1940년 어느 날, 조봉암은 이승엽을 만났다. 1925년 신흥청년동맹의 전
국 순회강연을 결산하는 인천 산수정 강연을 끝내고 박남칠의 소개로 만
났는데 그새 15년이란 세월이 흐른 것이었다.

"내가 김점권 동지를 통해 이 동지가 얼마나 눈부신 투쟁을 했는가를 알
고 있었소."

---

* 「국제정세 급변에 대한 부민(部民)의 언동에 관한 건」(경고비京高秘 제174호의 2,
1941년 1월 27일 경기도 경찰부장 보고서) 및 「요시찰인의 언동에 관한 건」(경고
특비警高特秘 제1235호, 1941년 5월 15일 경기도 경찰부장 보고서), 국편 DB.
** 같은 날, 조호정 여사 인터뷰.

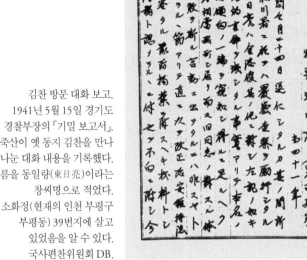

김찬 방문 대화 보고.
1941년 5월 15일 경기도
경찰부장의 「기밀 보고서」.
죽산이 옛 동지 김찬을 만나
나눈 대화 내용을 기록했다.
이름을 동일량(東日亮)이라는
창씨명으로 적었다.
소화정(현재의 인천 부평구
부평동) 39번지에 살고
있었음을 알 수 있다.
국사편찬위원회 DB.

조봉암의 말에 이승엽은 고개를 숙였다.

"저는 늘 선배님을 귀감으로 여겨 투쟁했습니다."

이승엽은 1905년생으로 그보다 여섯 살이 적지만 그동안 혁혁한 투쟁 경력이 쌓여 있었다. 조봉암이 공산당 창당을 하고 밀사로 모스크바를 향해 떠난 직후 조선일보 기자가 됐고, 1926년 2차 조선공산당 사건으로 체포당해 징역 1년을 복역했고, 1931년 상하이에 있던 김단야의 원격 지휘에 따라 인천과 경상도에서 지하활동을 하다가 다시 체포돼 1932년 징역 4년을 선고 받아 복역하고 나왔다고 했다.

"저로서는 선배님이 상하이에만 계시고 국내 조직 재건을 위해 뛰어드시지 않는 게 아쉬웠습니다. 하지만 이렇게 뵈니 좋습니다."

이승엽의 말에 그는 고개를 끄덕이며 악수를 청했다. "나도 반갑네. 언제고 같이 일할 날이 올 걸세."

"선배님이 전향하지 않으신 채로 출옥해 왜놈들 눈밖에 나지 않고 은인 자중하시는 걸 보면 여러 가지 생각이 듭니다. 저한테는 전향하라고 맨날 쫓아다니며 못살게 구니 미칠 지경입니다."

"트집 잡힐 일을 하지 않으면 왜놈들도 어찌할 수가 없을 것이네."

그는 그렇게만 말했다.

그해 가을 어느 날, 인천경찰서에서 다녀가라고 했다. 트집 잡힐 일이 없는데 왜 그러나 하고 가보니 이승엽이 구속되어 있다고 했다. 공산청년회 재건을 위한 모임을 준비하다가 발각됐다는 것이었다.

"나를 왜 불렀소? 피의자요, 참고인이요?" 하고 그는 불쾌한 표정을 하고 고등계 형사에게 물었다.

형사는 뱀처럼 눈을 가늘게 뜨고 야릇한 미소를 지었다.

"둘 다 아니오. 이승엽이 전향을 망설이고 있어서 한 말씀 해주시라고 불렀소."

예상했던 대답이었다. 황태자의 탄생에 따른 은사恩赦라고 몇 달 빨리 석방하고는 이런 일에 불러대는구나. 그는 화가 났지만 꾹 참을 수밖에 없었다. 결국 이승엽을 접견하게 되었다.

그는 이승엽의 눈빛을 들여다보았다. 눈빛에서 이승엽의 생각을 읽고 그대로 말해주었다.

"생존을 위한 일시적인 타협은 변절이 아니네. 모든 건 자네 마음에 달렸네."

열흘 뒤 이승엽은 「전향서」를 내고 석방되었다. 그리고 곧장 대화숙에 가입했다.*

* 대화숙(大和塾)은 1938년 사상전향자들이 결성한 시국대응전선사상보국연맹이

1940년 4월 하순, 옛 동지 김찬 부부가 소화정 집으로 찾아와 월미도 유원지로 함께 갔다. 지난 세월을 돌아보며 술을 몇 잔 나눴다. 조봉암이 무용가 최승희崔承喜의 공연을 본 소감을 말하며 칭찬을 하자 좌중의 칭찬이 이어졌다. 화제는 명창 이동백李東伯에 대한 이야기로 이어졌고 1936년 손기정孫基禎의 마라톤 우승 이야기로 이어졌다. 조봉암은 자신이 신의주형무소에서 그 소식을 들었고, 수인들과 간수들이 함께 눈물을 흘렸다고 회고했다.**

　　젊은 날 시베리아와 만주 땅을 누비며 빛나는 투쟁을 했던, 그리고 조선공산당 창당에 결정적인 기여를 했던 김찬은 48세의 중늙은이가 되어 있었다. 두 눈에 열정도 투지도 없어 보였다.

　　그는 기차역에서 김찬을 배웅하며 한 마디 툭 던졌다.

　　"형은 이제 일제에 순치돼 그냥 사는 겁니까?"

　　김찬은 그의 마음을 안다는 듯 머리를 끄덕였다.

　　"지금은 꼼짝도 할 수가 없어. 언제고 때가 올 테니 참고 기다리자."

　　그리하여 지난날 가장 맹렬한 투사였던, 그리고 조선공산당을 창당했던 두 사람은 긴 유휴 상태로 들어갔다.

━━━

1941년 명칭을 바꾸며 재창설한 단체였다. 죽산은 전향자가 아니므로 여기 들지 않았다. 여기 입회했던 이승엽은 1955년 북한 법정에서 자신의 전향이 조봉암의 권유 때문이라고 진술했다. '1940년에 다시 검거되었는데 일제 경찰이 전향을 요구했습니다. 그래서 그를 반대했는데 화요파에 속한 조봉암이가 같이 있다가 하는 말이 지금 사회에 나가면 그렇지 않으니 너무 그러지 말라고 하면서 권고하였습니다. 그래 10일 후 변절을 선언하고 석방되어 박헌영을 만났습니다.'(조선민주주의인민공화국 최고재판소,『미 제국주의 고용간첩 박헌영 리승엽 도당의 조선민주주의인민공화국 정권 전복 음모와 간첩사건 공판문헌』[평양: 국립출판사, 1956], 256쪽.)

** 이날의 언행은 감시자에 의해 고스란히 기록되었다(「요시찰인의 언동에 관한 건」, 경고특비京高特秘 제1235호, 국편 DB).

끊임없이 이어진 회유와 예비구금령

일제는 전쟁에 총력을 집중하기 위해 내선일체 총화단결을 내세웠다. 그러나 그것은 곧 민족말살이었다. 점점 더 강력한 통제와 억압으로 조선인들의 숨통을 조였다.

1941년 조선사상범예비구금령을 공포했다. 치안유지법의 죄를 범하여 형의 집행을 종료하고 출옥한 사람, 형의 집행유예를 선고받고 사상보호관찰령에 의해 보호관찰 중인 사람으로서 재범의 여지가 현저하다고 판단되는 사람을 잡아들이는 조치였다. 비전향 사상범을 다시 구속할 수 있는 제도로서 전국에 14개의 보호관찰소를 열었다.

1941년 12월 7일, 일본이 하와이 진주만 미군기지를 공격하면서 태평양전쟁이 시작되었다. 전쟁을 핑계로 생산력과 노동력을 수탈하고 감시체제를 강화했다. 특히 독립운동과 사회주의운동 경력자에 대한 탄압과 감시와 전향 강요를 노골적으로 추진했다. 조봉암은 트집 잡힐 일을 안 하면서 묵묵히 살았다.

이름깨나 있는 민족 지도자들도 재갈 물린 말처럼 순응하거나 침묵했다. 많은 사람들이 적극적인 협력의 길로 나섰다. 그들은 일본의 힘에 압도되어 독립보다는 일제에 편승하는 것이 조선의 장래를 위해서는 바람직하다는 인식을 갖기 시작했다. 일제가 미국을 상대로 태평양전쟁까지 일으켰고 전황이 유리해지니 독립은 거의 불가능한 것이라고 인식하기 시작했다.

이미 『동아일보』와 『조선일보』가 폐간되고 신문은 일본어판 『경성일보』와 한글판 『매일신보』만 남아 있었다. 한글신문 『매일신보』는 내선일체와 민족말살에 앞장섰다. 일본에 순치되어가는 분위기는 마치 전염병처럼 사회 전반으로 확대되었다. 문인들은 전승을 기원하는 시와 소설을 썼다. 곳곳에서 시국좌담회가 열리고 지도자들이 자발적으로, 또는 분위기

고려정미소 앞의 죽산. 일제강점기 말 죽산이 인천비강조합장으로 일하는 광경.
왼쪽 끝 흰 가운이 죽산이다. 정미소 앞에 배급 대열이 늘어서 있다.
『인천일보』 조우성 주필 제공.

때문에 어쩔 수 없이 국방성금을 냈다.

　직원 하나를 데리고 왕겨를 공급자로부터 수요자에게 연결하는 일을 하고 있는 미미한 존재인 조봉암. 그러나 경찰에게는 미미한 존재가 아니었다. 그에게는 '특요'特要: 특별요시찰인물라는 딱지가 붙어 있었다.

　고등계 형사들은 본격적인 회유와 협박을 하기 시작했다. 민족지도자 아무개가 전향성명을 내고 좋은 일자리를 얻었다든지, 아무개는 불온사상을 담은 말을 하고 보호관찰소로 끌려갔다는 말을 하는 것이었다. 그러다가 문득 중학생들을 모아놓은 강연회에 가보는 게 어떻겠냐, 국방성금을 조금 내보는 게 어떠냐 하고 묻는 것이었다. 그는 이 괴로움이 자신이 누리고 있는 편안한 삶에 대한 대가라고 생각하며 묵묵부답으로 응했다.

　그의 후견인 격인 김용규와 박남칠은 사업을 지키기 위해 전향을 하고 표면상 일제에 협력하고 있었지만 내면으로는 항일 독립사상이 치열한 사

람들이었다. 그들은 조봉암이 전향을 선언하지 않고도 살 수 있게 방패막
이가 되어주었다. 일자리와 살 집을 마련해준 것 외에 일제가 그에게 요구
하는 '협조 요망'을 대신해주는 일도 마다하지 않았다. 그러다가 그가 원하
지 않은 일이 하나 발생했다. 총독부 기관지『매일신보』에 그가 국방성금을
냈다는 기사가 난 것이었다. 그것을 읽고 그는 낙심하여 앞이 캄캄했다.

인천부 서경정西京町에 사는 조봉암 씨는 해군부대의 혁혁한 전과를 듣고
감격하여 지난 20일 휼병금으로 금150원을 인천서仁川署를 통하여 수속을
하였고'*

기사는 1단 5행 정도로 짧았으나 작고 날카로운 비수처럼 그의 가슴을
찔렀다.
조봉암은 국방성금 사건 이후 불면의 밤을 보냈다. 20여 년 투쟁하면서
엄격하게 지켜온 자신의 순결성이 무너지는 느낌이 들었다. 김용규와 박

──────

*『매일신보』, 1941년 12월 23일자. 죽산이 경영한 비강업조합이 서경정에 있었던
것은 분명하다. 그런데 조호정 여사는 이 시기 집은 소화정에 있었다고 말하고
있고 이 사무실에 출근했던 처남 김영순 선생도 매형이 당시 소화정 집에서 이곳
으로 출퇴근했다고 증언하고 있다. 일제 관헌자료도 죽산의 거주지를 소화정으
로 기록했다(「요시찰인의 언동에 관한 건」경고특비京高特秘, 제1235호, 국편
DB). 그러므로 '서경정에 사는'이라는 표현은 기사 내용의 진실성을 약하게 한
다. 150원은 1940년 쌀 중품 80kg 한 가마니 값이 22원 68전이었으므로 대략 쌀
7가마쯤 되는 돈이었다. 한국은행,『알기 쉬운 경제지표』(『한겨레신문』, 2004년
6월 24일자 재인용).
이 기사는 뒷날 죽산의 명예회복을 가로막는 걸림돌이 되었다. 2012년 국가보훈
처는 죽산의 유족들이 낸 서훈신청을 이것 때문에 유보한다고 통보했다. 김영순
선생은 "그 양반 10원도 내기 어려운 형편이었어요" 하고 죽산이 성금을 냈을 가
능성을 강하게 부정했다(2012년 9월 26일 오전, 김영순 선생 전화 인터뷰).

남칠의 방패막이가 어긋난 때문이긴 하지만 자신의 탓이라고 그는 생각했다. 냉정하게 말하면 그것은 평온한 삶을 살아가는 것에 대한 대가였다.

그는 한동안 깊은 자의식에 빠져 살았다. 차라리 다시 지하로 숨어들어 공산당 재건투쟁을 벌일까, 만주로 가서 파르티잔 투쟁을 벌일까, 하는 생각도 해보았다. 그러나 공산당 조직은 거의 궤멸된 단계였고 일부 살아남은 사람들이 재건운동의 명맥을 이어가고 있다는 것 정도만 알 뿐이었다. 누가 활동하는지, 옛 동지들은 어디 있는지 알 수가 없었다. 젊은 날에 가까운 동지였다가 멀어져버린 박헌영이 다시 지하에 숨어 투쟁할 것으로 짐작은 하지만 그를 백안시할 것이니 찾아가기도 어려웠다. 만주의 파르티잔 투쟁도 결국 1940년대에 들어와 더 이상 버티지 못하고 생존자들이 소련으로 이동한 것으로 알고 있었다.

조봉암이 알지 못하게 이 무렵에 박헌영이 인천에 와서 잠복 투쟁했다는 소련 측 기록이 있다. '1938~1941년 김은 인천에서 지하활동을 했는데 당시 거기에 살고 있던 조봉암에게 이 사실을 비밀로 하지 않으면 안 되었다. 왜냐하면 조봉암은 일본인들의 비호를 받고 있었고 경찰의 보호하에 있었다'는 내용이다.* 이것은 1946년 조봉암이 박헌영을 공박한 「사신」私信이 공개된 직후 박헌영이 소련 군정 측에 한 말로 조봉암에 대한 적대감이 묻어 있다. 그리고 1940년대 초 간신히 명맥을 유지하던 공산당 조직이 그를 어떻게 바라보고 있었는지에 대해 짐작할 수 있다.

이 무렵 조선공산당의 재건운동은 꿋꿋하게 살아 있었다. 1936년 이

---

* 구두정보보고 No.C-34, 소련군정문서, 남조선정세보고서 1946-1947, 러시아연방국방성 중앙문서보관서 문서군 172(국편 DB). 인용문에서 '김'은 박헌영을 가리킨다.

재유*가 '조선공산당 경성준비그룹'을 결성해 이끌었으며, 그것을 이어받은 '경성콤그룹'이라는 새로운 조직이 명맥을 이었다.

1939년 충북 충주의 이관술·이순금 남매는 김삼룡·장순명·권오직·이현상·김태준 등**과 손을 잡고 막 출옥한 박헌영을 지도자로 정하고 활

─────

* 이재유(李載裕, 1905-44): 함남 삼수군 출생. 니혼(日本)대학에서 공부했으며, 1927년 고려공산청년회 일본총국에서 활동하고 체포돼 복역했다. 1933년 경성제대 교수 미야케(三宅鹿之助)와 교유하며 투쟁했다. 1936년 조공경성재건그룹을 결성하고 체포당했으나 전향을 거부했으며 1944년 청주예방구금소에서 사망했다.

** 이관술(李觀述, 1902-50): 경남 울산 출생. 도쿄고등사범학교 졸업. 1933년 반제동맹사건으로 구속, 1934에는 조공경성재건그룹을 결성했다. 1939년 경성콤그룹 지도부를 결성했으며 1941년 검거됐으나 1943년 출옥해 지하활동을 했다. 1946년 정판사사건으로 투옥, 1950년 처형되었다(강만길·성대경, 앞의 책, 315-316쪽).

이순금(李順今, 1912-?): 이관술의 여동생. 동덕여고 졸업. 1933년 이재유와 결혼하고 후일 김삼룡과 정식으로 결혼했다. 1934년 적색노동조합을 결성한 혐의로 징역 2년을 복역했고 1939년 경성콤그룹에 참여했다. 해방 후 민전 중앙위원을 지내고 월북했고 1955년 박헌영 재판에 증인으로 출석했다(같은 책, 346쪽).

김삼룡(金三龍, 1910-50): 충북 충주 출생. 1930년 사회주의 독서회 조직, 1934년 인천에서 적색노조조직준비회를 결성했다. 1940년 경성콤그룹에 참여하고 이순금과 결혼, 그해 12월 체포당해 8·15해방까지 복역했다. 해방 후 민전 중앙위원, 남로당 조직부장, 1948년에는 최고 책임자가 됐으나 1950년 사형당했다(같은 책, 79쪽).

장순명(張順明, 1900-?): 함남 원산 출생. 북간도 명동학교, 베이징세계어전문학교 졸업. 1924년 신흥청년회에 가입하고 인천에 이주, 고려공청 후보집행위원이 되었다. 이후 투쟁, 투옥이 반복됐고 1940년 경성콤그룹 함남 책임자가 됐다. 해방 후 북한의 최고인민회의 상임위원을 지냈으나 1954년 숙청되었다(같은 책, 412쪽).

이현상(李鉉相, 1906-53): 전북 금산 출생. 중앙고보 재학 중 6·10만세 사건으로 구속됐으며 이후 보성전문에 다녔다. 1928년 제4차 조공검거사건으로 징역

동을 전개해나갔다.

김준엽·김창순의 『한국공산주의운동사』는 그들에 대해 이렇게 기술했다.

이 조직은 최후까지 전향하지 않고 사상적 지조를 지킨 동지들만으로 결합된 점으로 유명하다. 경성콤그룹은 1939년부터 1941년에 걸쳐 존재하였다. 당시의 정세는 일본의 중국에 대한 본격적 침략전쟁으로 군국주의적 탄압은 극단화되었고 따라서 공산주의자들의 투쟁도 퇴조기에 들어갔다. 좌절, 무위, 이탈, 전향의 사태로 당 재건투쟁이 전면적 붕괴에 직면했을 때, 이들 소수의 비전향자들은 박헌영을 지도자로 하여 끝까지 단결했다.***

조봉암의 사업이 잘 돌아가 의식주를 해결하게 되고 일제와의 묵시적 타협으로 안정을 찾자 경남 창원에서 처가 일속이 인천으로 이사를 왔다. 김조이는 맏딸이었다. 아래로 남동생 셋, 여동생 셋이 있었다. 그중 남동생인 송학과 영순은 내리에서 지명이 바뀐 서경정 비강업조합 사무실에 나와 매형의 일을 거들었다.****

4년을 복역했다. 1940년 경성콤그룹에 참여하고 해방 후 민전 중앙위원을 지냈다. 1951년 남한 빨치산 총책임자가 됐고 토벌대에 의해 사살되었다(같은 책, 388-389쪽).

김태준(金台俊, 1905-50): 평북 운산 출생. 경성제대 재학 중 「조선소설사」를 『동아일보』에 연재. 졸업 후 명륜학원에 출강, 『조선한문학사』 『조선소설사』 등 연구서를 냈다. 경성콤그룹 결성에 참여하고 체포당해 복역하고 중국 옌안(延安)까지 가서 조선의용군에 합류했다. 해방 후 경성대학 교수가 됐다. 지속적으로 사회주의 조직을 전개하다가 1949년 검거, 군법회의에서 사형선고를 받고 처형되었다(같은 책, 140-141쪽).

*** 김준엽·김창순, 앞의 책, 제5권, 384쪽.
**** 2011년 6월 1일 김영순 선생 인터뷰.

처가는 처음 화정花町: 현재의 동구 화평동에 자리 잡았다가 율목정栗木町:
현재의 중구 율목동으로 이사했고 거기서 다시 대화정大和町: 현재의 남구 숭의
동으로 이사했다. 딸 호정도 외가처럼 왕래하며 의붓이모들과 외숙들에게
사랑을 받았다.

비록 경제적으로는 어려웠지만 이 시기는 행복하고 단란했다. 처가 식구
들은 토요일이나 일요일이면 그의 부평 집에 모여 즐거운 한때를 보냈다.

1942년 조봉암은 집을 구했다. 도산정桃山町: 현재의 중구 도원동 12번지에
지어진 부영府營주택이었다. 집을 옮긴 것은 딸 호정의 교육 때문이었다.
호정이 인천고등여학교에 입학했는데 인천 다운타운에 있어서 부평에서
다니기는 힘들었다.

도원동 집은 그의 소유가 아니라 친구들이 마련해준 것이었고 소유주도
그가 아니었다.* 그동안 비강업조합에서 월급을 받았지만 집을 사기는 어
려웠다. 그 집은 1940년 인천부仁川府가 주택난 해소를 위해 지은 것으로
오늘날의 시영주택과 성격이 비슷했다. 방 3개가 있는 단독주택이며 모두
40채였는데 30채는 일본인들이, 10채는 조선인이 입주해 살았다. 근처에

---

*『경인일보』, 2011년 2월 21일자. 동인천등기소에 해당 번지 주택 6채의 당시 폐
쇄등기가 보존돼 있는데 죽산 명의로 된 것은 없다. 죽산이 경영한 비강업조합의
직원 이재호(李載浩, 광복 후 이창래李昌來로 개명)도 부영주택으로 이사했다.
당시 12세였던 그의 아우 이재윤(李載允) 선생은 죽산의 집에 자주 갔다. "죽산
선생 집은 셋집이었어요. 세가 밀렸는지 집주인이 찾아와 나가달라고 요구하곤
했는데 죽산 선생은 슬쩍 피하고 부인 김조이 여사가 간곡히 애걸해서 돌려보냈
지요" 하고 증언했다(2012년 11월 12일 인천에서 인터뷰). 이재윤 선생은 성장
한 뒤 죽산의 승용차 운전사로 일했다. 죽산의 집 앞의 옆집에 누님 경암 씨네가
살았는데 역시 입주 경위는 알 수 없다. 죽산과 비강업조합 직원, 그리고 누님까
지 일제의 특혜를 받은 게 아닌가 상상할 수 있으나 정황상 그런 가능성은 없어
보인다.

죽산이 일제강점기 말부터 광복 후 제헌의원 시절까지 살았던 도원동 12번지 부영주택.
죽산의 집은 헐려서 없지만 똑같은 모습의 집들이 남아 있다.

고사포 진지가 있고 폐질환廢疾患 격리병원이 있고 북서향의 음습한 곳이라
좋은 자리는 아니었으나 새 주택단지라 깨끗하고 편안했다.*

태평양전쟁 패배를 앞둔 일본의 발악

1944년 들어 태평양전쟁은 일본에 불리하게 돌아가고 일제는 마지막
한 방울까지 쥐어짜는 국가총력전에 나섰다. 휘발유와 석탄이 모두 전쟁
물자로 사용되어 군용이 아닌 자동차는 목탄 연료를 썼다. 그러다보니 가
정용 연료가 부족해지고 왕겨의 용도가 커졌다. 그즈음 왕겨의 화력을 극
대화하는 풍구風具가 민가에 보급되었다. 한 손으로 바람을 일으키는 풍구

---

* 2011년 7월 21일 인천 배다리사랑방강좌에서 이재윤·이택우 선생 증언. 이택우
  선생도 당시 12세로 죽산의 집 이웃에 살았다.

를 돌리면 서너 뼘쯤 되는 관을 타고 들어가 구멍이 숭숭 뚫린 판에서 바람이 솟아났다. 거기 왕겨를 가득 올려놓고 불을 붙인 뒤 왕겨를 다른 한 손으로 한 줌씩 던져 넣으면 연기도 없이 강한 열을 내며 탔다. 사무실에서도 석탄 난로 대신 왕겨 난로를 썼다.

그 바람에 비강업조합은 일손이 바빠지고 조봉암은 여직원을 하나 뽑아야 했다. 그의 누님 경암 씨의 시댁 쪽에 윤봉림尹鳳林이라는 이름을 가진 참한 처녀가 있었다. 여학교에서 주산과 부기簿記를 배웠는데 인천전화국에서 교환원으로 일하고 있었다. 비강업조합으로 옮겼으면 한다는 말을 누님에게서 듣고 그 사돈처녀를 불러 앉혔다.* 그리고 남자 직원 이재호는 과장이라는 직책으로 승급시켰다.

봉림은 주산과 부기에 능숙하고 사무실을 늘 깔끔하게 정리했다. 게다가 얼굴도 예쁘고 태가 고왔다. 고운 피부에 뺨은 복숭앗빛이고 초롱초롱한 두 눈은 늘 촉촉이 젖어 있는 듯하고 그윽하도록 깊었다. 사무실에 오는 사람마다 "인천 제일의 미인이 여기 앉았구나" 하고 칭송했다.

조봉암은 봉림을 아껴주었다. 턱 선과 눈매가 김이옥의 처녀 시절 모습을 닮은 때문이었다. 그의 곁을 떠나 저세상으로 간 지 10년이 넘었지만 이옥은 여전히 그의 가슴에 아련한 그리움과 슬픔으로 남아 있었다. 17세로 인천고녀에 다니는 딸 호정이 한창 아름답게 피어나고 있었지만 제 엄마를 닮지는 않았다. 그런데 여직원으로 데려다 놓은 사돈처녀가 닮은 것이었다. 문득 그녀를 바라보면 이옥이 환생해 다시 곁으로 온 게 아닌가 하는 생각이 들기도 했다. 그러나 이성으로 여기지는 않았다. 딸 호정과

---

* 같은 날, 조임정·조의정 여사 인터뷰. 두 분은 죽산과 윤봉림 여사 사이에서 1947년과 1950년에 출생했다. 부친인 죽산과 모친 윤 여사와의 만남과 사랑, 자신들의 출생에 대해 조심스럽게 증언했다.

겨우 네 살 차인데다 사돈처녀이기 때문이었다. 그녀가 뒷날 세 번째 사랑이 될 줄은 이 당시에는 꿈에도 상상하지 못했다.

1945년, 태평양전쟁은 일본의 패전이라는 종국을 향해 치닫고 있었다. 1944년 6월 사이판을 함락시킨 미군은 이해 2월 이오지마硫黃島를 점령해 태평양의 제공권을 장악한 것이었다.

여전히 은인자중하며 살고 있던 조봉암은 한동안 묻어두었던 자신의 특기를 조용히 꺼내들었다. 진정성 있는 태도로 사람들의 마음을 사로잡아 자기 사람으로 만드는 일이었다. 그는 일본이 패망한 뒤의 상황을 여러 가지로 상상하고 그때에 대비해 인천에서 인맥을 조금씩 넓혀나갔다.

그러나 일제는 끝내 그를 놓아두지 않았다. 징용과 정신대 지원을 권하는 강연을 하라고 요구했다. 조봉암은 이제는 도저히 견딜 수 없다고 판단했다.

12월 초, 상하이에서 중국공산당 비서를 할 때 함께 일했던 동지에게 가명으로 편지를 썼다. 13년이 지난 지금도 옛날 프랑스 조계에 있는 집에 산다면 탈출해 찾아갈 생각으로 안부를 물었다. 그러나 그것이 발각되었다.

1월 어느 날, 조봉암의 집에 일본 헌병들이 들이닥쳤다.

"사상범예비구금령에 따라 당신을 연행합니다."

헌병 하사의 말을 들은 조봉암은 고개를 저었다.

"죄를 지은 게 아니라 짐작에 그럴 거 같아서 잡아가는 거지. 세상에 그런 형법이 어느 나라에 또 있나?"

"외국과 통신하지 않았습니까?"

"단순한 안부 편지였네."

헌병하사는 낯을 찌푸렸다.

"예비구금령이 뭔지 다 아시지 않습니까? 동행을 거부하시면 포승 묶어 강제 연행합니다."

헌병 하사가 포승을 꺼내들어 그는 천천히 일어나 외투를 입었다.

김조이가 당황하여 물었다.

"어디로 가시는지는 알아야지요."

"용산에 있는 헌병사령부로 갑니다."

그는 곧장 헌병 차에 실려 용산으로 끌려갔다.

당시 26세의 회사원이던 조봉암의 막내처남 김영순은 축구선수로 유명했다. 한때 매형의 비강조합 사무실에서도 일했으나 이 무렵은 회사에 다니고 있었다. 일요일이면 자기 집이 있는 대화정에서 도산정 공설운동장까지 뛰어가서 축구연습을 하고는 바로 위에 있는 누님 댁에 올라가 쉬곤했다. 그날도 일요일이었다. 오전에 운동을 하고는 매형 내외와 점심 먹으려고 올라갔더니 매형은 잡혀가버리고 누나 김조이가 "어떡하면 좋으냐! 이번엔 살아 돌아오기 어려워. 전쟁에 불리해지니까 말 안 듣는 사람들을 끌어다 죽이려는 거야" 하고 그를 붙잡고 울었다.*

조봉암이 지금까지 갇혀본 곳은 강화경찰서 유치장, 서대문감옥, 평양경찰서 유치장, 상하이 프랑스 조계 공동국 유치장, 상하이 일본 조계 경찰서 유치장, 신의주경찰서 유치장, 신의주형무소 등 일곱 군데였다. 여기에 용산헌병대 유치장까지 갇히게 되니 여덟 군데를 경험하게 된 셈이었다.

김시현·박영덕·최익환·이승복** 등이 같은 감방에 있었으며 총 40여

---

* 같은 날, 김영순 선생 인터뷰. 선생은 누나 김조이가 그렇게 말한 것은 매형인 죽산이 전향하지 않고 협조를 거부했기 때문이라고 증언했다.

** 김시현(金始顯, 1883-1966): 경북 안동 출생. 일본 메이지대 졸업. 1919년 만주에서 의열단에 가입, 1923년 파괴 암살 공작을 계획했다가 징역 10년을 언도받았다. 1931년 다시 피체, 5년을 복역했다. 해방 후 제2대 국회의원에 당선, 1952년에 이승만 대통령을 암살하려다 미수에 그쳐 사형선고를 받았으나, 4·19혁명으로 석방되었다(한국정신문화연구원, 앞의 책, 제4권, 472쪽).

명이 구금되어 있었다. 조봉암보다는 다섯 살에서 열댓 살까지 나이가 많은 분들이었고 신사상연구회에서 잠깐 얼굴을 본 이승복 외에는 민족주의 계열에서 투쟁한 선배들이었다.

헌병대 유치장은 매우 엄격했다. 감시 헌병은 수감자들에게 책상다리로 정좌하게 하고 대화는커녕 옆 사람을 돌아보지도 못하게 했다. 심문도 취조도 하지 않으니 유치장을 나가고 들어오는 사람도 없었다. 서대문감옥이나 신의주형무소에서도 '통방'通房이라 하여 눈치 빠르게 옆 감방과 말을 주고받을 수 있었으나 여기서는 아예 불가능했다.

그는 한동안 소화통昭和通: 현재의 퇴계로와 충무로 일대의 헌병사령부 본부*** 유치장 잡거 감방에 갇혀 있었으나 곧 예하대인 용산헌병대 독방으로 옮겨졌다.

박영덕(朴永德, 1885-1954): 평남 평양 출생. 이시영·조만식·최익환 등과 친교가 깊었고 풍요한 가산을 거의 독립운동 자금에 제공했다. 8·15광복 후 '승공화평민족통일운동'에 열중했으며 이시영·최익환 등과 함께 양심적 민족진영의 강화를 위해 매우 애를 썼다(장동표, 「이종률의 민족운동과 민족혁명론」, 『이종률의 민족혁명론의 역사적 재조명』[도서출판 선인, 2006]).
최익환(崔益煥, 1890-1959): 충남 홍성 출생. 1908년 서천군 공무원 재직 중 공금을 독립운동자금으로 사용한 혐의로 6년을 복역. 출옥 후 조선민족대동단을 조직하고 「일본 국민에게 고하는 경고문」을 작성 배포했으며 파리강화회의에 그것을 보내기 위해 노력하던 중 체포당해 또다시 복역했다. 1927년 신간회 창립에 참여했으며 만주로 가서 활동했다(한국정신문화연구원, 『한국민족문화대백과사전』 제22권, 472쪽).
이승복(李昇馥, 1895-1978): 충남 예산 출생. 1913년부터 1919년까지 노령과 북만주에서 이동녕·이회영·이시영·이상설 등과 독립운동을 했다. 1921년 임정에서 연통제 국내조직을 구상했고 1923년 홍명희·구연흠 등과 신사상연구회 조직에 참여했다. 1927년 신간회 창립에 참여했다(같은 책, 제18권, 52쪽).
*** 소화통의 헌병사령부 본부: 현재 중구 필동 남산골 한옥마을이 있는 자리이다.

제3부

해방된 조국에서

이 박사와 한민당이 타협하여 대통령 중심제를
본회의에 상정하자 죽산은 날카롭게 맞섰다.
헌법 초안이 인민에 기초를 두지 않은 위험한 헌법이며
인권과 자유의 보장이 구체적이지 못함을 지적했고
행정부의 권한이 국회에 비해 과도하게 규정되어 있다고 비판했다.
"이 초안이 만들려는 대통령은 전 세기에서는 몰라도
지금의 전 세계에서는 그 예를 찾을 수 없을 만치 제국 이상의
강대한 권한을 장악한 대통령입니다."

10 해방공간에서

해방의 날

1945년 8월 15일 아침, 조봉암은 경성 용산헌병대 감방에 갇혀 있었다. 오전 8시, 1호 감방부터 그의 감방까지 차례차례 문이 열렸다. 헌병들은 표정이 굳어진 채로 아무 말도 없이 보호감호 중인 인사들을 끌어내 수갑을 채웠다. 그리고 트럭에 태워 시내를 향해 달렸다. 헌병들의 태도가 삼엄하여 인사들은 입을 열지 못했다.

조봉암은 오늘이 죽는 날인가 보다 생각했으나 침착하게 마음을 가다듬고 헌병에게 물었다.

"어디 가는 건가?"

헌병은 조금 웃었다.

"좋은 데 가요. 마지막 좋은 데로 말이에요."

그 말에 가슴이 철렁하는데 트럭은 남산을 휘돌아 어느새 소화통의 헌병사령부로 들어갔다.

"세수도 하고 면도도 하십시오" 하고 헌병이 말했다.

'사형수에게 세수와 면도를 시키다니, 왜놈들이 어느새 이렇게 여유로워졌던가.'

그는 슬픈 생각을 하며 세수를 했다.

그를 포함한 43명이 세로형 쇠창살이 있는 큰 유치장 안에 줄을 맞춰 앉았다. 최익환·김시현·박영덕 등이 그의 곁에 있었다. 그러나 아무 말도 못하게 하고 돌아보지도 못하게 하니 그밖에 누가 있는지 알 수도 없었다.

낮 12시 30분경이었다. 감시 근무 교대를 하러 온 헌병이 말했다.

"젠멘데끼 고오후꾸데스전면적 항복이오."

도대체 어느 편이 전면적 항복을 했단 말인가. 수감된 민족 지도자들은 도무지 갈피를 잡지 못한 채 세 시간을 보냈다.

오후 4시 정각이었다. 어깨에 큰 별을 붙인 장군이 노년의 신사와 함께 곧장 그들이 갇힌 유치장 쪽으로 걸어오는 것이 보였다. 조봉암은 신사의 모습이 낯익어 벌떡 일어서며 소리쳤다. 상하이 망명시절 존경한 선배이자 동지였던 몽양 여운형이었다.

"아, 몽양 선생님!"

여운형을 모시고 온 장군은 조선군 헌병사령관 다카지 모토스高地茂都 소장少將이었다. 여운형은 유치장 안으로 들어와 큰 소리로 말했다.

"여러분, 조국이 해방됐습니다. 오늘 정오에 일왕이 무조건 항복을 선언했습니다."

곧 죽을 걸로 알았던 지도자들은 실감이 안 나서 모두가 눈물만 흘렸다.

그들은 헌병들이 석방 절차를 밟는 동안 옷을 갈아입고 이런저런 대화를 나누었다. 이 사람 저 사람 붙잡고 이야기를 하던 여운형이 그에게로 왔다.

"어디로 가는가?"

"인천으로 갑니다. 인천에 처자식이 있으니까요."

조봉암의 말에 여운형은 눈을 가늘게 떴다.

"인천은 수도 서울의 인후咽喉와도 같은 곳이지. 가서 치안조직부터 만

몽양 여운형. 임시정부 외무차장을
지냈으며 죽산과 함께 상하이를 거점으로
공산주의 기치 아래서 항일투쟁을 했다.
죽산의 가장 큰 멘토였으나 광복 후
죽산이 전향하자 사이가 멀어졌다.
독립기념관 제공.

들게. 내가 중앙에서 건국준비위원회를 곧 결성할 테니까 자네는 인천의
주도권을 잡게."

조봉암은 여운형 선배가 하는 말뜻 뒤에 담긴 것도 이해했다. 조선공산
당 중심에서 고립된 처지이니 인천에서 새로운 활로를 찾으라는 의미였다.

"그렇게 하겠습니다."

그는 고개를 끄덕이며 말했다.

4시 30분, 헌병대 정문을 나와 자유의 몸이 된 그는 서울에 와서 기다리
고 있던 아내 김조이를 만나 함께 인천행 기차를 탔다. 인천으로 가면서
듣고 보니 그가 헌병대에 갇혀 있는 동안 어릴 적 친구 정수근이 생활비를
댔다고 했다.

여운형은 어떻게 그곳에 간 것일까. 조선건국동맹을 이끌고 있던 여운
형은 전날인 8월 14일 오후 엔도遠藤 정무총감으로부터 다음 날 아침 만나
자는 연락을 받았다. 그래서 15일 아침 8시, 대화정*에 있는 정무총감 관

저로 갔다.

엔도와는 이미 몇 달 전부터 접촉해온 터였다. 총독부는 그를 회유하려 했고 때로는 자문을 얻기도 했다.

"오는 길에 '본일本日 정오 중대방송 1억 국민 필청'이라는 벽보를 붙이는 걸 봤소. 항복이오?"

여운형의 말에 엔도가 초조한 표정으로 대답했다.

"맞습니다. 오늘 정오 황공하옵게도 천황 폐하께서 발표하실 것입니다. 선생이 행정권을 인수하고 치안을 맡아주십시오. 우리 일본 사람들 생명을 선생에게 맡깁니다. 곧 미·소 양군이 북위 38도선을 경계로 분할 진주합니다. 미군보다 먼저 소련군이 내일모레쯤 경성에 진주한다는 정보도 있습니다."

여운형은 몇 가지 조건을 앞세웠고 엔도의 동의를 받아냈다. 정무총감 관저를 나온 여운형은 동지들과 건국준비위원회를 만들기 위한 구수회의 鳩首會議를 연 직후 헌병사령부로 전화를 걸었다. 그리하여 헌병사령관을 앞세우고 직접 유치장으로 간 것이었다.

인천의 새 지도자로 떠오르는 조봉암

조봉암이 인천 도산정 언덕길에 도착한 시간은 무덥고 긴 여름의 한낮이 끝나고 사위가 어둑어둑해지는 저녁 무렵이었다. 항구 쪽에서 시원한 바닷바람이 불어왔다. 해방된 내 조국의 바람, 기차를 타고 오는 동안 차창 밖의 풍광이 새롭게 느껴졌는데 언덕에 부는 바람까지도 그렇게 느껴졌다.

---

* 대화정(大和町)은 현재의 중구 필동이며 정무총감 관저는 현재의 '한국의 집' 자리에 있었다.

그의 집은 공설운동장 바닥이 희미하게 내려다보이는 언덕 반대편에 있었다. 언덕 위에는 고사포 진지가 있고 그의 집 가까이 공습경보를 알리는 사이렌 철탑이 서 있었다.

조봉암은 아내와 함께 천천히 언덕길을 올라갔다. 그때 그는 놀라 발을 멈추었다. 그의 집이 있는 곳까지 언덕을 가득 메우고 있는 사람들 때문이었다. 그는 그들이 자기를 기다리고 있었음을 알아차렸다.

누군가가 소리쳤다.

"선생님께서 오셨다!"

사람들은 그를 발견하고 술렁거리다가 함성을 올렸다.

"대한독립 만세! 조봉암 선생 만세!"

조봉암은 사람들에게 둘러싸여 자기 집으로 걸어가면서, 어쩌면 인천에서 해볼 만하겠다고 생각했다. 자신을 지지하는 사람들이 많다면 인천을 기반으로 삼아 일어설 수 있을 것 같았다.

대문을 들어서던 그는 문득 환영 군중 속에 비강업조합 여직원인 봉림이 있는 것을 보고 돌아섰다. 그가 몇 걸음 다가가자 그녀는 고개를 숙였다.

"무사히 돌아오셔서 기쁩니다."

봉림이 온 것이 어색하지는 않았다. 같은 골목 안에 그녀의 숙모이자 조봉암의 누나인 경암 씨가 살기 때문이었다. 급히 달려온 누나와, 외동딸 호정과 마루에 걸터앉아 감격스럽게 회포를 풀고 있는데 10여 명의 청년 지도자들이 면담을 요청했다. 이날 오후 5시경 인천의 중심가인 경정京町 사거리와 애관극장 앞에서 벌어진 만세시위에서 함성을 올리다가 찾아온 사람들이었다.

조봉암은 저녁식사를 못 했으나 그들과의 면담에 응했다.

"나는 몇 시간 전에 헌병대 감방을 나왔어요. 아마 여운형 선생이 중심이 돼서 총독부로부터 행정권을 인수할 거예요. 그전에 무엇보다 치안확

광복의 날, 인천. 8·15광복 직후 인천 시가지를 지나는 만세 행렬.
미군이 촬영한 것으로 좌·우익 여부는 알 수 없다. 죽산 조봉암은 해방과 함께
석방된 뒤 인천 지역을 중심으로 영향력을 확대해갔다. 『인천일보』 조우성 주필 제공.

보가 중요합니다. 그 방법을 찾아보고 내일 이야기합시다."

그때 마침 처남 영순이 소식을 듣고 달려왔고 그는 가족과 함께 밤늦게
야 저녁식사를 할 수 있었다.

조봉암의 처남인 김영순은 그날 경정사거리에서 만세 함성을 부르고 목
이 쉰 채로 집에 들어갔다. 그때 누나 김조이가 보낸 심부름꾼이 달려와
매형이 귀가했음을 알렸다. 스물여섯 살 한창나이, 인천에서 이름을 날리
는 축구선수인 그는 대화정 집을 나서자마자 힘차게 내달려 단숨에 도산
정에 도착했다. 놀랍게도 도산정 언덕 일대가 1,000명 이상의 인파로 가득
덮여 매형 집을 둘러싸고 있는 것이었다.

'아, 매형이 중요한 지도자로 떠오르는구나.'

그는 괜히 어깨가 으쓱해져서 매형 댁 대문을 열었다.*

---

* 같은 날, 김영순 선생 인터뷰.

승전국 미국과 소련, 조선반도를 장악하다

해방 다음 날인 8월 16일 낮, 조봉암은 자신의 일터였던 비강업조합에 나갔다. 조합은 그가 없는 기간에도 잘 돌아갔으므로 크게 신경 쓸 일은 없을 듯했다.

낮에 그는 박남칠·유두희·김용규·이보운·권평근 등 인천의 동지들을 만났다. 그가 일제에 굴종하지 않고 적당한 선에서 묵시적인 타협을 하며 비강업조합장으로 살 수 있게 도와준 양곡업계의 실력자들이었다.

"중앙에서 건국준비위원회가 발족할 것이오. 발 빠르게 인천지부를 만듭시다. 그래야 일본인 부윤府尹: 시장으로부터 우리가 행정권을 넘겨받을 수 있소. 그전에 치안대를 만드는 것이 급선무요. 오늘 안에 조직합시다."

참석자들은 그의 말에 찬성했다.

"그런데 이승엽 동지가 보이지 않네. 지하활동을 했다면 이제 나왔을 텐데 말이오."

그가 그렇게 말하자 박남칠이 입을 열었다.

"경성으로 간다는 연락을 받았습니다."

이승엽은 이날 경성에 가 있었다. 전향을 선언하고 역시 전향자인 인천 미곡상조합장 박남칠 밑에서 사무장 노릇을 했던 이승엽은 예비구금이 시작되자 몸을 피해 지하로 잠복했다. 충남 서산 일대에서 새우젓장수를 하며 숨어 지냈는데 해방이 되자 즉시 재건될 공산주의 조직에 들어가려고 재빠르게 중앙을 향해 움직인 것이었다. 그리하여 이날 저녁 종로 장안長安빌딩에서 열린 조선공산당 발족식에 참석했다. 멤버들은 지난날 조봉암이 이끌었던 화요회 계열과 서울청년회 계열이었다. 그들은 뒷날 '장안파'로 불렸다.

이승엽과 화요회계가 참가한 장안파 조직 말고 또 하나의 공산당 조직이 만들어지고 있었다. 일제 말기에 전향이나 유휴를 하지 않고 지조를 지켰던 경성콤그룹 멤버들은 김성삼金成三이라는 가명으로 전남 광주 벽돌공장에 잠복했던 박헌영을 옹립해 조선공산당 재건준비위원회를 발족시켰다.

장안파 그룹은 투쟁선상에서 탈락했던 사람들이라 '탈락파'로, 경성콤그룹은 '순결파'로 불렸으며 누가 정통파인가를 놓고 갈등하기 시작했다. 그러나 그것은 오래가지 않았다. 명분이 약한 장안파는 8월 24일 박헌영의 재건준비위원회에 전권을 내놓고 자진 해체해버렸다.

조봉암은 이날 저녁 인천 보안대를 결성했다. 전날 저녁 자기 집으로 찾아온 청년들이 주축이었다. 이임옥을 대장으로 선임했는데, 그는 제주도 출생의 유도 사범(4단)으로 인천경찰서에서 유도 사범을 한 일이 있었다.*

조봉암은 지금까지의 경험을 살려 단체 결성에 필요한 「선언문」, 강령, 규약 등을 만들었으며, 젊은이들은 동조자들을 규합했다. 조봉암은 보안대에 즉시 관공서와 저유탱크 등 중요시설에 보초를 서고 시내 순찰을 돌게 했다. 일단 치안권을 확보한 뒤 8월 20일, 시내 경동 애관극장에서 200명의 대원으로 보안대 결성식을 열었다. 본부를 내리교회 부속건물에 있는 영화永化학교에 두었다.** 그러면서 한편으로는 인천의 건준조직 준비에 들어갔다. 광복 전 여운형이 조직한 비밀결사인 건국동맹 인천조직책을 지낸 임갑수林甲守에게 총무국장을 맡겼다.

그가 인천보안대를 조직한 8월 16일 저녁, 경성방송은 이날 정오 여운

---

* 이임옥(李壬玉)은 한 달 후 펼쳐진 미군정 초기에 인천경찰서 보안과장 자리에 앉았으나 뒷날 월북했다.
** 김영일, 『격동기의 인천』(동아사, 1986), 485쪽.

보안대와 건준을 결성한
애관극장. 1945년 8월 15일
일본군 헌병사령부에서 석방된
죽산은 곧장 인천으로 갔고
치안유지와 신속한 헤게모니
장악을 위해 다음 날 보안대를
결성했다. 그리고 8월 18일
전국에서 가장 빨리
건준 인천지부를 결성했다.
『인천일보』 조우성 주필 제공.

형이 휘문중학교에 모인 10만 군중 앞에서 정무총감과의 면담에 대한 보고대회를 갖고 전체 국민들의 협조를 요청했다고 보도했다. 그리고 그다음 날, 건국준비위원회 선언과 강령이 담긴 벽보와 전단이 경인선 열차에 실려 인천에 도착했다. 수신자는 조봉암으로 되어 있었다. 다음 날 인천 거리에는 벽보가 붙고 전단이 뿌려졌다.

조선 동포여
중대한 현 단계에 있어 절대의 자중과 안정을 요청한다.
우리들의 장래에 광명이 있으니

경거망동은 절대의 금물이다.

제위의 일어일동이 민족의 휴척休戚: 편암함과 근심에

지대한 영향이 있는 것을 맹성猛省하라!

절대의 자중으로 지도층의 포고에 따르기를 유의하라.

조선건국준비위원회*

조봉암은 여운형이 이끌게 될 건국준비위원회가 정권 수임受任 기관임을 자임하며 총독으로부터 치안유지권 및 방송국과 신문사 등을 이양받았다고 판단했다. 그렇게 하여 새 나라 새 정부가 만들어지는 줄 알았다.

그러나 그 기대는 무너졌다. 승전국인 미국과 소련이 조선반도가 조선민족의 것이 아니라 자기들 승전국의 것임을 천명하는 「포고문」을 발표했던 것이다.

미군은 서울과 인천 시내에 비행기를 띄워 전단을 살포했다.

조선인들에게 고함

본관은 미합중국 태평양사령부 사령관으로부터 받은 명령에 따라 조선반도의 남쪽에 대한 권한을 갖게 되었다. 모든 권한은 본관에게 있다. 본관과 본관 휘하의 미군은 곧 조선반도 남부에 상륙할 것이다.

재조선 미군사령관 육군 중장 존 알 하지**

이미 조선반도 북쪽에 진주를 시작한 소련군 사령관 치스차코프 대장도 「포고문」을 발표했다.

---

* 심지연, 『해방정국논쟁사 1』(한울, 1986), 67쪽.

** 김천영, 『연표 한국현대사 1』(한울림, 1984), 13쪽.

조선 인민에게

조선의 인민들이여, 붉은군대와 동맹국 군대들이 조선에서 일본 약탈자들을 구축했다. 조선은 자유국이 되었다. 그러나 이것은 오직 새 조선 역사의 첫 페이지가 될 뿐이다. 화려한 과수원은 사람의 노력과 고심의 결과다. 이와 같이 조선의 행복도 조선 인민의 영웅적인 투쟁과 꾸준한 노력에 의해서만 달성된다.

붉은군대 사령관*

비강업조합은 인천 도심의 상인천역**에서 가깝고 전화가 있는지라 그가 업무 외 사회활동을 하기에 좋았다. 양곡업계의 실력자인 김용규와 박남칠이 아예 비강업조합 일은 직원들에게 맡기고 그곳을 개인사무실로 여겨도 좋다고 말했으므로 그는 이곳을 근거로 삼아 움직였다. 여직원 윤봉림은 그의 비서나 다름없었다. 경성에서 걸려온 전화, 우편물, 인편으로 전달되어 온 「사신」私信 등 정신없이 쏟아지는 일들을 깔끔하게 정리해 그를 도왔다.

저녁에 미·소 사령관의 전단을 들고 도산정 집으로 간 그는 아내 김조이와 마주 앉았다.

"내가 새 터전으로 삼으려는 인천과 경성이 미군 진주지역이라는 게 마음에 걸려."

그의 말에 아내는 고개를 끄덕였다.

"그렇지요. 당신은 모스크바에서 공부한 공산주의자이고, 코민테른과 깊은 관계를 맺었었고 러시아어도 잘하니까요. 아무래도 미국은 낯설지

---

* 같은 책, 8쪽.
** 1955년에 동인천역으로 바뀌었다.

요. 하지만 조공이 긴 유휴기간을 가졌던 당신을 인정하겠어요? 더구나 박헌영이 유력한 경쟁자인 당신을 밀어내려고 덤빌 텐데."

"소련군이나 미군은 우리가 건국을 완료하면 떠나겠지. 그 뒤에는 좌익과 우익이 손잡고 나라를 발전시켜야 해. 진보와 보수가 서로 팽팽한 긴장을 유지하고 타협하고 절충하며 나아가야 해."

조봉암은 잘 피우지 않는 담배를 한 대 피워 물었다.

박헌영 등 옛 동료로부터 계속되는 비난

조봉암의 아내 김조이는 오랜 수형생활 후유증으로 늘 시름시름 앓았다. 해방된 뒤에는 몸이 좀 괜찮다 싶으면 경성에 가서 가까운 동지들을 만나고 왔다. 어느 날, 그녀는 경성에서 나쁜 소식을 가지고 왔다. 박헌영이 당 중앙에서 모임을 열었다 하면 마치 몰매를 때리듯 그를 비판한다는 것이었다. 비판의 이유는 네 가지였다.

첫째는 상하이 시절에 모풀의 돈을 제멋대로 썼다는 것, 둘째는 당원 여자를 버리고 비당원 여자와 살림을 차렸다는 것, 셋째는 상하이에서 강도짓을 했다는 것, 넷째는 신의주형무소에서 전향성명을 내고 상표를 타고 출옥한 후 이권을 얻어 살고 있다는 것 등이었다.

조봉암은 아내가 전하는 말을 듣고 마음이 착잡해졌다. 10여 년 전 상하이 시절처럼 이번에도 홍남표가 '반조운동'에 앞장서고 있었는데 그를 매장함으로써 자신의 존재를 두드러지게 하려는 박헌영의 계산이 깔려 있음을 뻔히 알 수 있었다.

형무소에서 결코 전향성명을 낸 적이 없었다. 일본 황태자의 출생에 맞춰 1년이 감형된 것은 '수인전옥'이라는 말까지 들으며 모범수 역할을 한 때문이었다. 출옥 뒤에 얻은 일자리는 양곡업계에 있는 동지들이 만들어준 것이고, 활동을 안 한 것은 지하투쟁을 해보았자 바위에 계란 던지기

식으로 도무지 승산이 없어서였다.

다만 마음에 걸리는 것은 모풀의 공급과 정윤교 돈 탈취사건이었다. 아우의 월급으로 채워놓았지만 임시변통으로 쓴 것은 사실이었다. 정윤교 탈취사건은 더 잘못된 일이었다. 부유하게 살면서 독립운동 자금을 내놓지 않은 행실이 밉지만 강제로 빼앗은 것은 범죄행위였다. 그는 자신이 수하 당원들을 제대로 지도하지 못하고 활동자금을 충당하지 못한 탓이라고 후회하고 있었다.

김이옥에 관한 비난도 할 말이 없었다. 그녀 때문에 공금을 탕진했다는 말이 억울하지만 그녀와의 인연은 숙명과도 같은 것이라고 생각할 뿐이었다. 인생을 다시 산다고 해도 이옥을 사랑하지 않을 수 없다고 생각하고 있었다. 그러나 자신이 만주총국을 만들러 떠났던 일 외에는 상하이에만 머무르고 국내 잠입 투쟁을 안 한 것이 어느 정도는 그녀 때문이었다고 자인하고 있었다.

그는 옛 동료들한테서 화살처럼 날아오는 비난을 들으며 자숙하는 시간을 갖고 싶었다. 그리고 언제고 공개적으로 자기비판을 하고 평당원으로서 시작하고 싶었다. 그러나 그런 기회는 오지 않았다.

조선공산당 재건운동과 동떨어진 채 그는 결국 둥지를 틀듯이 인천에만 머물렀고, 자신이 나아갈 길은 여운형이 구상하는 건국준비위원회라고 여겼다. 민족주의 진영도 공산주의 진영도 서로 인정하고 아울러야 건국이 될 것이라고 생각했다.

그는 미군사령관의 포고가 있긴 하지만 건준이 해방 후 정국을 주도할 것으로 기대하며 일을 진척시켰다. 그리하여 8월 25일, 인영극장에서 건국준비위원회 인천지부 결성식을 열었다. 그와 이승엽이 관계한 인천 양곡업계 인물들이 중심이 된 것이었다.

해방 후 인천에서 열린 첫 행사였으므로 시민들이 많이 참석했다. 조봉암은 회의를 총지휘했고 권충일이 그의 지시에 따라 움직였다. 김용규와 박남칠은 흡족한 얼굴을 하고 바라보았다.*

건준의 지방조직은 인천이 가장 빨랐다. 며칠 뒤 13개의 모든 도에 지부가 만들어졌다. 건준은 대중의 압도적 지지를 받았다. 건준은 9월 6일 경기여고에서 전국인민대표자회의를 열고 정부각료 명단을 발표했다.

9월 6일 중앙에서는 건국준비위원회를 해산하고 조선인민공화국을 선포했다. 이에 따라 건준 지방조직들은 간판을 바꾸어 달았다. 인천 건준도 그래야 할 것이지만 조봉암은 망설였다. 조선공산당은 박헌영의 이름으로어서 인민위원회로 바꾸라는 지령을 내려보냈지만 그는 지나치게 공산당원 중심으로 흘러간다고 판단했다.

"이건 아니야. 나도 공산당원이지만 인민위원회를 지나치게 공산당 중심으로 끌고 가면 민심을 얻을 수 없어."

그는 아내 김조이에게 말했다.

김조이도 그처럼 출옥한 이후 유휴기간을 거쳤지만 고명자, 김명시 등 모스크바공산대학 동창들을 통해 중앙의 공산당 조직과 선이 닿고 있었다.

"내 생각도 그렇긴 해요. 하지만 앞날은 불확실성으로 가득 차 있어요. 그러니 박헌영이가 확실하게 정국을 장악하려는 거겠지요."

그녀는 그렇게 말했다.

한편 일본인 인천 부윤과 경찰서장은 아직 버티고 있었다. 미군이 상륙하면 인계할 것이라는 주장이었다. 건준과 보안대는 행정권과 치안권을 인수하지 못했다.

---

* 김영일, 앞의 책, 482쪽.

"해방이 됐지만 해방이 아니야"

9월 7일, 인천에는 주룩주룩 비가 내렸다. 조봉암은 우산을 쓰고 건준 사무실로 나갔다. 두 개의 「전언통신문」이 와 있었다. 하나는 인천경찰서에서 온 것으로 미군의 통고를 중계하는 것이었다. 조선인의 미군 상륙 환영행사를 불허하고 미국국기 게양도 불허하고, 외출을 금지하고, 인천경찰서에게 시내 경비를 담당하게 한다는 내용이었다.* 또 하나는 여운형으로부터 온 것으로 내일 미군의 군정책임자인 하지 장군이 24군단 주력부대를 이끌고 인천에 도착하므로 환영차 갈 것이라는 내용이었다.

오후에 미군의 통고를 담은 일본 경찰의 벽보가 거리에 붙여졌다.

조봉암은 일본 경찰의 통고는 말도 안 된다고 생각했다. 그는 자신의 영향력 아래 있는 보안대와 청년조직, 노동조합원 들이 간곡히 건의해와, 미군을 맞을 준비를 하게 했다.

9월 8일 아침, 인천 하늘에 비는 그쳤으나 날씨는 흐려 있었다. 오전 9시경, 인천은 하늘을 뒤흔드는 굉음으로 가득 찼다. 바다에서 정찰기 4대가 날아와 저공비행으로 시내 상공을 선회하기 때문이었다.** 일종의 무력시위 같은 것이었다.

조봉암은 기차역으로 나가 여운형을 맞았다. 8월 15일 해방의 날 만나고 20여 일 만에 다시 보는 것인데 여운형은 얼굴이 야위어 보였다. 비행기 편대가 하나 더 늘어나서 모두 여덟 대가 저공비행 시위를 하는 바람에 귀가 멍할 정도였다. 그는 여운형에게 손나팔을 하고 크게 말했다.

"마음고생이 심하신 모양이에요."

---

* 소곡익차랑(小谷益次郎), 「인천철수지」(仁川引揚誌), 『황해문화』, 2001 봄호, 249쪽.
** 같은 글, 247쪽.

여운형은 낯을 찡그리고 만국공원 구릉 위를 스칠 듯 날아가는 미군 비행기를 올려다보다가 그렇게 손나팔을 하고 대답했다.

"해방이 됐지만 해방이 아냐. 앞날을 예측할 수 없어. 오늘 일도 예측할수 없어."

여운형의 설명에 따르면 어제 9월 7일, 남한을 통치할 미 24군단 선발대가 탄 비행기가 김포 비행장에 내렸다는 것이었다. 선발대장 해리스Harris 준장은 엔도 정무총감을 만나, 당분간 치안 유지권을 총독부에 주고 자기들은 관여하지 않을 것이라고 말했다는 것이었다. 그러자 총독부는 태도를 바꿔 행정권 이양을 취소하고, 건준에 내주었던 권한을 다시 접수했다는 것이었다.

두 시간 뒤에 조봉암은 여운형이 하지 중장과의 면담에 실패한 소식을 들었다. 해상에서 24군단 참모장 카빈Carbin 장군을 만났으나 장군은 하지 중장과의 면담 연결을 거부했다는 것이었다.

이날 오후 가슴 아픈 일이 발생했다. 건국준비위원회 산하의 보안대와 노동조합원들이 군중을 이끌고 환영하기 위해 부두로 행진했다. 이를 가로막는 일본 경찰과 실랑이가 벌어졌다. 앞장 선 권평근과 보안대원 이석우는 그대로 전진했다. 그때 경찰이 사격을 가해 권평근이 죽고 수십 명이 부상당했다.

권평근은 강화 출신으로 3·1만세운동에 참가하고 엡윗청년회 멤버로 활동했으며 1920년대부터 청년운동과 노동운동을 펼쳐 조봉암과 긴 세월 인연을 맺어온 후배였다. 그의 주검 앞에서 조봉암은 주먹으로 제 가슴을 쳤다. 모두가 자력으로 독립을 쟁취하지 못한 탓이다. 감옥에서 숱한 고문과 굶주림을 이겨내며 싸운 것도 무위한 것이란 말인가. 그는 자신의 생애를 걸고 싸웠으면서도 끝내 조국 독립을 쟁취하지 못했다는 것이 서글펐다.

조선공산당에서 소외되고 인천에 묻혀

9월 9일 아침, 미군은 하룻밤 임시 주둔지로 삼았던 만국공원 아래 인천중학교를 떠나 기차를 타고 서울로 이동하기 시작했다. 장갑차 11대는 이미 간밤에 화차에 실려 있었고 병력은 500~600명 정도였다.

인천에 남은 병력은 군정 통치에 들어갔다. 경성에서처럼 건준 조직 따위는 거들떠보지도 않고 일본과 인수인계를 한 것이었다. 인천 군정관으로는 프랭크 스틸맨Frank E. Stillman 소령이 임명되었다.

10월 초, 스틸맨 소령은 민간기구 구성에 착수했다. 관선 정회장町會長을 폐지하고 각 반班을 통해 민선 정회장을 뽑고, 그들이 모여 미국식에 따라 부윤 후보자 7명을 공천하고 비밀투표로서 새 부윤을 뽑는다고 했다.

인천 사람들의 입에 7명의 후보자 이름이 오르내렸다. 조봉암·박남칠·이승엽·김용규·장광순張光淳·임홍재任鴻宰·김세완金世玩 등이었다. 앞의 네 사람은 좌파이고 뒤의 세 사람은 우파였다.

명단을 보는 순간, 조봉암은 자신은 가망이 없다고 생각했다. 박남칠·이승엽·김용규가 오랜 동지인데다 최근에 함께 인천 건준을 조직한 인물들이므로 표가 갈릴 것이기 때문이었다. 넷이 모여 연합하고 대표를 내세우면 가능성이 있지만 그럴 기회는 없었다.

10월 6일, 창영국민학교에서 열린 간접선거에서 일제시 관리로 일한 임홍재가 당선되었다. 우려한 대로 좌파는 표가 분산되었다. 강화 사람들이 인천에 많이 살고 있어 정회장으로서 투표권을 행사한 사람들도 여럿이었다. 그런데 그와 김용규와 장광순 세 사람이 다 강화 출신이라 역시 분산되었다.

인천 부윤 간접선거에서 떨어지고 귀가한 그는 허탈하게 웃으며 아내 김조이에게 말했다.

"목숨 걸고 독립운동을 한 게 전혀 빛나지 않는 세상이야. 일본 놈들 밑

에서 관리를 지낸 자들이 후보자로 뽑혀 투표장에 나왔고 그중 하나가 당
선됐어. 이게 우리가 처한 냉정한 현실이야."

당선자인 임홍재는 인천부 관리를 지낸 인물이었다. 김세완은 판사와
변호사로 일한 사람이었다. 장광순은 포목상으로 거부가 된 강화 출신 장
석우張錫佑의 아들이었다. 교육사업을 펼쳐왔으나 일제하에서 인천부회
의원을 지낸 전력이 있었다.

"우리 손으로 독립을 쟁취하지 못한 게 한이지요."

아내는 그렇게 말하더니 부엌으로 가서 곧바로 술상을 내왔다.

"당신이 떨어질 걸로 알고 위로하려고 준비했어요."

부부로 재결합했지만 김조이는 사랑의 욕구를 충족시키는 아내이기보
다는 동지에 가까웠다. 그녀는 술잔에 술을 가득 부어 권했다.

"당신을 믿어요. 당신은 폭포를 타고 올라가는 물고기처럼 수많은 난관
을 돌파하며 투쟁했어요. 국내로, 일본으로, 만주로, 모스크바로, 왜놈 경
찰과 밀정들의 추적을 피하며 목숨을 걸고 뛰었어요. 이제 지난날의 동지
와도, 친일을 했던 자들과도 경쟁해서 이겨야 해요. 공산당 동지들이라면
몰라도 한민당에 밀리면 안 되잖아요."

"물론이야. 한민당이 건국의 중심에 서려고 하는 모양인데 어림도 없지.
어떻게든 다시 일어서고 말 거야. 내 조국을 착취가 없는 평등한 나라로
만드는 데 힘을 쏟을 거야."

그는 두 주먹을 부르쥐며 말했다. 그리고 술잔을 들어 단숨에 들이켰다.

조봉암은 한민당, 즉 한국민주당에 대해 강한 거부감을 갖고 있었다. 대
한민국임시정부의 법통을 계승한다고 천명하고 부르주아 민족주의 항일
투사들을 앞세웠지만 구성원의 태반이 지주와 친일세력이기 때문이었다.
그리고 건준과 인민공화국 정부를 규탄하는「성명서」를 냈기 때문이다.

그러나 조봉암은 불안하게 느껴지는 것이 있었다. 승전국인 미국이 민

주주의 선진국가라고 하지만 자본주의를 신봉하는 제국주의 열강이라는 것, 그래선지 건준은 무시해버리고 지주·자본가들이 몰려 있는 한민당과 한통속으로 돌아갈 것 같은 예감이 드는 것이었다.

그 예감은 틀리지 않았다. 이 무렵 인천에만 머물고 있는 그는 알지 못했지만 9월 11일 미군정의 정보 참모들은 한민당을 대표한 조병옥趙炳玉· 윤보선尹潽善·윤치영尹致暎 등과 면담하고 한반도의 상황을 청취했다. 이때 한민당 지도자들은 건준과 인공이 지난날 일본에 협력한 집단이 조직한 것이라고 주장하고 여운형은 잘 알려진 부일협력 정치인이라고 설명했다.* 사실과 정반대로 말한 것이었다.

미군은 인민공화국을 부인하는 성명을 발표했으며 인민위원회 활동을 감시하고 제약하기 시작했다. 승전국의 전리품으로 얻어진 한반도의 지배권을 가진 터에 여기 공산주의 정부가 들어서는 것은 용인할 수 없다는 태도처럼 보였다.

조봉암은 박남칠·김용규 등 양곡업계 인물들 말고 공산주의자가 아닌 몇 사람의 지도자들과도 교유하게 되었다. 청년시절에 그랬던 것처럼 그는 조용히 상대방의 이야기를 경청하고 공명해주면서 자신의 의견을 피력해 좌중을 장악하는 특장을 발휘했다. 그리하여 사람들의 마음을 사로잡았다.

그가 교유한 사람 중에 외과의사 신태범**이 있었다. 그의 손가락 끝이

---

* 1945년 9월 12일자 G-2 Periodic 보고서.
** 신태범(愼兌範, 1912-2001): 서울에서 출생. 1918년에 인천 이주. 경성제대 의학부 졸업. 의학박사. 1942-79년 인천에서 외과의원을 개원했다. 8·15광복 후 조봉암이 민주주의민족전선 인천지부 의장이 될 때 잠시 부의장을 맡기도 했다. 『인천 한 세기』『개항 후의 인천 풍경』 등을 출간했다(「나는 인천인이로소이다」, 앞의 책, 368-373쪽).

동상으로 인해 나병환자처럼 잘리고 뭉그러진 것이 안 되었던지 자기 병원에서 치료를 받으라고 권했다. 그래서 입원해서 손가락 성형수술을 받았다. 수술이 끝나고 통원치료를 해도 된다고 했으나 그는 입원을 요청했다.* 문득 자신을 둘러싼 문제들로부터 며칠 벗어나보고 싶었다.

열흘 동안 그는 환자복을 입었다. 자신을 둘러싸고 있는 복잡한 문제들을 마치 벗어놓은 옷처럼 뚝 떼어 앞에 두고 바라보았다. 젊은 날 독립투쟁의 밀사로서 대륙을 횡단하는 여행을 하면서 대자적으로 자기 문제를 바라본 것처럼 바라보았다. 그는 변함없는 볼셰비키였다. 그러나 많은 동지들이 탄 기차를 타지 못한 채 혼자 떨어져 남은 볼셰비키였다. 놓쳐버린 기차처럼 조선공산당은 그에게서 멀어지고 있었다.

'내 인생에서 공산주의는 무엇이었던가. 조국 독립을 위한 방편이자 수단이었지. 인간의 존엄성을 존중하고 모든 사람의 자유가 완전히 보장되고 모든 사람이 착취당하는 것이 없이 응분의 노력과 사회적 보장에 의해 다 같이 평화롭고 행복하게 잘살 수 있는 조국을 만들기 위한 투쟁이었어.'

그는 그렇게 혼자 중얼거리며, 이제 남은 목표는 평등과 평화의 조국을 건설하는 것이라고 생각했다. 그것을 위해서는 볼셰비키의 옷을 벗을 수도 있는가, 하고 자신에게 묻고 그렇다고 대답했다. 조선공산당 말고도 여운형이 건준 조직을 모체로 만든 중도좌파 성향의 정당인 조선인민당이 있었다. 거기로 갈 수도 있다고 생각했다.

그가 가장 견딜 수 없는 것은 일제에 붙어서 민족에게 해악을 끼친 자들이 애국자라고 큰소리치며 건국 대열에 끼겠다고 나서고 있는 것이었다. 부르주아 민족주의자는 용납하고 타협할 수 있지만 친일파와는 그럴 수가 없었다. 병원에 있는 며칠 동안 이것을 화두로 놓고 불면의 밤을 보낸 그

---

* 신태범, 「인생 89세 수수께끼」, 『월간조선』, 2001년 1월호, 89쪽.

는 극히 현실적이고 단순한 결론에 이르렀다. 자신과 같은 혁명가의 생애를 바친 투쟁이 빛나지 않는 것이 억울하지만 냉혹한 현실이었다. 모든 것은 민중의 지지를 얻는 데 있었다. 일제 때에 관료를 지낸 임홍재 같은 사람이 인천 부윤이 되고 시민의 지지를 받는 것이 그가 받아들여야 할 현실이었다.

인민위원회와 한민당 간의 주도권 싸움

어느 날 저녁, 윤봉림 양이 전화 메모와 우편물을 들고 병원으로 문병을 왔다. 인천에서 가장 유명한 일식집 화선장의 초밥을 나무도시락에 담아 들고 왔다.

"손가락 수술하시기 잘하셨어요. 볼 때마다 마음이 아팠는데……."

아직도 그를 대하기 어려워해 여전히 수줍어하는 표정으로 말했다.

"그랬느냐?"

그는 붕대로 감은 오른손을 들어 보이며 말했다.

"네, 헌병대 끌려가신 뒤 무사히 나오시게 해달라고 천지신명님께 기도한 걸요."

봉림은 눈물이 글썽해졌다. 그 눈을 바라본 순간, 그는 스물한 살 처녀의 순수한 사랑을 읽었다.

"그랬구나. 그래서 내가 무사히 돌아왔는지 모르겠다."

그는 어루만지듯 부드러운 목소리로 말했다.

그가 퇴원한 직후인 10월 16일, 인천 건준은 다른 지역처럼 인민위원회로 간판을 바꿔 달았다. 건준 위원장을 지낸 김용규가 위원장, 박남칠이 부위원장이었다. 박헌영이 중앙에서 내려보내는 지령이 탐탁지 않아 그는 참가하지 않았다.

그는 한동안 외출하지 않았다. 11월 20일부터 서울에서 열린 전국인민위원회대표자회의에도 가지 않았다. 박헌영의 독선적인 행동이나 노선이 마음에 들지 않고, 수하당원들이 자신을 비방하는 것을 막지 않고 오히려 독려한 것도 용서할 수 없었다. 인민대표회의는 아내 김조이가 여성대표 자격으로 참석했다. 그녀는 인천부녀동맹을 결성해 이끌고 있었다.*

11월 30일, 그는 조선혁명자구원회 인천지부 결성식에 나갔다. 혁명자란 진보적인 좌익 공산주의자들에게 한정된 말이 아니라 항일독립투쟁에 몸을 바친 투사들을 통틀어 일컫는 말이었다. 생존해 귀국한 투사들이나, 투쟁과정에서 희생된 투사들의 유족을 돕는 일이 크게 대두되어 있었다.

인천은 부산 다음으로 큰 항구도시라 해방 후 전재戰災동포와 독립투사들이 귀국하는 문호 구실을 하고 있었고 독립투사와 그 가족들이 무일푼으로 입국하는 경우가 많았다. 어느 도시보다도 구원활동이 필요한 곳이었다. 그래서 좌익과 우익을 망라한 인천의 유지들이 인천지부 결성을 결의했고 그의 참여를 요청했다. 그가 지난날 모풀의 중국지부인 중국혁명호제회를 맡아 운영한 경험이 있기 때문이었다.

그는 이날 결성식에서 인천시장 임홍재, 인민위원회 위원장 김용규, 변호사 김세완, 작가 엄홍섭嚴興燮, 젊은 시절 문학비평가로 활동하고 이후 판사 생활을 해온 방준경方俊卿 등과 함께 고문으로 추대되었다.**

12월 중순, 그는 인천협동조합 창립에 나섰다. 해방 직후 혼란의 틈을 타고 간상배들이 매점매석을 하여 농산품과 공산품 가격이 폭등하고 있었다. 어려움에 빠진 민생을 위해 생산자와 소비자를 직거래로 연결하는 제도가 필요했다. 서울에서 협동조합 운동이 일어나고 그 인천지부 격인 조

* 『대중일보』, 1945년 11월 12일자.
** 『대중일보』, 1945년 12월 2일자.

합을 만들게 된 것이었다.

단체의 조직과 설득에 능란한 그가 나서자 조합은 쉽게 결성되었다. 그는 12월 26일 산수정의 무덕정武德亭에서 열린 창립총회를 의장으로서 주재했다. 정관 통과, 임원 선임, 안건 토의 등을 능숙하게 처리해나갔다.*

이 무렵 국내 정세는 그가 예상한 대로 인민위원회를 중심으로 한 좌파와 한민당을 중심으로 한 우파의 갈등과 대결로 접어들었다. 정국의 주도권을 잡기 위한 싸움이었다. 인천에서도 같은 양상이 펼쳐졌다. 신문에는 논쟁이 가득 차고 거리에는 격정적인 선동 포스터와 전단이 넘쳐났다. 미군은 인민위원회를 압박하며 좌익 세력이 강해지는 것을 꺼리고 있었다. 조봉암은 조용히 지켜보기만 했다.

좌우익 갈등은 이해 말에 불거진 신탁통치 문제로 더 악화되었다. 12월 28일, 모스크바 3상회의 결정에 의해 5년간의 신탁통치안이 발표되었다. 미·영·소·중 4국에 의한 5년간의 신탁통치제를 실시하며 동시에 조선 임시민주정부를 수립케 하여 장래의 독립에 대비한다는 내용이었다.

우리는 독립할 수 없는가. 온 나라가 들끓었다. 좌익과 우익은 공동으로 반대하는 입장을 취했으나 좌익이 찬탁으로 돌아서면서 대립되었다.

인천도 그랬다. 처음에 인천 좌익과 우익이 중앙 정계의 추이를 지켜보다가 공동으로 반대하는 입장을 취해 신탁통치반대 공동위원회를 만들었으나 좌익이 찬탁으로 돌아서면서 대립되었다. 인천의 정국은 지금까지 좌익이 주도하고 있었으나 찬탁 지지로 돌아서면서 국내 정국이 그랬듯이 주도권을 우익에 내주었다.

---

*『대중일보』, 1945년 12월 28일자.

우익과의 대화

매우 어수선한 가운데 1946년이 오고 조봉암은 48세가 되었다. 그는 새해 벽두에 열린 인천시세진흥회에 참여했다. 이 단체는 제2축항築港 건설 등 숙원사업을 일으켜 해방 후 침체되고 부진한 상태에 있는 시세市勢를 끌어올리는 것을 목표로 하고 있었다. 그리고 상공인, 기업인, 자본가 등이 참여하여 우익 성향을 갖고 있었다. 그로서는 깊이 숙고한 끝에 나간 것이었다.

뒷날 근대사 연구가 이현주는 그의 시세진흥회 참가를 이렇게 분석했다.

조봉암의 인천시세진흥회 참여는 향후 인천에서 보여질 그의 정치적 행보와 관련하여 주목할 만하다. 시세진흥회는 상공회의소의 전신에 해당하는 것으로 발기인이나 위원의 면면에서도 보이는 바와 같이 인천의 기업인 자본가를 비롯한 관료, 교사, 목사 등 지역을 대표하는 우익성향의 유지들이 주도한 준準 관변단체였다. 아직 좌우익의 대립이 표면화되기 이전임에도 불구하고 좌익계의 인물이 별로 보이지 않는 점도 주목된다. 더욱이 발기인 가운데 김성국, 이필상, 김덕진, 장석진 등이 뒤에 조봉암이 인천에서 추진하고자 했던 신당운동에 참여하고 이들 가운데 이필상과 김덕진이 5인으로 구성된 준비위원으로 선출된 것을 보면, 이 무렵 그는 이미 '다른 길'의 가능성도 열어놓고 있었던 것으로 보인다.*

일제하에 공산주의 운동을 한 그가 우익세력과 연합한 것은 두 가지 이유에서였다. 하나는 우익을 포용하지 않으면 나라가 제대로 건국을 하기

---

* 이현주, 「해방 후 조봉암의 정치활동과 제헌의회 선거」, 『황해문화』, 2001 봄호, 144-145쪽.

도 전에 분열할지 모른다는 걱정이었다. 그는 일제에 부역한 적극적 친일 분자가 아니라면 손을 잡고 새나라 건설에 합심해야 한다고 생각하고 있었다. 그는 상하이 시절에 민족주의 진영과 사회주의 진영의 갈등을 해소하려고 한국유일독립당운동에 나선 적이 있었다. 그는 지금이 그런 대승적인 판단이 필요한 때라고 생각했다. 또 하나는 자신의 앞날을 내다보는 현실적인 계산이었다. 그는 자신이 어쩌면 다시는 공산당으로 돌아갈 수 없을지도 모른다고 생각하고 있었다.

그가 시세진흥회에 참여하며 우익을 포용하는 자세를 보이는 것을 기뻐하며 다가오는 인천의 비정치적인 명망가들이 있었다. 그들 가운데 한의원을 하는 조훈曺勳이 있었다. 침 한 방으로 급체를 낫게 하고 뜸을 몇 번 떠서 고질병을 치유하여 명의로 소문이 난 사람이었다. 재산도 많거니와 가난한 사람한테는 돈을 받지 않고, 고학생들에게 학비를 대주는 일 등으로 중망을 받는 사람이었다.

"나도 창녕조씨 찬성공파올시다. 우리 선대가 강화에서 살았어요. 내가 족보를 펼쳐 봤더니 선생 이름이 거기 있습디다."

시원시원하게 말하는 태도가 호감이 가서 그는 웃으며 악수를 청했다.

"아, 그러세요? 반갑습니다."

나이는 조봉암보다 한 살이 적은데 항렬을 따져 보니 아저씨뻘이었다. 강화에 살던 조부가 『주역』周易을 읽고 자신의 사주四柱와 지기地氣가 상통하는 경상북도 풍기로 이사해서 몇천 석 재산을 모았다고 했다. 부친은 그 재산으로 교육사업을 했고 자신은 20년 전에 인천으로 와서 자리 잡았다고 했다.*

---

* 2011년 7월 21일, 조문환 원장이 인천 배다리사랑방강좌에서 증언. 조 원장은 1942년 조훈 원장의 차남으로 출생, 의사가 된 뒤 부친의 한의원 자리에서 개업

"내 아내를 보낼 테니 진맥 한 번 해주십시오. 감옥살이 후유증인지 늘 시름시름합니다."

조봉암의 말에 조훈 원장은 선뜻 고개를 끄덕였다.

"그러세요, 조카님."

인천에서 재기할 기회를 잡으려는 그에게 조훈 원장은 참 반가운 사람이었다. 손꼽히는 부자인데다 '조한의원' 하면 삼척동자도 알아주는 사람이기 때문이었다.

그는 며칠 뒤 아내 김조이를 조한의원으로 보냈다.

1946년 2월 7일, 조봉암은 중앙의 여운형과 인천 좌익 지도자들의 요청을 받아 좌익연합체인 민주주의민족전선 인천지부를 결성했다. 중앙보다 오히려 일주일이 빨랐다. 이번에는 통일전선을 구축하는 것이었으므로 그는 의장을 맡는 것을 수락했고, 부의장은 손가락 성형수술을 해준 인천의 덕망 있는 의사 신태범 박사를 지명했다. 공산주의자가 아닌 사람을 넣은 것은 일제하에서 민족을 배반하고 친일을 했던 사람이 아니라면 모두 조직에 넣어야 진정한 통일전선을 이룩할 수 있다고 생각한 때문이었다.

그러나 박헌영이 당 중앙에서 내려보내는 지령은 그의 생각과 달랐다. 절대 다수를 공산당원으로 채우라고 명령했다. 모든 계파를 연합하고 그것을 공산당이 끌고 가면 되는데 인민위원회 때처럼 성급하게 무리수를 두는 것이었다. 그는 자기 주장을 굽히지 않고 애국적인 중도파 인물들을 많이 포함시켰다.

조봉암은 인천에만 틀어박혀 지냈지만 아내 김조이가 이따금 서울에 다녀오는지라 재건된 공산당 중앙의 움직임을 알고 있었다. 중앙당은 곧 박

해 살아왔다. 부친과 죽산에 관련된 많은 증언을 했다.

헌영이었다. 박헌영은 어렵던 시절 조선공산당과 공산청년회를 조직하면서 탁월한 능력을 발휘한 인물이었다. 그러나 막상 조국이 해방된 지금은 그것을 보여주지 못하고 있었다. 모든 계파를 아울러 이끌어가지 못하고 자신의 심복이었던 사람, 아부하는 사람, 그리고 반대로 말썽을 피우는 사람을 중용함으로써 한계를 드러내고 있었다. 그를 종파주의자라고 비난한다더니 박헌영 자신이 종파성을 벗어나지 못하고 있었다.

당장 달려가서 우정 어린 충고를 하고 싶지만 씨도 먹힐 것 같지 않고 스스로 자숙하고 근신을 해야 한다는 생각이 그를 눌러앉혔다.

2월 15일, 서울 기독청년회관에서 민전 결성대회가 열렸다. 조봉암은 경기도 대표의 일원으로 참석했다. 그는 뒷자리에 조용히 그림자처럼 앉아 있었다. 대회는 의장으로 여운형·박헌영·허헌·김원봉·백남운白南雲 등 5명을, 부의장으로 홍남표·이여성·김성숙 등 9명을 선출했다. 그리고 391명을 중앙위원으로 선임했다. 조봉암의 이름은 거기에도 오르지 못했다. 인천 민전에서 함께 올라간 신태범과 박남칠 등이 중앙위원이 됐는데 그는 빠진 것이었다. 그것이 그의 위상이었다. 1,000명이 넘는 사람들이 왔고 그가 조용히 앉아 있었기 때문이겠지만 아무도 그를 알은체하지 않았다.

해방 후 첫 삼일절

해방 후 처음으로 맞는 3·1운동 기념일이 다가오고 있었다. 서울에서는 좌우익 대립이 격심해져 제각각 기념식을 열 것 같은 분위기로 변해가고 있었다. 조봉암은 인천에서는 그럴 수 없다고 생각했다. 그는 좌익을 대표하는 민전 인천지부의 의장이었지만 시민대표들이 요청한 우익과의 연합행사를 받아들였다.

대회 준비위원 겸 선전부 위원장을 맡은 그는 한 명이라도 더 많은 시민이 행사장에 오게 하기 위해 모든 힘을 기울였다. 그가 세운 계획에 따라 마이크 시설과 플래카드를 붙인 선전차가 시내를 순회했고 방송원은 그가 쓴 원고대로 방송했다. 거리 곳곳에 플래카드가 붙었다.

그가 선전활동을 통해 강력하게 밀어붙이는 좌우익 화합 원칙 때문에 어느 계파도 딴생각을 하지 못했다. 그가 선전활동에 주제로 내건 것은 '순국선열에 대한 감사' '행복과 화합의 축제' '위대한 조국의 미래'였다.

인천 시민들은 행복한 표정으로 집집마다 태극기를 게양하고 모든 공장과 사업장은 휴업했다. 동민들은 동회에서, 학생들은 학교에서 각각 경축식을 올린 다음 플래카드를 앞세우고 공설운동장으로 모여들었다.

3월 1일 오전 11시, 그의 집 아래 있는 공설운동장에 모인 군중은 5만 명 이상이었다. 인천 인구 21만 명 중 5분의 1이 모인 것이었다. 좌익과 우익을 망라하고 기념식장에 온 인사들은 너도나도 선전위원장 조봉암의 공로라고 칭송했다.

그는 3·1절 기념식 사회를 보기 위해 단상에 섰다. 국기 게양대에 태극기가 펄럭이고, 운동장 바닥과 스탠드가 사람들로 가득 차 있었다. 문득 고향 강화에서 육필로 「3·1독립선언서」를 필사하던 기억, 서대문감옥에서 수인들과 함께 만세를 부르고 끌려 나가 거꾸로 매달린 채 채찍을 맞던 아픔 따위가 떠올랐다. 그런 기억의 조각들은 그를 감격의 전율에 빠지게 했고 그의 표정을 장엄하게 만들었다.

그는 젊은 시절에 이미 연단에 섰다 하면 청중의 마음을 사로잡는 논객으로 명성을 떨친 사람이었다. 5만 명의 시민들을 감정이입으로 이끄는 데 성공했다. 관중은 타고난 그의 언변과 그가 연출한 장엄한 애국의 분위기에 금방 젖어버렸다.

막상 식이 끝났을 때 참석 시민들의 마음속에는 기념사와 축사를 한 어떤 인물보다도 조봉암의 존재가 더 선명하게 새겨졌다. 시가행진을 하고 귀가한 시민들은 석간신문을 통해 서울에서 좌익과 우익이 끝내 분열하여 각각 3·1절 기념식을 치른 사실을 알게 되었다. 그리고 인천에서 연합대회를 치른 것이 민전 인천지부장인 조봉암이 우익과의 연합을 위해 많은 양보를 했음을 알게 되었다.

서울과 다른 지역의 분위기는 인천과 달랐다. 미소공동위원회가 지원하는 임시민주정부의 수립은 멀고 멀었다.

며칠 후, 공산당 중앙으로부터 다시 한 번 비난의 화살이 날아왔다. 그가 인천의 3·1절 기념행사를 좌우익 연합으로 무리 없이 끌고 가 존재감이 드러나자 다시 밟아버리려고 반조운동을 시작한 것이었다.

여러 가지 비판의 말들은 전의 것들과 비슷했으나 하나가 더 늘어 있었다. 미군정과 손을 잡고 돌아간다는 것이었다. "조봉암이 중앙에 나서지 않는 것은 당내에서 조가 당국의 촉탁囑託이라는 말이 있기 때문이다"라고 비판했다고 했다. 누군가가 그 말을 꺼내자 박헌영이 웃으며 고개를 끄덕였다는 말도 있었다.

조봉암은 며칠을 고민하다가 여러 경로를 통해 박헌영에게 단독 면담을 요청했다. 그러나 면담은 이뤄지지 않았다.* 면담이 성사되면 우정의 충고를 하고 자신에게 공개적인 자기비판 기회를 달라고 말할 작정이었지만 불가능해졌다.

그는 박헌영에게 충고와 자기비판을 담은 장문의 편지를 쓰기 시작했다.

존경하는 박헌영 동무에게
내가 붓을 들어서 동무에게 편지를 쓴 것은 1926년 상하이에서 동무에게

---

* 이영근의 증언, 1989년 12월 6일(정태영, 『조봉암과 진보당』[한길사, 1991], 104-105쪽 재인용).

암호편지를 쓴 것 외에 이것이 처음인 것 같소. 내가 얼마나 동무를 존경하고 또 과거 10여 년 간 동무가 얼마나 영웅적 사업을 계속했는가 하는 것에 대한 혁명가로서의 순정의 발로는 아첨이라 생각할까 해서 한 마디도 쓰지 않겠고 동무의 꾸준한 건강과 건투를 빌 뿐이오.

내가 8·15 그날부터 오늘까지 인천에 틀어박혀서 당, 노조, 정치 등 모든 문제에 있어서 입을 봉하고 오직 당부의 지시하에서 내가 할 수 있는 일을 최대의 정열을 가지고 정성껏 해왔소. 나는 그렇게 하는 것이 나 자신을 위해서, 당을 위해서, 나아가서는 조선혁명을 위해서 가장 옳은 길이고 옳은 태도라고 믿은 까닭이오. 그런데 오늘 붓을 들어서 무슨 문제를 논의하고 우견愚見을 진술하게 된 것은 결코 이 태도가 달라져서 그런 것이 아니오. 똑같은 태도와 똑같은 입장에서 오직 당을 사랑하고 동무를 아끼는 마음으로 아니 쓸 수 없어서 쓰는 것이며 동시에 나 자신이 좋은 볼셰비키가 되는 유일한 방법이라 믿기 때문입니다.*

그는 자신이 꼽고 있었던 문제들을 조목조목 비판해나갔다. 먼저 자신이 중앙당의 명령을 받아 참여한 인민위원회와 민주주의민족전선 문제를 지적했다. 마치 조선공산당의 산하조직처럼 구성되고 그렇게 역할을 하여 진정한 통일전선을 이루지 못하고 있음을 통렬히 비판했다. 둘째로는 민전이 대중의 지지를 받지 못하는 문제를 지적했다. 조직이 가진 정당한 우월성을 부각시켜 대중선전으로 이끌어가서 민중 전체의 지지를 받아야 하는데 그러지 못한다는 것을 비판했다. 셋째로는 인사문제의 무원칙성과 종파성, 그리고 박헌영의 지도력에 드러나는 봉건성을 지적해 비판했다. 또한 당의 내부에서 일기 시작한 반反중앙의 움직임이 박헌영의 무책임하

---

* 조봉암, 「존경하는 박헌영 동무에게」, 『전집』 제1권, 27쪽.

고 무기력한 태도가 신뢰를 주지 못하기 때문이라고 지적하고 모든 세력의 포용을 충고했다.

그리고 마지막으로 자신에게 집중되고 있는 비판에 대해서 언급했다. 솔직하게 잘못이라고 인정할 것은 인정하고 아닌 것은 분명하게 해명했다. 즉 상하이 시절에 모풀의 공금을 전용한 것은 한커우에서 열리는 태평양노동회의에 파견시킬 당원들을 굶길 수 없어 어쩔 수 없이 전용한 것이라고 해명했다. 출옥 후 이권을 얻어서 부자로 살았다는 것은 전혀 사실이 아니라고, 김점권이 제기한 문제이므로 인천시당에서 보고가 갈 것이라고 주장했다. 신의주형무소에서 전향 성명을 하고 상표를 타고 가출옥했다는 비판은 당시 자신과 같이 있었던 동지들을 조사하면 밝혀질 것이라고 해명했다.

그는 두 가지 비판에 대해서는 솔직이 인정하고 자기비판을 가했다. 자신이 상하이당부 책임자로 있을 때 수하의 젊은 당원들이 정윤교의 돈을 강탈하다시피 한 것은 자신의 잘못이라고 인정했다. 당원인 아내 김조이를 배반하고 비당원인 김이옥과 결혼한 것도 잘못이라고 인정했다. 그러면서 김이옥도 당원으로서 중국공산당 소속으로 조국해방을 위해 중요한 역할을 했음을 강조했다.

조봉암은 자신의 충정을 담은 이 편지를 곧장 부치지 못하고 망설였다. 싫은 소리를 좋아할 사람은 없으며, 박헌영과 자신의 동지적 우정이 지금은 금이 간 상태라 역효과가 날지도 모른다는 생각 때문이었다.

김조이의 생각

조봉암의 아내 김조이는 남편이 비강업조합으로 출근하고 딸 호정이 학교에 간 뒤 약탕기를 끓였다. 그녀는 늘 몸이 아팠다. 가장 뚜렷한 증상은 여름 한철을 제외하고 느닷없이 찾아오는 오한이었다. 한번 떨리기 시작

죽산의 아내이자 동지였던 김조이 여사가 체포되어 복역한 함흥형무소.
독립기념관 제공.

하면 걷잡을 수가 없어서 이불을 덮어도 숨이 막히는 듯했다. 함흥형무소
에서 몸을 차게 굴린 탓이었다.

함흥형무소는 한겨울에는 24시간을 떨며 살아야 했다. 감방 마룻바닥은
얼음판처럼 차가웠다. 아침이면 밤새 수인들이 내뿜은 입김이 벽에 달라
붙어 성에가 되어 보석처럼 반짝반짝 빛났다. 그걸 보면서 여자 수인들은
자신들의 몸이 망가져 아기를 낳지 못할 것이라고 탄식하곤 했다.

사흘 전 남편의 말을 듣고 송현동에 있는 조한의원을 찾아갔었다. 남편
의 먼 친척이라는 조훈 원장은 진맥을 하고 족집게로 집듯이 말했다.

"찬바람과 냉기가 소양경少陽經이라는 경락으로 긴 시간 깊이 침입했군
요. 워낙 병이 깊어 쉽지 않겠어요. 시호가미탕柴胡加味湯이라는 탕재를 한
제 드릴 테니 달여드세요."

조 원장은 돈을 받지 않았다. 그녀는 약을 한 보따리 받아왔으나 곧바로
탕재를 끓이지 못했다. 다음 날 부녀동맹 일로 서울로 갔고 경인선 기차가
예고 없이 결행해 서울에서 묵고 어제 내려왔던 것이다. 잠은 모스크바공

산대학 동기생이며 오랜 동지인 고명자의 집에서 김명시까지 불러서 셋이 잤다.

남편은 왜 늦었으며 어디서 잤느냐고 묻지 않았다. 각각 감옥살이를 하고 나와 동지들의 권유로 재결합을 하긴 했지만 둘 사이에 사랑은 없었다. 상대의 고난 어린 삶에 대한 연민이나 동지로서의 신뢰가 있을 뿐이었다.

남편은 매우 대범한 사람이라 초조한 빛은 내보이지 않았다. 3·1절 기념식을 좌우익 연합으로 몰고 가는 데 성공했고 능란한 솜씨로 사회를 보아서 자신감이 생긴 모습이었다. 그런 그가 어젯밤에는 늦게까지 서재에서 뭘 쓰는 것 같았다. 잠자리에 누울 때 뭘 했느냐고 묻자 아무것도 아니라고 대답했다.

시호가미탕이 약 냄새를 풍기며 끓고 있었다. 그녀는 탕재를 조금 식힐 생각으로 화덕에서 물러났다.

대청을 거쳐 서재로 갔다. 남편이 간밤에 쓰던 글은 없었다. 여기저기 아무렇게나 흩뜨려 놓은 책들을 정리하고 호정의 방으로 갔다. 뒷정리를 못 하는 아버지와 달리 호정은 깔끔했다. 제 친모가 다닌 이화여대에 입학하겠다고 거의 매일 자정을 넘겨 공부하고는 아침을 먹는 둥 마는 둥하고 책가방을 들고 나서니 방이 어지러울 만도 한데 그렇지 않았다. 책꽂이에 꽂힌 책들도 가지런히 귀가 맞을 정도로 정돈되어 있었다.

그녀는 호정의 책상 오른쪽 서랍을 열었다. 거기 사진이 있는 것을 알기 때문이었다. 고급 모직 천으로 된 중국옷 치파오를 입고 안경을 쓴 젊고 아름다운 여인과 다섯 살짜리 소녀가 담긴 작은 유리 사진틀을 집어 들었다. 상하이 시절에 찍었다는 김이옥 조호정 모녀의 사진이었다. 호정이 의붓엄마인 그녀를 의식해 책상 위에 올리지 않고 서랍에 둔 사진이었다. 사진 속의 김이옥은 폐결핵 말기인데도 머리카락 하나 흐트러짐 없이 단아했다.

"당신은 내 인생을 바꿔놓은 여자, 아니 조봉암의 길도 바꿔놓았지. 그이는 지금 당신으로 인한 후유증에 빠져 있어."

김조이는 마치 상대가 앞에 있는 것처럼 사진 속 김이옥을 향해 중얼거렸다.

스물한 살 처녀시절, 그녀가 청년 논객 조봉암에게 마음을 송두리째 빼앗겨버렸을 때 누군가가 그의 실패한 첫사랑에 대해 말해주었다.

"고향 강화 대부호의 딸이며 예쁘고 총명한 경성여고보 학생이었대. 그에게 반해 함께 강화 3·1만세운동에 뛰어들었대. 그는 체포당한 뒤 죽음보다 더한 고문을 당하면서도 그 여학생이 연루된 사실을 불지 않았대. 하지만 사랑은 이뤄지지 않았대. 너무도 사랑하기 때문에 그 여학생의 행복을 위해 등 돌리고 돌아섰대."

그 말을 들으며 그녀는 온몸이 전율 같은 감동에 빠졌었다.

'아, 얼마나 사랑했으면 그랬을까.'

그녀는 그의 슬픈 가슴 한구석을 자신의 마음으로 채워주고 싶었다. 그렇게 하여 마침내 사랑이 무르익어갈 때 그가 먼저 그 여학생 이야기를 꺼냈다.

다 듣고 나서 그녀가 말했다.

"내가 선생님 가슴에서 그 여자의 존재를 지울 수 있을까요?"

"그러기를 바라오. 나도 노력하리다."

그가 그녀의 손을 잡으며 그렇게 말했다.

그러나 그 다짐은 실패였다. 상하이에 있는 그가 김이옥과 동거한다는 소식이 먼 모스크바까지 들려왔을 때, 그녀는 깊은 수렁과 같은 절망에 빠져버렸다. 그 뒤 반발로 일본인 사회주의자와 동거했고, 모스크바공산대학 후배인 김복만과 동거하며 투쟁했다.

만약 김이옥이 상하이로 가지 않았다면 자신은 남편과 헤어지지 않았을 것이었다. 남편은 상하이에서 주춤거리지 않고 무너진 조선공산당 조직을 살리기 위해 국내로 잠입해 치열한 투쟁을 계속했을 것이었다. 혹은 자신이 만든 조선공산당 조직이 살아 있는 만주로 가서 파르티잔 투쟁을 했을 것이었다. 틀림없이 박헌영을 넘어서는 지도자가 됐을 것이었다. 지금 북조선의 최고 실력자인 김일성金日成보다 클 것이었다. 지금 김이옥의 그림자는 남편의 머리 위에 짙게 드리워져 있었다. 결국 그것 때문에 해방된 조국에서 자신이 창당을 주도했던 조선공산당으로부터 초라하게 밀려나고 있었다.

이틀 전 고명자의 집에서 함께 잘 때 김명시가 말했다.

"언니, 내 말 잘 들으세요. 형부 그분이 상하이 시절의 일 때문에 비판받는데 물론 억울한 구석이 있어요. 나는 상하이에서 같이 일했으니까 다 알아요. 하지만 권력투쟁에서 밀려났다고 딴생각을 하면 되나요?"

고명자도 한 마디 했다.

"내 생각도 그래. 좌우익 연합을 해서 어떻게 해보자는 모양인데 평생 공산당을 한 사람 손을 우익 사람들이 잡아주겠어? 손을 잡더라도 언젠가는 밀어낼 거야. 송충이는 솔잎을 먹어야지. 공산당 창당 멤버답게 공산당으로 끝장을 봐야지."

고명자와 김명시는 남편 조봉암이 코민테른을 설득해서 따낸 21명의 모스크바공산대학 유학생으로 뽑혀 김조이와 함께 3년 과정을 마쳤다. 재학 중에는 옆 침대를 썼다. 김조이가 출옥한 뒤 남편과 재결합하고 유휴의 세월을 보낸 데 비해, 고명자와 김명시는 투쟁을 계속했다. 고명자는 지하투쟁을, 김명시는 중국 화북지방으로 망명해 타이항산太行山과 옌안에서 조선독립동맹* 간부로 투쟁하다가 귀국했다. 그래서 둘 다 당당한 입장으

---

* 1942년 중국 공산당 산하 팔로군 점령지인 화북 타이항산에서 김두봉·허정숙

로 부녀동맹 부위원장과 민전 중앙위원을 맡고 있었다.

"그러니 날더러 어쩌란 말이야? 남자하고 세 번이나 헤어졌는데 또 헤어지란 말이야?"

김조이가 한숨을 쉬며 말하자 고명자는 한심하다는 표정을 했다.

"지금 세 번 네 번이 문제냐? 코뮤니스트에게 사랑이 뭐 대수냐? 주세죽은 모스크바로 가서 내 애인 김단야와 결혼했고 허정숙은 남편 동지들과 바꿔 살았는 걸. 네 앞날이 문제지."

김명시도 고개를 끄덕였다.

"명자 언니 말이 맞아요."

세 사람의 화제가 '붉은 연애의 주인공'으로 세상을 떠들썩하게 했던 주세죽과 허정숙 이야기로 넘어갔다. 박헌영의 아내였던 주세죽은 1933년 박헌영이 상하이에서 체포당해 끌려가자 모스크바로 가서 남편의 동지이자 자기 친구 고명자의 애인이던 김단야와 결혼했다. 허정숙은 임원근이 투옥된 뒤 송봉우와 뜨거운 연애를 해서 그 이름이 널리 회자되었고, 송봉우가 투옥되자 조선일보 기자 신일용辛日鎔과 동거했으며, 그 뒤 최창익崔昌益과 결혼해 화북의 조선독립동맹에서 투쟁하다가 북조선으로 귀국해 있었다. 소식을 알 수 없는 것은 김단야와 주세죽이었다. 1930년대 중반까지 소련에서 투쟁했던 그들 부부는 소식이 끊어졌다.**

· 최창익·김무정 등이 조직한 공산주의계열 독립운동 단체. 조선의용군을 산하에 두었으며, 옌안에 머물다가 일본 항복 후 화북과 만주 지역을 해방시키고 북한으로 귀국했다. 옌안은 중국 내륙 산시성(陝西省) 오지에 위치하며 중국 공산당의 홍군(紅軍)이 국민당 군대에 쫓겨 9,600킬로미터의 장정(長征) 끝에 안착해 세력을 키운 혁명근거지다.

** 김단야는 이 무렵 행적이 알려지지 않았다. 그는 1937년 11월 스탈린 정부에 체포돼 1938년 처형당했다. 소련 정부가 16만 명의 연해주 한인들을 중앙아시아로 강제이주시키면서 지도자 3,000여 명을 숙청했는데 거기 포함된 것이었다.

김조이는 시호가미탕을 훌훌 불어가며 마시고 일어섰다. 약효가 금방 나타날 리는 없는데 몸이 가뿐하게 느껴졌다. 그녀는 옷을 갈아입은 뒤 인천부녀동맹 사무실로 나갔다.

오후에 놀라운 소식이 들려 왔다. CIC 인천 파견대가 민전 사무실을 기습적으로 압수수색해 명단과 일지 등 모든 서류를 압수해갔다는 것이었다. 압수수색 과정에서 남편과 CIC 대원들 간의 말다툼이 있었다는 말도 들렸다.

혹시 연행이라도 된 게 아닌가 하여 그녀는 민전 사무실로 갔다. 몇 사람의 맹원들과 함께 앉아 있던 남편은 풀이 죽은 모습으로 일어섰다.

부부는 그곳을 나와 집이 있는 도원동으로 걷기 시작했다.

"도대체 CIC가 뭐예요? 군사작전에 필요한 정보를 얻는 부대 아녜요?"

그녀의 말에 남편 봉암은 고개를 끄덕였다.

"나도 '방첩대'라 불리는 미군정의 정보기관이라고 알고 있었어.*** 일제 시 인천 신사神社 있었던 답동에 인천 파견대가 있다더군. 군사에 관한 첩보만 담당하는 걸로 알았는데 좌익과 관련한 기구까지 사찰하는 모양이야."

갑자기 문이 벌컥 열리고 사복을 입은 미국 사람 셋과 한국인 하나가 들어왔다고 했다. 재킷 위에 가죽 띠를 매고 있었으며 거기 권총이 달려 있었다고 했다. 한국인이 "우리는 CIC에서 나왔소. 상부명령에 따라 압수수색하오"라 말했고, 미국인들은 서류 상자와 서랍에 있던 서류는 물론 벽에

주세죽은 1938년 일제 밀정 혐의로 체포당한 뒤 한인들이 강제이주된 카자흐스탄 크즐오르다로 유배되어 방적공으로 살았다. 해방 후 소련 당국에 조국귀환을 요청했으나 거부당하고 그곳에서 1950년대 중엽 사망했다(강만길·성대경, 앞의 책, 55쪽 및 469쪽).

*** CIC: Counter Intelligence Corps의 약칭. 광복 직후 미군 24군과 함께 들어온 제224 파견대는 군사정보에 치중했으나 1946년 4월 제971 파견대가 교대하면서 민간인에 대한 사찰과 공작으로 활동을 확대했다.

붙인 포스터와 전단까지 상자에 담았다고 했다.

"당신이 실랑이를 했다던데 뭐 때문이에요?"

남편은 묵묵히 먼지 나는 땅바닥을 들여다보며 걸었다.

"박헌영에게 쓴 편지가 있었는데 압수당했어. 사흘 뒤에 돌려준다고 했어."

"그 편지 어젯밤에 썼지요? 늦게까지 안 주무시던데."

"아냐, 한 열흘 됐어. 어제는 일부를 고친 거고."

"편지는 속속들이 반박하는 내용이었겠군요."

그녀는 그런 편지를 쓰며 자신하고는 한 마디 의논도 안 했냐고 말하려다가 참았다. 미군방첩대가 그것을 조선공산당 간부들의 알력에 대한 정보를 획득한 걸로 삼겠지만 남편의 얼굴이 그런 것처럼 그녀도 마음이 찜찜했다.

사흘 뒤, 그녀는 편지를 찾으러 가는 남편을 따라 나섰다. 인천 CIC 파견대 정문 옆에 있는 접견실에서 수색을 왔던 담당자를 만났다. 부부가 들은 대답은 검토가 덜 끝나서 아직 돌려줄 수 없다는 것이었다.

CIC 파견대장이 인천의 명망가에게 그 편지를 보여주며 자문을 구했다는 증언이 있다. 인천의 저명한 외과의사 신태범 박사는 미군정청의 보건위생 담당고문으로 위촉되어 여러 인천 군정관들과 친했고 CIC 대장 윙필드 소령과도 교유했다. 어느 날 소령에게 초대되어 옛 일본인 거주지역에 있는 일본식 요정 팔판루에서 식사를 했다.

1946년 4월 초에 소령의 점심 초대를 받았다. 당시에는 일종의 호사였던 서양요리를 들고 나서 별실에서 이야기를 나누게 되었다. 소령이 달필인 펜글씨로 된 편지처럼 보이는 서류를 건네주며 읽어보고 소감을 말하라는 것이었다. 누구의 글인지 그도 밝히지 않고 설명도 없었으므로 알 길이 없었으나 남로당이 38선 이남에서 정치권력을 잡기 위해 폭력혁명 수법을 강행하려는 것을 반대한다는 골자였다.

미군정이 존재하고 있는 현실을 시인하고 그 여건 안에서 합법적인 건국 활동을 전개할 것을 주장하면서 남로당의 주장과 행동에 대해 일일이 반박을 하고 있었던 것으로 기억하고 있다.

시원한 공감을 가지고 읽은 다음 전적으로 찬동한다는 뜻을 전하고 돌아왔다. 나중에 그 글이 민전 인천시위원회의 초대위원장이었다가 『한성일보』에 「박헌영에게 보내는 공개장」을 발표하고 곧 그 자리를 떠난 죽산의 공개장 원고라는 것을 알게 되었다. 죽산의 이러한 글이 어떠한 경로를 통해 CIC 대장의 수중에 들어왔으며, 어떠한 과정을 밟아 신문기사가 되었는지는 지금까지 아는 바 없으나, 이 발표를 계기로 죽산이 좌익진영에서 완전히 이탈한 것만은 모두가 아는 사실이다.[*]

신태범 박사는 인천을 대표하는 명망가였다. 당시 조봉암과 교유하고 있었으며 자기 병원에 입원시켜 손가락의 동상 흉터를 수술해주었고 짧은 기간이지만 조봉암에 의해 인천 민전 부의장에 선임되기도 했다. 뒷날 조봉암이 농림부 장관이 된 뒤 조동필 교수를 농촌지도국장에 추천한 일도 있다. 편지를 읽으면 박헌영과 맞서던 조공 거물임을 알 수 있고 앞부분에 '내가 8·15 그날부터 오늘까지 인천에 틀어박혀서'라는 구절이 있다. 신 박사는 급하게 핵심부분만 읽어 편지 주인이 조봉암임을 짐작 못한 듯하다.

---

[*] 신태범, 『인천 한 세기』(홍성사, 1983), 70-71쪽.

박헌영에게 쓴 편지가 공개되고 전향하다

해방 후 맞은 첫봄은 빠르게 흘러갔다. 제1차 미소공동위원회가 열려 임시정부수립에 대한 방침과 절차를 발표했다. 그러나 합의 없이 지지부진했고 국내의 좌우익 대립은 극심해졌다.

4월 초에는 미군정청이 남조선 단독정부 수립을 본국에 제의했다는 설이 외신을 타고 국내에 보도되었다. 국무성이 부인하는 성명을 냈지만 이승만이 남조선 정부의 주석이 될 것이라는 내용도 들어 있었다.[*]

남쪽에는 미국이 지원하는 단독정부, 북쪽에는 소련이 지원하는 단독정부, 이게 정해진 수순이란 말인가. 민족 전체가 정신을 바싹 차리지 않으면 큰일 날 것 같은 불길한 느낌이 스쳐 갔다.

4월 21일 조봉암은 민전 인천지부장으로서 임시민주정부 수립을 촉구하는 인천시민대회를 열었다. 좌익의 집회였으나 그는 연설에서 양보와 화합을 간곡하게 호소했다. 민전이 박헌영의 독선에 의해 공산주의자 일색으로 되어 있어서 진정한 민족전선의 정신은 팽개친 꼴이기 때문이었다.

4월 마지막 날이었다. 아내 김조이가 새벽 일찍 첫 기차를 타고 서울로 갔기 때문에 그는 딸 호정이 차려주는 아침밥을 먹었다.

조봉암은 늘 그랬듯이 용동 사거리 조금 지나 내리 건어물 거리에 있는 비강조합 사무실부터 들렀다. 자신이 자리를 비우는 시간이 많은데도 꼬박꼬박 월급을 받는 곳이었다. 이창래일제강점기 '이재호'였으나 광복 직후 개명 과장이 출장을 나간 터라 윤봉림 양이 혼자 일하고 있었다. 업무에 차질이 없도록 밀린 일을 처리하고 있는데 윤봉림 양이 그를 향해 돌아앉았다.

"오늘은…… 몸조심하셔요."

처음보다 수줍음은 줄었지만 간신히 하는 말이었다.

---

[*] 『동아일보』, 1946년 4월 7일자(석간).

"왜 그러느냐?" 하고 그는 서류를 손에 든 채 말했다.

"꿈자리가 안 좋아서요."

조봉암은 눈을 크게 떴다.

"네가 내 꿈을 꿨단 말이냐?"

"네, 왜놈 헌병들한테 붙잡혀가시는 꿈이었어요."

그는 너털웃음을 웃었다.

"걱정 마라. 지금은 왜놈들도 없거니와 아무도 나를 붙잡아갈 수 없다."

봉림의 촉촉이 젖은 두 눈이 그를 바라보고 있었다. 전에도 몇 번 느낀 터이지만 거기 순진한 처녀의 간절한 마음이 들어 있었다.

"내 걱정을 많이 하느냐?"

그는 그 눈을 바라보며 물었다.

"네, 온종일 선생님 생각을 안 하는 날이 없어요."

봉림은 주르르 눈물을 흘렸다. 그 모습이 사랑스러워서 그는 손을 뻗어 눈물을 닦아주고 싶었다.

"안 되겠구나, 어서 시집을 보내야지."

그는 큰 목소리로 말하며 자신의 내부에 일기 시작한 어린 처녀에 대한 애틋한 감정을 밀어냈다.

봉림은 도리질하는 아이처럼 머리를 여러 번 저었다.

"저는 시집 안 가요. 선생님만 바라보고 살 거예요."

조봉암은 봉림의 어깨에 손을 얹었다.

"네 마음은 고맙다. 하지만 그런 마음도 한때 앓았던 열병처럼 지나가는 거란다."

그는 일을 대강 정리하고 비강업조합 사무실을 나섰다. 민전 사무실에 들러 간부 몇 사람과 만나 같이 점심을 들면서 회의를 했고 저녁에도 사람들을 만났다. 그런데 알 수 없는 일이었다. 마음속에서 윤봉림 양의 사랑스런 모습이 자꾸 떠오르는 것이었다.

1946년 5월 7일, 뜻밖의 일이 터져 조봉암의 이름이 나라 전체를 흔들었다. 그가 지난 3월에 인천 CIC 파견대의 수색에서 압수당한 박헌영에게 쓴 편지가 그날 발행된 『조선일보』 『동아일보』 『한성일보』 『대동신문』 등 우익 계열 신문 네 군데에 실린 것이었다.

그는 신문을 읽고 허탈한 마음으로 마루에 앉아 있었다. 그가 내던진 신문을 읽은 아내 김조이가 다가와 그의 소매를 잡아당겼다.

"당신 글 그대로인가요?"

그는 고개를 저었다.

"대체로 윤곽은 같지만 여러 군데를 고쳤어. 특히 김일성하고 김무정金武亭 그룹이 각기 따로 있는 것처럼, 마치 경계해야 할 인물인 것처럼 쓴 건 내 글이 아냐. 나하고 박헌영이나 공산당을 이간시키려고 개악改惡을 한 거야."

"그걸 누가 믿겠어요?"

김조이는 한숨을 쉬며 눈물을 흘렸다.

"이제 어떡할 생각이에요?"

"너무 걱정하지 말어. 무슨 수가 있겠지."

그는 담담하게 말했다.

다음 날 그는 다시 CIC를 찾아갔다.

지금이라도 편지를 돌려달라고 하자 담당자는 서울 CIC 본부로 보냈다고 했다. 남의 사신을 본부로 보낸 것도 잘못이다, 아무 문의도 없이 무단히 공개한 것은 무슨 까닭이냐고 따졌다. 개인적으로는 약속을 어겨 미안하지만 직무상의 일이고, 또 본부에서 어떻게 발표했는지는 모른다는 대답이었다. 조봉암은 자신이 직접 CIC 본부에 찾아가 편지 반환을 요구할

존경하는 박헌영 동무에게.
죽산이 박헌영에게 보낸 「사신」.
미군 CIC에 압수당한 이 편지가
공개되어 죽산은 공산주의를 버리고
전향하는 계기가 되었다.
『동아일보』, 1946년 5월 7일자 지면.

테니 표를 한 장 써달라고 요구했다. 그러자 CIC 요원은 짜증을 냈다. 그러면서 인천 군정관 스틸맨한테 가든지 하지 중장한테 가보라고, CIC 일은 누구도 간섭하지 못한다고 소리쳤다.

그는 결국 무연히 발길을 돌리는 수밖에 없었다.

조봉암은 사건을 해명하는 인터뷰를 하겠다는 의사를 아내를 통해 좌익 신문 쪽에 보냈다.

그다음 날 인천 민전회관에서 3개의 좌익 계열 신문의 기자들을 만났다. 사회에 물의를 일으켜 미안하다는 말부터 했다. 편지를 쓴 시기와 쓰게 된 경위, 압수당한 과정을 설명했다. 그리고 사흘 전 미군 CIC를 찾아가 담당자와 나눈 이야기를 한 마디도 안 틀리게 그대로 인용해 말했다. 이들 신문은 5월 15일에 인터뷰 기사를 실었다.*

---

* 『조선인민보』 영인본(김남식·이정식·한홍구 엮음, 한국현대사자료총서 3, 돌

다음 날 그는 자신이 공산당원으로서 공적으로 갖고 있던 지위인 민주주의민족전선 인천지부 의장 자리에서 물러났다. 그리고 김용규와 박남칠이 만들어준 비강업조합장 자리도 사직했다.

최근에 비밀이 해제된 소련 군정 문서에 조봉암의 편지가 공개된 직후 박헌영과 여운형의 반응에 관한 기록이 있다.

조봉암의 편지가 공개된 5월 7일, 박헌영은 소련 군정 측에 자신의 주장을 담은 「보고서」를 보냈다. '조봉암이 혁명 활동을 그만두고 비조직적으로 처신했으므로 1932~33년에 나와 다른 공산주의자들은 그와 어떤 접촉도 갖지 않았다. 나는 1938~41년 인천에서 지하활동을 했는데 당시 거기서 살고 있던 조봉암에게 이 사실을 비밀로 하지 않으면 안 되었는데 그것은 조봉암이 일본인들의 비호를 받고 있었기 때문이다'라고 했다.**

5월 8일, 여운형은 박헌영과 만났다. 박헌영이 먼저, '반대파들이 어리석은 행동을 하고 있다'고 말하자 여운형이, '나는 상하이시절부터 조봉암을 잘 알고 있었으며 그가 거기서 돈을 훔쳤고 강도질을 했으며 이로 인해 감옥살이를 했다고 말했다. 그리고 그런 사람은 당에서 제명시켜야 한다'고 주장했다.***

박헌영의 험담은 공개비판을 당해 그렇다치고, 존경하는 대선배로서 상하이에서의 조봉암의 고독한 투쟁을 누구보다도 잘 알고 있던 여운형의 험담은 그가 얼마나 큰 배신감에 빠져 있는지 알게 한다. 아울러 조봉암이 모든 공산주의자들과의 관계를 끊어야 하는 처지에 놓였음을 알 수 있다.

베개), 1946년 5월 15일자.
** 러시아국방성 중앙문서보관소 문서군 172, 문서철 12, 구두정보 보고, 1946년 5월 7일 및 8일, 국편 DB.
*** 같은 자료, 5월 8일, 국편 DB.

서울의 CIC 본부가 그의 사신을 4개 신문사에 보낸 것은 조선공산당의 거두인 조봉암을 박헌영과 분열시키고 그를 우익 쪽으로 끌어들이려는 책략에서 출발한 것이었다. 그것은 충분한 성공을 거둔 셈이었다.

윤봉림과의 인연

5월 18일은 토요일이었다. 오후에 조봉암은 집에 혼자 있었다. 마루에 걸터앉아 울타리 앞에 화사하게 핀 모란꽃을 이따금 바라보며 책을 읽고 있었다. 아내는 편지 공개사건으로 닥친 일 때문에 며칠을 머리를 싸매고 누웠다가 어제 서울로 가서 돌아오지 않고 있었다. 딸 호정은 중간고사 준비하느라 도서관에서 공부를 한다더니 저녁에나 돌아올 모양이었다.

대문에 달린 종이 딸랑딸랑 울었다. 호정이 왔나보다 하여 누구냐고 묻지 않고 대문을 열었다. 대문 앞에 선 사람은 윤봉림 양이었다. 뒤로 땋은 머리가 출렁하도록 인사를 하고는 들고 온 작은 보따리를 내보였다. 다른 한 손에는 딸기를 담은 조그만 소쿠리를 들고 있었다.

"사무실에 두고 오신 사물을 갖고 왔어요."

사직하고 나온 비강업조합 사무실에 둔 사물이라야 책 몇 권과 수첩, 도장, 그리고 창고를 돌아볼 때 입는 흰색 가운이 전부였다.

"내가 한 번 들르면 될 걸 네가 고생하는구나."

그는 보따리를 받으며 봉림을 들어오게 했다.

"딸기가 싱싱해서 사왔어요. 제가 씻어 올게요."

봉림은 팔을 걷어붙이고 부엌으로 들어가더니 딸기를 씻어서 접시에 담아들고 나왔다. 다른 때 같으면 그의 앞에서 수줍어하고 걸핏하면 눈물을 흘리고 그러더니 이날은 표정이 밝았다.

그가 딸기 하나를 입에 넣고 맛있다고 고개를 끄덕이는데 봉림은 화단의 모란꽃처럼 환하게 웃었다. 저것이 내가 곤경에 빠진 것을 알고 위로해주려고 저러는 거지, 하고 생각하니까 기분이 좋아졌다.

봉림은 한동안 그러더니 두 눈에 웃음을 가득 담고 물었다.

"저를 보니까 좋으셔요?"

그는 웃으며 고개를 끄덕였다.

"그래, 네가 웃는 모습이 꽃보다 더 예쁘구나."

윤봉림 양은 감격에 겨운 얼굴을 했다. 그러더니 그를 똑바로 바라보았다.

"내일 저하고 소풍 가셔요. 시름을 잊게 해드릴게요."

그렇게 말하고는 자신이 두 주일 전 여학교 동창들하고 다녀온 한강 뚝섬과 봉은사 이야기를 했다.

그는 선뜻 고개를 끄덕였다. 내일 하루쯤 봉림과 소풍을 하며 세상일을 잊는 것도 좋겠다 싶었다.

다음 날 아침 일찍 기차를 탔다. 일요일이라서 손님이 적어 객차 안은 한산했다. 윤봉림은 그의 곁에 앉아서 딸처럼 애교를 떨었다. 수줍음은 여전히 표정에 남아 있지만 활달했다. 서울역에서 내려 전차를 타고 동대문까지 가고 거기서 다시 전차를 갈아타고 뚝섬에 도착했다. 거기 강을 건너는 나룻배가 있었다. 그것을 타고 건너가 봉은사 도량을 돌아보았다. 강둑에 있는 잔디 그늘에서 봉림이 싸 온 도시락을 먹었다. 5월의 강바람은 시원하였고 강변에 서 있는 나무와 풀들도 신록으로 싱그러웠다.

그는 자신의 심신이 5월의 무성한 신록처럼 왕성해지는 느낌이 들었다. '네가 나한테 힘을 갖게 하는구나' 하는 생각도 들었다. 식곤증 때문에 졸음이 왔고 그는 잔디밭 위로 몸을 눕혔다. 봉림이 무릎을 베라고 했다. 그는 그것을 베고 스르르 잠이 들었다.

그에게 헌신적인 스물두 살 처녀와의 관계는 그렇게 시작되었다. 그는 번뇌를 잊기 위해 주말마다 그녀를 만났고, 6월의 첫 토요일에 함께 서울에 갔다가 경인선 열차의 막차가 예고 없이 결행하는 바람에 함께 여관에 들었다.

　매우 어려운 시기에 매혹적인 어린 처녀와의 사랑에 빠진 중년 사나이가 대개 그렇듯이 그는 한 번의 동침만으로 관계를 정리하지 못했다.

공산주의보다 통일된 조국 건설이 더 중요

　1946년 6월 11일 화요일, 조봉암은 미 군정 법령 제72호 제8항 위반 혐의로 인천 CIC에 연행되었다. 박헌영에게 쓴 편지 초고를 돌려받기 위해 찾아갔던 옛 일본 신사 자리의 CIC 인천 파견대 그곳이었다. 그는 군정 법령 제72조 제8항이 무엇인지 수사관들에게 묻지 않았다. 자신을 전향시키기 위한 미군정의 본격적인 작전이 시작됐구나 하는 생각이 들어서였다.

　CIC 파견대장 윙 필드 소령은 처음부터 탁 터놓고 말했다.

　"정중하게 모셔오라 했는데 결례가 있었다면 용서하십시오. '존경하는 박헌영 동무에게' 서신을 공개한 것은 코리아라는 나라를 진정한 민주국가로 발전시키기 위해 고심 끝에 결정한 일이니 이해하시기 바랍니다. 선생이 젊은 날에 선택했던 공산주의가 독립운동의 수단이었다는 걸 우리는 압니다. 그러나 이제 그것은 유효하지 않습니다. 그리고 선생은 지금 공산당으로 돌아갈 수도 없고 북한으로 갈 수도 없습니다. 짐작하시겠지만 미국은 코리아를 포기하지 않습니다. 부강한 나라로 만들 것입니다. 어떻습니까? 조국 코리아의 발전과 번영을 위해 전향하실 수 있습니까?"

　조봉암이 짐작한 그대로였다. 아, 이제 어떤 길을 가야 할 것인가. 그는 CIC가 임시로 마련한 게스트하우스에서 열흘 동안 갇혀 지내며 고심했다. 숙소는 안락했지만 고심 때문에 잠이 오지 않고 입맛도 없었다. 그러나 선택의 여지는 없었다. 그는 결국 전향을 선택했다.

　조봉암이 생애의 중요한 전환을 의미하는 전향을 감행한 이유는 그 자신이 안고 있던 내면의 의식과 미군정의 공작이라는 외면적 상황이 복합된 것이었다. 항상 그의 내면에는 마치 꼿꼿이 선 푯대처럼 의지가 서 있었다. 인민이 나라의 주체가 되며, 인민이 착취당하지 않고 평등하게 권리를 향유하는 국가, 한 마디로 규정해 말한다면 사회민주주의 국가였다. 미국처럼 자본가가 독점하는 나라가 아니고 모든 것을 공정하게 나누는 국가, 그것을 만들고 싶은 열망이 그 푯대를 세운 것이었다.

그런데 그것보다 시급한 문제가 앞에 놓여 있었다. 북위 38도 선을 경계로 미국과 소련에 분할 점령된 현실을 극복하는 일이었다. 좌익과 우익은 한 치의 양보도 없이 팽팽한 대립을 하고 있었다. 남과 북이 갈라서 제각각 정부를 만든다면 몰라도 조선공산당이 이끄는 혁명노선은 이제 불가한 상황이었다. 민족해방운동은 좌익전선만이 한 것이 아니라 우익전선에서도 했기 때문이다.

그는 진정한 통일 민주국가를 만들기 위해 나아갈 방향은 무엇인가 냉철하게 생각했다. 비혁명노선으로 사회주의 이념을 실현하는 것이 최선의 현실적 방안이었다.

갑자기 들이닥친 폭풍처럼 CIC의 서신공작이 그를 흔들어댔다. CIC가 그렇게 행동한 것은 계산이 깔린 전략이었다. 그 무렵, 좌익 측이 결성한 민주주의민족전선에 맞서기 위해 우익이 조직한 남조선대한국민대표민주의원이라는 것이 있었다. 약칭으로 '민주의원'이라 불렀다. 이승만·김구·김규식 등이 주축이었으며 군정사령관의 자문기구이기도 했는데 세 사람이 각기 자기 주장이 강해 구심력이 약화되어 있었다.

미군정은 이에 실망하여 대안을 좌우합작위원회에서 찾으려 하고 있었다. 좌우합작위원회란 이해1946 7월 25일 발족한 단체였다. 미국은 소련이 거부하는 지도자 김구와 이승만을 배제하고, 미국이 용납할 수 없는 공산주의자들을 제외한 채, 중간우파와 중간좌파 사이에 협약을 맺게 해 좌우합작위원회를 구성한 후 이를 민주의원과 대치하려 한 것이었다. 즉 민중에게 큰 인기가 없는 이승만, 지주 자산가 중심의 한민당, 친일파 등 극우 세력에 대한 기대를 포기하고 중간세력에 눈을 돌리고 있었던 것이다.

좌우합작위원회에 힘을 실어주기 위해 조선공산당을 약화시킬 필요가 있었는데 그 카드가 조봉암의 전향이었다. 조봉암은 조직능력이 박헌영을 뛰어넘는 인물이지만 반조운동에 의해 조선공산당 중심의 권력투쟁에서 박헌영에게 밀려나 있었고, 공산주의의 혁명적 투쟁을 지양하는 태도를 보여왔기 때문이다.

조봉암은 6월 22일 「전향성명서」를 쓰고 CIC를 나와 귀가했다. 이로써 CIC의 서신 공작과 전향 권유 공작은 성공했다. 그러나 조봉암으로 하여금 평생 몸담아온 조선공산당을 등지고, 다시 돌아올 수 없는 강을 건너게 하고 말았다. 공산당 중심으로 들어가서 박헌영과 내부노선투쟁을 할 기회를 상실한 것이었다. 과격한 혁명투쟁을 지양하고 비혁명노선으로 공산당을 이끌어갈 희망이 사라지고 만 것이다.

조봉암이 그렇게 한 것은 공산주의보다 조국 건설이 더 중요하며, 내 조국에는 유럽식 사회민주주의가 최선이라고 판단한 때문이었다. 그것이 젊은 날 도쿄 유학 중의 독서와 공산대학 유학 중 핏속에 속속들이 배어든 공산주의사상을 배반하게 한 원인이 되었다.

다음 날인 6월 23일, 인천에서는 우익과 좌익이 각각 집회를 열었다. 오전 10시 송학동의 공회당에서는 독촉국민회 주최 신탁통치반대 시국대강연회가, 오전 11시에는 공설운동장에서 민전 주최로 미소공동위원회 촉진 시민대회가 열린 것이었다. 민전대회는 중앙에서 여운형·이강국·김원봉·성주식 등이 내려와 연설할 예정인지라 수만 명의 시민들이 운집했다.

그의 「전향성명서」는 민전 집회장소인 공설운동장에 뿌려졌다.

"공산당은 안 된다! 조봉암 선생이 전향했다!"

이곳저곳에서 외치는 소리가 나고 전단 뭉치가 하늘로 솟아올랐다가 쏟아져내렸다. 청중들은 동요했고 앞다투어 전단을 받아 읽었다.

그리고 같은 시각 전단은 주요 관공서와 신문사들에 배포되었다.

비공산 정부를 세우자

내가 지금 생각하고 있는 정당의 윤곽은 여좌如左함

1. 연합국의 승리에 의하여 그들의 호의로써 해방의 기쁨을 얻은 우리 조선민족은 민주주의원칙에 의하여 건실한 자유의 국가를 건설함에 있고 어느 한 계급이나 한 정당의 독재나 전제이어서는 안 된다는 것.

2. 조선민족은 자기의 자유의사에 의하여 민족전체가 요구하는 통일된 정부를 세울 것이고 공산당이나 민주의원의 독점정부가 되어서는 안 된다는 것.

3. 현재 조선민족은 공산당 되기를 원치 않는다. 따라서 조선공산당의 계획으로 된 인민공화국 인민위원회와 민주주의민족전선 등으로써 정권을 취하려는 정책은 단연 반대한다는 것.

4. 우리 조선민족은 아메리카를 비롯하여 연합국에 대하여 진심으로 감사할 것이며 또 진심으로 협력하여서 건국에 진력盡力할 것이요, 지금 공산당과 같이 소련에만 의존하고 미국의 이상을 반대하는 태도는 옳지 않다는 것.

5. 조선의 건국은 민족 전체의 자유생활이 보장되어야 할 것이다. 따라서 노동계급의 독재나 자본계급의 전제를 반대한다는 것.

1946년 6월 23일 조봉암

그가 터전으로 잡고 있는 인천은 물론 나라 전체가 발칵 뒤집혔다. 신문마다 그의 「성명서」를 톱기사로 내고 해설을 달았다. 6월이 다 가기 전에 조선공산당 중앙은 그에게 3년간의 정권 처분을 내렸고 그는 7월에 탈당으로 맞섰다.

11 정치가의 길

인천의 정치 기반, 그리고 민주주의독립전선

　조봉암은 1946년 6월 23일 「전향성명」을 발표한 직후 인천에서 조용히 지내면서 소책자인 『삼천만 동포에게 격함』과 논문 성격의 글인 「공산주의 모순 발견」을 집필했다. 자신이 과거에 치열하게 공산주의 투쟁을 한 터라 혹여 전향을 믿지 않고 의혹의 눈길을 보내는 사람들이 있을 것이라는 판단 때문이었다. 그는 두 글에서 공산당 계급독재노선의 부당함과 코민테른 맹종 노선의 반민족성을 거듭 비판하고 계급을 초월한 민주주의 통일국가 건설의 필요성을 역설했다.

　아내 김조이가 곁에서 격려했다.

　"당신이 젊은 날부터 가졌던 사회민주주의 사상이군요. 당당하게 쓰세요. 당신이 공산주의를 택했던 건 조국독립을 위한 방편이었으니까요. 정말 그때는 그것밖에 길이 없었잖아요. 그리고 계급독재는 당신이 처음부터 부정했잖아요?"

　7월이 끝나자 『동아일보』에서 기자들이 찾아왔다. 그는 기자들의 질문에 답했다.

"지금 조선에 있어서는 여하한 형식으로든지의 계급독재를 부인해야 합니다. 그러한 관념까지도 민주주의의 명랑성을 멸살하는 것으로 봅니다. 민족통일을 위하고 자주독립을 위한 대중운동을 일으켜야 한다는 생각은 있지만 아직 신당을 만들 구체적 계획은 없습니다."*

중앙에서의 관심도 중요하지만 장차 텃밭으로 만들고자 하는 인천의 여론도 중요했다. 그래서 인천의 대표적 신문인 『대중일보』와 인터뷰를 하여 계급독재를 부인하고 반공노선을 갈 것임을 다시 천명했다. 인터뷰를 한 기자는 조봉암처럼 강화 출신인 김차영이었다.** 그는 시인이기도 했는데 처음에는 조봉암의 전향에 대해 부정적인 시각을 갖고 나왔다. 그러다 인터뷰를 끝내고는 감동했는지 스승으로 모셔도 좋은가 하고 물었다.

"허허, 좋지! 시인이라니까 더 좋지" 하며 조봉암은 껄껄 웃었다.

조봉암은 8월 10일에는 같은 신문에 「광복절을 어떻게 맞을까」라는 제목의 칼럼을 3회에 걸쳐 기고했다. 그는 이 칼럼에서, 해방 1년이 됐는데 자주독립 통일은커녕 국토가 분단되고 국론도 분열하고 있다고 지적했다. 그 원인은 민족 내부의 불통일에 있으며 책임은 좌우익 정당 지도자들에게 있다고 강조했다. 그들이 민족의 장래보다 권력다툼에 혈안이 되어 있기 때문이라고 따끔하게 꼬집었다. 그리고 민중이 궐기하고 민중의 위력으로써 저들을 통일시켜 자주독립 이룩하자고 호소했다. 한편으로 그는 1939년 신의주형무소에서 나와 인천에 온 뒤 사귄 지인들과 활발하게 교

---

* 『동아일보』, 1946년 8월 2일자.
** 김차영(金次榮, 1922~94): 강화 길상면 출생으로 인천에서 성장, 일본 리쓰메이칸(入命館)대학에서 영문학을 공부했다. 광복 후 인천에서 배인철·현덕 등과 교유하며 '문예탑' 동인으로 활동했다.

유했다. 시인이자 사업가인 함효영*, 조선제침공장 사장 이필상李弼商, 일
제하에서 인천자동차교통주식회사 중역을 지낸 김성진金聲振, 보성전문
출신으로 우련통운이라는 해운업을 하는 배인복裵仁福 등이었다. 우파 혹
은 중도파 지도자들이었다.

함효영은 용모가 수려한 미남으로 영화「승방비곡」에 출연했던 인물이
다. 노래도 잘 불렀는데 부두 음식점에 놀러 가면 '두우둥실 두리둥실 배
떠나간다 물 맑은 봄바다에 배 떠나간다' 하며 자기의 시에 홍난파가 곡을
붙였다는「사공의 노래」를 멋들어지게 불렀다. 다른 세 사람은 기업인이
지만 사회참여 의지가 강한 사람들이었다.

교유하는 지인들을 통해 자신에 대한 인천의 여론이 좋은 것을 확인한
그는 서서히 움직이기 시작했다. 9월 1일, 인천의 요릿집 화선장에서 이들
지인들과 지역 유지, 언론인 등 40명을 초청해 시국에 대한 간담회를 가졌
다. 그는 기자로부터 질문을 받고 자신이 갖고 있는 민족운동의 이념을 솔
직히 피력했다.

"진정한 민주주의 아래 3천만 민중이 대동단결을 하여 독립 전취를 촉
진하는 운동을 일으키는 것입니다."

그는 자신이 좌담의 중심인물이 되는 일, 조직을 묶는 일에서 다시 최고
수완을 발휘했다. 집회에 참석한 사람들의 마음을 사로잡았고, 그들을 자
신의 의견에 동의하게 하는 데 성공했다. 그리하여 가칭 '통일건국회'라는

---

* 함효영(咸孝英, 1905-88): 황해도 재령 출생. 해주고보를 거쳐 일본 유학. 조선일
보 기자를 지냄. 1930년대 인천에 이주, 모터 사업을 했으며「시와 산문」문학동
인으로 활동, 시「사공의 노래」와 소설「토막(土幕)의 야경(夜景)」등을 썼다. 해
방 후 한독당에 참여했다(김윤식,「알려지지 않은 또 한 명의 문인 함효영」,『기
호일보』, 2007년 7월 29일자; 이정식,「사공의 노래를 찾아서」,『충청일보』, 2011
년 12월 30일자).

하나의 조직을 묶었다.

그는 인천에 탄탄한 기본조직 하나를 만들어놓은 뒤 서울로 눈을 돌렸다. 그는 자신이 나아갈 방향을 생각하고 있었다. 공산당이나 극우세력이 국민 5퍼센트의 지지밖에 얻지 못하고 있으니 나머지 95퍼센트 국민의 지지를 받는 사회민주주의 정치세력을 만들어야 한다는 것이었다.

그는 옛 동지인 김찬·원우관·임원근, 그리고 이극로李克魯와 이동산李東山 등을 만나 의기투합했다. 그들과 더불어 중도좌익 성향의 인사들을 결집해 초계급적인 민주주의 통일국가 건설을 주창해나갈 계획이었다.

일본 유학시절 그를 공산주의의 길로 이끌어준 김찬은 1931년 체포당해 장기간 복역을 하고 쇠약해진 몸을 쉬다가 해방을 맞았는데 이제 52세의 중늙은이가 되어 있었다. 원우관은 59세였다. 1922년 여름에 만났고 함께 고려공청을 만든 인연이 있었다. 임원근은 1925년 함께 공산당을 창당한 동지였다. 박헌영과 함께 그해 11월 구속되어 복역하고 역시 기나긴 수형생활을 마치고 1931년 출옥했다. 그 후에는 공산주의 투쟁을 접었다. 1933년 조선중앙일보 기자로 일하고, 그 신문이 폐간된 뒤에는 기업 활동에 전념했다. 조봉암을 포함하여 네 사람 모두 일제 말기에 휴면기를 가진 터라 박헌영의 조선공산당 주류에서 밀려나 있었고 박헌영의 전횡에 대한 불만이 컸다.

이극로는 저명한 한글학자였다. 조봉암보다 여섯 살 위였으며 청년기에 만주에서 박은식朴殷植·신채호申采浩 등과 만나 항일운동을 했고 독일 베를린종합대학에서 박사학위를 받은 인물이었다. 조선어학회사건으로 구속당해 해방 때까지 옥고를 치렀고, 한글학회와 조선건민회朝鮮建民會를 이끌고 있었다. 이동산은 조봉암보다 한 살 아래였다. 1926년 조봉암이 만든 조선공산당 만주총국의 멤버였으며 중심 간부들이 체포당한 1927년 10월 그 책임비서를 지낸 인물이었다. 그 후 조선혁명당 중앙위원이 됐으나 1932년 체포당해 옥고를 치른 경력이 있었다. 남만주 독립전쟁의 영웅으로 소문난 양세봉梁世奉 장군의 참모였으며, 광복군의 수뇌인 이청천李青天·유동열柳東說·황학규黃學圭 등 민족주의 항일투사들과 함께 싸운 경력이 있었다.

이들과 모임을 갖던 중 몽양 여운형, 약산若山 김원봉처럼 이제 그에게 아호雅號가 필요하다는 이야기가 나왔다. 김찬이 말했다.

"조봉암 동지가 엿장수 고학을 하며 도쿄 유학을 하던 시절 '철환'이라는 가명을 만들 때 내가 곁에 있었지요. '철환'은 항일 투쟁시절에 쓴 것이고 너무 강하니 이참에 새걸로 지어야 합니다."

봉암이 자신의 태몽이 봉황이 날아오르는 것이었다고 말하자 김찬은 거기서 찾자고 했다. 그러자 한글학자 이극로가 입을 열었다.

"봉황은 100년에 한 번 땅에 내려오며 고고하게 대나무 열매만을 먹습니다. 대나무는 절개를 나타내기도 하니 아호로 참 좋습니다."

그러자 김찬이 큰소리로 말했다.

"죽산竹山, 죽산 조봉암! 이게 어때요?"

봉암은 이극로의 설명이 좋아 머리를 끄덕였다. 일행은 박수를 쳤고, 그때부터 그를 '죽산'이라고 부르기 시작했다.

좌우익 대립 정국에서 희망 주는 지도자로

어느 날, 상하이 망명시절의 후배 동지였던 양이섭이 인천으로 찾아왔다. 신의주형무소에서 함께 복역하고 몇 해 앞서 출감해 그 뒤 소식을 몰랐는데 그의 앞에 나타난 것이었다. 죽산은 그를 옛 일본인 거리인 신포동의 음식점으로 데려갔다.

"고향이 이북이니 이북에 있을 거라 생각했지. 그래, 그동안 어떻게 살았나?"

"주로 장사를 했습니다."

양이섭은 상하이 시절에도 사업에 수완이 있었지만 최근 사업도 괜찮은지 어깨를 으쓱해 보였다.

양이섭은 우체국 집배원으로 있다가 행랑에 들어 있던 일본회사의 거금을 탈취해 독립운동 전선에 뛰어들었고, 상하이에서 상하이한인청년동맹과 유호한국독립운동자동맹의 멤버로 활동하며 죽산의 지도를 받았던 후배다. 이제 양이섭이라는 본명을 쓰고 있었지만 죽산은 그냥 옛날처럼 '김동호 사장'이라고 불렀다.

양이섭은 죽산이 권하는 탁주를 들이키고 살아온 역정을 이야기했다.

양이섭은 1934년 7월 신의주형무소를 나온 뒤 일본군 수비대의 통역으로 일했다. 그러다가 만주 지린성吉林省 통화通化에서 황무지를 개간해 농장을 경영했다. 그 뒤 톈진으로 가서 철도회사의 경비로 일하기도 했고 곡물위탁판매사업도 했다. 8 · 15광복 뒤에는 신의주에서 중국과 물자교역을 했으며, 최근에는 해상을 통해 남북 간 무역을 했다.

남북무역 때문에 인천항을 자주 왕래한다는 말을 듣고 죽산은 몸조심하고 돈 많이 벌라는 당부를 했다. 38선이 막혀 있긴 하지만 남북교역은 묵시적으로 허용되고 있어서 그저 몸조심만 하면 돈은 많이 벌 수 있는 일이었다.

죽산은 인천을 떠나 서울에 머물렀다. 복잡다단한 해방정국에서 전향을 선택하고 밑바닥에 떨어졌던 존재감을 끌어올리며 정치 입지를 굳히기 위해 정신없이 분투했다.

그가 갈 곳은 좌우합작위원회였다. CIC에 연행되어 열흘을 보낼 때 미국 측이 그에게 요청한 것도 그것이었다. 그는 박헌영의 조선공산당에 반기를 든 지도자로서 제3전선 혹은 중간파라고 불리는 그룹을 이끌어가기에 적격인 지도자였다.

10월 30일, 죽산은 미군정사령부의 연락을 받고 사령관 하지 중장을 만나러 갔다. 미군정이 그를 영향력이 큰 거물로 인정하고 있다는 신호였다. 국적이 같은 동포든 외국인이든 대화에서 사람의 마음을 사로잡는 것은 그가 가진 천부적인 재능이었다.

대화는 30분간의 예정을 넘어서 두 시간이나 계속되었다. 죽산은 한반도에 대해 거의 아는 것이 없이 군정책임자로 온, 한국인을 한낱 점령지역의 미개한 종족으로 알고 있는, 그리고 좌우익의 싸움에 짜증이 나 있는 3성 장군에게 민중이 원하는 건국의 길이 무엇인가를 알기 쉽게 이해시켰다. 10월 인민항쟁의 원인에 대한 자신의 의견을 말했으며, 자신은 조선공산당 영향권 밖에 있는 세력을 결집해 새로운 중간노선을 표방할 것이라고 피력했다. 그리고 자신에게 필요한 활동자금으로 350만 엔을 요청했다. 자신은 조선에 큰 피해를 입힌 극좌 세력과 투쟁할 계획이며, 이를 위해 좌익신문 발행을 준비하고 있다고 말했다. 그리고 그는 합작위원회에 참가해달라는 군정 측의 요청에 동의했다.*

그는 하지와 약속한 대로 합작위원회에 들어가려 했다. 그러나 벽이 가로막았다. 합작위원회의 좌장 격인 여운형과 김규식이 그를 한사코 거부하고 있었던 것이다. 여운형은 미군정을 통해 전향한 사실 때문에 그를 꺼렸고 철저한 반공주의자인 김규식은 그가 전향했지만 과거 공산주의자였다는 사실만으로 신뢰하지 않았다.

죽산은 1947년 2월 민주주의독립전선에 참여함으로써 하지 사령관에게 말한 그대로 중간노선을 표방한 정치활동을 시작했다. 민주주의독립전

---

* 미군정 「정보보고서」, 1946년 11월 7일(『전집』 제2권, 154-155쪽 수록). 내용 중 10월 인민항쟁은 1946년 9월 부산 철도 노동자들의 봉기를 시작으로 전국 철도 노동자 파업으로 확대되고 10월에는 전국으로 확산된 사건이다.

선은 좌우합작위원회에 참여하지 않은 인사들, 혹은 그 단체의 역할을 회의하던 작은 정치 그룹들이 참여한 조직이었다. 구성원들의 세력으로 보면 조직원 6,000명이 넘는 구국당, 2,000명의 근로대중당이 컸으나, 인천에서 결성한 통일건국회를 이끌고 들어간 죽산과, 조선건민회를 이끌고 들어간 이극로가 주도했다.

4월에 죽산은 하지 중장과 다시 만났다. 이극로·이동산과 동행한 이 만남에서 그는 민주주의독립전선에 대한 협조 약속을 끌어냈다.

죽산은 독립전선을 강력한 정치세력으로 만들기 위해 분주한 시간을 보냈으나 일은 쉽지 않았다. 중간노선을 표방하고 나섰으나 중간노선의 상징적 존재인 여운형을 등에 업지 못한 때문이었다. 여운형은 상하이 망명 시절의 신뢰감을 버렸는지 그에게 냉정하기만 했다. 죽산은 사람들을 만나 설득하고 자신의 진정성을 보여주는 일에 힘을 쏟았다. 그러는 사이에 좌익과 우익이 팽팽하게 대립된 정국에서 새로운 희망을 주는 거물 정객으로 서서히 떠올랐다.

죽산과 독립전선은 2차 미소공동위원회 기간 동안 이를 성사시키기 위해 각 파 연합대회를 개최하고 국내 정치 사회 단체들은 협력해야 한다는 「결의문」을 채택했다. 이것은 좌우합작을 종용하던 미군정과 호흡이 맞는 일이었다.

그러나 이해 10월 미소공동위원회가 결렬되고 이승만의 남한 단독정부 주장이 힘을 얻기 시작했다. 조국이 이념이 다른 두 나라로 분단되는 절망적 상황에서 민족주의 진영의 좌우익 중간파 그룹은 통일정부 수립을 위한 연합체를 구성했다. 그것이 민족자주연맹이었다. 독점자본주의도 아니고 무산계급 독재사회도 아닌 제3의 길을 선택했다. 죽산은 발기인으로 참여했고 연맹을 중도파 정당으로 발전시키는 데 동의했다.

딸 임정을 얻다

죽산은 1946년 말부터 서울에서 좌우합작 운동을 전개했으나 인천을 팽개쳐둔 것은 아니었다. 인천을 정치적 근거지로 삼아야 한다는 판단 아래 틈틈이 내려가서 조직을 점검하는 일을 해왔다. 사람의 마음을 사로잡아 설득하는 화술에 탁월하고 그렇게 사로잡은 사람들을 조직으로 묶는 일에 능란한 그였지만 일은 쉽지 않았다. 전향 전력 때문이었다.

처음 인천과 인연을 맺게 한 박남칠, 그는 미군정의 포고령 위반으로 구속되었다가 무죄선고를 받고 막 풀려난 터라 활동이 자유롭지는 못했지만 소리 없이 그를 돕고 있었다. 그밖에 김용규·이보운·이승엽·유두희 등이 있었다. 그들은 미곡업계서 일하며 사회주의 운동을 이끌어온 좌파였고, 그에게 비강업조합장 자리를 만들어준 사람들이었다. 그리고 함께 민전 인천지부를 만들었던 사람들이었다. 그러나 박헌영에게 쓴 사신이 공개되고 전향 성명을 내자 그들은 멀어졌다. 그들을 휘어잡고 있는 것은 이승엽이었고 이승엽은 박헌영과 밀착되어 있었다. 죽산은 오랜 동지인 그들의 냉대를 당연한 일로 받아들였다. 인천에 갈 때마다 찾아가 만나거나 안부를 묻고, 늘 미안하다는 말을 했다. 그래서 그들은 그에게 등을 돌리지 못하고 이해한다는 태도를 보였다. 죽산이 가진 대인관계의 특장이었다.

죽산은 인천에서 새롭게 사귄 함효영·이필상·김성진·배인복 등 우파 인사 및 중도 성향 인사들과 관계를 돈독하게 유지했다. 그들은 상공업자들로서 상당한 재력을 가진 사람들이었다. 그의 먼 친척인 조훈 한의원 원장은 항상 언제든지 그를 도울 준비를 하고 있었다. 박남칠·김용규 등과 달리 그들은 죽산이 공산주의를 버리고 민족주의 노선으로 돌아선 것을 기뻐하고 있었으며 단독정부 선거 출마를 권하고 있었다.

그리고 인천에는 그의 집이 있고 아내 김조이와 딸 호정이 있었다. 김조이는 그가 공산당을 떠나 전향하자 뒤를 따랐다. 이해 마흔여섯, 중년의 고비를 넘어섰고 함흥형무소에서 몸이 상해 여성성을 상실한 상태였으나 사대부 가문의 딸답게 조용히 가정을 지켜주었다. 딸 호정은 해방 이듬해 대학으로 이름을 바꾼 이화여대 영문학과에 다니고 있었다. 서울에서 주로 활동하는데다 호정이 기차통학으로 고생하는 것을 생각하면 서울에 집을 하나 얻으면 좋겠지만 그럴 사정이 못 되었다.

아내와 딸 호정 말고 죽산을 인천으로 끌어당기는 것이 또 있었다. 젊고 아름다운 윤봉림 양과 그녀가 낳은 어린 딸이었다.

임신 소식을 안 건 1947년 초였다. 경암 누님이 봉림의 손목을 잡고 서울로 왔다.

"애가 임신을 했어. 장차 어찌할 생각인가? 애가 아기를 지우고 다른 데 시집가라는 제 엄마 말에 한사코 고개를 흔들며 너와 헤어지면 죽어버리겠다고 하니 참으로 큰일일세."

누님은 그렇게 역정을 내고는 인천으로 내려가버렸다.

봉림은 임신 때문인지 얼굴이 해쓱했다. 그는 저녁을 든든히 사 먹인 뒤 임시숙소로 쓰는 셋집으로 데려갔다.

봉림은 그제야 그의 어깨에 얼굴을 묻고 흐느꼈다.

"저를 버리시면 죽어버릴 거예요."

"너를 버리지 않겠다."

그는 그녀의 어깨를 안고 등을 토닥거렸다. 뱃속의 아이가 아들이었으면 좋겠다는 생각을 했다. 그는 아들을 갖고 싶었다.

제법 잘산다는 남자라면 젊은 소실少室을 두는 것이 큰 흉도 허물도 아닌 시절이었다. 아내 김조이는 추운 감옥에서 몸을 상해 여성성을 상실해 아이를 기대할 수 없었고, 그는 봉림을 만나면서 청년 같은 활력을 얻은 터였다. 서울에 셋방을 얻어 곁에 두려 했으나 봉림은 인천에 있겠다고 했다. 자신이 곁에 있으면 그의 활동에 지장을 준다는 갸륵한 생각을 한 것이었다.

그는 사흘 뒤 그녀를 데리고 인천으로 갔다. 사업을 하는 친구들에게 사실을 털어놓고 집 한 채를 구했다. 근처에 인천시장 관사와 인상仁商 교장 관사가 있는 신흥동 1가 18번지, 인천 사람들이 '긴담 모퉁이'라고 부르는 길목에 있는 아담한 일본식 2층집이었다. 거기 봉림이 살게 했다.[*]

봉림이 딸을 낳은 것은 4월이었다. 1928년 상하이에서 장녀 호정을 얻고 거의 20년 만에 둘째가 태어난 것이었다. 모든 일을 뒤로 미루고 급히 인천행 기차를 탔다.

봉림은 혼자 아기를 안고 누워 있다가 그가 들어서자 몸을 일으키며 눈물을 흘렸다.

"오셨어요?"

"그래, 아기 낳느라 수고했다."

"아들을 낳아드리지 못해 죄송해요."

"괜찮다. 그게 어디 마음대로 되는 일이냐?"

그는 그녀가 안아서 건네주는 아기를 받아 안았다.

그는 딸 이름을 엄마 이름자에서 수풀 임林 자를 따고 큰딸 호정의 '정'晶 자를 돌림자로 써서 '임정'林晶이라고 지어주었다.

딸을 얻은 것은 기쁨과 난감함이 교차하는 일이었다. 기쁨이란 비록 아들은 아니지만 참으로 오랜만에 자식을 얻었다는 것, 그것도 어려울 때 자신을 위로해주고 헌신해주던 봉림과의 사이에서 태어났다는 것이었다. 난감함이란 봉림이 사돈처녀라는 사실이었다. 그녀는 친누님인 경암 씨의

---

[*] 윤봉림 여사는 거기서 임정 씨와 의정 씨를 낳아 길렀으며, 죽산이 세상을 떠난 3년 뒤 재가하며 그곳을 떠났다(같은 날, 조임정·조의정 여사 인터뷰).

시댁 조카였다. 같은 미곡업계에서 일해온 바깥사돈이 일찍 세상을 떠나 홀아씨로 살아온 사돈댁이 안심하고 맡긴 사돈처녀와 관계를 맺고 임신까지 시켰으니 민망하기 짝이 없는 일이었다. 안사돈 보기가 그렇고, 아내 김조이를 보기도 그렇고, 다 큰 딸 호정을 보기도 그랬다.

아내 김조이는 그가 봉림과 관계를 맺어 딸을 낳은 것을 20년 전 김이옥과 동거할 때보다 더 담담하게 받아들였다. 부친과 조부가 첩을 뒀던 일 때문인지, 자신이 딴 남자와 살다가 온 때문이지, 여성성을 상실한 때문인지 그럴 줄 알았다는 듯 쓸쓸한 표정을 지었다. 여대생인 딸 호정은 비난하는 눈빛으로 잠시 아버지를 바라보다가 방을 나갔다. 그걸로 끝이었다. 그래서 그는 인천에 갈 때마다 잠깐 도원동 본가에 들렀다가 신흥동 집으로 가곤 했다.

중간노선파 여운형, 백주의 서울서 암살당하다

1947년 여름은 몹시 더웠다. 5월 21일부터 열린 미소공동위원회는 지지부진했고 나라와 민족의 앞날은 예측할 수 없이 흘러가고 있었다. 반탁운동이 다시 시작되고 극우세력은 미소공위 반대운동을, 남로당은 미소공위를 죽음으로써 수호한다고 맞서고 있었다.

7월 19일, 몽양 여운형이 백주의 서울 거리에서 암살당하는 사건이 일어났다. 죽산은 소식을 듣고 털썩 주저앉아 한참 동안 일어서지 못했다. 머릿속에 몽양과 함께 투쟁하며 지낸 상하이 망명시절이 영화 장면처럼 스쳐갔다. 광복 후 자신이 어쩔 수 없이 전향한 이후 관계가 서먹해졌지만 몽양은 그에게 가장 큰 영향과 도움을 준 선배였다. 여운형의 아우 여운홍은 그때의 상황을 이렇게 증언했다.

"운전수 홍준태와 신변보호자 박성복이 고경흠 씨와 함께 차를 타고 혜화동 로터리를 막 돌려고 할 때 혜화동 지서에 대기하고 있던 돌을 가득 실은 트럭이 길목을 가로막았어요. 때문에 차는 서고, 트럭을 비키라고 했습니다. 이때 돌연 어디서 나타났는지 괴한 한 명이 차의 뒷 밤바에 매달렸어요. 그러고는 유리창 속으로 손을 넣고 나서 총을 쐈습니다. 형님은 그 자리에서 절명하셨어요. 박성복 씨가 범인을 추적했습니다. 뛰기 시작하는 범인 뒤를 쫓는 박성복 씨의 뒤를 순경이 달렸습니다. 범인이 얼마만큼 가다가 어떤 집의 담장을 넘자 박 씨도 넘으려 했지요. 그러나 이때 그의 뒷발을 잡는 사람이 있었습니다. 순경이었습니다."[*]

    짐작대로 극우세력의 암살 작전에 경찰이 합작한 것이었다.
    여운형은 해방정국에서만 여러 차례 테러를 당했었다. 1945년 8월 18일 계동 자택 앞에서 곤봉으로 피습당했으며, 9월 초순에는 원서동에서 계동으로 넘어오다가 괴한들에게 밧줄로 묶인 것을 행인이 풀어주었고, 12월에는 황해도 배천온천에서 사전에 여관을 옮겨 암살 위기를 모면했다. 1946년 1월에는 창신동 친구 집을 괴한 다섯 명이 습격했으나 출타 중이라 모면했고, 4월에는 관수교에서 괴한들에게 포위된 것을 행인들이 구출했다. 5월 하순에는 종로에서 피습 중 행인이 구출했으며, 7월에는 신당동 산에서 교살당하기 직전 벼랑에서 낙하 도피했고, 10월에는 자택 문전에서 납치되어 나무에 결박당했다. 1947년 3월에는 계동 자택 침실이 폭파당했으나 출타 중이라 무사했고, 4월 3일에 혜화동 로터리에서 피습됐었는데 보름 만에 같은 장소에서 피습돼 절명한 것이었다.
    죽산은 이제 민족의 자주적인 힘으로 조국을 통일하기는 불가능해지고 남과 북이 대립하는 분단 상황이 펼쳐질 것이라고 비관적인 판단을 하지

---

* 노중선, 『민족과 통일 I』(사계절 출판사, 1985), 224쪽.

않을 수 없었다. 그리고 정국은 그의 추측대로 흘러갔다.

남한만의 단독정부 지지, 총선거에 나서다

1948년 초 유엔임시위원단이 서울에 왔다. 위원단은 북한에는 가지도 못했고 남한에서도 박헌영을 비롯한 좌익 지도자들을 만나지 못한 채 남한의 우익 지도자들만 만나고 돌아갔다. 그 뒤 유엔 소위원회는 남북한 총선거가 불가능하므로 선거가 가능한 지역에서만 선거를 실시하는 방안을 채택했다.

민족자주연맹에 들어 있던 인사들은 남한 단독정부는 결국 민족의 분단과 분열로 가는 것이라며 대부분 반대했다. 죽산은 냉정하게 직시하고 찬성 편에 섰다. 남한 단독선거가 미국과 소련 대결의 산물이라면 우선 가능한 지역부터 선거를 해서 우리 독립정부를 수립하는 것이 시급한 과제라고 판단했다. 통일정부 수립은 독립정부에 의해 2단계로 모색될 수밖에 없다고 생각했다. 결국 죽산은 그로 인해 고립되었다.

단독정부를 결사반대하는 김규식과 김구는 2월 하순 북한의 김일성과 김두봉에게 통일정부 수립을 위한 연석회의를 제안하는 서한을 보냈다. 한 달이 지나 회답이 왔고, 4월 19일부터 남북연석회의, 4월 26일부터 남북제정당사회단체지도자협의회가 평양에서 열렸다. 거기서 미군·소련군의 즉시 철수, 전全 조선정치회의 개최 후 선거, 단독선거 반대에 합의했다. 그러나 미·소 냉전이 첨예해진 상황에서 그 합의는 아무 구속력이 없었다. 남한과 북한이 제각각 단독정부를 조직해 분단하는 것이 기정사실화되어갔다. 북한은 이미 2월 초 인민군을 창설했고 헌법초안을 만들어 남한보다 더 빨리 정부수립 준비를 해온 상황이었다.

결국 연석회의를 제안하고 북으로 간 지도자들은 북쪽에 이용만 당한 셈이었다. 김구는 통일된 조국을 건설하려다가 38선을 베고 쓰러질지언정 일신의 구차한 안일을 추구하여 단독정부를 세우는 데 협력하지 않겠다고 선언하며 38선을 넘었다. 그러나 결과적으로는 감정에 치우친 이상론에 그치고 말았다.

죽산은 연석회의에 가고자 해도 갈 수 없었다. 박헌영을 비롯한 조선공산당 및 남로당 인사들과 등을 돌린 터라 함께 행동할 처지가 아니었다. 김구·김규식·홍명희·이극로 등 남한의 민족주의자들로부터도 신뢰를 받지 못하고 있었다. 미군정의 공작으로 전향했다는 부정적인 이미지 때문이었다. 그는 운신의 폭이 좁았고 결국 단독정부 수립 참여를 선택할 수밖에 없었다.

죽산은 9년 후인 1957년에 쓴 「나의 정치 백서」에서 이렇게 그때의 결정에 대해 설명했다.

미군정 3년을 지내고 우선 남한만으로라도 우리 민족이 정권을 이양받고 통일을 도모한다는 것은 정치적으로 지극히 단순하고 당연한 일입니다. 그러나 그때 공산당에서는 물론이고 일부 우익 진영에서도 단독정부니 반쪽선거니 해서 그 총선거를 반대했었습니다. 나는 공산당이 반대하는 것은 소련의 지시를 받은 미국 세력 반대 운동으로 간주했기 때문에 문제도 안 했지만 김규식 등 여러 선배에게는 총선거에 참가함이 옳다는 것을 많이 주장도 해보았고 노력도 해보았지만은 전연 통하지 않았고 끝내 반대태도를 견지했습니다. 그래서 하는 수 없이 단독으로 총선거에 응해서 인천 을구에 입후보해서 당선됐습니다.*

대표적인 죽산 연구가로서 각각 『죽산 조봉암』『조봉암과 진보당』『조

---

* 『신태양』, 1957년 5월호 별책(『전집』 제1권, 391쪽 수록).

봉암 연구』를 쓴 이영석 · 정태영 · 박태균의 죽산의 단독정부 참여에 대한 견해는 사뭇 다르다.

이영석은 성숙한 변화의 과정으로 바라보았다.

조봉암은 1946년 5월의 박헌영 편지사건, 그해 6월의 반공독립노선 성명 발표, 그해 8월의 기자회견과, 『삼천만 동포에게 격함』 등 소책자를 발행하여 점진적으로 그의 사상적 구각에서 탈피, 반공노선의 톤을 높여갔다. 그것은 그의 공산당에 대한 회의 → 불만 → 이탈 → 반발 → 반공투쟁이라는 단계적인 이념의 재정립과 성숙의 과정이었다.*

정태영 선생은 확신 때문이라고 썼다.

조봉암은 다시 정계의 외톨이가 되었다. 좌우대결 정국이 '단선 찬반' 내지 '남북협상찬반' 정국으로 전환되면서 조봉암은 좌우익 양편으로부터 협공을 받았던 것이다. 그러나 조봉암은 여기에 굴하지 않았다. 독립투쟁기에 겪었던 수많은 혁명 선후배 동지들을 해방된 조국의 한 정치의 장에서 만나 더불어 대립하며 협조하는 과정에서 자기의 역량을 확인할 기회를 가졌던 것이다. 봉건적 권위주의에 사로잡혀 있던 수많은 '지도자'들의 정치적 · 조직적 역량을 확인할 수도 있었다. 그러면 그럴수록 조봉암은 새로운 투지를 불태웠다. 조국은 자기를 필요로 한다는 확신을 얻은 것이었다.**

박태균 교수는 들러리를 서주는 결과가 되었다고 썼다.

* 이영석, 앞의 책, 177쪽.
** 정태영, 앞의 책, 145쪽.

그로서는 어쩔 수 없는 선택이었을지라도 결과적으로 단독정부 수립에 들러리를 서주는 결과가 되고 말았다. 조봉암이 단독정부 수립에 참여했다는 사실은 미군정과 관련된 전향과정과 마찬가지로 이후 그의 정치활동에서 가장 큰 오점으로 남아 그의 활동을 제약했다. 단독정부에 참여하지 않은 민족주의자들은 1950년대 이승만 정권의 폭압 속에서 '혁신세력'으로 활동하면서 조봉암에 대해 많은 거부감을 보였는데, 이것은 기본적으로 그의 단독정부 수립 참가 때문이었다.*

죽산이 출마를 결심한 곳은 인천 을구乙區로 농촌 마을이 많았다. 인천 선거구는 경인철도를 중심으로 2개 구로 나뉘었는데 도시가 형성된 옛 인천부仁川府 지역을 갑구, 농촌지역을 을구로 하되 투표자 수 균형을 맞추기 위해 일부 지역을 쪼개 붙이는 꼴로 되어 있었다. 도심지역이 포함된 갑구는 아무래도 입후보자가 많아 치열한 경쟁이 예상되고, 농민과 노동자가 많은 을구는 2~3명이 겨룰 것으로 사람들은 예상되고 있었다. 을구는 이곳 출신인 한민당의 하상훈河相勳이 유력했고, 부평에 단단한 지반을 갖고 있고 농촌인 서곶西串: 현재의 인천 서구에서 판세를 넓혀가고 있는 김석기도 기세가 만만치 않았다. 민족청년단 인천시단 단장 이성민李性民도 출마를 선언했다. 그리고 대중일보사 사장으로 해방 직후 인천 부윤을 지낸 임홍재도 출마를 결심하고 있었다.**

하상훈은 일제강점기 동아일보 인천 초대 지국장과 신간회 지부장을 지낸 인천 토박이였다. 김석기는 부평 토박이로 이승만 추종자였다. 대한독

---

* 박태균, 앞의 책, 149쪽.
**『대중일보』, 1948년 3월 19, 26, 27일자; 을구의 중심은 부평지구였는데, 1914년 인천부(仁川府)와 통합하기 전까지는 부평부(富平府)라는 별개 행정구역으로 유지되어왔다.

립촉성회 부평지부장으로, 1939년 일본인에 의해 창립되어 해방 후에도 운영 중인 국산자동차회사의 중역도 맡고 있어 재력이 막강했다. 해방 후 미군정이 인천부를 제물포시로 개편할 때 부평지구책으로 임명된 전력이 있었다. 임홍재는 간이교원양성소 출신으로 하급관리로 일했는데 해방 직후 인천 농림과장을 지낸 터라 군정기에 인천 부윤으로 선출됐던 인물이었다. 그때 정町 대표들이 투표를 한 간접선거에서 죽산과 비교도 할 수 없는 많은 지지표를 얻어 당선된 전력이 있었다.

어디로 보나 죽산이 가장 불리했다. 가장 문제가 되는 것이 자금이었는데 어릴 적 친구로 인천에서 사업을 벌여 부자가 된 정수근이 많은 돈을 내놓았다.

"나는 경제 후원은 하지만 정치는 싫으니 그 마당에 불러내진 말게."

친구의 말에 죽산은 껄껄 웃었다.

"걱정 말게. 정치는 안 시킬 테니."

조훈 원장이 많은 돈을 내놓았다. 부평의 토호 가문 출신으로 청송사업소라는 토건회사를 경영하는 심계택이 자금을 댔고, 역시 부평의 토호로서 예식장과 사진관을 경영하던 김수현은 자금을 내놓고 자기 승용차를 선거에 쓰라고 내주었다.* 그밖에 함효영·이필상·김성진·배인복 등 기업을 하는 친구들이 십시일반으로 돈을 내놓았다.

죽산에게는 남들이 갖지 못한 특장이 있었다. 3·1만세운동으로 구속되어 고향 강화를 떠난 이후 30년 성상을 보내는 동안 산전수전 다 겪었고 수많은 고비를 돌파한 경험이 있었다. 사람의 마음을 사로잡는 화술, 탁월

---

* 2012년 11월 21일 인천에서 김수현(金洙鉉) 사장의 장남 김영성(金永成, 1945-) 선생 인터뷰. 김 선생은 심난택·심계택(沈桂澤) 형제와 선친이 죽산에게 경도되어 자금을 댔으며 그로 인해 경찰의 사찰을 받았다고 증언했다. 또한 진보당 사건 당시 집에 있던 수백 장의 죽산 사진을 불태워야 했다고 전한다.

한 대중연설과 조직능력도 있었다.

인천의 판도를 주시하며 선거사무실을 물색하던 4월 초순 우울한 소식이 들려왔다. 제주도에서 단독정부에 반대하는 봉기가 일어난 것이다. 제주도는 미군정 초기부터 인민위원회와 대중들이 경찰 및 서북청년회 등 우익단체와 갈등해왔는데 폭압과 테러가 심해지자 도민들이 단독정부를 반대하며 무장봉기로 들어간 것이었다.

"어차피 미·소에 의해 분단될 운명인 걸 민심을 잘 달랬어야지 폭력을 쓰면 어떡하나."

죽산은 신문기사를 보며 탄식했다.

그는 부평의 한 양조장을 빌려 선거사무소를 차렸으나 등록을 미루고 장고長考에 들어갔다. 며칠 뒤 아무래도 지금 상황에서는 단독정부라도 세운 뒤 통일을 도모하는 게 낫다는 확신이 다시 섰다. 그는 4월 14일 마감을 앞두고 후보 등록을 했다. 거주지인 도원동이 갑구이므로 을구에 있던 조훈 원장의 집으로 주소를 등록했다. 기호는 작대기 셋, 3번이었다.

민족자주, 민족자존의 신념

4월 18일 부평동국민학교에서 열린 첫 정견발표회에서 하상훈·임홍재·이성민은 자기 정견만을 발표했지만 부평 토박이 김석기는 죽산을 걸고 넘어갔다. '나는 공산주의자의 투표로 당선되는 일이 있을 것 같으면 의원의 권리를 포기할 것이다'라고 했다. 친일전력이 있는 그는 선거를 이념 대결로 몰고 가려 했다.*

---

* 김석기(金碩基)는 일제강점기에 군수공장 간부를 지냈으며 '황민화의 표본'으로 총독상을 받은 인물이었다. 1949년 5월 반민특위 인천지부에 체포되어 조사를 받았다(『대중일보』, 1949년 6월 5일자).

죽산은 간략하고 인상적인 연설을 했다.

"여러 분들이 좋은 말씀을 많이 하셨기에 저는 간단하게 시원하게 한 마디 할까 합니다. 제가 국회에 출마하게 된 것은 독립운동을 하기로 함입니다. 독립운동이란 무엇입니까. 곧 외국군대를 철퇴시키는 운동입니다. 미·소가 나가야 우리가 살고 독립이 됩니다. 우리 민족은 좌우 중간을 통일하고 사대주의를 배척해야 합니다. 그리고 우리는 우리 국토 안에서 미·소의 전쟁을 방지해야 합니다. 양 군의 전쟁은 곧 우리의 멸망을 가져올 것이기 때문입니다. 우리는 오직 민족자주주의를 고수해야 합니다. 나는 국회에 나가면 남북통일을 위해 싸울 것입니다. 여러분이 남북통일이 좋은 일이라면 저를 지지하시고 그렇지 않으면 배척하십시오."*

그의 연설은 경쟁자들을 압도했다. 목소리는 크지 않았으나 자신이 하려는 말과 목소리와 표정을 일치시키고 진정성을 담는 자기 연출에 탁월했다. 그래서 연설 때마다 늘 그랬듯이 청중을 사로잡아버렸다.

선거의 판도는 김석기 후보가 일으킨 이념 대결로 흘러갔다. 애당초 우위에 섰던 하상훈과 임홍재는 뒤로 밀리고 김석기와 죽산이 떠올랐다. 그러자 극우세력의 테러가 발생했다. 그의 찬조연사들이 통일청년단원들의 습격을 받은 것이었다.**

민심의 판세가 김석기와 죽산의 양자 대결로 좁혀졌을 때 의외의 변수가 생겼다. 조선민족청년단 인천지부 부단장인 강원명姜元明, 1917~99이 돕겠다고 찾아온 것이었다.

---

* 『대중일보』, 1948년 4월 20일자.
** 「미군정일일보고서」, 통권 제6권, 1949년 5월 7일, 27쪽(『전집』 제2권, 89쪽에 수록).

"선생님이 당선돼야 한다는 생각에 찾아왔습니다. 발이 닳도록 뛰겠습니다."

죽산은 덥석 그의 손을 잡았다.

"이런 고마울 데가 있나! 고맙소. 천군만마를 얻은 것 같소."

천군만마. 그것은 과장된 표현이 아니었다. 민족청년단은 민족주의 우파 색채를 가진 막강한 청년조직이기 때문이었다. 1946년 10월 이범석李範奭이 중심이 되어 조직했으며 미군정의 지원을 받고 있었다.

이범석은 약관 20세의 나이에 북간도 땅 청산리 백운평에서 독립군 매복 부대를 지휘해 일본 정규군을 섬멸한 전설 같은 인물이었다. 그래서 그가 조직한 조선민족청년단은 청년들이 앞을 다투어 가입했고 가장 강력한 청년조직으로 커져 있었다. 창립 1년 만에 100만 명이 넘는 청년들이 가입해 지나치게 비대해졌다고 역작용을 우려하는 지도자들도 있었으나 영향력이 매우 컸다. 공산당에서 탈당 전향했으나 아직도 많은 사람들로부터 좌파로 인식되고 있는 죽산으로서는 건너다보지도 못할 단체였는데 인천의 부책임자가 제 발로 찾아온 것이었다.

"족청族靑: 민족청년단의 이성민 인천지부장이 출마했는데 그 사람을 도와야 하지 않겠소?"

죽산이 그렇게 말하자 강원명은 고개를 저었다.

"이성민 단장은 당선이 불가능하다고 판단, 사퇴할 겁니다. 제가 온 것은 하상훈과 김석기의 친일 행적 때문입니다. 일본에 붙어서 영화를 누린 사람들이 해방 조국의 국회로 가면 안 됩니다."

선거 본부가 마침 양조장 창고였으므로 귀한 손님을 위해 술상이 차려졌다.

"부친과 강 부단장이 독립운동을 했다고 들었소."

죽산이 그렇게 말하자 강원명은 자신과 부친에 대해 설명했다.

아버지 강병일姜秉一, 1888~1928은 함경북도 회령 사람으로 중국 훈춘琿春에서 동포들을 대상으로 자강自强제일주의운동을 펼치고 대일 무장투쟁을 전개했다. 강원명은 1917년 출생으로 이해 32세였다. 중국의 사범학교와 일본의 농업전문학교를 나와 중국 주룽朱镕 장군 휘하의 항일구국군 장교를 지냈고 일본 미쓰비시三稜 상사의 칭다오青島 지점에 근무하며 대일 정보활동을 했다.* 광복 후 민족청년단에 입단해 인천지부 부단장을 맡고 있었다.

강원명은 이야기를 끝내며 이런 말을 덧붙였다.

"저는 북간도에서 소년시절을 보냈습니다. 선생님께서 조선공산당 만주총국을 조직한 걸 선배들에게 들었습니다."

"아, 그래요? 그땐 목숨 걸고 뛰었지요."

그렇게 대답한 죽산은 간곡한 표정을 하고 강원명의 손을 잡았다.

"강 동지, 이제 막 내 진영으로 왔는데 내 어려운 부탁을 하나 하겠소. 철기鐵驥: 이범석의 아호를 만나 도와달라는 내 간곡한 부탁을 전해주시오. 이번 선거를 도와주면 평생 잊지 않겠다고 하시오."

강원명은 이범석을 찾아가 죽산의 뜻을 전하고 선거를 도와달라고 요청했다. 이범석의 반응은 냉담했다.

"조봉암은 공산당이야. 족청이 도와줘서는 안 돼"라고 잘라 말했다.**

죽산은 자신에 대한 이범석의 감정이 좋지 않다는 것을 확인했으나 실망하지 않았다. 강원명이 흔들리지 않기 때문이었다. 그리고 대중을 설득하는 것에서는 자신감이 크기 때문이었다. 그는 선거참모들에게 오만하지 않은 태도로, 진정한 민중의 벗이라는 인식을 심어주라고 강조하면서 스

---

*『독립운동가공훈록』, 국가보훈처 DB.
** 이영석, 같은 책, 178쪽.

스로 신발이 닳도록 골목골목을 누비며 유권자들과 악수를 했다.

강원명의 예상대로 족청 인천 지부장 이성민은 후보직을 사퇴했고 족청 단원들의 지원이 이쪽으로 쏠리기 시작했다.

민족청년단의 지지로 제헌의회 의원에 당선

5월 10일 선거당일 일부 투표소에서 남한만의 단독선거에 반대하는 사람들의 방화사건이 있었지만 투표는 치러졌고 죽산은 당선의 영광을 안았다. 득표수는 죽산이 17,620표, 김석기가 15,827표, 임홍재가 8,801표, 하상훈이 4,394표였다.*

죽산은 5월 13일 『대중일보』 광고란에 인천 갑구 당선자 곽상훈과 나란히 '당선사례' 인사를 실었다.

당선사례

금반 소생이 국회의원선거에 입후보함에 있어서는 동포제위의 아낌없는 원조를 받자와 다행히 당선되었삽기 우선 지상을 통하여 감사의 뜻을 표하옵나이다.

단기 4281년 5월 12일

조봉암 근백

인천부 을구 유권자 제위

당선은 일제강점기부터 전국적 명망을 가진데다 해방 후 인천에서 대중 속에 쌓은 노력, 그리고 선거운동에서 진심 어린 대중 연설로 유권자들을 사로잡은 결과였다. 인천 시민들은 그의 당선을 기뻐했다.

─────────

* 『대중일보』, 1948년 5월 13일자.

전국 선거인의 95.5퍼센트가 투표에 참가해 헌법과 법률을 만들 200명의 제헌의원을 뽑은 5·10선거. 당선자 분포는 무소속이 42.5퍼센트인 85명, 이승만 세력인 대한독립촉성국민회가 27.5퍼센트인 55명, 한국민주당은 14.5퍼센트인 29명이었다. 무소속이 많은 것은 정당에 대한 이해나 선호보다는 개인의 지지도를 중심으로 표가 갈린 때문이었다.

미군정이 죽산을 공산주의자로 경계하며 주목한 기록이 있다.

> 국회의원에 당선된 조봉암(인천), 김약수(부산), 윤재근(강화) 등은 전 공산주의자들이다. 당국은 이들 조, 김, 윤이 소련을 대표할 것으로 믿고 있다.*

세 사람은 미군정이 그런 「보고서」를 만들었는지 알 리가 없었지만 서로 반갑게 악수하며 국회입성을 축하했다.

김약수는 누군가. 죽산이 일본에 유학하던 1920년 함께 아나키스트 운동을 하며 흑도회를 조직한 인물이었다. 죽산과 비슷한 시기에 귀국해 사회주의자들의 그룹인 북성회를 이끌었다. 1925년, 죽산과 함께 조선공산당을 창당했고 6년을 복역했다. 일제강점기 말기에 죽산처럼 유휴의 기간을 보냈고, 광복 후에는 건국준비위원회에 들었다가 지나친 좌경화에 실망해 탈퇴했다. 그 후 민족자주연맹에 들었다가 죽산처럼 미·소의 분할 점령하에서 단독정부 수립을 현실로 받아들이고 선거에 나온 것이었다.

윤재근은 죽산의 고향 강화의 화도면 출신으로 배재고보를 나와 개인 사업을 했다. 광복 후 화도면장과 기독교 장로를 하며 니산공민학교를

---

* 「미군정일일보고서」 통권 제15권, 1948년 5월 21일, 157쪽(『전집』 제2권, 89쪽 재인용).

설립해 교육사업을 한 젊은 지도자였다. 죽산처럼 무소속으로 출마해 당선했다. 천성이 중후하고 실천력이 강해 강화 땅에서 중망을 받은 인물이었다.*

죽산은 공산주의를 버리고 전향했고 단독정부에 참여하며 민족운동의 본류에서 이탈해 민족주의 세력으로부터 비난을 받은 몸이었다. 그러나 제헌의회 의원에 당선되자 영광의 길이 열렸다. 반평생 수많은 고난을 몸으로 겪은 그에게 갑자기 앞이 탁 트이며 탄탄대로가 펼쳐졌다. 조직과 설득, 토론과 연설에 비범한 재능을 가진 그는 양쪽 어깨에 날개를 단 셈이었다. 국회에는 내로라하는 인재들이 모여 있었으나 그는 회의장 안팎에서 금방 두드러진 존재로 떠올랐다.

국회 무소속구락부의 대표가 되다

5월 31일 제헌국회가 개원했고 국회의장으로 이승만 박사를 뽑았다. 다음 날 헌법기초위원을 추천할 전형위원을 뽑는 방식을 두고 논란이 벌어졌다. 한민당이 의원 각자 10명씩 적어내 다득표자로써 정하자는 제안을 했는데 미리 의견 조정을 하고 나와 자기 당에 유리하게 하려는 전략이었다. 같은 인천 갑구에서 당선한 곽상훈이 반대 발언을 했고 죽산이 뒤이어 찬성 발언을 했다. 의원으로서의 첫 발언이었다. 국회는 의원들이 어떠한 의사를 충분히 표시할 기회를 가져야 하는데, 일부 당파에 의해 모든 문제를 이끌어나가려 한다며 한민당의 독선에 제동을 건 것이었다. 곽상훈보다 직설적이지 않고 목소리도 작았으나 그의 발언은 의원들로 하여금 고

---

* 한국근현대인물자료, 국편 DB. 윤재근(尹在根, 1910-72)은 제2대 국회에서 대한국민당 소속으로, 4-5대 국회의원 선거에서는 무소속으로 당선되었다. 니산(尼山)공민학교는 현재의 강화 심도중학교다.

제헌의회 헌법기초위원 기념사진. 죽산은 1948년 5월 10일 인천에서 단독정부를 위한 제헌의회 선거에 출마해 당선되고 헌법기초위원으로 활동했다. 출처 불명.

개를 끄덕이게 만들었다. 진정성 깊은 발언으로 사람들을 사로잡는 그의 특장은 그렇게 드러났다.

다음 날 본회의에서 헌법 및 정부조직법 기초위원회, 국회법 및 국회규칙 기초위원회, 특별법기초위원회, 반민족 행위 특별조사위원회 등 22개의 특별위원회가 구성되었다. 죽산은 헌법 및 정부조직법 기초위원회의 기초위원이 되었다. 서상일徐相日이 위원장이고 멤버들은 김준연·이훈구李勳九·허정許政·이윤영李允榮·지청천池靑天 등 30명이었다.

죽산은 생활의 기본적 수요, 국민경제의 균형적 발전, 토지개혁 경제조항의 정립과 통과에 힘을 기울었다. '토지는 천부성天賦性을 가진 자원이므로 모든 국민이 평등한 권리를 누린다'는 평등지권의 신념에 젖어 있던 그는 농민 대부분이 소작농인 농지문제를 해결하지 않으면 안 된다고 역설했다.

어느 날 그런 발언을 하고 단상을 내려오는데 국회의장으로서 회의를 주재하던 이승만 박사가 의장석에서 걸어 내려오며 말했다.

"당신이 조봉암 씨요? 당신 말은 많이 들었는데 참 반갑소."*

이승만이 호의적으로 악수를 청하자 죽산은 장차 해방조국의 첫 국가원수가 될 가능성이 큰 그에게 정중한 태도로 악수했다.

이 박사가 죽산에게 처음 마음을 둔 것은 그가 1946년에 6월에 쓴『3천만 동포에게 격함』이라는 소책자를 읽은 때였다. 그 책자에서 논리의 날카로움을 발견했고 의정 단상에서 조리 있고 명석정연한 발언을 하는 것을 보고 다시 인정하게 되었던 것이다.

이 박사가 그렇게 알은체를 했지만 죽산은 계속 날카롭게 맞섰다. 이 박사와 한민당이 타협하여 대통령 중심제를 본회의에 상정하자 강력한 반대 의견을 개진했다. 헌법 초안이 인민에 기초를 두지 않은 위험한 헌법이며 인권과 자유의 보장이 구체적이지 못함을 지적했고 행정부의 권한이 국회에 비해 과도하게 규정되어 있다고 비판했다.

"이 초안이 만들려는 대통령은 전 세기에서는 몰라도 지금의 전 세계에서는 그 예를 찾을 수 없을 만치 제국 이상의 강대한 권한을 장악한 대통령입니다."**

그리고 법률에 의하지 아니하고는 국민의 언론 · 출판 · 집회 · 결사의 자유를 막을 수 없다는 조건 없는 자유보장을 주장했고, 삼권분립과 사법부 독립의 원칙에 위배되는 대통령의 대법원장 임명권에 반대했고, 대통령의 긴급처분권이 갖는 문제들을 지적하며 나섰다.

그는 30세의 젊은 전문위원 윤길중과 의기투합했다.*** 함경남도 북청 출신으로 일본 유학 중이던 1938년 변호사시험, 다음 해 고등문과 시험의 행

---

* 정태영, 앞의 책, 166쪽.
** 『국회속기록』, 제1회 21호, 334면.
*** 임홍빈, 「죽산 조봉암은 왜 죽어야 했나」, 『신동아』, 1983년 9월호, 132쪽.

정·사법 양과에 합격해 강진·무안 군수를 지내고 해방 직후 국민대학 총장을 지낸 윤길중은 이때부터 그를 깍듯이 모셨다.

죽산은 영장 없이 체포되지 않을 권리 등 인권조항을 넣기 위한 발언을 했다. 초기 공산당 창당동지였던 김준연 의원은 한민당에 들어가 있었는데 죽산은 사후영장과 잔인한 형벌, 고문 금지 조항을 놓고 김준연과 한민당 의원들에 맞서 격렬한 논쟁을 벌였다.

"법률은 강자에게나 약자에게나 공평해야 합니다. 민주주의 국가에서는 사후영장이라는 것이 있을 수 없으며, 고문과 잔혹한 형벌은 당연히 금해야 합니다."

「국회속기록」에는 부드러운 표현으로 남아 있으나 거의 욕설을 섞어 발언한 것으로 참관한 기자는 기록하고 있다.* 이로 인해 김준연과는 앙숙처럼 멀어졌다.

죽산은 원내 활동이 두드러지다 보니 85명이나 되는 무소속 의원들의 중심에 떠올랐다. 의원들은 첫날부터 회의가 끝내자마자 시내로 나가 회동하기 시작했는데 그룹마다 주도권을 잡기 위한 노력이 벌어졌다. 죽산은 여기서 폭포를 뚫고 솟아오르는 물고기처럼 부상했다. 6월 1일 옛 동지인 김약수와 함께 52명의 반反한민당 성향을 가진 무소속 의원들을 결집시켜 6·1구락부를 조직하고 대표가 되었다. 그런 다음 윤석구尹錫龜를 중심으로 한 20명의 민우民友구락부 등과 제휴해 무소속구락부를 결성하고 대표가 되었다. 그리하여 어느 틈에 정국의 중심인물이 된 것이었다.

한민당이 애초의 당선자 29명에 무소속으로 당선된 자기 당 소속 의원들과 친親한민당 당선자들을 규합해 80여 석을 확보하고 있었는데 무소속

---

* 김영상, 『헌법을 싸고 도는 국회풍경』(이영록, 『우리 헌법의 탄생』[서해문집, 2006], 110쪽 재인용).

구락부는 그들과 당당히 겨룰 수 있는 세력이 된 것이었다. 친일파 자본가 중심의 한민당의 독주를 경계해야 할 상황이기도 했지만 죽산이 가진 탁월한 조직과 조정의 힘이 크게 작용했다.

낮에는 국회에서 헌법과 법률을 만들기 위한 회의와 토론이 이어졌고 밤이면 세력판도를 만들기 위한 회합이 이루어져 정신없이 시간이 지나갔다. 그는 처음 관훈동에 여관을 정해놓고 한동안 거기서 지냈다. 그러다가 강화 출신 지지자의 배려로 명륜동에 집을 마련해 인천 식구들을 불러 올렸다.*

초대 농림부 장관이 되다

논란 끝에 만들어진 헌법은 7월 12일 만장일치로 통과되고 17일 공포되었다. 정부 형태는 대통령중심제였으며 대통령은 국회 간접선거로 선출하도록 규정되어 있었다. 7월 20일 이승만이 180표를 획득해 당선되고 부통령은 임시정부의 원로인 이시영**이 당선되었다. 국회의장은 신익희가 선출되었다.

이승만 대통령은 사저인 이화장梨花莊에서 두문불출하며 내각을 꾸미기 시작했다. 정치권은 숨을 죽이고 기다렸다. 대한민국의 초대내각에 누가 오를 것인가. 첫 인사가 국무총리였는데 일이 복잡해졌다. 국무총리는 한민당 대표인 인촌仁村 김성수가 임명될 것이 거의 확실했는데 이승만은

---

* 성균관 옆에 있던 이 집을 조호정 여사는 강화 사람이 아버지의 당선을 기뻐하며 마련해준 것으로 기억하고 있다.
** 이시영(李始榮, 1869~1953): 서울 출생. 평남관찰사, 한성재판소장 등을 지냈다. 한일강제합방 후 형 건영(健榮)·석영(石榮)·철영(哲榮)·회영(會榮), 동생 호영(護榮)과 함께 전 재산을 바쳐 독립운동에 투신, 서간도에 신흥무관학교를 설립했다. 임시정부 법무·재무총장을 지냈다. 광복 후 제헌국회에서 부통령에 당선됐으나 거창 양민학살사건과 국민방위군사건에 항의, 사임했다. 1952년 대통령선거에 출마, 이승만, 조봉암에 이어 3위로 낙선했다.

한민당을 견제하기 위해 이윤영을 선택했다. 그러자 한민당은 국회에서 비준을 거부했다. 이범석을 대타로 내세웠으나 다시 거부할 움직임을 보였다.

다급해진 이범석은 강원명을 불러 죽산에게 도와달라는 부탁을 전하라 했다. 무소속 그룹을 이끌고 있는 죽산의 위상이 그만큼 커진 것이었다.

죽산은 고개를 저었다.

"그 사람은 파시스트야. 위험한 군국주의자지."*

몇 달 전 불리한 상황에서 선거운동을 할 때 강원명을 이범석에게 보내 협조를 요청했다가 거부당한 일을 이번에 톡톡히 갚은 것이었다. 이범석이 재차 도움을 요청하며 사과를 했고 죽산은 그것을 받아들였다. 결국 총리는 이범석으로 결정이 났다. 다음은 장관 임명 차례였다.

이름깨나 알려진 정객들은 가슴 설레며 연락이 오기를 기다렸고 기자들은 낌새를 알아채려고 뛰어다녔다. 죽산은 자신이 장관을 맡는다면 농림부 장관쯤이 좋을 거라는 생각은 했지만 전혀 기대하지 않았다. 국회 단상에서 이승만 박사의 심기를 흔드는 발언을 무수히 많이 한 터이고, 이 박사가 공산주의자라면 머리를 설레설레 흔든다는 걸 알기 때문이었다.

7월 하순 어느 날 오전, 의원실로 걸려온 전화를 받은 강원명 비서관이 크게 놀란 눈을 하고 그를 바라보았다.

"의원님, 대통령 비서실장 전화입니다. 대통령께서 중요한 국사를 의논하시자고 의원님을 지금 이화장으로 오시라 하신답니다. 입각이신 듯합니다."

놀란 것은 강원명만이 아니었다. 젊은 시절부터 산전수전 다 겪은 죽산도 놀람과 흥분으로 가슴이 뛰었다. 그는 심호흡을 하면서 양복을 걸치고

---

* 이영석, 앞의 책, 178쪽.

의원실을 나섰다. 제헌국회가 개원하고 한 달 반 동안 자신은 헌법과 여러 법률이 대통령에게 권한이 집중되는 것을 막기 위해 혼신의 힘을 기울인 터였다. 이 대통령은 지주 자본가 중심의 통치이념을 가졌고 자신은 서민 대중과 노동자 농민 편이라 호흡이 맞지 않을 것이라는 판단을 했다. 아무래도 입각은 아닐 것이라는 생각이 들었다.

초대내각을 구상한 곳이라 하여 뒷날 '조각당'組閣堂이라는 이름이 붙은 이화장의 별채, 그는 거기서 이승만 대통령과 독대했다. 그리고 농림부 장관 임명통고를 받았다.

뒷날 조봉암 농림부 장관의 비서관을 지낸 이영근은 정태영에게 이렇게 증언했다.

이승만은 조봉암의 독립투사로서의 투쟁경력과 바른 자세에 감명을 받았다. 그래서 이승만이 대통령으로 추대되었을 때 조봉암을 불러 농림장관을 맡아달라는 간곡한 부탁을 했던 것이다. 조봉암은 농정을 그르치면 중국에서처럼 이 나라가 공산화될 것이 필지인데 한민당이 모든 개혁을 반대하니 그를 물리치고 대대적인 개혁을 지지해준다면 맡아보겠다고 했고 이승만은 조봉암의 그와 같은 제안에 동의했다.*

공산당을 몹시 싫어한 이승만 대통령이 공산당 활동 경력이 있고 지금까지 함께 활동한 적이 없는 죽산을 장관으로 임명한 이유를 연구가들은 여러 각도로 분석한다.

그 첫째가 미군정과 합의했을 가능성이다. 하지 중장은 죽산을 두 번이나 만났으며 그가 민중에 대한 영향력이 강한 인물이라고 인식하고 있었

---

* 이영근, 1989년 12월 6일 증언(정태영, 앞의 책, 165쪽 재인용).

초대 내각 사진. 죽산은 초대 대통령 이승만에 의해 농림부 장관에 발탁되었다.
사진 뒷줄 왼쪽에서 일곱째(이시영 부통령과 이승만 대통령의 사이 뒷줄)가 죽산이다.
조호정 여사 제공.

다. 그리고 남한 단독정부 첫 내각이 이승만 중심의 일부세력만으로 이뤄
지는 걸 부담으로 생각했을 가능성이 크다.

강원용 목사는 이렇게 회고했다.

> 한국민주당과 서북청년회 말고는 전부 5·10선거에 반대했습니다. 미국
> 도 순우익들만으로 선거가 치러지는 것을 바람직하지 않다고 봤어요. 그래
> 서 이승만 박사가 남한정부에는 우익만 있는 게 아니라는 것을 보여주기 위
> 해 조봉암 씨를 끌어다 넣고, 그다음에 김구 선생 계열에서 신익희 씨를 끌
> 어다 넣은 것이죠.*

둘째는 친일 지주계급 중심 정당인 한민당을 견제하기 위해서였다는 것
이다. 이승만은 토지개혁의 의지를 강하게 갖고 있었으나 80여 석을 확보
한 지주 중심 한민당 세력 때문에 어려울 것으로 보고 반反 한민당 경향이

---

* 박태균 대담, 「강원용 목사의 체험한국현대사」 2, 앞의 책, 507쪽.

강한 죽산을 선택했다는 분석이다.

셋째는 이범석 총리 국회 인준을 위한 정치적 타협이라는 분석이다. 죽산이 총리 임명 비준을 도와줄 수 없다고 답했으나 장관직을 놓고 타협했다는 것이다. 미군정도 그렇게 판단했다. 그리고 공산주의자가 각료로 임명된 것은 민주주의가 제대로 기능하고 있는 실례라고 논평했다.*

장관 취임 후 함께 일할 일꾼들

8월 2일 각 신문은 일제히 죽산이 농림부 장관에 임명된 사실을 알렸다. 전혀 예상하지 못한 결과여서 나라 전체의 화제가 되었다. 고향 강화읍에서는 범상치 않았던 모친의 태몽 이야기가 다시 사람들의 입에서 회자膾炙되었다. 봉황새가 집 위를 휘휘 선회하고 고려산으로 날아간 길몽이 맞아 떨어졌다고 많은 사람들이 말했다.

초대 농림부 장관에 취임한 죽산은 먼저 수족처럼 자신을 보좌해줄 인물을 찾았다. 그가 붙잡은 사람은 이영근이었다. 서른 살밖에 안 된 새파란 젊은이였으나 항일투쟁의 경력이 있고 폭넓게 세상을 보는 눈이 있어 발탁한 것이었다. 죽산은 이영근이 건준 중앙위원으로 활동할 때 만난 적이 있었다.**

---

*『미군정 정보보고서』 통권 제15권, 1948년 8월 6일, 348쪽(『전집』 제2권, 94쪽 수록); 통권 제10권, 1948년 8월 15일, 504쪽(『전집』 제2권, 95쪽 수록).

** 이영근(李榮根, 1919~90): 충북 청원 출생. 연희전문 졸. 1944년 여운형의 건국동맹에 참여했으며 중국에서 독립운동을 했다. 광복 후 건준에 참여했으며 인민공화국에 반대해 이탈했다. 1948년 농림부 장관 비서관을 맡았고 1951년 대남간첩 혐의로 무고하게 구속됐다가 무죄로 석방, 1958년 진보당 사건 직후 일본으로 망명, 『조선신문』(뒷날『통일일보』로 개제)을 창간했다. 이영근은 자신이 1945년 5월 서울에 잠입해 지하투쟁을 할 때 죽산을 만나러 인천 집으로 갔으나 예비구금령으로 구속된 터라 만나지 못했다고 회고했다(「진보당 조직에 이르기까

죽산은 국회의원직도 유지하고 있어 눈코 뜰 새 없이 바쁘게 지냈다. 농림부의 현안문제인 농지개혁법과 농업협동조합법 등을 뜻대로 해결하기 위해서 국회에서 동료 의원들을 설득하며 많은 시간을 보내고, 농림부에도 정상적으로 출근했다.

일이 많아 비서를 더 뽑아야 했다. 강화 출신으로 경성농업학교를 나와 일제 말까지 충남도청에서 일한 청년이 있다 하여 불러보니 어릴 적 친구인 조광원 성공회 사제의 아들이었다. 이름은 조병선이었다.

"자네가 조광원 신부의 아들이란 말인가?"

장관의 말에 준수하게 생긴 청년은 고개를 숙였다.

"그렇습니다."

"광원이 아들이라면 내가 모두 맡길 수 있지."

즉석에서 임용이 결정되고 조병선은 충실한 비서로 일하기 시작했다.

조병선에게 이야기를 들어보니 조광원은 8·15광복 직후 군종신부로 귀국했었다고 했다. 일본계 야스다 은행에 다니다 하와이로 유학을 간 조광원은 성공회신학대학을 졸업하고 조선인 최초의 사제 성직을 받았으며 독립운동도 했다. 태평양전쟁 중에는 사이판 전투현장에 파견되었고, 광복 직후 고국에 파견되어 미군정기 국방기구인 통위부統衛府에서 일했으며 지금은 일본 교구에 나가 있다고 했다. 죽산을 찾지 않은 것은 그 무렵 인천에서 은둔하다시피 한 때문이었다.

죽산은 자신의 개혁정책을 도와줄 차관을 뽑아야 했다. 그가 주목한 사람은 도쿄제대 출신의 농학자로서 북한식 토지개혁을 주장하던 농촌진흥청장 강정택이었다. 강 청장이 농림부로 와서 함께 일하자는 요청을 고사하자 농촌진흥청이 있는 수원을 다섯 번이나 찾아가 기어코 승낙을 얻어

지」, 정태영, 앞의 책, 620쪽).

차관 자리에 앉혔다.*

　죽산은 정신없이 바쁜 중에도 옛 친구들을 잊지 않았다. 도쿄 유학시절 동숙했던 친구들이다. 어느 날, 회의를 끝내고 의원실에 돌아오니 김찬이 왔다가 메모를 남기고 돌아갔다. 유찬식과 홍순복과 이성구의 근황도 적혀 있었다.

　죽산은 즉시 메모에 적힌 연락처로 조병선 비서를 보내며 세 사람과 약속을 잡으라고 명했다. 그리하여 사흘 뒤 저녁식사를 같이 할 수 있었다.

　젊은 날 일본에서 만나 엿장수 고학을 하며 함께 자취를 했던 친구들. 김찬은 해방 전에도 만나고 해방 후에도 자주 만나 단체를 조직해보려고 애쓴 적이 있지만 유찬식과 홍순복과 이성구는 거의 30년 만이었다. 세 친구는 유학을 끝내고 와서 함께 전북 고창고보에서 교편을 잡았다. YMCA 중학부마저 중퇴하고 의기소침해 있던 죽산을 일본으로 유학 오라 권했던 유찬식, 그는 계속 교단에 머무르다가 해방 후 전남교육청 학무국장 자리에 올랐다. 이성구는 교장을 하고 있었다. 경성고보의 3·1만세 주동자로 서대문감옥에 갇혔던 홍순복은 10년쯤 교원생활을 하다가 친일신문인 『매일신보』의 충북지사장을 지냈다. 해방 전에 김찬에게 듣기로는 친일행위를 한다더니 특별법으로 구속될 가능성도 있었다. 그러나 3·1운동으로 옥살이를 한 경력이 있으니 상쇄될 일이었다.

　"유 국장과 이 교장은 그만하면 됐고, 김찬 형은 오랫동안 무직자로 지냈으니 내가 먹고살 만한 일자리 하나 만들어보리다. 홍순복 형도 자리를

---

* 조병선 선생의 증언(「한국의 명가 조봉암」,『주간조선』, 2011년 7월 18일자); 강정택(姜鋌澤, 1907-?)은 경남 울산 출생으로 대구고보와 일본 도쿄제일고보를 거쳐 도쿄제국대 농업경제과를 졸업하고 동 대학 농업경제연구실 연구원을 지냈다. 8·15광복 후 서울대 농대 교수, 민전 농업문제연구위원회 총책임연구위원과 농촌진흥청장을 지냈다.

찾아보리다."

죽산은 그렇게 말하고 홍순복을 바라보았다.

"국회에서 반민족행위자를 처벌하는 특별법 제정을 논의하고 있어. 체포된다 해도 3·1만세 때 투쟁한 경력이 있으니 재판부가 정상을 참작할 거야."

홍순복은 쓸쓸히 표정으로 고개를 가로저었다.

"죗값을 치러야지. 독립투사로 반생을 보내고 해방조국의 장관이 된 친구한테 누가 될 수는 없어."

죽산은 홍순복에게 위로의 술잔을 권했다.

다섯 사람은 지나간 세월을 이야기하며 밤이 깊도록 술을 마셨다.*

양곡매입법안 상정, 농민들의 지지로 통과

죽산은 농정 전문가와 농업정책 전공 대학교수들을 초치해 농정심의위원회라는 자문기구를 만들었다. 그는 반봉건 사회모순을 개혁하기 위한 정책 자문을 요청했고 위원회는 충실한 제안을 내놓았다. 그리하여 그는 일제강점기부터 지속되고 있는 양곡공출제도의 중단, 농지개혁, 농민의 권익을 지킬 농협협동조합, 농민의 계도와 여론수렴을 위한 농민신문의 창간 등을 탄력 있게 밀고 나갔다. 그러나 일은 쉽지 않았다.

공출제도는 일본이 중일전쟁과 태평양전쟁의 군량을 확보하기 위해 시작했던 악명 높은 농민수탈 정책이었는데 이때까지 이어지고 있었다. 그

---

* 홍순복은 1948년 12월 죽산이 대한농회 부회장으로 임명했으나 죽산이 장관직을 떠난 뒤인 1949년 6월 반민특위법으로 체포, 기소되었다. 유찬식이 증인으로 나가 그가 경성고보 3·1만세시위를 주도했다고 증언했고 기소유예로 석방되었다(『자유신보』, 1948년 12월 23일자; 「홍순복 진술조서」와 「홍순복에 대한 증인 유찬식 신문조서」, 1949년 6월 20일, 반민족행위특별검찰부, 국편 DB).

는 양곡매입법안을 입안해 국회에 상정했다. 농민이 양곡을 팔 때는 정부에만 팔되 정부가 양곡을 매입할 경우 소작농이 지주에게 내는 지대를 우선 수매하고, 양곡의 국외수출을 금하는 내용이었다. 지주 편인 한민당이 반대했으나 농림부 안은 농민들의 절대적인 지지를 받고 있어서 법안은 그의 의지대로 통과되었다.

이 무렵, 탄생한 지 석 달밖에 되지 않은 정부를 뒤흔드는 군대의 반란 사건이 일어났다. 여수 주둔 14연대가 확산되고 있는 제주항쟁을 진압하기 위해 출동하게 되자 좌익계 간부들이 장병들을 선동해 반란을 일으킨 것이었다. 경찰서와 관청을 장악하고 여수·순천을 순식간에 점령하고 전라남도의 일부를 장악해나갔다. 정부는 결국 계엄령을 선포했다. 죽산은 제주도와 여수·순천의 봉기가 폭압에 대한 단순한 저항이 아니라 농민들의 민심 이반離反이라고 판단했다.

당시 전체 농가는 200만 호였다. 자기 땅이 전혀 없는 완전 소작농이 49퍼센트, 약간의 토지를 갖고 소작을 병행하는 반소작농이 35퍼센트, 완전 자립농과 지주가 17퍼센트였다. 농민을 붙잡는 데 땅을 나눠주는 것보다 더 좋은 것은 없다고 그는 생각했다. 농지개혁의 의지는 그래서 더 커졌다.

여수 순천 사태 때문에 일부 장관들은 몸을 사리고 지방출장을 피했으나 죽산은 그러지 않았다. 그는 권위주의와 관료주의를 싫어해 집무실에만 앉아 있지 않았다. 통과된 법안이 제대로 시행되는가 확인하고 농민들의 목소리를 듣기 위해 지방 순회에 나섰다.

11월 5일과 6일 충남의 곡창인 강경, 논산, 공주, 조치원을 돌아보았다. 강행군을 하면서 몇 차례 강연도 하고 사랑방 대화에도 참석해 농민들의 실정을 파악하고 설득했다. 한 지역을 떠날 때면 농민들이 손을 흔들며 배웅했다.

"우리 장관님, 고맙습니다. 안녕히 가십시오."

농민들의 눈빛을 보며 그는 반드시 농지개혁을 성공시켜 농민들을 행복하게 만들겠다고 결심했다.

11월 중순, 그는 추곡수매 현장을 시찰하러 강화로 갔다. 1919년 4월, 3·1운동에 참가한 일로 구속되어 검찰에 송치되면서 고향 땅을 떠나고 29년 만의 귀향이었다.*

금의환향

죽산의 딸 조호정은 이화여대 영문학과 2학년이었다. 아버지의 강화 시찰 일정을 안 것은 이날 아침이었다. 장관이 되신 뒤 아버지는 지방출장도 많이 가시고 서울에 계시더라도 일과는 아침부터 매우 바빴다. 대개 일찍 조병선 비서가 집으로 와서 아버지와 함께 식사를 하면서 조간신문의 주요기사를 설명하고 그날 일정에 대한 보고를 하고 지시를 들었다. 저녁식사를 같이 하는 날은 거의 없었으므로 김조이 여사도 호정도 아침만이라도 같이 하려고 끼여 앉곤 했다. 김조이 여사는 한두 마디 질문을 던지곤 했지만 호정은 잠자코 듣기만 했다.

오늘은 국회에도 장관실에도 들르지 않고 곧장 강화로 시찰 간다는 말을 듣는 순간, 호정은 이날 들어야 할 강의 따위는 잊어버렸다. 수저를 놓고 아버지와 조 비서관이 대화를 끝낼 때까지 기다렸다.

"왜 그러느냐, 호정아?" 하고 김조이 여사가 물었다. 아버지도 음식을 들지 않고 호정을 바라보았다.

"아버지를 따라 강화에 가고 싶어서 그럽니다, 어머니."

호정은 김조이 여사의 물음에 대답하는 방식으로 아버지의 승낙을 기다

---

* 같은 날, 조호정 여사 인터뷰. 조호정 여사는 부친의 강화 추곡수매 현장 시찰에 동행한 일을 회고했다.

농림부 장관 시절 추곡수매 강화 시찰.
1948년 8월 초대 농림부 장관에 임명된 죽산은
11월 중순 추곡수매 현장을 시찰하러
고향 강화에 갔다. 『중앙정치』 창간호.

렸다. 그녀의 말에는 여러 가지가 함축되어 있었다.

'아버지는 1939년 출감한 이후 한 번도 고향 강화에 가시지 않았고, 거기 외롭게 누우신 엄마 산소도 가지 않으셨지요. 저도 엄마가 돌아가시고 외숙모 곁에서 자라다가 준묵 할아버지 손에 이끌려 그곳을 떠난 뒤 가보지 못했어요. 금의환향하시는 아버지 모습을 보고 싶고, 아버지와 함께 엄마 산소, 엄마가 태어난 집, 돌아가신 집, 모두 돌아보고 싶어요.'

먼저 입을 연 것은 김조이 여사였다. 김 여사는 호정을 향해 고개를 끄덕이고는 조봉암 장관을 바라보았다.

"사정이 괜찮으면 호정이를 데려가세요. 이참에 같이 산소에라도 가봐야지요."

젊어서 온갖 일을 겪은 탓인지 김조이 여사는 그렇게 대범하고 마음 씀씀이가 따뜻했다. 호정이 진정된 마음으로 '어머니'라고 부르는 이유가 그것이었다.

아버지는 천천히 고개를 끄덕이며 조 비서관을 바라보았다.

강화 출신인 조 비서관은 재빨리 대답했다.

"장관님 차 외에 수행원과 경호원이 타는 차가 한 대 더 가니까 문제없습니다."

호정이 아버지의 장관 승용차를 타보기는 처음이었다. 처음에는 권총을 찬 강원명 비서관과 수행원들이 탄 호위 지프가 앞장섰는데, 김포로 들어서자 경찰 지프가 앞장서고 호위 지프는 승용차 뒤로 물러났다. 통진通津 나루에서 자동차 두 대를 군용 페리에 싣고 염하를 건넜다.

까마득히 먼 기억이 떠올랐다. 외가의 정숙 언니와 종세 오빠라는 분의 손을 잡고 큰 배를 탔다. 어머니는 한참 지나서 외가로 왔고 근처에 있는 작은 집에 따로 나가 지냈다. 하루에 한 번 호정을 불렀는데, 어느 날은 큰 기침을 하며 어서 외가로 가라고 소리쳤다. 싫다고 떼를 쓰다가 야단을 맞고 외가로 달려가 외숙모 품에 안겼다. 외숙모는 눈물을 흘리며 머리를 쓰다듬었다. 저녁 무렵 외숙모와 함께 어머니가 계신 집에 가니 안색이 창백한 채 담벼락에 등을 붙이고 힘없이 앉아 있다가 주르르 눈물을 흘렸다.

"불쌍한 우리 호정이 어떡할 거나!"

나쁜 병균이 옮는다고 안아주는 일이 거의 없었는데 이날은 불러서 힘껏 안아주었다. 어머니 팔의 떨림이 느껴질 정도였다.

"우리 호정이, 엄마를 잊지 않을 거지?"

호정은 어머니에게 안긴 채 머리를 끄덕였다.

다음 날 어머니는 세상을 떠났다. 잠두교회 사람들이 찾아와 찬송가를 불렀다. 착한 천사가 되어 하늘나라로 갔다고 했다.

시찰단을 태운 페리가 갑곶 선착장에 도착하자 영접 나온 사람들이 아버지를 향해 코가 땅에 닿도록 허리를 굽혔다.

"장관님, 원로에 노고가 많으십니다. 강화 군수입니다."

군수가 그렇게 인사하자 경찰서장이 두 발을 모아 붙이며 거수경례를 했다.

강화경찰의 호위차가 앞장서고 일행은 천천히 읍내로 향했다.

강화에 가까운 친척들은 없었다. 큰아버지 수암 씨가 돌아가신 후 사촌들은 강화를 떠났고 숙부 용암 씨는 미혼인 채로 만주지역에서 투쟁하다가 행방불명됐다.

읍 거리로 들어서자 사람들은 길가에 배열해 박수를 치며 환호했다. 추곡수매를 하는 날인데다 강화 출신 장관이 온다 하여 구경 나온 사람들이었다. 신작로 위로는 '우리 강화가 낳은 자랑스런 조봉암 장관님을 뜨겁게 환영합니다'라고 굵직한 붓글씨로 쓴 현수막이 가을 바람에 춤추듯이 위아래로 흔들렸다.

젊은 날 아버지가 사환으로 일했고 임시고원으로 일했던 강화군청은 마당까지 깨끗하게 청소가 되고 물이 뿌려져 있었다. 재빨리 차에서 내린 군수가 전 직원을 집합시키고 함께 90도로 허리를 굽히는 인사를 했다.

죽산은 고개를 내저었다.

"환영해주셔서 고맙지만 나는 관료주의와 권위주의를 싫어합니다."

아버지는 뚜벅뚜벅 걸어서 군청 안으로 들어가셨다.

조 비서에게 물어보니 아버지는 추곡수매 현장을 지켜본 뒤 농민대표들과 대화를 하며 국수 한 사발로 오찬을 하실 거라고 했다.

호정은 아버지와 수행원들의 등 뒤를 바라보다가 문득 일을 꼼꼼히 챙기는 아버지가 만약 한 시간이나 30분도 짬을 못 내 선산에 가시지 못하면 어떡하나 하는 생각이 들었다. 공무를 처리하는 것은 잘하시지만 집안일에 대해서는 믿을 수 없는 분이 아버지였다. 이따 다시 가게 되더라도 혼자라도 엄마 산소에 가봐야지. 그녀는 웅장한 모습으로 읍내 앞에 서 있는 남산 기슭을 향해 발을 옮겼다.

산의 밑자락, 집채만 한 바위 너머에 작은 마당 크기 평지가 있고 노가지나무 두 그루가 선 곳, 호정의 기억은 틀리지 않았다. 그곳에 할아버지와 할머니, 그리고 어머니의 무덤이 있었다.

'김해김씨 김이옥 마리아의 묘'. 어머니의 작은 묘비를 확인한 호정은 먼저 할아버지와 할머니의 무덤에 절하고 잡초를 뽑아드렸다. 그리고 어머니 무덤 앞에 무릎을 꿇었다.

"엄마, 아버지가 해방된 우리나라 장관이 되셨어요. 저는 엄마가 다니신 이화여대 다녀요."

그때 마치 그 말에 화답하듯 파랑새 한 마리가 노가지나무로 날아와 앉아 이쪽을 굽어보며 호로로 호로로 소리를 내며 울었다.

선산을 내려와 외가로 갔다. 외숙모 최경준 여사는 혼자 점심 들 준비를 하고 있었다. 호정이 다가가자 두 팔을 벌려 끌어안았다.

"어서 오너라, 호정아. 조봉암 장관님이 시찰 오신다기에 혹시나 해서 교회도 안 가고 집에 있었어. 너도 오는 줄 알았으면 네가 좋아하는 호박 고지를 해놓을 걸 그랬다."

외숙모와 점심을 먹은 호정은 외숙모를 앞세우고 어머니 김이옥 여사의 자취가 남은 곳을 찾아갔다. 말기 폐결핵 환자라 스스로 피방避房을 해서 얻어 나갔던 작은 초가집, 잠두교회 앞에 있는 어머니가 출생한 90칸짜리 기와집, 그리고 잠두교회와, 여학생 때 야학을 열었던 합일학교 등을 돌아보았다.

외숙모가 호정의 가슴에 달린 이화여대 배지를 바라보았다.

"네 엄마가 말한 적이 있단다. 우리 호정이도 커서 이화에 갔으면 좋겠다고."

"아, 엄마가 그러셨어요?"

호정은 그렇게 말하다가 외숙모도 이화 출신임을 생각해냈다. 가슴에서 배지를 떼어 외숙모 저고리에 달아드렸다. 외숙모는 호호 웃었다.

아버지가 혹시 선산에 못 들를지도 모른다는 호정의 예감은 불행하게도 들어맞았다. 강화군청의 행정전화로 오후 5시에 임시 국무회의가 열린다는 연락이 온 것이었다. 상경 길에 김포군청에도 들러야 하는지라 조봉암 장관은 서둘러 차에 올랐다. 군청 앞으로 간 처남댁 최경준 여사와 잠깐 인사를 나누긴 했다.

"죄송하지만 집안일이라면 아버지를 믿을 수가 없잖아요. 혹시 이런 일이 생길지도 몰라 제가 혼자 선산에 다녀왔어요. 점심은 외숙모님하고 들었구요. 외숙모님은 그냥 잠두교회 일을 하며 사셔요."

"그랬구나. 미안하다."

아버지는 호정을 미더운 시선으로 바라보다가 차창 밖으로 고개를 돌렸다. 누에머리처럼 생긴 언덕 위에 앉은 잠두교회, 어머니와 만난 첫사랑의 추억이 있는 그곳을 바라보았다. 차가 강화읍을 벗어나 언덕이 시야에서 사라질 때까지 그랬다.

농지개혁안을 밀어붙이다

죽산은 가슴속에 '토지개혁'이라는 단어를 새기고 살았다. 토지는 하늘이 준 것이라는 평등지권의 신념이 점점 더 강해졌다. 그리고 북한이 이미 두 해 전에 토지개혁을 감행한 사실, 중국의 국공내전이 공산군의 승리로 돌아가는 원인이 토지의 몰수와 분배에 있다는 사실도 주목했다.

어느 날 국무회의를 마치고 나서 그는 대통령에게 농지개혁의 복안을 말했다.

"개인의 재산권을 어느 정도 보장하면서 농지를 분배하는 게 최선입니다. 그래야 빠른 속도로 토지 균등성을 확보할 수 있습니다. 토지개혁은 농지에 한정하되 강제몰수나 무상분배는 피하고 정부가 개입해 현물보상을 하는 것입니다. 정부방침을 천명하십시오."

이 대통령은 절묘한 선택이라며 찬성했다. 그리고 9월 30일 국회 시정연설을 통해 정부계획을 밝혔다. 소작제도를 철폐하고 경자유기전耕者有其田의 원칙을 확립할 것이며 균등한 농지를 적당한 가격 또는 현물보상의 방식으로 농민에게 분배할 것이라는 내용이었다.*

이 무렵 죽산은 이승만 대통령에게 절대 신임을 받고 있었다. 당시 농림부 장관 비서실 여직원이었던 소설가 김제영金濟英 여사는 이렇게 회고했다.

"저는 장관실에서 일했어요. 옆방인 장관 부속실에는 프랑스 유학을 다녀온 우문禹文 씨가 비서실장, 이영근 씨가 비서관, 강원명 씨가 권총차고 경호를 겸하는 수행비서관, 조병선 비서, 그리고 강 씨 성을 가진 여비서, 이름은 잊었어요, 하나가 더 있었어요. 대통령 비서실의 김종회 비서관이 강원명 비서관하고 절친했어요. 아마 청년운동을 같이 했을 거예요. 이 대통령은 다른 일이 있어서 국무회의를 주재하지 못할 때 서열이 윤치영 내무장관이 위인데도 꼭 조봉암 장관님에게 주재하라는 명령을 김 비서관을 통해 보냈어요. 조 장관님은 사양하다가 대통령의 확실한 명령임을 확인하고 부랴부랴 회의준비에 들어가셨지요. 두 비서관이 절친해 농림부 장관실은 이대통령의 동정에 대해 훤하게 알고 있었어요. 아무튼 대통령은 조 장관님을 눈에 넣어도 아프지 않을 만큼 신뢰했지요. 그런데 뒷날 정적이 되어 죽이고 죽었으니 무상한 일이지요. 고분고분 말을 잘 들었다면 2인자가 됐을지도 모릅니다. 그러나 죽산 그분은 아부할 분이 아니지요."**

죽산은 농림부에 농지국을 설치하고 조선언론협회 상무이사를 지낸 강

* 「비화 제1공화국」, 『동아일보』, 1974년 4월 26일자.
** 2012년 9월 23일, 세종시 조치원 자택에서 소설가 김제영 여사 인터뷰. 김 여사는 1928년 제주 출생으로 이화여고를 나왔다. 죽산의 모스크바동방노력자공산대학 장학생인 외사촌언니 고명자의 천거로 비서로 특채되어 일했다. 죽산의 비서를 한 일 때문에 1954년 경찰에 구속되기도 했다. 1960년 서울신문 신춘문예에 당선되어 소설가로 살았다.

진국姜辰國을 농지국장으로 임명했다. 그리고 농촌지도국장은 카리스마와 추진력이 강한 강원용을 앉히고 싶었다.

강원용은 1917년 함남 이원군 출생으로 36세였다. 청년시절 고향과 북간도에서 계몽운동을 했으며 메이지대학 영문과를 졸업했다. 일제강점기 말에 옥고를 치렀고 광복 후에는 좌우합작위원회, 민족자주연맹, 민주주의독립전선에서 활동하며 정치 역량을 보여준 사람이었다. 죽산과는 민주주의독립전선 시절에 인연이 있었다.

죽산이 직접 만나, 조국과 민족의 미래를 위해 중책을 맡아달라고 간청했으나 강원용은 정치를 잊고 목사가 될 것이라며 사양했다. 죽산은 어쩔 수 없이 차선책으로 메이지대학 출신인 경제학자 조동필을 임명했다. 조동필을 천거한 사람은 죽산의 손가락 수술을 해준 인천의 외과의사이자 명망가인 신태범 박사였다.* 죽산은 농촌지도국장에게 경성농업학교현재의 서울시립대 시설을 내주고 농민운동을 할 사람들을 훈련시키라고 했다.

농지국장을 맡은 강진국은 놀라운 추진력을 가진데다 농지개혁의 필요성을 신념처럼 가진 사람이었다.

"이 일에 국가의 장래가 달려 있습니다. 나는 강 국장만 믿습니다. 사무실에 앉아서 펜대만 놀려선 안 됩니다. 농민들 속으로 파고들어가십시오."

강 국장은 조봉암 장관의 명령에 따라 농민복 차림으로 서울을 떠났다.

조동필 농촌지도국장은 종래의 조선농회에서 이름을 바꾼 대한농회의 조직확대에 힘을 기울였다. 9월 하순 선거에 의해 군 단위 도 단위 농회 선

---

* 방송대담 「잊을 수 없는 사람」, 1991년 MBC TV 방영(경인일보 특별취재팀, 같은 책, 370쪽 재인용).
조동필(趙東弼, 1919-2002)은 경기도 안성 출신으로 도쿄메이지대학을 나온 경제학자였다. 중앙대와 동국대 등에서 강의했다. 농림부에서 물러난 뒤 『협동조합론』『농업정책론』 등의 저술을 남겼다.

거가 치러지고 10월 30일 죽산은 당연직인 농회 회장에 취임했다. 그는 실무책임자인 부회장에 유학시절 친구인 홍순복을 임명했다.*

두 달 동안 농촌을 암행시찰하고 돌아온 강진국 농지국장은 까맣게 타들어간 얼굴을 하고 말했다.

"신변에 위험이 있어서 신분을 속였습니다. 시골에도 공산분자가 숨어 있어서 정부 농지국장이라 하면 그냥 놔두지 않을 것 같고, 토지개혁에 반대하는 지주 쪽도 방해할 것 같아 신문기자라고 속였습니다. 농민들에게 당신들의 말을 신문에 싣겠다고 했는데 대꾸조차 안 합니다. 땅을 나눠달라 하면 자칫 빨갱이로 몰리고, 지주에게 미움을 사서 소작권을 뺏길지 몰라서입니다. 게다가 악질 지주들이 소작인들에게 '토지개혁은 어렵다. 당신에게는 싸게 팔 테니 어서 사라' 하며 강제로 사게 하고 있습니다. 우리 농민들 불쌍합니다. 온종일 죽어라 일하는데 일본 군인들이 입다가 버리고 간 군복을 누덕누덕 기워서 입고 겨우 입에 풀칠이나 하며 삽니다. 바로 소작으로 착취당하기 때문입니다."**

"고맙소, 강 국장. 힘들지만 다시 농민 속으로 가십시오. 우리 농민들의 처절한 상황을 더 보고 오십시오. 나도 현장으로 가겠습니다."

죽산은 자신이 조선공산당 만주총국을 조직하기 위해 만주에 밀파되어 동포들의 마을을 잠행하면서 목격한 동포들의 비참한 삶에 대해 말했다. 중국인 점산호에게 노예처럼 착취당하던 만주 동포들의 삶도 결국 악명 높은 소작제도 때문이었다고 설명했다.

그는 강 국장을 다시 농촌으로 보내고 11월 10일 기자단을 만나 토지개

---

* 죽산의 대한농회 회장 취임 소식은 『대구시보』 1948년 10월 30일자에, 홍순복의 부회장 임명 소식은 『자유신문』 1948년 12월 23일자에 실렸다(국편 DB).

** 「비화 제1공화국」, 같은 자료.

혁의 방향을 설명했다. 그리고 다음 날부터 다시 전국 순회에 나서 경기도 파주, 안성, 이천, 경남 진주와 마산, 황해도 배천과 연백을 돌며 강연했다. 젊은 날 신흥청년동맹의 논객으로서 열정적인 연설로 청중을 웃고 울렸던 그는 이번에는 따뜻한 애정으로 헐벗은 농민들을 어루만졌다. 그리고 나라 장래를 위해 어쩔 수 없다고 지주들을 설득했다.

그가 서울로 돌아온 뒤 농림부 토지개혁 팀은 농지개혁안 시안 만들기에 돌입했다. 12월 중순, 충정로에 있는 강진국 국장의 집에서 4명의 과장들이 며칠 동안 철야작업을 강행했다. 죽산은 퇴근 때마다 찾아가 독려하며 야참 값을 내놓았다.

유상몰수 유상분배, 무상몰수 무상분배를 절충

12월 21일 마침내 조봉암 장관의 시안이 완성되었다. 시안의 가장 큰 특징은 '유상몰수 유상분배'와 '무상몰수 무상분배'를 섞은 절묘한 방안이었다. 소작제도를 청산해야 한다는 시대적 요구에 충실하되 '공공의 필요에 의하여 국민의 재산권을 수용 또는 제한함은 법률이 정하는 바에 의하여 상당한 보상을 지급함으로써 행한다'는 헌법 제15조를 더 중시한 것이었다. 지주 보상액은 평년작의 15할로 하되 3년 거치 후 10년간 분할 보상하게 되어 있었다. 이것이 북한과 중국의 토지개혁과 다른 점이었다.

죽산은 이 시안을 다음 날인 12월 22일 열린 전국농업경제과장 회의에서 전격적으로 발표해버렸다. 몇 수 앞을 내다본 치밀한 전략이었다.

뒷날 박명림 교수는 이렇게 평가했다.

당시 남한 상황에서는 혁명적이라 할 토지개혁안을 제출, 대중에게 공개해버림으로써 이보다 더 보수적인 안이 나오는 것을 반동적-반농민적이라고 여론과 농민들이 인식하게끔 하여 커다란 대강大綱과 범위를 의도적으로

『농지개혁법』 표지.
죽산은 초대 농림부 장관에 취임, 농지개혁을
소신 있게 입안했다. 세계 최고수준의
토지 균등성을 이룩해 농민들에게 희망을 안겨줘
유혈혁명을 포기하게 만들었고 1950년
나라 전체가 공산화되는 것을 막는 원인이 되었다.
조호정 여사 제공.

미리 설정해버린 인물이었다. 체제가 수용할 수 있는 최대한의 개혁노선을
미리 제시하여 자신의 좌쪽 노선의 비현실성을 지적하는 동시에 우쪽 노선
의 등장 가능성을 봉쇄했던 것이다. 우리는 여기서 목표를 달성하기 위한 그
의 치밀한 전략적 사고를 읽을 수 있다.*

이 개혁안은 지주 자본가 세력의 지지를 받는 한민당과 민국당의 반대
에 부딪혔지만 죽산은 보상가액 150퍼센트, 농민 상환 120퍼센트, 국고부
담 30퍼센트로 하되 5년 상환으로 조정해 냈다.**

죽산은 농업협동조합 설립도 적극적으로 추진했다. 자신이 회장인 대한
농회를 중심으로 다른 농업 단체들을 협동조합을 조직하고 금융조합을 농
협 금고로 개편하려 했다. 그는 조합을 담당할 기간조직으로서 민족청년

---

 * 박명림, 「한국민주주의와 제3의 길: 민주주의, 사회적 시장경제, 그리고 평화·통
  일의 결합」, 『전집』 제6권, 138쪽.
** 죽산이 농림부 장관에서 물러난 뒤 다시 일부 수정되어 국회에 상정되었다.

단을 선택했다. 족청의 창단자인 이범석은 국무총리 겸 국방부장관이 되어 그와 함께 입각한 터였다. 처음 죽산이 제헌의회 선거운동을 도와달라고 했을 때 거절한 바 있으나 죽산이 그의 총리 인준을 도와준 터라 불편한 관계는 해소되고 친밀해져 있었다. 족청은 발전적으로 해체하고 대한청년단을 대신 조직하기로 되어 있었다. 그러나 결속력은 여전히 강해 전국 부단장인 노태준*의 지휘에 들어 있었다. 죽산은 노태준과 합의해 농협조직에 나서기로 했다. 그러나 지주들을 대변하는 한민당의 농림분과 의원들의 격렬한 반대에 이 대통령이 동조함으로써 보류되었다.

그는 농민들을 계도하고 여론을 수렴하기 위한 농민신문 창간에도 나섰다. 옛 동지이자 선배인 김찬을 불러 사장 자리에 앉히고, 농민문학으로 일가를 이룬 소설가 이무영李無影을 편집인으로, 청년시절 공산주의운동을 하고『조선의 토지 문제』등 저술 활동을 한 인정식印正植을 편집국장에 임명해『농림신보』를 창간했다.

일본 유학시절 아나키스트와 사회주의자로 이름을 날리고 사이토 총독을 만나기도 했으며 죽산을 공산주의로 이끌었던 김찬은 무직자로 지내왔다.

"허허, 내가 신문사 사장이 다 되고, 좋긴 좋군."

후배 덕분에 신문사 사장이 된 김찬은 열심히 일에 매달렸다.

죽산은 보이지 않는 손처럼 묵묵히 자신을 도와준 친구 정수근의 사업이 기울어버린 것을 알고 일자리 하나를 만들어주었다. 식량공사 인천출장소장이었다. 식량공사는 일제강점기 미곡통제와 수탈로 악명을 떨쳤던 식량영단食糧營團의 후신으로 미곡에 대한 통제와 균형을 맞추는 기관이었다.

---

* 노태준(盧泰俊, 1911-70): 임정 군무총장 노백린의 차남. 난징중앙군관학교 졸. 광복군 제2지대 구대장으로서 미 전략첩보국(OSS)의 특수훈련을 마치고 국내 진공을 준비하다 8·15광복으로 귀국, 족청 조직부장과 부단장, 국무총리 비서실장, 태양신문사 사장을 지냈다.

죽산의 농림부 운영은 가장 훌륭하게 돌아갔다. 당시 그가 업무에 임하던 모습을 김제영 여사는 뒷날 이렇게 회고했다.

"그분은 자세가 단정했어요. 다리를 꼬고 앉거나 뻗으시거나 의자 깊숙이 등을 묻거나 하시지를 않았어요. 까만 만년필로 밑줄을 치며 「공문서」를 읽거나 「전정서」나 「건의서」를 꼼꼼히 읽으셨어요. 장관님의 시간을 아껴드리는 게 매일 아침 내 일과이기도 했어요. 그분은 서류 한 장도 소홀함이 없이 꼼꼼하고 진지하게 검토하셨어요. 표정은 헤프지도 않게, 그리고 보일 듯 말 듯 늘 미소를 담고 계시던 일상의 얼굴과는 또 다른 면이었어요."*

문인을 좋아해서 소설가 최정희崔貞熙, 1912~90 선생이 가끔 장관실에 들렀다. 조선일보 조경희趙敬姬, 1918~2005 기자도 자주 왔다. 남동생인 조병선 비서가 일하고 있기 때문이기도 하지만 죽산이 업무에 바쁜 중에도 죽마고우의 딸을 대견해하며 아낀 때문이었다.

조봉암 장관의 농지개혁 드라이브는 지주 계급을 대변하는 한민당에 의해 제동이 걸렸다. 1949년 1월, 감찰위원회(원장 정인보鄭寅普)가 공금 유용과 독직瀆職 혐의로 고발한 것이었다. 관사를 고급으로 치장하기 위해 공금을 썼고 양곡매입비를 식대로 썼다는 것이었다.

2월 3일, 그는 국회에서 해명했다. 농림부 장관 관저로 배정된 전 경기도지사 관저가 군정기간에 커피와 맥주를 마시는 살롱으로 썼기 때문에 살 수 없어 그 뒤로 공가空家로 있는 일본집을 쓰기로 했는데 유리창도 없고 담이 무너져 양곡매입촉진위원회 위원장이 수리한 것이라는 점, 관사비가 예산에 없기 때문에 수리비 300만 원은 국무회의에서 사전 양해를

* 같은 날, 김제영 여사 인터뷰.

얻어 사용했고, 관사가 개인 소유가 아니므로 사적 유용이 아니라고 설명했다. 양곡매입비 공금사용은 도지사 회의와 경찰청장 회의 식대로 쓴 것으로, 농림부 장관 출장비가 전혀 없어서 양곡매입추진위원회에서 우선 차입해 썼다고 다른 혐의들도 해명했다.

또 하나 좋지 않은 일이 겹쳤다. 1948년의 미곡 수매량이 목표량의 30퍼센트밖에 되지 않은 것이었다. 그리하여 그는 1949년 2월 22일 스스로 사의를 표하고 장관 자리에서 내려오게 되었다. 장관직을 떠나면서 자신을 옭아매려 한 독직 혐의에 대해 강력하게 항의했다. 양심에 비추어 추호라도 비행이 있다면 종로 네거리에서 목을 베어도 한이 없겠다고 말했다.

재직기간은 짧았지만 그가 입안한 토지개혁의 성과는 뒷날 눈부시게 빛났다. 한국은 세계 최고수준의 토지 균등성을 빠른 속도로 이룩해냈다. 농민들에게 희망을 안겨줘 혁명을 포기하게 만들었고 1950년 나라 전체가 공산화되는 것을 막는 원인이 되었다. 그리고 대부분 토지소유자가 된 농민들의 저력이 자녀 교육으로 집중됐고 이것은 지금 우리가 누리는 비약적인 경제성장의 동력이 되었다.

한껏 높아진 정치적 위상

죽산은 지주 세력 중심인 한민당의 집중공격을 받아 결국 반년 만에 장관 자리에서 물러났지만 민중의 지지는 높을 대로 높아졌다. 정치인들이 자주 찾는 요정에서도 그러했다. 세상에 털어서 먼지 안 나는 사람이 어디 있는가. 조 장관님은 다른 장관님들에 비해 오히려 깨끗한 분이지. 그분처럼 국민을 생각하는 정치가는 없지. 그가 장관 자리에서 물러난 뒤 요정의 마담들은 그런 생각을 갖고 정성 다해 그를 모셨다. 그들 자신이 땅이라고는 한 뙈기도 없는 가난한 집 출신이기 때문이었고, 죽산이 민초들의 삶을 끌어올리고 권익을 주기 위해 얼마나 노심초사해왔는가를 알고 있기 때문이었다.

국회의원들이나 장관들은 일주일이면 다섯 번은 저녁에 요정에 갔다. 제헌국회 의원들의 합종연횡과 이합집산이 대부분 북악의 3대 요정이라 불리는 청운각, 대원각, 삼청각에서 이뤄졌다. 미인들의 접대를 받으며 음식을 먹고, 특별한 경우 잠자리까지 서비스받을 수 있는 곳이었다. 많은 국회의원이나 장관 들이 딸처럼 어린 여자들을 정인으로 두고 있었다.

'나랏일을 하려면 정력이 좋아야 한다. 정력은 젊은 여자한테서 나온다. 능력 있는 남자가 아내 외에 여자를 거느리는 건 흉이 아니다.'

그런 생각을 가진 사람들이 많았다. 정치적인 라이벌에게서 어쩌다 그런 일이 드러나도 그것을 약점으로 물고 늘어지지 않았다. 신문기자들도 기사로 쓰지 않았다.

죽산은 무소속구락부를 꾸릴 무렵부터 이따금 요정에 출입했다. 민초 중심 정치를 하는 터였으므로 요정을 좋아하진 않았으나 그곳에 가야 고집 센 의원들 마음을 사로잡을 수 있기 때문이었다. 그가 가진 화술은 대중연설만이 아니었다. 진정성 담긴 표정과 목소리로 상대를 설득하고, 대여섯 명 모인 좌담에서 항상 중심이 되고, 그리하여 소그룹을 만들고 다른 소그룹과 통합하며 그것의 대표로 올라서는 일, 그런 것이 대부분 요정에서 이뤄졌고 그는 늘 빛났다. 의원들은 그를 '설득의 귀재, 조직의 귀재'라고 불렀다.

무수한 거물 정객들을 접대해온 요정 마담들은 죽산을 깊은 존경심을 갖고 대했다. 그녀들 가운데는 거의 숨이 막힐 정도로 그를 사랑한 여성이 있었다. 청운각의 송 마담이었다. 눈부시게 아름다운 자태를 갖고 있었으며 언행에 품위가 있었다. 어떤 부자, 어떤 권력자에게도 몸을 허락한 적이 없는 도도한 여성이었다. 그런 그녀가 죽산에게 빠져들었다.

한창 농지개혁법과 추곡매입제도를 만들던 무렵 어느 날, 죽산은 지방

출장을 끝내고 귀경해 격무에 지칠 대로 지친 채, 무소속 의원들을 만나러 청운각에 갔다. 그는 귀가하지 못하고 그 집에서 쉬었다. 그날 밤 송 마담이 그를 모셨다. 그는 다음 날 활기를 찾은 몸으로 국회로 나갔다.

장관에서 물러났을 때도 그에게 가장 큰 위안이 된 것은 그녀였다. 인천에서 윤봉림이 어린 딸을 키우며 그가 올 날을 손꼽아 기다리고 있었지만, 죽산은 가까이서 자주 볼 수 있는 그녀에게 위로를 받았다. 그녀가 곁에 있으면 시름이 없어지고 마음이 편안해졌다.

죽산은 장관 자리에서 낙마落馬한 불운에 발목을 잡히지 않았다. 지금까지 인생에서 고비를 만날 때마다 비상한 방법으로 벗어나며 더 높이 솟아오른 그였지만 이번에는 그럴 필요도 없었다. 동료 국회의원들이나 신문기자들은 물론 국민들까지도 그를 독직 혐의를 쓰고 장관직에서 물러난, 실패한 정객으로 보지 않았다. 그의 실각을 지주 자본가 중심의 한민당과의 대립이 불러온 정치적 역학관계로 보는 시각이 많았다. 정치가들은 죽산을 단순히 '설득의 천재, 조직의 명수'라고 인식했었으나 이제 다섯 손가락 안에 드는 거물로 꼽고 있었다. 전국 농민들로부터 절대적인 지지를 받고 있음을 알기 때문이었다. 죽산으로서는 지지를 확산하고 그것을 정당조직으로 발전시킬 좋은 기회였다.

그는 이 나라에 정당이라고는 한민당 하나뿐이어서 이승만 대통령의 독재를 견제할 수 없다고 생각했다. 최소한 민주국가의 틀 위에 나라를 올려놓으려면 반보수적 정당이 필요하다는 신념을 갖게 되었다. 극좌도 극우도 아닌 제3의 세력으로 정당을 만들고 싶었다. 백범 김구가 이끌었던 한독당 계열, 민족자주연맹 계열, 남로당이 아니면서 혁신적 성향의 인물들을 아우르고 싶었다. 국회에서는 소장파 의원들을, 원외에서는 한민당과 관계가 먼 여러 계층의 인물들을 끌어당기는 일에 착수했다.

그리고 조직의 영향력을 사회 일반에 뻗치기 위해 민족청년단 계열과 제휴했다. 장관 시절 그는 농업협동조합 조직을 위해 손을 잡은 바 있었다. 그는 자신의 비서실장을 하다가 같이 물러난 이영근을 내세워 족청 측과 협의하게 했다.

그러나 신당 결성 발기인회 발표단계에서 고비를 넘지 못했다. 이승만 정권의 보복을 두려워한 원내의 민족청년단 계열이 죽산계열과 혁신계열을 제외하자는 주장을 하고 나온 것이었다.

죽산은 신당 참여를 단념했다. 그는 분통을 터뜨리는 이영근을 달랬다. "깨끗하게 손을 떼고 신당이 부디 성공하기를 빌어주세. 신당이 이 박사와 한민당에 맞서 진정한 민주국가를 만드는 보루가 되기를 빌어주세."

그러나 신당은 죽산의 기대대로 되지 않았다. 이승만 박사를 지지하는 세력으로 변모하고 말았다.

이런 판국에 무모한 판단을 하는 정객들도 있었다. 젊은 날 그와 더불어 조선공산당을 창당하고 전향한 김약수는 1949년 2월 초순, 노일환·김옥주* 등과 제휴해 의원 63명의 서명을 받아 미군 완전철수 결의안을 국회에 제출하고 넉 달 뒤 국회 프락치 사건으로 구속되었다.

1949년 6월 26일에는 백범 김구가 사저인 경교장京橋莊에서 백주에 암살당하는 일이 일어났다. 국내외 정세는 살얼음판 같은 긴장과 위기가 지

---

* 노일환(盧鎰煥, 1914-82): 전북 순창 출생으로 배재고보와 보성전문을 나와 동아일보 기자를 지냈다. 순창에서 제헌의원에 당선됐으며 국회 프락치 사건으로 구속됐다가 한국전쟁 중 납북되었다. 북한에서는 평화통일촉진협의회 회원을 지냈다.
김옥주(金沃周, 1914-80): 전남 광양 출생. 양정고보, 와세다대학을 나와 회사원으로 살고 광복 후 교원으로 살아오다가 광복 후 제헌국회의원에 당선되었다. 국회 프락치 사건으로 구속됐다가 한국전쟁 중 납북되었다. 북한에서는 평화통일촉진협의회 회원을 지냈다.

속되고 있었다.

소련에 의해 동유럽 국가들이 공산화됨으로써 세계는 미국과 영국·프랑스 등 자본주의 열강과, 소련과 동유럽 국가들이라는 두 개의 세력으로 재편되었다. 미국과 소련은 사사건건 이해가 충돌하며 대립하는 냉전을 시작하고 있었다. 이런 판국에 중국 대륙이 결국 공산주의 혁명에 성공해 1949년 10월 중화인민공화국이 수립되었다. 미국은 민감할 대로 민감해졌다.

남한보다 한 달 늦은 1948년 10월 정권을 수립한 북한은 일사불란하게 국가 체제를 확립했다. 소련과 비밀군사협정을, 신생 중화인민공화국과는 상호방위협정을 맺었다. 중공군 소속으로 있던 2만 5,000명의 조선인 병력이 북한으로 들어와 인민군 주력으로 편성되었다. 그들 중심은 조선의용군이었다. 김무정이 이끄는 조선의용군은 200~300명의 병력으로 화북 지역에서 중국공산군과 손잡고 항일 무장투쟁을 하다가 옌안에 머물렀다. 그런데 일본의 항복 직후 화북과 만주를 해방시키며 조선인 청년들의 입대를 받아 병력이 증강돼 있었다. 그들이 고스란히 인민군에 편입되니 남한에게는 큰 위협이 되었다.

북한은 남한을 공산화하기 위해 인민군 10개 사단, 13만 명의 병력을 38선에 집중시키고 대남공작을 집요하게 펼치기 시작했다. 남한에 무장 게릴라를 내려보내 노동자와 농민 들의 봉기를 유도했고 남로당원들은 거기 호응해서 폭동과 봉기를 기도했다. 38선에서는 하루가 멀다 하고 무력충돌이 일어났다. 이에 대응해 남한은 결국 철저한 반공국가로 변해갔으며 결국 국가보안법을 제정 공포하기에 이르렀다.

생애에 많은 일을 겪은 죽산은 변화하는 상황을 예리하게 주시했다. 그는 남로당의 활동이나 지리산 빨치산 투쟁을 바라보면서, 월북해 사법상司法相을 하고 있는 박헌영을 생각했다. 박헌영은 결코 김일성과 화합하지 못하며 발언권 강화를 위해 폭력투쟁으로 나오거나 남침을 주장할지 모른다는 판단이었다.

예상은 들어맞았다. 1949년 8월 15일, 남로당이 서울을 장악하는 폭력투쟁을 계획하다가 발각된 것이었다. 서울의 조직을 일망타진한 정부는 전국의 남로당원과 게릴라 들을 제거하는 데 총력을 기울였고, 1949년 말쯤에는 제주 4·3봉기와 여수·순천 반란에 따른 파르티잔들을 소탕해 간신히 안정을 이룩했다.

죽산의 가까운 동지들이 말했다.

"여순 반란사건이 민간인으로 확대되지 않은 건 죽산이 토지개혁의 기틀을 잡았기 때문이야. 곧 자기 땅이 생길 텐데 농민들이 왜 빨치산과 손을 잡겠어?"

51세에 아들을 얻다

1949년 여름, 죽산에게 매우 난처하면서도 매우 기쁜 일이 하나 생겼다. 모든 것을 던지듯 그를 사랑한 송 마담이 덜컥 아들을 낳았다는 소식을 전해온 것이었다. 아무리 절개를 지켜왔다 하지만 요정에 있던 여성이고, 큰딸과 나이 차가 많지 않고, 죽산에게는 여염집 처자로서 딸을 낳아 기르고 있는 윤봉림도 있었다. 아내인 김조이나 큰딸 호정, 그리고 젊은 윤봉림에게 민망하기 짝이 없는 일이었다. 그러나 한편으로 쉰 살이 돼서 대를 이어줄 아들을 얻었다는 것이 죽산에겐 무척 기쁜 일이었다.

다행스러운 것은 송 마담이 똑 부러지게 뒷일을 처리한 것이었다. 어미로서 첫돌도 안 된 어린 아기를 떠나보내는 게 가슴이 미어지는 일일 텐데 굳은 마음을 먹고 그렇게 한 것이었다. 그것도 국사에 바쁜 죽산에게 매달리지 않고 김조이 여사에게 의사를 전달하는 강단이 있는 여인이었다.

김조이 여사는 사대부 가문 출신답게 의연히 받아들였다. 대한제국의 마지막 창원 군수를 지낸 할아버지와 아버지가 첩실을 두어 할머니와 어머니가 대응한 태도를 보고 자란 그녀였다. 게다가 자신은 함흥형무소에서 여성성을 상실해버려 출산을 못 하는 몸이 돼버려 남편에게 아들을 낳아주지 못한 것이 미안했던 터였다. 이때만 해도 허리 아래 일을 따지지 말라는 말이 있을 정도로 세상은 정치가들이 첩실을 두는 것에 관대했다. 정적政敵을 꺼꾸러뜨리기 위해 온갖 험담을 하고 총을 쏘아 암살하는 세상이었지만 여자관계를 약점으로 물고 늘어지는 일은 없었다.

그러나 그녀는 한없이 뻗어나가는 남편의 위상에 조금이라도 누가 될지 몰라 신속하고 은밀하게 일을 추진했다. 친자식처럼 키울 테니 걱정 말고 아기를 보내라는 답을 보낸 한 것이었다. 저쪽에서 그러겠다는 대답이 오자 그녀는 이 일을 친정 동생 김영순에게 맡겼다.

김영순 선생의 증언은 이렇다.

"1949년 무렵, 매형에게 닥칠 테러가 걱정되어 유도 3단인 내가 명륜동 누님 댁으로 들어가 매형의 경호를 맡아 수행했지요. 초겨울 어느 날 누님이 나를 불렀어요. '네가 모처에 가서 아기를 받아 안고 와라. 상대를 쳐다보지도 말고 아무 말도 하지 말고 아기만 받아와라' 하고 조용히 말씀하셨지요. 그래서 운전사 이복한 씨와 함께 모처로 가서 강보에 싸인 아기를 받아 안고 왔어요."*

아기는 강보에 싸여 명륜동 집으로 온 뒤에 잔병치레도 없이 잘 컸으며 아버지 죽산의 일이 술술 잘 풀렸다.

"요놈이 복덩이야!"

---

* 같은 날, 김영순 선생 인터뷰.

죽산은 뒤늦게 얻은 아들을 안고 싶어 일찍 귀가하는 날이 많아졌다.

김조이 여사는 아기를 자신이 출산한 것으로 호적에 올리고 정성을 다해 키웠다.

統領閣下

을 보시기에 얼마나 수그가

ㅁ 모른것이 새로이 蘇生하고
을 이지음 春未不似春이판
리는 사람이 있읍니다
ㅡ 死刑이 確定된 曹奉岩氏의
ㅣ다. 이 얼마나 앗닭하고
니까
中國에 亡命하였을때 上海에서
어느 父子사이를 다 +통달겠
父子사이는 더할나뒤 없이 情
지읍니다
ㅣ 잡히게되어 病든 어머님라
버님의 도움으로 조폭에 와
ㅡ버님의 일로 너뭑나 흥?
서 일어나지 못하고 끝내 忠
았읍니다
여섯살이 있습니다.
한아버님이 폭잡앗 죽시는
그러서 新義州 刑務所에

제4부
영광과 굴레

"판결은 잘됐어요.
무죄가 안 될 바에야 차라리 죽는 게 낫지요.
환갑이 다 된 사람이 징역을 살고 나면
무슨 희망이 있겠어요? 차라리 죽는 게 낫지요.
정치란 다 그런 거지요. 이념이 다른 사람이
서로 대립할 때에는 한쪽이 없어져야
승리가 있는 거고 그럼으로써 중간에 있는
사람들의 마음이 편안하게 되는 거지요.
정치를 하자면 그런 각오를 해야 해요."

12 대통령의 꿈

국회 부의장으로 6·25동란을 맞다

1950년 새해가 오고 죽산은 52세가 되었다. 머리에 백발이 늘었으나 더욱 지혜로워졌으며 정치가로서의 관록은 만족스러울 만큼 커져 있었다. 5월 30일, 제2대 국회의원을 뽑는 총선이 치러졌고 그는 인천 병구에서 무소속으로 출마해 당선되었다. 차점자인 김석기 후보보다 8천여 표가 많은 14,095표를 얻는 압도적인 우세였다.

제2대 총선은 1948년 남북협상이 유일한 길이라고 주장하며 단독정부 수립을 반대해 5·10선거에 불참했던 민족주의 좌파 우파 인사들이 참여했다. 백범 김구 중심으로 모였던 한독당 계열, 김규식 중심의 민족자주연맹 계열, 조소앙趙素昻 등의 사회당 계열, 그리고 장건상의 근로인민당이었다.

당선자 210명 중 이승만을 따르는 보수정당인 대한국민당은 24명, 이승만을 추종하며 야당행세를 하던 민국당은 23명뿐이었다. 이승만 대통령의 전횡에 반대하는 민족주의 계열 인사들을 비롯한 무소속 인사들도 대거 국회에 진출하게 되었다. 제헌의회에서 무소속의 맹주로 활동한 죽산에게는 그의 정치 위상이 높아질 수 있는 더 좋은 상황이 만들어졌다.

6월 19일 의장단 선거가 있었다. 초대국회에서 이승만 국회의장이 대통령에 당선되자 그 자리를 승계했던 신익희 의원이 제2대 국회의장에 당선되고, 죽산은 장택상과 함께 부의장에 당선되었다.

"우리 각자가 속한 정파는 다르지만 나라와 국민을 위해 힘을 합쳐나갑시다."

신익희 의장이 죽산과 장택상 양쪽으로 손을 벌리며 말했다.

"물론입니다, 의장님. 잘 보필하겠습니다."

죽산은 고개를 숙이며 존경을 표시하고 신익희의 손을 잡았다. 그러자 장택상도 그렇게 했다.

해공海公 신익희는 이해 59세로 죽산보다 일곱 살이 위였다. 독립투쟁 경력이 혁혁한 지도자였다. 판서判書의 아들로 출생해 관립외국어학교를 나와 일본 와세다대학을 졸업한 학력은 물론 독립투쟁에서도 존재감을 갖는 거물이었다. 3·1만세운동에 참여하고 쫓기게 되자 상하이로 망명, 대한민국임시정부 조직에 앞장서고 법무총장과 외무총장을 지냈다. 광복 후에는 미군정의 통치에 반대하는 쿠데타를 계획했고 광복군 사령관 출신 지청천과 합작해 대한국민당을 창당해 대표를 지냈다. 처음에는 한민당의 김성수와 대립하며 맞섰으나 1949년 둘이 합의해 한민당과 통합해 민국당 대표로 있었다.

죽산과 비슷한 점을 찾는다면 그보다 앞서 세이소쿠영어학교를 다녔고 죽산이 상하이에서 망명투쟁을 할 때 상하이와 난징 등에서 임시정부와 민족주의 계열 독립투쟁을 한 것이었다. 두 사람은 비슷한 시기에 상하이에 있었다. 노선이 달랐으나 1926년과 1927년 민족유일당운동을 전개하면서 수인사를 나눈 적이 있었다. 그리고 단독정부 수립론에 찬성해 제헌국회에 나갔다는 공통점이 있었다.

창랑 장택상은 1893년생으로 신익희보다 한 살 적고 죽산보다 여섯 살

많은 58세였다. 출신 가문으로 따지면 해공보다도 윗줄이었다. 조부 장석용張錫龍은 이조판서와 형조판서를 지냈고 부친 장승원張承遠은 경기도와 경상도 관찰사를 지냈다. 소학교부터 일본에 유학하고 와세다대학과 영국 에든버러대학을 다녔다. 부친 장승원이 독립운동 자금제공을 거절해 대한광복단 단원들에게 암살당하고 둘째 형 장직상張稷相이 친일파였지만 장택상은 유학시절부터 독립운동을 했다. 광복 후 수도경찰청장을 지내며 철저한 반공주의자로 처신했다. 죽산과 더불어 초대내각에 들어와 초대 외무부장관을 지냈다. 죽산과는 출생과 성장환경과 살아온 역정, 그리고 정치노선이 사뭇 다른 사람이었다.

신익희 국회의장이나 장택상 부의장은 죽산을 존중하는 태도를 보였다. 신익희 의장은 '철저한 현실주의자로 융통성이 많은 지도자', 장택상은 '날카로운 판단력과 무서운 행동력을 갖춘 지도자'로 인식되고 있는 거물이었다. 그러나 이 무렵에는 죽산의 위상이 더 컸다. '설득의 천재, 조직의 명수'라는 말을 들으며 무소속 의원의 맹주 노릇을 하는데다 토지개혁으로 인해 국민들의 절대적 지지를 받고 있었다.

죽산은 자신에게 좋은 기회가 왔다고 생각했다. 사회당의 조소앙, 근로인민당의 장건상 등 진보 성향의 의원들을 규합해 혁신 성향의 대중 정당을 만들 수 있겠다는 계산 때문이었다. 그러나 국회 개원 엿새 뒤 북한의 남침이 시작되었다. 전쟁으로 인해 남한의 정치지형이 바뀌어버렸고 죽산은 정치계의 거인이 될 기회를 잃어버렸다.

국회 문서를 옮기느라 가족도 못 챙겨

6월 25일 그날은 일요일이었다. 죽산은 그날 38선 근처로 유람을 갔다. 북쪽에서 들리는 총성을 들었다. 당시 그 지역 사람들에게 물어보니 원래 총소리가 많다고 해서 그런가보다 했다. 그러나 총성이 계속되어 이상한 느낌이 들어 일찍 서울로 돌아왔다.*

"뭔가 이상해. 국회로 가봐야겠어."

죽산은 아내와 딸에게 말하고 집을 나섰다.

일찍이 박헌영이 김일성을 부추겨 남침을 저지를지 모른다고 판단했던 그는 전면전이 아닌가 하여 의원들과 사무처 직원들을 붙잡고 물었다. 그러나 단순한 무력충돌로 보인다는 대답이었다. 이승만 대통령은 보고를 받고 격퇴하라고 지시한 뒤 경복궁 경회루에서 낚시를 하고 있다는 것이었다.

라디오는 아군이 곧 적을 격퇴할 것이니 국민은 동요하지 말라는 방송만 하는데 국방부의 정확한 보고는 없었다. 기껏 이승만 대통령이 도쿄에 있는 맥아더 장군에게 전화했다는 것 정도였다. 이날 밤, 죽산을 비롯한 국회 수뇌부는 남한 전체를 적화하려는 전면전 도발이라는 판단을 하고 국회 긴급 소집을 결정했다.

신성모** 국방장관이 의원들에게 말했다.

"이미 반격을 개시했습니다. 기필코 서울을 지키겠으니 이 기회에 북진 결의를 해주십시오."

다음 날인 26일 새벽, 대통령을 비롯한 전 국무위원을 출석시켜 사태수습을 논의했으나 정부당국자들은 사태파악을 못 해 제대로 된 보고를 하지 못했다. 국회는 산회했다.

조소앙·원세훈 등 원로 혁명가들이 탄식했다.

---

* 조호정 여사 증언; 『인천일보』, 2007년 10월 15일자.

** 신성모(申性模, 1891~1960): 경북 의령 출생. 보성전문, 중국 난징항해대학을 졸업하고 영국 상선 선장으로 일했다. 8·15광복 후 대한청년단 단장, 내무부장관을 역임하고 1949년 3월 국방부장관이 되었다. 1951년 거창 양민학살사건과 국민방위군사건으로 실각했다.

"중국의 장개석 정부도 이럴 때에 먼저 국민에게 정부를 어디로 옮기니 어떻게 대피하라고 공표를 미리 했는데 서울 함락이 눈앞에 다다랐는데도 큰소리만 치고 있으니……."*

전황은 점점 불리해졌다. 이날 밤, 죽산은 국회의원실에서 라디오를 들으며 분통을 터뜨렸다.

"박헌영이가 김일성을 부추긴 게 분명해! 그리고 이 박사 그 사람, 맨날 큰소리만 치더니 이 꼴이 뭐야!"

6월 27일 새벽, 국회는 미국 대통령 및 국회에 대해 긴급원조를 요청하는 메시지 발송과 '수도 사수에 관한 결의안'과 '사태 수습 긴급조치에 관한 건의안'을 만장일치로 의결했다.

죽산은 국회 대표로서 대통령 면담을 요청했다. 그러나 대통령은 국회도 모르게 시민들도 모르게 비상열차를 타고 서울을 탈출하고 있었다. 피난대책을 협의하러 중앙청으로 갔으나 김규홍金奎弘 총무처장 하나만 남고 모두 탈출한 뒤였다. 정부는 수원으로 옮긴다고 했다. 그리고 북한군의 진격을 저지하기 위해 한강 인도교를 폭파할 것이라는 말이 들렸다.

"정부의 중요 서류를 적에게 넘겨주면 안 돼요! 국회도 마찬가지예요. 국회 문서를 담아 피난할 차를 준비해주시오."

죽산은 곧장 국회로 가서 피난 준비를 하기 시작했다. 점심도 거르고 온종일 일에 매달렸다. 간혹 아내 김조이와 가족들이 걱정됐으나 집에 갈 시간은 없었다. 서류 창고에는 전화기가 없어 전화를 걸 수도 없었다. 돌이 안 된 어린 아들 규호가 걱정스러웠으나 아내 김조이가 인생의 많은 경험을 한 사람이니 안전하게 피난길에 오를 것이라고 믿었다.

---

* 윤길중 선생 증언(이영석, 앞의 책, 182쪽 재인용).

제헌국회에서 전문위원으로 활동하며 죽산과 의기투합했던 윤길중, 그는 이해 34세로 강원도 원주에서 제2대 총선에 무소속으로 출마해 당선된 몸이었다. 그는 6·25동란 발발 직후 바라본 죽산의 행동을 뒷날 이렇게 기록했다.

광화문을 걸어가는데 지프 한 대가 옆에 멈추었다. 조봉암 부의장이었다. 그는 나를 동자동 내 집에까지 태워다주었다. 차 안에서 "어떻게 해야 하느냐"고 물었더니 조봉암 부의장은 "이제는 정부의 허물을 탓하고 있을 새도 없다. 죽으나 사나 정부가 가는 곳으로 가서 정부와 운명을 같이할 수밖에 없다"고 했다. 나는 그때까지 신익희 의장의 사람이었다. 그래서 신 의장에게 피난을 가게 되거든 나와 동행해줄 것을 부탁했다. 신 의장은 "자네를 두고 내가 혼자 가겠는가?" 하고 쾌히 승낙을 했다. 멀리서 포탄 소리가 집요하게 울려오기에 27일 새벽 신 의장 댁에 전화를 걸었다. 그랬더니 집 보는 아이가 벌써 피난을 떠났다는 대답이었다. 나는 울분에 떨지 않을 수 없었다. 이때 내가 받은 죽산에 대한 깊은 감명과 존경심은 그와 나를 결합케 하는 동기가 되었다.*

강원명 비서도 그 무렵 죽산의 행동을 이영석에게 증언했다.

27일 낮 국회로 나왔더니 의원들이 안절부절이었다. 조 부의장이 국방부에 전화했으나 신 장관은 없었다. 다시 내무장관실로 갔더니 백성욱** 내무장

---

* 윤길중, 앞의 책, 142쪽.
** 백성욱(白性郁, 1897-1981): 서울 출생. 경성불교중앙학림 졸업. 1919년 상하이 임정에 참여했다가 프랑스와 독일에 유학, 철학 박사학위를 받고 귀국했다. 중앙불교전문학교 교수를 지내고 광복 후 건국운동에 참여했으며, 내무부장관

관이 텅 빈 청사에 혼자 버티고 앉아 있었다. 정부는 수원으로 옮기기로 했으니 피난을 떠나라는 것이 백 장관의 얘기였다. 부의장실로 돌아와 피난준비를 했다. 국회사무처에서 5,000만 원을 마련해와 의원들에게 100만 원씩 나눠주고 사무처에 지시해 중요문서를 옮기도록 했다.

국방부에 차량지원을 부탁했는데 한강교를 폭파할 계획이니 빨리 도강渡江하라는 얘기였다. 죽산은 군 당국에 중요문서 운반 등 작업이 끝날 때까지만이라도 폭파를 늦추어달라고 말하고 국회와 정부의 중요 문서 일부를 옮겼다. 정신없이 뒤처리를 끝내고 나니 시간이 많이 흘렀다. 내가 "집에 들러서 가야 하지 않느냐"고 물었더니 "모두들 피난도 못 갔는데 내 가족만……" 하면서 곧장 한강으로 향했다. 한강에 도착하니 이미 헌병들이 길을 막고 있었다. 수원에 도착해보니 정부는 대전으로 가고 없었다.

그날 밤을 수원에서 보내고 다음 날 대전으로 갔다. 죽산이 대통령을 만나러 충남지사관저로 곧장 달려갔다. 그러나 대통령의 첫마디가 "인민위원장이 됐다더니……"라는 말이었다. 죽산이 끝내 안 보이니까 서울에 남아 있는 것으로 단정했던 것 같다.

우리가 대통령 방 앞에 도착했을 때 보고를 끝내고 나가는 장경근張暻根 국방차관과 마주쳤는데 죽산의 인민위원장 설은 장 차관이 전한 것으로 보였다. 정말 어처구니없는 일이었다.***

국회 문서를 옮기기 위해 가족도 챙기지 못하고 최후까지 노력한 죽산을 인민위원장이 된 걸로 오해한 정부요인과 대통령. 죽산은 자신에게 드리워진 공산주의자라는 이미지가 얼마나 큰 것인가를 깨닫고 머리를 설레

과 동국대학교 총장을 지냈다.
*** 이영석, 앞의 책, 181-182쪽.

설레 흔들었다.

허겁지겁 대전까지 간 국회의원들은 이승만 대통령이 국민들에게 사과를 해야 한다고 의결했다. 장택상은 이런 증언을 남겼다.

이에 해공과 죽산과 내가 도지사 관저로 이 박사를 찾아가 그 필요성을 설명하면서 간곡히 청했으나

"내가 당唐 덕종德宗이야?"

하고 한 마디로 거절했다. 백성을 난에 휩쓸리게 한 것을 자기 잘못으로 알고 「사과문」을 발표한 당 덕종이냐는 반문이었다.*

아내 김조이, 정치보위부원들에게 연행

7월 1일, 미군 지상부대가 부산에 상륙했고 7월 6일 경기도 오산 부근에서 접전을 치렀다. 7월 8일에는 한·미대전협정을 맺어 작전 지휘권을 미국에 넘겨주었다. 그러나 미군과 국군은 중과부적으로 속절없이 밀려났고 7월 16일 정부는 대전을 버리고 대구로 이전했다. 그러나 그곳도 오래가지 못했다. 북한군이 워낙 강하게 밀고 내려오니 다시 떠나야 했다. 이승만 대통령과 정부는 이번에도 사전 통보 없이 먼저 부산으로 가버렸다.

신익희 의장은 지리멸렬한 정부에 분통을 터뜨리고 이승만에 대한 인간적 실망감을 털어놓았다.

"이 박사 그 사람! 국회의장과 부의장이 이런 꼴로 버려지니 일반 국민들 걱정은 눈꼽만치도 안 했을 거야!"

신 의장은 한참 숨을 몰아쉬어 분을 삭이다가 불쑥 죽산의 옆구리를 찌르며 말했다.

---

* 「장택상편」, 『사실의 전부를 기술한다』(희망출판사, 1966), 120쪽.

"조 부의장, 분통을 참을 수가 없으니 어디 가서 술이나 마십시다."

"좋습니다, 의장님. 저도 그러고 싶었습니다."

당대의 정치 거물인 신익희와 조봉암, 두 사람은 대구에서 유명하다는 선술집 '감집'으로 갔다. 그리고 이날 이승만을 욕하며 술을 마셨다. 밤새 도록 마신 술이 한 말 여섯 되였다.[*]

한참 술을 마시다가 신익희가 물었다.

"이보시오, 죽산. 가족은 국회서류와 함께 신고 왔소?"

죽산은 고개를 저었다.

"국회 피난 일이 워낙 다급해서 챙기지 못했습니다."

"저런! 나는 가족을 챙겼으니 면목이 없소" 하며 신익희 의장은 팔을 뻗어 죽산의 어깨에 얹었다.

"부인께서 많은 일 겪으며 살아온 분이니 잘 피하셨겠지요. 그랬길 바랍니다."

죽산은 술잔을 기울이며 머리를 끄덕였다.

국회의장과 부의장은 비상연락을 했음에도 국회에 나오지 않은 30여 명 걱정을 했다. 피난 못 했으면 북한군에 체포돼 고초를 치를 것이라는 판단 때문이었다.

죽산이 신익희 의장과 말술을 마신 다음 날인 7월 30일, 서울에 있는 가족에게 변고가 생겼다. 아내 김조이가 정치보위부원들에게 체포된 것이었다. 김조이는 어린 아들 규호 때문에 피난을 떠나지 못해 서울 탈출 기회를 놓치고 말았다. 서울은 하루아침에 인공 치하가 되고 여러 개의 「포고

---

[*] 이영근, 「진보당 조직에 이르기까지」, 『통일조선신문』, 1969년 7월 26일-28일자 (정태영, 앞의 책, 629쪽에 수록)

문」이 벽보로 붙여졌다. 그것들 옆에는 반역자이자 배신자인 조봉암과 김조이를 체포하거나 신고하라는 벽보도 붙어 있었다. 김조이는 원서동에 있는 친구 집으로 숨었다. 한두 군데 옮긴 뒤에 다옥동茶玉洞: 현재의 중구 다동에 있는 권세은의 집으로 갔다. 그리고 며칠 뒤 정치보위부원들에게 연행되었다.

죽산의 처남 김영순 선생은 이렇게 회고했다.

"그날이 7월 30일이었어요. 매형의 조카인 조규진이가 있어요. 매형의 친형인 수암 씨의 아들이지요. 규진이는 나보다 열 살 이상 아래지만 같은 회사를 다니며 축구를 했고 친했어요. 그 규진이와 함께 인천에서 양조장 박과장한테서 보리쌀 한 말을 받아 반씩 나눠 짊어지고 서울을 향해 걸었어요. 매형은 서울을 탈출했지만 누님과 식구들은 먹어야 하잖아요. 서울로 걷는 도중 비가 와서 보리쌀이 퉁퉁 불어 무거워졌어요. 그걸 메고 서울까지 가서 명륜동 집 복도에 널어 말렸어요. 밤중에 정치보위부원들이 들이닥쳤고 우리는 붙잡혔어요. 끌려가 트럭 적재함에 탔는데 캄캄했어요. 여러 사람들 중에서 누님 목소리가 들렸어요. '영순이 아니냐! 나는 이미 붙잡혔다' 했어요. 그 길로 중부경찰서로 끌려갔지요. 나와 조규진은 곧 풀려났는데, 내 형님인 송학 형님도 마포에서 붙잡혔어요. 뒷날 목격자한테 들었는데 누님과 형님은 같이 철사줄로 묶여 미아리고개를 걸어서 끌려가셨대요."*

---

* 같은 날, 김영순 선생 인터뷰; 「실향사민 안부조사신고서 김조이」. 1956년 정부는 국제적십자사를 통한 소환교섭을 위해 납북인사들에 대한 조사를 벌였다. 김영순을 가족대표로 기록해 신고한 서류에는 김조이가 1950년 7월 30일 오후 10시경 종로구 다옥동 권세은(權世銀)의 방에서 7-8명의 정치보위부원에게 연행되고 9월 8일 남동생 김송학과 함께 포박돼 북행길에 오른 것으로 기록돼 있다.

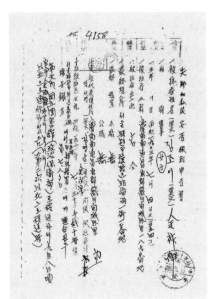

「김조이 납북 신고서」.
1956년 정부는 국제적십자사를
통한 소환교섭을 위해
납북인사들에 대한 조사를 벌였다.
남동생 김영순이 가족대표로
기록해 신고한 서류다.
한국전쟁 납북사건 자료원.

처녀시절 김조이와 함께 죽산의 장학생으로 모스크바공산대학을 다닌
고명자가 인공 치하에서 김조이의 북행을 막기 위해 온갖 노력을 했으나
좌절되었다. 고명자의 고종사촌동생으로 죽산의 농림부 장관 시절 비서였
던 김제영 선생은 이렇게 회고했다.

"언니고명자를 말함는 남로당원이 아니라 근로인민당원이었지만 투쟁경
력이 많아서 인공 치하에서 권위가 컸어요. 김조이 여사를 구출하려고 백방
으로 뛰었지만 실패하셨어요. 남편인 죽산 선생이 전향한 배신자인데다 제
헌의회 의원과 국회부의장을 지냈으니 풀어줄 수 없다 했다는 거예요."**

김영순 선생은 이날 이 「신고서」가 자신이 1956년 작성한 것임을 확인해주었다.
** 같은 날, 김제영 여사 인터뷰.

12 대통령의 꿈 459

큰딸 호정도 체포되면 납치당할 염려가 있었다. 어머니 김조이가 납치된 다음 날 스물세 살의 이화여대생 조호정은 이웃집 여인에게서 보통의 여인들이 입는 허름한 옷을 빌려 갈아입고 머리에 쪽을 쪘다. 그런 다음 어린 동생 규호를 업었다. 영락없는 보통의 젊은 아기 엄마였다. 목선으로 한강을 건넌 뒤 걸어서 인천으로 갔고, 인천에서 고깃배를 얻어 타고 외가인 강화로 갔다. 잘 익은 복숭아 두 개를 갖고 갔는데 아기는 그것을 잘 먹었다. 북한군이나 청년동맹원들의 검문을 받았으나 무사히 통과했다.

아버지가 신의주형무소에 갇혀 있던 1934년 어머니가 돌아가셨을 때에도 호정은 어린 몸을 외숙모에게 의탁했었다. 김이옥·조호정 모녀의 이화여대 선배이기도 한 외숙모 최경준은 두 팔을 벌려 아기를 받아 안았다.

"걱정 말어, 내가 지켜줄게."

호정이 집에 들어오는 것을 아무도 보지 못했으므로 최경준은 국군의 북진으로 강화가 수복될 때까지 호정과 규호 남매를 쥐도 새도 모르게 집에 숨겨놓고 살았다.*

1·4후퇴시 제 가족보다 장택상 가족 먼저 돌봐

부산 임시수도에서 정부가 자리 잡은 곳은 경남도청이었다. 국회는 부산문화극장으로 잡았다가 다시 부산극장으로 결정했다. 서울을 탈출한 의원들이 몇 명 더 합류했다. 210명의 의원 중 60여 명이 서울을 빠져나오지 못한 것으로 파악됐다. 북한군의 진격이 상상했던 것보다 빨랐기 때문이다.

9월 15일 인천상륙작전이 성공하고 유엔군이 총반격을 개시했다. 그리고 9월 28일 서울이 수복되었다. 가족의 안부가 궁금해 서울로 온 죽산은

* 같은 날, 조호정 여사 인터뷰.

국회 의사진행 죽산과 이승만. 부산 임시수도 시절 국회부의장이던
죽산이 의사진행을 하고 있다. 조호정 여사 제공.

10월 초순 강화에서 돌아온 딸 호정을 만났다. 그리고 아내 김조이가 납치
된 사실을 알았다.

"아아, 내가 돌이킬 수 없는 잘못을 했구나!"

죽산은 그 자리에 주저앉아 비탄에 잠겼다.

그나마 다행인 것은 어린 규호가 탈 없이 누나 품에 안겨 집에 돌아온
것이었다. 아버지를 알아보고 덥석 안기는 어린 아들을 가슴에 품은 채 그
는 하염없이 눈물을 흘렸다.

죽산은 인천에 있는 또 다른 가족의 안부를 확인해야 했다. 윤봉림과 딸
임정이었다. 전쟁이 나기 전 봉림이 둘째를 임신했다고 들은 터였다. 그는
지프차를 타고 인천으로 갔고 8월 하순에 태어난 둘째 딸을 안아보았다.
그리고 이름을 의정義晶이라고 지어주었다.

10월 19일 국군과 유엔군이 평양을 점령했다. 이승만 대통령이 평양 시
찰에 동행하자고 죽산에게 제의했다. 거기 가서 납치된 아내를 찾아보라
는 호의였다. 10월 30일 이른 아침에 군 수송기가 여의도 공항을 이륙했

다. 이승만 대통령과 신성모 국방부장관, 김광섭 비서*, 김장흥金長興 총경, 이선근李瑄根 대령, 그리고 국회를 대표한 죽산 조봉암이 강원명 비서를 데리고 탑승했다. 공군의 김정렬金貞烈 장군이 직접 전투기를 몰고 경호 비행을 했다.

평양에서 평양탈환환영시민대회가 열렸다. 대통령과 시찰단이 거기 참석하는 동안 죽산은 군용 지프를 타고 아내를 찾아다녔다. 평양을 임시통치하고 있는 군부대의 협조를 얻어 군용기가 귀로에 오르는 마지막 순간까지 찾아다녔다. 그러나 끝내 찾을 수가 없었다. 북한 정부가 이럴 경우에 대비해 납북 인사들을 어딘가로 빼돌린 것이었다.

평양에서 돌아오고 며칠 뒤, 죽산은 다시 인천에 갔다. 피난지에서 돌아온 처가 식구들을 만났다. 그는 한때 자신의 경호원 노릇을 했던 막내처남 김영순을 끌어안고 눈물을 흘렸다.**

"미안하다. 내가 집사람 찾으러 비행기 타고 평양에 갔었어. 샅샅이 찾아봤지만 찾을 수 없었어."

그러는 바람에 장인 장모와 두 처제 등 온 식구가 한 덩어리가 되어 서로 얼싸안고 통곡했다. 죽산이 사위가 되고 나서 계속 풍파가 밀어닥친 것에 대한 야속함 때문이었다. 사위가 상하이에서 딴 여자와 살림 차린 일, 조이가 홧김에 딴 남자와 살며 투쟁하다가 감옥에 갔고, 다시 합해 산다 해서 안심했는데 어린 시앗을 봤고, 사위가 국회의원 장관이 돼서 좋다 했더니 결국 그로 인해 딸과 큰아들이 납북당하고 만 것이었다. 나랏일이 중요하다 하여 아내와 처남을 안 챙기고 혼자 한강을 건넌 것이 무척 야속했다.

---

* 김광섭(金珖燮, 1905-77): 해외문학파와 극예술연구회 멤버로서 시집 『성북동 비둘기』 등을 남긴 유명한 시인 바로 그 사람이다.
** 같은 날, 김영순 선생 인터뷰.

죽산이 국회 문서를 피난시키느라 가족을 챙기지 못해 아내 김조이가 납북된 사실은 많은 동료 의원들을 부끄럽게 하고 그를 존경하게 만들었다. 평양까지 가서 아내를 찾지 못하고 돌아온 것에 대해 당파와 정파를 떠나 모두 위로의 말을 했다.

장택상 제1부의장은 고개를 숙이며 말했다.

"조 부의장을 다시 봤습니다. 가족보다 나랏일을 챙긴 멸사봉공의 정신이 놀랍습니다. 이승만 대통령을 비난할 것은 비난하면서도 국가의 안정을 위해 조언하고 협력하는 태도로 나오는 것이 대단합니다."

의장단 3인이 서울을 무책임하게 버리고 떠난 대통령에게 대對국민사과 성명을 하라고 따지고 덤빌 때는 악착같았지만, 그 후 가끔 죽산이 대통령에게 가서 민정에 대한 건의를 하곤 했던 것이다.

죽산은 여섯 살 위인 장택상 부의장에게 더 깊이 고개를 숙였다.

"국가의 운명이 풍전등화처럼 위태로운 때이니 정책에 불만이 있더라도 정국을 안정시켜야 한다고 생각했기 때문입니다."

11월, 국군이 압록강까지 진격했으나 중국인민지원군의 참전으로 전황이 바뀌기 시작했다. 유엔군과 국군은 다시 뒤로 밀리기 시작했다. 언제다시 서울이 함락될지 모르는 상황이 되었다. 12월이 되자 더 다급해졌다.

그런 상황에서 중요한 임무를 갖고 외국으로 떠나는 사람들이 있었다. 프랑스 파리에서 열리는 유엔총회에 파견되는 대표단이었다. 임병직林炳稷 · 장면張勉 · 김동성金東成 · 임영신任永信과 함께 장택상 부의장도 가게 되었다.

장택상 부의장이 출발을 앞두고 옆방에 있는 죽산에게 왔다. 두 시간 전 의원들과 함께 환송 조찬을 한 터라 긴하게 할 말이 있나보다 생각하며 죽산은 자리에서 일어섰다. 장택상은 뜻밖의 말을 했다. 가족에 대한 부탁이었다.

장택상 유엔대표. 창랑 장택상은 1·4후퇴를 앞두고 유엔총회 대표로 가면서
가족 보호를 죽산에게 부탁했고 죽산은 창랑의 신의에 눈물을 흘렸다.
장병혜,『상록의 자유혼』에서 인용.

그때 일은 장택상의 딸 장병혜張炳惠 교수가 쓴 전기에 잘 나타나 있다.

유엔군의 공세로 전세는 역전됐지만 그 전세를 예측할 수 없는 시기이기
에, 국가의 운명을 타개하기 위한 길이라고 하나 어머니와 어린 자식들을 홀
로 남겨두고 떠나는 아버지의 심경은 착잡했을 것이 당연하다.

그때 아버지는 부의장으로 함께 있는 조봉암 선생에게 가족문제를 전적
으로 의뢰했던 것이다. 즉 가족들에겐

"만일 내가 미국으로 떠난 뒤에 불행히 어떤 불시의 사태가 일어나면 조
부의장님 지시에 따라 움직이고 그분에게 모든 것을 의탁하라."

는 분부였고, 한편 아버지의 회고에 의하면 죽산 선생에게는

"내가 유엔에 간 뒤에 내 가족에 관한 것을 일체 부탁하오."

하고 당부하니 그분은 이러한 아버지의 인간적인 굳은 신뢰에 핑하고 눈물

마저 맺히면서,

"공산당을 잡던 전 수도청장 창랑滄浪이 공산당이던 조봉암에게 가족 부탁을 하다니……."

하고 감격하며 기쁘게 그 청을 받아들이더라는 이야기다.[*]

죽산은 1·4후퇴 시 자신의 가족보다 장택상의 가족을 먼저 챙겼다. 그리하여 가까운 친구를 하나 얻었다. 두 사람의 신뢰는 죽산이 저세상으로 간 뒤에도 이어졌다.

12월 말, 죽산이 피난준비로 다시 분주한 시간을 보낼 때였다. 사무처 직원이 밖에서 손님이 기다린다고 보고했다. 그냥 머리를 끄덕이고 정신없이 일에 열중했다. 재차 보고를 받고 나가 보니 양이섭이었다.

"지금 피난준비 중이니 나중에 만나세. 정부와 국회가 부산으로 옮겨 갈 테니 거기서 만나세."

죽산은 양이섭을 그렇게 보냈다. 경황이 없어서 어떻게 지냈느냐, 가족은 어디 있느냐 묻지 못했다.

부산 임시수도에서

1951년 1월, 정부는 다시 부산을 임시수도로 정하고 이동했다. 죽산은 창랑과의 약속을 지켜 자신의 가족보다 장택상의 가족을 먼저 챙겼다. 안전하게 열차편으로 부산으로 이동시켜 셋집을 얻어주었다. 그리고 틈나는 대로 찾아가 보살폈다.

죽산은 부산의 임시국회의사당에서 자주 의사진행을 맡아보았다. 능숙한 사회 솜씨에 의원들은 격찬을 했다. 평소 토론을 할 때는 자기 주장이

---

[*] 장병혜, 『창랑 장택상 일대기 상록의 자유혼』(창랑 장택상 기념사업회, 1992), 97쪽.

강하지만 의사당 단상에 서면 국회법을 정확히 지키며 공명정대해진다는 것이었다. 모든 의원들의 마음을 어루만지듯 자연스럽게 이끌어가는데 그 뒤에 범접할 수 없는 카리스마가 들어 있다는 것이었다. 그래서 그가 진행을 맡을 때마다 회의는 물 흐르듯이 매끄럽게 흘러간다는 것이었다. 그보다 몇 살 젊은 의원들은 그가 20대 중반 신흥청년동맹의 논객으로 전국 순회강연을 할 때 항상 기립박수를 받은 일을 회상하곤 했다.

죽산의 숙소는 영도다리 건너 태평동 1가 22번지에 있었다. 부산의 실업가인 윤시수尹時洙 사장이 운영하는 영남제염소의 2층으로 15평 정도 되는 초라한 공간이었다. 붉은색 포드 승용차도 한 대 배정되었고 딸 호정도 비서진에 끼게 되었다.* 영도 숙소에서 호정과 함께 묵으면서 부산극장에 마련된 임시의사당으로 출근했다.

죽산은 전쟁 중이라 이승만 대통령과 정부에 협조해오고 있었는데 어느 날 문득 이승만 대통령이 정당을 만들자는 제안을 했다. 이승만은 정당 무용론자였으나 죽산을 지지하는 농민들을 지지 기반으로 만들고 싶었던 모양이었다.

어느 날 그를 불러서 말했다.

"죽산, 민국당은 지주정당이야. 농민 노동자들을 대변하는 농민당이나 평민당平民黨 같은 걸 만들어야 해. 이 일을 죽산이 만들어보지 않겠나?"

그러나 죽산은 이 제안을 받아들이지 않았다.** 자신의 당을 만들고 싶어서였다.

2월 어느 날 죽산이 영도에 있는 숙소로 가니 집 앞에 낯익은 청년이 서

* 박진목,「죽산 선생과 나」,『전집』제6권, 326쪽; 전세룡,「죽산 조봉암 선생과 나 그리고 진보당」,『전집』제6권, 335쪽;「한국근대사조합자료 윤시수」, 국편 DB.
** 이영석, 앞의 책, 183쪽.

있다가 벌떡 몸을 일으켰다. 농림부 장관 시절 비서관을 했던 옛 친구 조광원의 아들 조병선이었다. 전쟁 때문에 고생이 막심했는지 얼굴이 수척해서 죽산은 두 손을 덥석 잡았다.

"고생했구나. 가족들은 무사하냐?"

그의 말에 조병선은 눈물을 뚝뚝 흘렸다.

"누님을 살려주세요."

죽산은 깜짝 놀라 조병선을 숙소로 데리고 올라갔다.

조광원 사제의 딸, 그러니까 조병선 전 비서의 누나는 이화여전을 나온 조선일보 기자 조경희였다. 6·25동란이 발발하고 취재 때문에 한강을 건너지 못해 인공치하에 남았다가 숨었으나 붙잡혀 서울구치소에 수감됐고 생명의 위협 때문에 문학가동맹에 나가 시낭송을 한 것이었다. 그래서 수복 후 부역혐의로 구속되어 군법회의에서 사형 구형과 20년 징역을 선고받고 부산으로 이송된 것이었다. 전세가 위태로워지면 언제고 즉결처분으로 총살형을 당할지 모르는 판이었다.

"걱정 말아라. 자발적으로 협조한 게 아니라 강제로 끌려나가 시를 읽었다면 무사할 거다. 더구나 아버지가 통위부에서 일한 군종 신부 아니냐."

죽산의 말에 조병선은 안도의 한숨을 쉬었다.

죽산은 즉시 국방부와 미군 쪽에 연락을 해서 자신의 신원보증 아래 조경희를 풀려나오게 했다.*

---

* 2012년 8월 17일, 조호정 여사 및 조병선 선생 인터뷰. 조경희는 노천명과 함께 군사재판을 받았다(『서울신문』, 1950년 10월 28일자). 석방 뒤 기자와 수필가로 활동했으며 뒷날 예총회장과 정무2장관을 지냈다. 조경희와 노천명의 구명에 관해서 여러 문단이면사는 모윤숙·조연현 등 우익문인의 노력으로 석방된 것으로 기술했다. 그러나 이승만 대통령과 우호 관계에 있던 죽산이 더 큰 영향력을 발휘했을 것으로 보인다.

그는 친구의 가족만 도운 게 아니었다. 농림부 장관 시절의 부하 직원들이 가족을 잘 거두고 있나 확인하고 어려운 일이 있으면 도와주었다.

죽산이 조경희와 노천명을 도운 사실이 알려지면서 시인들도 죽산을 보고 싶어했다. 그들을 데리고 오는 사람은 강화 출신으로 광복 직후 인천 대중일보 기자를 했던 김차영 동양통신 국회 출입기자였다. 피난시절의 시인들은 가난했다. 죽산은 시인을 존경한다고 말하면서 술집으로 데려가거나 자신이 바쁘면 주머니를 털어 술값을 주었다.

김차영이 어느 날, 서른 살 동갑짜리 시인 이봉래를 국회 부의장실로 데려왔다. 이봉래는 함경도 북청 출신으로 일본에 유학해 릿쿄立敎대학을 다녔다고 했다. 조봉암이라는 큰 인물과 대화하면서도 위축되지 않고 당당했다. 제대로 자란 꼿꼿한 나무를 보는 듯했다. 이화여대 영문과생인 호정은 이봉래 시인의 시를 읽었다고 했다.

죽산은 회의에 참석할 참이었으므로 비서이기도 한 딸 호정에게 말했다.

"되바라지지 않고 괜찮은 사람이구나. 네가 저녁을 대접해라."

그때 그는 딸이 가난한 시인과 사랑에 빠져 뒷날 결혼까지 하게 되리라고는 생각하지 못했다.*

이승만 정권, 죽산의 신당 창당에 방해공작

다음 해1951 1월, 국민방위군사건이 터졌다. 국민방위군설치법을 만들어 제2국민병에 해당하는 17~40세의 남자들을 소집해 전쟁에 임하고 있

---

* 2012년 7월 18일 조호정 여사 인터뷰. 이봉래(1922-98)와 김차영(1922-97)은 당시 부산에서 박인환·조향·김경린·김규동 등과 '후반기' 동인으로 활동하고 있었다. 조호정 여사는 뒷날 부군이 된 이봉래가 그밖에 극작가 이진섭·전범성 등과도 절친했다고 회고했다.

었는데 간부들이 식량과 보급품을 횡령해 1,000여 명의 사망자와 부상자가 발생한 것이었다. 국민방위군사령관과 간부 들이 군량 2,000가마와 공금 24억 원을 횡령해서 대구의 요정에 드나들며 마구 써버렸다. 심지어 지프차 트렁크에 현금을 가득 채우고 가서 손에 잡히는 대로 꺼내 뿌렸다는 증언도 있었다. 그리하여 병사들은 얼어 죽고 굶어 죽었으며 거지꼴을 하고 민가에서 구걸을 했다.

횡령액의 일부가 일부 정파의 정치자금으로 사용된 의혹이 있어서 그 부분을 조사하는 특별위원회가 구성되고 죽산이 책임자가 되어 조사를 진행했다.

2월에는 거창양민학살사건이 터졌다. 중공군의 참전으로 전세가 바뀌자 인민군 잔류병들의 빨치산 투쟁이 격화되어 전개해 지리산 일대는 낮에는 국군이, 밤에는 빨치산이 지배하는 상황으로 발전했다. 주민들은 양쪽 사이에 끼여 이러지도 저러지도 못하는 상황이 됐다. 그런 가운데 거창군 신원면의 빨치산 토벌을 담당한 군부대가 양민 600여 명을 적과 협조 내통했다 하여 산골짜기로 끌고 가 학살한 것이었다.

두 사건 이후 죽산은 이승만에게 협조하지 않았다. 청년 군인들을 굶어 죽이고 양민을 학살하는 정권의 대통령은 아무리 전쟁 중이라 하더라도 도울 수 없다는 판단 때문이었다.

두 사건은 정치지형의 변화를 가져왔다. 이시영 부통령이 국정혼란과 사회부패상에 대한 책임을 통감한다는 요지의 「대국민성명서」를 발표하고 사퇴했으며, 김성수가 그 뒤를 이어받았다.

이승만에 우호적인 공화민정회와, 야당이라 할 수 있는 민주국민당약칭 민국당으로 정계개편이 이루어졌다. 공화민정회란 무소속구락부를 계승한 공화구락부와 신정동지회가 합작한 것이고, 민국당은 한국민주당약칭 한민당과 대한국민당이 통합하고 한국독립당약칭 한독당 멤버들 일부를 끌어들여 창당한 것이었다. 이승만의 통치능력의 한계가 드러나는 가운데 이합집산 합종연횡이 벌어지고 있었다. 공화민정회가 우호적이라 하지만 때로 이승만의 실정失政을 비판했으므로 명실 공히 여당의 기능을 하는 정당은 없었다.

죽산은 지금이야말로 대중적 지지를 받는 제3세력이 결집해 진정한 민주주의 정당을 창당할 때라고 판단했다. 그는 1951년 6월 신당 준비 사무국을 만들고 그 실무를 이영근과 강진국에게 맡겼다. 그리고 우선 자신에게 집중되고 있는 농민들의 지지를 결집시키기 위해 10월 하순에 한국농민회 창립대회를 열었다. 대회에 참석한 남한 180개 군의 농민대표 340명은 죽산을 의장으로 추대했다. 그렇게 일단 농민조직을 장악한 다음 노동자 조직과 지역조직, 그리고 현역의원 70여 명에 대한 영입작업도 전개했다. 내세운 논리도 국민들의 마음을 사로잡기 쉽고 짜임새가 있는 제대로 된 작업이었다.

그러나 이승만 정권이 그냥 두지 않았다. 우선 신당 조직의 기반인 농민회를 무력화시켰다. 그리고 '대남간첩단 사건'을 날조해 신당준비사무국 책임자인 이영근을 체포하고 관계자 50여 명을 연행해버렸다.

재판도 속전속결로 진행해 검찰이 이영근 등 3명에게 사형을, 3명에게 무기징역을, 다른 피고들에게 10년 징역을 구형했으나 부산지방법원은 모두 무죄를 선고했다.

당시 재판을 취재한 백기유白基瑜 기자는 김용식金龍植 부산법원장에 대해 뒷날 이렇게 회고했다.

내가 그분을 알게 된 것은 부산 피난 시절 잠시 법원 출입을 할 때였는데 '대남공작단사건'이 원인이 되었다. 이 사건은 조작된 사건이었다. 연좌된 15~16명의 피고들은 당시 국회부의장이던 조봉암 씨와 직접간접으로 관련이 있는 사람들이었는데, 말하자면 조 씨의 실각을 노린 전초전이었다. 사건은 외부의 압력을 받아 처음부터 공포 분위기 속에서 심리되었다. 내 기억이 틀림없다면 첫 번째 재판장은 심리 도중 신변에 위협을 느껴 피신하고 말았다. 다음 재판장도 바뀌었다. 세 번째 재판장으로 나선 분이 법원장 김용식 씨였다. ……법정은 늘 살기가 감돌고 있었다. 피고들은 사형, 무기 등 중형을 구형받았다. 그런데 이변이 일어났다. 언도 재판은 전원 무죄방면이었다. 이날 김 법원장은 이례적으로 기자회견을 자청하고 자신의 심경을 명경지수로 표현했다.[*]

전원 무죄 판결을 받았지만 그 사건으로 인해 죽산의 신당 작업은 중단될 수밖에 없었다.

한편 이승만은 임기 만료가 몇 달 앞으로 다가오고 실정이 겹쳐져 초조해지고 있었다. 정당을 만들어 차기에도 대권을 잡고 싶으나 창당작업 중인 자유당이 원외와 원내로 갈려 뜻대로 되지 않았다. 헌법은 대통령을 국회에서 간접선거로 뽑게 돼 있었고 이대로 가면 재선될 가망이 없었다.

그리하여 11월 30일 '대통령직선제와 양원제 개헌안'을 국회에 제출했다. 사실 대통령제를 선택했으면 국민의 직접선거로 대통령을 뽑는 것이 타당했다. 그러나 이번 경우는 그의 재선을 겨냥한 책략에 불과했다. 결국 국회는 이것을 찬성 19, 반대 143으로 부결시켜버렸다. 그리고 의원 13명의 서명으로 내각책임제 개헌안을 들고 나왔다. 죽산도 물론 거기 서명했다.

이승만 대통령의 권력 유지 욕망과 민주주의를 지키려는 국회의원들의 희망이 충돌했다. 이것이 뒷날 '부산정치파동'이라고 불리는 사건이었다.

---

[*] 「미니회고록」, 『대한언론인회보』, 1981년 10월 15일자.

1952년 5월 25일, 이승만 정부는 공비 소탕을 이유로 들어 돌연 계엄령을 선포했다. 그리고 다음 날 국회의원 47명이 탄 통근버스를 그대로 부산헌병대로 끌고 갔다. 20여 명의 국회의원이 구속당했다.

이때 죽산의 움직임이 「나의 정치 백서」에 드러나 있다.

버스 사건이 일어나자 신 의장과 내가 이 대통령을 방문해서 강력히 항의했습니다. 그 자리에서 이 대통령은 "그놈들이 오늘 국회에서 장면이를 대통령으로 선거한다지?" 하는 말씀이 있어서 그건 오보誤報라는 것을 설명하고 나는 이렇게 말했습니다. "그것은 잘못된 정보이니 말할 것도 없고 설혹 그 사람들이 대통령을 반대하는 일을 한다손 치더라도 저런 일버스 채 끌고 가는은 중지시켜야 됩니다. 그것은 나라를 위해서나 이 대통령 각하를 위해서나 좋은 일이 안 됩니다." 그러나 우리의 항의나 권고는 청허되지 않았고 버스는 끌려가고야 말았습니다.*

이승만은 막무가내였다. 전방에서는 밀고 밀리는 공방전을 전개하며 숱한 청년들이 피 흘리며 쓰러지는데 임시수도의 대통령은 재집권을 위해 자폭이라도 불사한다는 각오를 한 듯 보였다. 엉뚱하게 부산 시내에 공산 게릴라가 침투해서 토벌해야 한다며 억지를 써서 부산지구에 계엄령을 내리고, 전방에서 전투 중인 부대를 계엄군으로 쓰기 위해 이동시키라는 명령을 군부에 내렸다. 이종찬** 참모총장이 거부하자 경질해버렸다.

---

* 『신태양』, 1957년 5월호 별책 (『전집』 제1권, 394쪽 수록).
** 이종찬(李鐘贊, 1916-83): 대한제국의 대신을 지내고 일본과의 합병을 지지한 이하영(李夏榮)의 손자로 서울에서 출생, 경성중학과 일본 육사를 나왔다. 1951년 육군참모총장에 임명됐으나 대통령 명령 거부로 해임됐다. 1952년 이용문 등의 쿠데타 제의를 거절했으며 박정희의 제3공화국에서 국방부장관을 지냈다.

미국과 유엔 요구에 못 이겨 발췌개헌안 통과에 앞장

5월 28일, 국회의원들은 계엄령의 해제를 결의했고 다음 날은 김성수 부통령이 항의 사임했다. 이시영 부통령이 사임하고 1년 만에 다시 부통령이 사임한 것이었다.

그때 대통령중심제에 내각책임제를 약간 얹은 발췌개헌안이 제시되었다. 물론 이승만 대통령의 욕망이 약간 수정된 것이었다. 이 수습안의 관철을 위해 앞장선 것은 새로 국무총리가 된 장택상이었다. 죽산은 신익희 의장과 함께 발췌개헌안의 통과를 위해 국회의원들을 설득하는 작업을 했다. 결국 7월 4일, 경찰과 군대가 의사당을 포위한 가운데 기립투표 방식에 의해 재석 166명 중 찬성 163명, 기권 3명으로 통과되었다.

죽산은 왜 이승만의 손을 들어줬을까. 그것은 그렇게 해결하지 않으면 미국이 다시 군정을 펼 것이라는 우려 때문이었다. 당시 미국은 부산정치파동 때문에 곤란한 처지에 놓여 있었다. 유엔 이름으로 16개국 군대가 피흘리고 싸우는데 한국정부가 내홍을 겪고 있기 때문이었다. 15개의 참전 동맹국들이 미국이 이 사태에 개입할 것을 요구했다.

미국은 동맹국들의 요구대로 개입하고 나섰다. 미국의 복안은 강強과 온溫 두 가지였다. 하나는 이승만을 축출하는 쿠데타였고 다른 하나는 발췌개헌안 지지였다. 쿠데타는 전쟁 중에 군대를 부산으로 이동시켜야 하는 위험부담 때문에 곧 보류되었다. 그래서 발췌개헌안을 들고 나오게 된 것이었다.

무초 대사와 유엔 한국재건위원회 사무총장 매튜F.H. Matthews가 개입하고 나섰다. 매튜가 총리서리를 하다가 물러나 있던 허정을 만났다. 허정이 협조를 거부하자 장택상 총리와 접촉해 협조를 요청했다. 장택상은 설득당했다. 무초 대사는 신익희 의장을 설득하고 죽산에게 왔다.

죽산은 인천 CIC의 공작으로 전향한 이후 미국과 신뢰가 형성돼 있었다. 무초는 국회가 이승만과 타협점을 찾지 못하면 미국이 한국에 다시 군정을 펼지도 모르며, 군사원조와 경제원조를 중단할 수밖에 없다고 설명하면서 협조를 요청했다. 죽산으로서는 협조를 약속할 수밖에 없었다. 그래서 의원들을 설득한 것이었다.

위협 속에서도 찬성하지 않고 기권한 의원은 셋이었다. 윤길중은 그들 중의 하나였다. 존경하며 따르던 죽산의 간곡한 설득에도 불구하고 발췌개헌안 찬성 투표를 거부했다. 뒷날 그는 정태영에게 죽산이 자신에게 비밀을 털어놓았다고 증언했다.

"국내의 정치적 혼란이 수습되지 않으면 유엔군이 계엄령을 선포해 권력을 장악하겠다는 「비밀각서」를 보내왔다. 이 대통령의 고집을 꺾을 수 없으니 달리 길이 없지 않은가?"*

윤길중은 끝내 찬성하지 않았다.

경위가 어떠했건 죽산이 발췌개헌안 통과에 앞장선 것은 정치활동의 흠결 중 하나로 기록될 만하다.

정부수립 시기부터 신익희 의장의 비서를 지내고 뒷날 민주한국당 총재를 지낸 유치송柳致松, 1924~2006은 신익희 전기를 썼다. 그 책에 죽산이 신익희·장택상과 더불어 합의하는 장면이 그대로 그려져 있다. 죽산이 장택상에게 발췌개헌안을 받아들이라고 촉구한 것으로 되어 있다.

이 대통령의 완고하기 이를 데 없는 자세에 편승하여 6개 지방 도의회는 결의로써 대통령에게 국회해산을 강력하게 요구해올 즈음 하루는 유엔한국

---

* 윤길중, 1990년 12월 17일 증언(정태영, 앞의 책, 194쪽).

위원단의 주요 임원이 국회의장실을 찾아왔다.

신익희 의장과 장택상·조봉암 부의장이 풍전등화와 같은 시국의 타개책을 의장실에서 논의하던 중이었는데 유엔 한국위원회 한 임원이 정색을 하면서 유엔본부의 방침을 제시했다.

"당신네들은 신탁통치로 환원하는 것이 어떻겠소? 전쟁을 하고 있는 나라가 내란과 분규로 이렇듯 소란스러우니 우리 16개 참전 국가들은 그대로 방임할 수만은 없소. 한국에 신탁통치안을 우리가 제기할 테니 서둘러 결말을 내주시오."

이때 죽산 조 부의장이 창랑에게

"신탁통치보다야 어쨌든 이 박사 치하가 낫지 않겠소! 당신이야말로 빨리 무슨 대책을 세워 이 위급한 정국을 수습해보오."

하는 게 아닌가.

국회 측 개헌안의 지지자인 신 의장은 듣고만 있었다. 창랑은 정부와 국회의 개헌안을 절충하여 우선 눈앞의 불이나 끄고 보자는 급박감에서 '발췌개헌안'의 주역이 되었다.*

국회부의장에 재당선

발췌개헌안을 통과시키고 영도 숙소로 돌아온 죽산은 깊은 자괴감에 빠졌다. 미국의 요구에 굴복해 어쩔 수 없이 이승만을 도와준 것이 씁쓸했

---

* 유치송,『해공 신익희 일대기, 민주한국의 대도(大道)』(해공신익희선생기념회, 1984), 627쪽. 위 인용문에서 장택상을 부의장으로 칭한 것은 오류다. 장택상은 1951년 국회부의장직에서 물러났으며 1952년 5월 25일 부산정치파동이 일어나기 직전인 5월 6일 국무총리로 취임했다. 장택상 일대기에 실린 내용도 거의 같다. 죽산이 "신탁통치보다야 나쁘나 좋으나 이승만 치하가 낫지 않겠소? 당신이야말로 빨리 무슨 대책을 세워야지 이대로 가다가는 신주(神主) 개 물려 보내겠구려"라고 말한 것으로 되어 있다(장병혜, 앞의 책, 125쪽).

다. 자신이 반대했다 하더라도 어차피 통과될 것이었지만 그 일에 앞장선 것이 부끄럽고 슬펐다. 이승만의 독선과 독재에 맞서 민중의 권익이 보장되는 정당을 만들려 했고, 대통령직선제에 맞서 내각책임제를 지지했던 자신이 이승만과 미국의 책략에 굴복한 것이 못 견디도록 그를 괴롭혔다.

그러나 지금까지의 인생에서 위기에 빠질 때마다 돌파해온 것처럼 이번 일도 돌파할 길을 찾으려 했다. 이승만을 이대로 두면 안 될 것 같았다. 대통령직선제가 됐으니 누군가가 이승만에 맞서 국민들의 지지를 받아야 한다고 생각했다. 그보다 경륜이 큰 인물들이 있었다. 신익희와 이시영이었다.

국회는 난리법석을 치르며 개헌안을 통과시키고 엿새가 지난 7월 10일 제2대 국회의 제2기 의장단 선거를 했다. 신익희가 다시 의장에 당선되고 죽산도 부의장에 재당선되었다.

한 월간지 기자는 그의 당선에 대해 이렇게 썼다.

그 사회기技가 너무나도 세련되어 있어서 아무 탈이 없이 의원 앞에 군림했다. 그런 정평은 오늘에 이르기까지 조금도 변함이 없다. 이지적인 사회 방식이라고도 평하지만, 국회법 운용을 너무나도 잘 알면서 조금도 사심私心을 엿보게 하지 않는데, 그 무소속이란 정당소속과 함께 특색이 있다. 그의 무게 있는 사회기는 다시 두 번째 부의장에 무난히 피선하게 하였다. 여기서 더 발전이란 있을 수 없을 만큼 극단의 경지에 이른 사회기를 보여주고 있는 것이다.*

* 『신태양』, 1954년 6월호 27쪽(서중석, 『조봉암과 1950년대』〈상〉 [역사비평사, 1999], 57쪽 재인용).

2대 국회 전반기에 국회부의장을 지낸 죽산은 1952년 7월 후반기 의장단에 다시 뽑혔다.
왼쪽부터 조봉암 부의장, 신익희 의장, 윤치영 부의장. 조호정 여사 제공.

　국회부의장 재당선은 발췌개헌안 때문에 나빠졌던 죽산의 이미지를 끌
어올렸다. 국회의원들은 미국과 참전 동맹국들의 요구를 받아들인 것이 불
가항력이라고 생각하고 있었다. 그리고 그를 3인의 의장단 중 가장 두뇌가
명석하고 정연한 이론을 가진 인물이라고 엄지손가락을 치켜세웠다.

　부의장 재당선 며칠 뒤 죽산은 유엔한국위원회 정치대표단의 칵테일파
티에 참석했다. 파티가 절반쯤 진행됐을 때 그는 어느 틈에 이날 파티의
흐름을 좌우하는 인물이 되어 있었다. 대통령은 안 왔지만 국무총리와 장
관들, 국회의장단을 비롯한 거물들이 참석한 파티였다. 참석자 대부분이
미국 유학파 출신이라 영어에 능통한데 죽산은 상하이 망명시절 간단한
대화를 익힌 정도였다. 그러나 그는 사람들의 생각을 꿰뚫어보고 진정성
있는 표정과 언어로 마음을 사로잡는 천부적인 능력을 갖고 있었다. 파티
가 절반쯤 진행됐을 때 한국인, 미국인 할 것 없이 참석자들의 시선은 그
에게 집중되어 있었다. 그는 서너 시간 동안의 파티에서 미국인들에게 그
가 이승만처럼 중요한 인물이라는 것을 각인시켰다.

프레드 토머스Fred P. Thomas라는 미 대사관의 정보요원이 있었다. 키가 후리후리하고 푸른 눈을 가진 젊은이였는데 그에게 찰거머리처럼 따라붙었다. 죽산은 토머스가 나이에 비해 한국을 상당히 잘 알고 있으며 특히 자신에 대해 많이 알고 있다는 것을 알아차렸다. 상관으로부터 자신을 담당하라는 명을 받았을 것이라고 짐작했다. 큰딸 호정보다 겨우 한두 살 많아 보이는 풋내기 정보요원에게 자신의 속을 내보이지 않고 반대로 그의 마음을 사로잡으려 했다.

죽산은 이 나라의 운명, 국민의 운명, 정치가인 자신의 운명이 미국에 달려 있다는 것을 받아들였다. 미국과 소련에 의해 조국이 해방되고, 38선이 그어지고, 두 나라의 대리전쟁처럼 민족이 맞서서 상잔을 겪는 현실이 슬프지만 어쩔 수 없는 숙명이었다. 더구나 자신은 모스크바 유학을 다녀온 소련파였는데도 미국과 타협해 전향한 몸이었다.

미국인들은 파티에서 과음하지 않았다. 그래서 많은 이야기를 할 수 있었다. 승용차를 타고 영도의 숙소로 돌아가면서 골똘히 생각에 잠겼다. 문득 미국이 이번에는 한국의 정치적 안정을 위해 어쩔 수 없이 이승만의 손을 들어준 것이지만 그에 대한 지지를 철회할 수도 있다는 생각이 스쳐갔다. 신익희나 이시영이 나서지 않는다면 자신이 대선 출마를 해도 될 것이라는 생각이 들었다.

국회부의장으로 재선되고 며칠이 지난 1952년 7월 중순, 죽산은 귀한 손님을 만났다. 성공회 조광원 사제가 찾아온 것이었다. 죽산은 어린 시절 가장 소중하게 사귀었던 친구를 뜨겁게 포옹했다. 그리고 남포동 냉면집으로 데리고 갔다.*

---

* 2012년 9월 4일, 인천에서 조병선 선생 인터뷰.

죽산의 죽마고우인 성공회
조광원(세례명 마가) 신부.
죽산과 강화에서 유년기를 보냈으며
미국에 유학해 최초의 한국인 성공회
사제가 되었다. 하와이에서 독립운동을
한 독립유공자다. 유족 제공.

　조광원 신부는 이틀 전 일본에서 선편으로 왔다고 했다. 해방되던 해 고
국에 와서 한동안 머물렀고 재작년 동란 발발 직후에도 왔었는데 세 번째
귀국해서야 해후를 하는 것이었다.

　자신의 아들 병선을 농림부 비서관으로 뽑아준 것, 딸 경희를 구명해준
일에 대한 감사의 말을 했다.

　죽산은 고개를 저었다.

　"병선이는 자네 아들인 줄 모르고 뽑았던 거야. 경성농업 졸업에다 강화
출신이라 아랫사람들이 골랐는데 내가 결재하려고 이력서를 보다가 자네
아들인 줄 알았지. 국·과장들은 자기들하고 면접 중에 '아버지가 장관님
하고 어릴 적 친구입니다' 하고 말하지 않은 게 기특하다고 했지. 내 밑에
와서, 내가 혹독하게 일을 시켜서 일을 아주 잘 배웠어. 경희는 부역^{附逆}을
했지만 죽지 않으려고 한 일이라 용서를 받은 거야."

　죽산은 오후에 여러 가지 일정이 있었으나 옛 친구와의 해후가 좋아서
일부를 취소했다.

두 사람은 그동안 살아온 이야기를 했다. 둘 다 독립운동을 했으므로 그 이야기가 많았다. 조 신부는 하와이에서 자금을 모아 임시정부에 보낸 일, 태평양전쟁 때 미군 군종 신부로서 사이판 전투에 종군해 선전공작을 한 이야기를 했다.

죽산은 신의주형무소 이야기를 하던 끝에 이런 말을 덧붙였다.

"석방되어 비강업조합장 자리 하나 붙잡고 살 때도 보통 시달린 게 아니야. 신의주형무소보다 더 힘들었어. 잘나가던 친구들이 밥 벌어 먹고살라고 조합장 자리를 만들어줬는데 걸핏하면 신사참배 나가라 하고 국방성금 내라 하고……."

조 신부가 머리를 끄덕였다.

"그랬겠지. 자네는 독립운동가이자 사상범이었으니까. 그래, 국방성금도 냈나?"

죽산은 한숨을 쉬었다.

"친구가 말하더군. 자기가 성금을 내면서 내 이름도 연명으로 같이 했다고……."

이야기를 들은 뒤에 조 신부가 말했다.

"자네는 어려운 시절을 잘 헤치고 나와 나라를 이끄는 지도자가 됐지. 내가 재작년에 잠깐 왔을 때 사람들이 그러더군. 조봉암 국회부의장은 '설득의 천재이자 조직의 명수'라고. 그건 능란한 수단가라는 뜻이네."

조 신부는 잠시 말을 끊고 죽산의 얼굴을 찬찬히 들여다보았다.

죽산은 친구의 말을 기다렸다.

"그런데 나는 자네가 진정으로 국민을 생각하는 지도자라는 말을 듣기를 바라네."

조 신부의 말에 죽산은 눈을 크게 뜨며 머리를 끄덕였다.

"자네 말이 맞아. 나는 그런 말을 들어야 해."

제2대 대통령 출마

7월 19일, 정부는 개정된 헌법에 따른 대통령선거를 8월 5일에 실시한다고 공고했다. 이승만과 맞설 후보로는 죽산의 짐작대로 우선 신익희 국회의장이 꼽혔다. 죽산은 정치인 후배들에게서 입후보 권유를 받고, 전국의 지지자들로부터 출마를 권유하는 편지를 받았다.

이승만은 명실공히 국부國父가 되어 아무도 대결하러 나서지 않는 단독후보가 되기를 원하고 있었다. 거기 맞서는 것은 이승만의 진노를 사고 일신의 위험을 부르는 일이었다. 그래서인지 신익희 의장은 입후보를 포기했다. 그 사실을 신 의장의 측근인 윤길중으로부터 들은 죽산은 윤길중과 함께 이시영을 방문해 출마를 권했다. 그러나 이시영은 오히려 죽산의 출마를 권유했다. 국민방위군사건 때문에 부통령을 사임했던 그는 정계은퇴를 고려하고 있었다.

두 분이 안 한다면 나라도 나가야 하는 게 아닌가. 죽산은 그렇게 생각했다. 통치능력의 한계를 드러내면서도 집권 연장의 야욕을 버리지 못해 국회의원들을 한꺼번에 납치하듯이 구속하고, 온갖 협박으로 헌법을 개정한 이승만을 극복하는 길은 본인이 국민의 지지를 등에 업고 맞서는 길밖에 없었다.

그리고 통일은 전쟁이 아니라 평화적으로 추진해야 할 것이었다. 그는 자신을 지지하는 국민들에게 이승만의 반공 이데올로기가 집권을 합리화하기 위한 야욕에서 나오는 것임을 알려야 할 의무가 있었다. 대선 출마는 자신의 타협에 실망했을지도 모르는 지지자들의 마음을 다시 붙잡을 수 있는 방법이기도 했다. 물론 당선 가능성은 희박했다. 이승만이 경찰과 지방정부, 지방의회를 장악하고 있기 때문이었다.

죽산은 출마 결심을 굳히고 자신이 붙잡고 있는 조직을 선거체제로 전환하기 시작했다. 그때 자신은 출마 안 한다고 말하며 그에게 출마를 권유했던 이시영이 번복하는 일이 일어났다. 민국당의 강력한 권고 때문이었다. 민국당은 죽산이 단독으로 야측을 대표하는 후보로 떠올라서 이승만과 대결하는 거물이 되는 것을 용납할 수 없다고 판단한 것이었다.

죽산은 결심을 바꿀 수 없었다. 이시영의 출마는 약속을 어긴 것이고, 자신으로서는 한 번 던진 운명의 주사위를 거둬들일 수는 없다고 생각했다. 나도 세상의 제1인자가 될 수 있다는 자신감이 그의 내부에서 솟구쳤다. 대통령 입후보자가 하나 더 늘었는데 그는 신흥우 목사였다. 신흥우 목사는 옛날 죽산이 YMCA 중학부에서 공부할 때 만난 은사였다. 당시는 애국심이 투철한 지사였으나 그 뒤 친일로 변절해 태평양전쟁 중에는 학도병 입대 권유 강연 등에 나서고 임전보국단에 참여하는 등 친일활동을 한 경력이 있었다. 그래서 죽산으로서는 존경심으로 대하지 못했다. 반反 이승만 진영이긴 하나 입후보해봐야 5퍼센트 미만의 득표가 예상될 정도였다.

죽산은 7월 24일 입후보 성명을 보냈다.

미증유의 민생고의 해결도 중대한 당면 문제이려니와 저상된 민족정기를 앙양시키고 민주주의의 실질적 발전을 실천에 옮기지 않으면 안 될 중대단계에 도달했음을 동포와 함께 통감하는 바다. 그래서 그동안 여러 동지로부터 대통령 입후보를 하라는 권면이 있었으나 대통령 입후보라면 마치 높은 지위를 꿈꾸는 인상을 줄 염려도 없지 않아서 사양해왔었다. 그런데 이번에는 혁명 선배들의 간곡한 권고도 있고 또한 대통령이라야 행정의 책임을 지고 혁신해야 할 것은 혁신해갈 수 있는 까닭에 미력을 불고하고 드디어 대통령 입후보의 뜻을 결정한 것이다.*

---

* 「조봉암 씨 성명 요지」, 『조선일보』, 1952년 7월 26일자.

다음 날인 7월 25일 국회의원들에게 소신을 밝혔다.

24일 대통령입후보를 성명한 조봉암 국회부의장은 25일 국회 산회 후에 의원 일동에게 입후보한 동기와 소신을 다음과 같이 솔직히 피력했다.

"나는 오늘 의외의 인사를 하게 되었다. 이번에 나는 과분한 일을 시작하였다. 그러나 나랏일을 바로잡는 방법은 여러 가지나 실질적 책임정치를 하도록 고쳐놓음이 긴절緊切하다. ……이 박사는 여러분이 다 아는 바와 같이 위대한 애국자다. 그러나 행정가는 아니다. 그분은 경우에 따라서는 법을 무시하기도 할 수 있다고 보았다. 진정 민중을 위하여 일할 수 있다고 생각하는 분이 대통령후보로 나오기를 바랐으나 그런 분이 나오지 않기 때문에 미숙한 나라도 고쳐보겠다는 생각으로 입후보한 것이다. 나는 국가의 원수라는 지위를 꿈꿀 처지도 아니며, 과대망상증에 걸린 것도 아니다. 또 높은 지위를 탐내는 것도 아니다. 다만 내가 믿는 바 일을 하기 위하여 나온 것이다."*

죽산은 1957년 월간지 『신태양』에 기고한 글에서 이때의 일을 이렇게 회고했다.

내가 대통령입후보를 한 데 대해서는 여러 가지 말이 있습니다. 그러나 내 입장은 간단하고 확실했습니다. 불법행위로 권력을 눌렀으니까 법을 지키는 대통령을 선거해야 한다는 것이고, 우리의 울분을 국민 앞에 호소하고 국민의 억울하고 울분한 심정을 내 입을 빌려서 대변하자는 것이었습니다. 승

---

* 「공명커든 원조를, 조봉암 씨 의원들에게 입후보 인사」, 『조선일보』, 1952년 7월 27일자.

부는 전혀 고려하지 않았습니다.*

목숨을 건 이승만과의 대결

죽산은 1952년 대통령선거에서 그렇게 출마의 주사위를 던졌다. 그것
이 진정 조국의 장래와 민중을 위한 선택이었지만 위험을 감지하고 한 발
물러선 신익희와 대비된다. 죽산은 국민들의 압도적인 지지를 등 뒤로 느
끼고 있었으며 자신감에 차 있었다. 그러나 그것이 뒷날 자신을 해치는 독
이 되리라는 것을 짐작하지 못했다. 대통령직선제 개헌에 협조해줘서 이
승만에게 장기집권의 길을 열어주고 스스로 거기 뛰어들면 앞의 행위가
호주 원주민이 사용하는 부메랑처럼 자신에게 날아올 수 있다는 것도 헤
아리지 못했다. 그는 바둑판의 고수처럼 몇 수 앞을 내다보는 정치 고단자
였으나 그것은 미처 헤아리지 못했던 것이다.

연구가들의 판단은 어떨까. 죽산에 관한 가장 깊고 넓은 연구를 한 서중
석 교수는 이시영이 출마를 번복한 뒤의 죽산의 행동에 대해 위험을 자초
한 것이었다고 기술했다.

조봉암이 야 측에서 나오는 후보가 없어서 자신이 나선 것이라면, 이시영
이 대통령후보로 나섰을 때 포기할 수도 있었을 것이다. 그러나 조봉암은 그
렇게 하지 않았다. 조봉암은 처음부터 대통령에 출마할 의사가 있었던 것이
다. 대통령후보는 직접 국민들을 상대로 정견을 호소할 수 있다. 제3세력으
로서 크게 제약을 받아오던 조봉암이 그러한 기회를 중시하지 않았을 리 없
다. 그와 함께 국민 대중한테 정치인으로서 능력과 자질을 인정받을 수도 있

---

* 조봉암, 「나의 정치 백서」, 『신태양』, 1957년 5월호 별책(『전집』 제1권, 194-395
쪽에 수록).

었다. 그러나 이승만의 단일후보 소망을 깬 것만 해도 용서받기 어려웠을 터인데, 극우반동체제하에서 이승만 같은 사람과 대결하여 국민의 지지를 받으려는 의지를 가졌다는 것은 정치 생명, 나아가 자연인으로서의 생명마저 위협받을 수 있었다. 이 점에서 조봉암은 돌이키기 힘든 길을 선택했다. 그의 정치이념과 야망이 그 길을 가게끔 했다.*

또 다른 저명한 연구가인 박태균은 『조봉암 연구』에서 이렇게 기술했다.

그의 대통령선거 출마 목적은 위의 언급 중 뒷부분, 즉 그의 정치노선을 대중 앞에서 검증받고자 한 것이 아니었나 추측된다. 또한 이러한 대중적 선전활동을 통해 1948년 이후 그가 추진하던 정당 조직 움직임을 더욱 구체화하려고 한 것으로 보인다.**

그렇게 죽산이 출마한 제2대 대통령선거는 이승만을 대통령으로 확정하는 하나의 절차에 지나지 않았다. 전쟁 때문에 정부와 의회가 임시수도에 머물고 있는 상황이긴 하지만 7월 26일이 등록마감, 8월 5일이 선거일이었다. 선거운동 기간이 짧아 선거대책 기구를 만들기도 어렵고 유인물이나 포스터도 준비할 수 없었다.

죽산 진영은 위축될 대로 위축되어 선거에 임했다. 죽산을 따르던 소장파 의원들이나 중도파 의원들은 이승만 정권의 폭압을 두려워하며 몸을 움츠렸다. 지난번 부산정치파동을 생각하면 무슨 일이든지 할 정권이기 때문이었다.

---

* 서중석, 앞의 책, 59쪽.
** 박태균, 앞의 책, 200쪽.

감히 죽산의 선거진영에 들어와 돕겠다고 나서는 사람이 없었다. 그는 강원용을 선거사무장으로 붙잡고 싶었다. 강원용은 농림부 장관 시절에 지도국장을 맡기려 했을 때도 고사한 적이 있었다. 그런데 이번에도 사양한 것이다.

강원용 목사는 뒷날 그때를 회고하며 죽산이 '현실을 날카롭게 주시하면서 적어도 수십 년을 앞을 내다보고 움직이는 사람이었다'고 말하면서 그때의 일을 털어놓았다.

제게 또 선거사무장을 해달라고 하더군요. 그래서 제가 "당신이 그저 대통령 입후보자라는 이름이나 얻기 위해서가 아니라 정말 대통령이 될 수 있다고 생각해서 그러는가. 그렇다면 당신 머리를 의심할 수밖에 없다. 어떻게 이승만과 맞서 싸우려 한다는 말이냐!" 하고 반문했습니다. ……죽산은 이렇게 말했어요. "내가 어찌 그런 사람을 상대할 수 있겠느냐. 다만 이승만이라는 사람이 물러나지 않으면 나라도 안 되고 또 이승만도 불행해진다."*

강원용은 그 후 미국유학을 떠났다. 죽산은 마침 자신이 머물고 있는 임시수도 부산에서 배를 타고 떠나는 강원용에게 상당액의 유학자금을 지원했다. 유학에서 돌아오면 붙잡고 싶은 마음도 조금 있었으나 틀림없이 국가발전을 위해 일하는 큰 지도자가 될 것이라는 기대 때문에 아낌없이 지원한 것이었다.** 하지만 강원용은 죽산과 그렇게 선을 긋고 말았다.

────

* 박태균 대담, 「강원용 목사의 체험 한국현대사 2」, 앞의 책, 509쪽.
** 2012년 9월 6일 조호정 여사 인터뷰. 조 여사는 부친이 강원용·조향록 목사를 깊이 신뢰했고 두 사람의 유학자금을 지원한 경위를 설명했다.

충실한 선거참모, 윤길중과 김성주

죽산이 강원용을 그렇게 보냈으나 대신 용감히 나선 두 사람이 있었다. 윤길중 의원, 그리고 서북청년회 부단장과 평안남도 지사 대리를 역임한 김성주金聖柱였다. 윤길중은 죽산이 제헌의회에서 헌법기초위원으로 일할 때 전문위원으로 만나 의기투합했던 인물이다. 제2대 총선에서 당선해 국회의원이 됐는데, 죽산이 6·25전쟁 발발 직후 가족을 돌보지 않고 나랏일에 매달린 것을 보고 죽산을 위해서라면 무슨 일이든 해야겠다고 결심한 사람이었다. 그에게 사무장을 맡겼다.

김성주는 평양 출신으로 협객기질이 있는 사람이었다. 중국에서 독립운동을 했으며 8·15광복 후에는 공산당에 반대하여 월남해서 서북청년회와 평안청년회 등 우익 청년단체에서 활동했다. 반탁운동도 했으며 6·25전쟁으로 국군이 북진했을 때 평안남도 지사 대리를 지낸 인물이었다. 전쟁 중 38선 이북 점령지역은 유엔군이 통치했다. 북쪽으로 진격한 뒤 유엔군 평안남도 민사처는 김성주를 평남 지사 대리로 임명했다. 그러나 38선이북도 대한민국의 관할이라고 주장하던 이승만 대통령은 다른 인물을 임명했다. 그리고 김성주에게 탄압을 가했다. 그래서 김성주는 이승만을 원망하며 죽산에게 온 것이었다. 죽산은 그에게 사무차장을 맡겼다.

선거본부가 있는 부산에서 윤길중과 김성주 외에 임갑수·박기출·신창균·김기철 등이 팔을 걷어붙이고 나섰다.* 서울선거사무소에서는 문용

---

* 박기출(朴己出, 1909-77): 부산 출생. 도쿄의학전문학교 졸업, 규슈제국대학에서 박사학위를 받았다. 부산에서 개업의로 일하다가 광복 후 민족자주연맹에 가입하면서 정치활동을 시작했다. 진보당 멤버로 제3대 부통령에 출마했다가 사퇴, 진보당 사건으로 구속됐다가 무죄선고로 석방. 뒷날 신민당 공천으로 제7대 국회의원에 당선되었다.

신창균(申昌均, 1908-2005): 충북 영동 출생. 충주사범학교 졸. 중국에서 사업을 하다가 독립운동에 투신, 임시정부 소속으로 독립투쟁. 광복 후 한독당 재정

채**가 열심히 뛰었다. 그러나 죽산의 운동원은 벽보를 붙일 수도 없었고 이유 없이 구타를 당하거나 경찰에 연행되어 밤중에야 풀려나곤 했다.

7월 하순 죽산은 열차를 타고 서울로 갔다. 정부가 임시수도 부산에 머물고 있었으나 서울에서 두 차례 유세가 있기 때문이었다. 서울사무소 책임자 문용채가 보고하기를 선거사무소에 기관원이 매일 출근하다시피 온다고 했다.

유세장소 허가를 받기도 힘들었다. 첫 유세장소인 아현국민학교는 숙직하던 교사가 얼떨결에 운동장 사용허가를 내주었다고 했다. 두 번째 유세장소는 종로국민학교였다. 장소 허가권을 가진 교장과 교감이 자리를 피해 허가 없이 유세를 했다. 기관에서는 조봉암의 선거유세가 무기 연기됐다는 전단을 골목골목에 살포하고 비방하는 벽보를 붙였다. 그런데도 청중이 1,000명 이상 모였다. 죽산은 그들을 위해 연설을 하지 않을 수 없었다. 경찰서장이 제지하려 했고 결국 연단 아래서 선거사무원이 몸싸움을 하는 사이 죽산은 운동장을 메운 청중을 향해 20분쯤 연설을 했다.***

대구 달성공원에서도 유세를 했다. 거기서는 입후보자인 죽산에게 위협을 가하는 자들이 있었다. 자유당 측의 깡패들이었다. 죽산도 언제 테러를

부장. 1948년 평양 남북연석회의 참가. 진보당 해산 후 통일운동, 범민련 남측 공동의장을 지냈다.

김기철(金基喆, 1915-?): 함남 흥남 출생. 도쿄공업전문학교 전기과 졸. 함흥에서 박전사(博電社) 경영. 광복 후 신탁통치에 반대해 월남, 민족자주연맹 멤버로 활동하다가 평양 남북협상에 참가했다. 진보당 해산 후 사회대중당, 통일사회당 등에서 활동, 5·16군사재판에서 징역 6년을 선고받았다.

** 문용채(文容彩, 1913-?): 경기도 출생. 일본 오사카(大阪)기계학교 졸업. 막걸리 거르는 장치 등 발명가로도 알려졌으며 민족자주연맹 중앙위원, 통일독립촉진회 감찰위원 등으로 활동했다. 뒷날 식품회사를 경영했다.

*** 문용채의 증언(정태영, 앞의 책, 197-198쪽).

당할지 모르는 판국이 되었다. 유도 3단인 처남 김영순이 부산으로 달려와 경호를 했으나 늘 긴장을 풀지 못했다.

김성주가 뜻밖의 인물을 데리고 왔다. 조선 최고의 협객으로 알려진 시라소니 이성순李聖純이었다. 이성순은 평안북도 신의주 출신으로 37세였다. 김성주와는 서북청년단에서 일할 때 의기투합했다고 했다.

죽산은 광복 직후 인천에서 활동을 시작할 때 그의 이름을 여러 번 들었다. 공중걸이 박치기와 발차기로 주먹세계를 평정한 깡패, 인천에서는 울던 아이도 시라소니 온다 하면 울음을 그친다는 말이 있었다. 불우한 후배와 가난한 사람들을 돕는 의로운 협객이라는 말도 들렸다. 그래도 깡패 두목인데 어떻게 경호를 맡기나 하고 생각하는데 이성순은 진지한 얼굴을 하고 말했다.

"걱정 말고 저한테 맡겨주십시오."

죽산은 그 말이 마음에 들어서 고개를 끄덕였다.

8월 1일 죽산은 마산으로 유세를 떠났다. 유세장인 학교 운동장은 죽산의 연설을 들으러 온 유권자로 가득했다. 죽산이 탄 승용차가 학교 교문으로 진입하는 순간 수십 명의 괴청년들이 몽둥이를 휘두르며 덤벼들었다. 한국정치사에 해괴한 이름으로 남은 '땃벌떼'였다. 그러나 괴청년들은 경호를 위해 동행한 시라소니 이성순이 차문을 열고 나가 큰소리를 치자 물러가버렸다.*

죽산이 동행하지 않은 지역의 선거운동은 극심한 탄압을 받았다. 경남 도당의 윤죽향은 이렇게 회고했다.

---

* 이성순이 경호한 마산 유세 상황은 이광석의 『시라소니 평전』(동아일보사, 2003) 에 묘사되어 있다. 이 책은 이성순이 죽산 관련 정보를 원하는 이승만 측의 돈을 먼저 받았으며 죽산에게서도 활동자금을 받아 양다리를 걸쳤다고 기술했다.

당시 나는 서부 경남지방 유세에 나섰다. 가는 곳마다 주민들이 환호성을 올렸다. 힘을 얻은 우리 일행은 충무시로 들어섰다. 충무시는 시가지 해안을 따라 길게 형성되어 있다. 큰길이라곤 이 길 하나뿐이다. 우리 지프 뒤를 따르며 확성기로 방해하는 자유당 차 때문에 제대로 가두방송을 할 수가 없었다. 우리는 짧고 자극적인 구호만을 외치며 여섯 번이나 그 길을 왔다 갔다 했다. 이색적인 양상에 연도에 시민들이 몰려들었다. 우리 차가 지나가면 박수와 갈채요, 뒤따르는 자유당 차에는 야유와 욕설이었다.

삼천포에서도 그러했다. 시골사람들이라 드러내놓고 환영은 못 하나 담장 뒤에 서서 소리 없는 박수를 보내주는 것이었다.*

죽산은 이승만에게 충성하는 관권에만 시달린 것이 아니었다. 야당인 민국당은 이승만에 대한 비판은 제쳐두고 죽산을 성토하는 일에 힘을 집중했다. 이시영 대통령후보와 러닝메이트로 출마한 조병옥은 죽산의 공산주의 경력을 물고 늘어졌다.

"조봉암 씨에게 대통령의 자리를 맡길 것이라면 차라리 김일성과 타협했을 것이다."

죽산은 신분이 국회부의장이라 직접적인 탄압을 피할 수 있었으나 종로 유세가 끝난 뒤 문용채는 부산으로 피해 몇 달 머물러야 했다.**

죽산, 차점자로 패했지만 농민 지지 확인

8월 5일 대통령선거가 예정대로 실시됐다. 투표와 개표의 참관인도 없는 선거였다. 개표과정에서 조봉암의 표 뭉치 앞뒤에 이승만을 붙이는 샌드위치

---

* 윤죽향의 1991년 2월 20일 증언(정태영, 앞의 책, 200-201쪽).
** 이영석, 앞의 책, 198쪽.

표는 말할 것도 없고 조봉암 표 뭉치가 이승만의 득표로 집계되기도 했다.

최종 발표된 개표 결과는 이승만 5,238,769표, 조봉암 797,504표, 이시영 764,715표, 신흥우 219,696표였다. 죽산은 결국 차점자로 패했다. 그러나 그는 투표 결과와 선거과정에서 보여준 국민들의 지지와 신뢰에서 자신감을 얻었다. 게다가 최익환·김성숙·신숙申肅 등 원로 정치인을 소중한 후원자로 얻었고 대학생 청년층이 그의 주변으로 몰려들었다. 미국대사관은 조봉암이 이승만에 대항한 유일한 의미 있는 정치인으로 부각되었다고 본국에 보고했다.*

이승만 정권이 그것을 묵과할 리가 없었다. 철퇴를 내리는 탄압이 시작되었다. 제1차 목표는 선거사무장을 지낸 윤길중과 차장을 맡았던 김성주였다.

김성주는 1953년 6월 국가변란 혐의로 헌병대에 체포당해 다음 해 7월 고등군법회의에서 징역 7년을 구형받았다. 변호인은 사건의 재판관할권이 일반법원에 있다고 주장했고 관할권이 서울지방법원으로 넘어가 공판이 열렸다. 심리를 해보니 국가변란 혐의가 없어 무죄 선고가 예상되었다. 그런데 가족들이 면회를 갔는데 서대문 제3형무소에 그는 사라지고 없었다. 그리고 선고공판에도 출석하지 않았다. 날조된 각본이 들통 나자 원용덕 헌병사령관이 수사담당인 김진호 중령을 다그쳤다. 김 중령은 형무소에서 신병을 인수해 다시 끌고 와서는 혹독한 고문을 가하자 김성주가 그만 절명한 것이었다. 김성주를 혹독하게 다룬 것은 국군이 북진했을 때 유엔군의 임명을 받아들여 평안북도 지사대리를 맡았던 일로 괘씸죄에 걸린 때문이었다.**

---

* 『주한미국대사관주간보고서 6』, 1956년 3월 9일, 51쪽.
** 4·19 이후 재수사한 결과 원용덕의 집에서 살해된 것이 밝혀졌다. 원용덕은 징

이 무렵 이승만의 독재를 전복하기 위해 두 그룹이 쿠데타를 계획했다는 정보가 미국 CIA 1급「비밀문서」에 있다. 첫째는 정일권丁一權 육군 참모총장, 신성모 전 국방부장관, 양우정梁又正 전 의원, 김창룡金昌龍 특무부대장 등 군대의 만주군관학교 인맥이 계획한 것이었다.

둘째는 흥사단 지도부와 조봉암 그룹이 공동전선을 펼쳤으며 장면과 조봉암을 지도자로 옹립하기로 했다는 것이다. 이「비밀문건」을 발굴해 보도한『신동아』에는 죽산과 관련된 내용이 이렇게 실려 있다.

이 그룹은 1952년 선거상황에서 성장했다. 당시 지도부였던 흥사단과 조봉암 그룹은 이승만 독재와 위헌행위, 자유당의 원외활동에 저항하기 위해 공동전선을 펴기로 했다. 흥사단원은 북한 출신 기독교인들로, 그동안 성공적으로 항일운동을 펼쳤던 보수주의자들이다. 흥사단은 이 단체의 창립자 안창호를 신랄하게 비난하고 최근 선거기간에 흥사단의 지도자 중 하나인 장면을 공산주의자로 비방한 이승만을 목표로 설정했다.

지난 선거에서는 조봉암을 지지했다는 이유로 많은 사람들이 체포됐다. 이 혁명그룹은 부패한 정권 타도와 원외 자유당의 지배를 위한 투쟁에서 장면과 조봉암을 지도자로 받아들이기로 동의했다. 이들은 이종찬 장군과 이용문 장군이 이끄는 군부의 지지를 받고 있다. ……당시 조봉암은 이 계획이 실행에 들어가기에는 시기가 성숙되지 않았으며, 공산군의 돌파가 이루어지면 모든 노력을 전선에 기울여야 한다는 점들 때문에 우려를 표시했다.***

죽산과 관련된 이 정보는 어설픈 구석이 보인다. 장면은 결코 쿠데타를

역 15년형을 선고받고 복역 중 특사(特赦)로 풀려났다.
*** 「이승만 제거 두 갈래의 쿠데타 음모」,『신동아』, 1995년 8월호.

꾸밀 위인이 아니며, 더구나 죽산과 정치 이념이 달라 두 사람이 손을 잡고 그런 일을 꾸몄을 개연성이 적다. 그리고 이종찬은 부산정치파동 때 이승만에게 항명하고 참모총장에서 물러나긴 했지만 당시는 미국 유학 중이었다. 박태균 교수는 이 정보가 이승만 측에서 그들을 제거하기 위해 역정보를 흘렸을 가능성이 있다고 보았다.[*]

위의 두 가지 외에 몇 달 뒤 쿠데타가 미국에 의해 검토된 기록이 있다. 1953년 6월 18일 이승만 대통령이 반공포로를 석방하자 그날 아이젠하워 대통령이 국가안전보장회의를 소집해 "어떤 국면에서는 아마도 위험을 종식시킬 수 있는 유일하게 신속한 방법은 쿠데타"라고 말했다. 내세울 만한 지도자는 신익희·조병옥·장면·조봉암이었다.[**]

죽산의 위상은 대통령 출마 이전보다 훨씬 커져 있었으나 본인이 알게 모르게 이승만 독재를 종식시키기 위한 쿠데타 계획에 이름이 오르내리고 그를 옭아 넣으려는 역정보에도 오르내렸다.

이 무렵 죽산은 지인들에게 자신의 처지를 기호지세騎虎之勢라고 말했다. 호랑이 등에 올라탔으니 내리려야 내릴 수도 없고 죽으나 사나 내달려야 할 판이라는 의미였다. 죽산의 앞에는 그런 길이 운명처럼 펼쳐져 있었다. 그는 중단했던 신당 작업을 다시 하고 싶었으나 묵묵히 때를 기다리며 국회부의장직에 충실했다.

1953년 7월 27일 휴전협정이 조인되었다. 8월 15일 정부가 먼저 서울로 환도하고 국회는 9월 16일 환도했다. 서울로 돌아온 죽산은 다섯 해 동

---

* 박태균, 앞의 책, 210쪽.
** 박명림, 「반공포로 석방 충격 아이젠하워 이승만 제거 쿠데타 준비했다」, 『중앙일보』, 2011년 1월 28일자.

안 살았던 명륜동 집을 주인에게 돌려주고 사직동 사직단 옆의 큰 기와집으로 이사했다.

조선 왕실의 궁가로서 도정궁*이라 불리는 집이었다. 1872년에 지은 건물이라 부분적으로 현대식 구조를 갖고 있어서 살림살이에 편리했다. 옛날에는 왕실의 재산이었지만 일제강점기를 거치면서 함경남도 함흥 출신으로 섬유공장과 생사수출 무역을 해서 재산을 모은 주돈하朱燉夏라는 사람의 소유로 바뀌어 있었다.

주돈하 사장의 처가 쪽과 죽산의 외가가 같은 집안이라 인척姻戚이 되는 셈인데 주 사장이 죽산을 좋아한 나머지 들어와서 살라고 내준 것이었다. 그리고 보니 인천 소화정 집, 도원동 부영주택, 서울 명륜동 집, 이곳 도정궁까지 계속 남의 집에 몸을 의탁해 사는 셈이었다. 죽산은 장관을 반년, 국회의원을 여섯 해째 해오고 있지만 모아놓은 재산이 없었다.

* 도정궁(都正宮)은 조선 철종 때 김순성·이경선 등에게 왕으로 추대되었다가 사사(賜死)된 도정(都正) 이하전(李夏詮)의 집 자리에 1872년 새로 지은 것이다. 죽산이 살았던 사랑채 경원당(慶原堂)은 규모가 38평이 되는 아담하고 아름다운 궁가로 1970년대 성산대로가 뚫리면서 헐리게 되어 건국대 캠퍼스로 옮겨 갔고 서울민속자료로 지정되어 있다. 도정궁의 나머지 토지와 건물 들은 정치인 이재형(李載瀅) 집안과 현대그룹의 소유로 되어 있다. 이재형의 소유 부분은 그의 호를 딴 운경(雲耕)재단의 신축건물이 앉아 있고 현대그룹 소유 부분은 조용한 상태로 있다.

13 책임정치·수탈 없는 경제·평화통일

『우리의 당면과업』집필, 그리고 도정궁 칩거

1954년이 되고 죽산은 56세가 되었다. 그는 이해 3월 『우리의 당면과업』을 집필했다. 이 글은 '대對공산권 투쟁에 승리를 위하여'라는 부제를 달고 그해 4월 하순에 91쪽의 소책자로 출간되었다.

조국은 이제 이중二重의 중대위기에 직면하고 있다. 반공전을 지속하기만 3개 성상星霜이요, 그동안에 나와 남의 존귀한 생명을 희생하기 무려 수백만 이상이며 남북의 국재민산國財民産을 대부분 회신灰燼해버리고 포흔탄적砲痕彈跡의 초토焦土만이 이곳저곳에 널려 있다. 당기고 밀고 하여 시일만 보내던 휴전회담은 정전停戰만은 되었으나, 오는 4월 26일을 기하여「제네바」에서 열리는「정치회담」이 과연 우리 전 민족이 원하는 대로 되어질 것인지 자못 불안한 감을 금禁치 못하는 바이며, 내적으로는 정치 및 행정의 빈곤이 극심하여 불안과 초조에 빠진 민중으로 하여금 더욱 그 전진할 바를 모르게 하고 있는 것이니, 이 내우외환은 바야흐로 재건再建 불과 6년의 민주조국을 그 기본토대로부터 위태롭게 하고 있다.*

죽산은 마치 제갈량의 「출사표」를 연상시키는 이 글에서 남북한의 정치적 통일, 즉 평화통일을 제시했다. 무력에 의한 북진통일만을 주장하는 이승만 대통령과 달리 정치적 방법도 있으며 민주세력을 중심으로 해서 성취해야 한다고 주장했다. 제네바정치회담과 국제적 상황을 놓고 볼 때 이제 더 이상 무력통일만 고집하기는 어렵다는 점을 지적했다.

제네바회담은 '휴전 뒤 3개월 내에 고위 정치회담을 열어 한국 문제를 평화적으로 해결할 것을 권고한다'는 휴전협정의 한 조항에 따른 후속 조치로 열린 것이었다. 회담에서 공산진영 측은 외국 군대의 즉시철수를 주장했고 유엔 측은 외국군 철수는 정전 이후에 다룰 정치문제라고 하여 논쟁 끝에 넣은 타협안이었다.

죽산은 이 회담이 이제 과거와 다른 정치적 방식으로 공산당과 대결해 이겨야 한다는 문제를 우리에게 던져준 것이라고 주장했다. 그러기 위해서는 모든 민주세력에게 기회를 주어야 하며 진보세력도 포용해야 한다고 했다. 김구·김규식 등의 진영에서 활동한 중간파 민족주의 그룹과, 공산당에서 전향한 뒤 전쟁에서 살아남은 보도연맹원, 족청계에서 밀려난 인사들도 활동할 수 있게 해야 한다고 주장했다. 그리고 지식인들에게 절망감을 극복해 민중을 적극적으로 지도하고 조직할 것을 권유했다.

『우리의 당면과업』은 죽산의 정치철학과 경륜, 포부 등을 고스란히 담은 테제였다. 그러나 큰 주목을 받지 못했다. 그가 억울하게 세상을 떠난 뒤에는 의미가 되살아오고 가치가 빛나고 있는데 당시엔 왜 그랬을까. 서중석 교수는 이렇게 분석한다.

---

* 조봉암, 『우리의 당면과업』 (혁신문화사, 1954), 11쪽.

조봉암의 『우리의 당면과업』은 극우반공체제의 틀이 강화되는 시기에 제 3의 길을 제시했다는 점에서 중요한 의미를 갖지만, 그것은 거의 반향을 불러오지 못했다. 그것은 제네바회담이 동서 양 진영의 설전장으로 시종하고 어떠한 실질적 합의도 얻어내기 어려웠던 상황에 조응하는 것이라고 볼 수 있다. 매카시즘이 위력을 떨쳤던 미국의 상황과도 연계되겠지만, 이 시기의 냉전체계는 철벽같았고 그것은 국내 사정에서도 비슷했다. 『우리의 당면과업』은 웅장한 설계였지만, 제네바회담에 대한 비현실적 기대와 관련되어 나온 철 이른 포부였다. 그러나 제네바 회담을 계기로 국내외에서 다시 통일방안이 강구되기 시작했고 조봉암이 자신의 정치적 비전을 가다듬었다는 것은 의미 있는 일로 평가할 수 있을 것이다.*

민족의 앞길을 제시한 선견성으로 인해 더욱 빛나는 『우리의 당면과업』은 그렇게 묻혔고 이승만 정권의 탄압이 닥쳐왔다. 1954년 5월의 제3대 국회의원 선거에서 후보등록조차 할 수 없게 막아버린 것이었다.

강원명 비서는 뒷날 이영석 기자에게 이렇게 증언했다.

"처음 인천 을구 등록서류를 갖췄습니다. 그런데 도중에 탈취당했지요. 마감날 간신히 서대문구 선거관리위원회에 등록서류를 냈습니다. 직원이 서류를 받아 검토하더니 추천인 서류를 들고 안으로 들어가더군요. '왜 등록증을 안 주냐'고 항의했더니 추천인을 확인해야 한다는 겁니다. 다른 방에서는 서대문경찰서 간부들이 나와 있었어요. 이들은 추천인 중에서 자기들 손이 미치는 사람에겐 형사를 보내 추천 취소를 시킨 거예요. 결국 마감시간인 하오 5시가 되자 접수계의 직원은 추천인 취소, 이중추천 등이 많아 추천

---

* 서중석, 앞의 책, 227-228쪽.

인 서류미비라고 통고했어요. 인천은 '서류탈취', 서대문은 '추천인 취소작전'으로 죽산의 후보등록은 실패했습니다."*

부산에서도 죽산은 조카인 조규진과 처남 김영순을 보내 입후보 등록을 하려 했다. 서류를 탈취당할 수도 있어서 2부를 작성해 갔는데 초량동 동구청 앞에서 수십 명의 청년들이 달려들어 김영순의 주머니에서 신청서를 탈취해 도망쳤다. 숨기고 있던 다른 1부를 선거관리위원장에게 넘겼다. 그러나 선관위는 등록을 고시하지 않고 추천인들을 불러 취소시켰다.**

결국 대통령선거의 차점자였던 죽산은 등록조차 못 해 제3대 국회에 나가지 못하고 야인 신분이 될 수밖에 없었다. 그는 자신을 향한 탄압이 생명을 위협하는 극한의 단계까지 나갈지도 모르는 위험 수준이라고 생각하고 은둔과 침묵을 선택했다.

서예와 영어로 보내는 세월

어느 날, 강원명 비서가 서예를 할 수 있는 한지韓紙를 자동차에 가득 싣고 왔다. 2연連이라고 했다. 연은 종이의 분량 단위다. 1연은 전지全紙 500장이고 4절지 2,000장이 나오므로 강 비서가 가져온 분량은 무려 4절지 4,000장에 달하는 것이었다.

"선생님, 이 종이를 모두 소비할 때까지 붓글씨를 쓰고 정치는 잊어버리는 겁니다."

죽산은 그의 말대로 했다. 혼자 붓글씨를 쓰기 시작하자 혁신계의 젊은

---

* 이영석, 앞의 책, 202쪽 재인용.
** 같은 날, 김영순 선생 인터뷰; 朴己出, 『韓國政治史』(東京: 民族統一問題硏究院, 1975), 157쪽; 전세룡, 「죽산 조봉암 선생과 나 그리고 진보당」, 『전집』 제6권, 335쪽.

죽산의 휘호 '운담풍경'. 죽산은 1954년 도정궁 칩거기간 중 서예를 하며 정치를 잊었다. 그때 쓴 휘호 한 점이 남아 있다. 조호정 여사 제공.

동지인 윤길중·조규희曹圭熙·송지영宋志英 등이 같이 하겠다고 해서 받아들였다.

윤길중은 죽산의 대통령입후보 선거본부 사무장을 맡은 이유로 죽산처럼 입후보 등록조차 하지 못하고 국회의원 신분을 잃은 채 야인이 되어 있었다. 조규희는 신문기자 출신이었다. 한성일보 정치부장을 맡고 있을 때 죽산의 '박헌영 동무에게' 서신 때문에 여러 번 기사를 썼다. 죽산을 몇 번 대해보니 정치철학이 진정으로 민족을 위한 것이라 끌려들어버린 경우였다. 송지영은 39세로 소설가이자 수필가, 중국문학 번역가였다.

붓글씨는 죽산을 포함하여 네 사람 중 송지영과 윤길중이 윗길이었다. 송지영은 중국 난징에서 대학을 다녀 경서經書와 동양철학에 거의 능통했고 필체도 좋았다. 윤길중은 타고난 재능이 있었고 글씨가 훌륭했다. 죽산은 서예를 통해 정신수양의 길을 터득했다. 대개 한문 경서에 있는 유명 문구를 쓰게 되는데 그 해석은 송지영의 몫이었다.

서예는 남에게 보이기 위한 것이 아니라 자신을 들여다보는 방법이었다. 죽산은 운필에 애를 먹었다. 강화군청 사환 시절 동상에 걸리고 뒷날 신의주 감옥에서 악화되어 뭉툭하게 잘린 손가락들 때문에 제대로 붓을 잡을 수 없었다. 그러나 자꾸 붓을 잡다보니 독특한 필체가 만들어졌다. 그는 거기 재미를 붙이며 세월을 보냈다.

도정궁 집 앞쪽에는 넓은 홀과 큰 방들이 있고 뒤에는 작은 방들이 무

죽산이 빌려 살았던 도정궁 경원당.
규모가 38평이 되는 아담하고 아름다운 궁가다. 사직동에 있었으나 1970년대
성산대로가 뚫리면서 헐리게 되어 건국대 서울캠퍼스로 옮겨 갔다.

수히 많았다. 주인 주돈하 씨는 본채의 앞쪽에 죽산의 식구들이 살게 하고
자신은 뒤쪽에서 살았다. 방들이 남아 돌아가고 공간에 여유가 있어서 죽
산은 막 중앙대학에 입학한 생질甥姪: 누나 경암 씨의 아들 박시원을 들어오라
해서 데리고 지냈다.

정원에 오래된 고목들도 있고 많은 새들이 와서 노래했다. 때로는 나무
밑 평상에 앉아서 붓글씨를 쓰고 독서를 했다. 가끔은 주돈하 씨를 부르거
나 조병선 전 비서관 등 젊은 동지들을 불러서 마작도 했다. 죽산은 함부
로 모험을 하지 않고 신중하고 끈질긴 편이었다.*

죽산은 젊은 대학생들과 대화도 했다. 서울대 법대에 다니던 남재희 등
이었다.** 죽산은 대학생들의 말을 경청했고 학생들은 죽산의 경륜과 포용

---

* 2012년 7월 11일 인천에서 조병선 선생 인터뷰.
** 남재희(南載熙, 1934-) 선생은 제10-12대 국회의원과 노동부장관을 지냈다.

력에 사로잡혔다. 서울대 정치학과 학생이던 인천 출신 김영국金榮國은 영어를 잘해 일주일에 두 번 사직동에 가서 죽산에게 영어를 가르쳤다. 붓글씨를 쓰는 후배들도 끼어들어 저절로 그룹 스터디가 되어버렸다. 서예와 영어 강독을 하는 그룹 스터디로 인해 젊은 후배들과의 신뢰가 더 깊어졌다.

마음이 여유로워져서 식구들도 챙겼다. 식구라고는 단출해서 이화여대를 졸업하고 그의 비서 노릇을 하는 큰딸 호정, 여섯 살 된 아들 규호, 그리고 생질인 박시원이 전부였다. 집안 대소사는 조카인 규진 부부가 자주 들러 살폈고, 여성 독립투사였던 김일사金一沙 여사도 와서 살폈다.

김일사는 나이 50줄에 들어선 중로의 여성이었다. 1930년대 중반부터 임시정부 쪽에서 독립운동을 했고, 해방 후에는 김규식 박사 계열의 민족자주연맹 산하단체인 자주여성동맹 부위원장을 지낸 경력이 있었다. 김구·김규식과 함께 남북회담에 참석하기 위해 북행길에 올랐던 여성으로 여장부 기질이 강했다. 외과의사였던 남편이 6·25동란 중 납북되어 외로워지자 죽산의 일을 돕고 있었다.

죽산은 규호를 무릎에 앉히고 옛날이야기를 들려주며 시간을 보냈다. 규호는 엄마가 없었지만 호정이 깊이 사랑을 쏟는데다 가정부가 보살펴서 건강하게 성장하고 있었다. 부자가 잔디 위에서 뒹굴기도 하고 공놀이도 했는데 그러다가 유리창을 깨기도 했다.

"도정궁에서 보낸 유년기는 행복했습니다. 아버님은 따뜻하고 정이 많은 분이셨습니다. 호정 누님은 도정궁 마루를 깨끗하게 걸레질하곤 했는데 제가 살금살금 가서 누님 옆구리 간지럼을 태우고 누님이 쫓아오면 도망쳐 아

2011년 조현연과의 대담에서 그때 죽산으로부터 '거창한 생각만 하지 말고 서클 같은 것을 끊임없이 만들라는 충고를 받았다'고 회고했다(인터넷매체 『레디앙』, 2011년 2월 5일자).

조봉암 조규호 부자의 사진. 죽산은 51세에 아들 규호를 얻어
금지옥엽처럼 소중하게 키웠다. 진보당 사건으로 모든 자료를 압수당해 부자가
함께 찍은 사진은 『중앙정치』 본문 속에 실린 이것뿐이다. 『중앙정치』.

버님 뒤로 숨었지요. 아버님은 저를 지킨다고 다 큰 처녀인 누님과 씨름을
하셨지요. 그러다가 세 식구가 끌어안고 눈물이 나게 웃곤 했지요.
　아버님은 제 생일날이면 신신백화점에 데려가 자동차, 장난감, 만화책 따
위 선물을 사주셨어요. 하지만 버릇없는 아이로 만들지는 않으셨어요. 어느
날 비행기 모형 장난감을 갖고 싶어서 운전기사 이재윤 아저씨에게 졸랐어
요. 아버님이 아시고는 '이놈! 아무한테나 떼를 쓰다니, 버릇을 고쳐놔야겠
다' 하시고는 회초리로 종아리를 때리셨어요."*

　죽산은 영화를 좋아해서 이 한가한 시기에 호정과 함께 영화구경을 가
끔 갔다. 감정이 풍부해서 슬픈 장면에서는 눈물을 흘렸다. 그러면 딸이

---

* 같은 날, 조규호 선생 인터뷰.

팔을 잡아당기면서 말했다. "아버지, 이제 그만 가시지요."

죽산에게는 인천에도 처자가 있었다. 이해 스물아홉 살이 된 윤봉림과 여덟 살 된 딸 임정, 다섯 살 된 딸 의정이었다. 세 모녀는 신흥동 '긴담모퉁이' 거리에 있는 집에서 그대로 살고 있었다. 죽산과 윤봉림의 사이는 조금 어정쩡했다. 죽산은 호적상의 정식 아내인 김조이가 납북됐으나 언젠가는 다시 만나 부부로서 재회할 것이라고 믿고 있었다. 그래서 윤봉림을 불러올려 살림을 맡길 수가 없었고 그녀도 그것까지 바라지는 않았다. 예전보다 자주 죽산이 인천의 딸들을 보고 싶어했고 윤봉림은 아이들의 고모인 경암 씨에게 맡겨 사직동에 보냈다. 아이들이 길에 익숙해지자 아이들만 보냈다.

죽산의 차녀인 임정은 그해 여덟 살로 인천의 신흥국민학교 2학년이었다. 가을 어느 토요일, 동생 의정과 함께 경인선 기차를 탔고 사직동 도정궁에 갔다. 아버지는 일곱 살 된 규호를 소중히 여겼지만 인천에서 온 딸들에게도 따뜻한 사랑을 보여주었다.

아버지가 불쑥 임정에게 물었다.

"네 소원이 무엇이냐?"

임정은 엄마와 함께 도정궁에 와서 같이 사는 것이라고 말하고 싶었으나 그러지 못했다. 다른 사람들이, 아버지가 나라의 높은 분이어서 엄마는 그럴 수 없다고 생각하는 것 같아서였다.

"아버지와 영화구경을 가고 싶어요" 하고 두 번째 소원을 말했다. 꼭 그러고 싶은 마음이 간절해서 조그만 소리로 한 마디 더 했다.

"딴 애들은 아버지 손 잡고 영화구경 갔다고 자랑해요."

아이들이 부럽기도 하지만 아버지가 영화구경을 매우 좋아하시며 가끔 큰언니와 영화관에 가시는 걸 알고 용기를 내서 말한 것이었다.

아버지는 깊은 눈으로 딸을 바라보다가 손을 꼭 잡았다.

"임정아, 지금 영화 보러 가자."

두 동생들 규호와 의정은 장난감에 빠져 있었다. 아버지는 조용히 임정만을 데리고 집을 나섰다. 승용차가 집에 있었으나 부녀는 전차를 타고 을지로 국도극장으로 갔다.

상영 중인 영화는 「카르타고의 여전사」라는 외국 영화였다. 임정은 아버지와 영화구경을 하는 것이 행복하여 가슴이 울렁거리기까지 했다. 그러나 행복한 시간은 잠깐이었다. 행복감 때문에 소변 마려운 것도 잊고 영화 시작 전 화장실에 안 다녀온 때문이었다. 소변을 참느라 고통스럽게 시간이 지나갔다.

한참 시간이 지나고야 아버지가 알아차렸다.

"너 소변이 마렵구나."

임정은 머리를 끄덕였다.

아버지는 임정을 덥석 안아 일으키고는 성큼성큼 어두운 극장 안을 걸어 나가 화장실로 갔다.

"첨부터 참은 거냐?"

"네" 하며 임정은 울먹거리는 음성으로 대답했다.

여자 화장실인데도 아버지는 임정을 안으로 안고 들어갔고 문밖에서 기다렸다. 다행이 상영 중이라 다른 여자들은 들어오지 않았고, 임정은 아버지 손을 잡고 다시 좌석으로 갔다.

조임정 여사는 그때 일을 회고하며 눈시울을 붉혔다.

"보통 여자애들한테는 보통의 일이겠지요. 그러나 저에겐 특별한 추억이에요."

조의정 여사도 말했다.

"아버지한테는 그때가 칩거하는 인고忍苦의 시간이었지만 우리 자매한테는 아버지를 자주 볼 수 있어서 행복한 시간이었어요."*

미국 측의 지속적인 관심

죽산이 도정궁에 칩거하는 동안 미국대사관 측은 자기들이 죽산을 잊지 않고 있음을 보여주었다. 그를 만나는 직원은 부영사副領事라는 직책으로 승진한 프레드 토머스였는데 이따금 요정으로 불러냈다. 가을 어느 날, 죽산은 토머스를 만나러 요정으로 갔다.

"대사님께서 선생님께 정중한 인사를 대신 전하라고 했습니다."

그렇게 말하는 토머스와 악수하며 죽산은 "대사님에게 감사하다고, 내가 따뜻한 인사를 전한다고 말씀하시오" 하고 말했다.

토머스는 통역 한 사람만 대동하고 있었다.

"선생님은 옛 왕조의 왕이 태어난 작은 궁에서 사신다고 들었습니다. 그 좋은 집을 어떻게 구했습니까? 돈과 재산이 없는 분 아니십니까?"

죽산은 병풍 앞에 놓인 안석에 앉았다.

"비단실 장사를 해서 돈을 많이 번 기업가가 빌려줬지."

그가 그렇게 반말을 하면 토머스가 데리고 온 통역관이 알아서 통역을 했다.

"매우 착한 기업인이군요. 그런데 먼저 사시던 명륜동 집은 어찌했습니까?"

"빌려주었던 주인에게 돌려주었지. 나는 독립운동 때문에 일곱 해 동안 옥살이를 하고 나온 뒤, 인천 소화정 집, 도원동 부영주택, 서울의 명륜동 집, 이곳 도정궁까지 나를 좋아하는 지지자들이 내준 집에서 살아왔지."

토머스는 눈을 동그랗게 뜨고 말했다.

---

* 같은 날, 조임정 · 조의정 여사 인터뷰.

"오, 네 번씩이나요. 여러 착한 사람들이 독립투사이자 민중의 지지를 한 몸에 받고 있는 지도자인 선생님께 존경심을 그렇게 표현했군요."

죽산은 토머스가 미대사관의 정치 담당 정보요원이며 '조봉암 담당'이라는 것을 알고 있었다. 그런 직책을 가진 요원들이 여럿일 텐데 늘 혼자 접근해오기 때문이었다. 필시 한국인 정보요원들을 통해 동향을 파악하고, 가끔은 이렇게 접근한 뒤 상관에게 보고할 것이었다.

'화술 10단'이라는 말을 듣는 죽산은 그런 상황을 즐겼다. 토머스에게 어느 정도 속내를 보여주고 미국대사관, 8군사령부, 그리고 미국 국내의 한국에 대한 인식을 읽어내려 했다.

"이보시오, 젊은 토머스 선생. 당신은 호텔 음식점이 아닌 요정에서 내게 식사를 대접하는데 내가 좋아할 것 같아서요, 아니면 당신이 좋아서요?"

토머스는 눈에 웃음을 가득 담고 답했다.

"제가 좋아서입니다. 저는 기생파티를 좋아합니다. 동양의 문화, 한국의 문화니까요."

음식과 술을 드는 동안 미모의 예인들이 들어와 가야금 병창을 하고 장고춤을 추는 것을 토머스는 '기생파티'라고 표현했다.

"우리 대사관이나 정부는 한국을 매우 중요하게 생각합니다. 그리고 조봉암 선생님을 소중하게 생각합니다."

죽산은 미소를 지었다.

"미국에 유학해 박사학위를 받고 미국에서 독립운동을 한 이승만 박사가 더 소중하겠지요."

토머스는 정색하고 그를 바라보았다.

"이승만 대통령은 민중을 생각하지 않는 왕조시대의 제왕처럼 완고한 사람이에요. 하지만 선생님은 진정으로 민중의 지지를 받고 있지 않습니까?"

프레드 토머스와 정태영. 미 정보요원 프레드 토머스와 정태영 선생.
토머스는 청년기에 서울에 파견되어 부영사로 승진하며 죽산을 담당했다.
진보당의 젊은 논객이었던 정태영이 미국을 방문해 인터뷰한 사진이다.
『죽산 조봉암 전집』(1999)에서 인용.

젊은 요원이 하는 말이긴 하지만 미국 측에서 자신을 소홀히 하지 않는
다는 것을 알고 죽산은 기분이 좋았다.

호헌동지회의 명암

죽산이 도정궁에서 젊은 동지들과 붓글씨를 쓰며 은둔하는 세월은 길
것 같았으나 그렇지 않았다. 세상은 죽산을 그렇게 놓아두지 않았다. 그해
1954가 다 가기 전에 그는 제3세력을 대표하는 인물로 부각되었다.

모든 것은 이승만 대통령의 영구집권 욕망에서 비롯되었다. 지난 5월 제
3대 총선에서 부정선거를 자행해서 원내 의석의 압도적 다수를 차지한 이
승만과 자유당은 9월 6일 초대 대통령에 한해 3선 중임 제한을 철폐하는
개헌안을 국회에 제출했다. 11월 27일 본회의에 상정되고 표결 결과 재적
203석 중 가可 135표, 부否 60표, 기권 7표가 되었다. 헌법 개정에 필요한 3

분의 2 찬성표인 136에서 1표가 부족했다. 자유당 소속 국회부의장 최순주崔淳周 의원은 부결을 선포했다.

그러자 자유당 측은 기상천외한 논리를 만들어냈다. 135표는 재적의원 3분의 2인 135.33에 미달하긴 하지만 소수점 이하를 사사오입하면 135표로 가능하다는 것이었다. 자유당의 손꼽히는 이론가로 자처하던 장경근이 아이디어를 냈고 그로 인해 김두한金斗漢 의원에게 뺨을 맞았다는 소문이 돌았다. 의장단은 이미 내린 선포를 번복하고 이틀 뒤 가결을 선포했다. 이승만의 종신집권을 가능하게 한 것이었다.

야당인 민국당과 무소속 의원 60여 명은 독재에 저항하며 민주주의를 수호하자고 결의, 호헌護憲동지회를 결성했다. 자유당의 소장파인 김영삼·민관식·김재황 등 12명이 반발 탈당해 왔다. 대중의 지지를 한 몸에 받고 있는 죽산은 저절로 정치권의 중심에 떠올랐다. 민국당 내의 진보 성향 인사들은 죽산이 들어와야 진정한 민주세력 결집이 이뤄진다고 주장했고, 마침내 김성수와 서상일이 죽산에게 이제 그만 칩거를 끝내고 민주대동운동에 동참할 것을 간곡히 호소했다.

김성수는 전북 고창 출신으로 동아일보와 보성전문을 키워온 인물이었다. 8·15광복 이후 한민당을 조직해 당수를 지냈고 부통령을 하다가 1951년 5월 이승만 대통령의 부산정치파동에 항의해 사임한 인물이었다. 친일 자본가 가문 출신이긴 하지만 교육운동, 민족운동을 한 경력 때문에 중망을 받고 있었다. 나이가 64세였는데 신병으로 시름시름 앓고 있었다.

서상일은 경북 대구 출신으로 68세의 노정객이었다. 보성전문을 나와 대동청년단, 광복단 등에 속해 독립운동을 했고 대구의 3·1만세운동을 주도한 대선배였다. 애초부터 진보주의자는 아니었다. 제헌국회 시절에는 지주들 편에 서서 땅을 받은 농민들의 상환액을 평균생산량의 300퍼센트로 할 것을 제안하기도 한 사람이었다. 그런데 이승만의 독재를 더 이상

놓아둘 수 없다고 판단해 혁신계로 돌아서 있었다.*

두 사람의 거물 정객이 죽산에게 손을 내민 것은 이승만 대통령의 독재와 전횡이 한계에 도달했다는 것을 뜻했다. 죽산은 그들의 요청을 받아들여 도정궁의 칩거를 끝내고 나왔다. 지팡이를 짚고서라도 민주대동운동에 참여할 것을 선언했다. 조병옥이 대표하는 민국당, 장면이 대표하는 흥사단과 가톨릭 계열, 죽산이 이끄는 제3세력이 뭉쳐 보수와 혁신이 한 몸이 된 민주신당이 결성될 희망이 보였다.

죽산의 참여가 눈에 보이자 죽산과 워낙 사이가 좋지 않았던 조병옥 중심의 민국당 계열, 장면 중심의 흥사단 계열은 태도가 달라졌다. 죽산과는 당을 같이할 수 없다는 것이었다. 그러나 신익희·장택상·신도성愼道晟·서상일 등은 죽산이 참여하지 않으면 진정한 연합전선이 되지 않는다고 맞섰다.

호헌동지회는 반反조봉암 '자유민주파'와 친親조봉암 '민주대동파'로 분열되었다. 자유민주파가 죽산을 반대하는 이유는 공산주의에서 전향했지만 믿을 수 없다는 것이었다. 앞장서 막무가내로 반대한 사람은 조선공산당 창당동지였던 김준연이었다. 죽산은 김준연과 신문지상에서 논쟁을 벌였다.

인촌 김성수가 중재하려고 애썼다. 어느 날 김성수의 명을 받은 민국당 선전부장 신도성이 도정궁으로 죽산을 찾아왔다. 신도성은 지난 5월 선거 때 경남 거창에서 출마해 당선한 37세의 초선의원이었다.

죽산은 그를 응접실로 안내했다.

"인촌 선생의 건강은 어떠신가?"

---

* 서상일은 혁신운동의 필요성을 절감하고 있었다. '혁신운동이 없으면 나랏일이 걱정된다'고 말한 기록이 있다(윤길중, 앞의 책, 155쪽).

신도성은 한숨을 쉬었다.

"그저 그만그만하십니다. 툭툭 털고 일어나셔야 할 텐데 걱정입니다."

신도성은 차를 한 모금 마시고 방문 목적을 말했다.

"지금도 일부에선 죽산 선생님께서 공산주의를 내버리지 않았다고 의심하고 있습니다. 솔직히 현재 심정을 말씀해주실 수 없겠습니까?

죽산은 정색하고 말했다.

"해방 전에 공산당에 관계한 건 독립운동의 방편으로서였지 공산주의 그 자체가 목적은 아니었소. 해방과 동시에 공산당과 결별했소."

"그걸 공개성명으로 표시하면 어떻겠습니까?"

"성명 내달라는 얘기를 인촌이 합디까?"

"그렇습니다. 인촌 선생님의 희망입니다."

"그래요? ……인촌이 바란다면 그까짓 거 못 할 것 없지. ……그보다 더한 것도 할 수 있어요."

죽산은 그렇게 답했다.

차를 마시며 금년 추수가 잘 돼 민생이 나아져야 할 텐데 하며 세상 걱정을 하다가 문득 생각이 난 듯 다시 정색을 했다.

"이보시오 신 의원, 만약에 6·25 같은 게 또 벌어져서 이 박사, 인촌, 그리고 나 이렇게 세 사람이 김일성이한테 붙잡혔다고 가정해봅시다. 두 분은 혹시 선전용으로 이용하기 위해 살려둘지 몰라도 나는 못살아요. 공산당 조직에 들어왔다가 그 조직을 떠나가면 용서 없이 처단이오. 그게 공산당의 생리입니다. 내가 어떻게 김일성이를 지지하겠소?"

신도성은 만족한 얼굴로 돌아갔다.*

죽산은 1955년 2월 22일 「성명서」를 발표했다.

---

* 이영석, 앞의 책, 207-208쪽.

우리가 연내年來로 주장하고 노력해온 것은 민주주의의 승리에 의한 국토 통일이다. ……나는 8·15 후 즉시 공산당과 절연하고 오늘날까지 민주주의 국가로 장래가 약속된 대한민국에 비록 미미하나마 모든 심력을 바쳐왔고, 공산주의가 인류에게 끼치는 해독을 누구보다도 깊이 알기 때문에 이론적으로나 실제적으로나 대 공산투쟁에 여생을 바칠 것을 나의 임무로서 자부하는 터이지만 그와 동시에 나는 여하한 독재정치도 이를 반대한다. 공산당의 독재는 물론이고 관권을 바탕으로 한 독점자본주의적 부패분자의 독재도 어디까지나 반대한다.*

보수진영과의 합류 구상이 물거품으로

그러나 보수진영은 「성명서」를 보고도 완강히 반대했다. 전향과정이 선명치 않다는 것, 다시 말해서 박헌영과의 권력투쟁에서 밀려나 있다가 미군의 공작으로 마지못해 전향했다는 것이다. 죽산과 더불어 전향해 정부 수립 단계에서 6·1구락부를 만들었던 김약수가 국회 프락치사건으로 구속되고 결국 전쟁 중에 월북했다는 사실도 핑계거리였다. 그러나 그런 주장들이 반공의식이 강한 의원들의 동조를 얻고 있었다. 자유민주파는 죽산이 전향을 가장한 공산주의자라고, 북한 공산주의자들이 일으킨 동족상잔을 상기하라고 선전하면서 반 조봉암 운동에 힘을 쏟았다. 6·25동란으로 인한 피해의식은 매우 커서 그들의 선전은 먹혀들어갔다. 민주대동파의 무소속 의원들이 빠져나가 자유민주파에 합류했다.

김성수가 민국당의 중진들을 설득했으나 영令이 서지 않았다.

김준연이 말했다.

"조봉암은 어느 면에서는 나와 비슷한 입장입니다. 그러나 또 많이 다릅

---

* 『동아일보』, 1955년 2월 24일자.

니다. 조봉암은 진보세력임을 자처하고 있습니다. 국민경제 체제에서 수
탈 없는 공명성을 지향한다느니, 자본주의 경제를 억제하겠다느니 해서
경제정책이 다분히 좌경해 있다 이 말이에요. 조봉암은 민족진영으로 전
향한 사람이 아니올시다. 어찌 이런 사람과 당을 같이합니까?"

유진산*도 한 마디 했다.

"먼젓번 선거에서 죽산이 받은 80만 표 속에는 보도연맹 또는 6·25 전
에 좌익세력이던 시골의 잠복세력들이 보낸 지지표가 대부분인 것을 알지
않습니까?"

죽산의 편인 서상일은 반대론자들을 향해 고개를 저었다.

"이보세요. 죽산이 좌경했다 하는 건 심하게 말해 백색테러예요. 특무
대장 김창룡이나 헌병사령관 원용덕이가 어째서 이제까지 그를 가만두었
소? 죽산이 공산당이 아니니까 손을 못 댄 것이오."

병이 깊은 김성수는 자신의 생이 오래가지 못할 것을 예감하고 있었다.
죽기 전에 신생 조국이 진정한 민주국가로 발전하는 모습을 보고 싶다는
그의 비원悲願은 이뤄지지 않았다. 그는 실의에 잠긴 채 다시 병석에 누웠
고 1955년 2월 18일 세상을 등졌다. 그리하여 보수진영과의 합류라는 죽
산의 정치구상은 공산당 출신이라는 경력에 걸려 좌절되고 말았다.** 그것
은 죽산이 안은 숙명적 한계이기도 했다.

죽산의 참여가 막혀버리자 장택상은 뜻을 같이하는 12명의 의원과 함
께 호헌동지회를 탈퇴했고, 서상일과 신도성도 뒤를 따랐다. 결국 순수한
반공주의자들만의 집결을 자처하는 자유민주파는 독자적인 정당 창당을

---

* 유진산(柳珍山, 1905-74): 충남 금산에서 출생. 경성고보와 와세다대 졸업. 농민
운동을 하다가 망명, 독립운동에 나섰다. 해방 후 우익 청년단체를 이끌었으며
반민특위에서 활동했다. 이후 민주당 중진으로 활동했다.
** 이영석, 앞의 책, 209쪽.

준비했다.

거기 참가하지 않은 혁신세력은 죽산을 구심점으로 여기고 모여들었다. 죽산의 참여를 거부한 것에 불만을 품고 호헌동지회를 탈퇴한 서상일, 젊은 날 의열단과 조선의용대에 속해 독립운동을 하고 임시정부 국무위원을 지낸 김성숙, 임시정부 외무부장 출신인 장건상, 아나키스트였던 정화암鄭華岩, 1896~1981, 죽산과 옛날에 YMCA 사건으로 평양경찰서에 구속됐었던 한독당 최고위원 출신 최익환, 죽산의 옛 동지인 김찬 등이었다.

이 무렵 죽산의 평화통일 신념과 정치철학에 동조하여 그의 진영으로 온 젊은 동지들도 많았다. 대표적인 인물이 이명하와 김기철金基喆이었다. 둘 다 함경도 출신으로 김규식 박사 계열과 백범 김구의 한독당 계열에 있던 사람들이었다.

1955년 5월 15일, 죽산은 사위를 맞았다. 딸 호정이 선택한 남자는 부산 임시수도에서 만난 시인 이봉래였다. 결혼식장인 경운동 천도교회관에서 죽산은 호정의 손을 잡고 입장해서 이봉래에게 넘겨주었다. 주례는 무소유와 표랑漂浪의 시인으로 알려진 문단의 원로 공초空超 오상순吳相淳이었다. 하루 24시간 중 절반 이상을 담배를 물고 산다는 사실을 알고 있는 죽산이 결혼식 며칠 전 이봉래에게 말했다.

"공초 선생 말이야, 주례하시는 동안 담배를 참으시면 안 될까?"

이봉래는 머리를 끄덕였다.

"식 올리는 동안만 참아주십시오, 하고 공초 선생께 말씀 올리겠습니다."

소용없었다. 노시인은 어김없이 파이프를 물고 주례를 했다. 죽산은 그냥 웃고 말았다. 그리고 웨딩드레스를 입은 호정을 바라보며 호정을 낳아준 김이옥을 생각했다. 그녀가 죽고 지금까지 여러 여자를 만났으나 그녀는 가슴에서 더 지워지지 않고 깊은 그리움과 함께 살아 있었다.

호정은 결혼을 하고 명동성당 앞으로 신접살림을 차리고 나갔다. 사위 이봉래는 성격이 엽엽해서 죽산의 후배 동지들이 좋아했다. 마침 함경도 출신이고 해서 이명하·김기철 등 함경도 출신 선배들을 '형님'이라 부르며 잘 어울렸다. 정치 신념도 같아서 그는 곧장 죽산을 둘러싼 멤버들 속으로 녹아들었다.

호정 씨를 출가시킨 뒤, 죽산은 이따금 명동 호정 씨의 집으로 갔다. 딸이 보고 싶기도 했지만 함께 영화를 보러 가고 싶어서였다. 딸이 받아줄 때도 있고 못 받아줄 때도 있었다.

"영화를 같이 가면 눈물을 제일 많이 흘리는 사람이 아버지였어요. 영화를 좋아하셔서서 나를 데리고 다니며 영화를 많이 봤지요. 하루는 남편 저녁을 차려줘야 하는데 아버지가 같이 영화를 보러 가자는 거예요. 안 된다고 했더니 많이 서운해하시더라구요."*

진보당의 모태가 된 광릉회합

죽산과 그의 주변에 모인 인물들은 자유당과 민주당이 보수정당이니 혁신정당을 만들어야 한다는 데 뜻을 모았다. 그리하여 만들어진 행사가 1955년 9월 1일의 광릉회합이었다. 뒷날 진보당의 모태가 된 40여 명의 야유회, 강원용과 함께 죽산이 지원한 유학자금을 받고 미국에 가서 공부하고 온 조향록 목사가 성공을 기원하는 개식開式 기도를 했다.

이 모임에서 죽산과 동지들은 현실정치의 진부한 보수성에 대한 비판과 신당운동의 필요성을 각자의 의견으로 제시했다.

정화암이 말했다.

---

* 『서울신문』, 2007년 9월 29일자.

"신당의 정치이념은 민주사회주의로 해야 합니다."

그러자 장건상이 입을 열었다.

"나는 사회민주주의가 좋다고 생각합니다."

죽산은 천천히 고개를 저었다.

"둘 다 옳으신 말씀입니다. 제 신념도 그러니까요. 그러나 저는 지금은 당을 먼저 만드는 게 낫다고 생각합니다. 용광로 속에다 타 털어 넣고 쇠는 쇠대로 금은 금대로 가려내야 한다는 게 제 생각입니다. 제가 농림부장관 할 때 사회주의 정치노선을 해보려 했지만 우리나라는 현실적으로 불가능했습니다."*

2차 모임을 두 주일 뒤 관수동에 있는 중국요릿집 대관원大觀園에서 열었다. 대관원은 1919년 1월 말 한위건 등 전문학교 학생 대표들이 모여 3·1운동의 학생단 조직을 협의한 곳이었다. 여기서 좀더 구체적인 이야기가 오고 가고 3차 모임을 명륜동 서상일의 집에서 열었다.

진보당이라는 당명도 만들었다. 처음엔 사회당, 민주사회당, 민주혁신당, 대중당 등으로 붙이려고 했다. 그러다가 죽산이 '진보당'을 제안했다. 보수적인 민주당과 달리 진정한 민주주의 체제를 확립하고 책임 있는 혁신정치의 실천을 기하기 위해 진보적 정당을 만들지 않으면 안 된다는 시대적 요청을 담은 것이었다. 그리고 고도로 발전한 자본주의 체제에 적용되는 사회주의 이론은 낙후된 농업국가인 이 나라에서는 적용하기 어렵다는 판단 때문에 '사회주의'가 들어간 명칭들을 선택하지 않은 것이었다. 원자력 혁명과 오토메이션이 가져다주는 새로운 시대에는 자본주의는 말할 것도 없고 사회주의도 지양한 보다 진보적인 과제를 목표로 변혁을 모

---

* 정화암, 『어느 아나키스트의 몸으로 쓴 근대사』(자유문고, 1992), 305쪽.

강원명. 청년기에 독립운동을 하고
광복 후 민족청년단 인천지부 부단장을 지냈다.
죽산의 제헌의원 당선에 결정적 기여를 하고
그의 비서를 지냈다. 정계를 떠나
태평양화학 사장을 지냈다.
『경향신문』에서 인용.

색해야 한다는 판단이 작용한 것이었다.*

  한편, 보수성향 인사들만 남은 자유민주파는 신당 만들기에 힘을 집중
해 1955년 9월 19일 민주당을 조직했다. 여당인 자유당보다 더 보수적인
야당이었다.

  죽산이 혁신주의 정당을 창당하는 것은 아직 이르며 목숨을 거는 위험한
일이라고 만류한 가신家臣이 있었다. 1948년 제헌의회 선거 때 민족청년단
인천 부단장으로 있다가 뜻밖에 죽산의 진영으로 와서, 불리한 선거 판세
를 단번에 역전시킨 강원명이었다. 죽산을 제헌의원으로 당선시켜 정계에
화려하게 등장하게 한 공로자였다. 그는 눈물로 죽산에게 호소했다.

  "선생님, 아직 나갈 시기가 아닙니다. 제가 갖다 드린 한지를 붓글씨로
다 쓰시기 전에는 안 됩니다."

  1년 전 그가 차에 싣고 온 한지는 여럿이 나눠 썼지만 3분의 1도 소모하
지 않은 상태였다. 강원명은 적어도 3~4년 칩거를 하면 다시 때가 올 것이
라고 판단한 것이었다. 절친한 친구 김종회가 이승만 대통령의 비서를 지
냈고, 그 외에도 경찰이나 정보기관에 들어간 민족청년단 동지들이 여럿

━━━
* 이영근, 앞의 글(정태영, 앞의 책, 637쪽).

이었는데 그들로부터 죽산이 저렇게 나가면 목숨이 위태해진다는 말을 들은 것이었다.

이승만 대통령의 독재와 전횡을 중단시키고 진정한 민주국가로 만들어야 한다는 사명감에 불타는 죽산, 나라의 발전과 민중의 권익을 위해서 자신이 나서는 것은 역사적 사명이라고 비장하게 생각하고 있던 죽산은 강원명의 연속된 호소에 진노했다.

"그러면 내 곁을 떠나게! 다시는 보고 싶지 않네!"

그리하여 강원명은 눈물을 흘리며 죽산의 곁을 떠났다.*

이 무렵 죽산은 도정궁을 주인에게 돌려주고 약수동으로 셋집을 얻어 이사해 있었다. 행정상 약수동이지만 장충동과 신당동에 가까웠고 근처에 고개중학교(뒷날 장충중고등학교로 개명)가 있었다. 당대의 로열패밀리들이 사는 길목이어서 이웃에 해군제독, 홍진기 법무부차관, 백선엽·백인엽 장군 형제, 미 육군대령이 살았다. 이명하는 평생 모실 것이라며 그의 앞집으로 이사를 왔다.**

이명하는 1913년 함경남도 북청 출신으로 와세다대학을 다녔다. 두 형이 북한의 공산혁명 과정에서 타살당해 월남했다. 통일독립촉진회 멤버로 김규식 박사 계열에 있었는데, 한국전쟁 중 중심축인 김규식과 조소앙이 북으로 간 뒤 조직의 구심력이 떨어지자 죽산의 진영으로 온 사람이었다.

---

* 2012년 7월 12일, 인천에서 조병선 선생 인터뷰. 강원명은 그 후 태평양화학 사장 서성환에게 가서 정치를 잊었다. 죽산과 단절한 것은 아니었다. 죽산의 생질 박시원이 대학을 졸업하자마자 태평양화학에 취직시켜 데리고 있었다.
** 2012년 7월 25일, 서울 인사동에서 이모세·이효성 선생 인터뷰. 두 분은 1947년과 1949년에 이명하 선생의 장남과 차남으로 출생, 죽산의 아들 규호 씨와 함께 유년기를 보내며 죽산의 사랑을 받았다.

새로운 인물들이 죽산의 곁으로 왔다. 대표적인 사람이 35세의 고정훈高貞勳이었다. 그는 소련군 통역을 하다가 남쪽으로 와서 육사를 나오고 유엔 연락정보단장·육군참모총장·국방부장관·주한 미 군사고문단장 등의 보좌관과 육군본부 정보국 차장으로 일했다. 중령으로 예편해 정부의 영문기관지 『코리아 리퍼블릭』 편집국장과 『조선일보』 논설위원을 했다. 소련, 미군, 한국 군부, 언론계 등의 사정을 고스란히 알고 있는 거물이었다. 죽산은 며칠 동안 함께 기거하며 토론을 한 뒤 받아들였다.

양이섭에게서 정치 후원금을 건네받다

10월 어느 날, 양이섭이 약수동 집으로 찾아왔다. 마침 호정이 집에 와 있었다. 죽산이 불러서 인사를 시켰다.

"얘가 호정이네."

호정이 깊이 고개를 숙여 인사하자 양이섭은 반색을 했다.

"네가 호정이구나. 상하이 시절에 세 살이었는데."

양이섭은 호정에게 그때까지 아버지가 말해주지 않아서 알지 못했던 이름의 뜻을 이야기해주었다.

"'호'滬는 오랜 옛날 상하이에 살던 사람들이 사용한 대나무 낚싯대에서 유래한 말이라고 들었다. 상하이의 약칭으로 사용되어왔지. 네 이름은 '상하이의 아름다운 수정'이라는 뜻이다."

그리고 죽산과 더불어 신의주형무소에 있던 이야기도 해주고 호정의 생모인 김이옥 여사에 대한 기억을 들려주어 호정에게 눈물을 흘리게 했다. 아버지가 양이섭을 '김동호 사장'이라고 불렀으므로 호정은 그게 이름인 줄 알고 그렇게 불렀다.

죽산이 요즘은 어떻게 사느냐고 양이섭에게 물었다.

양이섭은 쓸쓸한 표정을 하고 입을 열었다.

"남북무역이 막혀버려 고생 좀 했습니다. 그때 1·4후퇴 때 뵙고 지게꾼 노동으로 연명하며 대구를 거쳐 부산까지 갔습니다. 이리저리 수소문해 선생님이 영도에 사신다는 걸 알고 집 앞까지 갔으나 제 모습이 초라해 누가 될 것 같아 뵙지 못했습니다."

"허허, 김 사장. 소심하기는…… 그냥 찾아오지 그랬나."

죽산이 미안한 표정을 하고 말했다.

양이섭은 지금은 사업이 잘된다며 후원금이 든 봉투를 내놓았다. 그리고 호정이 얼마 전 결혼한 사실을 알고는 미도파백화점으로 데려가 손목시계를 결혼선물로 사주고 신랑 양복을 좋은 걸로 한 벌 사주라고 2만 환도 내놓았다.

죽산 부녀는 감사 표시로 점심을 사기로 하고 관수동 대관원으로 그를 데려갔다. 양이섭이 메모를 하는데 죽산의 만년필을 빌려 썼다.

"아저씨, 만년필이 없으셔요?" 하고 호정이 물었다.

양이섭은 웃으며 고개를 저었다.

호정은 그에게 만년필을 하나 선사하자고 아버지에게 말했고, 식사 후 신신백화점에 가서 파카 만년필을 하나 사 갖고 와서 양이섭에게 주었다.*

죽산은 이날 양이섭이 후원금을 줘서 고마웠으나 무슨 사업을 해서 돈을 벌었냐고 묻지 않았다. 동지에 대해 너무 자세히 알면 동지를 해칠 수 있다는 상하이 망명시절부터 익숙해진 그들만의 관행 때문이었다.

이 무렵, 양이섭은 엄숙진이라는 첩보전문가와 함께 남북교역을 가장하고 인천 HID육군첩보부대에서 대북첩보공작을 하고 있었다. 상하이 망명시절 존경과 신뢰로 맺어졌던 두 사람의 재회, 이것이 뒷날 죽산이 억울하

---

* 윤길중, 앞의 책, 178쪽.

게 간첩으로 몰리는 빌미가 될 줄은 누구도 예상하지 못했다.

　양이섭을 만나고 며칠 뒤 죽산은 어이없고 기가 막힌 일을 당했다. 동해안 주둔 국군부대 고위장교들이 이승만 대통령을 저격하고 조봉암을 대통령으로 추대하려 했다고 고발한 사건이 생긴 것이었다. 국회부의장 시절 1군단 부대 시찰을 가서 격려한 일이 있을 뿐인데 누명을 덮어씌우는 것이었다. 군반란음모방조사건으로 서면 고발을 한 사람은 김준연이었고 음모극을 꾸민 것은 특무대 고문 김지웅이었다. 죽산은 말도 안 되는 이야기라 쓴웃음만 짓고 말았다.*

　이 사건은 검찰총장이 기자회견에서 언급하고 표면에 떠올랐으나** 이내 여론의 비웃음을 사며 가라앉았다. 그러나 당국이 죽산을 제거하기 위해 어떤 일도 꾸밀 수 있다는 예고탄 같은 것이었다.

　그것은 어둠 속에서 갑자기 날아와 찌르는 칼날처럼 언제든지 죽산을 찌를 수 있다는 극단적인 위험을 예고하는 것이었다. 죽산이 내세운 사회민주주의는 당시에 가장 정의롭고 가장 민주적인 것이었지만 동서의 냉전질서 속에서 반공만이 살길이라고 외치는 이승만 정권, 그리고 그것을 이의 없이 수용하는 민주당의 시각에서 보면 용납할 수 없는 이단異端이었다. 이 시기 미국에서는 매카시즘 광풍이 불어 '빨갱이 사냥'이 진행되고 있었으며, 동서냉전이 첨예하게 충돌하는 분단국가 서독에서도 공산주의, 혹은 사회주의 성향의 인물 수십만 명이 조사를 받고 있었다. 동족상잔을 겪어 미국과 독일보다 더 첨예하게 대립하고 있는 땅에서 이승만 정권은 분단과 냉전 상황을 이용해 정권 지속의 정당성을 유지하려 하고 있었다. 그들은 언제든지 희생자를 붙잡아 마녀사냥을 감행할 태세였으며 개미귀

---

* 이영석, 앞의 책, 200쪽.
** 「조봉암 씨 계속수사? 민 검찰총장 회견서 시사」, 『동아일보』, 1956년 4월 3일자.

신처럼 함정을 파고 기다리고 있었다. 이단자 죽산은 그들의 함정으로 다가가고 있었다.

생애에서 위기를 맞을 때마다 비상한 판단과 돌파력으로 고비를 벗어나며 오히려 더 크게 솟아올랐던 죽산은 왜 함정으로 걸어들어갔을까? 아마도 이는 죽산이 위험을 감지하기 못했거나 정의에 대한 확신 때문에 그 위험성을 간과한 것으로 보아야 할 것이다.

책임정치, 수탈 없는 경제, 평화통일 공약 걸어

1955년 12월 22일 죽산은 동지들과 함께 '(가칭)진보당 추진위원회'를 발족시켰다. 죽산과 서상일 · 박기출 · 이동화 · 김성숙 등 12명 발기인의 명의로 취지문과 강령 초안도 만들었다. 그러나 창당은 뒤로 미뤄졌다. 다음 해1956 5월에 실시될 정부통령선거 때문이었다. 죽산과 그의 동지들은 대통령 입후보자를 내서 대중의 지지를 끌어모음으로써 당의 역량과 조직을 확대하는 게 좋겠다고 판단했다.

1956년 새해에 들어 우선 서울역 앞 양동에 당사무실을 마련했다. 남산다리 밑 북서쪽에 있는 2층짜리 벽돌건물이었다. 여기 무수히 많은 사람들이 드나들었다. 대부분 죽산계열 인물들, 서상일계 인물들로 조직을 위하여 뛰는 사람들이지만 그렇지 않은 사람들도 있었다. 신문기자와 정보원 들이었다. 정보원들은 경찰, 군특무대, 미 대사관 촉탁, 미군 정보부대 촉탁 등 다양해서 헷갈릴 정도였다.

3월 말 인사동 중앙예식장에서 입후보자 결정을 위한 진보당 전국추진위원 대표자회의를 열었다. 회의를 시작하기 전 신도성이 죽산에게 간곡한 표정을 하고 말했다.

"선생님, 혁신정당에 정권이 돌아올 시기는 아직 아닙니다. 우리는 이 땅에 진보주의의 씨를 뿌리고 가꾸는 일을 할 수 있을 뿐입니다. 그러니

군이 선생님께서 대통령후보가 되셔야 할 이유는 없습니다. 동암東庵: 서상
일의 아호 선생께서 대통령후보를 맡겠다고 하니 선생님은 부통령을 맡아
주십시오."

죽산은 그 사전조정안을 받아들였다.

"그래요. 집권시기가 성숙되지 않았어요. 꼭 그래서가 아니라 동암이 선
배이시니까 그분이 나서셔야지요."

그러나 죽산계열은 이것을 받아들이지 않았다. 계열의 주축을 이루는
함경도 출신 멤버들은 죽산을 위해서라면 무엇이든 하겠다고 덤비는 강성
强性을 갖고 있었다. 그들은 서상일에게 표가 없다고 완강하게 죽산의 출
마를 주장했다. 그것은 사실이었다. 서상일이라는 이름으로 받을 수 있는
유권자들의 표는 적었다. 죽산은 난처했으나 투표에 동의했다. 추진위원
회는 결국 투표를 했고 죽산을 대통령후보, 서상일을 부통령후보로 내기
로 결정했다. 결과가 이렇게 되자 서상일은 태도가 달라졌다. '평생 정치
교육자로 여생을 봉사하겠다'고 선언하고는 부통령후보직마저 사양했다.
그 자리에서는 그렇게 말했지만 나중에 '조봉암은 대통령병 환자'라고 비
난했다. 결국 그 일로 양쪽 계열은 분열했다.

그날 오후 6시에는 선거대책위원회를 열어 대통령후보로 죽산을 추대
하고 추진상임부서를 결정했다. 혁신진영으로 온 지 얼마 되지 않은 김두
한, 그리고 죽산의 사위인 이봉래도 조직부와 선전부에 이름을 올렸다.

기자들이 몰려와 죽산을 둘러쌌다. 바로 그날 민주당과 무소속 의원 들
이 모여 선거에서 자유당과 맞서려면 야당연합전선을 만들어야 한다는 논
의를 한 때문이었다. 야당 대통령후보 단일화에 대한 기자들의 질문이 죽
산에게 쏟아졌다.

"구체적으로 생각해본 일은 없으나 충분히 고려할 점이 있습니다."

죽산은 그렇게 말을 아꼈다. 창당을 뒤로 미루고 우선 선거체제를 갖춘

진보당으로서는 불리한 일이지만 받아들이지 않을 수 없는 일이기 때문이었다.

야당 대통령후보 단일화 문제는 물밑 접촉만 한 채 시간을 흘려보냈다.

4월 7일 오전 9시, 윤길중 사무장은 666명의 추천장을 첨부해 죽산의 대통령후보 등록을 마쳤다. 이날 죽산은 기자들에게 말했다.

"야당연합전선은 정치적 원칙이 합치된다면 가능합니다."

등록마감 결과 대통령후보는 이승만(자유당)·신익희(민주당)·조봉암(진보당추진위) 3인, 부통령후보는 이기붕(자유당)·장면(민주당)·박기출(진보당추진위) 등 8명이 되었다. 각 진영은 선거유세로 들어갔다.

4월 13일 죽산은 입후보자의 정견을 싣는 『동아일보』의 「나는 이렇게 하련다」 시리즈에 자신의 정견을 기고했다. 책임정치의 수립, 수탈 없는 경제체제의 실현, 평화적 통일의 성취, 이렇게 세 가지였다.

야당후보 단일화의 여론은 점점 더 커져서 헌정동지회*의 절충과 조정으로 4월 25일 명륜동 김홍식金洪植 의원의 집에서 죽산과 해공 신익희의 영수회담이 열렸다.

"의장님, 대구 피난시절 이승만 대통령이 국민과 국회를 버리고 혼자 탈출한 것에 분개하며 대폿집에서 술을 한 말 여섯 되나 마셨던 일이 생각납니다."

죽산의 말에 해공은 머리를 끄덕였다.

"그랬지요. 나는 그때부터 죽산이 나라를 사랑하는 진정한 애국자라고 생각했지요."

두 사람은 그런 말로 시작해 두 시간 동안 우호적인 대화를 나누었다.

---

* 헌정동지회: 1955년 12월 무소속 의원 27명이 조직한 원내 교섭단체로서 변진갑 의원이 대표간사, 김홍식 의원이 총무간사를 맡았다.

대통령후보 단일화회담을 마치고 나오는 신익희(왼쪽)와 죽산(오른쪽).
죽산은 1956년 대통령선거에 출마했으나 해공 신익희 선생을 단일후보로 밀고
사퇴할 예정이었다. 『죽산 조봉암 전집』에서 인용.

죽산은 민주당이 집권공약에 진보당의 기본정책 세 가지, 즉 책임정치
의 구현, 수탈 없는 경제체제 확립, 평화통일 추구를 반영해줄 것을 요청
했다.

"그걸 받아주시면 저는 후보사퇴를 해도 좋습니다. 대신 의장님은 단일
후보로서 어떤 압력이나 비상사태에서도 물러서지 않고 끝까지 투쟁하셔
야 합니다."

해공은 껄껄 웃었다.

"당연하지요. 목에 칼이 들어와도 굴복 안 해요."

죽산은 한 가지를 더 요구했다. 정권을 잡을 경우, 조병옥과 김준연은 지
난날 민주대동운동을 저해한 사람들이므로 거국내각에서 배제하라는 것
이었다.

며칠 후 민주당과 진보당 추진위원회의 단일후보 결정을 위한 입후보자

4자회담이 중국요릿집 아서원에서 열렸다. 1925년 4월 17일, 이것이 조국 광복의 길이라는 염원으로 조선공산당을 창당했던 그곳이었다. 죽산은 러닝메이트인 박기출과 함께 아서원에 갔는데 민주당 측 장면 부통령후보가 오지 않았다.

죽산이 대통령후보를 양보하면 민주당이 부통령후보를 양보해야 할 것이라 오지 않은 것이었다. 죽산은 고민에 빠졌다. 정권교체와 민주화를 갈망하는 국민들의 여망을 따르자면 대통령후보를 무조건 단일화해야 하는데 어찌할 것인가. 그는 결심을 굳히고 입을 열었다.

"좋습니다. 이미 약속한 바이니 대통령후보를 의장님께 양보합니다."

이날 죽산과 해공은 세 가지 밀약을 맺었다.

첫째, 진보당은 창당의 기반을 넓히기 위해 5월 초까지 유세를 계속한다.

둘째, 그 기간 막후교섭을 통해 민주당은 진보당 측 조건을 수락하고 진보당은 후보 사퇴를 할 수 있는 당내 분위기를 조성한다.

셋째, 5월초 신申·조曺 회담을 열고 공동성명을 통해 후보 단일화를 발표한다.

이런 내용이었다. 그 뒤 막후교섭에서 두 사람의 단일화 결정 최종 회담을 5월 6일 전주에서 열기로 합의했다.* 그 후 막후 접촉에 양쪽 모두 호감을 갖고 있는 서상일이 팔을 걷어붙이고 나섰다.

죽산은 5월 1일 일단 진보당의 선거공약 10장을 발표했다.

첫째, 진보세력이 주도권을 장악하여 유엔 보장하에 민주방식에 의한 평

* 이영석, 앞의 책, 214쪽.

화통일을 성취한다.

둘째, 외교를 쇄신하고 집단안정보장의 확립에 의하여 국방문제를 해결하고 군비부담을 경감한다.

셋째, 집권자가 국민 앞에 책임지는 정치체제를 확립한다.

넷째, 서민생활에 대해서 정부가 가지고 있는 유해무익한 간섭, 허가제도를 일소한다.

다섯째, 행정기구를 대폭 감소시키고 공무원의 생활을 완전히 보장한다.

여섯째, 종래의 대중적 수탈정책을 폐지하고 생산 분배 소비에 걸친 종합적인 연차 계획경제를 수립하여 법령화한다.

일곱째, 농촌고리채를 일정기간 지불 유예케 하고 현물세를 폐지하고 자율적인 농민협동조합을 조직한다.

여덟째, 노동자의 자유로운 단결권과 단체교섭권을 보장한다.

아홉째, 상이군경 유족 등의 생활을 국가적으로 보장한다.

열째, 교육이 완전한 국가보장제를 실시하고 학제를 개혁하여 연한을 단축한다.*

민주당이나 자유당의 공약과는 현저하게 차별되는 민주적인 공약이었다. 특히 통일정책은 '반공으로써 국토의 통일을 완수한다'고 한 자유당이나, '국력의 신장과 민주우방과의 제휴로써 국토를 통일한다'고 한 민주당에 비해 훨씬 전향적으로 나아간 것이었다. 그리고 기본적으로 그의 신념인 사회민주주의를 바탕에 깔고 있었다.

죽산과 진보당진보당 추진위원회는 일단 선거전에 돌입했다. 자금이 턱없이 부족했다. 장기영 한국일보 사장과 이양구 동양맥주 사장이 자금을

---

* 전세룡, 「죽산 조봉암 선생과 나 그리고 진보당」, 『전집』 제6권, 343쪽.

박기출. 외과의사 출신으로
진보당 부위원장을 맡았다.
제7대 국회의원을 지냈다.

댔다.* 인천 부평의 토호 출신으로 토건업을 하고 있던 심계택도 자금을
댔다.**

당 간부들이 추렴한 금액도 컸다. 죽산이 약수동에 작은 셋집에 살면서
수년 간 준비한 돈이 약 1,000만 원, 의사로서 경제적 여유가 있는 박기출
부위원장이 낸 돈이 약 700만 원, 그리고 그때그때 당 간부들이 얼마씩 냈
다. 안경득 중앙당 상무위원은 부인이 친구들에게서 꾸어 온 돈 800만 원
을 냈다. 그러나 선거비용은 턱없이 부족해서 벽보도 제때에 못 붙이고 운
동원들은 점심을 막걸리로 때우기도 했다.

대선후보 신익희 서거로 이승만과의 단독대결

5월 5일, 선거 판도를 뒤바꾸고 죽산의 생애를 뒤흔드는 뜻밖의 사태가

* 정태영의 증언, (진실화해위원회, 앞의 책, 1140쪽 재인용).
** 임홍빈, 앞의 글, 111쪽.

일어났다. 해공 신익희가 유세를 위해 호남으로 가던 중, 이날 새벽 5시 경 호남선 열차 안에서 뇌일혈로 쓰러져 절명한 것이었다. 이날 전주에서 유세를 하고 광주로 가서 다시 유세를 한 다음 전주로 돌아와 죽산과 만날 예정이었는데 과로로 급서한 것이었다. 죽산으로서는 후보 사퇴도 할 수 없고 저절로 이승만 박사와 맞서는 단독후보가 되어버렸다.

죽산과 진보당 수뇌부는 이를 절호의 기회가 아니라 위기로 받아들였다. 이영석 선생의 『죽산 조봉암』에는 신도성 의원의 회고가 실려 있다.

경상남북을 거쳐 5월 5일 광주에 도착해 유세를 하고 전주로 가서 민주당의 신익희 후보와 회담할 예정이었다. 5일 광주 근교에 이르렀는데 파출소 앞에 차단기를 설치해 우리 자동차를 막았다. 그때는 연유를 몰랐는데 나중에야 해공海公 서거 때문임을 알았다. 우리가 광주에 도착해 고려호텔로 들어갔더니 호텔 주인이 해공의 서거소식을 전해주었다. 당시 민주당 관계자들은 진보당이 호남에 바람을 일으키고 있어 해공에게 호남유세라는 강행군을 시켰다고 얘기했지만 사실과 전혀 다르다. 우리는 그때 막 호남유세를 시작할 참이었고 유세보다는 해공과 회담하고 진보당의 정부통령 후보사퇴를 발표하는 일이 남아 있었다.

우리는 호텔방에 들어가 사태변화에 따른 대책을 논의했다. 죽산은 '후보사퇴가 필요 없게 됐으니 선거운동에 마지막 박차를 가해야 할 것'이라고 했다. 나는 이렇게 얘기했다. '지금부터는 선거운동하기가 어려울 겁니다. 벌써 파출소에서 우리를 막지 않습니까. 이제부터는 대통령 당선이 문제가 아니라 신변의 안전이 염려됩니다. 유세는 나 혼자 할 테니 죽산 선생은 서울로 가서 은신해야 할 것입니다.' 결국 내 의견이 채택되어 죽산은 곧바로 서울로 올라갔다. 나는 유세를 계속했는데 군산유세에 나갔더니 청중이 없었다. 이때부터 경찰이 우리들의 선거방해에 나선 것이다.

서울로 올라온 죽산은 6일 오후 '신익희 선생의 서거는 국가적 민족적 손실이며 심심한 조의를 표한다'고 담화를 발표했다. 그 담화에서 '나는 서울서 떠날 때, 해공 선생과 단일후보 실현을 위하여 6, 7일경 재회할 것을 밀약한 바 있었다'고 털어놓았다.* 그리고 은신해버렸다.

죽산은 극도의 긴장감으로 두 손에 땀이 나는 것을 느꼈다. 해공은 왜 대통령 단일후보 결정회의를 목전에 두고 돌아가신 걸까. 65세 노령이긴 하지만 건강한 편이었는데 왜 쓰러진 것일까. 쓰러지지 않고 예정대로 합의해 단일후보로 추대했다면 나는 나에 대한 논란을 잠재우며 시간을 보내고 차기를 기대할 수 있었을 것 아닌가. 이제부터 나는 어찌해야 하는가. 이 박사 단독 후보로 놔둘 수는 없는 것 아닌가. 이 땅에 진정한 민주주의를 심는 일, 그것은 비명에 간 고인이 내게 남겨준 사명이 아닌가.

그는 결국 자신이 대통령 야당 단일후보가 된 것을 숙명으로 받아들였다. 서상일을 진보당추진위원회 후보로 앞세우려 했으나 자신이 나서게 된 것도 그렇고 해공이 쓰러진 일도 자신의 숙명이며 세상이 자신에게 주는 사명이라고 생각했다. 정말 제1인자가 되면 국민을 행복하게 하고 조국을 부강하게 만들 자신감이 있었다.

죽산은 자신의 러닝메이트인 박기출 부통령 후보에게 사퇴성명을 발표하게 했다. 그러면 자신과 장면 박사가 야당 단일후보가 되기 때문이었다. 그러나 해공 신익희가 없는 민주당은 표변했다. 타당 후보는 지지하지 않는다고 공식성명을 냈고 죽산과 사사건건 대립해온 김준연은 조봉암에게 투표하느니 차라리 이승만에게 투표하겠다고 노골적으로 말했다. 죽산이 처음 정치 기반을 쌓은 인천에서는 죽산과 장면이 모두 인천 출신이라 둘이 나란히 입후보하기를 바라는 사람들이 많았는데 결렬되

* 『조선일보』, 1956년 5월 8일자.

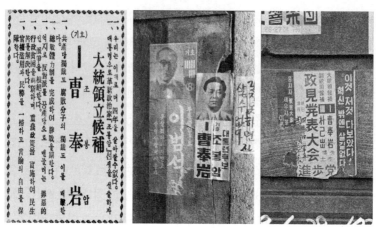

대통령선거 포스터. 1956년 5월 5일 해공 신익희 선생이 단일후보를 결정하는
마지막 회담을 앞두고 급서했다. 이에 죽산은 단독후보가 되었고 신변의 위협을 느껴
은신했다. 진보당원들은 온갖 탄압 속에 선거운동을 했다. 조호정 여사 제공.

자 아쉬워했다.*

죽산은 서울에서 은신해버렸지만 선거대책위원회는 선거운동을 계속
했다. 그러자 노골적인 탄압이 닥쳤다. 충남반의 박준길, 강원반의 이명
하 등은 현지에 내려간 직후 테러를 당하고 유인물을 빼앗긴 채 되돌아와
야 했고 경남반의 전세룡은 의령 경찰서장실로 연행돼 경고를 받고 쫓겨
났다.**

진보당 대구 선전부장 이병희는 납치되어 폭행당하고 실신했다가 살아

---

* 장면(張勉, 1899-1966)은 아버지 장기빈(張箕彬)의 탁지부 주사 시절 한성에서
출생했으나 아버지 본가는 인천이었으며 인천에서 성장했다. 인천성당 부설 박
문학교, 인천심상소학교, 수원고등농림학교를 거쳐 미국 맨하탄카톨릭대학에 유
학했다. 동성상고 교장을 지냈으며 광복 후 서울 종로 을구에서 제헌의원에 당선
되었다. 1949년 초대 주미대사, 1951년 국무총리, 1956년 부통령, 4·19혁명 후
국무총리를 지냈다.
** 이영석, 앞의 책, 217쪽.

났다.* 청주에서는 권총을 찬 7명의 복면괴한들이 선거사무실을 습격해 벽보와 전단을 탈취하고 운동원들은 무차별 구타했다.** 인천에서는 확성기를 매단 선거 운동차를 경찰이 붙잡아 운전수가 선거운동원 등록증이 없다고 차를 억류해버렸다. 운전수는 선거운동 등록이 필요 없다고 규정을 들이대며 따지자 상부에 알아보겠다고 하고는 해 진 뒤에야 풀어주었다.*** 부산에서는 죽산의 처남 김영순과 당 간부인 김창식이 택시 한 대를 대절해 확성기를 달아 선거운동을 했는데 하루에 열 번도 더 경찰의 검문을 받으며 시달렸다.****

전국 곳곳에서 부정선거가 자행되는 가운데 선거 날이 오고 투표가 끝났다. 얼마나 부정선거가 극심했는지 조병옥은 한 달 뒤 국회 본회의에서 '제3대 대통령선거에 있어서 내 판단에는 만일 자유 분위기의 선거가 행해졌더라면 이 대통령이 받은 표는 200만 표 내외에 지나지 못했으리라고 나는 판단합니다' 하고 발언했다.*****

투표에 이기고 개표에 지다

개표에서도 엄청난 부정이 저질러졌다.

부산 중구에서는 진보당 측 참관인이 경찰에 연행된 후 이승만의 1만 표가 죽산의 3만 표와 뒤바뀌었다.******

당시 내무부 장관을 지낸 최인규는 뒷날 옥중에서 쓴 자서전에서 이렇

---

* 『조선일보』, 1956년 5월 7일자.
** 정태영, 앞의 책, 242쪽.
*** 인천지구 선거운동원 곽정근(郭情根) 선생의 일기.
**** 2012년 7월 25일, 김창식 선생 인터뷰.
***** 박기출, 앞의 책, 166쪽.
****** 당시 진보당 경남도당 선전부장 박문철 증언(이영석, 앞의 책, 219쪽 재인용).

게 고백했다.

　강원도에서는 대통령과 부통령에 자유당 표가 90퍼센트 이상 나온 것으로 발표되었다. 그것은 실제 그렇게 나온 것은 아니다. 당시 강원도는 유권자의 대부분이 군인이었다. 군인들의 투표 결과는 조봉암 씨가 70퍼센트 이상이었다고 한다. 당시의 강원도 지사는 최헌길 씨, 경찰국장은 박병배 씨, 사찰과장은 박사일 씨였다. 나도 후에 이야기를 들었다. 지면에는 더 쓸 수가 없다.*

자유당 소속 국회부의장이었던 이재학은 이렇게 고백했다.

　대구 개표소에서 '야당 측 사람들을 내쫓고 자유당계 사람들만이 남아 있으며 이제는 표를 자유로 가감할 수도 있는 상태'라는 전화보고를 받았다.**

부산시 영도구의 자유당위원장 이영언은 뒷날 이렇게 말했다.

　개표 상황을 본 순간 너무나 큰 차가 나서 등골이 오싹했다. 이 표 저 표 할 것 없이 모두 죽산 표뿐이었다. 공무원들도 이승만에게 투표하지 않은 것 같았다. 조봉암 표를 가운데 넣고 이 박사 표를 한 장씩 붙여 100표 한 묶음의 샌드위치표를 만들었는데, 이 박사 표는 그 위아래에 붙이기에도 모자랄 지경이었다.***

---

　* 최인규, 『옥중자서전』(중앙일보사, 1984), 197쪽.
　** 「이재학편」, 『사실의 전부를 기술한다』, 앞의 책, 149쪽.
*** 박기출, 앞의 책, 166-167쪽.

경남 밀양에서는 진보당 중앙상무위원인 박지호가 투표가 끝나 개표를 기다리고 있었다. 검은 안경을 쓴 가죽점퍼 차림의 괴한 다섯 명이 찾아와 좀 가자고 했다. 못 가겠다고 버티니 괴한들은 완력으로 강가 모래밭까지 끌고 갔다. 모래 구덩이를 파더니 그 속에 앉혀놓고 목까지 묻어 죽이려 했다.

진보당 경남도당 상무위원 박문철은 개표 참관인으로 동광국민학교에 갔다. 개표가 중반을 넘어서 종사원 가운데 친분 있는 사람이 눈짓 손짓으로 죽산 선생 표가 최고라고 알려오곤 했는데 발표는 그 반대였다. 개표 위원장에게 뛰어가 항의하고 "내 팔을 뒤로 묶으시오. 눈으로만 볼 테니 그 표묶음들을 재확인 좀 합시다" 했더니 가죽점퍼 차림의 괴한들이 다가와 양팔을 잡고 '난동분자'라고 고함을 치며 중부경찰서로 끌고 갔다. 바로 그날 밤 집 앞에는 쓰레기가 두 트럭분이나 쌓여 있었다. 주인을 찾기에 나갔더니 이웃환경을 더럽혔다는 이유로 경범으로 몰려 유치장 신세를 졌다.*

4·19혁명 후 자유당 간부들의 상당수가 이때 개표부정이 있었음을 시인했다. '개표가 시작되었을 때 예상 밖의 조봉암 표에 놀랐다. 이래서 민주당과 협상했다. 부통령 개표는 공정하게 할 테니 대통령선거 개표는 종사원에게 맡기라는 것이다. 이리하여 전국의 대부분의 지역에서 민주당측 참관인들은 대통령선거 개표를 방관하거나 외면했다. 이 때문에 투표함 수송이 손쉬워 개표가 일찍 시작된 중소도시에선 조봉암 표가 살았지만 그밖의 지역에선 크고 작은 차이는 있지만 부정개표가 행해졌다. 지역에 따라선 너무 심하게 이 박사 표를 늘려 강원도 정선에서는 이승만 2만 5,000표 대 조봉암 34표라는 심한 불균형을 드러냈다'는 것이 그 진상이

* 정태영, 앞의 책, 243-245쪽.

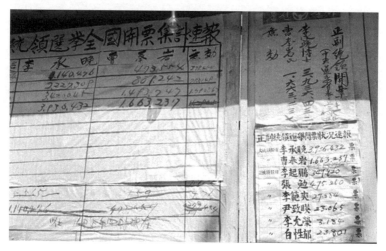

대통령선거 개표결과 발표.
죽산은 1956년 대통령선거에서 216만 표를 얻었다. 조호정 여사 제공.

었다.*

그러한 투표와 개표의 부정에도 불구하고 죽산은 20.2퍼센트인 216만 3,000여 표를 획득했다. 이승만은 52.5퍼센트인 504만 표였다. 무효표는 20.5퍼센트인 183만여 표였는데 신익희에 대한 추모표로 볼 수 있었다. 죽산은 충청도와 강원도에서 부진했는데 최인규가 자서전에서 고백한 것, 4·19 이후 자유당 간부들이 고백한 것과 관련하여 이해할 수 있다.

죽산은 선거에서는 이겼지만 개표에서는 졌다. 국민들이 죽산에게 많은 표를 준 것은 이승만 독재정권의 집권 연장에 대한 국민들의 거부감, 죽산이 주창한 혁신적 정책들과 평화통일론에 대한 지지 때문이었다.

죽산은 낙선 기자회견을 했다.

───

* 이영석, 앞의 책, 218-219쪽.

조봉암 씨는 17일 기자회견에서 요지 다음과 같은 소감을 피력했다.

"여러 가지 어려운 여건과 강압된 공포 분위기 속에서 이번 선거에 실패로 돌아갔음을 자인한다. 자유당 후보 이승만 박사의 당선을 축하하는 동시에 이번 선거의 민심의 귀추를 십분 자성하여 금후 시정에 반영하며 종래와 같은 군림적 태도와 경찰 견제의 폐해를 교정하기 바란다. 그리고 210만 유권자의 지지에 대하여 심심한 사의를 표하는 동시에 내월 중에 창당대회를 개최하여 진보세력의 대량 진출을 촉성하겠다."

그런데 조 씨는 지난 11일경부터 15일의 투표일까지 자택에 있지 않았으며 일체 소재가 밝혀지지 않고 있었는데 이날 상오에는 동당 사무실에 나타났던 것이다.*

5·15정부통령선거는 죽산 조봉암의 존재감을 크게 끌어올렸다. 개표 과정에 엄청난 부정이 있었음에도 216만 표를 얻은 것은 국민들에게 그를 국가와 민족의 장래를 짊어질 지도자로 부각시켰다.

죽산은 자신감에 차 있었다. 국민의 지지가 있어 아무것도 두렵지 않았다. 그는 선거의 여세를 몰아 잠시 접어두었던 진보당 창당 작업을 펼치고 싶었다. 그러나 서상일 계열은 모든 민주세력을 결집하기 위해 결당을 늦춰야 한다고 주장했다. 진정한 민주혁신 세력의 결속을 위해 진보당이라는 당명도 버리고 '민주혁신당'으로 정하며 죽산은 2선으로 물러나야 한다는 주장도 폈다.

주변 인물들에도 변화가 왔다. 도쿄제국대학 출신으로 진보당 추진위원회에 들어와 발기문이나 취지문 강령 등을 기초하는 데 큰 몫을 하고 계열 간 조정 역을 잘해내던 신도성이 6월 말 탈퇴해 나가고 신흥우 목사가 들

* 『조선일보』, 1956년 5월 18일자.

어왔다.

죽산 계열과 서상일 계열이 동상이몽으로 갈등하는 채로 시간이 흘러갔다. 윤길중·이명하·김기철·조규희·전세룡 등 죽산계열 골수 멤버들은 참지 못하고 죽산보다 한참 나이가 많은 서상일과 대놓고 불경한 논쟁을 하기도 했다. 그런 가운데 8월의 지방의원 선거에는 효과적 대응을 하지 못한 채 소득도 없이 흘려보냈다. 죽산은 계파의 분열만은 막으려고 은인자중하며 기다렸다.

미국 대사관 프레드 토머스 부영사가 죽산을 이따금 초대했다. 작년까지만 해도 요정을 좋아하더니 시들해졌는지 그즈음에는 이태원에 있는 자기 집으로 초대했다.

"대사님이나 다른 직원들은 선생님이 대통령선거에서 많은 득표를 한 것에 놀라지만 나는 그렇지 않습니다. 이미 가장 큰 역량을 가진 지도자라고 생각해왔기 때문입니다."

토머스는 그렇게 말하며 고급 와인을 권했다.

토머스는 한국의 정치 상황을 샅샅이 파악하고 있었고 그가 혁신세력의 연합을 빨리 매듭짓지 못해 고민하는 것까지 알고 있었다.

죽산은 자신이 토머스쯤은 마음대로 흔들 수 있다고 생각하고 있었다. 그러나 항상 진정성 있는 태도로 대하려 애썼다. 언젠가 토머스가 이승만 대통령의 동양적 책략에 익숙하지 않아 자기네 대사와 영사들이 뒤통수를 맞곤 한다고 투덜거린 적이 있기 때문이었다. 그는 토머스가 말하는 동양적 책략이란 정적을 죽이거나 파멸시키기 위해 어떤 수단도 가리지 않는 것을 의미한다고 생각했다.

죽산은 동양의 병서인 『육도』六韜와 『삼략』三略에 있는 이야기들을 토머스에게 설명해 동양적 책략을 이해시키려 했다. 그렇게 하여 토머스를 자신을 지켜줄 우군으로 만들어갔다. 그러나 이 무렵, 이승만이 자신을 제거하려는 결심을 갖기 시작했다고는 상상조차 하지 못했다. 9월 28일 국무회의에서 이승만은 "조봉암은 아직도 공산당원임이 틀림없다. 이러한 위험분자는 제거해야 한다"고 말했던 것이다.*

1956년 10월에 들어 결국 계열 간의 갈등은 간극을 좁히지 못하고 각각 제 갈 길을 가는 것으로 결판이 났다. 죽산 계열은 진보당 창당을 선언했고, 서상일 · 이동화 · 최익환 · 고정훈 등은 지지자들을 이끌고 진보당추진위원회를 떠났다. 죽산과 동지들은 진보당 창당대회를 준비했다.

---

* 『국무회의록』, 1956년 9월 28일.

14 내 죽음이 헛되지 않기를

진보당 창당, 혁신세력의 집결

1956년 11월 10일 오전 10시 30분, 서울시립극장에서 전국대의원 900 명 중 853명이 참석한 가운데 진보당 창당대회가 열렸다. 죽산은 임시의 장으로서 「개회사」를 하기 위해 단상에 섰다.

> 동지들, 여러 동지들! 나는 공개석상에서 이렇게 동지라고 부르는 말을 써본 적이 없습니다. 참으로 감개무량합니다. 우리가 공산주의와 공산당을 거부하고, 동시에 자본주의와 그 앞잡이인 보수당을 거부한 지 이미 10년이 넘었지만 그동안 우리는 우리끼리 모여서 동지라고 불러보지를 못했습니다. 그러나 오늘 이 자리에서 사회개조의 원리니 진보사상을 주장하는 우리 들이 일당을 해서 역사적인 화합을 가지고 역사적으로 처음으로 동지들이 라고 부르는 기쁨을 나누게 된 것입니다.*

수없이 많이 대중연설을 위해 연단에 섰고, 청중의 마음을 사로잡는 탁

---

* 창당대회 「개회사」의 앞부분(정태영, 앞의 책, 225쪽.)

월한 능력을 가진 그였으나 목소리가 떨렸다. 그래서 연설은 더 장엄해져 대의원들은 감동에 젖어들었다.

그는 인민의 자유와 인권은 날로 침해되고 산업은 위축되고 실업자가 늘고 농민들이 수탈에 시달리는 현실에서, 나랏일을 바로잡고 국민을 살리는 길은 오직 진보 사상을 가진 혁신세력의 집결로써 정치혁신을 단행하는 것이라고 역설했다. 당의 강령을 부연설명하며 나아갈 방향을 제시했다.

당시 국학대학 재학생으로 여명회의 조직부장을 맡았던 김용기金用基 고려대 명예교수는 청중석에 앉아서 들었던 죽산의 명연설을 회고했다.

"나는 여명회 멤버들과 식장에 앉아 있었어요. 우리가 가장 젊은 축이었지요. 죽산 선생님은 진보당 창당식 개회연설에서 그 몇 분 동안에 전부 압축해서 말씀하셨어요. 거기 우리 인류의 이상이 다 들어 있었어요. 요새 우리 사회의 이슈가 복지 아닙니까. 그분은 그때 그걸 제시하셨어요. 복지국가를 만들려면 혁신정치를 해야 하고 그다음에 경제적인 정의가 실현되어야 한다고 주장하셨어요. 진보당원들은 물론 취재 나온 기자들도 그분 말씀에 빨려들었지요."*

장택상이 축사를 했다. 자유는 경제적 평등에서 나오는 것이다, 국민들의 눈은 수탈 없는 경제체제를 부르짖는 진보당에 쏠려 있으니 힘껏 싸워주기 바란다는 내용이었다.

회의는 오후에도 계속되었다. 강령과 당헌을 통과시키고 무기명 투표를 통해 죽산을 당위원장으로, 박기출과 김달호를 부위원장으로 뽑았다. 그

---

* 2012년 7월 13일, 김용기 교수 인터뷰.

리고 다음 날 나머지 조직구성을 끝냈다.

간사장 윤길중, 부간사장 이명하, 당무부 간사 최희규崔熙奎, 재정부 간사 박준길朴俊吉, 조직부 간사 이명하, 노동부 간사 임기봉林基奉, 농민부 간사 임갑수, 사회부 간사 윤복덕尹福德, 선전부 간사 조규희, 교양부 간사 김병휘金炳輝, 통제위원장 김위제金偉濟, 총무위원회장 장지필張志弼 기획위원회장 김안국金安國, 재정위원장 신창균, 통일문제위원장 송두환宋斗煥, 출판위원장 박기출 등이었다. 사위 이봉래는 사무국에 이름을 올렸다.

진보당의 강령은 다섯 가지였다.

1. 우리는 원자력 혁명이 재래할 새로운 시대의 출현에 대응하여 사상과 제도의 선구적 창도로써 세계평화와 인류복지의 달성을 기한다.

2. 우리는 공산독재는 물론 자본가와 부패분자의 독재도 이를 배격하고 진정한 민주주의 체제를 확립하여 책임 있는 혁신정치의 실현을 기한다.

3. 우리는 생산 분배의 합리적 계획으로 민족자본의 육성과 농민 노동자 모든 문화인 및 봉급생활자의 생활권을 확보하여 조국의 부흥번영을 기한다.

4. 우리는 안으로 민주세력의 대동단결을 추진하고 밖으로 민주우방과 긴밀히 제휴하여 민주세력이 결정적 승리를 얻을 수 있는 평화적 방식에 의한 조국통일의 실현을 기한다.

5. 우리는 교육체계를 혁신하여 점진적으로 국가보장제를 수립하고 민주적 새 문화의 창조로써 세계문화에의 기여를 기한다.

중앙당 창당대회를 끝낸 뒤에 할 일은 지방당 조직과 특별조직을 만드는 것이었다. 12월에 경남도당을 서울, 경기, 경북, 전남 등으로 확대해나갔다. 곳곳에서 경찰과 정치폭력단의 방해를 받았다.

특별조직의 대표적인 것은 7인회와 여명회라는 조직이었다. 7인회는 당의 핵심이 될 중간간부를 교육할 목적으로, 여명회는 대학생 계층으로 지지를 확산하기 위한 목적으로 만든 모임이었다. 이승만 정권의 폭압으로부터 민중을 보호하기 위한 것이지 행동으로 실천하는 비밀결사는 아니었다.

1957년이 왔다. 진보당 중앙당 창당대회를 무사히 마치고 죽산은 성취감과 걱정으로 마음이 교차했다. 그동안 진보적 혁신정당을 만들고 싶었던 염원을 이룬 보람이 컸지만 앞으로 헤쳐나갈 일이 만만치 않기 때문이었다. 내년 5월의 국회의원선거에서 다수의석을 차지하려면 정권과 맞서 분투하지 않으면 안 될 것이기 때문이었다.

이리저리 일은 많았으나 큰 탈 없이 봄이 지나갔다. 약수동 집은 위아래층 합해 60평 정도 되었다. 조카 규진이 서른다섯 살이었다. 그는 "너 아버지가 없으니 나를 아버지라 여겨라" 하고 선언하고 아들로 대했다. 그 규진이 내외가 아래층에 살다시피 하고, 김일사도 거의 매일 왔다. 그리고 전세룡이 방 하나를 차지하고 들어와 살았다. 그 방은 비서실이나 다름없었다. 2층은 응접실과 서재와 침실을 만들어 죽산이 혼자 썼다.

외아들 규호가 아홉 살로 장충국민학교 2학년에 다녔다. 영특해서 무슨 책이든지 척척 읽고 셈도 할 줄 알았다. 만득의 아들이 더 귀엽다고, 남들 같으면 손자가 그만한 나이인데 죽산은 무럭무럭 커가는 아들이 대견했다. 그래서 걸핏하면 2층으로 불러올려 데리고 갔다.

그에게 더할 수 없이 경도되어 아예 앞집으로 이사까지 온 동지 이명하의 두 아들은 규호와 잘 어울려 놀았다. 규호가 형제가 없어 외골수가 되면 어쩌나 걱정하던 죽산으로서는 잘된 일이었다. 한가해서 집에 있던 어느 날은 세 아이를 차에 태우고 도봉산으로 갔다. 잠시 아이들끼리 놀게 하고는 운전사 이재윤에게 미리 준비시킨 상품을 쪽지에 적어 숲 속에 묻고, 그것을 찾아오게 하는 보물찾기 놀이를 시키기도 할 만큼 자상한 아버지였다.*

운전기사 이재윤은 인천 출신이었다. 해방 직전 인천 도산정 부영주택에 살 때 같은 골목에 살던 청년이었는데 운전을 잘했다. 그래서 여러 해째 그의 차를 운전하고 있었다.

어느 날 이재윤이 권총을 한 자루 보여주었다.

"호신용으로 구했습니다. 강원명 비서가 떠난 뒤 저도 권총 하나 구해서 선생님을 호위해야겠다 생각했는데 우연히 쉽게 구했습니다."

이재윤의 말이 맞는지라 죽산은 고개를 끄덕였다.

"그래, 조심해서 다뤄라. 강 비서는 독립운동하며 총을 많이 다뤄봤지만 너는 처음 아니냐. 보관은 우리 집에서 하고."

죽산에게는 자세히 보고하지 않았지만 이재윤처럼 죽산의 안전을 걱정하는 그의 친구 이택우가 구해준 것이었다. 이택우는 이재윤처럼 도산정 부영주택에 살았으며 역시 죽산을 존경하고 있었다. 부산 피난시절에는 죽산이 거두어주기도 했다.**

『중앙정치』 창간, 「평화통일에의 길」 기고

주한미군사령관 데커George Henry Decker, 1902~80 장군이 사령부 관사로

---

* 같은 날, 이모세·이효성 선생 인터뷰. 두 분은 죽산이 더할 수 없이 인자한 어른이었으며, 살림살이는 검소했으나 아들 규호를 위해서는 돈을 아끼지 않았다고 회고했다.

** 2011년 7월 21일, 인천 배다리사랑방강좌에서 이재윤·이택우 선생 증언. 한국전쟁 직후라 권총을 살 수 있었다. 이택우는 헌병 복무중인 아우가, 팔아서 용돈이나 하라고 45구경 권총 1정 실탄 50발을 준 것을 이재윤에게 건넸다. 그러나 이재윤은 진보당 사건이 터졌을 때, 권총을 신당동 노상에서 성명불상의 남자에게서 샀다고 진술해 친구 형제를 보호했다.

1957년 9월 진보당의 기관지로 창간한 월간 『중앙정치』 표지.
이 잡지는 창간호인 10월호와 11월호를 내고 단명했다.

죽산을 초대했다. 나이 예순을 눈앞에 둔 늙은 장군은 그가 아는 서너 명
의 전임 사령관들과 달리 격의 없이 그를 대했다.

"당신이 한국 대통령이 되는 데 가장 큰 문제는 영어를 못 한다는 것입
니다. 한국의 정치가들 중 미국 유학을 다녀온 분들이 많은데 말이에요."

데커 장군이 친구처럼 어깨를 툭툭 치며 말했다.

"내가 서울대학교 학생 불러다 열심히 영어를 배우는데 늙어서 머리가
굳었는지 그게 잘 안 됩디다."

죽산이 웃으며 말했다.

데커 장군은 후후후 소리를 내며 웃었다.

"미국인에게 배워야지요. 내가 사령부 소속 장교 녀석 하나 보내줄 테니
열심히 하십시오."

며칠 후 정말 매일 아침 장교 하나가 지프차를 몰고 와서 영어를 가르쳤

「평화통일의 길」.
죽산은 이승만 대통령의
무력에 의한 북진통일론에
반대하여 정치적 협상에 의한
평화통일을 지향하는 글을
『중앙정치』창간호에 실었다.

다. 죽산의 동태를 감시하기 위해 사복형사가 골목을 어슬렁거리는 상황
에 매일 미군 장교가 오니 그것은 미군사령관이 죽산을 중시한다는 강렬
한 메시지나 다름없었다. 죽산은 데커 장군의 호의에 감사하며 영어를 열
심히 익혔다.

1957년 9월 죽산은 월간 시사잡지『중앙정치』를 창간하고 창간호10월호
에 통일에 대한 자신의 신념을 담은「평화통일에의 길」을 기고했다. 무력
에 의한 북진통일은 동족상잔의 비극을 초래하게 되고 한국은 미국과 상
호방위조약을, 북한은 소련과 조소방위조약을 맺은 터라 무력충돌은 곧
세계대전을 의미하므로 실현가능성이 없다고 썼다. 유엔총회에서 한국 통

일은 평화적으로 이룩해야 한다는 결의를 두 차례나 했으므로 남북한이 유엔 감시하에서 총선거를 실시해야 한다는 의견을 폈다.

이 무렵 이승만 정권이 탄압을 가하는 조짐이 나타나기 시작했다. 죽산과 윤길중·조규택 등이 조총련계 간첩 정우갑鄭宇甲을 만나 진보당의 평화 통일정책을 지지한다는 말을 듣고 당의 강령 규약 등을 넘겨주었다고 검찰이 소환한 것이었다. 죽산으로서는 전혀 모르는 일, 무관한 일이었으므로 검찰에 출두해서 그렇게 대답했다. 자신을 마치 간첩과 접선한 것처럼 몰고 가는 책략인 듯해 매우 불쾌하고 화가 났다.

한 달이 안 되어 비슷한 일이 또 생겼다. 체포된 남파간첩 박정호·김경태가 혁신계 인사들과 접선했고 죽산과도 접선한 혐의점이 보인다는 것이었다. 이 사건으로 장건상·김성숙 등 근로인민당 측 인물 10여 명이 구속되었다. 그리고 박정호가 국회의원 선거에서 일부 정치인들을 당선시키기 위해 공작을 했는데 거기 죽산도 포함된다는 기사가 신문에 났다.

죽산은 기가 막혀 말이 안 나왔다. 박정호가 진보당사에 찾아온 것은 일제강점기에 함께 형무소에 갔혔던 최익환 선생을 만나기 위해서였다고 하고, 자신과 접선했다는 5월 6일은 남부지방 유세 중에 신익희 선생의 급서 소식을 듣고 정신없이 서울로 올라오던 중이었기 때문이다.

간첩사건을 확대해 자꾸 죽산을 엮어 넣으려 한다는 말을 듣고 장택상이 유머로 한 마디 했는데 그 말이 서울 정가에서 인구에 회자되고 있었다.

"아무리 확대되더라도 조봉암 군은 안 걸려들 걸. 그 사람이야 벼룩에 굴레를 씌워가지고 경마競馬하러 다닐 사람이야."*

죽산도 그 말을 듣고 피식 웃고 말았지만 마냥 웃을 일은 아니었다. 이

---

* 『동아일보』, 1957년 12월 1일자.

승만은 계속 북진통일이 유일한 방안이라고 나팔을 불고 있었고 세뇌당하는 국민들이 늘어갔기 때문이다.

그것은 이승만 정권이 분단상황을 정권연장에 이용해먹는 행동이기도 했다. 반공 이데올로기와 무력에 의한 북진통일을 부르짖어 톡톡히 효과를 보고 있는 마당에 평화통일론을 내세우며 떠오르고 있는 조봉암과 진보당, 그리고 혁신세력은 눈엣가시였다. 간첩 박정호가 혁신계 인사들과 접촉을 시도한 것은 탄압의 좋은 명분이었다.

꺼림칙한 소식이 미국대사관 쪽에서도 왔다. 죽산의 보호막이나 다름없는 프레드 토머스가 임지가 바뀌어 귀국하게 된 것이었다. 지난 2~3개월, 토머스는 그에게 많은 배려를 했다. 자기 집으로 자주 초대해 미국 측이 그를 중시한다는 메시지를 은연중에 정가에 전했고 세 차례나 '미국의 소리' 한국어 방송 인터뷰를 주선했다.

죽산은 떠나는 토머스를 위하여 성대한 송별연을 열었다.

토머스는 1993년 월간잡지 『말』과의 인터뷰에서 죽산으로부터 '죽음'에 관한 이야기를 들은 기억이 새롭다고 하며 그날을 회상했다.

"내가 본국으로 떠나기 전 그는 나를 위해 아주 아름다운 한옥에서 파티를 베풀어주었습니다. 그는 이 자리에서 내가 그의 생명을 지켜주었다며 내가 가고 나면 그도 죽음을 당할지도 모른다고 말했습니다. 그는 이 말을 내게 혼자 살며시 한 것이 아니라 파티에 모인 많은 사람들 앞에서 공개적으로 했던 것입니다. 당시 그는 약간 취해 있어서 나는 그의 말을 심각하게 받아들이지 않았습니다. 나는 그 말을 나에 대한 감사를 강하게 표현하려는 정도로 이해했습니다. 이승만이 조봉암에 대해 다소 공격적인 움직임을 보이면 나는 여러 차례 조봉암을 '미국의 소리' 방송에 인터뷰를 주선함으로써 그를 이승만의 공격목표에서 벗어나게 하려고 했던 일이 있었기 때문입니다."*

토머스가 떠나고 며칠 뒤, 미 대사관 정치담당 참사관 필립 하비브Philip Habib가 만나고 싶다는 연락을 해왔다. 죽산은 진보당 부위원장 김달호 의원과 함께 갔다. 김달호 부위원장은 1912년생으로 46세였다. 경북 상주 출생으로 죽산이 1년을 다닌 바 있는 도쿄 주오대학에 입학하고 1학년 때 고등문과시험 사법과에 합격한 수재였다. 일제강점기에 판사를 했고 광복 후에는 고등검찰청 차장을 지내다 정계에 투신, 제3대 국회의원선거에 무소속으로 출마해 당선했다.

하비브 참사관은 통역 한 명만 대동하고 부드럽게 대화를 이끌어갔다. 함께 점심을 먹는 마치 친교와 이해를 위한 우호적인 만남처럼 흘러갔지만 분명한 진술을 듣기 위한 소환이라는 것을 느낄 수 있었다. 진보당 강령에도 있고 『중앙정치』 기고에도 있는 평화통일 추구란 무엇인가, 다음 총선에서 다수 의석을 차지하면 어떻게 당을 이끌 것인가, 1960년 대통령선거에서 당선돼 정권을 잡는다면 어떤 정책을 펼 것이며, 장관들은 어떤 인물들을 임명할 것인가, 그런 질문을 하며 세 시간이나 함께 시간을 보낸 것이었다.

이야기를 끝내고 수첩을 덮으면서 하비브가 말했다.

"나는 귀하와 진보당을 충분히 이해했습니다. 남북문제는 평화적 해결 외엔 방법이 없습니다. 대한민국의 민주주의 발전을 위해 계속 애써주시기 바랍니다."

대사관을 나와 차에 오르면서 김달호 부위원장이 말했다.

"대사관 측이 우리를 인정해주니 그나마 다행입니다. 아마 본국에 자세

---

* 오연호, 「조봉암 처형 전야의 미국 공작원들」, 월간 『말』, 1993년 8월호, 150쪽.

한 보고를 하겠지요."

죽산은 머리를 끄덕였다.

"나도 그런 생각을 하는 중이에요. 프레드 토머스가 떠난 뒤 미 대사관 쪽을 어떡하나 했는데 다행입니다."

대사관에 다녀온 뒤 불안한 마음이 가셨다.

시시각각 다가오는 위험

1957년 가을, 죽산의 약수동 집에 와서 살고 있던 신창균이 어느 날 외출했다가 돌아와서 죽산의 방으로 왔다.

"선생님, 저하고 한독당에 같이 있던 김지림을 아시지요?"

"알지요. 필력이 좋아서 『백범일지』를 묶어낼 때 정리한 사람이지요."

죽산이 대답했다.

"오늘 그 사람이 급히 보자고 해서 만났습니다. 조심하라는 말을 하더군요. 오제도 검사한테 직접 들었다면서 당국의 목표가 근로인민당이 아니라 진보당이라는 겁니다. 김지림은 오제도하고 와세다대학 동기로 친한 사이입니다."

"그래서 뭐라고 했어요?"

"그래도 합법적인 정당인데 무리하게 파괴할 수 있겠는가 하고 말했습니다."*

죽산은 고개를 끄덕였다.

---

* 오연호, 같은 글, 같은 책, 146쪽; 오제도(吳制道, 1917-2001)는 평남 안주 출생으로 도쿄 와세다대학 법학과를 나왔다. 1940-50년대 가장 대표적인 반공검사였다. 남로당의 김삼룡·이주하 체포, 국회프락치사건, 여간첩 김수임 사건, 조봉암과 진보당 사건 등 공안사건을 담당했으며 뒷날 제9대, 제11대 국회의원을 지냈다.

"그렇지요. 설마 샌트집을 잡아 진보당을 해체하겠어요? 국민의 눈도 있고 미국의 힘도 있는데 말이에요."

죽산은 그렇게 말했지만 마음이 불안했다. 폭풍이 오기 전 느끼는 위기감 같은 것이었다.

며칠 뒤 그는 3~4년 전 미국 유학을 떠난 강원용이 돌아온다는 말을 강원용과 절친한 이명하 조직부 간사로부터 들었다. 이번에는 강원용을 꼭 붙잡고 싶었다. 농림부 장관에 취임하자마자 농촌지도국장을 맡아달라고 부탁했었고, 첫 대통령선거 나갈 때 사무장을 맡아달라 매달렸는데 강원용은 두 번 모두 고사했었다. 그래서 유학자금을 지원하며 아쉬움을 달랬었다.

죽산은 이명하에게 지시했다.

"내가 비행장에 환영 나갈 테니 귀국일자와 시간을 알아봐요."

자신이 유학자금을 지원해서가 아니라 워낙 걸출한 인물이라 곁에 두고 싶어서였다. 강원용이라면 위기를 돌파할 수 있을 것 같았다.

강원용의 귀국일을 알아내고 오산비행장으로 출영하기로 결정했는데, 강원용의 부인이 약수동 집으로 찾아왔다. 그의 앞에 고개를 숙이고 간곡하게 호소했다.

"선생님, 제발 남편이 돌아오는 비행장에 환영 나오지 말아주십시오."

며칠 전 경찰 정보과에서 형사가 와서 "당신 남편이 귀국할 때 조봉암이 비행장에 나간다더라. 만약 조봉암이 비행장에 나가면 당신 남편은 아무 것도 못 한다. 경찰이 눈여겨보고 있다" 하고 말했다는 것이었다.

죽산은 비행장 출영을 포기할 수밖에 없었다.

이명하가 강원용을 데려오겠다고 장담하고 나섰다.

뒷날 강원용 목사는 그때의 일을 이렇게 회고했다.

강원용 목사.
정치적 역량이 큰 인물이라 죽산이
유학자금을 지원하며 신뢰했다.
세 차례나 곁에 두려 했으나 강 목사는 고사하고
평생 목회자의 길을 걸었다. 한국일보 제공.

집에 도착해 짐을 풀고 있는데 이명하가 찾아왔더군요. 이명하와는 부모
님도 잘 아는 사이였습니다. 이명하는 "오랜만에 귀국했다고 우리 부모님이
당신한테 인사를 하고 싶다시는데, 여기 앉아서 인사를 받겠나, 아니면 나
랑 같이 가서 인사를 드리겠냐"고 묻더군요. 당연히 "아, 내가 인사를 드려
야지" 하면서 제가 따라 나섰지요. 그런데 가다보니까 길이 좀 달라요. 대문
도 다르고. 알고 보니 조봉암 씨 집이었어요. 자기 부모를 만나게 한다면서
조봉암한테 데려간 겁니다. 집으로 들어가니 윤길중·김기철 등이 죽 앉아
있어요. 그래서 같이 밥을 먹는데 조봉암 씨가 "강 동지가 돌아와 정말 반갑
다"고 했습니다. 제가 "작년1956년 대통령선거에 상당히 잘했는데 아직도 대
통령 꿈을 갖고 있냐"고 물었더니 "사실은 내가 이긴 건데 이승만이 부정선
거를 해서 떨어졌다"고 했습니다. 그래서 제가 그랬어요. "한국은 미국의 영
향을 강하게 받는 나라인데, 내가 미국에 있을 때 목도한 매카시즘을 생각하
면 한국에서 죽산 당신이 대통령 되기는 틀렸다"고.

……우파들이 장악한 CIA의 경우에는 그런 성향이 더욱 강했어요. 제가
그 얘기를 하면서 "한국이 미국의 최일선 기지인데, 당신 같은 사람이 대통
령을 할 수 있겠냐"고 했더니 조봉암 씨가 그렇지가 않다는 것이었어요. 자

기가 미8군사령관도 만나고 미국대사도 만났는데, 그 사람들이 "남북문제는 평화적 해결 외엔 방법이 없다. 그 일에는 당신이 적임자니까 당신이 해야 된다"고 했다는 겁니다.

……더구나 그들은 한 술 더 떠서 "당신이 한국 대통령 되는 데 가장 큰 문제는 영어를 못 한다는 것이다. 그러니 힘들겠지만 영어공부를 열심히 하라"고 했다는 겁니다. 그래서 8군 사령관이 매일 아침 자기 부하를 조봉암 씨에게 보내 영어를 가르치고 있다고 했습니다. 그런 미국이 왜 자기를 싫어하겠냐는 얘기죠. 조봉암 씨는 미국이 자신을 지지한다고 확고하게 믿었어요. 그런데 미국이 정치하는 방식이 그렇잖아요. 이승만 박사의 정치가 영락없이 미국식이거든. 항상 양쪽을 나란히 붙들고 대립을 시켜요.

윤길중 등은 그런 미국의 속내를 모르고 "미국이 조봉암 선생을 지지하는 것은 사실"이라고 하면서 거기에 대해 의심하지 말라고 했습니다.*

12월이 되자 죽산은 위기감을 더 크게 느끼기 시작했다. 그의 뒤에 국민들의 지지와 미국 측의 지지가 있지만 이승만의 폭압은 그것을 뭉개버릴 것 같았다. 강원용 목사가 말해준 미국의 매카시즘 이야기도 자꾸 마음에 걸렸다.

죽산은 절박한 마음으로 앞날을 생각했다. 자기 개인의 앞날이 아니라 진보당의 앞날, 동지들의 앞날이었다. 후배 동지들 중 명석한 사람, 줏대가 강한 사람들이 있지만 위기에 빠진 진보당을 지켜줄 사람은 없었다. 그는 강원용과 장택상을 생각했다. 강원용이 맡는다면 당 간부들 중에 함경도 출신들이 많으니 그들과 손잡고 이끌어갈 수 있고 또 이승만 대통령이 기독교계의 반발을 우려해 강원용을 어쩌지 못할 것이라는 판단이 섰다. 그

* 박태균 대담,「강원용 목사의 체험 한국현대사 2」, 앞의 책, 513-514쪽.

러나 강원용이 들어줄 것 같지 않았다. 그래서 먼저 장택상을 찾아가 부탁했다.

"진보당은 민중의 권익을 대변하는 제대로 만든 당 조직이에요. 그러나 내가 계속 붙잡고 있다가는 나도 죽고 진보당도 해체당할 거예요. 그러니 창랑께서 진보당을 맡아주십시오."

장택상은 측은해하는 표정을 하고 말했다.

"이보시오, 죽산. 나도 압니다. 진보당이 유럽 사회민주주의와 가깝고 내가 젊은 날 유학했던 영국의 노동당처럼 훌륭한 강령과 이념을 가진 정당이라는 걸 말입니다. 그러나 죽산도 진보당도 너무 앞서 갔습니다. 30년 혹은 50년 뒤에나 가능할까요. 북한 김일성이 전쟁을 일으켰기 때문에 그렇습니다. 내가 맡는다면 당명도 변경하고 강령도 고치고 간부들도 조직도 내 맘대로 고칠 겁니다. 앞서 가지 않고 시대 흐름에 맞추는 걸로 말입니다."

죽산은 그럴 수 없다고 고개를 저었다.

"강령을 고치면 안 됩니다. 그건 진보당이 아닙니다."

집으로 돌아와서 골똘히 생각에 잠겨 있는데 김일사 여사가 왔다.

"창랑보다는 여해강원용의 아호가 낫지요. 내가 여해를 만나볼게요."

다음 날 죽산은 을지로 반도호텔 뒤에 있는 추어탕 집에 미리 가서 기다렸다.

김일사는 강원용에게 점심이나 먹자고 연락을 해서 반도호텔에서 만난 뒤 죽산이 있는 추어탕집으로 데리고 왔다.

죽산은 간곡한 음성을 호소했다.

"강 동지, 진보당은 아주 탄탄한 조직이외다. 아시겠지만 중심 멤버들은 골수 반공주의자들입니다. 강 동지 친구인 조직부 간사 이명하 동지가 형들이 공산당에 맞아 죽은지라 반공의식이 강해서 공산당 관련자는 하나도 입당 안 시켰어요. 진보당은 진정한 국민주권, 진정한 경제정의를 내세우며 일어선 탄탄한 조직인데, 내가 계속 붙잡고 있다가는 나도 죽고 진보당도 해체당할 거예요. 그러니 강 동지가 진보당을 맡아주시오."

그러나 강원용은 난처한 표정을 하고 입을 열었다.

"도와드리지 못해 죄송합니다. 저는 목사의 본분에만 충실할 생각입니다."

죽산은 길게 한숨을 쉬었다.

"알았소이다. 내가 공연한 기대를 했소."*

잠시 마음이 약해졌던 그는 바위처럼 단단하게 각오를 세웠다.

죽산과 진보당 간부들에 대한 수사기관의 사찰이 강화되면서 건물주들이 세를 내주지 않아 당 사무실을 이리저리 옮겨야 했다. 그리고 후원금을 보내주던 지지자들이 사찰을 당해 정치자금이 끊겼다. 죽산은 약수동 집의 전세금을 빼서 당 운영비로 썼다. 로열패밀리들이 사는 길목을 떠나 거기서 멀지 않은, 개천가에 있는 작은 집으로 이사해야 했다.

검거 선풍 전야의 불길한 예고

12월 31일, 죽산은 윤길중과 함께 명동으로 나가 세모를 보냈다. 한시漢詩 친구인 오양吳養이 동행했는데 그가 술을 못해 죽산과 윤길중이 술집을 옮겨다니며 마셨다. 경찰이 뒤따르고 있었다. 마지막으로 들른 곳은 소공동 상공회의소 옆 중국요릿집이었다. 거기서 배갈白干儿: 알콜 40도의 고량주 25병, 맥주 20여 병을 윤길중과 대작하며 마셨다. 그동안에 경찰이 중국집을 포위했으나 체포하려 나서지 않았다. 무슨 지침이 있는 듯했다. 새벽 2시에 나와서 헤어졌다. 경찰은 손쉽게 체포할 수 있는데 뒤따르기만 했다.

---

* 같은 책, 513-514쪽.

검거 선풍 전야의 불길한 예고 같은 느낌이 들었다.*

1958년 새해 첫날, 죽산은 예순 살이 되는 새해 첫날을 지독한 숙취에서 깨어나며 맞았다. 공자孔子가 말한 이순耳順, 귀가 순해져서 사사로운 감정에 얽매이지 않고 이해할 수 있다는 나이가 된 것이었다. 이제 그렇게 귀를 순하게 하고 살아야지, 하고 죽산은 새해 첫날 생각했다.

1월 5일, 진보당 전북도당 간부인 김창을金昌乙이 전북 익산 출신인 정태영鄭太榮을 데리고 왔다. 김창을은 1920년대 죽산이 청년운동을 할 때 고향에서 청년동맹을 조직했고 동아일보 지국을 운영했던 인물이다. 그는 정태영을 천거하며 익산이 낳은 수재라고 했다. 서울대 문리대를 졸업하고 동양통신 외신부 기자로 일하고 있는데 입당하기 전에 진보당 당수를 만나고 싶어한다고 했다.

정태영은 찾아온 동기가 당찼던 것에 비해 태도가 유순했다. 용모가 준수한데다가 말을 시켜보니 독서량이 많은 듯 논리가 분명하고 지적 수평이 높았다. 죽산과 면담할 것에 대비해 「실천적 제 문제」라는 글을 써왔는데 몇 쪽 들춰보니 논리가 정연하고 내용이 깊었다. 그러나 그가 젊은 날 모스크바공산대학에 다닐 때 읽었던 교재들처럼 계급투쟁을 강조한 것이 눈에 거슬렸다. 이것이 경찰의 손에 들어가면 이 준수한 청년 기자가 다칠 것 같아 그는 정색하고 말했다.

"표현이 상당히 격하군. 대한민국은 공산주의 국가가 아니니까. 이런 글을 함부로 쓰지 말게."

진보당에는 여명회라는 대학생 조직이 있었다. 그것을 중심축으로 삼아 대학생층을 붙잡는 데 정태영은 좋은 논객이 되어 이끌 수 있을 것 같았다.

30분쯤 대화를 하는 동안에 계속 손님이 찾아왔다. 마침 이명하 조직부

---

* 윤길중, 앞의 책. 155쪽.

간사도 와 있었으므로 죽산은 정태영을 가입시키라 하고 써온 글을 받아 두었다.

이틀 뒤인 1월 7일은 유난히 추웠다. 죽산은 새벽잠에서 깼다. 권대복이 긴급한 일로 방문한 때문이었다. 권대복은 지난해 국학대학을 졸업한 27세의 젊은이로, 여명회 회장을 맡아 이끌어온 미더운 동지였다.

"새벽잠을 깨워드려 죄송합니다. 홍원일 선생이 선생님을 급히 뵙자 하여 같이 왔습니다. 밖에서 기다리고 있습니다."

홍원일은 북한에서 인민대표회의 대의원을 지내고 귀순 월남, 서정학 치안국장의 고문을 맡고 있었다. 몸은 경찰기관에 담고 있지만 평화통일론을 지지하는 사람이고 죽산도 몇 번 만난 적이 있었다.

"어서 안으로 모시게." 죽산이 말했다.

집 안으로 들어온 홍원일이 죽산에게 절을 했다.

"선생님, 자유당 정권이 선생님을 제거할 모든 준비를 했습니다."

엊그제 군·검·경 공안책임자들이 법무장관실에서 긴급회의를 갖고 죽산이 박정호 간첩사건에 연루되었으며 진보당의 평화통일 정책이 북한의 지령에 의하여 수립되었다고 규정짓고 1월 13일 이내에 죽산과 진보당 간부들을 체포하기로 결정했다는 것이었다.

죽산은 태연하게 고개를 저었다.

"아무리 자유당 정권이 불법집단이라 해도 죄 없는 사람을 죽일 수야 있겠는가? 나는 박정호가 누군지 전혀 아는 바가 없네."

홍원일이 말했다.

"모든 걸 조작하기로 음모가 마련됐습니다. 그러니 일본으로 피하십시오. 3, 4년만 피해 계시면 새 세상이 옵니다. 제가 포항에 배를 준비할 테니 일본으로 가십시오."

죽산은 다시 고개를 저었다.

"죄 없는 내가 피하면 국민들이 정말 내가 죄가 있어 도망갔다고 하지 않겠소? 그리고 내가 도망가면 권 동지 같은 젊은 동지들이 나를 대신해서 얼마나 고생하겠소?"

그러자 홍원일이 묘안을 내놓았다.

"이번 음모의 주동자는 이기붕입니다. 그러니 선생님께서 이번 총선에 서대문 이기붕 구역에서 출마한다고 성명을 내십시오. 그러면 이기붕은 여론이 두려워 선생님 제거음모를 변경할지 모릅니다."

죽산은 좋은 방법이라고 생각해 그렇게 하겠노라고 대답했다.*

그 후 선전부장 조규희에게 성명을 낼 준비를 하라고 지시했다. 그러나 전략으로 선택하지는 못했다.

이때 이미 죽산을 옭아 넣을 치밀한 각본은 만들어져 있었다. 계획을 꾸민 것은 북한에서 대남 공작요원으로 밀파되었다가 자수해 치안국의 대공 요원으로 일하고 있던 한승격이었다. 그는 자신을 비롯한 네댓 명이 계획 수립에 매달렸으며 2~3개월이 걸렸다고 뒷날 고백했다.**

　그때 이승만이가 선거를 앞두고 조봉암을 잡아넣지 않으면 안 될 형편이

---

* 권대복, 「죽산 단상」, 『전집』 제6권, 320-321쪽.
** 「혁명과 전향을 넘나든 삶 한승격 증언록」, 『격동기 지식인의 세 가지 삶의 모습』 (한국정신문화연구원, 1999) 336-337쪽. 한승격(韓承格)에게 명령을 내린 최치환(崔致煥)은 이 무렵 서울시경국장이었다. 남일사(南一社)는 대공사찰 업무를 담당하는 서울시경 분실이었다.
위의 구술에 따르면 한승격 씨는 1911년 함남 정평 출신으로 일본 호세이(法政) 대학에서 공부했으며 사회주의 경향의 청년운동을 하고 해방 후에는 함남도당 선전부장을 지냈다. 1956년 대남공작을 위해 남파되었다가 전향해 치안국 요원으로 일했다. 그는 1959년 2월 체포된 진보당원들의 취조에도 참여했다고 뒷날 진술했다(『동아일보』, 1999년 8월 18일자).

었습니다. 청와대에서 비밀특명이 있었던 모양이에요. 그러니 이것을 치안 국장인가 누군가하고 특무대, 시경청, 세 군데서 착안했습니다. 어떻게든지 붙잡아 넣는 것을 꾸미는 일인데, 최치환이가 한 번 오더니 우리들 모아놓고 저녁 같이 먹으면서 "지금 할아버지 말씀인데 우리 시 경찰국이 죽고 살고 남일사가 살고 하는 것은 여러분들 손에 달렸다. 어떻게 하면 진보당을 보안법 위반, 치안법 위반으로 잡아넣은 방법을 제 입장에서 연구를 해서 바짝 씌워달라" 하고 갔습니다.

「진보당 선언문」「정강」「정책」 모든 「성명서」 같은 것을 다 가지고서 『자본론』에 대한 경제정책, 『공산당 선언』과 맞추어가면서 조사에 넘겨서 '어느 문건은 『공산당 선언』 몇 쪽과 같다'는 식으로 전부 다 자료를 만드는 것입니다. 진보당 즉 공산당이다 하고 내놓은 거지요. 이것이 아마 한 2~3개월 걸렸지요. 이러하게 되면 진보당 강령도 공산당 무슨 선언 어디와 똑같고, 정책도 어디와 똑같고, 「성명서」도 어디와 똑같다. 그 서류를 다 만들었지요.

형사대가 덮치기 전 자진 출두하다

1월 12일 일요일, 경찰은 사전에 발부받은 「구속영장」을 들고 죽산과 진보당 간부들에 대한 일제 검거에 나섰다. 10여 명의 형사대가 신당동 353번지 죽산의 집을 덮쳤을 때 그는 집에 없었다. 바로 전날 관철동에 있는 친구의 집으로 몸을 숨긴 것이었다. 그날 박기출·윤길중·조규희·조규택·이동화 등 핵심참모들이 구속되었다. 이날 밤, 죽산은 친구들과 거의 밤을 새워 술을 마셨다. 친구들은 해외 망명을 권했지만 그는

"망명을 한다면 어느 나라에서 받아주겠는가. 해외탈출이 가능하다 하더라도 내게 걸린 혐의는 사실화되고 애꿎은 당원들만 희생될 게 아닌가. 설마 하니 나를 죽이기야 하겠는가. 선거 끝나면 내주겠지."

하고 대답했다.*

그는 그렇게 자진 출두 결심을 굳혔다.

인천에서 성장하고 있던 죽산의 차녀 임정과 삼녀 의정은 이날 신당동 아버지 집에 와 있었다. 국민학교 6학년이던 임정은 새벽까지 잠을 이루지 못했다. 밤이 깊도록 어른들이 아버지가 체포되면 어쩌나 걱정하는 이야기를 들었기 때문이다. 인천에서 온 자매와 규호, 그리고 큰댁 조카들까지 아이들 대여섯이 건넌방에서 얽히듯이 자고 있는데 임정은 혼자 아버지를 걱정하며 깨어 있었다.

갑자기 마루에서 두런두런 말소리가 나더니 방문이 열리고 아버지가 들어왔다. 곧장 잠들어 있는 남동생 규호에게 가더니 얼굴을 들여다보고 머리를 쓰다듬어주고 일어서다가 임정에게 말했다.

"아버지가 걱정돼서 안 자고 있었느냐?"

"네!" 임정은 조금 울먹이는 목소리로 말했다.

아버지는 두 팔을 뻗어 임정을 끌어안았다.

"미안하구나!"

겨울 새벽 찬바람을 맞고 오신 때문인지 아버지는 손도 옷도 차가웠고 술 냄새가 조금 났다. 그것이 아버지의 마지막 모습이었다.**

---

* 임홍빈, 「죽산 조봉암의 죽음」, 『신동아』, 1965년 8월호(『전집』 제4권, 418쪽 수록). 임홍빈(문학사상사 대표) 선생은 당시 법무부에 출입한 한국일보 기자였다.
** 같은 날, 조임정 여사 인터뷰. 아버지를 자주 뵙지 못하고 자란 탓에 조임정 여사의 아버지에 대한 추억은 많지 않은 편이다. 대신 기억은 선명하다. 죽산은 시내 주점에서 새벽까지 친구들과 술을 마시고 다시 관철동 피신처로 돌아가는 길에 잠깐 집에 들렀던 것으로 보인다.

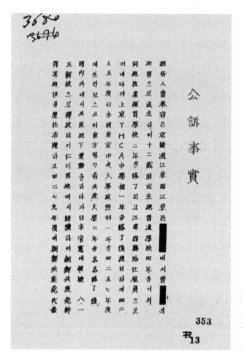

죽산을 국가보안법과 간첩죄로
기소한 검찰의 「공소장」.
국가기록원이 50년 만에
공개했다. 국가기록원.

　　다음 날인 1월 13일 오전, 죽산은 서울시경에 자진 출두한다는 전화를 하고 시경을 향해 떠났다. 그러나 가는 도중 치안국 앞에서 기다리던 형사대에 의해 수갑이 채워져 사찰임무를 수행하는 시경분실로 끌려갔다. 이날 경찰은 시내 모처에서 조봉암을 체포했다고 발표하고 신문들은 대서특필했다.
　　이날 주한 미정보당국은 국무부에 이런 「보고서」를 올렸다.

　　이 체포는 진보당과 민주혁신당을 매도하고 5월 선거에서의 그들의 노력을 방해하려는 시도를 반영한다. 신뢰할 만한 정보원의 진실로 분류된 「보고서」에는 1월 초에 '이승만 대통령이 조봉암과 4, 5명의 동료들을 체포하고 진보당을 금지하고 해산하는 내용의 계획을 승인했다'고 언급되어 있다. 이 체포는 그 당들이 올해 5월로 예정된 국회의원 선거운동에서 좌절하게 만들려는 정부활동의 첫 단계다.*

다음 날인 1월 14일, 국무회의는 '진보당 간부 체포에 관한 건'을 논의했다. 이승만 대통령은 "조봉암은 벌써 조치되었어야 할 인물이다. 이런 사건 조사는 완료 때까지 외부 발표하지 말아야 할 것이다" 하고 말했다.**

대통령의 뜻을 받들어 정권 수뇌부는 곧장 일선 경찰을 압박했고 경찰은 체포한 진보당 간부들을 고문취조했다. 하지만 죽산에게는 차마 고문취조를 하지 못했다. 들이대는 혐의나 증거들이 어이없는 것들이라 죽산은 수사요원들에게 엄중하게 충고했다.

"이러지들 마세요. 법에 저촉되는 게 하나도 없잖아요. 이러면 국민들한테 지탄받습니다. 수사를 중지하는 게 좋습니다."

그러나 수사요원들은 막무가내로 심문을 했다. 심문이 모두 억지요 들이대는 혐의는 멋대로 조작한 것이었다.

당시 이승만과 자유당 정권의 폭압이 야당인 민주당 의원들에게도 먹혀들어가고 미국의 적극적 제지를 받지 않은 이유는 무엇일까. 박명림 교수는 이렇게 해석한다.

조봉암 노선과 진보당의 좌절은 민주주의의 초국적 조건과 직결되어 있었다. 당시 한반도는 분단되어 있었을 뿐만 아니라 자유진영과 공산진영이

---

* 「서울(well) 발 국무부 수신 전문」, 1958년 1월 13일, no.52(진실화해위원회, 앞의 책, 1089쪽 재인용).
** 제4회 국무회의, 「비망록」, 1958년 1월 14일(같은 책, 1088쪽 재인용).

첨예하게 대립하던 냉전의 전초기지였다. 공산주의와 투쟁하는 이곳에서 사회민주주의를 주창한다는 것이 성공 가능했을까? 독일의 경우는 나치 청산작업이 초기개혁의 핵심이었기 때문에 반공보루 설정이 주요 목표인 남한과는 경우가 정반대였다. 따라서 미국의 입장에서 이승만의 권위주의를 제거하는 것과, 사회민주주의를 수용하는 문제는 차원을 달리하는 문제였다. 미국은 제3세계의 민주주의를 후원했지만 그것이 민중혁명이나 공산주의로 근접하는 것으로 받아들여질 때에는 언제든지 독재를 지원했다. 분단하 한국에서 사회민주주의의 노선을 수용한다는 것은 거의 불가능한 것이었다.*

부당한 재판, 부끄러운 역사

1958년 1월 25일, 죽산은 피체 한 달 만에 구속적부심을 받기 위해 윤길중 간사장과 함께 법정에 나갔다. 오전에 그들 두 사람, 이날 오후와 다음날 다른 6명이 적부심을 받게 되어 있었다.

법정 출입문 앞에 큰딸 호정이 서 있었다. 죽산은 손을 흔들며 미소를 지었고 딸은 눈물을 흘리며 바라보았다. 자식에게 포승에 묶인 아비의 모습을 보인 것이 가슴이 쓰리도록 아팠다.

그러나 절망적인 심경은 아니었다. 그동안 경찰과 검찰이 들이댄 혐의가 평화통일론이 북진통일이라는 국시를 위반한다는 것, 죽산과 진보당이 간첩 박정호와 접선했다는 것이었는데 전혀 그런 적이 없으니 당연히 석방되어야 할 것이었다. 그래서 경찰과 검찰의 심문에 당당하게 맞서 무죄를 주장한 것이었다.

---

* 박명림, 「한반도 복지, 한반도 평화」, 새얼문화재단, '새얼아침대화 300회 기념강연'(2011년 3월 11일, 인천파라다이스호텔) 자료집, 433-434쪽.

그보다 열일곱 살이나 젊은 윤길중은 여유작작했다. 입정하면서 변호사와 대화를 하다가 기자들에게 들으라는 듯 "김달호 씨는 경찰에서 얻어맞았대!" 하고 소리쳤다.

그들을 기소한 검사는 조인구趙仁九, 적부심을 맡은 판사는 김재옥金在沃이었다. 죽산은 심문에 사실대로 답했다. 그러나 적부심에서 석방결정이 날 것으로 예상하지는 않았다. 정적인 자신을 제거하기 위한 이승만의 정치재판이기 때문이었다. 두려움은 없었다. 구속영장이 떨어지고 정식재판에 넘어간다 해도 허가되지 않은 권총과 실탄을 집에 두었던 것 외에는 죄가 성립되지 않기 때문이었다.

나흘 뒤인 1월 29일 안 좋은 일이 하나 일어났다. 구속적부심에 증인으로 나온 서상일이 '조봉암이 혁신세력의 순수파노동자 무산대중만으로 당원을 포섭하여 맑시즘에 입각한 방향으로 지향하겠다고 주장했다'고 증언한 것이었다.* 죽산으로서는 대통령후보를 양보하려 하다가 표결 결과를 받아들였고 선거 후에도 통합을 해보려고 애썼는데 결국 톡톡히 보복을 당한 셈이었다. 세상에 믿을 사람이 없구나 하고 탄식했지만 어쩔 수 없는 일이었다. 결과적으로 서상일의 증언은 검찰의 기소에 힘을 실어주고 정당성을 담보해주는 작용을 했다.

예상대로 구속영장이 떨어졌고 1심 재판이 시작되었다. 검찰은 죽산의 집에서 찾았다는 북한의 「지령문」이라고 증거물을 제출했다. 그것은 1월 초 어느 날 전북 출신 서울대생 정태영이 가져온 「실천적 제 문제」라는 노트였다. 계급투쟁을 강조한데다 표현이 지나쳐서 이런 글을 함부로 쓰지 말라고 충고하고 받아 둔 것이었다. 그걸 북한이 보낸 지령이라고 하니 죽산은 기가 막혔다.

---

* 『동아일보』, 1958년 1월 31일자.

2월 3일, 미 대사관의 북아시아실 실장 파슨스Parsons는 국무부 동아시아 담당 차관보 존스Johnes에게 이런 「보고서」를 보냈다.

기밀정보에 의하면 한국 정부는 진보당을 불법화하기 위한 방법을 찾고 있다고 한다. 이번 검거는 1949년과 1952년에 정부가 야당에 대해 행했던 방법으로 다시 회귀하는 것으로 보인다. 용의자들의 혐의는 간첩과 연락한 것으로 보이는 증거물, 공산주의자들의 진보당에 연락을 시도했다는 것, '평화통일' 지지 등이다. 주한 미국대사관은 추정되는 증거들은 대부분 빈약한 것들이어서 그 혐의에 대해 믿을 수 없다는 한국인들의 여론을 직접 수집 보고했다. 만일 한국 정부가 이번 재판 중에 평화통일 지지가 반역적일 수 있다고 주장한다면 그것은 결국 그 범법행위를 유엔과 미국이 지지하는 것이 되고, 더 나아가서 유엔총회에서 한국문제에 관한 미국의 입장에 대한 국제적 지지를 위태롭게 할 것이다.*

2월 8일, 조인구 검사는 죽산과 진보당 간부들을 '피고인들은 국가를 변란할 목적으로 대한민국을 부인하고 북한 괴뢰집단과 동등한 위치에서 통일정권을 수립할 것을 정강정책으로 하는 진보당을 결성했다'는 빈약하기 짝이 없는 혐의로 기소했다.

죽산과 진보당 간부들의 혐의가 대부분 증거 불충분과 합법이라는 분위기로 여론이 흘러가자 이승만에 충성하는 공안 책임자들은 미리 준비해온 카드를 꺼내들었는데 그것은 양명산梁明山이라는 가명을 쓰고 있던 양이섭이었다. 남북교역을 하는 양이섭이 여러 번 죽산을 만났다는 사실을 알아내고 사건을 조작하는 음모를 특무대가 앞장서 꾸미기 시작한 것이었

---

* 진실화해위원회, 앞의 책, 1089쪽 재인용.

다. 양이섭은 민간인 신분임에도 특무대에 연행되어 함정에 빠져들고 있었다.

1958년 2월 21일자 『동아일보』는 이렇게 보도했다.

　　육군특무부대에서는 수일 전 모처에서 진보당 위원장 조봉암 씨와 접선한 거물급 대남괴뢰간첩 양명산梁明山: 변명 김동조金東祚, 52을 검거했다고 20일 발표했다. 양의 검거는 진행 중인 진보당 사건 수사에 새로운 방증을 제공하고 있는 것으로서 주목을 끌고 있는데 이날 발표한 바 취조결과에 의하면 양梁은 휴전협정을 전후해 북한을 10여 회 왕래하면서 괴뢰 중앙당 연락부장 박길룡朴吉龍: 현 괴뢰 동독대사과 접선, 지령을 받고 공작을 전개하면서 88년1953 초에 6·25 당시 납북된 전 남전南電 사장 박승복 씨 부인이 경영하는 시내 남산 소재 무허가 음식점에서 조봉암 씨와 3·4차에 걸쳐 밀회한 일이 밝혀졌다고 하며…….

　　수사관들은 만들어진 각본에 따라 죽산을 간첩으로 몰며 물고 늘어졌다. 죽산은 양이섭을 여러 차례 만나기는 했지만 국가에 해를 끼치는 일은 하지 않았다고 주장했다. 한 나라의 장관을 지내고 국회부의장을 지낸 나를 혐의를 씌워 간첩으로 몰다니. 그는 어이가 없었지만 차분하게 진술했다. 이 문제도 앞서 박정호와 엮어낸 것처럼 쉽게 혐의를 벗을 것이라고 그는 생각했다.

　　3월 11일에 열린 국무회의에서 이승만 대통령이 물었다.

　　"현재 조봉암 사건은 어찌 되었소?"

　　"현재 공판 중에 있으므로 앞으로 결정될 것입니다. 그 후 특무대에서 발견한 유력한 확증이 있으므로 유죄가 틀림없습니다."

　　법무부 장관의 대답을 듣고 이승만 대통령은 낯을 찌푸렸다.

"이제 확증이 생겼으니 유죄라면 전에는 증거 없는 것을 기소한 것같이 들려요. 외부에 말할 때는 주의하도록 하시오. 발표한 것이 외부에 주는 영향을 생각하며 할 말을 다 하지 않도록 하시오."*

다음 날인 3월 12일 오후, 육군특무부대는 양이섭에게서 조봉암 씨가 정치자금 3천만 환을 받았음이 확인됐다고 발표했다.

3월 13일 오후 2시 서울지방법원에서 첫 공판이 열렸다. 방청객이 물밀듯이 밀려와 오전 10시에 이미 500명이 넘어섰다. 죽산을 지지하는 청년층이었으며 앞사람 어깨에 두 손을 얹어 합심해서 새치기를 방지했다. 재판장은 유병진柳秉震 부장판사, 배석 이병용李炳勇·배기호裵基鎬 판사였다. 이날은 인정심문만 진행했다.

양이섭의 후원금이 대남공작금으로 둔갑

죽산은 지난날 서대문감옥, 서대문형무소로 불린 서울형무소의 2사舍 상층 감방에 갇혀 지냈다. 평생에 여러 감옥에 갇혔었고 신의주에서는 길고 긴 7년간의 수형생활도 해본 그였지만 그때는 조국광복을 위한 투쟁의 결과이니 숙명으로 생각하고 참았다. 그러나 이번은 달랐다. 누명을 쓰고 들어온 것이 억울했다. 양이섭이 엉뚱한 진술을 해서 자신을 곤경으로 몰아넣은 것은 참을 수가 없었다. 필시 특무대에서 고문을 당해 그렇게 진술한 것이라 짐작은 하지만 답답하기 짝이 없었다. 양이섭의 감방은 다른 건물인 3사舍에 있어서 30분간의 운동시간에도 만날 수가 없고 공판이 있는 날도 호송 버스에서 간수들이 접근을 못 하게 해 대화를 나눌 수가 없었다.

임신환任信煥이라는 40대 간수가 있었다. 평안도 사투리를 쓰는데 죽산

---

* 제23회 국무회의, 『비망록』, 1958년 3월 11일(같은 책, 1092쪽 재인용).

서대문형무소 정면 입구. 죽산은 1957년 간첩죄의 누명을 쓰고 체포당해
이름이 바뀐 서울형무소에 갇혔다. 지금은 서대문독립공원이 되어 있다.

에게 친절했다. 따뜻한 말로 위로를 하고 몸이 아프진 않은가, 불편한 건
없나 묻기도 했다.

3월 23일 저녁이었다. 봄날 치고는 날씨가 쌀쌀해 죽산이 몸을 웅크리
고 있는데 시찰구로 임신환이 얼굴을 들이밀고 도와드릴 일이 없느냐고
말했다.

죽산은 한숨을 쉬고 말했다.

"양이섭이 사실대로 진술하지 않는 게 문제요. 나한테 준 돈이 북에서
가져온 공작금이 아니라 자기가 사업해서 번 돈이라고 사실대로 진술하면
되는데 무슨 곡절이 있는지 딴소리를 해요. 임 선생께서 그 사람 감방에
갈 수 있다면 특무대에서 고문당해 그렇게 진술했다고 법정에서 말하라고
전해주세요."

임신환은 딱한 얼굴로

"선생님, 감방에는 잡범들도 있고 하니 쪽지를 써주십시오."

하고는 수첩에서 연필을 꺼내주었다.

죽산은 변소용 휴지에 편지를 썼다.

　김 사장, 특무대에서 고문에 못 이겨 한 말은 공판정에서 깨끗이 부인하시
오. 당신 말 한 마디가 나와 우리 진보당 만여 명 동지들의 정치적 생명에 관
계가 되오. 결사적으로 부인하시오. 그것이 당신의 의무이기도 합니다. 이건
변소에서 처치하시오.

다음 날 같은 시각 근무자는 이동현李東賢이라는 30대 간수였다. 임신환
처럼 평안도 출신인데 역시 걱정하며 시찰구로 감방을 들여다보았다.

죽산은 양이섭의 허위 진술에 대해 말했고 이동현은 자신도 기회가 되
면 양이섭에게 그 말을 전하겠다고 약속했다.

죽산을 돕는 듯했던 두 간수 중 임신환의 행동은 함정이었다. "조봉암
피고인으로부터 받은 쪽지를 간첩혐의의 산 증거로 만들기 위해 양이섭에
게 전달하지 않고 옆집에 사는 어느 형사에게 전달하려다 발각되었다"고
법정에서 진술해 2심과 3심에서 죽산에게 간첩죄를 적용하는 치명적 증
거로 만들었던 것이다.

임신환은 호정을 함정에 빠뜨리는 공작도 했다. 호정을 법원 밖으로 불
러내 뒤따라오라 하고 충무로 중앙우체국까지 가서는 아버지 글을 받으라
했다. 「비밀연락문」 같은 것이었다. 잘못되면 아버지가 정말 죄인이 될 것
같아 호정은 거절했다.

이 문제를 법정에서 변호사가 추궁했다.

"무슨 목적으로 호정 씨를 함정에 빠뜨리려고 했는가?"

임신환은 이렇게 답했다.

"당국에 보다 유리한 증거를 잡아줄 목적이었습니다."*

국가보안법 위반으로 1심에서 징역 5년 형

3월 27일, 이명하 등 추가 구속자들과 병합하여 두 번째 공판이 열렸다. 평화통일론이 국시에 위배되는가 하는 것을 놓고 마치 정치경제학자들의 학술세미나 같은 논쟁이 법정에서 벌어졌다.

조인구 검사는 평화통일론이 북괴가 쓰는 용어인데 그걸 진보당에서 쓰는 이유는 뭔가? 「평화통일의 길」에서 유엔감시하의 남북 총선거를 주장한 것은 대한민국의 해체를 전제로 하고 대한민국 정부를 참칭하는 등 국가보안법에 저촉된다고 주장했다.

변호인 측은 분명한 논리를 들이댔다.

"북한이 평화통일이라는 말을 쓴다고 우리는 써선 안 된다는 논리는 억지 난센스입니다. 북한에서 밥이라 한다고 우리는 밥을 떡이나 죽으로 부를 수는 없습니다. 북한이 평화통일론을 들고 나오면 수세에 몰릴 게 아니라 적극적 능동적으로 나가야 할 것이 아닙니까. 진보당의 평화통일론이 불법이라면 자유당이 내세우는 유엔 감시하 북한만의 선거안이나, 변영태 외무장관이 제네바회담에서 제시한 14개조 통일론은 무력통일, 북진통일이 아닌 바에야 평화통일이므로 위법 아닙니까. 사실 북진론은 현실적으로 불가능하며 위헌성도 있습니다. 헌법 3조는 영토를 한반도와 부속도서로 규정하고 있습니다. 그러면 북한 주민도 우리 국민인데 북진을 수행하면 우리 영토를 파괴 유린하고 국민을 대량 살육하는 것이 아닙니까."**

---

* 윤길중, 앞의 책, 179쪽.
** 이상두, 『철창 너머 푸른 하늘이요』(범우사, 1972), 123-126쪽.

죽산이 진보당 사건으로
공판을 기다리던 중에 책자를
들여다보고 있다.
조호정 여사 제공.

　검찰이, 진보당 강령에 있는 '사회적 민주주의'에 대해 초록은 동색, 곧
공산주의와는 형제와 같으며 국가보안법에 저촉된다고 주장하자, 강령 작
성자 중 하나인 이동화는 '정치적 측면보다 경제적·사회적 측면에 강조
점을 둔 것이 사회적 민주주의다"라고 반박했다.

　제헌국회의 헌법기초 전문위원 출신인 윤길중도 항변했다.

　"제헌헌법은 전진적 요소를 지닌 가장 민주주의적인 훌륭한 헌법입니
다. 우리의 경제적·사회적 현실에 알맞은 일본의 수정자본주의의 입장을
담고 있는 헌법이에요. 이처럼 훌륭한 헌법이 지금 보수적 권위주의적 자
유당 치하에서 빛을 보지 못하고 있는 겁니다. 민주적 전진적 헌법정신을
위배 유린하고 있는 것은 이 헌법정신을 옳게 실현시켜 혁신정치를 하려
고 한 진보당이 아니라 우리를 투옥한 자유당 정권입니다."

평화통일론이 국가보안법을 위반했다는 혐의는 빛을 잃었고 재판은 유리하게 돌아갔다. 문제는 양이섭이 혐의를 인정하고 자신이 북한의 공작금을 받아 전달했다고 진술한 것이었다. 거기다 죽산이 간수 두 사람을 시켜 양이섭에게 연락한 것이 결정적인 불리한 증거로 작용했다.

4월 8일, 결국 죽산은 간첩죄로 추가 기소되었다. 상하이 망명시절 신뢰하는 선후배 동지였던 두 사람은 법정에서 대질 심문을 받게 되었다.

양이섭은 고개를 똑바로 들지 못하고 말도 똑똑히 하지 못했다. 죽산은 기가 막혀서 호통을 쳤다.

"당신이 언제 나에게 북한 괴뢰가 보낸 돈이라고 하면서 준 일이 있소?"

양이섭은 대답하지 못했다.

죽산은 재판부에 호소했다.

"저 사람이 무척 순진하고 정치에 관심이 없는 사람인데 어찌하여 이런 터무니없는 거짓말을 하는지 재판부에서 밝혀주십시오."

공판은 20회 가까이 열렸고, 6월 13일 조인구 검사는 세 시간에 걸친 논고를 하고 죽산과 양이섭에게 사형, 그리고 나머지 피고인들에게도 징역형을 구형했다.

다음 단계는 변호인들의 변론이었다. 죽산의 변호인 한격만韓格晩 변호사는 죽산이 농림부 장관 시절 공금유용 혐의로 기소됐을 때 재판을 맡았던 사람이었다. 그는 그때를 회고하며 변론을 시작했다.

"그때 재판석에서 나는 피고석에 앉은 죽산 선생의 손가락들이 떨어져 있는 것을 보고 마음속으로 울었습니다. 독립운동을 하시다가 체포 투옥되어 모진 고문과 동상으로 손가락 마디들이 썩어 떨어진 고생을 겪은 분을, 일제 시에 그래도 편히 지낸 내가 감히 재판할 수 있을까 생각했습니다. 사실 심리를 해가는 도중 나는 이 사건은 정치적 모략이요 중상이라고 판단하고 단연 무죄를 언도했던 것입니다."

6월 19일 죽산은 최후 진술을 했다.

"이 사건을 수사기관에서 입건하는 것은 정치적 음모이니 말할 것도 없고"하며 그는 말문을 열었다.

"국민들이 다 알고 있는 사실이지만 이 사건은 형사사건이 안 되며 법에도 하등 저촉되지 않습니다. 경찰이 입건해서 수사할 때 내가 중지하는 게 좋다고 간곡하게 말한 바도 있는데 결국 정치적 음모에 의해 발전한 것입니다. 유죄건 무죄건 우리나라에는 마이너스가 됩니다. 만약 유죄라면 법을 잘못 적용하는 것이고 민주주의는 빛 좋은 개살구에 지나지 못할 것입니다. 무죄라면 국민이 웃을 것입니다."

7월 2일, 21차 공판에서 유병진 재판장은 선고를 내렸다. 조봉암과 양이섭은 국가보안법 위반으로 각 징역 5년, 다른 피고인들에게는 단기징역과 무죄를 선고했다. 간수 두 사람은 무죄였다.

7월 5일, 해괴한 일이 벌어졌다. 자칭 반공청년들이라고 하는 200~300명의 괴한들이 1심 재판에 불만을 품고 법원에 난입하는 사태가 일어났다.

"친공 판사 유병진을 타도하자!"

"조봉암을 간첩죄로 처단하자!"

괴한들은 소란을 피웠다.

변옥주卞沃柱 고등법원장은

"재판은 1심만 있지 않고 2심과 3심이 있으니 조용히 돌아가라."

하고 야릇한 발언을 하여 그들을 돌려보냈다.

나중에 알려진 일이지만 괴청년들은 경찰기동대원, 그리고 자유당원들이었다.

1심 재판장을 맡았던 유병진 판사는 이승만 정권이 무너진 후인 1960년 6월 10일 『법정신문』에 기고한 글에서 이렇게 그때 일을 회고했다.

「1심 판결문」.
죽산에게 씌워진 간첩죄를
인정하지 않고 국가보안법
위반만 적용해 선고한
1958년 7월 2일 1심 선고공판의
「판결문 주문」. 국가기록원 자료.
국가기록원.

　　차기 대통령선거에서 조 씨를 제거하려는 것이 조 씨를 간첩으로 몰아낸
다는 것은 누구나 다 상상할 수 있었을 것이며, 또 기록을 보면 무엇 때문에
조 씨를 간첩이라고 하는가를 엿볼 수가 있다. 내가 선고한 5년 형이라는 것
도 마음이 아픈 판결이었음을 당시나 지금이나 장래까지도 잊을 수 없을 것
이다.

　　……일전에 서울형무소에서 진보당 사건의 담당검사이었던 조인구 씨를
만났을 때 조 씨는 나에게 "그때진보당 1심 판결 때 좋은 판결을 하여주었다"
고 말하는 것으로 보아 조 씨 역시 그 기소가 무리였다는 것을 알고 있는 듯
했다.

진보당 사건의 1심 재판장 유병진 판사.
죽산에게 씌워진 국가보안법 위반,
간첩죄 혐의를 인정하지 않은 의로운
법관이었다. 『동아일보』에서 인용.

배심 판사였던 이병용도 2011년 4월 20일 KBS TV에서 방영한 「역사스페셜—반세기 만의 무죄판결, 조봉암 죽음의 진실」에서 이렇게 말했다.

"유병진 부장판사나 배기철 판사도 나와 같이 조봉암이 사형이나 무기징역에 해당되는 간첩이라고 주장한 사람은 없었어요. 보이지 않는걸요. 간첩으로 보이지 않는걸요."

2심에서 간첩행위 죄로 사형 선고

검찰 측이 불만을 갖고 상고했고 서울고등법원의 2심 재판은 1958년 9월 4일부터 10월 25일까지 열렸다. 죽산은 2310 수인번호가 붙은 수의를 입고 첫 공판에 출석했다. 관여검찰관은 방재기方在基 검사였으며 재판장은 김용진金容晉, 배석판사는 최보현崔普鉉 · 조규대曺圭大 판사였다.

죽산에게 다행한 것은 양이섭이 1심의 진술을 번복한 것이었다. 양이섭이 눈물을 흘리며 말했다.

"저는 북한 괴뢰로부터 지령을 받은 적이 전혀 없으며 따라서 괴뢰와 조

피고가 접선된 사실이 전혀 없습니다."

순간 죽산은 가슴을 쓸어내렸다. 그 말 한 마디로 억울한 누명에서 벗어날 수 있기 때문이었다.

양이섭은 특무대 조사에 대해서도 털어놓았다.

특무대에서 오라고 하여 1958년 2월 하순 나갔다. 고영섭이라는 조사관이 대북교역에 관해 묻기에 대답했다. 2~3일 뒤 아픈 데가 있느냐고 묻기에 고혈압이 있다 했더니 의무실로 같이 가서 둘이 주사를 맞았다. 몽롱해지고 졸렸다. 누가 목을 졸라매는 것 같은 압박감에 신음하는데 누군가가 물었다. "조봉암을 아는가? 돈을 준 적이 있는가?" 그렇다고 대답한 듯하다. 이튿날 고 조사관이 밖으로 데리고 나가 불고기를 사주고 목욕을 시켜주었으며 여관에서 쉬라고 방을 잡아주었다. 그 뒤 특무대는 "조봉암은 역적이다. 국민들이 그렇게 말한다" 하고 자주 말했다. 그리고 이북교역 당시 북에서 만난 사람들이 누구냐 해서 말해주었다. 조사관이 방안지方眼紙를 펴놓고 '양이섭간첩사건일람표'라고 적으면서 사람들 이름을 적고 선으로 긋고 하면서 조서를 꾸몄다. "그랬지?" 하며 대답을 강요해 아니라고 했더니 "아직도 정신을 못 차리니 전기실에 갔다 와야겠다"고 말해 덜덜 떨게 되었다. 고혈압 증세가 있어서 전기실에 가면 즉사하든지 평생 병신이 될 것 같아 "네. 네" 했다. 특무대는 "당신 스스로가 최고악질이 되라. 그럼 재판에 회부되어도 한두 번 심문받고 나올 것이며 조는 사형당한다." 특무대에서 하도 조 선생을 역적이라 해서 큰 죄를 진 모양이라고 생각해 기관을 도와주려고 했다.

양이섭의 고백은 40분간이나 이어졌고 신문들은 이 사실을 대서특필했다. 그 후 재판은 수사를 한 특무대와 검찰 측, 그리고 양이섭과 변호인들의 진실게임으로 들어갔다. 재판부는 양이섭이 번복한 진술을 받아들이지 않았다. 검찰 측 기소장에서 죽산에게 뒤집어씌운 혐의가 다른 증거 없이 양이섭의 진술만으로 만든 것인데 양이섭이 모두 번복했는데도 무시해버린 것이다. 형사소송법에는 '공판정에서 피고인이 수사기관에서 작성한 「자백조서」를 부인할 경우 이를 증거로 할 수 없다'고 규정하고 있었으나 소용이 없었다.

10월 25일, 2심의 결심 공판에서 김용진 재판장은 죽산이 국가변란을 목적으로 진보당을 결성하고 간첩행위를 했다고 인정하고 사형을 선고했다. 양이섭도 사형, 진보당 간부들은 징역 2년에 집행유예 3년 또는 징역 2년을 선고했다.

엄중한 감시를 받으며 혼자 호송차를 타고 형무소로 가면서 죽산은 2심 재판이 이미 정해진 각본에 따라 진행됐으며 판사들이 유력한 정적인 자신을 죽이려는 이승만의 뜻을 거역하지 못했다고 생각했다. 그는 언젠가 프레드 토머스에게서 들은 이승만의 동양식 정치책략 이야기를 떠올렸다. 정적을 교묘한 술수로 제거하는 동양적 책략, 대법원 3심이 남았지만 그는 아마 자신이 살아남지 못할 것 같다고 생각했다.

사흘 뒤인 10월 28일, 국무회의에서 이승만은 이렇게 말했다.

"조봉암 1심 판결은 말도 안 된다. 그때에 판사를 처단하려 했으나 여러 가지 점을 생각해서 중지했다. 같은 법을 갖고도 한 나라 사람이 판이한 판결을 내리게 되면 국민이 이해가 안 갈 것이며 나부터도 물어보고 싶은 생각이 있다. 헌법을 고쳐서라도 이런 일이 없도록 하라."*

---

* 제98회 국무회의, 「비망록」, 1958년 10월 28일(진실해위원회, 앞의 책, 1096쪽 재인용).

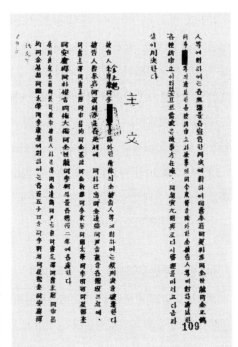

「2심 판결문」.
죽산에게 간첩죄와 국가보안법
위반을 적용해 사형을
선고한 1958년 10월 25일의
고등법원 선고공판의
「판결문 주문」. 국가기록원.

11월 12일 미대사관은 이런 내용이 포함된 보고서를 국무부로 보냈다.

항소법원은 자기들이 청취한 증언보다는 양이섭의 지방법원에서의 증언
을 수용하는 자기들의 특권을 행사했다. 항소심에서 가장 이상한 것은 지방
법원에서 청취한 증언보다 피고에게 훨씬 더 유리한 증언이 제출되었어도
항소심 판결이 처음 내려진 판결보다 가혹했다는 사실이다.*

* 「서울(well) 발 국무부 수신 전문」, 1958년 1월 13일, no.528. (같은 책, 1097쪽
재인용)

검찰과 변호인단 양측이 대법원에 상고했고 대법원은 재판장 김세완, 주심 김갑수, 배심 백한성白漢成 · 허진許瑨 · 변옥주 등으로 재판부를 구성했다. 5명 합의부였다. 검찰은 대검찰청 정보부 오제도 검사가 관여했다. 재판장 김세완 대법관은 8 · 15광복 직후 미군정 치하에서 인천 부윤을 뽑는 간접선거에 같이 나갔고, 함께 조선혁명자구원회 인천지부를 결성한 인연이 있었다. 그러나 이제는 죽산을 심판하는 자리에 있었다.

1959년 2월 20일 피고인들을 부르지 않고 변론 공판으로 상고심 첫 공판을 열었다. 신태악 · 김봉환金鳳煥 · 김춘봉 변호사 등 14명의 변호인단과 검찰 사이에 치열한 논쟁이 벌어졌다.

대법원 최종판결에서도 사형 언도받아

1959년 2월 27일 오전 11시로 예정됐던 대법원의 최종판결 공판은 12시 15분에야 개정됐다. 방청객들이 엄청나게 밀려와 시간이 좀 걸렸지만 입장이 완료되고 법정이 정리된 뒤에도 재판부가 입정하지 않은 때문이었다. 오제도 검사가 김갑수 대법관의 방에 들어가 밀담을 나누고, 김 대법관이 3명의 배석과 함께 김세완 재판장 방으로 모여 비밀회의를 다시 연 것이었다. 지난 일주일 하루도 거르지 않고 비밀회의를 거듭해왔고 판결문도 완성돼 있을 텐데 다시 무슨 회의를 하는 걸까. 피고인들과 가족들은 초조하게 기다렸다.

12시 20분, 김갑수 주심 대법관이 방대한 「판결문」을 낭독하기 시작했다. 처음에는 진보당의 강령이나 정책, 평화통일론이 합법적이라는 내용이 들어 있어서 피고들은 감격에 찬 탄성을 올렸다.

그러나 기쁨의 시간은 길지 않았다. 1시 45분 죽산에게 사형을 선고했던 것이다. 간첩죄는 사형, 불법무기 소지죄는 징역형, 국가변란 단체 수괴 취임은 무기징역에 해당되므로 가장 중한 간첩죄의 정한 형으로 처벌하기

재판을 받고 있는 진보당 사건 피고인들. 진보당원들은 죽산과 함께 간첩누명을 쓰고
재판에 회부되었다. 왼쪽에서 두 번째 한복을 입은 이가 죽산.『한국일보』제공.

로 하여 사형에 처한다는 선고였다.* 원심의 판결을 파기하고 사건을 스스
로 재판하는 '파기자판'을 대법원 재판부가 이례적으로 실행한 것이었다.**

선고가 내려지는 순간 법정 한구석에 있던 호정은 울음을 터뜨렸다.

"아, 안 돼요. 아버지는 죄가 없어요."

사형수로 신분이 확정된 죽산은 공판이 끝나는 즉시 엄중하게 격리되었
다. 그는 유일하게 접근이 허용된 김춘봉 변호사에게 말했다.

"판결은 잘됐어요. 무죄가 안 될 바에야 차라리 죽는 게 낫지요. 환갑이

---

* 「대법원판결문」,『진보당 사건』, 국가기록원.
** 대법원 합의부가 무기징역으로 결정한 것을 이날 공판 개정 직전 검찰과 합의해
사형으로 변경했다는 의혹이 일어났다. 개정을 한 시간 반이나 늦추고 밀담을 나
눈데다 김갑수 대법관이 판결문은 '무기징역에 처한다'로 읽고 「주문」(主文)에
서는 '사형에 처한다'고 읽은 것을 변호인단과 여러 기자 들이 분명히 듣고 지적
한 것이었다. 김갑수 대법관이『신동아』1965년 10월호에 쓴 「진보당 판결에 의
혹은 없다」는 글에서 이를 부인했다. 그러나 합의변경설이 법조계와 기자들 사이
에서는 공공연한 비밀이 되었다(이영석, 앞의 책, 269–270쪽).

主文

被告人金正璧同謀利亲同李

에對한原判決을 破棄한다

被告人曺奉岩을 死刑에處한다

被告人全世龍同李相斗를各懲役二年에處한다

"第一審判決宣告前拘禁日數中各百二十日을右各本刑에算入한다

押收한美製口徑四五瑾拳銃一挺및實彈五十發(發第五

을除外한兩除의被告人

「3심 판결문」.
파기자판으로 죽산에게 사형을
선고한 1959년 2월 27일
대법원 「판결문 주문」.
국가기록원.

다 된 사람이 징역을 살고 나면 무슨 희망이 있겠어요? 차라리 죽는 게 낫
지요. 정치란 다 그런 거지요. 이념이 다른 사람이 서로 대립할 때에는 한
쪽이 없어져야 승리가 있는 거고 그럼으로써 중간에 있는 사람들의 마음
이 편안하게 되는 거지요. 정치를 하자면 그런 각오를 해야 해요."

　죽산은 그 말을 남기고 호송차에 혼자 실렸다. 김 변호사의 눈에 그는
삶의 미련을 포기한 듯 보였다.*

　죽산은 대법원에서 사형선고를 받고 5개월 3일 만에 사형집행을 당해 파

---

* 같은 책, 268-269쪽.

절망하는 조호정.
1959년 대법원에서 부친에게
사형이 선고되자 절망하는
장녀 조호정 여사.
『죽산 조봉암 전집』.

란 많은 생애를 마감했다. 그가 내세웠던 책임정치, 수탈 없는 경제, 평화통
일은 오늘 생각해보아도 최선의 정치이념인데 무엇이 잘못된 것일까?

동서 냉전의 최일선 기지인 분단국, 수백만 명이 죽은 동족상잔의 비극
을 겪은 땅에서 반공주의는 목숨 걸고 지켜야 할 절대조건으로 견고하게
자리 잡혀 있었다. 그런 마당에 평화통일을 슬로건으로 내걸고 사회민주
주의를 주창한 것은 탄압의 빌미가 되는 일이었다.

자유당 정권은 죽산의 공산주의자 전력前歷을 이용해 덫을 만들려고 고
심했다. 마침 상하이 독립투쟁 시절 후배 동지로서 남북교역을 하는 양이
섭이 그를 찾아오고 정치자금을 내놓는 것을 포착하자 절호의 기회를 잡은
것이었다. 죽산의 진보이념은 공산주의나 북한과는 분명한 거리를 두는 제

3의 길이었는데 한통속으로 묶어버렸다. 죽산으로서는 젊은 날에 조국 독립을 위해 선택했고 전향하며 버렸던 공산주의가 부메랑처럼 날아온 셈이었다. 역시 공산주의자였다가 전향한 옛 동지 김준연같이 가장 격렬한 반공주의자로 사는 것이 그에게는 보신保身하는 길이었을지도 모른다.

죽산은 신념을 실천하려 했으며 구차하게 목숨을 구걸하지 않고 의연하게 죽음의 문을 향해 걸어갔다. 그가 억울하게 죽고 불과 13년이 지난 1972년 7월 4일, 남한·북한은 '상대방을 반대하는 무력행사에 의거하지 않고 평화적 방법으로 통일을 실현하자'는 공동성명을 채택했다. 그래서 그의 최후는 한 시대를 앞서가며 새로운 세상을 열려고 애쓰다가 목숨을 바친 순교자의 그것처럼 느껴지는 것이다.

죽산이 죽고 9개월 뒤 4·19혁명의 함성이 노도같이 전국을 휩쓸 때, 북한의 김일성 주석이 북한 주도의 통일이 가능하다고 믿고 발 빠르게 움직인 것은 알려진 사실이다. 2013년 1월, 미국의 싱크탱크 우드로윌슨센터가 북한 주재 소련 대사였던 알렉산더 푸자노프Alexander Puzanov, 1906~98의 개인 기록Journal을 공개했다. 4·19 당시 김일성이 예상되는 이승만의 후계자들을 언급하면서 죽산의 죽음에 대해서 말한 내용이 포함되어 있다. "진보당의 당수로서 무르익지 않은 평화통일론을 공론화하여 처형된 조봉암을 언급하면서, '우리도 실수를 저질렀다'고 인정했다"는 것이다.*

---

* Interestingly enough, Kim Il Sung mentioned that leader of the Progressive Party, Jo Bong-am, was executed because Jo made a premature public statement on his party's platform of "peaceful unification," and admitted that "we too made a mistake."(「North Korean Perspectives on the overthrow of Syngman Rhee, 1960」, 『NKIDP e-Dossier no.13』, January 2013, pp.4. www.wilsoncenter.org.nkidp. 2013년 1월 17일 발표된 이 리포트는 한국 북한대학원 신종대 교수가 공동 작성자로 참여했으며, 관련기사는 다음날 『연합통신』, 19일자 『조선일보』와 『한국일보』 등에 실렸다).

'저지른 실수'가 무엇인지는 분명하지 않다. 우선 죽산을 파멸시키기 위한 역공작으로 생각할 수 있다. 그렇다면 억울하기 짝이 없는 일이다. 재정지원을 의미하고 양이섭이 죽산에게 준 정치자금이 북한 당국에서 받아온 것이라 생각할 수도 있다. 그러나 죽산이 그 사실을 인지하지 못했고 북한을 위해 일하지 않았음이 대법원 재심에서 밝혀졌으므로 그는 억울한 희생자라 말할 수 있다.

강원용 목사의 증언처럼 죽산은 전향과 함께 공산주의를 완전히 버린 사람, 북한식의 프롤레타리아 독재를 반대한 사람이었다. 다만 공산주의와 정반대의 길을 가지 않고 제3의 길을 가려고 하다가 벽에 막힌 것이었다. 그는 식민지 피지배와 민족 분단으로 이어진 한국 근·현대사의 최대 희생자였다.

세상에는 죽산을 믿지 않고 그의 복권과 명예회복에 반대하는 사람들도 있다. 모든 진실은 뒷날 역사가들이 밝혀줄 것이다.

죽산조, 그 새의 나라는 어디인가

에필로그

50년 세월의 강을 건너며 늙은 유족들

조호정 씨는 아버지를 잃은 슬픔을 안고 살았다. 남편 이봉래는 시작詩
作과 문단 활동을 왕성하게 하면서 영화감독을 겸업하여 성공을 거두었
다.* 호정 씨는 남편의 시를 읽고 영화의 흥행에 일희일비하며 아내로서의
삶을, 외동딸 성란聖蘭을 키우며 어머니로서의 삶을 살았다. 그러나 하루
도 아버지의 억울한 죽음을 잊지 않았다.

1961년, 저명한 서예가 김응현金應顯 선생이 '죽산조봉암지묘'竹山曹奉岩
之墓라고 비명을 써주었다. 경찰은 조선총독부령 제120호라는 것을 들이
대며 묘비를 세우지 말라 했지만 자유당 정권이 무너졌으니 괜찮으려니
생각해서 대상大喪을 치르며 오석으로 된 비석을 세웠다. 앞면에 비명을
넣고 뒷면의 비문은 언제고 아버지가 누명을 벗는 날 써넣으려고 비워두

---

* 이봉래는 줄곧 모더니즘 기법의 시를 썼으며 현실에 대한 강력한 의식을 포착,
관념의 세계로 승화시키는 시풍을 보여주었다. 영화감독도 겸업하여 희극 속에
진지함을 담아내는 '진경'(眞境)의 소유자라는 평가를 받았다. 국제펜클럽 한국
본부 부이사장과 한국예총회장을 지내고 문화훈장을 받았으며 1998년 사망했
다.(『한국문예사전』[어문각, 1992], 446쪽).

1970년대 망우리 묘소에 온 죽산의 큰딸 조호정과 사위 이봉래.
조호정 여사 제공.

었다. 그 일로 김웅현 선생이 경찰로부터 곤욕을 치렀다.

매년 7월 30일 아버지 죽산의 기일이 되면 많은 사람이 잊지 않고 찾아왔다. 진보당 간부 부인들이 모여 음식을 만들고 밤에 향을 피워 제사를 지냈다. 그리고 돌아가신 날인 31일에는 망우리 묘지로 갔다. 여전히 경찰이 입구를 지키며 다수가 모이는 걸 방해했지만 많은 사람들이 산등성이와 골짜기를 에워 돌아 찾아와 늘 300~400명은 되었다. 박기출 박사, 김달호 변호사, 그리고 이명하 · 전세룡 · 김기철 · 조규희 · 신창균 선생 등 진보당 간부들과, 정태영 · 권대복 선생 등 젊은 당원들도 잊지 않고 찾아왔다. 1심 재판을 맡았던 유병진 판사도 매년 묘지에 왔다. 그때 5년 형을 선고한 것도 마음이 아프다고 하면서 죽산의 무덤 앞에 엎드려 사과했다.

호정 씨는 아버지의 뜻에 따라 어린 남동생 규호에게 아버지의 죽음에 대해 이야기하지 않았다. 법정에도, 접견실에도 데리고 오지 못하게 한 아버지의 뜻을 생각해서였다. 가족이나 아버지 측근은 아버지가 무죄라 하나 세상은 아직도 멸공 북진통일을 국시로 내세우고 있고 아버지를 간첩이라고 손가락질 할 사람들이 있기 때문이었다. 규호가 자라 어른이 되면 아버지 죽음의 진실을 저절로 알게 되리라 생각했다. 규호는 사촌오빠 내외가 자기 자식들보다도 더 사랑을 쏟아 가르치고 있었다.

죽산의 외아들 규호는 사촌형 규진 씨 가족을 따라 충현동을 떠나 금호동으로 이사했다. 금호동 로타리에서 옥수동으로 가는 들판, 논밭 가운데 선 볼품없는 작은 집이었다. 그동안 사촌형네는 형수가 청계천에서 옷가게를 열어 억척스럽게 장사를 해서 먹고살고 있었다. 사촌형도 몇 달 구속됐었고 아버지와 사촌형의 변호사비용 때문에 빈털터리가 된 것이었다. 그래서 집을 1년 만에 다시 줄여나간 것이었다.

규호는 거기서 장충국민학교를 걸어서 다녔다. 어느 날 학교에서 돌아오니 집 외부 네 군데 말뚝을 박고 새끼줄을 쳐서 직방형 울타리가 되어 있었다. 새끼줄 밖에는 경찰관 두 명이 의자를 갖고 와서 앉아 있었다.

나중에 안 일이지만 그것은 '간첩으로 처형된 자의 집'이라 하여 경찰이 다른 사람들의 출입을 막은 것이었다. 아버지에 대해 말하는 것은 집안의 금기여서 아무도 말해주지 않았지만 규호는 막연하게 느끼고 있었다. 아버지가 나라에 죄를 짓는 좋지 않은 일이 있어서 돌아가셨다는 것을.

중·고교 시절에 누가 찾아와서 어떤 요구를 했는지 "도대체 네가 누구이기에 이런저런 압력이 들어오냐?" 하고 담임선생님이 물었다. 나중에 확인한 일이지만 경찰서 정보과에서 나와서 성적기록과 학교생활에 대해서 묻고 간 것이었다. 측은한 눈길을 보내며 묵묵히 지도한 선생님들도 있었지만 각별한 애정을 기울여주는 선생님들도 많았다. 그래서 모나지 않게 행동하려 애썼다.

그러나 큰소리로 말하지 않아도 사람들의 마음을 사로잡는 재능을 아버지에게서 물려받았다. 학우들의 간곡한 요청으로 그는 고교 학생회장에 당선되었고 충실히 임무를 다했다.

고등학교를 졸업하던 날 아버지의 운전기사였던 이재윤 아저씨가 축하한다며 음식점으로 데리고 갔다.

"고등학교를 졸업했으니 이제 알아야 한다."

그렇게 말하고는 아버지의 억울한 죽음에 대해 긴 시간 이야기를 해주었다.

가슴속에서 어렴풋하게 얽혀 있던 의문들이 풀려나갔다. 규호는 말할수 없는 충격을 받고 이재윤 씨 손을 잡고 엉엉 울었다.

제약회사에 취직이 되어 열심히 일했다. 지금까지 키워주고 거둬준 사촌형 내외의 슬하에서 벗어나 독립하는 길이 삶의 본분이라고 생각해서 저축도 하고 열심히 살았다. 입사 1년 반이 지나 능력을 인정받을 무렵 갑자기 해고 통보를 받았다. 회사는 몹시 미안해하며 이유는 묻지 말라 했지만 연좌제 때문임을 알 수 있었다.

군대로 뛰어들어갔다. 신병훈련을 마치고 배치된 부대는 김포에 있는 공수특전단이었다. 적 후방에 침투하여 비정규전을 벌이는 부대, 낙하산을 타고 상공에서 뛰어내리며 삶의 의지와 응전력을 키우고 싶었다. 그러나 신원조회에 걸려 전남 광주에 있는 부대로 전속되었다.

제대 후 다시 가진 직장에서 해고당하고 다시 취직하고 그러다가 중동건설 현장에 가려 했다. 하지만 그것도 좌절당했다. 그는 연좌제가 만든 길고 긴 터널과도 같은 어두운 인생의 길을 묵묵히 인내하며 걸었다.*

---

* 같은 날, 조규호 선생 인터뷰.

윤길중, 죽산의 명예회복에 나서다

세월이 지나면서 죽산을 따르던 동지들은 늙어가고 하나둘 세상을 떠났다. 살아남은 사람들의 소망은 죽기 전에 죽산이 대명천지 아래 누명을 벗고 명예를 회복하는 것이었다. 그 중심에 죽산이 가장 신뢰했던, 그리고 동서지간이 된 윤길중 변호사가 있었다.

그는 4·19혁명 후인 1960년 제5대 국회에 진출했으나 다음 해 군사정변 후 구속되어 7년을 복역했다. 1971년 제8대 국회의원에 당선되었고 1980년에는 여당 정치인으로 변신해 제11, 12, 13대 국회의원을 지냈다. 죽산처럼 국회부의장도 지냈다.

그는 1991년 정계 은퇴를 앞두고 미뤄놓았던 일을 시작했다. '죽산 조봉암 사면 복권에 관한 청원'이었다. 여당인 민자당의 김영삼·김종필·박태준 최고위원과 야당인 민주당의 김대중·이기택 공동대표 등 86명의 서명을 받았다. 그리고 죽은 사람의 사면복권을 가능하게 사면법 개정안을 56명의 서명으로 국회에 제출했다. 그러나 여야가 다른 일로 격돌해 국회 활동이 파행에 빠지면서 개정안은 저절로 폐기되고 말았다.

죄 없이 사법살인을 당한 사람을 복권하는 일이 왜 안 된단 말인가. 잘못된 일을 바로잡는 일은 국가양심의 회복이 아닌가. 32년을 기다렸는데 또 기다려야 하나. 탄식하는 동생들을 예순세 살, 기억 속의 아버지보다 더 나이를 먹은 조호정 여사는 다독거렸다.

"희망의 빛이 보였으니 희망을 갖고 기다리자. 언제고 다시 기회가 오겠지. 그때까지 나는 죽을 수도 없다."

유족들은 다시 길고 긴 세월의 강을 건너기 시작했다.

그 무렵 학자들의 연구가 활발해지기 시작했다. 지금까지 죽산에 관한 저술은 기자 출신인 이영석의 『죽산 조봉암』과, 여명회 회장이었던 권대복의 『진보당』뿐이었다. 앞엣것은 증언 중심, 뒤엣것은 자료 중심이었다.

진보당 사건 당시 법무부 출입기자였던 임홍빈을 비롯한 죽산을 기리려는 사람들의 신문잡지 기고가 빈번해지고, 본격 연구서인 박태균의 『조봉암 연구』와 서중석의 『조봉암과 1950년대』가 간행되었다.

죽산조봉암선생기념사업회는 『죽산 조봉암 전집』 전 6권(정태영·오유석·권대복 엮음)을 간행했다. 죽산의 자전적 회고는 물론 사상의 깊이와 폭을 엿볼 수 있는 논문, 그리고 주변 인물들이 그를 바라본 인상기, 진보당 관련자료를 실었다. 그리고 몇몇 학회에서 세미나와 심포지엄을 열었다.

거기서 나온 연구 성과들은 죽산이 젊은 날 선택했던 공산주의가 조국 독립을 위한 방편이었으며, 그가 내세웠던 평화통일론이 역사의 진행방향과 맞아떨어지고 있음을 확인해주기에 충분했다.

"조봉암의 사형은 잘못된 판결이므로 바로잡는다"

시간은 느리게 흘러 2000년대에 들어섰다. 호정 씨가 동생들에게 말한 희망의 빛은 느리지만 점점 더 커져갔다. 2005년 여야 합의로 '진실·화해를 위한 과거사 정리 기본법'이 제정되고 그해 말 동명의 위원회가 만들어졌다. 조호정 여사는 2006년 7월 4일 이 위원회에 아버지의 죽음에 관한 진실 규명을 요청했다.

1년여가 지난 2007년 9월 18일, 진실·화해를 위한 과거사 정리 위원회는 규명 결정을 내놓았다. 결정 요지는 이렇다.

1. 검찰이 아무 증거도 없이 조봉암 등 진보당 간부들에 대해 국가변란 혐의로 기소했고 양이섭의 임의성 없는 자백만을 근거로 조봉암을 간첩죄로 기소했다.

2. 양이섭이 특무대에서 불법감금 상태에서 조사를 받았으며 조봉암과 양이섭은 민간인 신분이었고 혐의도 국가보안법 위반이므로 특무대는 수사권

이 없었으며 직권남용에 해당돼 재심사유가 된다.

3. 1심에서 간첩죄 적용에 무리가 있어서 국가보안법만 적용해 징역 5년을 선고했으나 양이섭의 진술 번복에도 불구하고 2심과 대법원이 간첩혐의에 유죄를 인정해 사형선고를 한 것은 법리적으로 무리다.

4. 서울고법 및 대법원 판결은 조봉암이 국가변란 목적으로 진보당을 창당했다는 점을 인정할 아무런 증거가 없고, 서울고법 공판에서 번복한 양이섭의 1심 재판 자백만으로 국가변란 및 간첩죄로 조봉암에게 사형을 선고해 결국 처형에 이르게 한 것은 증거재판주의에 위배된다.

5. 이 사건은 정권에 위협이 되는 야당정치인을 제거하려는 의도에서 표적수사에 나서 극형인 사형에 처한 사건으로 민주국가에 있어서는 안 될 비인도적 반인도적 인권유린이자 정치탄압 사건이다.

6. 국가는 피해자와 유족에게 총체적으로 사과하고 화해를 이루는 등 적절한 조치를 취해야 하며 명예회복을 위하여 재심 등 상응한 조치를 취하는 것이 필요하다.

7. 조봉암이 일제에 항거하고 독립운동을 하다가 복역한 사실이 있으므로 독립유공자로 인정하는 것이 상당하다.

10월 22일, 국가기록원은 1만 4,000여 쪽에 달하는 진보당 사건 수사기록과 재판기록을 공개, 죽산을 법살하게 된 경위가 백일하에 드러났다.

큰 대문이 열리듯 희망의 문이 활짝 열렸다. 유족들은 다음 해인 2008년 8월 초 대법원에 재심을 요청했다. 검찰은 생각이 달랐다. '당시 시대상황에 대한 부정적 관점과 당사자에 대한 동정적 시각을 이유로 엄격한 요건과 기준에 따라 운용되는 재심제도의 예외를 인정해서는 안 된다'며 재심 반대 입장을 천명했다. 유족들로서는 속이 타는 일이었다.

며칠 뒤인 8월 15일 조호정 여사는 세 동생과 함께 광복절 기념식에 참석하기 위해 독립기념관으로 갔다. 거기서 국가가 김조이 여사에게 추서하는 건국포장을 받았다.

여성 독립투사 누구보다도 치열하게 독립운동을 했던 김조이 여사가 광복 66년 만에 건국포장을 받은 것은 몇 가지 의미가 함축되어 있었다. 수훈受勳이 이렇게 늦은 것은 공산주의 기치 아래 투쟁했고, 하필 간첩죄로 처형된 죽산의 아내이기 때문이었다. 이제라도 건국포장 수여 대상자가 된 것은 국가보훈처의 수훈授勳 정책이 이념을 초월했고 대상이 죽산의 아내일지라도 수여해야 한다는 것으로 유연해졌음을 뜻하는 것이었다.

서울로 돌아오는 길에 남동생 규호가 말했다.

"아버지도 훈장을 받으셔야 하는데 대법원에서 왜 재심 소식이 없는지 모르겠어요."

호정 씨는 밝은 표정으로 말했다.

"50년을 기다렸으니 참고 기다리자. 틀림없이 등급 높은 훈장을 받으실 거야."

정말 얼마나 더 기다려야 하는 건지 대법원은 소식이 없었다. 호정 씨는 이러다가 내가 살아 있는 동안에 아버지 복권을 보지 못하는 게 아닌가. 불안한 생각이 자꾸 들었다.

재심청구를 받아들인다는 결정이 난 것은 1년이 더 지난 2010년 10월이었다. '조봉암은 군인 군속이 아닌 일반인인데도 수사 권한이 없는 육군 특무부대가 수사하는 등 수사과정의 범죄 사실이 증명됐다'는 것이 재심 사유였다.

2011년 1월 20일, 기다리고 기다린 날이 왔다. 조호정 여사는 83세의 노구를 이끌고 종로구 부암동 인왕산 산자락에 있는 집을 나섰다. 52년이나 기다려온 대법원의 재심 선고공판에 가기 위해서였다. 간밤에 마음이 설

무죄를 선고한 대법원 법정.
2011년 1월 20일 대법원 전원 합의부는 재심을 열어 죽산 조봉암에게 무죄를 선고했다.
중앙에 앉은 이용훈 대법원장이 「판결문」을 읽고 있다. 『인천일보』 제공.

렌 탓에 잠을 못 자 현기증이 나서 몸이 흔들렸다. 외동딸 성란과 사위 유
수현이 양쪽에서 팔을 잡았다.

"무죄가 아니면 어쩌지?"

인왕산 봉우리를 스치고 달려 내려온 차가운 바람이 얼굴을 때려 여사
는 정신이 쇄락해졌다.

딸 성란이 말했다.

"걱정 마셔요. 진실화해위원회가 권유했고 여론도 우리 편인 걸요."

자동차는 겨울바람을 뚫고 한강 다리를 건너갔다.

대법원 대법정, 전원합의체라 대법관들이 모두 나와 정좌한 가운데 이
용훈李容勳 대법원장이 엄숙하게 「판결문」을 읽어나갔다.

조봉암 선생은 독립운동가로서 건국에 참여했고 국회의원, 국회부의장,
농림부 장관으로 재직하며 우리 경제체제의 기반을 다진 정치인임에도 잘
못된 판결로 사형이 집행됐다. 재심판결로 그 잘못을 바로잡는다.

조호정 여사는 깊은 숨을 들이켰다. 늘 자상하게 웃던 아버지 모습이 환
하게 떠올랐다. 아버지, 이제 됐어요. 속으로 중얼거리느라 「판결문」 뒷부

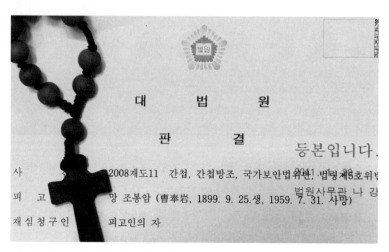

대 법 원

판 결

등본입니다.

사 ┈┈┈┈┈ 2008재도11 간첩, 간첩방조, 국가보안법위반 ┈┈┈┈┈┈┈호위반

법원사무관 나 강

피 고 ┈┈┈┈┈┈ 망 조봉암 (曺奉岩, 1899. 9. 25.생, 1959. 7. 31. 사망)

재 심 청 구 인 ┈┈┈┈┈ 피고인의 자

「무죄판결문 등본」. 대법원은 법살 52년 만에 재심을 열어 무죄를 선고했다.
조호정 여사 제공.

분은 놓쳐버렸다. 그러나 이 대법원장의 「주문」 낭독은 똑똑히 귀에 들어
왔다. 여사는 숨을 죽였다.

피고인 조봉암. 재심청구인 피고인의 자 조호정 · 조임정 · 조규호 · 조의
정. 주문, 원심판결과 제1심 판결 중 유죄부분을 각 파기한다. 이 사건 공소
사실 중 양이섭 관련 간첩의 죄는 무죄, 제1심 판결 중 진보당 관련 국가보
안법 위반에 대한 검사의 항소는 기각한다.

호정 씨는 어떻게 폐정이 됐는지 몰랐다. 정신을 차려보니 기자들이 둘
러싸고 있었다.
"이렇게 좋은 날이 오리라고는 생각하지 못했습니다. 이제 죽어도 아버
지를 뵐 수 있다고 생각합니다. 안심하고 뵐 수 있을 것 같습니다."
몸이 떨려 그 이상은 말을 잇지 못했다.

594

무죄판결을 기뻐하는 조호정 여사.
무죄 판결 직후 조호정 여사가
감격해하고 있다. 53년 전 부친이
억울하게 사형선고를 받을 때
30대 초반이었으나 지금은 80대
할머니가 되었다. 『한국일보』 제공.

세 동생과 함께 곧장 망우리 묘지로 갔다.

규호가 아버지 봉분 앞에 엎드렸다.

"아버지, 오늘 좋은 일이 있었으니 이제 편히 쉬십시오."

규호는 그렇게 고하고는 대법원에서 받아온 판결문 등본을 목멘 소리로 읽었다. 한 번 읽고 엉엉 울더니 다시 읽고 또 엉엉 울었다. 그렇게 여러 번을 반복했다.

아직 받지 못한 독립유공훈장

아버지가 떠날 때 열한 살이었던 외아들 규호 씨는 그때 아버지보다 더 나이를 먹어버렸고 며느리까지 본 몸이었다. 아내 조정이趙貞伊 씨와 두 아들과 함께 승용차를 타고 망우리 묘지를 떠나면서 그는 50년 동안 가슴을 메웠던 응어리가 풀려나가고 텅 비는 느낌이 들었다. 아버지를 죽게 한 자들에 대한 원망도 눈 녹듯이 녹아버리고 있었다. 진실화해위원회가 평생의 한을 풀어줘서 그런가. 그들 혹은 그들의 아들을 만나면 자신이 먼저 화해의 악수를 청할 것 같았다.

차를 운전하던 큰아들 원범源範과 조수석에 앉은 둘째 태현泰鉉의 뒷모습을 바라보았다. 조봉암의 손자로 부끄럽지 않게 자라준 것이 대견스러워서였다. 첫째는 건축학 박사이고 둘째는 가톨릭신학대학에 다녀 곧 신부神父 서품을 받을 몸이었다.

규호 씨는 누이들과 함께 국가보훈처에 독립유공자 서훈신청을 하고 국가를 상대로 손해배상 청구소송을 냈다. '아버지가 국가의 불법행위로 간첩누명을 쓴 채 사형이 집행돼 사망했고 아버지를 잃은 후 간첩의 자녀라는 낙인이 찍힌 채 살아왔다며, 아버지가 사망하지 않았더라면 얻었을 일실이익과 정신적 고통에 대한 위자료 등 137억 4,200만 원을 지급하라'고 요구했다.

회신은 국가보훈처에서 먼저 왔다. 그러나 뜻밖의 내용이었다. 1940년 '흥아신춘' 광고, 1941년 국방성금을 낸 『매일신보』 기사가 있어서 서훈을 유보한다는 것이었다.

조호정 여사는 사위 유수현이 복사해온 『매일신보』 기사를 보고 가물가물한 기억을 떠올렸다. '흥아신춘' 광고는 기억에 없지만 국방성금 기사는 부친이 신문을 보고 크게 낙심하신 것 때문에 기억이 났다. 70년 만에 신문 기사를 보니 아버지 주소가 인천 서경정현재의 중구 내동으로 되어 있었다.

"아니야. 우리는 서경정에 산 적이 없어. 아버지는 일제에 협력하지 않았어. 그래서 예방구금을 당해 헌병대로 끌려가신 걸."

조호정 여사는 머리를 가로저었다.

1941년, 총독부 기관지인 『매일신보』는 죽산이 태평양전쟁 휼병금 150원을 냈다고 보도했다. 죽산의 의지와는 다르게 보도된 이 기사 때문에 훗날 국가보훈처는 훈장수여를 유보했다. 『매일신보』, 1941년 12월 23일자 지면.

국가보훈처가 수훈 유보의 근거로 제시한 것은 일제강점기 총독부 기관지였던 『매일신보』의 기사 두 건이다. 하나는 1940년 1월 5일 '흥아신춘' 광고에 성관사라는 정체 모를 회사명으로 이름을 올린 것이고 하나는 1941년 12월 23일자에 실린 국방성금 150원 납부기사다.

신춘광고는 관의 요구를 받은 기업인들이 묵시적 승낙 혹은 반강제로 당시 일본의 국책인 '대동아공영'을 축원하는 광고에 동참한 것이었다. 사전통고 없이 광고를 내놓고 광고비를 받으러 다니는 것이 관례이기도 했다. 그런데 성관사라는 이름의 상사商社는 자료가 없다. 일제강점기 관보官報의 등기기록에 없고 인천의 상공업 편람에도 없다. 동업자로 함께 이름을 올린 방원영이라는 사람도 『인천상공인명록』에 없다.

국방성금은 죽산의 의지와는 다르게 미곡업계의 거물 박남칠이나 김용규, 혹은 사무실을 빌려주었던 정수근이 대신 내준 것이거나 죽산의 이름을 이용하려는 경찰의 공작으로 보아야 한다. 지금은 대부분 타계했지만 1910년대부터 1920년대에 출생한 인천의 원로들은 인천의 거물이었던 죽산에 관해 아주 사소한 신변사항까지 많은 것을 알고 있었다. 그런데 아무도 죽산의 국방성금을 말하지 않았다.

우선 당시 죽산의 주소가 서경정이 아니라 소화정이었음이 일제 관헌 자료에 나와 있다.* 그리고 1945년 예비구금령으로 체포될 때 김조이 여사가 남동생 김영순에게 한 말과, 부산 임시수도 시절 죽마고우인 조광원 성공회 사제와 해후했을 때, 신의주형무소 형무소 시절보다 더 고통스러웠다고, 조합장 자리를 만들어준 친구가 내쳤다고 한 말, 그리고 "그 양반 10원도 내기 어려운 형편이었어요"라고 한 김영순 선생의 말을 주목해야 한다.**

죽산이 국방성금을 냈다면 선전도구가 되어 신문에 대문짝만하게 실리고 강연회에 불려 다녔을 것이다. 예비구금령으로 체포되지도 않았을 것이다. 그리고 8 · 15광복 후 박헌영 일파가 그를 축출하려 맹공격할 때 온갖 트집을 잡아 험담을 하면서도 그 기사들에 관해 한 마디도 하지 않았음을 주목할 필요가 있다.

1939년 7월 신의주형무소에서 석방돼 인천에 온 죽산이 줄곧 100퍼센트 반일행동으로 산 것은 아니다. 그러려면 지하투쟁으로 들어갔어야 했다. 죽산은 일제와 묵시적인 타협선을 정해놓고 살았고,『매일신보』기사들은 그런 과정에서 불거진 사고였다고 보아야 한다.

손해배상 소송에 대한 1심과 2심이 진행되었다. 2011년 12월에 서울중

---

*「요시찰인의 언동에 관한 건」, 경고특비(京高特秘) 제1235호(국편 DB)
** 이 책 334쪽 각주 및 326쪽, 480쪽 참조.

앙지법 민사부는 24억여 원을, 2012년 7월 서울고법 민사부는 29억 7천만 원을 국가가 지급하라고 선고했다. 많다면 많은 돈이지만 사법살인을 저지른 국가의 배상금으로서는 턱없이 적은 금액이다.

2012년 7월 31일 오전 11시 망우리 죽산의 묘지. 죽산 서거 53주기 추모제에 참석하기 위해 많은 사람들이 모였다. 매년 이날이 되면 그랬듯이 국철 1호선 휘경역에 소형버스가 여러 대 서 있다가 9시 30분부터 좌석이 차는 대로 한 대씩 죽산 추모제 참석자들을 태우고 출발했다. 추모식 시작 전 모인 사람은 200명 남짓 되었다.

80대 노인들이 작년보다 몇 사람 줄었다. 지팡이를 든 늙은 진보당원들이 금년에는 아무개가 보이지 않는다고 쓸쓸하게 말하고 있었다. 그런데도 참석 인원이 크게 줄지 않은 것은 새로이 얼굴을 보인 젊은이들 때문이었다.

큰 소나무 가지에 매달린 스피커에서 구슬픈 만가輓歌가 흘러 나왔다.

아들딸을 이별하고 이제 가면 언제 오나
수명장수 다 못 하고 이 세상을 이별하니
인명은 재천이라 죽어 갈 길 서럽구나
한탄 설움 새 울 적에 푸른 청산 찾아가네
초로 같은 우리 인생 이슬같이 가는구나
청산 노송 산천경계 아리랑고개로 넘어간다

노인들은 만가에 귀를 기울이고 젊은이들은 오솔길에 진열되어 있는 죽산의 생애를 담은 사진 패널을 들여다보았다. 100미터쯤 떨어진 곳에 있는 만해 한용운 시인의 묘소를 잠깐 참배하고 돌아오기도 했다.

2011년 추모제의 유족들. 무죄선고를 받은 뒤 첫 기일인 2011년 7월 31일
망우리 묘소에는 눈물 같은 비가 내렸다. 왼쪽부터 손자 원범 씨,
장녀 호정 씨, 외아들 규호 씨, 차녀 임정 씨, 삼녀 의정 씨.

패널들 중에는 두 편의 시화詩畵도 있었다.

그날*

　　　　　신경림

젊은 여자가 혼자

상여 뒤를 따르며 운다

만장도 요령도 없는 장렬

연기가 깔린 저녁 길에

---

* 1959년 죽산이 세상을 떠난 직후 쓴 시로 시집 『농무』(창작과비평사, 1973)에 수
록되었다.

도깨비 같은 그림자들
문과 창이 없는 거리
바람은 나뭇잎을 날리고
사람들은 가로수와
전봇대 뒤에 숨어서 본다
아무도 죽은 이의
이름을 모른다
달도 뜨지 않은 어두운 그날

죽산조竹山鳥*

이근배

누군가 새의 이름을
죽산조라 불렀다
새이름 사전에 새로 꽂아 넣을
죽산조
어디서 날아 왔는가
어디로 날아 갔는가

죽산은 삶과 죽음의 너머에 서 있었다
감방의 창문으로 한 마리 새를 불러들였다
밥알을 나누어 주고

---

* 1984년 『한국일보』에 연재된 장편 서사시 「한강」(漢江) 중 한 편으로, 그해 11월
10일 발표되었다. 전 6연 중 여기서는 3개 연을 옮겼다.

새는 죽산을 보러 날아오고 날아왔다
죽산이 새에게 준 모이는 무엇이었을까
기미년 만세소리였을까
현해탄의 검은 물결이었을까
모스크바 앞 마당에 내린 눈이었을까
눈물이었을까
웃음이었을까

죽산은 서대문형무소에서
한 마리 새가 되어 하늘로 날아갔다
죽산이 떠난 뒤에도
그의 창문 앞에서
울고 또 울었다는 죽산조
그 새의 나라는 어딘가

"우리가 못 한 일을 후배들이 해나갈 것이네"

죽산과 뜻을 같이했던 진보당원들은 하나둘 세상을 떠났다. 진보당 사건으로 구속됐던 간부들 중 마지막 생존자 정태영 선생이 세상을 떠난 것은 2008년이었다. 추모제를 주관하는 죽산 조봉암 선생 기념사업중앙회 대표는 진보당 사건 당시 국학대학 재학생으로 여명회 조직부장을 맡았던 김용기 전 고려대 교수, 추모제 사회를 맡은 사람은 이명하 조직부 간사의 아들 이모세 선생이었다.

매년 그랬듯이 11시에 추모제가 시작되었다. 그 시각에 죽산이 서울형무소에서 사법살인을 당해 숨이 끊어졌기 때문이다. 유족들이 분향한 뒤, 죽산을 당대의 걸출한 인물로 만들었던 인천 시민들을 대표한 송영길 시장과, 신학용·노회찬 국회의원 들이 추도사를 하고, 성악가가 조가弔歌를 부르고 무용가가 진혼무를 추었다. 추도사의 형식을 빌린 김학준 교수의 5분 강연도 있었다.

추모제가 끝난 뒤 유족, 늙은 진보당원, 기자, 방송 프로듀서, 젊은 학자들이 상수리나무 그늘 혹은 차일 아래 삼삼오오 모여앉아 음복주와 도시락을 먹었다. 큰 소나무 가지에 매달린 스피커에서는 죽산의 녹음 육성이 흘러나오고 있었다. 진보당 창당대회의「개회사」였다.

인간의 존엄성을 무시하는 일을 없애고 모든 사람의 자유가 완전히 보장되고 모든 사람이 착취당하는 것이 없이 응분의 노력과 사회적 보장에 의해서 다 같이 평화롭고 행복스럽게 잘살 수 있는 세상, 이것이 한국의 진보주의라 해도 좋을 것입니다.

상수리나무 그늘에서는 조호정 여사와, 최고령 참석자인 죽산의 농림부장관 시절 비서관 조병선 선생, 김용기 기념사업중앙회장 등이 인천 새얼문화재단 지용택75세 이사장과 도시락을 들며 감사와 기대를 표시하고 있었다. 100퍼센트 시민 출연으로 창립된 이 재단이, 죽산이 어둠 속에 누워있던 권위주의 시대부터 심포지엄, 강연회, 계간지『황해문화』의 기획특집 등을 펼치며 죽산의 명예회복을 위해 끊임없이 종을 울리며 노력해왔고 죽산의 동상 건립을 위한 모금을 하고 있기 때문이었다.

지 이사장이 말했다.

"8,000여 명이 돈을 보내 7억여 원이 모였어요. 하루는 젊은 부부가 돈을 들고 왔어요. 남편 몫, 아내 몫, 큰아이 몫, 작은아이 몫으로 나눠 내며 이름을 모두 넣어달래요. 아이들한테 정의正義가 얼마나 소중한 것인가 알게 해주고 싶어서라고 했어요."

차일 한쪽에서는 젊은 대학원생과 늙은 진보당원이 도시락 반찬을 안주로 삼아 소주잔을 나누고 있었다.

"죽산 선생님의 정치적 이상이 너무 앞서 간 걸까요?"

젊은 대학원생이 술잔을 드리며 질문하자 늙은 진보당원이 대답했다.

"그런 셈이지. 개혁을 부르짖으며 앞서 가는 사람은 순교자처럼 죽게 마련이지. 민중은 그를 이해하지 못해 머뭇거리고, 압제자는 그를 제거해버리지. 그리고 몇십 년이 지난 뒤, '아, 그는 아까운 분이었어' 하고 탄식하지. 죽산 선생은 그런 분이셨어."

"그렇군요. 죽산 선생님의 사상은 지금 더 유효해졌습니다. 그분의 꿈은 책임정치, 수탈 없는 정의로운 경제, 평화통일, 세 가지였는데 그게 오늘 더 절실해졌으니까요. 신뢰받지 못하는 정치, 극심한 빈부 격차, 남북한의 첨예한 대립을 보면 그렇단 말입니다. 죽산 선생님은 그렇게 선견성을 가진 분이었습니다."

80 노령에도 허리가 꼿꼿하고 눈빛이 형형한 늙은 당원은 대학원생에게 술잔을 안겨주고 듬뿍 소주를 부었다. 그리고 죽산이 옥중에서 한 유언을 들려주었다.

"죽산 선생은 이렇게 말씀하셨네. '우리가 못 한 일을 우리가 알지 못하는 후배들이 해나갈 것이네. 결국 어느 땐가 평화통일의 날이 올 것이고 국민이 고루 잘사는 날이 올 것이네. 나는 씨만 뿌리고 가네'라고."

대학원생은 그 말을 노트에 적고 나서 말했다.

"그렇습니다. 우리가 그 씨를 소중히 키우고 가꿔야 죽산 선생님의 희생이 헛되지 않을 겁니다."

'오늘 왜 다시 죽산인가' 하는 주제가 차일 안 노청老靑의 대화 속에 고스란히 들어 있었다. 죽산은 54년 전에 떠났지만 그의 정신은 선명하게 빛나고 있다는 한 증거였다.

604

주요 참고자료

단행본

강만길 · 성대경, 『한국사회주의인명사전』, 창작과비평사, 1996.

강만길 외, 『해방전후사의 인식 1~6』, 한길사, 1985.

강옥엽 · 강덕우 엮음, 『미군정기의 인천자료』, 인천광역시 역사자료관, 2004.

강원용, 『빈들에서 2』, 크리스챤 아카데미 대화출판사, 1998.

강화사편찬위원회, 『증보 강화사』, 사단법인 강화문화원, 1988.

경인일보특별취재팀, 『인천의 인물 100인』, 다인아트, 2009.

고정훈 외 『옥중명인기』, 필중서관, 1969.

공기두 외, 『중국공산당사』, 첨성대, 1990.

국회사무처, 『국회속기록』, 1948~1953, 1955~1956.

권대복 엮음, 『진보당』, 지양사, 1985.

김기협, 『해방일기 1』, 너머북스, 2011.

김남국, 『부하린: 혁명과 반혁명 사이』, 문학과지성사, 1993.

김남식, 『남로당 연구』, 돌베개, 1984.

김영일, 『격동기의 인천』, 동아사, 1986.

김준엽 · 김창순, 『한국공산주의운동사 1~5』, 청계연구소, 1987

김천영, 『연표 한국현대사 1』, 한울림, 1984.

김학준 편집해설, 『혁명가들의 항일 회상』, 민음사, 2006.

남재희, 『언론 · 정치 풍속사』, 민음사, 2004.

노중선, 『민족과 통일 Ⅰ』, 사계절출판사, 1985.

독립운동사 편찬위원회, 『독립운동사자료집 제5집 3 · 1운동 재판기록』, 독립유공자 사업기금운영위원회, 1972.

문화관광부 독립기념관 한국근대사학회, 『국외항일운동 유적(지) 실태조사보고서』,
　독립기념관 한국독립운동사 연구소, 2002.

문화관광부 독립기념관 한국근대사학회, 『국내항일운동 유적(지) 실태조사보고서』,
　독립기념관 웹사이트.

朴己出, 『韓國政治史』, 民族統一問題硏究院: 東京, 1975.

반민족문제연구소 엮음, 『친일파 99인』, 돌베개, 1993.

반병률, 『성재 이동휘 일대기』, 범우사, 1998.

박갑동, 『박헌영』, 도서출판 인간, 1983.

박원순, 『야만시대의 기록』, 역사비평사, 2006.

박지향·김철·김일영·이영훈, 『해방 전후사의 재인식 2』, 책세상, 2006.

박진목, 『내 조국 내 산하』, 계몽사, 1994.

박태균, 『조봉암 연구』, 창작과비평사, 1995.

변형윤 외, 『분단시대와 한국사회』, 까치, 1985.

브루스 커밍즈 외, 『분단전후의 현대사』, 일월서각, 1983.

서대숙, 현대사연구회 역, 『한국공산주의운동사 연구』, 화다출판사, 1986.

서중석, 『대한민국 선거 이야기』, 역사비평사, 2008.

서중석, 『배반당한 한국민족주의』, 성균관대 출판부, 2004.

서중석, 『비극의 현대 지도자』, 성균관대 출판부, 2002.

서중석, 『이승만과 제1공화국』, 역사비평사, 2007.

서중석, 『조봉암과 1950년대 〈상〉〈하〉』, 역사비평사, 2000.

서중석, 『한국현대민족운동연구』, 창작과비평사, 2002.

선우종원, 『나의 조국 대한민국』, B.G.I, 2010.

선우종원, 『망명의 계절』, 신구문화사, 1965.

孫科志, 『상해한인사회사』, 한울, 2001.

신기섭 역, 마틴 하트·렌즈버그, 『이제는 미국이 대답하라』, 당대, 2000.

신태범, 『인천 한 세기』, 홍성사, 1983.

심지연, 『해방정국논쟁사 1』, 한울, 1986.

스칼라피노·이정식, 한홍구 역, 『한국공산주의운동사 I』, 돌베개, 1986,

스칼라피노·이정식, 『한국 공산주의운동의 기원』, 재단법인 한국연구도서관, 1961.

오연호, 『우리 현대사의 숨은 그림 찾기』, (주)월간 말, 1994.

유치송, 『해공 신익희 일대기, 민주한국의 대도(大道)』, 해공신익희선생기념회, 1984.

윤길중,『이 시대를 앓고 있는 사람들을 위하여』, 호암출판사, 1991.

이광석,『시라소니 평전』, 동아일보사, 2003.

이기형,『여운형 평전』, 실천문학사, 2004.

이덕주 · 조이제,『강화기독교 100년사』, 강화기독교 100주년 기념사업편찬위원회, 1994.

이범석 외,『사실의 전부를 기술한다』, 희망출판사, 1966.

이상두,『철창 너머 푸른 하늘이요』, 범우사, 1972.

이순자,『조선의 숨겨진 궁가 이야기』, 평단문화사, 2011.

이영록,『우리 헌법의 탄생』, 서해문집, 2006.

이영석,『죽산 조봉암』, 원음출판사, 1983.

이영석,『조봉암, 누가 그를 죽였는가』, 세상의 창, 2000.

이원숙,『너의 꿈을 펼쳐라』, 김영사, 1990.

이정식,『여운형』, 서울대학교 출판부, 2008.

이정식 · 최상용 · 조영건 외,『여운형을 말한다』, 아름다운 책, 2007.

임경석,『모스크바 밀사』, 푸른역사, 2012.

임경석,『이정 박헌영 일대기』, 역사비평사, 2004.

임경석,『잊을 수 없는 혁명가들에 대한 기록』, 역사비평사, 2006.

장병혜,『창랑 장택상 일대기 상록의 자유혼』, 창랑 장택상 기념사업회, 1992.

정용욱 편,『주한미국대사관 주간보고서』, 국학자료원, 1999.

정정화,『녹두꽃』, 미완, 1987.

정태영 · 권대복 · 오유석,『죽산 조봉암 전집 1~6』, 세명서관, 1999.

정태영,『조봉암과 진보당』, 한길사, 1991.

정태영,『한국 사회민주주의 정당의 역사적 기원』, 후마니타스, 2007.

정화암,『어느 아나키스트의 몸으로 쓴 근대사』, 자유문고, 1992.

조기홍 · 이태구,『월남 이상재의 사상과 활동 연구』, 사)월남 시민문화연구소, 2006.

조봉암,『우리의 당면과업』, 혁신문화사, 1954.

조선민주주의인민공화국 최고재판소,『미 제국주의 고용간첩 박헌영 리승엽 도당의 조선민주주주의인민공화국 정권 전복 음모와 간첩사건 공판문헌』, 국립출판사: 평양, 1956.

조선총독부 경무국,『最近に於ける朝鮮治安狀況』昭和 13年(1938) 調査(복각본), 嚴南堂書店: 東京, 1976.

조우성,『연표로 읽는 인천현대사』, 인천광역시, 1996.

조우성,『한옹 신태범 박사의 인천 사랑』, 푸른 섬, 2012.

주한 미 육군사령부 정보참모부,『주한 미 육군사령부 정보참모부 일일보고서』, 일월
　　서각, 1986.

중공중앙당사연구실,『중국공산당의 70년』, 민족출판사: 북경, 1981.

최인규,『최인규 옥중자서전』, 중앙일보사, 1984.

최장집 편,『한국현대사 1』, 열음사, 1985.

팀 와이너, 이경식 역,『잿더미의 유산』, 랜덤하우스코리아, 2008.

한국사사전편찬회,『한국근현대사사전』, 가람기획, 1990.

현대사연구소,「혁명과 전향을 넘나든 삶 한승격 증언록」,『격동기 지식인의 세 가지
　　삶의 모습』, 한국정신문화연구원, 1999.

『인천상공회의소통계년보』1939년판, 인천상공회의소.

『원전 공산주의대계』, 극동문제연구소, 1984.

『창녕조씨찬성공파보』, 창녕조씨찬성공파편찬위원회, 1981.

『친일인명사전 1.2.3』, 민족문제연구소, 2011,

『한국민족문화대백과사전』, 한국정신문화연구원, 1991.

『한국인물대사전』, 한국정신문화연구원, 1999.

『値段史年表 明治·大正·昭和 週刊朝日編』, 朝日新聞社, 1987: 東京.

논문집 · 잡지

김삼웅,「죽산 조봉암과 서대문형무소」, 월간『말』, 2009년 2월호.

김성보,「법살 50주기에 돌아보는 진보당과 조봉암의 역사의식」,『역사비평』, 2009년
　　가을호.

김윤경,「진보당 사건 관련자 양이섭의 실체에 관한 연구」, 서울시립대학교 석사학위
　　논문, 2011.

김호영,「인물평론 2-조봉암」,『신세계』, 1956년 2월호.

김효겸,「일본 아나키즘과 천황 이데올로기의 내적 친화성 연구」, 성균관대학교 대학
　　원 석사학위 논문, 2006.

박태균,「조봉암의 리더십에 대한 연구」,『황해문화』, 2001년 봄호.

박태균,「1950년대 무력통일론과 평화통일론」,『민족21』, 통권 제49호, 2005.

박태균, 「위험사회 그리고 조봉암」, 『역사와 현실』 제79호, 경인문화사, 2011.

박태균, 「실패한 통일의 신화들」, 『황해문화』, 2002 겨울호.

박태균 대담, 「강원용 목사의 체험한국현대사 2: 이승만 조봉암 사이에서 양다리 걸친 미국」, 『신동아』, 2004년 1월호.

소곡익차랑(小谷益次郎), 「인천철수지」(仁川引揚誌), 『황해문화』, 2001년 봄호.

서중석, 「조봉암의 사회민주주의와 제3의 길」, 『역사비평』, 1999년 5월호.

서중석, 「냉전체제와 한국 민족주의의 위상」, 『한국독립운동사연구』 제15집 2000년 12월호.

서중석, 「1950년대 극우 반공독재의 해부」, 『역사비평』, 1995년 여름호.

신태범, 「인생 89세 수수께끼」, 『월간조선』, 2001년 1월호.

신태범, 「원로를 찾아서」, 『황해문화』, 1993 겨울 창간호.

양준호, 「식민지기 인천의 기업 및 기업가」, 인천대학교 인천학연구원, 2009.

오연호, 「조봉암 처형 전야의 미국 공작원들」, 월간 『말』, 1993년 8월호.

오유석, 「이승만 대 조봉암 · 신익희」, 『역사비평』, 1992년 여름호.

오유석, 「조봉암 : 참여 속의 개혁주의자」, 『내일을 여는 역사』, 2001년 봄 · 여름호.

오유석, 「진실화해위, 진보당 조봉암 사건 진실규명 결정의 의의와 한계」, 『황해문화』, 2007년 겨울호.

윤상순, 「조봉암의 정치활동과 사회민주주의 사상」, 『한국사론』 제52집, 서울대학교 인문대학 국사학과, 2006.

이상두, 「조봉암 현실에 계속 도전한 개혁정신」, 『민족지성』, 1986년 8월호.

이성진, 「해방기 인천 좌익운동가 박남칠 자료연구」, 『인천학연구』 제7집, 인천대학교 인천학연구원, 2007.

이영석, 「조봉암과 양명산의 미스테리」, 『정경문화』, 1983년 7월호.

이철호, 「진보당 사건의 현대적 조명」, 『법과 사회』, 동성출판사, 1999년 11월호.

이현주, 「해방 후 조봉암의 정치활동과 제헌의회 선거」, 『황해문화』, 2001년 봄호.

임경석, 「조봉암의 모스크바 외교」, 『역사비평』, 2011년 여름호.

임홍빈, 「죽산 조봉암은 왜 죽어야 했나」, 『신동아』, 1983년 9월호.

전강수, 「평등지권과 농지개혁 그리고 조봉암」, 『역사비평』, 2010년 여름호.

전상숙, 「전향, 사회주의자들의 현실적 선택」, '일제하 지식인의 파시즘체제 인식과 대응', 연세대 국학연구원 학술회의 자료집, 2004.

정진석, 「북으로 간 언론인의 비참한 말로」, 『신동아』, 2010년 10월호.

정태영,「조봉암 연구의 현황과 과제」,『황해문화』, 1999년 여름호.

조봉암,「평화통일의 길」,『중앙정치』, 1957년 10월호

조봉암,「내가 걸어온 길」,『희망』, 1957년 2, 3, 5월호.

조현연,「진보정당의 역사적 실험과 1999년 진보정당 창당운동」,『황해문화』, 1999년 여름호.

주봉호,「조봉암과 진보당: 제3의 길」, 동의대 지방자치연구소, 2010.

「이승만 제거 두 갈래의 쿠데타 음모」,『신동아』, 1995년 8월호.

「현대사 발굴, 죽산조봉암의 신춘휘호 석 점」,『민족 21』 제12호, 2002년 3월호.

새얼문화재단, '새얼아침대화 300회 기념강연' 자료집, 인천파라다이스호텔, 2011년 3월 11일.

죽산 조봉암 선생 명예회복 범민족 추진위원회,「죽산 조봉암 선생의 평화통일론과 개혁론의 재조명」, '죽산 조봉암 선생 탄신 100주년 기념 학술대토론회' 자료집, 국회, 1999.

죽산 조봉암 선생 명예회복 범민족 추진위원회, '죽산 조봉암 선생의 사상 및 업적 재조명을 위한 심포지움' 자료집, 한국프레스센터, 2011년 7월 15일.

허일태,「유병진 판사의 법사상」,『동아법학』 제46호, 2010.

신문

'최경희 박재영 조봉암 무사방면',『동아일보』, 1920년 6월 18일.

'김이옥 강화읍 엡윗청년회',『동아일보』, 1922년 3월 30일.

'김이옥의 야학, 계몽운동',『동아일보』, 1922년 4월 13일, 5월 4일, 5월 22일, 12월 1일.

'신흥청년동맹 인천강연',『동아일보』, 1924년 4월 18일.

'조용암 강연',『동아일보』, 1922년 4월 24일, 6월 4일.

'조봉암·김조이 결혼',『동아일보』, 1924년 7월 1일.

'조용암 정구 전국대회 출전',『동아일보』, 1924년 8월 8일, 9월 25일.

'사회운동과 민족 운동의 차이점',『동아일보』, 1925년 1월 7일.

'조선기자대회',『동아일보』, 1925년 4월 15일.

'양이섭 상하이에서 피체',『동아일보』, 1931년 4월 24일.

'김조이 모종 사명 띠고 잠입',『동아일보』, 1932년 2월 3일.

'홍남표 상하이에서 씨 피체', 『동아일보』, 1932년 12월 18일, 1933년 1월 11일.

'조봉암 상하이 주소', 『조선중앙일보』, 1933년 3월 5일.

'조봉암의 아내 상해에서 돌아와 인천서에서 취조', 『동아일보』, 1933년 5월 12일.

'조봉암의 처 김이옥 석방', 『조선중앙일보』, 1933년 5월 23일.

'적성의 헌금과 헌품', 『매일신보』, 1941년 12월 23일.

'김조이 전국인민대표회의참가', 『대중일보』, 1945년 11월 12일.

'조봉암 조선혁명자구원회 인천지부 고문', 『대중일보』, 1945년 12월 2일.

'조봉암 인천협동조합 창립 주도', 『대중일보』, 1945년 12월 28일.

'남부조선에 단독정부 수립설', 『동아일보』, 1946년 4월 7일.

'CIC 서신 압수 관련 인터뷰', 『조선인민보』영인본(김남식 · 이정식 · 한홍구 엮음, 한
　국현대사자료총서 3, 돌베개), 1946년 5월 15일.

'계급독재를 부인코', 『동아일보』, 1946년 8월 2일.

'인천 을구 제헌의회 의원 입후보자 면면', 『대중일보』, 1948년 3월 19, 26, 27일.

'인천 을구 제헌의원 선거 부평동국민학교 정견발표회', 『대중일보』, 1948년 4월 20일.

'조봉암 제헌의원 당선사례 광고', 『대중일보』, 1948년 5월 13일.

'조봉암 성광여중 설립이사', 『동아일보』, 1948년 11월 25일.

'김석기 반민특위 구속관련', 『대중일보』, 1949년 6월 5일.

'조경희 노천명 군사재판', 『서울신문』, 1950년 10월 28일.

'조봉암 씨 대통령 출마선언', 『조선일보』, 1952년 7월 26일.

'공명커든 원조를, 조봉암 씨 의원들에게 인사', 『조선일보』, 1952년 7월 27일.

'조봉암 씨 등록실격', 『동아일보』, 1954년 4월 27일.

'조봉암 씨에게 묻는다(사설)', 『동아일보』, 1954년 4월 30일.

'신당운동에 동참할 터', 『동아일보』, 1955년 2월 24일.

'신당운동에 호응할 터', 『동아일보』, 1955년 2월 24일.

'신조 양씨 회담', 『동아일보』, 1956년 4월 26일.

'타당 후보 지지하지 않는다', 『조선일보』, 1956년 5월 7일.

'신 씨 서거는 민족적 손실', 『조선일보』, 1956년 5월 8일.

'개표 완료', 『조선일보』, 1956년 5월 18일.

'위원장에 조봉암 씨 진보당 임원선출', 『동아일보』, 1956년 11월 12일.

'그 사람이야 벼룩에 굴레', 「단상단하」, 『동아일보』, 1957년 12월 1일.

'진보당 간부 7명 구속', 『동아일보』, 1958년 1월 14일.

'조 씨 맑시즘 지향 서상일 씨 증언', 『동아일보』, 1958년 1월 31일.

'20여 총경을 감원 5 · 15 때 조봉암 표 많이 나온', 『동아일보』, 1959년 4월 16일.

'법부장관에 구신(具申) 조봉암 양명산 사형집행', 『동아일보』, 1959년 5월 2일.

'사형수 조봉암 재심청구', 『동아일보』, 1959년 5월 6일.

'재심의견서 제출 조봉암', 『동아일보』, 1959년 5월 20일.

'조봉암 재심청구 기각 어제 대법원', 『동아일보』, 1959년 7월 31일.

'비공개리 집행 조봉암 장례식', 『동아일보』, 1959년 8월 3일.

「비화 제1공화국」, 『동아일보』, 1974년 4월 26일.

김윤식, 「알려지지 않은 또 한 명의 문인 함효영」, 『기호일보』, 2007년 7월 29일.

'조봉암 선생 장녀가 말하는 아버지 조봉암', 『서울신문』, 2007년 9월 30일.

'백기유 기자의 김용식 재판장 회고', 『47언론인회보』, 1981년 10월 15일.

김제영, '囚人番號 2310의 주술적 쇠사슬이 풀렸습니다', 인터넷신문 『서울의 소리』,
    2011년 1월 15일.

박명림, 「반공포로 석방 충격 아이젠하워 이승만 제거 쿠데타 준비했다」, 『중앙일보』,
    2011년 1월 28일.

「한국의 명가 조봉암」, 『주간조선』, 2011년 7월 18일.

「작가 이원규 죽산 조봉암을 다시 말한다 1~10」, 『한국일보』, 2012년 3월 3일~5월 12일.

문서

조봉암의 부친 조창규의 「제적등본」.

조봉암의 형 조수암의 「제적등본」.

조봉암의 「제적등본」.

김이옥의 친정조카 김종세의 「제적등본」.

김조이의 조부 김종태의 「제적등본」.

인천광역시 중구 도원동 12번지 폐쇄등기.

인천광역시 강화군 강화읍 관청리 588번지 토지대장.

인천광역시 강화군 강화읍 신문리 165번지와 216번지 토지대장.

강화보통학교 졸업대장.

조호정 여사가 이승만 대통령에게 쓴 육필 「탄원서」.

국무회의록, 1956년 9월 28일.

독립운동가공훈록, 국가보훈처 데이터베이스.

기독교 인천지방회 회록, 1919.

강화신문리교회 교적부, 1919.

「강연회 보고」, 경종경고비(警鍾警高秘) 제12604의 3호, 1924년 10월 14일 종로경찰
　　서장이 경성지방법원 검사정에게 보낸 보고, 국사편찬위원회 베이스(이하 '국편
　　DB').

1945년 9월 12일자 G-2 Periodic 보고서.

국가기록원, 조봉암 농림부장관 독직사건, 1949년 1월 31일, 국편 DB.

과거사 청산을 위한 국회의원 모임, 국가폭력피해자증언대회 텍스트, 2005.

러시아국방성 중앙문서보관소, 문서군 172, 문서철 12, 구두정보 보고, 1946년 5월 7
　　일 및 8일, 국편 DB.

인천지구 선거운동원 곽정근(郭情根) 선생의 일기.

진실·화해를 위한 과거사정리위원회, 「진보당 조봉암 사건」, 『2007년 하반기 조사보
　　고서』, 2007.

진보당 조봉암 사건 재판기록, 국가기록원 포털사이트.

「조봉암 대(對) 공산당에 관한 건」, 경종경고비(警鍾警高秘) 제5995의 1호, 1925년 5
　　월 29일 종로경찰서장이 경성지방법원 검사정에게 보낸 보고, 국편 DB.

「조봉암 입로(入露)에 관한 건」, 고경(高警) 제1852호, 1925년 6월 3일 조선총독부
　　경무국장이 내무대신 등에게 보낸 보고, 국편 DB.

「재 상해 불온행동자 최창식 등 취조상황에 관한 건」, 경고비(京高秘) 제4555호, 1930
　　년 6월 11일 경기도 경찰부장이 내무대신 등에게 보낸 보고, 국편 DB.

「시국에 관한 재호(在滬) 불령선인(不逞鮮人) 등의 활동에 관한 건」, 1931년 11월 15
　　일 재상하이 무라이(村井) 영사가 외무대신에게 올린 보고, 국편 DB.

「국제정세 급변에 대한 부민(部民)의 언동에 관한 건」, 경고비(京高秘) 제174호의 2.
　　1941년 1월 27일 경기도 경찰부장 보고, 국편 DB.

「요시찰인의 언동에 관한 건」, 경고특비(京高特秘) 제1235호, 1941년 5월 15일 경기
　　도 경찰부장 보고서, 국편 DB

「홍순복 진술조서」 및 「홍순복에 대한 증인 유찬식 신문조서」, 1949.6.20, 반민족행위
　　특별검찰부, 국편 DB.

「실향사민 안부조사신고서 김조이」, 자료원 데이터베이스.

Jong-dae, Shin, Christian F. Ostermann & James Person, 「North Korean Perspectives on the overthrow of Syngman Rhee, 1960」, 『NKIDP e-Dossier no. 13』, january 2013,(www.wilsoncenter.org.nkidp),

미디어 자료, 기타

동아방송 라디오, 「정계야화」, 장택상 회고 제36회, 1965년 3월 23일 방송.

KBS TV, 「이승만의 승부수 농지개혁」, KBS 영상사업단, 1998.

KBS TV, 「역사스페셜―반세기 만의 무죄판결, 조봉암 죽음의 진실」, KBS Media, 2011.

MBC TV, 「조봉암과 진보당」, MBC 프로덕션, 1999.

죽산 조봉암 연보

1899년(1세) 9월 25일, 강화군 선원면 금월리에서 아버지 조창규(曹昌圭, 1863년
생)와 어머니 유씨(兪氏, 1861년생) 사이에서 차남으로 출생함. 조부
는 조상원(曹相元), 조모는 최씨(崔氏)였음. 외가는 내가면 외포리였
으며 외조부는 유지훈(劉志勳), 외조모는 김씨(金氏)였음.

1904년(6세) 7월 5일, 김조이가 경남 창원군 웅천면에서 출생함.

1905년(7세) 3월 13일, 김이옥이 강화군 부내면 신문리에서 출생함.
10월 2일, 아우 용암 출생함.
11월 17일, 제2차한일협약(을사조약)이 체결됨.

1907년(9세) 봄, 강화공립보통학교(4년제)에 입학함.
8월 9일, 강화진위대원들이 군대 해산에 저항하며 봉기함.

1908년(10세) 강화군 부내면 남문 안 마을로 이사함.

1910년(12세) 봄, 신문리 잠두교회에서 세례를 받음.
8월 29일, 한일합방 조칙이 발표됨.

1911년(13세) 봄, 공립보통학교를 졸업하고 2년제 농업보습학교에 입학함.

1913년(15세) 봄, 농업보습학교를 졸업함.

1914년(14세) 봄, 일급 10전을 받고 강화군청의 급사로 일하기 시작함.
겨울, 자전거로 면사무소에 공문을 수발하느라 오른쪽 손가락들이 동
상에 걸림.

1916년(18세) 월급 10원을 받는 강화군청 고원(雇員)이 되어 토지조사사업 통계 일
을 함.
7월 관청리 21통 4호 550번지로 이사함.
9월 29일, 한자 이름을 '鳳岩'에서 '奉岩'으로 정정 호적에 등재함.

1917년(19세) 6월, 관청리 957번지로 이거(移居)함.

군청 고원을 그만두고 잠두교회에 열심히 나가 권사 칭호를 받음. 지난해 동상에 걸린 손가락들 끝이 괴사하기 시작함.

1918년(20세) 봄, 관청리 대서소 대서보조업자가 됨.

신문리 출신 경성여고보생 김이옥을 만남.

1919년(21세) 3월 18일, 강화의 만세시위에 참가함. 이날 아버지 조창규 사망. 사망 장소가 관청리 550번지로 기록됨.

4월 중순, 「독립선언서」를 배포한 혐의로 강화경찰서에 구속됨.

5월 4일, 보안법 및 출판법 위반으로 경기지방법원 검사국에 송치되고 서대문감옥에 수감됨. 감방에서 이가순 선생으로부터 감화를 받음.

6~9월, 감방에서 혹독한 고문을 당하며 애국정신이 커짐. 증거불충분으로 무죄판결을 받음.

9월 30일, 서대문형무소 출소.

1920년(22세) 1월, 경성 YMCA 중학부에 입학함.

4월 13일, 중국 상하이에서 대한민국임시정부가 수립됨.

5월 26일, 대동단사건으로 평양경찰서에 연행되어 2주일 간 조사받음.

1921년(23세) 7월 7일, 일본으로 유학 떠남. 세이소쿠영어학교에 입학하고 엿장수 고학을 함.

11월 3일(음력), 모친이 별세했으나 귀국하지 못함.

11월 29일, 박열 · 김약수 · 김사국 등과 아나키스트 모임 흑도회를 조직함.

12월, 주오대학 전문부 정치경제과에 입학함.

1922년(24세) 8월, 조국 해방 투쟁의 실천적 참여를 위해 귀국, 사회운동에 나섬.

11월, 베르흐네우딘스크 한인 공산주의자 연합대회에 국내 대표로 참가함. 대회 결렬 후 최종 협의 대표로 뽑혀 모스크바로 감.

12월, 모스크바동방노력자공산대학에 입학함.

12월, 이화학당 재학생 김이옥, 고향 강화에서 여자야학을 개설함.

1923년(25세) 8월, 폐결핵으로 모스크바동방노력자공산대학을 자퇴함. 조선공산당과 공산청년회 조직 사명을 갖고 귀국함.

1924년(26세) 2월 11일, 김찬 등과 더불어 코민테른 국내부 청년뷰로의 합법조직인 신흥청년동맹을 조직함.

3월 중순~4월 초순, 신흥청년동맹 순회강연에 나서 해주, 재령, 안악, 안주, 박천, 평양 등지에서 강연하여 폭발적 인기를 얻음.

4월 19일, 인천에서 강연. 여자고학생상조회 멤버 김조이도 강연함.

6월 30일, 김조이와 경남 창원군 웅천면 그녀의 집에서 결혼식을 올림.

9월, 조선일보 기자가 됨.

1925년(27세) 3월 21일, 김이옥, 강화엡윗청년회의 집행위원이 됨.

4월 17일, 황금정(현 을지로)의 아서원에서 제1차 조선공산당(이하 '조공')을 결성하고 3인 전형위원 중의 하나로서 조직을 맡고 중앙검사위원이 됨.

4월 18일, 훈정동 박헌영의 집에서 제1차 고려공산청년회(이하 '고려공청') 결성 모임의 사회를 보고 중앙집행위원 겸 국제부 책임자가 됨.

4월 20일, 전조선민중운동자대회의 개최 불허에 항의하는 시위를 지휘함.

4월 말, 조공과 고려공청을 승인받기 위해 모스크바행 밀사로 떠남.

6월, 중국 상하이에 들러 여운형을 만남.

8월 20일, 모스크바에서 코민테른으로부터 조공과 고려공청의 승인을 받고 유학생을 받아달라고 요청해 21명의 입학 승인과 공작금을 받음.

11월 4일, 형 조수암이 인천 금곡리에서 36세로 죽음.

11월, 국내에서 신의주사건으로 조공검거사태가 일어남.

1926년(28세) 1월, 상하이로 가서 국내에서 탈출해 온 김찬 · 김단야 등과 함께 조공 해외부를 설치함.

5월 13일, 만주에 잠행하여 조공 만주총국을 조직함.

5월 25일, 김이옥, 강화유치원을 설립했으나 이 무렵 폐결핵에 걸림.

6월 10일, 국내에서 6 · 10만세사건이 일어나고 주동자가 여운형 · 권오설 · 조봉암이라고 신문에 보도됨. 강달영의 조공 2차당 붕괴됨.

7월, 재 상하이 코민테른 극동부 위원이 됨.

1927년(29세) 1월 초, 김이옥이 상하이로 찾아와 동거에 들어감.

4월 11일, 한국유일독립당 상해촉성회 조직에 주도적으로 나섬.

4월, 코민테른의 일국일당 원칙에 따라 중국공산당 장쑤성(江蘇省) 위원회 산하에 한인지부를 조직하고 책임자가 됨.

5월 20~26일, 한커우(漢口)에서 열린 범태평양노조회의 회의에 조선대표로 참가함. 참석자들의 여비로 모풀(국제혁명운동희생자구원회) 공금을 전용함. 김이옥과의 동거 비용으로 착복했다는 의심이 더해져 동지들의 비난을 받음.

9월 13일, 제1차, 제2차 조공 수사결과를 총독부 경찰이 발표, 이름과 사진이 신문에 실림.

1928년(30세) 9월 30일, 딸 호정이 태어남.

겨울, 아우 용암이 모스크바공산대학을 마치고 상하이로 와서 합류함.

12월 말, 코민테른이 조선공산당에 관한 '12월 테제'를 발표, 기존의 조공 조직을 해체하고 중국공산당 조직이나 일본공산당 조직에 들어가라고 지시함.

1929년(31세) 7월 7일, 여운형이 상하이에서 체포됨.

7월, 위험을 느껴 상하이 조계 사페이로(霞飛路) 646호로 이사함. 근처에 사는 후배 동지 양이섭과 가깝게 지냄.

10월 26일, 유호(留滬)한국독립운동자동맹 조직을 주도함.

겨울, 김단야가 국내 잠입투쟁을 하고 상하이에 왔으나 연락하지 않음.

1931년(33세) 1월, 중국공산당 상하이지부 서기가 됨.

2월, 중국혁명호제회 상하이 한인분회를 조직하고 동생 조용암을 책임자로 임명함. 용암과 함께 『혁명의 벗』을 발간, 김이옥이 편집을 도움.

4월 23일, 후배동지 양이섭이 체포됨. 푸시로(蒲石路) 622호로 옮김.

9월 18일, 만주사변이 일어남.

11월 중순, 수하 당원들이 동포 정윤교의 금품을 탈취하는 사건이 일어남.

12월, 상하이한인반제동맹을 창립함. 김조이, 국내에 잠입함.

1932년(34세) 1월 초순, 박헌영이 상하이에 와서 김단야와 함께 『코뮤니스트』를 발간, '반조운동'(反曺運動)을 펼침.

1월 28일, 일본군이 상하이를 침공함.

3월 2일, 동아일보가 김조이의 국내잠입을 보도함.

4월 29일, 윤봉길(尹奉吉) 의사의 의거로 상하이 조선인 사회가 요동을 침.

5월 1일, 안창호가 체포되고 한인 투사들 태반이 떠났으나 상하이에 남아『적기』(赤旗)를 발행, 일본 영사관 경찰과 프랑스 조계 경찰의 안창호 체포를 비난함.

5월, 김조이, 섬진강 제방공사장에서 체포당함.

9월 28일, 프랑스 조계 프랑스공원에서 체포됨.

12월 3일, 7명의 동지들과 함께 고국으로 압송됨.

1933년(35세)　5월 11일, 김이옥·조호정 모녀, 친척 조병창의 보호를 받으며 상하이에서 귀국함.

10월 26일, 김이옥이 강화 신문리 친정에서 죽음. 딸 호정, 먼 친척인 조준묵을 따라 인천으로 가서 성장함.

12월 27일 신의주지방법원에서 징역 7년을 선고받음.

1934년(36세)　12월 10일, 함흥지법에서 김조이·김복만의 공판이 열림.

1938년(40세)　모범수로 지내며 일제의 전향 회유를 이겨냄.

1939년(41세)　7월, 일본 황태자 탄생에 따른 은사(恩赦)로 가석방, 인천으로 감.

가을, 인천 소화정(昭和町) 39번지에 집을 마련하고 첫 아내 김조이와 재결합함. 경남 창원의 처가에 찾아가 인사를 드림.

겨울, 인천비강업(粃糠業)조합장 자리에 앉음.

1940년(42세)　1월 5일,『매일신보』의 '흥아신춘'(興亞新春) 신년광고에 이름이 실림.

4월, 옛 동지 김찬이 찾아옴.

1941년(43세)　봄, 조선사상범예비구금령이 공포되고 전향 회유를 받음. 신의주형무소 시절보다 더 괴로운 시간을 보냄.

12월 23일,『매일신보』에 국방성금 150원을 냈다는 기사가 남.

1942년(44세)　봄, 도산정(桃山町) 12번지 부영주택으로 이사함.

1945년(47세)　1월, 예비구금령으로 구속, 헌병대 감방에 갇힘.

8월 15일, 석방되어 인천 집으로 감. 다음 날 인천보안대를 조직함.

8월 18일, 건국준비위원회 인천지부를 조직함.

9월 8일, 미 24사단 주력, 인천에 상륙함.

10월 6일, 인천 부윤(府尹)을 뽑는 간접선거 후보자가 됐으나 낙선함.

11월 30일, 조선혁명자구원회 인천지부 결성식을 주도함.

12월 중순, 인천협동조합 창립을 주도함.

1946년(48세)　1월 중순, 인천시세진흥회에 참석함.

2월 7일, 인천 민주주의민족전선을 결성하고 회장이 됨.

3월 1일, 인천공설운동장의 첫 삼일절 기념식에서 능숙한 사회로 참가 시민 5만여 명에게 호감을 줌.

3월 중순, 민전 사무실에서 미군정 CIC의 수색을 받아, 소지했던 박헌영에게 쓴 편지를 압수당함.

5월 7~9일, CIC에 압수당한 편지가 「존경하는 박헌영 동무에게」라는 제목으로 5개 우익신문에 실림.

5월 14일, 민전 인천지부 의장을 사임함.

6월 11일, 미군 CIC에 연행되어 전향 요청을 받음.

6월 22일, 전향을 결심하고 귀가함.

6월 23일, 전향성명 「비공산 정부를 세우자」가 민전 주최 인천지부 미소공위 촉구 인천시민대회장에 살포되고 각 신문사에 발송됨.

7월, 공개 활동을 자제하며 「3천만 동포에게 고함」 「공산주의 모순 발견」 등 소책자를 저술함.

8월 2일, 인천 『대중일보』와 인터뷰, 반공노선을 천명하고 계급독재를 부인함.

9월, 인천 우익 인사들과 교유하며 통일건국회를 결성함.

10월 30일, 하지 중장을 만남.

11월 초, 좌우합작위원회에 들어가고 싶었으나 여운형과 김규식의 반대에 부딪힘. 좌우익 중간파 그룹의 통일정부 수립을 위한 연합체 구성에 발기인으로 참여함.

1947년(49세) 2월 4일, 브라운 장관을 만남.

2월, 옛 동지인 김찬·원우관·임원근, 그리고 이극로와 이동산 등과 민주주의독립전선을 조직.

4월 25일, 딸 임정(林晶) 출생.

7월 19일, 여운형이 암살당함.

9월, 남북 분단과 단독정부 설립이 현실로 다가오자 참여하는 편에 섬.

1948년(50세) 4월 14일, 인천 을구에 제헌의회 의원 입후보자 등록을 함.

4월 말, 민족청년단 인천 부단장 강원명이 선거진영에 합류, 불리했던 선거판도를 역전시킴.

5월 10일, 제헌의회 의원에 당선됨.

6월 1일, 헌법 및 정부조직법 기초위원회 위원이 됨.

6월 초순, 85명의 무소속 의원들을 규합해 무소속구락부를 결성하고 대표가 됨

8월 2일, 초대 농림부 장관에 지명됨. 농지개혁법을 입안해 세계 최고의 토지 균등성을 확보함.

1949년(51세) 2월 22일, 관사 수리비 유용혐의로 농림부 장관직을 사임함.

6월 26일, 백범 김구 암살됨.

7월 23일, 외아들 규호(圭豪) 출생.

1950년(52세) 5월 30일, 인천 병구에서 무소속으로 제2대 총선에 당선됨.

6월 19일, 국회부의장에 당선됨.

6월 25일, 한국전쟁 발발. 가족을 잊고 국회 피난준비에 매달려 한강 인도교 폭파 직전 도강함.

7월 30일, 아내 김조이가 납북됨.

8월 26일, 딸 의정(義晶)이 출생함.

10월 30일, 평양탈환환영시민대회 참석차 평양에 가서 아내를 찾았으나 무위에 그침.

1951년(53세) 1월, 중공군 참전으로 인한 후퇴로 부산 임시수도로 이동.

2월, 이승만 대통령이 국민방위군사건과 거창 양민학살로 통치에 한계를 드러냄.

6월, 대중적 지지를 받는 제3세력을 결집해 신당을 창당하려 함.

10월, 한국농민회 창립대회를 엶. 당국이 간첩단사건을 날조해 신당 준비국 책임자 이영근 등에게 사형 등 중형을 구형했으나 무죄선고를 받음.

1952년(54세) 5월 25일, 부산정치파동이 일어남.

5월 28일, 참전국들의 요구를 피할 수 없어 발췌개헌안 통과를 위해 앞장섬.

7월 10일, 제2대 국회 후반기 국회부의장에 다시 뽑힘.

7월 중순, 미군 정보요원 프레드 토머스와 우호관계를 시작함.

7월 24일, 제2대 대통령선거에 입후보자로 나섬.

8월 5일, 대통령선거에서 약 70만 표를 얻어 차점자로 낙선함.

1953년(55세) 7월 초순, 대통령선거 사무차장이었던 김성주가 국가변란 누명으로 수사를 받다가 고문으로 죽음.

7월 27일, 휴전협정이 조인되고 서울로 복귀함. 사직동 도정궁으로 이사함.

1954년(56세) 3월, 『우리의 당면과업』을 집필함.

5월 20일, 정권의 탄압으로 3대 국회의원 선거 입후보 등록에 실패함. 이후 야인 신분이 되어 도정궁에서 서예로 세월을 보냄.

12월, 이승만 대통령의 영구집권을 위한 사사오입 개헌이 일어남. 야당과 무소속 의원들이 호헌동지회를 결성하고 참가를 간곡히 요청함.

1955년(57세) 2월 22일, 인촌 김성수의 권유로 공산당과 결연했음을 천명하는 성명을 발표함.

5월 15일, 딸 호정이 이봉래 시인과 결혼함.

10월, 양이섭이 찾아와 후원금을 내놓음.

10월 하순, 성동구 약수동으로 이사함.

12월 22일, 서상일·박기출·이동화·김성숙 등과 진보당 추진위원회를 결성하고 대표가 됨.

1956년(58세) 3월 31일, 진보당 전국추진위원 대표자회의에서 투표를 통해 대통령 후보로 뽑힘.

4월 13일, 『동아일보』에 '책임정치 수립, 수탈 없는 경제 실현, 평화통일 성취'를 골자로 하는 정견을 기고함.

4월 25일, 신익희와 야당 대통령후보 단일화를 위한 회담을 가짐.

5월 1일, 진보당의 선거공약 10장을 발표함. 5월 6일에 전주에서 최종 회담을 열어 대통령후보를 신익희에게 양보하고 민주당은 진보당의 정견을 수용하기로 약속함. 5월 5일, 신익희가 급서해 단독후보가 되고 테러를 피해 은신함. 진보당원들은 온갖 탄압 속에 선거운동을 계속함.

5월 15일, 대통령선거에서 20.2퍼센트인 216만 3,000여 표를 획득함.

10월, 진보당 창당 준비과정에서 계열 간 갈등으로 서상일·이동화·최익환·고정훈 등이 떠남.

11월 10일, 서울시립극장에서 진보당 창당대회를 열고 당위원장이 됨.

1957년(59세) 9월, 월간 『중앙정치』를 창간하고 창간호(10월호)에 「평화통일에의 길」을 기고함. 남파간첩 박정호 사건으로 장건상·김성숙 등 근로인민당 10여 명이 구속됨. 당국이 조봉암도 관련됐다고 보도하며 몰아감.

11월 초, 김달호 진보당 부위원장과 함께 미 대사관 참사관 필립 하비브를 만남.

11월 중순, 진보당 재정부 간사 신창균, 자유당 정권이 죽산을 제거하려 한다는 정보를 들음.

12월, 위기가 커짐. 장택상과 강원용 목사를 만나 진보당을 맡아줄 것을 요청했으나 무위에 그침. 신당동 353번지로 집을 줄여 이사함.

1958년(60세)　1월 7일, 치안국장 고문 홍원일이, 당국이 1월 13일 이내에 진보당원들을 체포한다는 제보를 함.

1월 11일, 체포를 피해 관철동 친구의 집에 은신함.

1월 12일, 박기출·윤길중·조규희·조규택·이동화 등 진보당 간부들 구속됨.

1월 13일, 오전에 자진 출두 전화를 하고 서울시경으로 가는 도중 체포됨. 이후 서울시경의 조사에서 '평화통일론이 북진통일이라는 국시의 위반이며 간첩 박정호와 접선했다'는 조작된 혐의를 모두 부인함.

1월 22일, 서대문형무소에 구속 송치됨.

3월 12일, 육군특무부대가 '간첩 양이섭이 조봉암 씨에게 정치자금 3,000만 환을 줬음이 확인됐다'고 발표함.

3월 13일, 오후 2시 서울지방법원에서 첫 공판이 열림(국가보안법 위반 혐의).

4월 8일, 양이섭의 혐의사실 시인으로 간첩죄로 추가 기소됨.

7월 2일, 1심 결심공판, 국가보안법 위반으로 징역 5년을 선고함.

9월 4일, 2심 재판에서 양이섭이 1심 진술을 번복해 '고문에 못 이겨 허위진술을 했으며 북한에서 공작금을 받지 않았고 조봉암에게 준 돈은 후원금이지 공작금으로 준 게 아니다'라고 진술함.

10월 25일, 2심 결심 공판, 국가변란을 목적으로 진보당을 결성하고 간첩행위를 했다며 사형을 선고함.

1959년(61세)　2월 27일, 대법원, 파기자판(破棄自判)으로 사형을 선고함.

7월 17일, 「제헌절을 맞아 국민에게 보내는 성명」을 옥중에서 발표함.

7월 30일, 대법원이 재심청구를 기각함.

7월 31일, 오전 11시 사형이 집행됨.

8월 2일, 망우리 묘지에 안장됨.

1991년(사후 32년) 10월 25일, 윤길중 의원, '죽산 조봉암 사면 복권에 관한 청원'
을 작성, 국회의원 86명의 서명을 받고, 죽은 사람의 사면복권을 가능
하게 사면법 개정안을 56명의 서명으로 국회에 제출함. 그러나 여야
충돌로 국회 활동이 파행에 빠지면서 개정안이 폐기됨.
2004년(사후 45년) 8월 15일, 노무현 대통령이 공산주의 독립유공자에 대한 서훈
의지를 표명함.
12월 6일, 조호정, 보훈처를 방문해 독립유공자 서훈 신청을 함.
12월 31일, 중앙일보, 사면복권이 없이는 독립유공자 선정 대상이 될
수 없다는 보훈처 관계자의 말을 인용 보도함.
2005년(사후 46년) 5월 2일, '진실 · 화해를 위한 과거사 정리 기본법'이 제정됨.
6월, 유족들이 대통령 비서실에 독립유공자 서훈 신청 민원을 접수함.
11월 11일, 대통령 비서실에 보낸 신청을 보훈처가 회신함. 간첩죄로
사형당한 사실에 대한 사면복권 절차가 이뤄진 후 죽산의 독립유공
자 공적을 심의하기로 한다고 회신함.
12월 1일, '진실 · 화해를 위한 과거사 정리위원회'가 발족됨.
2006년(사후 47년) 7월 4일 조호정, 진실 · 화해를 위한 과거사 정리위원회에 진실
규명을 요청.
2007년(사후 48년) 9월 18일, 진실 · 화해를 위한 과거사 정리위원회가 진실이 규
명되었음을 결정함. 국가가 피해자와 유족에게 총체적으로 사과하고
재심 등 상응한 조치를 취하며 독립유공자로 인정하라고 권유함.
10월 22일, 국가기록원이 1만 4,000여 쪽에 달하는 진보당 사건 수사기
록과 재판기록을 공개, 죽산을 법살하게 된 경위가 백일하에 드러남.
2008년(사후 49년) 8월 초, 유족 4남매, 대법원에 재심을 요청함.
8월 15일, 김조이 여사에게 건국포장이 추서됨.
2009년(사후 50년) 7월 30일, 사회원로와 여야 정치인 145명, 「죽산의 명예회복 청
원 성명서」 발표.
2011년(사후 52년) 1월 20일, 대법원 전원 합의부가 죽산의 무죄를 선고함.
2012년(사후 53년) 11월 20일, 죽산조봉암선생 기념사업중앙회가 발굴조사로 생
가터를 강화군 선원면 금월리 가지마을로 잠정 결정함.

찾아보기 · 인명

찾아보기 · 용어

저자 **이원규**

1947년 인천 출생. 동국대 국문학과를 졸업했다. 1984년『월간문학』신인상에 단편소설「겨울무지개」가 당선되어 문단에 나왔으며, 1986년『현대문학』장편소설 공모에 베트남 참전 경험을 쓴「훈장과 굴레」가 당선되었다. 창작집『침묵의 섬』『깊고 긴 골짜기』『천사의 날개』『펠리컨의 날개』, 장편『훈장과 굴레』『황해』, 대하소설『누가 이 땅에 사람이 없다 하랴 1~9』등이 있다. 사회주의 독립투사들의 발자취를 찾아 20여 차례 중국과 러시아를 답사했으며 르포르타주『독립전쟁이 사라진다 1·2』『저기 용감한 조선 군인들이 있었소』(공저), 평전『약산 김원봉』과『김산 평전』등을 출간했다. 대한민국문학상, 박영준문학상, 동국문학상 등을 수상했으며, 모교인 동국대 겸임교수로 10여 년간 소설을 강의했다.